高等学校法学教学丛书编委会

顾　问　伍柳村　周应德

主持人　李　平

编委会　（按姓氏笔画为序）

王建平　左卫民　古立峰　龙宗智

向朝阳　李　平　陈永革　里　赞

周　伟　金　明　杨遂全　唐　磊

高等学校法学教学丛书

中国刑法学教程

主　编　向朝阳

副主编　高跃先　李勇军　付　江

撰稿人（以撰写章节先后为序）

向朝阳　冯亚东　高跃先　付　江　张发琼

成　凯　康怀宇　田承春　李勇军　王建军

古立峰　唐稷尧　石　静

四川大学出版社

责任编辑:张力军
责任校对:余　蓉
封面设计:罗　光
责任印制:王　炜

图书在版编目(CIP)数据

中国刑法学教程 / 向朝阳主编. —成都：四川大学出版社，2002.11（2007.8 重印）
（高等学校法学教学丛书）
ISBN 978－7－5614－1818－5

Ⅰ. 中… Ⅱ. 向… Ⅲ. 刑法－法的理论－中国－高等学校－教材 Ⅳ. D924.01

中国版本图书馆 CIP 数据核字（2002）第 088064 号

书名　**中国刑法学教程**

主　编　向朝阳
出　版　四川大学出版社
地　址　成都市一环路南一段 24 号（610065）
发　行　四川大学出版社
书　号　ISBN 978－7－5614－1818－5
印　刷　郫县犀浦印刷厂
成品尺寸　185 mm×260 mm
印　张　32.5
字　数　755 千字
版　次　2002 年 11 月第 1 版
印　次　2021 年 5 月第 12 次印刷
定　价　68.00 元

版权所有◆侵权必究

◆读者邮购本书，请与本社发行科联系。
电话：(028) 85408408/ (028) 85401670/
(028) 85408023　邮政编码：610065
◆本社图书如有印装质量问题，请
寄回出版社调换。
◆网址：http://press.scu.edu.cn

前　言

这是一部主要产生于四川大学法学院教师之手的高等学校法学教学丛书。

四川大学法学院始创于1905年，其法学教育曾经辉煌过。刑法学的谢盛堂、赵念非、伍柳村教授，民商法学的裘千昌、朱昌祯、胡长清教授，宪法学的胡恭先教授，国际法学的刘斯传教授，诉讼法学的龙守荣教授，法院组织法的杨兰荪教授等，在法学界极负盛名。川大法学院培养的学生如王怀安（曾任最高人民法院副院长）、胡绩伟（曾任人民日报总编）、孙孝实（曾任西南政法学院教务长）、王叔文（曾任中国社科院法学所所长）、刘清波（曾任台湾政治大学法律系主任）等，均在我国法学教育研究和法制建设中做出了突出成就。后来，法学教育因种种原因中断多年。1984年，四川大学重招法学本科生，再招刑法学硕士研究生（1985年）、诉讼法学硕士研究生（1996年）、民商法学硕士研究生（1998年）、法律硕士专业学位研究生（2000年）、诉讼法学博士研究生（2001年），至此，法学教育层次结构基本形成并在继续发展。其间，法学院的教师们精轫不怠，默默耕耘，求是创新，日积月累，有了自己的教学心得和体会，现在通过书籍的方式，将其再现。如果此种方式能够在中国走向法制社会的过程中为法学教育事业奉献一些有益的思考和努力，甚幸。

这套高校法学教学丛书，以教材为主，教学参考资料为辅。就教材而言，我们力求在反映法学基本教学内容和规格的基础上，充分反映法学发展的新信息和成果，以体系合理、概念准确、内容精炼、资料新颖、务实创新为努力方向；就教学参考资料来说，我们力求给学生提供典型和具有探究价值的事例或案例，严谨精彩的判词和法律文书，观点新颖并有指导意义的论文和专著。

我们认为这样的努力是有意义的，我们将为此尽力。

丛书编委会谨识

2002年春

目　录

第一编　刑法总论

第二编 刑法各论

第一编

刑法总论

绪　论

一、刑法学的概念及研究对象

(一) 刑法学的概念

刑法学是研究刑法及其所规定的犯罪、刑事责任和刑罚的学科。刑法是国家实现打击犯罪、控制犯罪的重要的法律，因而，以刑法为研究对象的刑法学，在法学中占有十分重要的地位，是最重要的部门法学之一。

刑法学在理论上有广义与狭义之分。狭义刑法学亦称解释刑法学，以研究和阐明现行刑法及其所规定的犯罪、刑事责任和刑罚的原理、原则、立法依据、条文释义及适用等为主要任务；广义的刑法学，泛指刑法方面的学问，除解释刑法学外，还包括刑法史学、理论刑法学、比较刑法学、国际刑法学等。刑法史学是研究刑法产生、演变与发展的学科；理论刑法学，是从犯罪与刑法的意义上研究其哲学基础的学科；比较刑法学，是对世界各国的刑事立法、司法实践、刑法理论进行比较研究的学科；国际刑法学是以国际条约、国际公约所规定的国际犯罪与刑罚的实体问题与程序问题为研究对象的学科。另外，还有从更广泛意义上理解刑法学的，除上述学科外，还包括犯罪学、犯罪对策学、犯罪侦查学、犯罪心理学等一切与犯罪、刑罚相关的学科。这种最广泛意义的刑法学，实际上就是我们通常所说的刑事法学。

刑法学作为一门研究刑法的学科，是随着刑法的产生而出现的；但作为一门独立的学科，一般认为是以意大利的刑法学家贝卡利亚 1764 年所著《论犯罪与刑罚》一书的出版为标志的。该书在总结前人研究成果的基础上，第一次较为全面、系统地论述了涉及犯罪与刑罚的一系列问题，包括刑法的基本原理、原则，追究犯罪与刑罚适用的司法程序，犯罪的预防与对策等。该书的出版对后世产生了重大的影响，被视为刑法学的奠基之作。随着人类历史的发展演进，到 19 世纪刑法学的研究不断深入，以往刑法研究中的一些问题被不断地分离出来，形成一些分支学科或边缘学科，如前述的犯罪学、刑事诉讼法学、监狱学等。因而，现代意义的刑法学，一般是指狭义刑法学，即注释刑法学。

我国的刑法学，是在马克思列宁主义、毛泽东思想指导下，总结我国人民和司法机关同犯罪作斗争的经验，批判地借鉴其他国家尤其是苏联刑法学理论的基础上逐步发展起来的。经我国刑法学者的不断努力，现已发展成为比较成熟、完整并独具我国特色的社会主义刑法学。

(二) 刑法学的研究对象

刑法学以刑法为研究对象。刑法是规定犯罪、刑事责任及刑罚的法律规范的总称，因此，刑法学研究的具体内容则主要是刑法所规定的犯罪、刑罚及刑事责任问题。正是由于刑法学研究对象与内容的特定性，才使其成为一门独立的学科，并与其他法律学科区别开来。

刑法学及其临近的学科如犯罪学、犯罪心理学、刑事诉讼法学、刑事侦查学等，都与犯罪和刑罚有着密切的关系，但这些学科研究所涉及的犯罪与刑罚问题，与刑法学的研究角度与目的不同。犯罪学研究的是作为一种社会现象的犯罪，其产生的原因及预防的问题；犯罪心理学是从心理学的角度研究犯罪人的心理与实施犯罪之间的关系问题；刑事诉讼法学是研究认定犯罪人及追究犯罪人刑事责任的程序问题；刑事侦查学是研究同犯罪人作斗争的刑事科学技术与策略手段问题……而刑法学与之不同，它主要是从刑事法律的角度研究犯罪与刑事责任及刑罚的原理、原则及刑法创制与运用等问题，为刑事立法与刑事司法实践提供理论根据。

二、刑法学的体系

刑法学的体系是指刑法学内容的逻辑结构。刑法学以刑法及其所规定的犯罪、刑事责任及刑罚为研究对象和基本内容。因此，刑法的体系不可避免地与刑法学的体系有直接的联系。刑法的体系是刑事法律条文的体系，它是根据条文的内容及相互关系，按一定的逻辑顺序排列起来的。刑法学的体系是刑法的理论体系，它既要参照刑法，但又不受制于刑法，它是按照刑法理论的内在联系，同时兼顾叙述方便而组合起来的。按目前刑法学界之通说，刑法的理论体系均由刑法总论和刑法各论两大部分构成。刑法总论研究刑法及其所规定的犯罪、刑事责任及刑罚的一般原理、原则，由三部分内容组成：(1) 绪论，即刑法学及刑法的一般原理、原则；(2) 犯罪论，即犯罪的本质、构成及形态；(3) 刑罚论，即刑罚的本质、种类及运用问题。近年来，由于刑事责任理论成果为刑法学界普遍承认，因而在新近出版的刑法学教材中都将其作为刑法总论的一部分内容，只是在刑法总论的理论结构中应处于什么样的位置，在认识上分歧还很大。刑法各论主要研究各类具体犯罪的犯罪构成及量刑原则，主要依刑法分则的犯罪分类顺序来排列组合。本书参照通行的刑法学体系结构，将全书内容分为两大部分，即刑法总论与刑法各论。

刑法总论共22章，根据“罪责刑”的逻辑结构，具体由四大部分组分：(1) 刑法学及刑法的一般理论，包括刑法学概述、刑法概述、刑法的基本原则、刑法的效力范围等内容。(2) 犯罪论，包括犯罪概述、犯罪构成、犯罪客体、犯罪客观方面、犯罪主体、犯罪主观方面、排除犯罪性的行为、故意犯罪过程中的犯罪形态、共同犯罪、单位犯罪、一罪与数罪、定罪等内容。(3) 刑事责任，包括刑事责任的概念、刑事责任确定的根据、刑事责任的实现等内容。(4) 刑罚论，包括刑罚概述、刑罚的体系与种类、量刑、行刑制度、时效与赦免等内容。

刑法各论共11章，即刑法分则概述，危害国家安全罪，危害公共安全罪，破坏社会主义市场经济秩序罪，侵犯公民人身权利、民主权利罪，侵犯财产罪，妨害社会管理秩序罪，危害国防利益罪，贪污贿赂罪，渎职罪，军人违反职责罪。

三、刑法学的研究方法

刑法学同研究其他社会科学一样，应以马克思主义哲学方法为指导，因此，辩证唯物主义和历史唯物主义是研究刑法学的根本方法。刑法学是一门应用法学，具有很强的实践性，在学习与研究时，还应特别注意运用以下几种方法。

（一）比较分析的方法

分析的方法就是对法律规定进行阐明与解释。刑法无论规定得多么具体，但与司法实践比较起来，总是概括性的、抽象的，对其加以阐明与解释无疑是十分重要的。因此，刑法学的研究在很大程度上就是对现行刑事法律的规定进行阐述与解释，明确刑法条文的内涵与外延，以确保刑事司法的准确性与统一性。

有比较才有鉴别，有鉴别才会有发展。刑法学的研究还应当运用比较的方法。刑法学的研究除了善于运用分析的方法外，还应注意对不同国家的刑法和本国不同时期的刑法进行比较，评判其优劣、利弊，吸收其合理成分，开拓我们的视野，促进我国刑法的发展。

（二）理论联系实际的方法

刑法学是一门理论性与实践性很强的学科，坚持理论联系实际的方法具有特别意义。理论来源于实践、服务于实践，并在实践中获取营养，以求再发展，这是人类认识世界的普遍规律，也是刑法学研究中必须坚持的辩证唯物主义的基本方法之一。我国刑法学的研究必须为社会主义法制实践服务，为我国刑事法制提供理论依据。刑法学一方面应不断拓展其理论深度和广度，为我国刑事立法与司法奠定良好的理论基础；另一方面，刑法理论亦需要在实践中得到检验，需要对实践中不断出现的新情况、新问题，及时加以归纳和解决，以期指导司法实践。因此，理论联系实践，在刑事法制的实践中吸取营养，是刑法理论不断充实、改进、完善的重要基础。

（三）历史考察的方法

历史考察的方法，就是把现行刑法制度与刑法的历史演变状况结合起来研究，以期把握刑法发展的基本规律与特点。不同历史时期的刑法制度，都具有不同的时代特征，而每一个历史时期的法律制度，又不是孤立的，总具有一定的历史继承性。因此，考察刑法发展的历史演变，有助于加深对现行刑法制度的理解；将一定的刑法制度放在特定的历史范围内研究，既能立足于现实，又能顾及其过去，并能放眼于未来，这对刑法学日臻完善无疑是重要的。

第一章　刑法概述

第一节　刑法的概念

一、刑法的概念与特征

刑法是规定犯罪、刑事责任及刑罚的法律。它是规定什么行为是犯罪、犯罪应承担什么样的刑事责任及处以何种刑罚的法律规范之总和，是国家基本法律之一。

关于刑法的称谓，现代世界各国不尽相同，有注重“犯罪”的，则称之为“犯罪法”，如英美法系国家习惯用“criminal law”，即犯罪法一词；有注重犯罪的法律效果者，称之为“刑罚法”或“刑法”，如德国等大陆法系国家习惯用“strafrecht，droit penal”一词，虽表达各异，但涵义是基本一致的。我国历代都注重刑名，刑法称谓历代沿袭，故我国凡规定犯罪、刑事责任及刑罚的法律规范，均称之为刑法。

刑法有广义与狭义之分。广义刑法是指一切规定犯罪、刑事责任及刑罚的法律规范，它包括：（1）刑法典，即把规定犯罪、刑事责任及刑罚的法律规范加以条理化、系统化的刑法，如我国1980年开始实施的《中华人民共和国刑法》和1997年3月14日八届人大第五次会议修订的《中华人民共和国刑法》。（2）单行刑事法律（或称单行刑法），是指为就刑法典中某方面问题或某类犯罪问题的补充或修改而由最高立法机关颁布的刑法规范，如1995年2月28日全国人大常委会颁布的《关于惩治违反公司法的犯罪的决定》、1990年10月28日全国人大常委会颁布的《关于禁毒的决定》。（3）附属刑法（或称附属刑法规范），是指非刑事法律中有关犯罪及刑事责任的规定。在这些法律中，刑法规范不是主体部分，仅仅是附属性规定，如《中华人民共和国民法通则》第110条规定：“对承担民事责任的公民……构成犯罪的，对公民、法人和法定代表人应当依法追究刑事责任。”再如《中华人民共和国防空法》第51条规定：“人民防空主管部门的工作人员玩忽职守、滥用职权、徇私舞弊或者有其他违法、失职行为构成犯罪的，依法追究刑事责任。”狭义刑法，仅指对刑法规范条理化、系统化的刑法典。

刑法是国家法律体系中重要的部门法，它同其他部门法一样，都是建立在一定的经济基础上的上层建筑，是反映国家意志并具有国家强制力的行为规范。刑法与其他法律相比较，具有以下基本特征。

（一）调整社会关系的广泛性

每一个部门法都以特定的社会关系为其调整和保护的对象，从而区别于其他法律。但刑法却不同，它调整和保护的社会关系几乎涉及社会生活各个领域和各个方面。刑法是典型的责任法，它不以设定和保护某一特定社会关系为目的，而是以确定和追究破坏一定的法律关系的犯罪行为的刑事责任为手段，以达到维护和调整社会关系的目的。因此，任何一种社会关系，只要受到犯罪行为的侵害都将成为刑法调整和保护的范围。就此意义上说，刑法是其他法律的保护法，是法律的“法律”。

（二）制裁手段的严厉性

任何部门法律都具有一定的强制性，任何违反法律、侵犯法律所保护的社会关系的行为，都必须承担相应的法律责任，受到法律的制裁。如违反民事法律要受到民事制裁，违反经济法律要受到经济制裁，违反行政法律要受到行政制裁，违反刑事法律要受到刑事制裁。但是，不同的法律所采取的制裁方法及严厉程度不同。由于刑事制裁手段具有法律制裁“最后手段”的意义，因此，其严厉程度是其他任何法律制裁手段都不可比拟的，它不仅可以剥夺犯罪人的财产、自由，而且可以剥夺犯罪人的生命。

二、刑法的分类

在刑法理论上，根据不同的标准，可将刑法分为不同的种类。根据刑法规范的内容与形式，除有广义刑法和狭义刑法之分外，还有以下几种分类。

1. 根据刑法适用对象的不同及适用时间、空间的范围大小，可将刑法分为普通刑法与特别刑法。

普通刑法是指一定的空间和时间范围内不论对何人均普遍适用的刑法规范，如《中华人民共和国刑法》；特别刑法是指仅在特定的空间和时间范围内，对特定的人或行为适用的刑法规范，如专门适用于军人的军事刑法等。特别刑法与普通刑法在发生竞合时，一般适用特别法优于普通法的原则。

2. 根据刑法规范本身是否具有独立性，可分为单一刑法与附属刑法。

单一刑法是指为了单一目的或事项而制定的刑法规范，其内容全部是关于犯罪与刑罚的规范，如我国的刑法典、《关于惩治侵犯著作权的犯罪的决定》等，都属于单一刑法规范范畴；附属刑法，即各种行政法、经济法等非刑事法律中规定的涉及犯罪及刑事责任的法律规范。

3. 根据刑法规范是否具有刑法典的形式或名称，可分为实质刑法与形式刑法。

实质刑法是指不管是否有刑法典的形式或名称，只要实际内容规定的是犯罪与刑罚的规范，都是实质意义上的刑法，如行政法、经济法等非刑事法律中规定的涉及犯罪及刑事责任的法律规范；形式刑法是指成文刑法典或在形式上具有刑法名称的刑法规范，如特别刑法等。

第二节　刑法的本质与功能

一、刑法的本质

刑法同其他法律一样，不是从来就有的，是人类社会出现了私有制，分化为阶级，随着国家的出现而产生的；刑法作为上层建筑的一部分，总是建立在一定的经济基础之上，依赖于并服务于一定的经济基础。因此，世界上不存在超历史、超经济、超阶级的刑法。从根本意义上讲，刑法是阶级社会中，在经济上占支配地位、在政治上占统治地位的统治阶级，以国家的名义颁布的，维护其经济利益和政治统治的工具。

刑法的性质是由国家的性质决定的，不同社会制度国家的刑法为不同的阶级服务。在人类社会的历史发展过程中，出现了四种类型的国家，与之相适应，也就有四种类型的刑法，即奴隶制国家的刑法、封建制国家的刑法、资本主义国家的刑法和社会主义国家的刑法。

奴隶制国家的刑法，是建立在奴隶主对生产资料和奴隶的占有制基础上，奴隶主阶级为维护其阶级利益，实现其阶级统治的重要的工具。在奴隶社会的法律制度中，一个十分突出的特点，就是奴隶只是奴隶主手中“会说话的工具”，不具有法律上的人的地位，不受法律的保护。如罗马法中规定，“奴隶是物品”，奴隶主杀死自己的奴隶不认为是犯罪；另外，奴隶制国家的刑法还具有残酷性，保留有原始习惯等特征。

封建制国家的刑法，是建立在地主阶级对生产资料的占有和对生产者即农民的不完全占有制基础上，公开维护封建阶级特权和等级制度的工具。如我国古代唐律有“十恶”、“八议”的规定，是典型的维护封建特权的立法例。除此之外，封建制国家的刑法也具有残酷性的特点，如我国封建社会的“五刑”，西方中世纪时期德国著名的加洛林纳刑法典对死刑的广泛适用及“割耳、割鼻、挖眼、断指断手、斩首、车裂、火焚、四马分尸”等执行方法都是典型的代表。

资本主义国家的刑法，是建立在生产资料私有制基础上，资产阶级根据其统治需要而制定的。与奴隶制、封建制国家的刑法相比较，资产阶级刑法主张“罪刑法定主义”、“刑罚等价主义”和“刑罚人道主义”，反对封建司法擅断专横和等级特权，具有一定的历史进步性。“对资产阶级来说……法律是神圣的，因为法律本来就是资产者创造的，是经过他的同意并且是为了保护他的利益而颁布的。资产者懂得，即使个别的法律条文对他不方便，但是整个立法毕竟是用来保护他的利益的。”①

在旧中国，国民党政府制定的刑法，是建立在半封建、半殖民地的社会政治、经济结构基础上的，它集中反映的是封建地主和官僚买办资产阶级的利益和要求，是镇压广大劳动人民、中国共产党及一切革命进步人士的工具，是典型的半封建半殖民地社会的刑法。

我国是社会主义国家，我国刑法是社会主义的刑法，与一切剥削阶级的刑法相比，本质是不同的。它是建立在社会主义生产资料公有制基础之上的上层建筑的一部分，体现的是无产阶级和广大劳动人民的意志，是保护人民、惩罚和改造犯罪分子的锐利武器，是人民民主专政的工具。

二、刑法的功能

刑法从根本意义上讲是统治阶级用以维护其经济利益和政治统治的工具，这是从刑法的社会本质的角度来分析的，这一点在阶级社会中尤为突出和明显，也是马克思主义法学十分强调的，明确这一点十分重要。但是，刑法毕竟是一种特殊的社会规范，其在社会生活中的作用是通过对人们行为的评价、引导和制裁得以体现的，因此，从规范的角度了解刑法的功能也是必要的。刑法作为社会规范的功能，主要表现在以下几方面。

（一）评价与引导的功能

评价与引导的功能是指刑法把一定的行为规定为犯罪并追究其刑事责任，给予刑罚处罚，以此对这种行为做出否定性评价，从而引导人们不得做出这种行为。如我国刑法规定：“故意杀人的，处死刑、无期徒刑或者十年以上有期徒刑；情节较轻的，处三年以上十年以下有期徒刑。”② 这条规定表明，“故意杀人行为”是被国家法律否定的，这

① 《马克思恩格斯选集》第2卷，第515页。
② 参见《中华人民共和国刑法》第232条。

是一种否定性评价；而这种否定性评价的结果，则是引导人们不得做出这种行为，否则就会受到刑法的严厉制裁。刑法正是通过对具体犯罪行为的否定性规定，为人们通过自己的自由意志决定做出什么行为或不做出什么行为提供了一个标准，从而达到规范人们行为之功效。刑法的这种否定性评价与引导功能，有著述称之为规制的功能。①

（二）惩罚与维护的功能

惩罚与维护的功能是指刑法规定对一定行为追究刑事责任，处以严厉的刑罚，其目的在于通过否定、谴责和处罚这种行为，以防止该类行为的发生，从而维护社会秩序。社会秩序是由一个个具体的法律关系构成的，刑法通过惩罚破坏具体的法律关系的犯罪行为以防止此类行为再发生，从而达到维护社会秩序整体的目的；惩罚是手段，维护社会秩序是目的。刑法的这种惩罚与维护的功能，有著述称之为保护的功能。②

（三）限制与保障的功能

所谓限制与保障的功能，是指刑法对犯罪的范围和刑罚程度明确规定，具有限制刑罚滥用，保障公民人权的作用。一方面，刑法明确规定什么样的行为是犯罪并处以何种刑罚方法及幅度，它把国家刑罚权明确限制在特定的范围，任何人只要不构成犯罪，就不受国家刑罚权的干预。从这个意义上讲，它是对一般公民人权的保障。另一方面，刑罚只适用于刑法明文规定的科刑范围，不得滥用。从这个角度讲，它可保障犯罪人免受不恰当的刑罚。对刑罚权滥用的限制和对人权的保障，是现代文明社会中的刑法十分重要的功能。

第三节 刑法的创制与发展

我国刑法是随着中华人民共和国的诞生、发展而产生、发展与不断完善的，它经历了一个漫长的演变过程。

一、红色根据地政权的刑事立法

早在第二次国内革命战争时期，苏区的民主政权就颁布了《关于反革命自首条例》等几十部刑事法规。其中，1934 年 4 月中央苏区民主政权颁布的《中华苏维埃共和国惩治反革命条例》，是民主革命时期第一部比较完整的单行刑事法规。该条例对反革命罪的概念，刑事责任年龄，类推，时效，各种反革命行为的处刑标准，从轻、减轻、加重情节，刑罚种类等问题都作了原则规定。另外，在当时颁布的《土地法》、《婚姻法》、《工商业投资暂行条例》等非刑事法规中，也有对严重违法者追究刑事责任的规定。当时适用的主要刑罚方法有：警告、罚款、没收财产、剥夺公民权、强迫劳动、监禁、死刑等。抗日战争时期，各抗日根据地政权机关先后制定了《抗日时期惩治汉奸条例》、《危害军队及妨害军事工作治罪暂行条例》、《惩治贪污暂行办法》、《妨害婚姻治罪条例》等 60 余部刑事法规。抗日战争时期适用的刑罚方法主要有：训诫、罚金、褫夺公权、劳役、有期徒刑、无期徒刑、死刑等。解放战争时期，各解放区先后颁布了《破坏土地改革治罪条例》、《通报重大案件量刑标准》等刑事法规。上述刑事法规，都是各革命政权机关根据各时期革命的需要而制定的，具有时间性、地域性等特点，为配合当时革命

① 参见肖扬主编《中国新刑法》，中国人民公安大学出版社，1997 年版，第 23 页。
② 参见肖扬主编《中国刑法学》，中国人民公安大学出版社，1997 年版，第 24 页。

的需要发挥了积极作用，为新中国成立后的刑事立法积累了丰富的资料和经验。

二、新中国成立初期的刑事立法

新中国成立初期，为配合当时镇压反革命运动、抗美援朝和“三反”、“五反”运动，中央人民政府于1951年颁布了新中国成立后的第一个单行刑事法规《中华人民共和国惩治反革命条例》，同年6月政务院颁布了《关于没收反革命罪犯财产的规定》，8月又公布了《关于对我国反革命罪犯的逮捕和判刑问题的规定》、《妨害国家货币治罪条例》；1952年公安部发布了《管制反革命分子暂行办法》。在总结“三反”、“五反”运动经验的基础上，1952年4月颁布了著名的《中华人民共和国惩治贪污条例》，该条例是新中国成立后的一项重要刑事立法，它对贪污罪的概念、处罚原则以及溯及力等问题都作了详细的规定。与此同时，在《中华人民共和国暂行海关法》、《禁止珍贵文物出口暂行办法》、《严禁鸦片烟毒通令》、《中华人民共和国婚姻法》、《保障国家机密暂行条例》、《消防监督条例》、《爆炸物品管理规定》等法律、法规中也有关于刑事责任的规定。这些刑事法规在建国初期我们同反革命、贪污、贩运毒品、伪造国家货币等犯罪的斗争中，起了重要的作用。

三、《中华人民共和国刑法》的孕育与诞生

我国第一部刑法典即1979年7月颁布的《中华人民共和国刑法》，从孕育到诞生整整经历了30年漫长而曲折的道路。

《中华人民共和国刑法》的起草工作，建国之初就开始了。在1951年至1954年间，中央人民政府法制委员会草拟了《中华人民共和国刑法大纲草案》和《中华人民共和国刑法指导原则草案》，因当时条件不成熟而未予公布。1954年9月第一届全国人民代表大会第一次会议通过并颁布了我国第一部宪法，同时通过了《中华人民共和国人民法院组织法》、《中华人民共和国人民检察院组织法》等法律，促进了刑法典的制定工作。至此刑法典的起草制定工作改由全国人大办公厅法律室负责。到1958年6月完成了刑法典草案第22稿，在第一届全国人大第四次会议上征求全体代表的意见后，拟作为草案公布。但由于全国范围内的“反右”运动，被束之高阁。1962年全国人大法律工作室根据毛泽东同志的指示精神，又开始在第22稿的基础上，进行刑法典的制定，到1963年10月已完成了刑法典草案第33稿。该稿经中共中央政治局常委会审查并拟公布，但又因全国范围内的“社会主义教育运动”和接踵而至的“文化大革命”而未能如愿。“文化大革命”结束后，1978年10月，国家组成了刑法草案起草班子。1979年2月，全国人大常委会法制委员会宣告成立后，在原刑法典草案第33稿的基础上，根据当时的情况，提出新的刑法典稿本。1979年7月1日经五届全国人大二次会议审议通过，7月6日正式公布，1980年1月1日开始施行。

1979年颁布的《中华人民共和国刑法》是我国第一部刑法典，共192条，分为总则与分则两编。总则共5章89条，即第1章刑法的指导思想、任务与适用范围，第2章犯罪，第3章刑罚，第4章刑罚的具体运用，第5章其他规定；分则共8章，即第1章反革命罪，第2章危害公共安全罪，第3章破坏社会主义经济秩序罪，第4章侵犯公民人身权利民主权利罪，第5章侵犯财产罪，第6章妨害社会管理秩序罪，第7章妨害婚姻家庭罪，第8章渎职罪，共103条，设罪名110余个。

1979年《中华人民共和国刑法》实施17年的实践证明，它的实施对于打击各种犯罪活动，保护国家和人民的利益，维护国家的统一和安全，维护社会的正常秩序，维护人民民主专政的政权和社会主义制度，保障社会主义现代化建设的顺利进行发挥了重要作用；它所确定的犯罪与刑罚的各项原理、原则、制度等是符合当时的社会实际情况的，许多原则、规定在现在和今后仍然适用。

四、刑法的局部修改与补充

1979 年刑法典颁布以后，随着我国社会的不断发展与变化，国家立法机关通过制定单行刑法和附属刑法的方式，不断对 1979 年刑法典予以补充和修改，以适应社会控制犯罪的需要。从 1981 年至 1995 年期间，国家立法机关陆续制定和颁布了 24 个单行刑法，即：(1)《中华人民共和国惩治军人违反职责罪暂行条例》(1981 年 6 月 10 日)；(2)《关于处理逃跑或者重新犯罪的劳改犯和劳教人员的决定》(1981 年 6 月 10 日)；(3)《关于严惩严重破坏经济的罪犯的决定》(1982 年 3 月 8 日)；(4)《关于严惩严仲危害社会治安的犯罪分子的决定》(1983 年 9 月 2 日)；(5)《关于对中华人民共和国缔结或者参加的国际条约所规定的罪行行使刑事管辖权的决定》(1987 年 6 月 23 日)；(6)《关于惩治走私罪的补充规定》(1988 年 1 月 21 日)；(7)《关于惩治贪污罪贿赂罪的补充规定》(1988 年 1 月 21 日)；(8)《关于惩治泄露国家秘密犯罪的补充规定》(1988 年 9 月 5 日)；(9)《关于惩治捕杀国家重点保护的珍贵、濒危野生动物犯罪的补充规定》(1988 年 11 月 8 日)；(10)《关于惩治侮辱中华人民共和国国旗国徽罪的决定》(1990 年 6 月 28 日)；(11)《关于禁毒的决定》(1990 年 12 月 28 日)；(12)《关于惩治走私、制作、贩卖、传播淫秽物品的犯罪分子的决定》(1990 年 12 月 28 日)；(13)《关于惩治盗掘古文化遗址古墓葬犯罪的补充规定》(1991 年 6 月 29 日)；(14)《关于严禁卖淫嫖娼的决定》(1991 年 9 月 4 日)；(15)《关于严惩拐卖、绑架妇女、儿童的犯罪分子的决定》(1991 年 9 月 4 日)；(16)《关于惩治偷税、抗税犯罪的补充规定》(1992 年 9 月 4 日)；(17)《关于惩治劫持航空器犯罪分子的决定》(1992 年 12 月 28 日)；(18)《关于惩治假冒注册商标犯罪的补充规定》(1993 年 2 月 22 日)；(19)《关于惩治生产、销售伪劣商品犯罪的决定》(1993 年 7 月 2 日)；(20)《关于严惩组织、运送他人偷越国（边）境犯罪的补充规定》(1994 年 3 月 5 日)；(21)《关于惩治侵犯著作权的犯罪的决定》(1994 年 7 月 5 日)；(22)《关于惩治违反公司法的犯罪的决定》(1995 年 2 月 28 日)；(23)《关于惩治破坏金融秩序犯罪的决定》(1995 年 6 月 30 日)；(24)《关于惩治虚开、伪造和非法出售增值税专用发票犯罪的决定》(1995 年 10 月 30 日)。与此同时，立法机关还在经济、行政、民事等法律中设附属刑法条款 130 余条，以解决相关刑事犯罪问题。

立法机关制定这些单行刑事法规和附属刑法规范，对 1979 年刑法典主要作了以下几方面的补充与修改：(1) 在刑法的空间效力上，增加了普遍管辖原则；(2) 在溯及力问题上，个别单行刑事法规采取了不同于 1979 年刑法典从旧兼从轻原则，即采用从新原则或有条件的从新原则；(3) 增加了单位犯罪的规定；(4) 对共同犯罪的定罪和处罚原则作必要的补充，确立了以身份犯定罪原则，首要分子和主要主犯对犯罪总数均承担责任的原则；(5) 对危害重大的犯罪军人，增加了剥夺勋章、奖章和荣誉称号的附加刑；(6) 增加了“加重处罚”的规定，即在“法定最高刑以上一格判处”①；(7) 对犯罪军人增设战时缓刑制度；(8) 扩大刑法调控范围，新设罪名130余个；(9) 提高部分犯罪的法定刑，扩大了死刑适用范围；(10) 补充或扩大了刑法某些条款的适用范围，如玩忽职守罪；(11) 对一些犯罪的犯罪构成及处罚原则予以明确，如走私罪、贪污罪等。

国家立法机关通过单行刑法与附属刑法规范对1979年刑法典不断予以补充与修正，对解决司法实践中出现的新情况、新问题发挥了重要的作用，也为后来刑法的全面修改积累了丰富的立法经验。

五、我国刑法的全面修改

早在1982年国家有关部门就决定对刑法全面修改并着手进行调查与研究。1983年9月全国人大常委会法制工作委员会刑法室收集归纳了国家司法部门、政法院校和一些学者关于刑法的修改、完善意见70余条。1988年7月七届人大常委会明确把刑法列入人大常委会的五年立法纲要之中；同时，全国人大常委会法制工作委员会刑法室提出了《关于修改刑法的初步设想（草案)》，同年底又先后拟出了《刑法修改稿草案》和《刑法修改草案》。后来，由于1989年北京政治风波，刑法修订工作被中断。1993年七届全国人大常委会再次将刑法修订列入立法规划，并成立了专门研究小组，开始了论证修改工作，并草拟出了修改稿。1996年3月17日修订的刑事诉讼法通过后，国家立法机关即将主要精力迅速转入刑法典的全面修改工作。1996年8月31日全国人大常委会法律工作委员会拟出《刑法总则修改稿》和《刑法分则修改草案》，经进一步修改，于1996年10月形成了《中华人民共和国刑法（修订草案)》（征求意见稿），并发往全国各地立法机关、司法机关、法律院校和有关部门征求意见，同时，召开了有中央、省、市、县四级公检法机关、中央各部门、地方人大和刑法专家参加的座谈会，征求对《中华人民共和国刑法（修订草案)》（征求意见稿）的意见。在广泛听取各方意见的基础上，在1996年12月形成了《中华人民共和国刑法（修订草案)》（第一稿），并提交八届人大常委会第23次会议审议；会后，又将此刑法（修订草案）再次广泛征求意见，并进行修改，形成《中华人民共和国刑法（修订草案)》（第二稿），于1997年2月提交八届全国人大常委会第24次会议再次审议；经再次修改以后，形成《中华人民共和国刑法（修订草案)》（第三稿），并于1997年3月14日第八届全国人大第五次会议审议通过；同日，《中华人民共和国国家主席令》第83号予以公布。至此，历时15年的刑法全面修订工作终于完成，一部崭新的、统一的《中华人民共和国刑法》诞生了。

修订后的《中华人民共和国刑法》分为总则、分则和附则，共452条，在形式与内容、指导思想等方面都有重大改革和显著的进步，与1979年《中华人民共和国刑法》相比较，主要有以下修订与改进：(1) 明确规定刑法的三大原则：罪刑法定原则、适用刑法人人平等原则、罪责刑相适应原则；(2) 明确规定普遍管辖原则并扩大了对中国公民在域外犯罪的管辖权；(3) 进一步明确未成年犯罪的责任范围；(4) 将单位犯罪纳入刑法典；(5) 强化了正当防卫制度；(6) 严格限制了法院的酌定减轻处罚权；(7) 修改完善了累犯与自首制度；(8) 确立了独立的立功制度；(9) 修改了反革命罪；(10) 将

① 转引自高铭暄、王作富主编《新中国刑法的理论与实践》，河北人民出版社，1988年版，第5页。

军职罪和危害国防利益罪纳入刑法典；（11）专章规定贪污贿赂犯罪；（12）大量增设对新型犯罪的惩治，如国际性犯罪、黑社会性质犯罪、计算机犯罪、证券犯罪等。

六、对新刑法的进一步补充与完善

1997年10月1日经全面修改的《中华人民共和国刑法》开始实施，极大地促进了我国刑事法治向前发展，同时，为司法机关打击各类犯罪尤其是新形势下出现的犯罪提供了标准。近年来，为适应我国经济改革和发展的需要，我国立法机关采取单行刑法和刑法修正案的方式对新刑法进行了补充与修正，即全国人大常委会1998年12月19日通过的《关于惩治骗购外汇、逃汇和非法买卖外汇犯罪的决定》、1999年12月19日通过的《中华人民共和国刑法修正案》，新增设了骗购外汇、妨害财务凭证、资助恐怖活动等罪名，并对涉及外汇、公司企业、期货、危害公共安全等相关刑法条文进行了补充或修正；2001年8月31日通过的《中华人民共和国刑法修正案（二)》，对非法占用耕地的犯罪进行了补充，为惩治毁林开垦和乱占滥用林地的犯罪提供了刑法依据；2001年12月29日，通过《中华人民共和国刑法修正案（三)》，对危害公共安全的有关犯罪及洗钱罪作了补充和修改，以利于预防和打击恐怖性犯罪。2002年12月28日，通过《中华人民共和国刑法修正案（四)》，对破坏社会主义市场经济秩序、妨害社会管理秩序和国家机关工作人员的渎职犯罪等作了修改和补充。2005年2月28日，通过《中华人民共和国刑法修正案（五)》，对妨害信用卡管理的犯罪行为作了新的规定。2006年6月29日，通过《中华人民共和国刑法修正案（六)》，对重大安全事故，提供虚假财务报告，公司企业人员受贿，对公司企业人员行贿，操纵证券期货交易价格，洗钱等犯罪进行了修改和补充。

社会总在不断发展与变迁，作为上层建筑的法律亦随之进步与变革。随着我国社会不断地走向文明与进步，我国的刑法亦将不断地通过修正以适应社会的需要。

第四节 刑法制定的根据与任务

一、刑法制定的根据

刑法典第1条明确规定："为了惩罚犯罪，保护人民，根据宪法，结合我国同犯罪斗争的具体经验及实际情况，制定本法。"据此，我国刑法制定的根据包括两个方面：一是法律根据，二是实践根据。

（一）刑法制定的法律根据

宪法是国家的根本大法，是我国一切部门法立法的根据，自然亦是刑法制定的法律根据。宪法规定我国的社会制度和国家制度的基本原则、国家机关组织与活动的基本原则，以及公民的基本权利与义务等根本性问题，其他部门法则从不同的角度、不同的领域将宪法确认的基本原则具体化。宪法是母法，部门法是子法。我国宪法（修正案）第17条明确规定："国家维护社会秩序，镇压叛国和其他危害国家安全的犯罪活动，制裁危害社会治安、破坏社会主义经济和其他犯罪活动，惩办和改造犯罪分子。"刑法正是将宪法所确定的国家镇压、制裁、惩办与改造犯罪分子的职能具体化的基本法律。可以说，我国刑法的每一项规定，都能够在宪法中找到依据，都是宪法规定的原则、制度和精神的具体体现。除此意义之外，我国刑法的制定以宪法为根据还表现在：（1）刑法规定的内容不得与宪法精神、原则相抵触，否则不具有法律效力；(2) 刑事立法活动程序必须符合宪法所规定的权限与程序，否则为违宪行为。

(二) 刑法制定的实践依据

调查研究、实事求是、从实际出发，是马克思主义的根本原则，亦是我国刑事立法的根本指导原则。刑法的内容必须符合我国同犯罪作斗争的实际需要，这既是刑法制定的出发点，也是刑法在实践中有效发挥社会功能的客观基础。因此，刑法的制定，既不能凭主观想象，也不能照抄前人或外国现成的东西，而应当立足于我国同犯罪作斗争的实践，吸取成功经验，总结失误与不足，力求使刑法从内容到形式符合我国的国情，以适应打击、控制犯罪和维护社会秩序的需要。当然，这并不意味着抛弃"古为今用，洋为中用"的原则，也不是排斥借鉴和吸收中国历史上和外国刑事立法中科学合理的立法经验。应该说，我国刑事立法的过程，就是总结我国长期同犯罪作斗争的经验，批判地吸收历史上和外国科学合理经验的过程。从刑法规定的内容看，一方面，充分吸收我国立法和司法实践的成果，将十几年来制定的单行刑法和附属刑法中成熟的内容予以吸收；另一方面，放眼于我国改革开放和建设有中国特色的社会主义事业的未来，将具有趋势性的犯罪亦加以规定，如计算机犯罪等。与此同时，还吸收了人类刑事司法实践中科学的原则，如罪刑法定原则、罪刑相适应原则等。

二、我国刑法的任务

刑法典第2条规定："中华人民共和国刑法的任务，是用刑罚同一切犯罪行为作斗争，以保卫国家安全、保卫人民民主专政政权和社会主义制度，保护国有财产和劳动群众集体所有的财产，保护公民私人所有的财产，保护公民的人身权利、民主权利和其他权利，维护社会秩序、经济秩序，保障社会主义建设事业的顺利进行。"据此，刑法的任务具体表现为以下四个方面。

(一) 运用刑罚同危害国家安全的犯罪作斗争，保卫国家安全、人民民主专政政权和社会主义制度

人民民主专政政权和社会主义制度，是中国人民在中国共产党领导下，经过长期艰苦卓绝的斗争所取得的胜利成果，是国家和人民的根本利益的集中体现，也是人民各项基本权利和社会主义建设的根本保证。因此，同一切以危害人民民主专政政权和社会主义制度为目的危害国家安全的犯罪行为作斗争，是刑法责无旁贷的首要任务。为此，刑法专章规定了危害国家安全罪并将其列为刑法分则之首，设罪名12个，给予严厉的刑罚处罚，其中8种罪可判处死刑；同时新设专章将直接涉及国家安全的危害国防利益罪予以规定，设罪名21个，为有力地打击危害国家安全的行为提供了法律依据。

(二) 运用刑罚同经济犯罪作斗争，保护社会主义经济基础

我国刑法作为上层建筑的一部分，决定并服务于社会主义经济基础，必然承担起保护社会主义经济基础的任务。社会主义的经济基础是人民民主专政政权和社会主义制度赖以存在的物质基础。我国现阶段实行的是以生产资料公有制为主，外资、私营等多种所有制形式并存的社会主义市场经济。因此，刑法对社会主义经济基础的保护，即表现为对社会主义公共财产和公民私人所有的财产的保护，对社会主义市场经济秩序的维护。为此，我国刑法专章规定了"破坏社会主义市场经济秩序罪"、"侵犯财产罪"以及"贪污贿赂罪"等，并根据我国经济发展变化的新情况，新设许多经济犯罪罪名，以有

力地保障我国的经济基础和社会主义市场经济秩序。

（三）运用刑罚同一切侵犯公民人身权利、财产权利和其他合法权利的行为作斗争，保护公民的各项合法权益

在我国，人民是国家的主人，公民依照宪法规定享有各项人身权利、民主权利及其他合法权益。人身权利是与人身有关的各项权利，如生命权、健康权、自由权、人格权、名誉权等；民主权利，是指依法参加国家管理和社会政治生活的权利，如选举权、被选举权、宗教信仰自由权等；其他权利是指人身、民主权利以外的权利，如婚姻自由权、劳动权等。充分保障每一个公民的基本人权，是我国人民民主专政这一国家的性质决定的。因此，凡是侵犯公民基本人权的违法行为都要受法律的制裁，犯罪行为则要受到刑罚的制裁。为此，我国刑法分则第 4 章专章规定了“侵犯公民人身权利、民主权利罪”，其中对杀人、强奸、绑架妇女儿童等严重侵犯公民人身权利的犯罪行为，都规定了严厉的刑罚，直至处以死刑。对侵犯公民民主权利和其他权利的犯罪行为，如破坏选举、报复陷害、重婚等犯罪行为，也规定了相应的刑罚。

（四）运用刑罚同一切犯罪行为作斗争，维护社会秩序，保障社会主义建设事业的顺利进行

人民群众生活和社会主义经济建设都需要有一个良好的环境和安定秩序。否则，就没有社会的安定、国家的稳固，以经济建设为中心的社会主义建设事业就不可能正常进行。因此，运用刑罚手段打击严重破坏社会秩序、经济秩序的犯罪行为，以确保社会主义建设事业的顺利进行，是刑法的重要任务之一。为此，刑法分则专门设定了“危害公共安全罪”、“妨害社会管理秩序罪”、“破坏社会主义市场经济秩序罪”、“渎职罪”等，以维护社会秩序、经济秩序，保障社会主义建设事业顺利进行。

第五节 刑法的体系与解释

一、刑法的体系

刑法的体系是指刑法典的组成和结构。研究我国刑法的体系，即研究我国刑法典的组织和结构。我国修订后的刑法典，从总体上分为总则、分则和附则三编，在此基础上再分为章、节、条、款、项、段。

编。一部刑法典总体上分为总则与分则两大部分，这是世界多数国家通行的做法，我国 1979 年刑法典亦如此。现行刑法典基本内容上仍沿用这种分类法，分为总则与分则。总则是关于犯罪、刑事责任和刑罚一般原则、原理的规范体系，分则是关于具体犯罪刑事责任的规范体系。总则与分则是一般与特殊、抽象与具体的关系。总则指导分则的具体规定与运用，分则体现总则的精神与原则，二者相辅相成，构成一个有机的整体。我国现行刑法典除总则编和分则编外，还设了附则编。附则编仅有一个条文，即第 452 条，规定现行刑法典生效并开始实施日期，以及现行刑法典生效后与原有一些单行法规的关系。

章。章为编之下的单位。刑法典第 1 编总则下设 5 章：刑法的任务、基本原则和适用范围，犯罪，刑罚，刑罚的具体运用，其他规定；第 2 编分则设 10 章：危害国家安全罪，危害公共安全罪，破坏社会主义市场经济秩序罪，侵犯公民人身权利、民主权利

罪，侵犯财产罪，妨害社会管理秩序罪，危害国防利益罪，贪污贿赂罪，渎职罪，军人违反职责罪；第3编附则仅有一条，未设章。

节。节为章下的单位。刑法典总则、分则各章根据实际需要而设定。刑法典总则、分则共设有15个章单位，其中总则5章中的第2章“犯罪”设4节、第3章“刑罚”设8节、第4章“刑罚的具体运用”设8节。总则第1章和第5章没有设节。刑法典分则10章中只有第3章破坏社会主义市场经济秩序罪设有8节、第6章妨害社会管理秩序罪设有9节，其余8章中均未设节。

条。条是刑法规范的基本表现形式，一部刑法典所有的规范都是以条文的形式表现出来的。我国刑法典配置在各编、章、节中的条文，均用统一的顺序号码进行编纂，不受编、章、节的限制。我国刑法典共计452条，其中总则101条，分则350条，附则1条。

款。款是条文下设的单位。有些条文所包含的多层意思，需要分款来表达，如刑法典第17条、第18条、第26条规定的内容含多层意思均用了4款来表达，以使条文的多层意思清楚明确。有的条文内容比较简单，则不需用款，如总则第1章共计12个条文，除第6条、第7条、第12条分款规定外，其余9条都仅有1款，条与款的内容则完全是同一的。所以，条下是否设款是根据条文内容及表达的需要而确定。

项。项是款下设的单位。我国刑法典的许多条款中具有并列关系的内容，都采用分项的办法规定，即在款的后面采用（一）（二）（三）……例如刑法典第240条第1款中包含了8项内容。我国刑法典对规范内容采取条、款、项的结构模式，是十分严格的，其顺序不得颠倒、改变，尤其在引用刑法典条文时应该绝对准确。

段。段是在同一款内容包含多层意思的情况下，在学理上作的划分。如刑法典第53条规定：“罚金在判决指定的期限内一次或者分期缴纳。期满不缴纳的，强制缴纳。对于不能全部缴纳罚金的，人民法院在任何时候发现被执行人有可以执行的财产，应当随时追缴。如果由于遭遇不可抗拒的灾祸缴纳确有困难的，可以酌情减少或者免除。”该条款内容包含4层意思，用了4个句号。对于一个条款中含多层意思，在学理上称为前段、后段或者前段、中段、后段或者第1段、第2段、第3段……段的划分仅是学理上的意义。

但书。在研究刑法条文的结构与构成的逻辑体系中，“但书”也是一个重要的概念。“但书”，通常是指在刑法条款中段与段之间凡用转折词“但是”连接的后段内容，在学理上称之为“但书”。

在我国刑法中，“但书”主要有以下几种情况：（1）例外性“但书”，即“但书”的内容是前文规定的例外。如刑法典第65条第1款规定：“……累犯，应当从重处罚；但是过失犯罪除外。”本条“但书”表示过失犯罪不构成累犯。（2）补充性“但书”，即“但书”的内容是前文内容的补充。如刑法典第13条在明确规定犯罪的概念之后，接着用“但书”指出：“但是情节显著轻微危害不大的，不认为是犯罪。”该“但书”对于犯罪概念的补充说明，对于划清罪与非罪的界限具有重要的作用。（3）限制性“但书”，即“但书”的内容是对前段内容含义的限制。如刑法典第12条规定：“……如果当时的法律认为是犯罪的，依照本法总则第4章第8节的规定应当追诉的，按照当时的法律追究刑事责任，但是如果本法不认为是犯罪或者处刑较轻的，适用本法。”本条的“但书”

是对适用“行为时法律”的限制性规定。

二、刑法的解释

刑法的解释，是指对刑法规范含义的阐明。刑法规范对于不断发展变化、千姿百态的社会生活来说，总是相对抽象的，对刑法规范的解释之目的，则是使相对抽象和稳定的刑法规范以适应变化的、复杂的社会的需要，以保证刑法的正确实施和刑事司法的统一性。所以，刑法的解释具有十分重要的意义：（1）有利于人们正确理解刑法精神和规范的含义；（2）维护和保证刑法实施的准确性和统一性；（3）有利于弥补刑事立法之不足；（4）有利于刑法的发展与完善。

刑法的解释按不同的标准，有不同的分类。

（一）按解释的效力，可分为立法解释、司法解释和学理解释

1．立法解释。这是立法机关对刑法条文含义所作的解释。根据《中华人民共和国宪法》第67条第4项和全国人大常委会《关于加强法律解释工作的决议》规定，立法解释权由全国人大常委会行使。立法解释是有权解释中效力最高的一种，对于及时弥补刑法规范中的漏洞，解决刑法规范运用中的新问题具有重要的意义。刑法的立法解释有以下几种情形：（1）刑法典中直接设置解释性条款。如刑法典第91条至第99条是典型的解释性条文，分别对刑法有关条文中涉及的“公共财产”、“公民私人所有的财产”、“国家工作人员”、“司法工作人员”、“重伤”、“违反国家规定”等概念的内涵与外延做出明确解释。再如刑法典第357条、第367条分别对“毒品”、“淫秽物品”含义的解释，均属解释性条文。（2）立法机关在法律起草说明或修订说明中所作的解释。例如1997年3月6日全国人大常委会副委员长王汉斌在第八届全国人大第五次会议上所作的《关于中华人民共和国刑法（修订草案）的说明》，其中对罪刑相当原则的解释：“罪刑相当，就是罪重的量刑要重，罪轻的量刑要轻，各个法律条文之间对犯罪量刑要统一平衡，不能罪重的量刑比罪轻的轻，也不能罪轻的量刑比罪重的重……”再如1981年6月第五届全国人大常委会第十九次会议上法律委员会在对《关于处理逃跑或者重新犯罪的劳改犯和劳教人员的决定》的说明中对“加重处罚”的解释：加重处罚“不是可以无限制地加重，而是罪加一等，即在法定最高刑以上一格判处”。（“加重处罚”这种责任原则在修订的刑法典中没有吸收）。（3）立法机关在其他法律中对刑法的解释与补充。如1988年1月21日第六届全国人大常委会通过的《关于惩治贪污罪贿赂罪的补充规定》中关于对贪污罪概念、犯罪构成、轻重情节及量刑档次的解释与规定。再如，1993年修改后的《商标法》第40条规定：“假冒他人注册商标，伪造、擅自制造他人注册商标标识或者销售伪造、擅自制造的注册商标标识的，销售明知是假冒注册商标的商品，构成犯罪的，除赔偿被侵权人的损失外，依法追究刑事责任。”该条是对1979年刑法典第127条假冒商标罪的解释和补充。（4）刑法实施过程中发生争议时，由立法机关做出的解释。如2000年4月29日全国人大常委会《关于〈中华人民共和国刑法〉第九十三条第二款的解释》就是典型范例；但实践中由全国人大常委会对发生争议的刑法条文作立法解释的情况不多。

2．司法解释。司法解释就是由司法机关对刑法规范的含义所作的解释。根据有关法律规定，对刑法享有司法解释权的是最高人民法院和最高人民检察院。《中华人民共和国法院组织法》第23条规定：“最高人民法院对于在审判过程中如何具体应用法律、

法令问题进行解释。”全国人大常委会《关于加强法律解释工作的决议》规定：“凡属于法院审判工作中具体应用法律、法令的问题，由最高人民法院进行解释。凡属于检察院检察工作中具体应用法律、法令的问题，由最高人民检察院进行解释。最高人民法院和最高人民检察院的解释如果有原则性的分歧，报请全国人民代表大会常务委员会解释或决定。”自我国1979年刑法典颁布实施以来，最高人民法院和最高人民检察院分别或联合就刑法实施中的具体问题作过许多解释，对保证刑法的正确和统一实施发挥了重要作用。司法解释只要不违背法律规定及其精神，各级司法机关在适用刑法时就必须遵照执行。

3. 学理解释。学理解释是指社会宣传机构、教学科研单位或者法学专家、学者对刑法规范所作的解释。通常表现为刑法教科书、专题著作、学术论文、案例研究以及对刑法的注释等。学理解释是从理论上对刑法规范的精神、含义予以分析说明，一般具有宣传、讨论或研究的性质，不具有法律约束力，属于无权解释，不能作为案件处理的依据。但是科学正确的学理解释，对于刑事立法与司法具有参考价值，对于法律宣传、法学教育和对社会法制观念的增强以及刑法科学的发展具有十分重要的意义。

（二）根据解释的方法，可分为文理解释与论理解释。

1. 文理解释，即对刑法条文的字、词、句，从文字及文法的角度进行解释。如刑法典第96条规定：“本法所称违反国家规定，是指违反全国人民代表大会及其常务委员会制定的法律和决定，国务院制定的行政法规、规定的行政措施、发布的决定和命令。”本条所规定的内容正是从文理上对“违反国家规定”含义的解释，刑法典第91条至第99条，均属解释性条文，从解释方法上看，均属文理解释。

2. 论理解释。论理解释是按照立法精神及刑事政策，联系立法及司法的有关实际情况，从逻辑上对刑法规范进行解释。论理解释又分为扩张解释与限制解释。

（1）扩张解释，即根据立法精神，对刑法条文字面含义的外延作扩大解释，以符合立法之原意。如1985年7月8日最高人民法院对“组织播放淫秽录像、影片、电视片、幻灯片等构成犯罪，可直接依据1979年刑法典第170条规定定罪判刑”的批复，从1979年刑法典第170条规定的文字含义看，犯罪对象不包括淫秽音像制品，因此，批复是对该条的扩大解释。

（2）限制解释，即根据立法精神，对刑法条文字面含义作小于其外延的解释，以求符合立法原意。如刑法典第234条规定：“故意伤害他人身体的，处三年以下有期徒刑、拘役或者管制。”这里的“故意伤害他人身体”，一般解释为“破坏人体组织的完整性”和“损害人体器官的正常机能活动”，[①] 不包括一般“殴伤行为”，显然是对“故意伤害他人身体”的一种限制性解释。

① 赵秉志主编《新刑法教程》，中国人民大学出版社，1997年9月版，第581页。

第二章　刑法的基本原则

第一节　刑法的基本原则概述

刑法的基本原则，是指导刑事立法与刑事司法并贯穿于刑法始终的基本准则。它是刑法的基本精神和基本价值取向的集中体现。因而，刑法的基本原则是刑法及刑法理论中一个极其重要的问题。

恩格斯指出：“原则不是研究的出发点，而是它的结果……不是自然界和人类社会适应原则，而是原则只有适合于自然界和历史的情况下才是正确的。”① 法律原则，是社会生活规律所确认并在法律中固定下来的基本思想。刑法是国家运用刑罚权控制犯罪和界定国家刑罚权运用范围的基本法律，因此，刑法的基本原则是国家有效解决它与犯罪之间严重冲突以及防止刑罚权滥用的实践所确认的基本思想和准则。因而，不同历史时代和不同国度的刑法，奉行的基本原则是不同的。如奴隶制国家的刑法普遍奉行等级特权原则，以同态复仇为中心的对等主义原则，个人惩办主义原则等②；我国封建社会的刑法，则奉行“德主刑辅、礼法并用原则”，“株连原则”，“特权原则”等。资产阶级在反对封建司法专横的斗争中，在“天赋人权”，“自由、平等、博爱”等思想背景下，意大利的刑法学家贝卡利亚首先提出了“罪刑法定”、“罪刑均衡”、“刑罚人道主义”的刑法思想，后经费尔巴哈等刑法学家进一步理论化和明确化，使之成为近代刑法的三大原则。

我国是社会主义国家，我国刑法究竟应遵守哪些基本原则，理论上一直存在较大的分歧，如 1979 年刑法规定了“类推制度”，因而导致对我国刑法是否应贯彻罪刑法定原则，产生不同的认识。随着我国社会不断走向文明与进步，刑法理论和刑事立法与司法实践的发展，我国刑法遵循的基本原则在理论界不断取得共识。1997 年刑法典明确将“罪刑法定原则”、“罪责刑相适应原则”、“适用刑法人人平等原则”载入，从而使我国刑法得到了长足的进步。我们认为，我国刑法的基本原则，除罪刑法定原则、罪责刑相适应原则、适用刑法人人平等原则之外，罪责自负、主客观相统一、惩办与教育相结合等原则也是我国刑法遵循的基本原则。

第二节　罪刑法定原则

一、罪刑法定原则的概念及其内容

罪刑法定原则是指什么行为构成犯罪以及对这种犯罪处以什么样的刑罚，都要由法

① 《马克思恩格斯全集》，第 1 卷，第 170 页。
② 张晋藩等著《中国刑法史新论》，人民法院出版社，1992 年版，第 186 页。

律明文规定。即法无明文规定不为罪，法无明文规定不处罚。罪刑法定原则是18世纪西方启蒙思想家为反对封建刑法的罪刑擅断而提出的，旨在限制司法权的滥用和保障人权。自1810年《法国刑法典》第4条明确规定该原则以来，几乎被所有西方国家采用，把它规定在刑法中，有的甚至规定在宪法中。这一原则被看做是法治国家的标志、近代刑法的根本原则。

罪刑法定原则从产生到现在经历了两百多年的历史，随着世界各国政治、经济、文化的变迁，其内容也在实践中不断予以修正、充实与发展，经历了从绝对罪刑法定到相对罪刑法定的转变。经学者们的长期研究，认为罪刑法定的内容或派生原则主要有以下四项：(1) 排斥习惯法，即刑法的渊源只能是立法机关制定的成文法，习惯不能作为刑法的渊源。(2) 禁止类推。类推是指刑法没有明文规定为犯罪的行为，比照刑法分则中最相类似的条文定罪判刑的制度，与罪刑法定原则“法无明文规定不为罪，法无明文规定不处罚”的精神相悖。(3) 禁止事后法或刑法无溯及力，即反对根据行为后实施的刑法处罚刑法实施前的行为，也就是说新法律对公布实施前的行为不发生效力。(4) 禁止绝对不定期刑。绝对不定期刑是指刑法未明文规定确定的刑罚，它与罪刑法定原则相悖而被禁止。近几年来，有不少刑法学者在以上传统派生原则的基础上，又提出了“明确性原则”和“实体的适当原则”，被认为是罪刑法定原则新的派生原则。①

二、罪刑法定原则的立法体现及其意义

我国1979年刑法没有明确规定罪刑法定原则，而相反却规定了有罪类推制度。虽然理论界对我国刑法是否奉行罪刑法定原则曾有不同的认识，但从1979年刑法的实际情况看，我国刑法基本上是采取了罪刑法定原则的，即采取以罪刑法定为主、以类推为辅的原则。1979年刑法典共192条，对犯罪概念、分类、具体犯罪构成、刑罚及具体犯罪的法定刑都明确作了规定，应该说，1979年刑法典是贯穿了罪刑法定原则精神的。1997年刑法典从完善我国刑事法制、强化人权保障出发，在第3条明确规定罪刑法定原则：“法律明文规定为犯罪行为的，依照法律定罪处刑；法律没有明文规定为犯罪行为的，不得定罪处刑。”同时，将罪刑法定原则的精神及其价值内涵较为全面和系统地在我国刑法中予以贯彻：(1) 明确规定了犯罪及每个具体犯罪构成，使之尽可能明确化、规格化，强化操作性；(2) 明确规定刑罚种类，量刑的原则，以及每个具体犯罪的法定刑，为司法机关正确量刑提供了明确的规格与标准；(3) 取消了类推制度，重申了从旧兼从轻原则，从而保障了罪刑法定原则真正全面贯彻。

罪刑法定原则在刑法中明确加以规定并予以较为全面、系统的贯彻，对于加强打击与防范犯罪，更好地保障人权，提高刑事司法水平，推进我国的民主与法制建设均具有十分重大的意义。

第三节　适用刑法人人平等原则

一、适用刑法人人平等原则的提出及其意义

适用刑法人人平等原则，也称刑法面前人人平等原则，是指实施犯罪的人在适用刑

① 丁慕英等主编《刑法实施中的重点难点问题研究》，法律出版社，1997年12月版，第122—123页。

法上，无论民族、性别、职业、地位高低、财产状况，一律同等追究刑事责任，不允许有任何超越法律的特权。这是现代法制社会中一项重要的法制原则。

适用刑法人人平等的原则，是我国宪法确定的法律面前人人平等原则在我国刑事法律领域中的具体化。法律面前人人平等的原则是18世纪资产阶级在反对封建特权的斗争中，在“天赋人权”、“自由”、“平等”、“正义”等思想背景下，提出的一项法制原则，并成为现代法制社会普遍适用的一项基本法律原则。我国古代就有“刑无等级”、“法不阿贵”、“王子犯法与庶民同罪”等思想；新中国成立后，1954年宪法就明确规定：“中华人民共和国公民在法律上一律平等。”我国现行宪法第5条对这一原则做了更为明确的规定：“一切国家机关和武装力量、各政党和各社会团体、各企业事业组织都必须遵守宪法和法律。一切违反宪法和法律的行为，必须予以追究。“任何组织或者个人都不得有超越宪法和法律的特权。”第33条规定：“中华人民共和国公民在法律面前一律平等。”为强化我国刑法适应市场经济和社会主义法制建设的需要，刑法典第4条规定：“对任何人犯罪，在适用法律上一律平等。不允许任何人有超越法律的特权。”我国刑法重申宪法所确定的法律面前人人平等的原则，无疑是给了司法机关依法行使刑事司法权一把“尚方宝剑”，确保司法机关依法追究犯罪的职权，使一切犯罪分子不能逃脱法律的制裁；同时，对于根治我国封建社会遗留下来的特权思想，反腐倡廉，依法整治国家公务员队伍，强化依法治国方针，促进我国法制建设的快速发展等都具有重大的意义。

二、适用刑法人人平等原则的内容及立法体现

适用刑法人人平等原则着重是指适用上的平等及司法平等问题。刑法由于其责任法的特殊性质，对具体犯罪的设置及其刑罚的配置，是根据行为的社会危害性的程度及其有效控制犯罪的需要为基础的，因此，适用刑法人人平等原则着重不是刑事立法问题。所以，适用刑法人人平等原则，主要是指在行为人的行为已经构成犯罪的前提下，无论其身份、地位如何，司法机关一律平等地依法追究其刑事责任，其本质是有法必依、严格执法。该原则的基本内容包括：（1）定罪平等，即无论什么人只要其行为构成刑法规定的犯罪，就应该适用相同的定罪标准。（2）量刑平等，即构成同种犯罪的人，必须适用相同的量刑标准，不得因人而异。（3）行刑平等，即对判处同样刑罚的人，应当依法给予同等的待遇。

适用刑法人人平等原则，贯穿于我国刑法的各项规定中。首先，罪与罪之间的法定刑注意保持协调与平衡。如刑法将过失致人死亡罪与一般业务过失罪的最高刑都规定为7年有期徒刑。其次，防止特权。如将酌情减轻处罚权限由各级人民法院审判委员会交由最高人民法院，对减刑、假释的条件与程序进一步严格、具体。第三，打击破坏司法公正的犯罪行为。如完善徇私枉法罪，新增徇私舞弊减刑、假释、暂予监外执行罪等。

第四节 罪刑相适应原则

一、罪刑相适应原则的基本含义及产生

罪刑相适应原则，也称罪责刑相适应原则，指刑罚的轻重与犯罪的社会危害性程度及犯罪人的人身危险性和应承担的刑事责任相适应。罪重则责大，罪轻则责小；责大则

刑重，责小则刑轻，罪责刑相适应。重罪重罚、轻罪轻罚、罪刑相当、罚当其罪。

罪刑相适应的观念，最早可以追溯到原始社会的同态复仇观念，如“以血还血、以牙还牙”。但罪刑相适应作为一项刑法原则，是18世纪西方启蒙思想家为反对封建主义刑法的重刑主义而提出并加以规定的。格劳秀斯主张惩罚之苦等于行为之恶；霍布斯要求量刑适当，罚当其罪；孟德斯鸠认为罪与刑之间应有适当比例，刑罚的轻重应当协调。刑法学的奠基人贝卡利亚在《论犯罪与刑罚》一书中明确地阐述了“刑罚与犯罪相对称”的主张，并提出了“刑罚阶梯论”，试图设计一个与犯罪轻重相应的刑罚阶梯，以实现“刑罚与犯罪相对称”的主张。① 法国1793年宪法所附《人权宣言》第15条规定：“法律反应制定需要和显然不可缺少的刑罚；刑罚应当与犯罪行为相适应并有益于社会。”马克思主义刑法理论也主张罪刑相适应。马克思说：“如果犯罪的概念需要惩罚，那么实际的罪行就要有一定的尺度。”“受惩罚的界限应该是他的行为界限。”② 毛泽东也曾指出：“轻罪重判不对，重罪轻判也不对。”③

二、罪刑相适应原则的基本要求及立法体现

我国刑法学界一直认为罪刑相适应原则是我国刑法的基本原则，1979年刑法典虽然没有明文规定此原则，但全面贯彻了此原则及其精神。为了进一步强化和贯彻此原则，我国1997年新刑法典第5条对此原则明确予以规定：“刑罚的轻重，应当与犯罪分子所犯罪行和承担的刑事责任相适应。”

罪刑相适应的基本要求，可以从两个角度来理解。首先，从立法的角度看，法定刑的设置必须与犯罪行为的性质和社会危害性程度及行为人的主观罪过相适应；其次，从司法的角度看，法官对具体犯罪的裁量，一方面要考察犯罪行为及其客观实害，另一方面要考察犯罪人的主观恶性和人身危险性，力求实现刑罚的个别化。

罪刑相适应原则在我国新刑法典中得到了全面的贯彻。首先，建立了科学的刑罚体系，有生命刑、自由刑、财产刑、资格刑，形式多样，轻重衔接，主刑与附加刑配合，为实现罪与刑相适应奠定了客观基础。其次，确立了轻重不同的处罚原则。刑法典总则中根据犯罪的社会危害性及犯罪人主观恶性和人身危险性的具体情况，规定了犯罪的预备、未遂、中止，累犯与自首，主犯、从犯、协从犯、教唆犯等从重、从轻、减轻或免除处罚的责任原则。第三，针对不同的犯罪，设置与之相应的法定刑。在刑法典分则中，根据犯罪的性质及社会危害性程度，将犯罪分为十类，重罪危害国家安全罪列其首，并规定了相应的重刑；在此基础上，对规定的每一个犯罪都设置了相适应的法定刑，并根据不同情节，分别规定了不同的量刑幅度，以确保法官在司法裁量中根据案件具体情况全面实现罪刑相适应的原则要求。

第五节 其他基本原则

一、罪责自负原则

罪责自负原则，是指谁犯罪谁承担刑事责任。刑罚只适用于犯罪分子本人，不得株

---

① ［意］贝卡利亚著《论犯罪与刑罚》，中国大百科全书出版社，1993年版，第65页。
② 《马克思恩格斯全集》第1卷，第140～141页。
③ 《毛泽东选集》第5卷，第451页。

连犯罪分子的家属、亲属、朋友、邻居等其他没有实施犯罪的人。

刑事责任不同于民事责任，它不是以恢复或补偿被损害者的权益为目的，而在于通过对犯罪行为的严厉谴责和对犯罪者惩罚而达到预防犯罪的目的，因此，以国家强制力保证犯罪者自己承担责任，是刑事责任实现预防犯罪功利要求与合理化要求的必然结论。我国刑法虽然没有明文规定罪责自负原则，但是我国刑事立法与司法历来坚持并贯彻此原则，坚决反对株连无辜。如建国初期颁布的《管制反革命分子暂行条例》中就规定："对反革命分子的管制只限于本人，不得株连其家属、亲友。"我国刑法典的许多规定也充分体现了这一基本原则。刑法典第 25 条第 1 款规定："共同犯罪是指二人以上共同故意犯罪。"就是说，共同犯罪的构成，只能是与犯罪分子在客观上有共同的行为，主观上有共同故意的人才能构成并受到刑罚处罚。除此之外的人，不得以共同犯罪予以处罚。刑法典第 59 条规定："没收财产是没收犯罪分子个人所有财产的一部或全部。……在判处没收财产的时候，不得没收属于犯罪分子家属所有或者应有的财产。"刑法典第 60 条规定："没收财产以前犯罪分子所负的正当债务，需要以没收的财产偿还的，经债权人请求，应当偿还。"

在我国长达几千年的封建社会里，一人犯罪，株连三族灭满门，祸及九族；国民党统治时期，也有"联保连坐"等殃及邻里的规定；我国"文化大革命"时期，也有一人被审查，全家遭殃，滥罚无辜的惨痛教训。因此，我国刑法坚持罪责自负原则，反对株连，对于分清罪与非罪的界限，准确地打击犯罪，保障公民个人权利具有重要的意义。

二、主客观相统一原则

主客观相统一原则，是指犯罪的成立要求行为人在客观上实施了危害社会的行为，主观上具有罪过，且主客观的内容相一致；刑事责任程度的确定不仅要考虑行为的客观危害，同时还要考虑行为人的主观罪过及其人身危险性。

确定犯罪的成立及犯罪人的刑事责任，是以行为的客观实害为依据，还是以行为人的主观恶性及人身危险性（即再犯可能性）为标准？这个问题，近代刑法史上长期存在着主观主义与客观主义的对立。

客观主义认为，犯罪人的内心状况，非法律所能过问，必须有外部行为危害他人利益时，法律才能加以干涉。因此，犯罪的成立应以行为人的行为为基础，刑事责任程度应与客观实害大小成正比。与此相反，主观主义则认为，犯罪的成立及犯罪人承担刑事责任，对其施以刑罚，并非应以其行为所造成的实际危害来确定，而应该根据行为人主观恶性、个别的反社会性格以及行为人适应社会能力的大小而确定，即以行为人的人身危险性为标准。按此推论，刑罚没有必要与犯罪行为以及所造成的危害后果相均衡。

客观主义旨在保护人权，反对封建司法专横，明确了刑事责任的界限，具有限制刑事责任的作用；主观主义站在保卫"社会利益"，有效预防犯罪的立场强调刑事责任个别化，充分肯定了预防犯罪的思想。因此，两者都具有一定的合理性。但是，由于两种理论都把主观因素与客观因素对立起来，或忽视主观方面的意义，或排斥客观方面的作用，因此，两种理论都存在着严重的片面性。

我国刑法坚持主客观相统一的确定犯罪及刑事责任的原则。犯罪的成立及犯罪人的刑事责任的确定，不仅要以已然的危害行为及后果为基础，同时，也要以造成这种危害行为及后果的主观罪过及人身危险性为依据。既反对主观归罪，也反对客观归罪。

主客观相统一的原则在我国刑法中得到了全面的体现。首先，作为刑事责任存在的前提条件——犯罪，行为人主观上必须具有罪过，客观上具有危害行为及后果的条件下才能成立，既反对客观归罪，又反对处罚“思想犯罪”；意外事件、正当防卫、紧急避险由于不具备主观罪过，故不具有犯罪的性质，不存在刑事责任问题。其次，在进一步解决刑事责任程度时，我国刑法根据主客观相统一的原则，确立了各种从重、从轻、减轻等具体的刑事责任原则，对故意犯罪与过失犯罪的区别，责任能力与责任年龄对刑事责任的限制，累犯、主犯、教唆犯等从重处罚，从犯、胁从犯、中止犯、自首犯从轻、减轻或免除处罚的规定，充分强调了主观因素及人身危险性在确定刑事责任“量”的重要意义。预备犯、未遂犯、既遂犯区别对待原则，结果加重犯以及经济犯罪中数额的规定，则充分考虑了实际危害后果以及主观犯意的实现程度对刑事责任的影响。再次，刑法中还规定了缓刑、死缓、假释、减刑等制度，这些制度充分强调了行为人的人身危险性在刑事责任实现和个别化中的意义。最后，刑法分则确立的相对不定期刑制度，为人民法院在处理具体案件时，进一步考察犯罪人主客观因素，酌定刑事责任的程度，留下了充分的余地。

三、惩罚与教育相结合的原则

惩罚与教育相结合的原则，是指刑法不仅是惩罚犯罪的工具，也是教育改造罪犯的手段，必须将惩罚与教育二者结合起来；反对单纯惩办主义，也反对教育万能的片面观点。

犯罪必须受到应有的惩罚，犯罪人必须为其危害社会的行为付出代价，这是社会正义与公平的要求；但是，惩罚犯罪不是刑法的根本目的，刑法通过对犯罪人适用刑罚，使罪犯得到应有的惩罚，同时使犯罪人从中吸取教训，改过自新，重新回归社会，从而有效地预防犯罪。因此，惩罚与教育相结合的原则是实现社会正义和刑法预防犯罪、减少犯罪根本目的的要求。

惩罚与教育相结合的原则贯穿于实现刑法任务的整个过程中，同定罪、量刑及刑罚的适用有着紧密联系。在刑事立法和司法工作中的具体体现是：（1）我国刑法所规定的几种剥夺自由的刑罚，都强调在执行中对罪犯进行劳动改造。对罪该判处死刑的犯罪分子，规定了死刑缓期执行制度。只要确有悔改表现，就可以不适用死刑，给予自新的机会。（2）我国刑法规定的缓刑、减刑、假释等行刑制度，更充分体现了我国刑法惩罚与教育相结合的精神，表明我国刑法对于罪犯适用刑罚，绝不是实行报复主义，而是在适用刑罚的同时教育改造罪犯，给予其自新之路。（3）给予刑罚处罚不是我国刑法处治犯罪的惟一的方法。我国刑法规定，对于犯罪情节轻微不需要判处刑罚的，可以根据案件的不同情况，予以训诫或者责令具结悔过、赔礼道歉、赔偿损失等非刑罚方法处治，而免于刑事处罚。① 而这些非刑罚方法都是以教育为特征的。（4）我国处理犯罪案件的一贯政策、方针，就是惩办与宽大相结合，惩办少数，改造教育多数，缩小打击面，扩大教育面。如我国刑法典第 290 条第 1 款规定的聚众扰乱社会秩序罪，第 290 条第 2 款规定的聚众冲击国家机关罪，第 291 条规定的聚众扰乱公共场所秩序、交通秩序罪，第 292 条规定的聚众斗殴罪，第 371 条第 2 款规定的聚众扰乱军事管理区秩序罪等聚众犯

---

① 参见《中华人民共和国刑法》第 37 条的规定。

罪，只限于处罚首要分子或者处罚首要分子和其他积极参加者，而对于被胁迫的群众，则用教育的办法处理，不对他们定罪判刑。(5) 我国刑法强调对罪犯实行社会主义的人道主义，不准殴打或体罚虐待，不准刑讯逼供，反对和严格禁止带有惩罚主义和报复主义性质的肉体刑和侮辱刑。

第三章　刑法的效力范围

刑法的效力范围，在学理上亦称刑法的适用范围，是指刑法在什么地域、对什么人和在什么时间内具有效力。它包括刑法的空间效力和时间效力两方面的内容。

我国刑法的空间效力由刑法典第 6 条至第 11 条作了明确规定，刑法的时间效力在刑法典第 12 条和第 452 条中作了具体规定。

第一节　刑法的空间效力

一、刑法空间效力的概念和原则

刑法空间效力，是指刑法在哪些地域、对哪些人具有管辖效力。刑法是一个主权国家制定的国内法。作为国内法，它涉及对世界不同地域、不同国籍的人是否能够适用的问题。概括现代世界各国刑法在空间效力上所采取的管辖原则，大致有以下四种：

1. 属地原则。主张凡是在本国领域内犯罪，不论是本国人还是外国人，均适用本国刑法；反之，在本国领域外犯罪的，均不适用。

2. 属人原则。主张凡系本国公民，不论在本国领域内还是领域外犯罪，均适用本国刑法。

3. 保护原则。主张不论犯罪人是本国人还是外国人，也不论犯罪发生在本国领域还是他国领域，只要危害了本国或本国公民的利益，均应适用本国刑法。

4. 普遍管辖原则。主张以保护人类的共同利益为标准，不论犯罪地在哪一个国家、犯罪人的国籍如何，均可适用本国刑法。

以上四个原则，由于适用中各具有一定局限性，因而到了现代，单采某一原则的国家越来越少。世界各国大都根据自己国家的利益要求，附条件地同时采用若干原则。一般的做法为：以属地原则为主，兼采其他原则。

二、我国刑法关于空间效力的规定

我国刑法典第 6 条至第 11 条对空间效力问题作了具体规定。这些规定表明，我国刑法采取的是以属地原则为主，兼采属人原则、保护原则和普遍管辖原则的混合刑事管辖体制。从人对地域不可分离的依附关系来看，我国刑法对空间效力的规定可分为域内效力、域外效力和普遍管辖效力三方面的内容。

（一）我国刑法的域内效力

所谓域内效力，是指刑法对在本国领域内犯罪的效力。对此，我国刑法典第 6 条第 1 款规定：“凡在中华人民共和国领域内犯罪的，除法律有特别规定的以外，都适用本法。”这一规定充分体现了属地原则，对维护国家主权具有极为重要的意义。

1. 我国刑法的“域内”范围。刑法意义上的“域内”，包括领土和拟制领土两部分。中国领土指的是中华人民共和国国境以内的全部区域，具体包括：（1）领陆，即国境线以内的陆地及其底土；(2) 领水，包括内水和领海及其底土；(3) 领空，指领陆和领水之上的空气空间。

拟制领土是为解决刑事管辖权问题而根据国际条约和惯例假设的、具有领土意义的特定空间。刑法典第 6 条第 2 款规定："凡在中华人民共和国船舶或者航空器内犯罪的，也适用本法。"根据该规定，只要在我国登记注册，悬挂我国国旗、国徽、军徽等标志的船舶或者航空器，即使处于我国领域外，也视为我国领域的延伸；在上述船舶或者航空器内犯罪的，均应适用我国刑法。

此外，根据我国承认的 1961 年 4 月 18 日《维也纳外交关系公约》的规定，各国驻外大使馆、领事馆及其外交人员不受驻在国的司法管辖而受本国的司法管辖。因此，凡在我国驻外大使馆、领事馆内犯罪的，也应适用我国刑法。

2. 域内犯罪的三种情况。刑法典第 6 条第 3 款规定："犯罪的行为或者结果有一项发生在中华人民共和国领域内的，就认为是在中华人民共和国领域内犯罪。"根据该规定，属于域内犯罪的分三种情况：(1) 犯罪行为和犯罪结果均发生在我国领域内，绝大多数犯罪均属此类情况。(2) 犯罪行为发生在我国领域内而犯罪结果发生在我国领域外，如在国内制造并寄送爆炸物在国外爆炸。(3) 犯罪行为发生在我国领域外而犯罪结果发生在我国领域内，如在境外伪造人民币而在我国境内使用。

3. 属于域内犯罪但不适用我国刑法的特别规定。刑法典第 6 条第 1 款所指的"特别规定"，有以下几种情况：(1) 刑法典第 11 条关于"享有外交特权和豁免权的外国人的刑事责任，通过外交途径解决"的规定。通常的解决方法是要求派遣国招回或建议派遣国依法处理，对于罪行严重的还可由政府宣布为"不受欢迎的人"限期其离境。(2) 刑法典第 90 条关于"民族自治地方不能全部适用本法规定的，可以由自治区或者省的人民代表大会根据当地民族的政治、经济、文化的特点和本法规定的基本原则，制定变通或者补充的规定，报请全国人民代表大会常务委员会批准施行"的规定。(3) 修订的刑法施行后国家立法机关所制定的特别刑法的特别规定。(4) 我国香港特别行政区和澳门特别行政区基本法做出的例外规定。我国已恢复对香港和澳门行使主权，香港特别行政区和澳门特别行政区已分别于 1997 年 7 月 1 日和 1999 年 12 月 20 日成立。《香港特别行政区基本法》第 2 条规定："全国人民代表大会授权香港特别行政区依照本法的规定实行高度自治，享有行政管理权、立法权、独立的司法权和终审权。"《澳门特别行政区基本法》第 2 条也有类似规定。台湾地区的政治状况及法律地位与香港、澳门不尽相同，两岸统一后，根据"一国两制"的构想，其司法制度仍将是独立的。因此，即使两岸统一后，台湾地区也不会适用全国性的刑法。

(二) 我国刑法的域外效力

所谓域外效力，是指刑法对在我国领域外犯罪的效力。对此，刑法典第 7 条、第 8 条、第 10 条作了规定。

1. 对域外中国公民的效力。刑法典第 7 条第 1 款规定："中华人民共和国公民在中华人民共和国领域外犯本法规定之罪的，适用本法，但是按本法规定的最高刑为三年以下有期徒刑的，可以不予追究。"这一规定表明我国刑法对我国公民在域外的犯罪采取的是附条件的属人原则，所附条件为：(1) 触犯我国刑法，而不是所在地国的刑法；(2) 所犯之罪的法定最高刑高于 3 年有期徒刑。

刑法典第7条第2款对我国公民的域外犯罪在上述一般规定外，专门作了特殊规定："中华人民共和国国家工作人员和军人在中华人民共和国领域外犯本法规定之罪的，适用本法。"按照该规定，凡属于我国国家工作人员和军人的，只要在我国领域外实施我国刑法规定的任何犯罪，不论法定刑轻重，均应适用我国刑法。

2. 对域外外国人的效力。刑法意义上的外国人，包括具有外国国籍的人和无国籍人。刑法典第8条规定："外国人在中华人民共和国领域外对中华人民共和国国家或者公民犯罪，而按本法规定的最低刑为三年以上有期徒刑的，可以适用本法，但是按照犯罪地的法律不受处罚的除外。"这一规定表明我国刑法对外国人在我国领域外的犯罪采取的是附条件的保护原则，所附条件为：(1) 对我国国家或者公民实施犯罪；(2) 所犯罪行按我国刑法规定其法定最低刑为3年以上有期徒刑；(3) 犯罪地国（地区）的法律也认为是犯罪。

3. 关于外国先行审判的问题。凡属域外犯罪，不管是中国公民还是外国人，均可能会被犯罪地国（地区）依照该地法律先行审判；而按照我国刑法典第7条、第8条的规定，我国司法机关仍然享有刑事管辖权。对此，刑法典第10条作了规定："凡在中华人民共和国领域外犯罪，依照本法应当负刑事责任的，虽然经过外国审判，仍然可以依照本法追究，但是在外国已经受过刑罚处罚的，可以免除或者减轻处罚。"这个规定，既维护了我国的国家主权和法律尊严，也实事求是地考虑了被告人在国外所受到的刑事境遇问题。

（三）我国刑法的普遍管辖效力

近年来，我国先后加入了多个国际条约。对于我国缔结或者参加的国际条约所规定的犯罪，我国应当履行应尽的国际义务，行使刑事管辖权。对此，刑法典第9条规定："对于中华人民共和国缔结或者参加的国际条约所规定的罪行，中华人民共和国在所承担条约义务的范围内行使刑事管辖权的，适用本法。"这一规定体现了普遍管辖原则。该原则的确立旨在打击各种国际恐怖活动，维护正常的国际秩序和人类的和平与安宁。

在行使普遍管辖权时应注意以下几点：(1) 被追诉的犯罪必须是管辖国所加入国际条约明确规定予以普遍管辖的罪行，如海盗罪、劫持航空器罪、灭绝种族罪、涉及毒品的犯罪、侵害应由国际保护的人员罪等国际性犯罪；(2) 被追诉的犯罪并未发生在本国领域内；(3) 被追诉的犯罪人不具有本国国籍；(4) 犯罪人在本国境内居住或者被逮捕，或者由管辖国以符合国际法要求的方式在国际领域内抓获。

第二节　刑法的时间效力

刑法的时间效力，是指刑法适用的有效期间及其在有效期间内对其生效前的行为是否具有溯及既往效力的问题。

一、刑法的有效期间

时间是一种无始无终的过程。所谓刑法的有效期间，指的是刑法在时间的哪一段过程内具有效力的问题。凡属一定的过程，必然会有两端；分别确定刑法的生效时间和失效时间两端，其间便是刑法的有效期间。

（一）刑法的生效时间

生效时间是立法机关根据公布的刑法规范的具体情况而明文加以规定的。从我国的立法实践看，分两种情况：一是公布的同时即宣布其生效，如1951年的《惩治反革命条例》和1990年的《关于禁毒的决定》。这种情况多是为适应同某类犯罪作斗争的急需而制定。二是公布后经过一段时间再生效，我国1979年刑法典和1997年刑法典均属这种情况。前者1979年7月6日公布，1980年1月1日生效；后者1997年3月14日公布，1997年10月1日生效。之所以如此，是由于这些规范属于系统完备的法典，内容复杂，应当给群众一个学习、掌握并给司法机关一个熟悉、准备的时间，以保证新刑法的顺利实施。

（二）刑法的失效时间

刑法的失效时间一般并不确定，在已有的旧法不再适应现实生活的需要时，立法者便颁布新法在局部上甚至整体上取代旧法。新法的生效之日便是旧法的失效之时。1997年10月1日新刑法生效，旧刑法（广义刑法）的失效时间便为1997年10月1日零时。

二、刑法的溯及力

（一）刑法溯及力的概念及处理原则

刑法的溯及力又称刑法溯及既往的效力，是指在刑法的有效期间内，对其生效前发生的未经判决或者判决尚未确定的行为能否适用的问题。如果能够适用，新法则有溯及力；如果不能适用（适用旧法），新法则没有溯及力。凡是新法生效后发生的行为或者新法生效前判决已经确定的行为，均不产生溯及力问题。

刑法的溯及力直接关系到被告人刑事责任的有无及大小的问题，各国刑法有着不同的主张，在处理上主要依循以下几个原则：

1. 从旧原则。对新法生效前的行为，一律适用行为时的法律（旧法），即新法完全没有溯及力。

2. 从新原则。对新法生效前未经判决或者判决尚未确定的行为，一律适用新法，即新法具有完全的溯及力。

3. 从旧兼从轻原则。即新法原则上不具有溯及力，但当新法的规定较轻时，则应适用新法；新法在“从轻”的意义上对过去的行为具有溯及力。

4. 从新兼从轻原则。即新法原则上具有溯及力，但当旧法的规定较轻时，则应适用旧法而新法没有溯及力。

根据罪刑法定原则及谦抑原则的要求，当今世界各国刑法多采用从旧兼从轻原则，我国刑法亦是如此。

（二）我国刑法关于溯及力的规定

刑法典第12条第1款规定：“中华人民共和国成立以后本法施行以前的行为，如果当时的法律不认为是犯罪的，适用当时的法律；如果当时的法律认为是犯罪的，依照本法总则第四章第八节的规定应当追诉的，按照当时的法律追究刑事责任，但是如果本法不认为是犯罪或者处刑较轻的，适用本法。”根据上述规定，对于在1949年10月1日至1997年9月30日期间内所发生的未经判决或者判决尚未确定的行为，应按以下情况处理：

1. 当时的法律不认为是犯罪，而新刑法认为是犯罪的，适用当时的法律，即新刑法没有溯及力。

2. 当时的法律认为是犯罪，而新刑法不认为是犯罪，适用新刑法，即新刑法具有溯及力。

3. 当时的法律和新刑法均认为是犯罪，而按新刑法关于追诉时效的规定应当追诉的，适用当时的法律追究刑事责任；但如果新刑法规定的法定刑比当时的法律较轻时，则应适用新刑法，即新刑法惟有在“从轻”这一点上具有溯及力；凡法定刑相同或新刑法规定的法定刑较重时均适用当时的法律。

刑法典第 12 条第 2 款规定：“本法施行以前，依照当时的法律已经作出的生效判决，继续有效。”这一规定表明，判决一旦生效，就不再存在新法对其是否具有溯及力的问题。对按审判监督程序提起再审的案件，应一律依照行为当时的法律处理。

此外，最高人民法院于 1997 年 9 月 25 日发布的《关于适用刑法时间效力规定若干问题的解释》，就追诉时效、减轻处罚、累犯、自首、立功、缓刑、假释等情况的溯及力问题，作出了具体的司法解释。

第四章　犯罪概述

第一节　犯罪的一般概念

一、关于犯罪的本质

（一）西方学者关于犯罪本质的认识

犯罪是一种复杂的社会现象，它与国家和法律的存在是紧密相联系的。法律为什么将某种行为规定为犯罪，亦即犯罪的本质是什么，西方刑法理论主要有以下几种主张。

1．权利侵害说。此说认为犯罪是对权利的侵害。这种学说以启蒙主义的人权思想为背景，流行于18世纪末和19世纪上半叶。

2．法益侵害说。此说认为犯罪是对作为权利的对象即被国家所保护的人身、财产的侵害或侵害的危险性，即犯罪是对法益的侵害。这种学说现为西方刑法理论之通说。

3．义务违反说。此说认为犯罪的本质不是对法益的侵害，而在于对义务的违反。在德国纳粹时代，由德国学者提出并主张。义务违反说强调个人对国家、对社会的义务，在理论根基上存在缺陷，"二战"后被摈弃。

4．折衷说。即主张法益侵害说与义务违反说并用。这种学说为西方部分刑法学者主张。

西方刑法学者关于犯罪的本质的认识，有助于我们对犯罪本质的理解；但是，不论权利侵害说、法益侵害说、义务违反说或者折衷说，都不过是从某个侧面揭示了犯罪的法律属性，并没有从根本上揭示犯罪的阶级本质。

（二）犯罪的阶级本质

马克思、恩格斯在《德意志意识形态》一书中指出："犯罪——孤立的个人反对统治关系的斗争，和法一样，也不是随心所欲产生的。相反地，犯罪和现行的统治都产生于相同的条件。同样也就是那些把法和法律看做是某种独立自在的一般意志的统治的幻想家才会把犯罪看成单纯是对法和法律的破坏。"① 马克思、恩格斯在《英国工人阶级的状况》一书中指出："蔑视社会秩序的最明显最极端的表现就是犯罪。"② 据此，我们可以从如下几个方面理解犯罪的阶级本质。

1．犯罪是反对统治关系的斗争，不单是对法律的破坏。所谓统治关系，就是掌握国家政权的阶级，为自身利益的需要而确认和维护的社会关系，包括从经济基础到上层建筑所确立的各种关系。犯罪是"反对统治关系"，也就是危害统治阶级的利益，破坏

① 《马克思恩格斯全集》第3卷，第379页。
② 《马克思恩格斯全集》第2卷，第416页。

统治秩序。正因为如此，统治阶级才通过国家，将具有这些危害性的行为规定为犯罪并设置相应的刑罚措施予以制裁。而认定哪些行为具有危害性，应当作为犯罪处理，最终都取决于统治的需要。所以，犯罪虽然在表面上是对刑法的违犯，但在本质上是对统治阶级的侵犯。

2. 犯罪与现行统治产生于相同的条件。犯罪与国家和阶级统治有着密切的联系，归根到底是由生产关系的性质决定的。首先，犯罪不是从来就有的，也不会永远存在。在出现私有制、阶级及阶级统治、国家之后，才有刑法和由此认定的犯罪；当阶级、国家消亡，刑法不复存在时，作为违反刑法的犯罪也随之消灭。其次，犯罪的内容因生产关系的性质及统治阶级的利益不同而有所不同。从社会历史进程看，一个国家在奴隶社会、封建社会、资本主义社会，什么样的行为是犯罪，其规定有所差异。从国家性质看也是如此，如当今世界存在的资本主义国家和社会主义国家，对犯罪的规定是有所不同的。

3. 犯罪是最严重反对统治关系的行为。不是任何反对统治关系的危害行为都是犯罪。统治阶级根据危害行为的大小轻重，采用刑事的和非刑事的法律加以规制。只有那些被统治者认为是“最明显最极端的”反统治关系、危害统治秩序，其他法律规制已无能为力，必须动用严厉的刑罚方法予以制裁的行为，才成为犯罪行为。犯罪危害的严重性决定了刑法及其制裁方法的严厉性，反过来，刑法规制犯罪，说明犯罪对统治关系危害的严重性。

二、犯罪的定义

世界各国对犯罪都给予最为严厉的法律制裁，但在定义犯罪，说明“犯罪是什么”的问题上，却存在认识上的差异，在立法例上也有不同的做法。有些国家的刑法不仅对具体犯罪有较为明确的规定，而且规定了犯罪的一般概念；有些国家的刑法则只规定具体犯罪，而不规定犯罪的一般概念，犯罪的一般概念见之于刑法理论。因此，对犯罪的定义可分为法定的和非法定的两种。从定义方式上看，则大致可分为形式的、实质的、形式与实质相结合的三种情况。

1. 根据犯罪的法律特征定义犯罪。这种定义在理论上和立法上都存在，但侧重点有差异。有的从规范评价角度定义犯罪，认为犯罪是违犯刑事法律的行为；有的从法律后果的角度定义犯罪，认为犯罪是应受刑罚处罚的行为；有的从上述两个方面定义犯罪，认为犯罪是违犯刑法，应当受刑罚处罚的行为；① 有的根据犯罪的成立条件等法律特征给犯罪下定义，等等②。

2. 根据犯罪的社会政治、伦理属性定义犯罪。在西方国家，这种定义主要是理论上的，立法上则很少见。有的从伦理道德角度揭示犯罪，把犯罪说成是违反社会的怜悯和诚实与道德情感的行为；有的从犯罪与社会利益和秩序的关系角度揭示犯罪，认为犯罪是有害社会的、破坏社会安宁的、反对整个社会的行为。③ 虽然西方刑法学家对犯罪

---

① 参见高铭暄主编《刑法学原理》第1卷，中国人民大学出版社，1993年版，第374～375页。
② 参见张明楷著《刑法学》(上)，法律出版社，1997年版，第76页。
③ 参见高铭暄主编《刑法学原理》第1卷，中国人民大学出版社，1993年版，第374～375页。

的社会属性有广泛的认识，但始终回避犯罪的阶级实质。

3．结合犯罪的社会政治内容和法律特征定义犯罪。认为犯罪是危害社会的、违法的、应受处罚的作为和不作为。如1958年的《苏联及各加盟共和国刑事立法纲要》第7条规定："凡是刑事法律规定的危害苏维埃社会制度或国家制度，破坏社会主义经济体系和侵犯社会主义所有制，侵犯公民的人身、政治权利、劳动权利、财产权利和其他权利的危害社会的行为（作为或不作为），以及刑事法律规定的违反社会主义法律秩序的其他危害社会的行为，都是犯罪。"在西方国家的刑事立法中几乎见不到以这种方式定义的犯罪概念，理论上也少有鲜明地指出犯罪的阶级实质的犯罪概念。

前述第一种定义方式，从形式上说明犯罪，着重揭示犯罪的法律属性，因此所形成的犯罪概念在刑法理论上称为形式概念；后两种着重揭示犯罪的社会政治、伦理属性，因此所形成的概念在刑法理论上称为实质概念。

第二节　我国刑法中的犯罪概念

我国的刑法理论研究和法律实践始终以马列主义、毛泽东思想为指导，从我国的实际情况出发，并借鉴国外的立法经验。我国1979年刑法典第10条给犯罪下了一个形式与实质相统一的定义。1997年刑法典对此定义在文字上作了调整，但仍然保持了形式与实质相结合的定义方式。1997年刑法典第13条规定："一切危害国家主权、领土完整和安全，分裂国家、颠覆人民民主专政的政权和推翻社会主义制度，破坏社会秩序和经济秩序，侵犯国有财产或者劳动群众集体所有的财产，侵犯公民私人所有的财产，侵犯公民的人身权利、民主权利和其他权利，以及其他危害社会的行为，依照法律应当受刑罚处罚的，都是犯罪，但是情节显著轻微危害不大的，不认为是犯罪。"根据刑法典第13条的规定，在我国，犯罪从实质看是对我国社会主义各种社会关系具有严重危害性的行为，从形式上看表现为依照法律应当受到刑罚处罚的行为。

一、犯罪的基本特征

剖析刑法典第13条的规定，在我国，犯罪具有如下特征。

（一）社会危害性，即犯罪是严重危害社会的行为

所谓犯罪的社会危害性，是指犯罪无一例外地是对国家和人民利益的严重危害。具体表现为刑法典第13条列举的对国家利益、公共利益、集体利益以及公民合法权益的危害。行为没有社会危害性并且达到严重的程度，不可能确定为犯罪。因此，社会危害性是犯罪的本质特征。

正确认识犯罪的本质特征，还应当明确以下几点：

1．犯罪具有的社会危害性是质和量的统一。即作为犯罪的行为不仅有危害国家和人民利益的实质，而且达到相当严重程度，需要对其追究刑事责任。没有达到可追究刑事责任的危害性程度，也就没有犯罪的社会危害性。因此我们说，有社会危害性的行为并不都是犯罪。刑法典第13条规定的"情节显著轻微危害不大的，不认为是犯罪"，从立法的角度充分地说明了这一点。社会危害性是否达到需要对其追究刑事责任的程度，

是区分犯罪与一般违法行为的实质界限。

2. 犯罪的危害性直接表现为对刑法所保护的社会关系的有害影响，并呈现出多样性。一方面，危害的社会关系包括多方面。刑法典第13条的规定对此作了概括，揭示出犯罪危害性的共性；而刑法分则规定的犯罪所直接侵害的社会关系，更是具体多样，呈现出个性。犯罪的社会危害性既是抽象的，更是具体的。另一方面，社会危害性的形态有多种表现。既包括物质性损害，也包括非物质性损害；既包括已经造成的损害，也包括可能造成的损害。无论是哪一种情形，其危害都是客观存在的。

3. 犯罪社会危害性的内容有相对稳定性，也有一定的变易性。所谓相对稳定性，是指在我国，犯罪危害性的根本内容总是对国家和人民利益的破坏，而且绝大多数具体犯罪的危害性大小，在一定时期有一致性，因此行为的范围和所受的刑罚制裁是相同的；所谓变易性，是指由于我国社会主义在不断发展，各历史时期有不尽相同的目标和任务，有变化着的具体利益要求，致使某些行为有无危害性以及危害性大小也随之变化。因此我们看到，某种行为在某个历史时期是犯罪，要受刑罚制裁，在另一个时期却非犯罪，不受刑罚制裁；同是犯罪，在某一时期规定或者适用较重的刑罚，而在另一时期则相反。了解这些特点，对刑法的制定以及对刑法的理解与适用，都有重要意义。

（二）刑事违法性，即犯罪是违犯刑法的行为

在我国，有民法、经济法、行政法、刑法等法律规范，它们规制行为的范围和方式是不同的。刑法是规定制裁犯罪的法律，只有某一行为被刑法规定为犯罪，行为人实施的行为违犯了刑法规定，该行为才能认定为犯罪。因此犯罪总是表现为违犯刑法。如果没有违犯任何法律，或者仅止于违犯民法、经济法、行政法等非刑事法律规范，行为就不是犯罪。刑事违法性从法律规范的角度揭示了犯罪的基本属性，所以是犯罪的一个法律特征。危害社会并构成违法的行为，是犯罪还是一般的违法，其法律上的界限就是行为是否具有刑事违法性。

关于刑事违法性，需要进一步明确以下几点：

1. 犯罪的刑事违法性与社会危害性是统一的。刑法之所以禁止某种行为，是因为立法机关认为该行为对国家和人民的利益有严重的危害，达到了需要追究刑事责任的程度；刑事违法性的具备，说明行为的社会危害性不是一般的程度，而是严重的社会危害性。犯罪具有的社会危害性构成了刑事违法性的前提和基础，刑事违法性是犯罪社会危害性的法律表现，是判断社会危害性大小，进而认定犯罪的法律标准。刑事违法性与社会危害性，是犯罪的形式和内容相互统一的关系。

2. 犯罪的刑事违法性意味着被作为犯罪处理的行为具备了刑法认为成立犯罪所要求的全部条件，从这个意义上讲，刑事违法性与犯罪构成要件的符合性是一致的。刑事违法性是一个完整特征，因此从刑法规定的内容和范围看，刑事违法性不仅是指对刑法分则规定的违犯，同时也是指对刑法总则规定的违犯；不仅包括对狭义刑法的违犯，也包括对广义刑法的违犯。片面的观点都将导致错误的认定。

3. 犯罪具有刑事违法性，但不意味着只有刑事违法性这一种违法性表现。刑法维护的社会关系有许多也同时是非刑法所维护的社会关系，真正的区别在保护方法上。因

此从刑法规范与非刑法规范的关系看，犯罪的刑事违法性表现为两种情况：一种是行为直接违犯刑法规范；另一种是行为违犯刑法规范，同时也违犯某种非刑法规范。在后一种情况下，行为具有双重违法性。不了解这一点，我们就无法理解为什么有的人除了对其犯罪承担刑事责任外，还要承担其他法律责任，在刑事诉讼中为何可以附带民事诉讼。

（三）应受刑罚处罚性，即犯罪是应当受到刑罚制裁的行为

任何违法行为，都要承担一定的法律后果。这种后果是法律对违法行为的否定，通常表现为制裁，它是一种最直观的强制。犯罪是严重危害社会并违犯刑法的行为，因此就犯罪行为而言，必然要承担刑法上的后果——受刑罚处罚。正如马克思指出的那样："如果犯罪的概念要有惩罚，那么实际的罪行就要有一定的惩罚尺度。"[①] 反过来，刑罚处罚也只能施于犯罪这种特定的违法行为，是犯罪所特有的法律后果，所以应受刑罚处罚性是犯罪的另一个法律特征。

关于应受刑罚处罚性，需要进一步明确的是：

1. 应受刑罚处罚性是社会危害性和刑事违法性的派生，说明了行为的社会危害性程度，制约着刑事违法性。一方面，行为有社会危害性并为刑法所禁止时才应当受刑罚处罚，社会危害性和刑事违法性是应受刑罚处罚性的前提，并派生出应受刑罚处罚性；另一方面，行为应当受刑罚处罚，足以说明其社会危害性严重程度，刑法也因此将其规定为犯罪而加以禁止，具备刑事违法性。

2. 应受刑罚处罚性，不等于一定对犯罪人予以刑罚处罚，它与刑法典第37条的规定并不矛盾。该条规定："对于犯罪情节轻微不需要判处刑罚的，可以免除刑事处罚。"首先，"免除刑事处罚"所免除的是"刑事处罚"，也就是犯罪"应当受到的刑罚处罚"，没有后者的存在，缺乏可免除的对象，也就无所谓免除；其次，应受刑罚处罚性是指犯罪行为本身当罚，而免除刑事处罚是在认定"犯罪情节轻微"的基础上，结合犯罪发生前后及行为人的情况，进行综合评价的结果，它是惩办与教育相结合的刑事政策在我国刑法中的反映。

社会危害性、刑事违法性和应受刑罚处罚性是犯罪所具有的三个基本特征，它们紧密结合，相互制约，揭示出所有犯罪最基本的社会政治内容和法律属性。当然，在犯罪概念中，三个特征并不是等量齐观的，社会危害性是具有决定性作用的本质性特征，后两个特征都是它的派生特征，并从法律上对犯罪的本质加以说明。据此，我国刑法中的犯罪概念，可简要地概括为：犯罪是危害社会、违犯刑法并应当受刑罚处罚的行为。

二、犯罪概念的意义

犯罪概念的意义是多方面的，最直接的意义在于，它为我们认识犯罪提供了基本的视角，并成为划分罪与非罪界限的总标准。

犯罪概念作为划分罪与非罪界限的总标准，其作用主要表现为：（1）没有社会危害性的行为，不能认定为犯罪并给予刑罚处罚。通过考查社会危害性的有无，从而把无社

① 《马克思恩格斯全集》第1卷，第140页。

会危害性的非罪行为与犯罪行为区别开来。(2) 有社会危害性的行为，哪怕社会危害性事实上相当严重，但只要刑法没有规定该行为为犯罪，行为不具刑事违法性，同样不能认定为犯罪而给予刑罚处罚。通过考查刑事违法性，可以进一步将有社会危害性但不具刑事违法性的非罪行为与犯罪行为区别开来。

犯罪的特征是内在统一的，认识到这一点，对正确运用犯罪概念划分罪与非罪来说是非常必要的。但毋庸讳言的是，由于刑事违法性不是单纯的刑法规范评价，而是包含了特定社会危害性内容的结论，所以从实践的层面上讲，刑事违法性的确认，对区分罪与非罪具有更为特殊的价值，它关系到是否坚持罪刑法定原则的问题。也正是从这个意义上讲，简单地以社会危害性严重，甚至“影响极坏”、“民愤极大”而认定某行为为犯罪，追究行为人刑事责任，是应当反对的做法。

第五章　犯罪构成

第一节　犯罪构成的沿革

一、大陆法系的犯罪构成理论

由于英美法系国家以判例法为特征，在其刑法中未形成系统的犯罪构成理论，因此西方国家的犯罪构成理论实际上局限于大陆法系。在近现代的大陆法系中，犯罪构成是指构成犯罪的要件，它作为一个刑事实体法概念，是由程序法概念转变而来的，这种转变肇始于德国，发展于日本等国家，并逐渐形成为大陆法系的犯罪构成理论体系。

犯罪构成要件从程序法概念变为实体法概念，应归功于德国刑法学家费尔巴哈和施鸠贝尔，他们从实体法上对犯罪构成作了定义。费尔巴哈认为，“犯罪构成乃是违法的（从法律上看）行为中所包含的各个行为的或事实的诸要件的总和”①；施鸠贝尔则认为，“犯罪构成乃是那些应当判处法律所规定的刑罚的一切情况的总和”②。应该指明的是，费尔巴哈和施鸠贝尔所讲的犯罪构成，实际上仅指刑法分则中各个具体犯罪的构成。

将犯罪构成要件从刑法各论的概念中抽象出来，使之同时成为刑法总论的概念，建立起系统的犯罪构成理论体系，是由德国刑法学家贝林格开始，麦耶尔完成的。贝林格起初把犯罪构成要件视为犯罪类型的轮廓，后期稍有修正，说成是犯罪类型的观念上的指导形象，但始终认为，犯罪构成要件的内容仅限于记述性的客观要素，如行为、结果以及与行为有关的现象，与违法性这一规范的、价值的概念分离，也不包括行为人的主观能力及心理状态等有责性因素。麦耶尔接受了贝林格的观点，但认为构成要件中也有规范的、主观的要素；构成要件的符合性，是违法性最重要的认识依据和表征，只要没有违法阻却事由，符合构成要件的行为就是违法的。

德国刑法学家麦茨格尔则认为，构成要件是对犯罪类型的记述，但它不仅是违法性认识的根据，而且是违法性存在的根据。麦茨格尔的观点被称为新构成要件论。日本的小野清一郎等人进一步完整了这一理论体系，认为构成要件同时也是违法类型、是责任类型，符合构成要件的行为，在原则上不仅是违法的，而且是有责的；构成要件不能将行为人的主观要素排除在外，追求所谓纯客观的行为论，由此形成了大陆法系国家犯罪构成要件理论的通说：构成要件的符合性、违法性与有责性是成立犯罪的三个条件，三条件的具备，行为即构成犯罪。

① 转引自［苏］特拉伊宁著，韦政强等译《犯罪构成的一般学说》，中国人民大学出版社 1958 年版，第 15 页。

② 同上。

二、前苏联的犯罪构成理论

前苏联刑法学界在批判资产阶级犯罪构成理论的基础上，开始了社会主义的犯罪构成理论的研究。苏联建立之后，法律虚无主义和刑事社会学派等思潮曾盛极一时，随之而来的肃反运动及其扩大化，使犯罪构成理论的建立受到了极大的阻碍。随着主客观环境的改变和刑法学界的反思，20 世纪 30 年代后期，前苏联的犯罪构成理论体系才基本形成。1946 年，特拉伊宁写作出版了《苏维埃刑法上的犯罪构成》（1957 年修订为《犯罪构成的一般学说》重新出版），对犯罪构成作了全面、系统、深入的分析，标志着前苏联的犯罪构成理论研究进入一个新阶段。特拉伊宁认为："犯罪构成乃是苏维埃法律认为决定具体的、危害社会主义国家的作为（或不作为）为犯罪的一切客观要件和主观要件（因素）的总和。"① 后来又经过了几次大的讨论，在犯罪构成理论上形成了较为一致的看法，其主要内容是：（1）犯罪构成是犯罪客体、犯罪客观方面、犯罪主体、犯罪主观方面等主客观要件的总和。各要件相互联系，成为犯罪构成的整体。（2）犯罪构成是追究刑事责任的惟一根据。犯罪构成与刑事责任是统一的，行为具备犯罪构成就要据此追究行为人的刑事责任，反之则不能追究刑事责任。

三、我国犯罪构成理论的发展

在我国，犯罪构成理论有着与社会政治相同的发展轨迹。新中国建立之初，我国直接引进了前苏联的犯罪构成理论，并在此基础上开始了我国犯罪构成理论的初步研究。20 世纪 50 年代中后期接踵而至的政治运动，导致犯罪构成理论研究搁浅，随后犯罪构成理论研究一度成为禁区。党的十一届三中全会以后，犯罪构成理论获得新生，并受到刑法学界的普遍重视，产生了一些令人欣慰的成果。但是应该看到，由于我国对犯罪构成的研究起步较晚，长期以来受前苏联犯罪构成理论的影响，对西方国家的相关理论缺乏应有的关注和科学的评价，在建立具有中国特色的犯罪构成理论体系的过程中还有许多事情要做，任重而道远。

第二节　犯罪构成的概念

犯罪概念从本质上、总体上对犯罪现象作了抽象概括，而现实生活中的犯罪复杂多样，不仅需要对其进行抽象概括，更需要的是确定犯罪的规格、标准，以便说明行为在什么情况下就能够成立犯罪，犯罪是怎样形成的，以及各种各样的具体犯罪是如何区别开来的。显然，犯罪概念对这些问题的解决显得"力不从心"，于是出现了犯罪构成的概念。按照我国刑法理论的通说，所谓犯罪构成，是指刑法所规定的，决定某一行为的社会危害性及其程度而为该行为构成犯罪所必须具备的一系列主客观要件的总和。简而言之，犯罪构成就是犯罪的规格、标准。其特征可概括为以下三个方面。

一、犯罪构成是一系列主客观要件的总和

这一特征表明了犯罪构成的内容和结构。就内容而言，任何犯罪构成都由一系列要件组合而成，这些要件有客观的，也有主观的，它们的总和也就是犯罪构成。就结构看，犯罪构成是各要件的有机统一，而非各不相干；所谓总和，不是指各要件的简单相

① ［苏］特拉伊宁著，韦政强等译《犯罪构成的一般学说》，中国人民大学出版，1958 年版，第 48—49 页。

加，而是说它们彼此联系，相互依存，形成犯罪构成的有机整体。某一要件一旦失去其他要件的“配合”，也就仅仅是一个事实，而失去了作为犯罪构成要件的意义；而任何一个要件的缺失，也就没有犯罪构成。例如故意杀人罪的犯罪构成，是以下要件的总和：(1) 行为人达到刑事责任年龄，具有刑事责任能力；(2) 实施了非法剥夺他人生命的行为；(3) 主观上具有杀人的故意。当某行为人故意非法剥夺他人生命，但其年龄未达到刑事责任年龄，那么该行为人的非法剥夺他人生命的行为和主观上所具有的杀人故意，不具有犯罪构成要件的意义，也就不存在故意杀人罪的犯罪构成，行为不能认定为故意杀人罪。由于主客观要件的统一有着十分重要的意义，所以被认为是我国犯罪构成理论的核心。

二、犯罪构成的要件，是对行为的社会危害性及其程度有决定意义从而能够确认行为构成犯罪所必需的事实特征

这一特征表明了犯罪构成要件的实质和选择标准。犯罪的发生会产生许多与之有联系的事实特征：客观事实特征如行为及其对象、方法、时间、地点；主观事实特征如行为人的年龄、相貌、精神状况、行为时的意识意志内容、情绪反映、动机和目的等。哪些事实能够成为犯罪构成的要件，有一个标准，即看其对决定行为的社会危害性及达到犯罪程度，行为因此构成犯罪有无意义，是否必不可少。之所以把社会危害性及其程度作为标准，这是由社会危害性是犯罪的本质特征决定的。行为人的相貌、行为时的情绪反映，对决定犯罪应具有的社会危害性大小不具评断的价值，因此在任何犯罪构成中都不可能成为要件。就故意杀人罪看，前述三个方面的事实特征对说明杀人行为的社会危害性达到犯罪程度有决定意义，因而成为故意杀人罪的构成要件；至于方法、时间、地点和动机，对行为是否构成故意杀人罪不具有定性意义，所以不是构成要件。事实上，在许多犯罪中，方法、时间、地点、动机等都不具定罪的评断价值，所以不是这些犯罪的构成要件。总而言之，与犯罪有联系的事实特征并非都是犯罪构成的要件。

三、犯罪构成的要件是由刑法规定的

这一特征表明了犯罪构成要件的确定形式。犯罪构成作为定罪的规格、标准，关系到行为人的基本权利和切身利益，因此不能由司法人员直接根据行为的社会危害性，自定犯罪构成的要件去认定犯罪，那样将不可避免地陷入罪刑擅断的泥潭。在与犯罪有联系的众多事实特征中，哪些能够决定社会危害性，应当成为构成要件，是由刑法确定的，这是罪刑法定原则在定罪规格问题上的当然要求和直接体现。正因如此，我们说，符合犯罪构成要件的行为，就意味行为违犯了刑法，具有刑事违法性，相反则没有刑事违法性，犯罪构成要件的符合性与刑事违法性是一致的。

应当指出，“犯罪构成”作为一个术语，在刑法中没有使用，从这个意义上讲，犯罪构成是一个理论概念。但是，刑法对所有犯罪都规定了必须具备的事实特征，呈现出“犯罪构成”，并要求以此判定某一行为是否构成犯罪。在刑法中，又确确实实存在犯罪构成，因此有观点认为，刑法规定了犯罪构成，说仅仅是要件的规定，是不准确的。①

犯罪构成与犯罪概念既有联系又有区别。其联系的主要表现是，犯罪概念是犯罪构成的基础，犯罪构成是犯罪概念的具体化。即犯罪构成是根据犯罪概念所揭示的犯罪的

① 参见张明楷著《刑法学》(上) 法律出版社，1997 年版，第 82 页。

本质特征与法律特征为依据，去选择有关事实特征作为要件所形成的，并通过一系列主客观要件，使犯罪的本质特征和法律特征变得具体而直观。两者也有区别，最主要的区别是内容和功能有所不同。犯罪构成以成立犯罪所需的要件为内容，其功能在于说明犯罪是如何构成的，由于其具体说明某一犯罪的个性，因而不仅能区分罪与非罪，而且能区别此罪与彼罪；犯罪概念以揭示犯罪的基本特征为内容，其功能在于说明犯罪现象的特质和共性。所以，犯罪概念不能区别此罪与彼罪，虽能区分罪与非罪，但也只是个总标准。

第三节 犯罪构成的要件和分类

一、犯罪构成的要件

各个具体犯罪都有自己的犯罪构成及要件，但刑法理论更关注于对各个具体犯罪构成的抽象和概括。这种抽象和概括，不仅形成了犯罪构成的概念，而且作为犯罪构成内容的要件也有了类型化的特点。在我国，犯罪构成的要件都可概括为如下四个方面，通常也称为犯罪构成的共同要件：

1. 犯罪客体，是指刑法所保护的，而为犯罪行为所侵害的社会关系。犯罪客体表明的是，犯罪侵害了什么利益，对什么造成了危害。

2. 犯罪客观方面，是指刑法规定的，表现犯罪外部活动的事实特征，如危害行为、危害结果、手段、方法等。犯罪客观方面表明的是，犯罪有怎样的行为内容和形式，是如何使客体遭受损害的。

3. 犯罪主体，是指实施了刑法禁止的行为，依照刑法应当承担刑事责任的自然人或者单位。犯罪主体表明的是，自然人或者单位实施了刑法禁止的行为，要符合哪些人身条件，才构成犯罪，承担刑事责任。

4. 犯罪主观方面，是指刑法规定成立犯罪必须具备的，行为人对实施危害行为及其危害结果所持的心理态度。犯罪主观方面表明的是，行为人实施犯罪时所具有的心理过错、主观恶性，以进一步判定行为社会危害性的大小以及行为人的人身危险性。

二、犯罪构成的分类

由于现实生活中的犯罪现象具有多样性，刑法对其构成要件的具体内容有不同的规定。根据各种犯罪构成的性质和特点，可以将犯罪构成作如下的分类。

（一）基本的犯罪构成和修正的犯罪构成

这是以犯罪的形态为标准所作的划分。所谓基本的犯罪构成，是指刑法条文对单个主体实施既遂行为所规定的犯罪构成。在我国，刑法分则条文规定的各个犯罪都以单独犯和既遂犯为模式，所以刑法分则规定的犯罪构成可以说都是基本的犯罪构成。所谓修正的犯罪构成，是指以基本的犯罪构成为前提，适应不同的犯罪形态而对基本的犯罪构成加以某种修改所形成的犯罪构成。换言之，不是既遂犯或者不是单独犯的犯罪构成，即属修正的犯罪构成。在我国，修正的犯罪构成主要规定在刑法总则中，典型的如预备犯、未遂犯、中止犯等未完成形态以及共犯的犯罪构成。例如刑法典第 264 条规定的盗窃罪，是以一人实施盗窃行为并已经窃得数额较大的财物或者已经多次窃得财物为模式规定的，是基本的犯罪构成；结合刑法典第 23 条的规定，已经针对数额较大的财产着手实施盗窃行为，但由于意志以外的原因未得逞即没有窃得财物的，不是既遂，而是未遂，同样构成犯罪。这种对基本的犯罪构成要求的结果加以修改变更所形成的就是修正的犯罪构成。另外，结合刑法典第 25 条至第 29 条、第 310 条第 2 款的规定，当某人与另一人共谋盗窃数额较大的财物，虽不直接实施窃取行为，而是负责销赃的，依然构成盗窃罪，属共犯，这种对行为内容加以修改也是修正的犯罪构成。

（二）单一的犯罪构成和复杂的犯罪构成

这是以犯罪构成内部的结构状况为标准所作的划分。所谓单一的犯罪构成，是指刑法规定的各个要件均属单一事实特征的犯罪构成，即客体、客观方面的行为、主体、主观方面的罪过都是单一的；所谓复杂的犯罪构成，是指刑法规定的要件的事实特征，有些不是单一的，而有两个以上的犯罪构成。复杂的犯罪构成，有的是客体包含两种以上独立的社会关系，构成犯罪必须同时存在这些客体；有的是两种行为，构成犯罪或者必须同时实施了这两种以上的行为，或者实施了其中一种行为，如此等等。单一的犯罪构成如刑法典第 232 条规定的故意杀人罪，复杂的犯罪构成如第 236 条规定的强奸罪。

此外，还有其他的如普遍的犯罪构成和派生的犯罪构成、叙述的犯罪构成和空白的犯罪构成等分类。

第四节　犯罪构成的意义

罪刑法定是法治社会对刑事法律的要求，某行为要认定为犯罪，必须有刑法的明文规定，即具备刑法规定的成立犯罪所需的各个条件，而犯罪构成就是这种规定的体现。犯罪构成是罪刑法定主义的产物，同时以罪刑法定的实现为自己的目标，因此有重大意义。

1．犯罪构成在刑法理论中有重大意义。刑法学中的许多问题都与犯罪构成有密切联系，以犯罪构成为基础，围绕着犯罪构成而展开，所以犯罪构成不仅是犯罪论的核心理论，而且是整个刑法学的核心；只有对犯罪构成有深入的研究和把握，才能对其他问题做出正确的认识。

2．刑事法律的实践，无论是立法还是司法，都需要完整而科学的犯罪构成理论指导，犯罪构成理论研究的不断深入，必将推动刑事法制建设的发展。犯罪构成理论的实践意义主要表现在：

（1）有助于划清罪与非罪的界限。一方面，刑法总则规定的犯罪构成的共同要件，为划清罪与非罪的界限提供了原则性的标准。具备了犯罪构成四个共同要件，行为就构成犯罪，而缺少了任何一个要件，不存在犯罪构成，行为也就不是犯罪。如行为人未达刑事责任年龄或不具刑事责任能力，缺乏犯罪主体要件；又如对行为造成危害的结果既无故意也无过失，缺乏犯罪主观方面的要件，如此等等，都不能认定为犯罪。另一方面，刑法分则规定的各种犯罪的具体犯罪构成，为划分罪与非罪提供了具体标准。如刑法典第 257 条规定的暴力干涉婚姻自由罪，构成该罪不是一般地实施干涉他人婚姻的行为，而是必须采取暴力方法，否则就不是犯罪。对犯罪构成的准确把握，使我们对罪与非罪有一个明晰的界限。

（2）有助于划清此罪与彼罪的界限。犯罪构成要件既是总则的规定，有共同要件，更是分则的规定，有以特定事实特征为内容的具体要件，从而决定了不同的犯罪，有着不同的犯罪构成。而不同的犯罪构成使此罪与彼罪有了明确的界限，不至于混淆；也只有弄清了此罪的犯罪构成与彼罪的犯罪构成有何不同，才能划清两者的界限，舍此方法，别无选择。如刑法典第266条和第267条规定的犯罪都是非法占有他人数额较大的财物的行为，前一条规定的犯罪所采用的非法占有方法是“秘密窃取”，因而构成盗窃罪；后一条规定的犯罪所采用的非法占有方法是“虚构事实或隐瞒事实真相骗取”，因而构成诈骗罪。换言之，在盗窃罪和诈骗罪的犯罪构成中，刑法规定了不同的行为方式，使二者区别开来。如果实践中对某一犯罪行为的定性莫衷一是，原因不外乎是两种：或者是刑事立法对其犯罪构成缺乏明确的界定，或者是司法人员没能准确地理解和把握其犯罪构成。

（3）有助于正确量刑。犯罪与刑罚密切联系，准确地认定犯罪是正确适用刑罚的前提和基础，这就要求掌握犯罪构成理论。首先，符合犯罪构成的行为才是犯罪，并适用刑罚，这是不言而喻的；其次，犯罪构成确定的犯罪及其危害性大小有不同，因此规定的刑罚的轻重也就有区别。判定行为符合哪一种犯罪构成，关系到适用刑罚的轻重。一方面，行为是符合此罪的犯罪构成还是彼罪的犯罪构成，只有准确定罪，才能正确适用法定刑。例如同是抢掠他人财物，是抢劫，还是抢夺，必须通过犯罪构成做出判定。若属抢劫，法定最高刑可至死刑，若属抢夺，法定最高刑只能是无期徒刑。另一方面，行为是符合基本的犯罪构成还是修正的犯罪构成，只有对犯罪形态做出准确认定，才能恰当地选用刑罚强度。例如盗窃罪，既遂与未遂的确定，刑罚处罚是有相当区别的。

第六章　犯罪客体

第一节　犯罪客体概述

一、犯罪客体的概念

犯罪客体是指我国刑法所保护的，为犯罪行为所侵犯的社会关系。犯罪客体是犯罪构成的必备要件。任何犯罪，必定是侵犯了一定的社会关系，不侵犯社会关系的犯罪是不存在的。

社会关系是人与人之间在共同生产和生活中所形成的关系，它涉及人们生产和生活的各个方面，这些社会关系一旦为法律所调整，便上升为一种法律关系。刑法调整和保护的社会关系具有综合性的特点，所以，因犯罪行为的侵犯而成为犯罪客体的社会关系也是多方面的。

犯罪客体具有以下三个基本特征。

1．犯罪客体是指一定的社会关系，这些社会关系涉及政治、经济、军事、文化及国家、集体和公民个人的财产，公民人身等方面的社会关系。

2．成为犯罪客体的社会关系是被犯罪行为所侵犯的社会关系。作为法律关系主体之间联系纽带的社会关系是广泛存在的。每个法人有自己的财产权、经营管理权、名称权等社会关系，每个公民也有自己的人身权利、财产权利等社会关系。在维持社会正常运转的各种秩序中，也有各方面的社会关系。但这些社会关系还没有被犯罪行为侵犯的时候，不能称之为犯罪客体，它们还只是其他法律规范，如民法规范、婚姻法规范、行政法规范、劳动法规范、经济法规范等调整的对象。只有当一定的社会关系被犯罪行为侵犯的时候，这种社会关系才能称为犯罪客体。

3．成为犯罪客体的社会关系是由我国刑法加以保护的。社会关系是从多角度、多方位存在于人们相互之间的，但并不是所有的社会关系都要受法律调整和保护，如爱情关系、朋友关系等。受法律调整和保护的必定是社会生活中最基本、最重要的社会关系。刑法是其他法律的保障法，刑法保护的社会关系同时也是其他各法律调整的对象，一旦某种社会关系纳入刑法的轨道，而被犯罪行为侵犯的时候，这种社会关系也就成了犯罪客体。

二、研究犯罪客体的意义

1．有助于认识犯罪的本质。严重的社会危害性是犯罪的本质特征，而犯罪的社会危害性首先就体现在犯罪行为对刑法保护的社会关系的侵犯。所以，了解犯罪客体，有助于我们认识犯罪到底侵犯的是什么，为什么要动用刑罚加以惩罚。

2．有助于认识犯罪的性质，从而掌握此罪与彼罪的界限。犯罪的性质是此罪与彼罪相区别的标志。犯罪的性质不同，首先就取决于犯罪客体的不同，不同的犯罪行为侵犯不同的社会关系，从而使各个犯罪行为的特性得以区别，从而对犯罪行为准确定性。

3. 有助于正确量刑。犯罪客体已充分说明犯罪的本质，使司法人员能够借此把握犯罪的社会危害性程度，从而以此为据对犯罪分子依法裁量刑罚，做到罪刑相适应。

第二节 犯罪客体的种类

为了帮助我们认识犯罪客体的复杂情况，准确把握犯罪客体及其在犯罪构成要件中的意义，刑法理论依据一定的标准对犯罪客体作了如下分类。

一、按照犯罪客体的层次不同，可将犯罪客体分为一般客体、同类客体和直接客体

（一）一般客体

一般客体是指犯罪行为侵犯的并为刑法所保护的社会主义社会关系的整体。从一般客体的意义上讲，是把刑法保护的社会关系看成是一个有机的整体，从而有助于我们认识所有犯罪行为的共性，即犯罪都是对刑法保护的社会关系的侵犯。

（二）同类客体

同类客体是指犯罪行为侵犯的并为刑法所保护的社会主义社会关系的某一方面、某一部分或某一类别。犯罪的同类客体是从犯罪行为侵犯的社会关系的类别不同来说明某类犯罪的社会危害性的。同类客体不同，一般地说，社会危害性是有差别的。这些不同类别的客体，在一定程度上表现犯罪的性质和社会危害性程度的差别。因此，从立法角度看，同类客体是犯罪分类的基础，我国刑法正是依照犯罪同类客体的不同，将形形色色的犯罪分成了10大类，也就是刑法分则规定的10章犯罪，并依照社会危害性的大小，按从重到轻的顺序进行排列的。

（三）直接客体

直接客体是指刑法所保护的并为犯罪行为侵犯的某一个具体的社会主义社会关系。例如，故意杀人罪的直接客体是人的生命权，故意伤害罪的直接客体是公民的健康权，侮辱罪、诽谤罪的直接客体是公民的人格名誉权。在同类客体当中，直接客体的性质是有差别的，它反映着这一种具体的犯罪和那一种具体的犯罪的差别，因此，犯罪的性质不同，首先就取决于它们所侵犯的直接客体不同。刑法分则各章中具体犯罪的排列顺序，也是按照每个犯罪的社会危害性的轻重程度不同，按从重到轻的顺序排列的。

应当注意的是，上述客体的分类，是客体之间的层次上的关系，当某种犯罪行为侵犯一个具体的社会关系时，也就必然同时侵犯了某一类别的社会关系和作为整体的社会关系，所以，一般客体、同类客体、直接客体三者之间并非非此即彼的并列关系。

二、按照犯罪行为所直接侵犯的具体社会关系的单复，可将犯罪客体分为简单客体和复杂客体

（一）简单客体

简单客体又称单一客体，是指一种犯罪行为只直接侵犯到一种具体的社会关系。例如，故意杀人罪只直接侵犯到他人的生命权，抢夺罪只直接侵犯到他人的财产所有权。简单客体是某种犯罪构成不可缺少的要件。

（二）复杂客体

复杂客体是指某种犯罪行为直接侵犯的客体包括两种或两种以上的具体的社会关

系。例如抢劫罪既直接侵犯到公私财产的所有权，又因为抢劫过程中对公民进行暴力、胁迫，又直接侵犯到了公民的人身权利，因此，抢劫罪侵犯的客体是复杂客体。在复杂客体中，有主要客体和次要客体之分，主要客体就是该种犯罪社会危害性的主要体现的方面，也是立法者认为应当予以重点保护的社会关系。根据主要客体，立法者就将该种犯罪放入刑法分则的某一类犯罪中。如立法者认为抢劫罪侵犯的主要客体是财产权利，故将抢劫罪规定在侵犯财产罪这一类犯罪中。

无论主要客体和次要客体，两者都是该种犯罪构成不可缺少的要件。对于复杂客体的犯罪来说，缺少任何一个客体，都不能构成该种犯罪。因此，主要客体和次要客体对于定罪都是等量齐观的。

第三节　犯罪客体与犯罪对象

犯罪客体与犯罪对象是两个既有联系又有区别的概念，既不能割裂又不能等同。犯罪对象是指犯罪行为所侵犯的具体的物或者人。如在盗窃犯罪中，要侵犯财产所有权就必然要影响到一些具体的财物；在杀人犯罪中，要侵犯公民的人身权利，就要直接影响到他人的生命。在某些犯罪中，被侵害的社会关系是通过具体的物或人来体现的。因此，这里的人或物是社会关系的物质载体和表现，只有通过这些具体的物或人，才能准确地认定犯罪客体，才能正确地定罪量刑。犯罪客体必须经过科学的分析，才能被正确地揭示出来。

犯罪客体和犯罪对象从其本质和法律意义来说，都是有区别的：

1．犯罪客体决定犯罪性质，而犯罪对象本身并不决定犯罪性质。因为客体是社会关系，所以法律保护什么客体，能够反映出犯罪行为的性质。而具体的物或人本身一般并不能直接决定或表现社会关系的性质。

2．犯罪客体是犯罪构成不可缺少的要件，而犯罪对象则不是每个犯罪必须具备的要件。按刑法规定，不少犯罪并没有对象，如刑法典第318条规定的组织他人偷越国（边）境罪，刑法典第294规定的组织、领导和积极参加黑社会性质组织罪，刑法典第103条规定的煽动分裂国家罪等。但任何犯罪必然要侵犯一定的社会关系，没有犯罪客体的犯罪是不存在的。

3．任何犯罪都必然使一定的社会关系受到侵犯，但对象却不一定，对象可能没有受到损害，可能完整无缺，但并不因此没有侵犯社会关系。例如，盗窃他人彩电，经司法机关侦查破案后将彩电追回，作为犯罪对象的财物本身没有受到损害，但失主对彩电的财产所有权关系却受到了侵犯。

4．犯罪客体是犯罪分类的基础，而犯罪对象却不是。刑法分则正是根据犯罪侵犯的直接客体和同类客体的不同，将所有犯罪分成了10大类，但刑法不可能根据犯罪对象来进行分类。

第七章　犯罪客观方面

第一节　犯罪客观方面概述

一、犯罪客观方面的概念

犯罪客观方面是指刑法规定的说明侵害某种社会关系的行为的客观事实特征。犯罪客观方面是犯罪构成不可缺少的要件，在犯罪构成中居于核心地位。犯罪客观方面事实特征的内容有：危害行为、危害结果以及犯罪的时间、地点和方法。危害行为与危害结果之间的因果关系不是犯罪客观要件的内容，而只是与犯罪客观要件联系十分紧密的一个问题。根据犯罪客观方面的概念，应当注意其如下特征：

1．犯罪客观方面是刑法规定的犯罪在客观方面表现出来的行为的事实特征。这是犯罪的本质特征和法律特征相统一所要求的。犯罪客观方面的事实特征从一个侧面说明某种行为的社会危害性，而这种社会危害性是由刑法加以规定的，刑法没有规定的行为特征，就不能作为犯罪构成客观方面的特征。如刑法对某种犯罪的行为方式，或者危害结果，或者在特定的时间、地点犯罪等等，都有明确的规定。所以，以什么内容作为犯罪客观方面的要件，只能以刑法规定为依据，而不能主观臆断。

2．犯罪客观方面是犯罪的基本事实，在犯罪构成中占有中心地位。犯罪客观方面首先表现出来的就是行为，行为是由人去实施的，实施行为的人须具备主体内容，否则就不是犯罪行为。同样，行为和客观方面的其他特征，是分析判断主观罪过形式和内容的客观依据。犯罪客观方面包含着犯罪的行为方式、结果以及实施犯罪的时空条件，因此，它能说明刑法保护的社会关系即客体是在什么条件下，通过什么具体方式，被侵害到什么程度。

3．犯罪客观方面相对于犯罪构成的其他要件，具有直观性。犯罪客观方面的各种事实特征都是外在的、具体的、客观存在的、能够被人们的感观所直接感知，这是犯罪客观方面与其他构成要件相区别的重要特点。

二、犯罪客观方面的意义

犯罪客观方面是连接犯罪主体与犯罪客体的纽带，是认定犯罪主观方面的客观依据。因此，研究犯罪客观方面具有极其重要的意义。

1．有助于划分罪与非罪的界限。任何犯罪都必须具备犯罪的客观方面，存在危害社会的行为，无危害行为，则无犯罪；对于某些犯罪来说，还必须造成特定的危害结果，才能成立犯罪，如过失犯罪。另外，有些犯罪还必须是在特定的时间、地点或者使用特定的方法、手段实施，否则，犯罪就不能成立，如刑法典第 340 条规定的非法捕捞水产品罪。

2．有助于划分此罪与彼罪的界限。我国刑法中的许多犯罪在客体要件和主体要件上都是相同的，在主观方面也是相同或基本相同的，而区分的主要依据是犯罪客观方面的不同。例如刑法第114条规定的放火罪、决水罪、爆炸罪、投放危险物质罪、以其他危险方法危害公共安全罪，刑法分则第5章侵犯财产罪中规定的盗窃罪、诈骗罪、抢夺罪、敲诈勒索罪等，就是如此。所以，犯罪构成所要求的不同的客观要件，是正确区分不同犯罪的重要依据之一。

3．有助于正确分析和认定犯罪的主观要件。犯罪意图只有通过犯罪行为才能实现，犯罪主观方面支配犯罪客观方面，犯罪客观方面正是犯罪主观方面的外化形态。虽然，犯罪主观罪过及动机、目的的内容具有内在性、隐蔽性。但是，作为反映行为人主观罪过的客观表现即犯罪客观方面所具有的外在性、直观性，为正确地判定行为人的主观罪过提供了可靠的客观基础。因此，查明犯罪客观方面，对于正确认定犯罪人的主观罪过，具有极为重要的意义。

4．有助于正确量刑。社会危害性程度的差异，是我国刑法区分重罪与轻罪的基础，而犯罪客观方面正是影响一定犯罪社会危害性程度的重要因素，如危害结果的有无及其大小，正是作为是否从重处罚的根据。另外，我国刑法还根据犯罪客观方面是否齐备，作为区分犯罪既遂、犯罪预备、犯罪未遂和犯罪中止的标准，并分别规定了量刑标准。可见，犯罪的客观方面在正确量刑中的重要意义。

第二节　危害行为

一、危害行为的概念

危害行为是指表现人的意识和意志、危害社会并为刑法所禁止的行为。危害行为在犯罪客观方面要件中居于核心地位，犯罪的社会危害性正是通过人的危害行为表现出来的。如果某人只有危害社会的思想活动而没有以危害社会的行为表现出来，就不可能危害社会，也就不可能构成犯罪。刑法处罚的对象只能是危害行为，不能是思想。

危害行为具有以下特征：

1．危害行为是具有社会危害性的，与解决人的刑事责任问题有关的行为。刑法意义上的危害行为，不是指任何意义上的人的行动、动作或举动，而是指具有社会政治意义的人的行为。从法律上的意义来讲，就是指具有社会危害性的，与解决人的权利义务问题联系在一起的行为。刑法上规定人的行为，就是指危害社会的，与解决人的刑事责任问题有关的行为。刑法上规定的有些行为，如正当防卫、紧急避险，是对社会有益、无社会危害性因而不负刑事责任的行为。有些行为虽有危害，但因情节显著轻微危害不大，或是由于不能抗拒或者不能预见的原因造成的，或者是未达到法定最低刑事责任年龄或精神病人在精神状态不正常时造成的，也都不是达到犯罪程度的危害行为，因而不负刑事责任。

2．危害行为是表现人的意识和意志的行为。作为犯罪客观方面的危害行为，是在人的意识和意志支配下实施的。缺乏意识和意志支配的无意识、无意志的身体活动不能成为刑法意义上的危害行为。人的意识和意志是以人是否具有对自己行为的社会、政治、法律意义及后果的辨认和控制能力为基础的。一般地讲，当行为人具备了辨认和控制能力的时候，行为就表现了他的意识和意志。

根据刑法的立法和司法实践，下列行为因为没有人的意识和意志，就不是刑法上的危害行为：(1) 某人是在不可抗力或者身体被强制之下，完全不能按照自己的意志而行动，此种情况下，由于不可抗力的影响，如医务人员因汽车出故障未能及时抢救患者，致患者而亡；或者由于身体被外力强制，如银行储蓄员被捆绑，眼看财产被抢而无法报警，等等，说明行为人的意识和意志已不能支配其行为，故不能成为刑法意义上的危害行为。(2) 人在睡梦中的言语举动，不能表现人的意识和意志。(3) 人的身体受到外界刺激时的本能反应，也不能表现人的意识和意志。(4) 未达到法定最低刑事责任年龄和精神病人在不能辨认或不能控制自己行为的时候造成危害结果，因为没有正常人的意识和意志，因而也不是刑法意义上的危害行为。

3. 危害行为是与行为人的主观罪过联系在一起的行为。研究刑法意义上的危害行为必须联系人的主观罪过，因为人的危害行为都是在主观罪过支配之下实施的，否则我们就分不清一般行为与危害行为。只有在主观罪过支配下实施的危害行为才有犯罪的社会危害性，行为人对此才应负刑事责任。没有主观罪过的行为，如意外事件，虽然在客观上造成了损害结果，但行为人对此不负刑事责任。

4. 危害行为是刑法所禁止的行为。危害行为只有在刑法上明文规定的，才是犯罪行为，这是刑法上的危害行为与一般危害行为相区别的关键，也是罪刑法定原则的体现。根据刑法对危害行为的规定，可以将危害行为分为：(1) 按照行为人主观罪过不同，可以分为故意实施的危害行为和过失实施的危害行为。(2) 按照危害行为是否实行可以分为实行行为和非实行行为。前者是刑法分则所规定的具体犯罪行为，后者是在刑法总则中规定的行为，如预备行为、教唆行为、帮助行为等。(3) 根据危害行为的形式不同，可以将危害行为分为作为的行为和不作为的行为。

二、危害行为的形式

危害行为的表现方式多种多样，根据刑法理论通说，概括起来，不外乎是两种基本形式，即作为和不作为。

(一) 作为

所谓作为，是指行为人积极地去实施刑法所禁止实施的行为，简言之，就是指人的积极行为。如持枪杀人、入室盗窃、贪污公共财产、强奸妇女等。作为是危害行为中最常见的一种形式，刑法上规定的绝大多数犯罪都可以由作为构成，如盗窃罪、诈骗罪、走私罪、贪污罪、抢劫罪、强奸罪等。应当注意的是，刑法上的作为不是指人的一个单纯的动作，而是往往由人的一系列积极活动所组成，如抢劫行为就包括确定目标、选择作案地点、准备工具、使用暴力、夺走财物等一系列动作环节组成。作为既是指行为人自身的动作，也包括利用客观条件，如胁迫他人、利用工具或自然力、借助动物等。

(二) 不作为

所谓不作为，是指行为人消极地不去实施自己应当实施的行为。简言之，不作为就是人的消极行为。不作为是危害行为中不常见的一种形式，如遗弃罪、拒绝提供间谍犯罪证据罪。不作为不能理解为行为人没有任何动作，它只是没实施应当实施的行为。不作为具有如下特征：

1. 行为人必须负有某种特定义务，这是刑法上不作为的前提。因为没有这种特定义务，就谈不上“应当实施”。这种特定义务的来源可以分为三种：

(1) 法律上的明文规定。例如根据婚姻法规定，家庭成员间有相互扶养的义务，不履行这种义务而又造成严重后果的，即可能构成遗弃罪。

(2) 职务上或业务上的要求。例如消防人员有扑灭火灾的义务，厂矿、企事业单位职工有遵守安全生产规章制度的义务，医生有积极救治病人的义务等。

(3) 因自己的先前行为引起的义务。由于本人的某种行为使法律保护的权益处于某种危险状态，行为人就负有采取措施排除危险的义务。例如司机开车肇事，撞伤行人，伤者的生命健康处于危险状态，则司机应及时将伤者送至医院救治，这种义务是从先前的撞伤人的行为中派生出来的，如果行为人能履行而故意不履行这种义务，就要负不作为犯罪的刑事责任。

2. 不作为犯罪在客观上表现为能够履行特定义务而故意或者过失地不履行。如果行为人没有能力履行其特定义务，即使造成损害结果，也不构成刑法上的不作为。考察行为人有无这种能力，要从行为人本身的主观条件和当时的客观条件综合判断。但应当注意的是，不作为犯罪与主观罪过是两个不同的概念，两者之间没有必然联系，不能把不作为看成是过失犯罪，而作为就肯定是故意犯罪。

3. 由于不作为已经造成或者可能造成危害社会的严重结果。这是不作为犯罪的实质所在。如果行为人虽然未履行特定义务但并未对社会造成或可能造成严重结果，也不构成不作为犯罪。

以上三个特征，是不作为犯罪须同时具备的三个条件，缺乏其中任何一个，都不成其刑法上的不作为犯罪。不作为同作为行为一样，都具有行为性。在社会生活中，人与人的关系从法律角度讲都体现为权利义务关系，权利和义务是互相联系、同时出现的，每个人承担义务都是为了使他人权利得以实现。因此，不履行自己应尽的义务，也就是对他人权利的侵犯。尽管这种侵犯是以消极地不作为方式实施的，但与积极的作为方式进行的侵犯没有本质上的区别。由此可见，法律意义上的不作为并不意味着什么都没做，而是直接侵犯了他人的权利。因此，不作为的行为性是确定无疑的。

(三) 作为与不作为犯罪的类型

作为与不作为犯罪，大体上可作如下分类：

1. 只能由作为方式构成的犯罪，如盗窃罪、强奸罪、抢劫罪等。这类犯罪不可能由不作为方式成立，刑法理论称为纯正的作为犯。

2. 只能由不作为方式构成的犯罪，如遗弃罪等。这类犯罪在刑法理论上称为纯正的不作为犯。

3. 既可以由作为方式也可以由不作为方式构成的犯罪。这类犯罪几乎遍布刑法分则各章犯罪中，如故意杀人罪，既可以用积极的作为方式，如刀砍、枪击等，也可以用消极的不作为方式，如医生不救治病人，让其死亡，即以不作为手段去犯通常是作为方式犯的罪，这在刑法理论上称为不纯正的不作为犯。

4. 同时包含有作为和不作为两种形式的犯罪。如偷税罪，行为人采取伪造、隐匿、销毁账簿、凭证，多列支出而不列或少列收入的作为方式，又采取不缴税款的不作为方式。这类犯罪的特点是行为人以不作为方式不履行作为义务，实施不作为时又采取了一些积极的作为手段。

5. 共同犯罪中的不作为。这类犯罪一般都采用内外勾结的办法，不作为行为人往往扮演帮助犯的角色，间或也有实行犯的情况。如仓库保管员与外面盗窃犯合谋，以自己不尽看管仓库义务的不作为为盗窃犯大开方便之门。又如某医生甲与乙相勾结，采取不作为的手段导致共同的仇人丙死亡。

(四) 关于“持有型犯罪”的行为性质

持有型犯罪是指刑法规定的以行为人支配、控制特定财物的不法状态为构成要件的一类犯罪。我国刑法典规定有多种持有型犯罪，如非法持有枪支、弹药罪（第128条），持有假币罪（第172条），非法持有国家绝密、机密文件、资料、物品罪（第282条第2款），非法持有毒品罪（第348条），以及巨额财产来源不明罪（第395条第1款）等。持有型犯罪的行为特征表现为对某种物品的实际控制状态，即谓之持有。持有，由于没有身体的积极动作故不同于作为；又由于不以实施某种积极行为的特定义务为前提，故又有异于不作为。持有是作为还是不作为的表现形式，或是独立的犯罪行为形式，刑法理论上有很大的争议。

第三节　危害结果

一、危害结果的概念

刑法意义上的危害结果是指行为人实施的行为给社会主义社会关系已经造成的实际损害结果。如盗窃行为造成他人财产所有权的损害，杀人行为造成他人生命权利的损害，等等。因此，危害结果与犯罪客体是紧密联系而不可分割的，犯罪之所以具有社会危害性，正因为它给刑法保护的客体造成了一定损害。但作为结果，必须是对某种社会关系已经造成的实实在在的损害，而不是可能造成的损害，可能的损害不能称为危害结果。从这个意义讲，危害结果不是每一个犯罪行为都具备的，不是每一个犯罪构成的必备要件。它虽然在犯罪构成中占有重要地位，但同犯罪客体、危害行为、犯罪主体、罪过这些要件相比，就处于次要地位。上述这些要件缺少任何一个，就会使整个犯罪构成不能成立，也就不能认为是犯罪。但没有危害结果，在许多情况下仍然可以构成犯罪。

二、危害结果的分类

根据不同标准，从不同的角度，可将危害结果进行不同的分类。

(一) 根据危害结果的存在形态，可分为物质性结果与非物质性结果

所谓物质性结果，是指以物质形态存在，可感知、可测量的危害结果。物质性结果具有直观性，人的感官可以直接感知。同时，它还具有可测量性，人们通过数学、物理、医学等方法，可以具体确定危害程度。例如，被害人死亡或身体受到伤害的危害结果；财物被损坏的危害结果等。

所谓非物质性结果，是指以非物质形态表现出来，不能用计算、测量方法加以确定的危害结果。这种危害结果，不像物质性结果那样，具有直观性和可精确计量性。但是，人们可以根据社会价值观念做出适当的估价。例如，被害人的名誉、人格受到损害，国家机关的威信受到损害等。

(二) 根据危害行为对犯罪直接客体是否造成现实的损害，可分为实害结果与危险结果

所谓实害结果，是指危害行为对犯罪直接客体所造成的现实的损害。例如，过失行

为引起的致他人死亡、重伤或者使公私财产、国家和人民利益遭受重大损失，盗窃数额较大的公私财物等，都是由实害结果构成的犯罪。实害结果，既包括物质性结果，也包括非物质性结果。因为对国家机关威信的损害，对公民名誉、人格的损害，虽然是非物质性结果，但是也是一种现实存在的损害。

所谓危险结果，是指危害行为足以使犯罪直接客体发生实害结果的危险状态。以危险结果构成的犯罪亦称为危险犯，例如，刑法典第116条规定："破坏火车、汽车、电车、船只、航空器，足以使火车、汽车、电车、船只、航空器发生倾覆、毁坏危险，尚未造成严重后果的，处三年以上十年以下有期徒刑。"在本罪中，只需以"足以发生交通工具倾覆、毁坏危险"的后果为构成要件，不要求实害结果的发生。

（三）根据危害结果同危害行为的联系程度，可分为直接结果与间接结果

直接结果，是指由危害行为所直接引起的对刑法保护的社会关系的损害。例如，甲故意开枪打死乙，乙的死亡即为甲故意杀人行为的直接危害结果。

间接结果，是指由危害行为间接引起的危害结果。也就是说，危害行为同危害结果之间存在外在的间接联系，即二者通过其他中介因素介入而相互联系。例如，甲强奸乙后，乙难忍羞辱，上吊自杀身亡。这里甲的强奸行为直接引起的危害结果是乙的性权利的被侵害，而这一结果又进一步引起了乙自杀身亡的结果，乙的死亡结果因乙的"自杀行为"与甲的强奸行为间接地联系起来。

一般而言，直接危害结果对定罪有重要意义，而间接危害结果除极个别情况对定罪有影响外，绝大多数情况下只影响量刑的轻重。

二、危害结果的意义

刑法对危害结果作了种种规定，根据刑法的不同规定，反映出不同犯罪中危害结果对于定罪量刑的不同意义。

1．决定罪与非罪。根据刑法对某种犯罪的成立是否要求必须具备结果，可以把刑法中的犯罪分为行为犯和结果犯。只实施了一定的行为，不要求结果作为构成要件的犯罪是行为犯，如诬告陷害罪。不仅要求实施一定的行为，而且要求将一定的危害结果作为构成要件的犯罪是结果犯。对于结果犯有两种情况，一种情况是过失犯罪，均以是否发生特定危害结果作为罪与非罪的界限；另一种情况是以危害结果的大小作为罪与非罪的界限，如诈骗、盗窃等犯罪。

2．影响量刑轻重。刑法中规定的某些犯罪以出现法定的危害结果作为犯罪既遂的要件，如故意杀人罪、故意伤害罪等，如未出现他人死亡或者伤害的结果则应依法从轻、减轻或免除处罚。或者当某种犯罪的危害结果严重，如杀死了数人，或诈骗了他人巨额财产，造成被害人自杀身亡等，也足以影响量刑的轻重。

3．区分此罪与彼罪。有的犯罪以出现某种特定的危害结果作为划分此罪与彼罪的界限，如刑法典第247条规定的刑讯逼供罪，如果致人伤残、死亡的，依照刑法典第234条、第232条规定的故意伤害罪、故意杀人罪定罪处罚。

第四节　危害行为与危害结果的因果关系

一、刑法上的因果关系的概念和特点

危害行为与危害结果的关系，亦称刑法上的因果关系，是人的危害行为同危害结果之间的引起和被引起的关系。按照刑法罪责自负的原则，一个人只能对自己实施的危害行为造成的危害结果承担刑事责任。因此，当危害结果已经发生，要使某人对该结果负刑事责任，就必须查明某人的行为同这一危害结果之间是否具有因果关系。如果查明行为人的行为同危害结果之间没有因果关系，就不能让他对危害结果负刑事责任。因此，正确地理解和认定刑法上的因果关系问题，对于正确地解决刑事责任问题具有重要意义。

因果关系本是哲学中“原因与结果”这对范畴中的联系。辩证唯物主义的哲学认为，原因和结果的联系是指自然现象和社会现象中的普遍联系，引起一定现象发生的现象是原因，被一定现象引起的现象是结果。这种现象之间引起和被引起的关系就是因果关系。刑法上的因果关系与哲学上的因果关系是个别与一般、特殊与普遍的关系。因此，解决刑法上的因果关系应当以哲学上的因果关系的一般原理作指导，但同时也要充分注意到刑法上因果关系的特殊性。因为刑法上的因果关系是以解决行为人的刑事责任为目的的。这些特殊性表现在：

1. 刑法学的因果关系是以一定的人的危害行为同危害结果之间的因果关系为研究对象的。刑法上的因果关系不是研究人的任何行为同任何结果之间的关系，而是专以人的危害行为引起的危害结果之间的关系进行探讨的。这就还需要对人的行为的性质定性。因此，作为刑法上因果关系的原因（危害行为）和结果（危害结果）具有特定性。

2. 刑法上的因果关系是排除行为人的主观罪过的。因为危害行为同危害结果之间的关系，是确定该行为是否构成犯罪的客观依据，与行为人的主观罪过是没有关系的。因此，如意外事件，不到法定年龄或无刑事责任能力的人造成损害结果的行为，也是包含在刑法因果关系之内的研究对象。

3. 刑法上的因果关系具有法律意义。这种意义就是这种因果关系的范围是由刑法所划定的，超出这个范围之外的哲学上的因果关系，则不是刑法所要求的。刑法分则所规定的各种具体犯罪行为均是原因，分则中已明文规定的结果或可推论的结果，均是结果。司法人员只能在这个范围内认定因果关系。只有这样，才能保持实践中认定因果关系的准确性。

二、刑法上的因果关系的认定

以辩证唯物主义因果关系的基本原理为指导，并结合刑法上因果关系的特殊性，在认定刑法上的因果关系时，应注意掌握以下几方面内容。

（一）因果关系的客观性

因果关系的客观性，是指一定的原因与一定的结果之间，不以人们意志为转移的客观联系。在刑法上认定因果关系时，当办案人员接触刑事案件时，必定是危害结果已经发生，因此肯定存在着引起危害结果发生的原因。从这个角度讲，某个案件的因果关系是已经发生了的、固定了的，关键是我们如何确认、把握它的问题。还需注意，既然刑

法上的因果关系是客观存在的，则不能以该危害行为在一般情况下是不会引起这种危害结果而否认在特殊情况下的因果关系的存在。例如，某甲与某乙因故发生争执，某甲一拳击中某乙胸部，某乙当即倒地昏迷，经抢救无效而亡。死后，经鉴定系由某甲拳击的外力致某乙心脏病突发而死。一般情况而言，一拳不会致人死亡，但特殊情况下则会发生致人死亡的结果，如本案的情况，因而不能否认本案中因果关系的存在。至于本案中甲的行为是否应承担刑事责任，还要结合其他要件来认定。

（二）因果关系的相对性

因果关系是客观事物中普遍存在的一种联系方式。按照辩证唯物主义的基本原理，客观现象都是相互联系、相互制约的。原因和结果不是绝对的，而是相对而言的。具体讲，就是一定的原因只有相对一定的结果而言才成其为原因，一定的结果也只有相对一定的原因而言才成其为结果。被前一现象所引起的结果又可成为原因引起新的结果，新的结果还可成为原因再引起新的结果，以至形成因果关系的锁链。在因果关系的锁链中，只有具体到一个因果环节中，才能确定其中哪个现象是原因，哪个现象是结果。因此，因果关系的相对性告诉我们应当运用“孤立”简化的原则，把案件中的危害行为与危害结果孤立简化出来加以研究。例如，甲盗窃乙用以给母亲购药的5000元钱，以致乙母因无钱购药得不到及时治疗而死，乙因此悲痛而自杀，乙子无人照料被人贩子拐卖等等。那么如何确定因果关系呢？这就取决于我们研究刑法中因果关系的目的，即确定行为人负刑事责任的客观依据问题。在本案中，我们要解决甲的刑事责任问题，就只能将甲的盗窃行为和乙的5000元钱被盗这两种现象抽出来加以研究，因为这两种现象才对确定甲的刑事责任有决定意义。

（三）因果关系的时间顺序性

因果关系的时间顺序性，是指原因与结果在时间上有先后次序，总是原因在前，结果在后，原因引起结果，而不可能颠倒过来。具体到刑法上的因果关系，则只能是危害行为发生在先，危害结果发生在后。因此，在认定具体刑事案件的因果关系时，就只能从危害结果发生以前的行为中寻找原因。如果一旦查明某人的行为是在危害结果发生后发生的，则此行为与危害结果之间就没有刑法上的因果关系。例如，某甲盗得赃物后，托某乙帮助销赃，某乙的销赃行为是在失主财物被盗之后发生的，则某乙的销赃行为与财物被盗的结果之间不存在刑法上的因果关系，某乙则不负盗窃罪的刑事责任。

（四）因果关系的复杂性

因果关系的复杂性表现在因果关系除了最常见的一因一果形式外，有时还表现为复杂的情况，如“一因多果”或“多因一果”的情况。例如，共同犯罪的案件即由数个共同犯罪人的危害行为共同造成危害结果，又如在厂矿、企事业单位的重大责任事故案件中往往由多人的过失行为导致严重事故的发生。确定这类案件的因果关系，应当区别主要原因和次要原因，以便分清刑事责任的大小。

（五）因果关系的必然联系和偶然联系

刑法上的因果关系的性质究竟是何种联系，历来存在不同的观点。

第一种观点认为，刑法上的因果关系，只能是必然联系，即原因和结果之间是内在的、本质的、合乎规律的联系。但这种必然联系，不应当理解为由原因产生结果的不可避免性。因为把必然性理解为不可避免性，就无异于否认了偶然性，同时它还会否定主观能动性的作用，把人变成命运的工具。所谓必然联系是指现象的发展的根据存在于该现象本身之中，是由该种现象合乎规律地产生的。也就是说，在一定条件下，危害行为不可避免地要造成危害社会的结果，这种结果正是危害行为规律性发展的表现。

原因和结果的必然联系具有如下内容：(1) 作为原因的现象具有结果发生的实在可能性，即原因的现象中存在着结果发生的质，这是对确认该种现象是结果发生的原因首先必需的。(2) 作为原因的现象不仅具有结果发生的实在可能性，而且它还合乎规律地引起结果的发生。如果某一现象虽然具有结果发生的实在可能性，但由于另外的现象产生出该种结果，那么，某一现象和所发生的结果之间就没有因果关系存在。(3) 因果关系只能是在一定条件下的因果关系，脱离开具体的条件，谈不上因果关系的发展。

必然因果关系存在的通常情况大致有：第一，一种行为直接造成了在通常情况下合乎规律的结果；第二，某种行为在通常情况下不会必然产生某种结果，但是由于被害人自身的特殊条件，却产生了这种结果；第三，某种行为直接造成了某种结果（例如重伤），由于行为发生在不利条件下，又产生了后一加重结果（例如死亡）；第四，某人的行为造成了发生某种结果的危险，以后又由于其他人的错误行为使得本来可以避免的危害后果未能避免，前后行为共同构成使危害后果发生的必然原因。

第二种观点认为，刑法上的因果关系可以分为两种：必然的因果关系与偶然的因果关系。所谓必然的因果关系是主体行为所直接引起的结果，偶然因果关系是主体行为由于外界的其他原因交织在一起而出现的后果。准确地讲，偶然因果关系是指某危害行为造成某危害结果，这一结果在发展中又与另外的危害行为或事件相竞合，合乎规律地产生了另一结果，最初的危害行为不是最后结果的根据，不能决定该结果出现的必然性，最后结果对于最初的危害行为来说可能出现，也可能不出现，它们之间是偶然因果关系。

这种观点从哲学原理上对偶然因果关系进行了论证：原因和结果与必然性和偶然性是两对不同的范畴，但这两对范畴是密切联系、互相渗透的。无论必然性还是偶然性，都包含因果性。如果把因果关系说成是原因与结果之间的内在的、本质的、必然的联系，实际上是把因果性同必然性混为一谈了。必然性同偶然性是辩证统一的，一切事物的必然性，都不能脱离偶然性而存在。同时，必然性与偶然性又是在一定条件下可以互相转化的。所谓必然性，就是客观事物的联系和发展中的必然的、一定如此的趋向，它是产生某一事物的内在的根据。而偶然性则是促使事物发展的具体因素，偶然性不起决定性的作用。正是在上述意义上，运用必然性和偶然性概念分析因果关系，把某种行为内在地、本质地、必然引起某种结果发生的联系，叫做必然因果关系；把某种行为不含有产生某种结果的必然性，而偶然与另一因果过程相交叉发生某种结果的，叫做偶然因果关系。

偶然因果关系能否成为刑事责任的基础，也有不同主张。一种主张认为虽然客观上存在偶然因果关系，但不能成为刑事责任的基础。可以成为刑事责任基础的只能是必然因果关系，否则就会扩大责任的范围。另一种主张认为，偶然因果关系不能成为对行为人定罪的基础，但是可以成为量刑时的基础。第三种主张认为偶然因果关系，在主体能预见即主观存在罪过时可以作为刑事责任的客观依据，不能预见时，则不能作为刑事责任的客观依据。

三、因果关系的意义

因果关系的作用也仅仅在于，它把危害行为和危害结果联结在一起为构成犯罪提供客观方面的要件。因此，解决因果关系只是解决了行为人负刑事责任的客观基础，行为人的行为是否构成犯罪，还要看犯罪构成其他要件是否具备。其他要件不具备，也是不能构成犯罪的。

第五节 时间、地点和方法

任何犯罪都是在一定时间和地点实施的，但是，多数犯罪构成并不以特定的时间、地点作为构成要件，所以犯罪的时间、地点不是所有犯罪的共同要件，而是某些犯罪的特有要件。例如刑法典第 340 条非法捕捞水产品罪和第 341 条第 2 款规定的非法狩猎罪就是如此。在这两种犯罪中，在特定的时间（禁渔期、禁猎期）和特定的地点（禁渔区、禁猎区）实施危害行为的，则构成相应的犯罪，否则，则不成立上述罪名。那么，在处理这些案件时，则一定要查明行为人的行为是否具备上述要件，才能区别罪与非罪的界限。

危害行为的方法一般也不影响定罪，只是作为衡量危害程度大小的一个情节，对于量刑有一定意义。但是，对于某些犯罪来讲，刑法将特定的方法规定为犯罪构成的必要要件。例如，刑法典第 263 条规定“以暴力、胁迫或者其他方法抢劫公私财物的”构成抢劫罪。那么，这里行为人是否采用暴力、胁迫或者其他方法则是构成抢劫罪的必要条件，是划分罪与非罪、此罪与彼罪界限的重要标志。

第八章　犯罪主体

第一节　犯罪主体概述

一、犯罪主体的概念

犯罪主体是指实施危害社会的行为，依法应负刑事责任的自然人和单位。犯罪主体是犯罪构成中的基本要件之一。任何犯罪都有犯罪行为的实施者和刑事责任的承担者。没有犯罪主体，也就没有实施犯罪行为的人，当然也就不存在犯罪，更不会发生刑事责任的问题。因此，犯罪主体是任何一种犯罪都必须具备的要件。但是，并不是所有人实施了刑法所禁止的危害社会的行为，都能成为犯罪主体，而只有那些具备刑法规定的犯罪主体的法定条件者，才能成为犯罪主体。

二、犯罪主体的种类和特征

根据犯罪主体的概念，实施刑法所禁止的危害社会的行为并应承担刑事责任的人，可以分为两种，一种是自然人，另一种是单位。因此，可以将犯罪主体分为以下两种。

（一）自然人犯罪主体

自然人是指基于自然生理规律出生的有生命的人。自然人犯罪主体，根据我国刑法规定，就是指达到法定刑事责任年龄、具有刑事责任能力、实施了危害社会行为的自然人。自然人犯罪主体是刑法中最基本、最普遍的犯罪主体。自然人犯罪主体必须具备三大特征：

1. 自然人犯罪主体首先必须是自然人。如前所述，自然人必须是有血有肉的有生命的人。我国刑法规定，自然人犯罪主体仅限于人，而不能是人之外的物。因此，任何物品或动物都不能成为犯罪主体。物品或动物在某些犯罪中只能成为犯罪的工具，而决不能成为犯罪主体。在古代，曾经存在过将动物、物品等作为犯罪主体加以惩处的情况，但只是与当时适用刑罚的威慑目的紧密相连的。现在，我国刑法坚持主客观相统一的原则，犯罪主体就只能是有意识、有意志和有生命的自然人了。另外，值得一提的是，尸体也不可能成为犯罪主体，因为尸体是没有意识和意志的，不可能实施危害社会的行为，自然就不能成为刑事责任的承担者。

2. 自然人犯罪主体必须达到法定刑事责任年龄，具有刑事责任能力。如果行为人虽然实施了危害社会的行为，但在年龄、智力或精神状态上不符合法定条件的，也不能成为犯罪主体。对此，本章后面将专门论述。

3. 自然人犯罪主体必须实施了严重危害社会的行为。自然人在客观上如果没有实施危害社会的行为，尽管其达到法定刑事责任年龄，具有刑事责任能力，也不能成为犯罪主体，只有当其实施了危害社会的行为并且危害性达到一定程度构成犯罪的，才能成为犯罪主体。

（二）单位犯罪主体

单位是指社会组织，在刑法中，单位主要是指公司、企业、事业单位、机关、团体。单位犯罪主体是指具有刑事责任能力，实施了犯罪行为并应负刑事责任的社会组织。单位不是刑法中的普遍主体，只限于刑法明确规定的一些犯罪才可以由单位构成。单位犯罪问题在本书中有专章论述，本章只论述自然人犯罪问题。

三、犯罪主体的意义

研究犯罪主体对定罪和量刑都有重要意义。首先，在定罪方面，因为犯罪主体是犯罪构成中的必要要件之一，而且并不是任何自然人和单位都可以成为所有犯罪的犯罪主体，因此，在处理具体犯罪时，必须认真考察该犯罪主体的要求，明确其是一般主体还是特殊主体，是自然人犯罪主体还是单位犯罪主体，这与正确定罪、划清罪与非罪的界限等具有重要的作用。其次，在量刑方面，我国刑法对于不同的犯罪人，如未成年人、又聋又哑的人、盲人、国家工作人员等犯罪人，处罚规定不同。因此，研究犯罪主体对于正确地适用刑罚也很重要。

第二节　刑事责任年龄

一、刑事责任年龄的概念

刑事责任年龄是指刑法规定的行为人对自己的危害行为负刑事责任必须达到的年龄。

达到刑事责任年龄是自然人犯罪主体必须具备的一个条件。我国刑法规定，只有具有辨认和控制自己行为能力的人在其意识和意志支配下，实施了危害社会的行为时，才承担刑事责任。而人的辨认和控制自己的能力不是与生俱有的，而是受年龄因素制约的。年龄大小是衡量自然人的辨认和控制能力的一个主要标准。年幼无知的孩子一般辨认和控制自己的能力差，不具备承担刑事责任的能力。只有随着年龄的增长、教育程度的提高和社会实践经验的增加而不断地增强其辨认和控制能力。据此，我国刑法对犯罪主体作了年龄限制，并对不同年龄的人实施同种犯罪作了不同刑罚处罚的规定。

二、我国刑法对刑事责任年龄的规定

我国刑法在刑事责任年龄的规定方面，充分借鉴了古今中外刑法关于刑事责任年龄的规定，在刑法典第 17 条中将刑事责任年龄分为以下四个阶段。

（一）完全不负刑事责任年龄阶段

根据刑法典第 17 条的规定，不满 14 周岁的人实施任何危害社会的行为，不负刑事责任。也就是说，不满 14 周岁的人完全不负刑事责任。因为不满 14 周岁的人，还处于幼年时期，还不具备辨认和控制自己行为的能力，因此，对于不满 14 周岁的人所实施的任何危害社会的行为，都一律不追究刑事责任。必要时，可责令家长严加管教，对接近 14 周岁的，如 12～13 周岁的人可由政府收容教养。

（二）相对负刑事责任年龄阶段

刑法典第 17 条第 2 款规定，已满 14 周岁不满 16 周岁的人犯刑法规定的特定犯罪，才负刑事责任。已满 14 周岁不满 16 周岁就是相对负刑事责任的年龄阶段。刑法典规定，这个年龄时期的人“犯故意杀人、故意伤害致人重伤或者死亡、强奸、抢劫、贩卖毒品、放火、爆炸、投毒罪的应当负刑事责任”。也就是说，已满14周岁不满16周岁的人犯上述严重性质的罪才追究刑事责任，犯其他罪一律不负刑事责任。因为这个年龄阶段的人，虽然其已经具备辨认大是大非和控制自己重大行为的能力，但是其辨认和控制能力毕竟还很不完整、很不成熟。因此，法律只要求他们对其实施的严重犯罪行为才负刑事责任。

（三）完全负刑事责任年龄阶段

根据刑法典第17条第1款的规定，已满16周岁的对自己所实施的全部犯罪行为都应当负刑事责任。已满16周岁，就进入了完全负刑事责任的年龄阶段。因为已满16周岁的人，他们的体力和智力已有了相当的发展，具有了一定的社会知识，是非观念和法制观念都已增长到了一定程度，一般都能根据社会道德和国家法律来约束自己，其辨认和控制能力基本已经具备了。因此刑法规定对他们实施的一切犯罪行为都要追究刑事责任。

（四）从轻或减轻刑事责任年龄阶段

刑法典第17条第3款规定，已满14周岁不满18周岁的人犯罪，应当从轻或者减轻处罚。因为这个年龄阶段的人，虽然已经具有一定程度的辨认和控制自己行为的能力，但是毕竟还属于未成年人，他们还不够成熟、稳定，可塑性大，容易接受教育和改造，因此对未成年人犯罪，在刑罚处罚上还是应当从轻或减轻处罚。

三、刑事责任年龄的认定和计算

1. 关于刑事责任年龄的认定，应当从行为人实施危害行为的当天所达到的实际年龄来确定。如果行为具有持续或连续状态的，则应以行为结束时的当天所达到的实际年龄来确定。刑法规定的刑事责任年龄是指实足年龄，而不是虚岁。

2. 关于刑事责任年龄的计算标准，根据司法解释，“已满”的年龄，应当按公历的年、月、日计算，并且应当从行为人过了周岁生日的第2天计算。例如，行为人出生于1980年9月1日，于1998年9月2日实施盗窃行为，那么，行为人犯罪时的刑事责任年龄就为已满18周岁。

第三节　刑事责任能力

一、刑事责任能力的概念

刑事责任能力是指行为人辨认自己行为的性质、意义、后果并控制自己行为和对自己的行为负刑事责任的能力。简言之，刑事责任能力就是行为人辨认和控制自己行为的能力。所谓辨认能力，是指行为人对自己行为的性质、作用、后果、意义的认识能力。也就是说，行为人认识自己的行为是否为刑法所禁止的能力。控制能力，是指行为人根据自己的意志支配自己行为的能力。辨认能力是控制能力的前提和基础。如果行为人不具备刑法意义上的辨认能力，也就没有刑法意义上的控制能力。另外，控制能力是刑事责任能力的关键。如果行为人虽然有辨认能力，但由于身体被完全强制等因素而失去控制能力的，就认为行为人不具有刑事责任能力。我国刑法规定，刑事责任能力是辨认能力和控制能力的统一。决定行为人刑事责任能力的有无，除了年龄因素外，还有智力因素和精神状况等因素。因此，刑法对一些特殊情形的人的刑事责任能力专门作了规定。

二、我国刑法对特定人刑事责任能力的认定

刑法典第 18 条、第 19 条对几种特定人的刑事责任能力专门作了规定。

（一）精神病人的刑事责任能力

刑法典第 18 条对精神病人的刑事责任能力分为三种情况加以论述。

1. 完全无责任能力的精神病人。刑法典第 18 条第 1 款规定："精神病人在不能辨认或者不能控制自己行为的时候造成危害结果，经法定程序鉴定确认的，不负刑事责任……"这里所指的无刑事责任能力的精神病人，是指完全丧失辨认和控制自己行为能力的精神病人。确认一个精神病人是否属于无刑事责任能力的人，要同时具备两个标准：一是医学标准，又称生物学标准，即从医学上看，精神病人实施危害行为时是不是基于精神病理的作用而实施的，也就是要明确行为人实施行为的当时是否确实处于精神病状态，当然，还必须经过法定程序鉴定确认。二是心理学标准，又称法学标准，即从心理学、法学的角度确认精神病人实施危害行为时，是否完全丧失了辨认和控制自己行为能力。实施刑法所禁止的危害行为的精神病人只有同时符合以上两种标准的要求，才能确认为无刑事责任能力的精神病人。

2. 完全有责任能力的间歇性精神病人。间歇性精神病人是指精神病周期性发作的精神病人。这种精神病人，在精神病发作期间实施的危害行为，造成危害结果的，经法定程序鉴定确认的，不负刑事责任。但是，刑法典第 18 条第 2 款规定："间歇性精神病人在精神正常的时候犯罪，应当负刑事责任。"因为，这种精神病人在精神正常的时候，完全具有辨认和控制自己行为的能力。

3. 限制刑事责任能力的精神病人。刑法典第 18 条第 3 款规定："尚未完全丧失辨认或者控制自己行为能力的精神病人犯罪的，应当负刑事责任，但是可以从轻或者减轻处罚。"这种精神病人由于其尚未完全丧失辨认和控制自己行为的能力，还有部分辨认和控制自己行为的能力，说明这种人仍然具有一定的刑事责任能力，因此，对其实施的犯罪行为，应当负刑事责任；但是由于其毕竟只有部分刑事责任能力，因此在处罚上可以从轻或者减轻处罚。

（二）醉酒的人的刑事责任

醉酒分为生理性醉酒和病理性醉酒两种。因此，醉酒的人的刑事责任分为两种情况：

1. 生理性醉酒的人。生理性醉酒是一种急性酒精中毒，一般是饮酒过度，导致酒精中毒而引起的一定程度上的精神紊乱。生理性醉酒的人，在醉酒状态下其辨认和控制自己行为的能力依然存在，只是在一定程度上可能减弱，而且，醉酒的人在醉酒前对这种能力的减弱是应当预见而且可以预见的，对于醉酒的习惯是应该加以控制的。法律规定，生理性醉酒的人是有刑事责任能力的。因此，刑法典第 18 条第 4 款规定："醉酒的人犯罪，应当负刑事责任。"

2. 病理性醉酒的人。病理性醉酒已被医学界、精神病学界认定为一种严重的精神病。病理性醉酒的人犯罪，属于精神病人的犯罪，因此，这种人在醉酒时实施危害行为造成危害结果的，不负刑事责任，应认定为无刑事责任能力。

（三）又聋又哑的人和盲人的刑事责任

刑法典第 19 条规定："又聋又哑的人或者盲人犯罪，可以从轻、减轻或者免除处

罚。”这里，又聋又哑的人是指同时完全丧失听力和语言功能的人；盲人是指双目视觉功能完全丧失的人。这两种人，其生理功能虽有部分丧失，但仍然具有辨认和控制自己行为的能力，只是在某种程度上，其辨认和控制自己行为的能力有所减弱。因此刑法规定，这两种人犯罪，应当负刑事责任，但是，可以从轻、减轻或者免除处罚。是否从宽处理，还要具体情况具体分析。

第四节 特殊身份的犯罪主体

一、特殊身份的犯罪主体的概念

特殊身份犯罪主体是指行为人除了具有一般犯罪主体所要求的构成条件以外，还须具备某种特殊身份。从一般意义讲，身份是指人的出身、地位和资格。在一定的社会关系中，人人皆有其身份。按照刑法理论中较为通行的主张，所谓犯罪主体的特殊身份，是指刑法所规定的影响行为人刑事责任存在与否或刑事责任程度有意义的资格、地位或状态。例如，公务员、军人、证人等。

根据身份形成的原因，犯罪主体的特殊身份可以分为自然身份与法定身份。所谓自然身份，是指人因自然因素所赋予而形成的身份。例如，因性别形成的男女之别，基于血缘关系形成的亲属身份。所谓法定身份，是指人基于法律所赋予而形成的身份。如军人、国家机关工作人员、司法工作人员、在押罪犯等等。自然身份和法定身份要成为犯罪主体的特殊身份，一般需要由刑法予以明确规定。

二、研究特殊身份的犯罪主体的意义

首先，研究特殊身份的犯罪主体，有助于正确定罪。因为刑法规定的许多犯罪只能由特殊主体构成。是否构成犯罪首先就要看这种特殊身份是否存在。如果不具备刑法规定的特殊身份，就不构成犯罪。如贪污罪、受贿罪、挪用公款罪、巨额财产来源不明罪等要求只有国家工作人员才能构成犯罪主体；滥用职权罪、玩忽职守罪等的犯罪主体要求必须是国家机关工作人员；医疗事故罪只有医务人员才能构成等等。因此，研究犯罪主体的特殊身份，对于定罪有很大的作用。其次，研究特殊身份的犯罪主体，有助于正确地量刑。比如，国家工作人员实施某种犯罪时，就要从重处罚，如刑法典第243条第2款规定的诬告陷害罪就是典型一例。诬告陷害罪是一般主体，但刑法规定国家工作人员犯此罪的就要从重处罚。再如，对于具有累犯身份的，再犯新罪时，就要从重处罚。可见，研究犯罪主体的特殊身份，有助于正确定罪、恰当量刑。

第九章 犯罪主观方面

第一节 犯罪主观方面概述

一、犯罪主观方面的概念及特征

犯罪主观方面，是指刑法规定的成立犯罪必须具有的，行为人对实施危害行为及其危害结果所持的心理态度。这种心理态度也就是通常所称的罪过——犯罪故意和犯罪过失，以及说明特定犯罪的犯罪目的和动机。

犯罪主观方面是犯罪构成的要件，其必备性、法定性是不言而喻的。此外，犯罪主观方面有如下特征。

1. 犯罪主观方面的表现形式是人的心理态度。作为支配行为人实施犯罪行为的主观根据，主要是行为人的意识状态和意志态度，而意识也好，意志也好，其本身是人的一种心理活动，因此具有内在性、隐蔽性，具有非直观性的事实特征。这种性质使犯罪主观方面有别于犯罪构成的其他要件。

2. 犯罪主观方面与犯罪客观方面有着密切的联系。犯罪主观方面的心理态度一方面支配客观方面的危害行为并制约着危害结果，另一方面也必然要通过客观方面的危害行为和危害结果表现出来，从而使我们能够加以认识。也就是说，客观方面是认识主观方面的基础和根据。离开犯罪主观方面不可能有犯罪客观方面的产生，而脱离犯罪客观方面，我们就无从认识犯罪的主观方面。

3. 犯罪主观方面的心理态度是危害行为进行中的心理态度。因为犯罪主观方面的心理态度首先是作为犯罪构成的事实特征而存在的，认识它，是要进一步确认危害行为的性质是否成立犯罪，成立何种犯罪，因此应以危害行为进行中的心理态度来考察。行为前或行为后的心理态度不能作为犯罪主观方面的内容。在实践中，这有助于我们正确把握犯罪主观方面的真实内容。

4. 犯罪主观方面的心理态度反映出犯罪行为人的主观恶性。犯罪主观方面的心理态度，说到底，表明的是行为人对法律保护的合法权益的漠视，对法律的轻蔑，当其支配危害行为并通过危害行为表现出来时，就构成犯罪的社会危害性的重要组成部分，成为行为人承担刑事责任的主观基础和根据。

二、犯罪主观方面的意义

现代刑事责任制度，是以人具有意志自由为前提的。因此，正确地理解与认识犯罪主观要件具有十分重要的意义。

1. 犯罪主观要件有助于区分罪与非罪。犯罪主观要件是成立犯罪所必须具备的要件之一。因而，虽然客观上实施了危害行为，造成了损害结果，如果行为人主观上不具有罪过，则不构成犯罪。所以，犯罪主观要件是区分罪与非罪的重要标准之一。

2. 犯罪主观要件有助于区分此罪与彼罪。每一个犯罪都具有特定的罪过形式和罪过内容。有的只能出于故意，有的只能出于过失，有的二者均可，有的还要求具有特定的目的。查明行为人行为时是否具备具体犯罪构成所要求的特定罪过形式与罪过内容，是正确区分此罪与彼罪的重要依据。例如，故意杀人与过失致人死亡、故意伤害致人死亡虽然在客观上很相似，却构成不同的犯罪，原因就在于行为人所具有的罪过形式与内容不同。

3. 犯罪主观要件有助于区分重罪与轻罪，正确裁量刑罚。犯罪主观要件是反映行为主观恶性与人身危险性的主要依据，因而，对量刑具有重要的影响。罪过的不同形式与内容，反映出不同的主观恶性及人身危险性。由于不同的罪过反映不同的社会危害性，故罪过对量刑起重要影响作用，这是罪刑相适应原则决定的。

三、犯罪主观方面的判断

能否正确判定犯罪主观方面的真实内容，直接影响到对行为人的定罪和量刑。犯罪主观方面的心理态度具有内在性、隐蔽性的特点，不过它总是要通过危害行为等客观事实特征表现出来。犯罪主观方面对行为人而言，是主观的心理活动，但对司法人员而言，则是客观存在的事实，是可以被认识的。

在判断犯罪主观方面的内容时，一是要以行为人实施的行为为基础进行判断，离开危害行为的判断，必然是主观臆断，其结论不可能是正确的。二是要联系危害行为的其他相关因素进行判断。其他相关因素，如危害行为的时间、地点、方法，行为人的一贯表现、与被害人的关系、行为后的态度等等，可以从不同的角度说明行为时具有的心理态度的真实内容，因而是不能忽视的。实践中需要防止的是简单地以客观上发生的危害结果逆推行为人的主观心理态度，因为同样的危害结果可以由不同心理态度所支配的危害行为引起，危害结果并不能决定行为人行为时的心理态度。总之，尊重客观事实，作全面而细致的综合分析，才能得出正确的结论。

第二节 犯罪故意

一、犯罪故意的概念

刑法典第 14 条规定："明知自己的行为会发生危害社会的结果，并且希望或者放任这种结果发生，因而构成犯罪的，是故意犯罪。"这是故意犯罪的法定概念，也是认识犯罪故意的法律根据。据此可知，所谓犯罪故意，就是行为人明知自己的行为会发生危害社会的结果，并希望或者放任这种危害结果发生的心理态度。其具体内容有如下几方面。

（一）认识因素（或称意识因素）

即行为人明知自己的行为会发生危害社会的结果。其形式特点是"明知"，即从法律上讲，行为人对自己的行为及结果的社会属性有明确的认识，而"明知"的基本内容有以下两点。

1. 明知自己行为及其结果的"社会危害性"。也就是说，行为人不仅在一般意义上认识到行为及其结果的内容，而且明了它们对社会是有危害的这一性质。因为犯罪故意不是简单的心理学范畴的东西，而有其反映行为应受法律责难的社会政治内容并表现出较大的主观恶性，所以对行为及其结果的危害性认识，对于犯罪故意的成立是必需的。

应该指出的是，虽然刑法将犯罪故意的认识因素表述为“明知自己的行为会发生危害结果”，但不意味行为人对危害性的认识仅限于结果的危害性。因为结果是行为引起的，行为是结果发生的前提和原因，认识到行为的危害性，才能认识到结果的危害性。这种理解既合乎认识逻辑，也符合立法的本意。

2. 明知自己的行为“会发生”危害社会的结果。它表明的是行为人对自己的危害行为与危害结果之间的因果联系有认识。按照通说，所谓会发生，包括两种情形：一种是“必然发生”，即实施了危害行为，危害结果将不可避免地发生；另一种是“可能发生”，即实施了危害行为，危害结果可能发生，也可能不发生。于是“明知”也有了两种情形：“明知必然发生”和“明知可能发生”，说明故意犯罪的行为人，对行为与结果的因果联系的认识程度可能是有差别的。如果对于某种危害结果的发生不明知，那么对以该危害结果定性的犯罪，行为人没有故意。例如，某人实施故意伤害行为，但未料到伤害的强度过大，会造成他人死亡的结果，即对死亡结果缺乏明知，尽管造成伤害并最终致人死亡，也不能认为其有杀人的故意，因此应适用刑法典第 234 条，定为故意伤害罪，而不能适用第 232 条，定故意杀人罪。

结合刑法总则和分则的规定，关于“明知”还需要说明的是：(1) 就某些故意犯罪而言，“明知”还意味着行为人对与行为和结果有密切联系、能说明社会危害性的其他事实特征要有认识，如特定的对象、方法、时间、地点等，否则不构成相应的犯罪。例如，要构成窝藏、包庇罪，依刑法典第 310 条的规定，行为人必须明知行为的对象是犯罪人，不知是犯罪人的，不构成本罪。(2) “明知”内容的范围和程度依刑法的规定为标准，一般达到概括认识的程度就足够了，不要求对细节的清楚认识。如使用刀具故意杀人的，行为人认识到实施的是杀人行为，将会造成受害人死亡的结果，就达到了刑法规定的“明知”要求，至于刀戳在受害人的哪个部位、戳了几刀、受害人在何时死亡等等内容，对“明知”的成立不发生影响。(3) 对行为和结果社会属性的“明知”，限于社会危害性，而不包括刑事违法性。一方面，社会危害性是犯罪的本质属性，认识到社会危害性，最终也能对行为的刑事违法性加以认识，因为二者具有一致性；另一方面，社会危害性作为行为价值的一般判断，是具有正常理智的公民都能够做出的。而刑事违法性是一种法律判断，需要一定的法律素养，要求公民都具备这种素养，既不现实，也不合理。如要求“明知”刑事违法性，不仅犯罪分子会据此开脱罪责，甚至还会助长人们成为“法盲”而规避刑法。因此刑法规定的“明知”不包括刑事违法性。

(二) 意志因素

即行为人希望或者放任危害结果的发生。希望或者放任，表明了行为人的意志态度、行为倾向。所谓希望危害结果发生，是指行为人对危害结果的发生抱一种积极追求的态度；危害结果是行为的目标所在，因此行为的倾向性十分明显。危害结果没有发生违背了行为人的意愿，是行为人不愿意接受的。例如，盗窃罪的行为人在实施盗窃时，总是追求窃得财物，不愿空手而归，所以盗窃犯罪故意的意志因素永远表现为希望危害结果的发生。所谓放任危害结果的发生，是指行为人虽然不是积极追求危害结果的发生，但也不采取任何措施防止危害结果的发生，而是决意实施行为，任凭危害结果发生；危害结果实际发生了不违背行为人的意愿，也就是行为人没有不希望发生的意愿。

例如，某甲上山打猎，见山崖上有一猎物，意欲射猎。其时猎物旁边不远处有一人正在采药。某甲知道，如开枪射猎，可能射偏而将采药人击中，造成死伤，但他为了获取猎物，置采药人的生死于不顾，仍然举枪射击，果然射偏，将采药人打死。在这里，甲对杀死采药人的结果所抱的态度就是放任。

犯罪故意的认识因素和意志因素是构成犯罪故意必备的两个因素，相互间是有机统一的。认识因素的存在是意志因素形成的基础，对行为会发生危害社会的结果没有认识，也就谈不上对这种危害结果的希望或者放任；如果有认识，但既不希望也不放任，那么这时的认识也就失去了犯罪故意认识因素的意义，或者不会发生犯罪，或者发生的是非故意的犯罪。

二、犯罪故意的种类

根据认识因素和意志因素的不同情况，在刑法理论上，可将犯罪故意分为直接故意和间接故意两种。

（一）直接故意

所谓直接故意，就是明知自己的行为会发生危害社会的结果，并且希望这种结果发生的故意心理态度。其具体内容如下：

1. 认识因素为明知自己的行为会发生危害社会的结果。其特点是“明知会发生”，既包括“明知必然发生”，也包括“明知可能发生”，因此直接故意的认识因素可以简略为“明知”，至于行为与结果间的联系程度如何，对认识因素的具备不发生影响。

2. 意志因素为希望危害结果的发生。由于直接故意的认识因素只要求是“明知”，所以行为人凡希望危害结果的发生，就构成直接故意，因此“希望”成为直接故意最显著的特征。

（二）间接故意

按照通说，所谓间接故意，就是明知自己的行为可能发生危害社会的结果，并且放任这种结果发生的故意心理态度。其具体内容如下：

1. 认识因素为明知自己的行为可能发生危害社会的结果。在这里，认识因素的内容只能是“明知可能发生”，不包括“明知必然发生”。因为意识是形成意志的基础，只有行为人认为行为的实施可能发生危害结果，也可能不发生时，才会抱有“任凭其发生”的放任态度；如果已经认识到行为的实施必然发生危害结果而仍然实施行为，那么危害结果的发生对行为人来说，就是他的惟一选择，这与放任的心理态度是不协调的。由此也说明，“明知必然发生”的情况下实施行为而构成故意犯罪的，主观心理态度应属直接故意。

2. 意志因素为放任危害结果的发生。一般认为，放任或者说间接故意，大致有两种情形：(1) 为追求非犯罪的目的而放任某种危害结果的发生。如前述为了打猎而放任采药人被打死的结果发生即是。(2) 为追求某一犯罪目的而放任另一危害结果的发生。例如，甲手持自制手枪意欲杀害与丙坐在一起聊天的乙。某甲知道，开枪杀乙时可能伤害甚至打死某丙，但他杀乙心切而置丙的生死于不顾，仍然开了枪，结果造成乙死丙伤。在这里，甲对丙伤的结果的发生，即是这种放任的间接故意。

由于放任的认识基础是危害结果可能发生也可能不发生，与放任态度并存的是行为人追求另一个犯罪的目的或非犯罪的目的，因此只有当危害结果实际发生时，方能说明放任的内容，才能成立间接故意。当危害结果没有发生，即便行为人在行为时确有放任的心理态度，但已不具刑法意义。换言之，间接故意的成立，以放任的危害结果实际发生为条件。也正是因为放任是行为人对发生危害结果不反对的态度并致使危害结果实际发生，所以主观恶性大，属于故意的一种。

直接故意和间接故意同属故意范畴，但综上分析，我们能够看出二者的区别：一是认识因素有所不同，表现为对危害结果的认识程度有差异；二是意志因素不同；三是对危害结果发生的要求不同。由于二者的认识因素存在交叉，因此根本的区别表现在意志因素以及危害结果的发生方面。

直接故意和间接故意的划分对理解故意的概念和内容，认识故意犯罪的危害性大小都有重要的意义。在一般情况下，直接故意比间接故意有更大的恶性，但这不是绝对的，正确的作法是具体问题具体分析。而且，在处理犯罪案件及在确定罪名时，无论是直接故意还是间接故意，都只能定故意犯罪。如直接故意杀人和间接故意杀人，其罪名都是故意杀人罪。

第三节　犯罪过失

一、犯罪过失的概念

刑法典第 15 条第 1 款规定："应当预见自己的行为可能发生危害社会的结果，因为疏忽大意而没有预见，或者已经预见而轻信能够避免，以致发生危害结果的，是过失犯罪。"本条第 2 款规定："过失犯罪，法律有规定的才负刑事责任。"该条是过失犯罪的法定概念，也是认识犯罪过失的法律依据。由此可知，所谓犯罪过失，是指行为人应当预见自己的行为可能发生危害社会的结果，因为疏忽大意而没有预见，或者已经预见而轻信能够避免，以致发生危害结果的心理态度。

从刑法规定看，过失犯罪和犯罪过失的特征是：

1. 危害结果的实际发生。如果行为人实施了行为，但危害结果却没有发生，行为人也就无所谓有犯罪的过失。危害结果是否发生，对犯罪过失及过失犯罪的认定，有至关重要的作用。

2. 因过失而造成危害结果的行为是否构成犯罪，行为人是否应当负刑事责任，取决于刑法的规定。有规定的，其造成危害结果的过失心理也才能称为犯罪过失，构成过失犯罪，否则就是一般的过失，不是过失犯罪。

3. 危害结果的发生违背了行为人的意愿，是行为人所不希望的、反对的。在疏忽大意而没有预见危害结果发生的意识状态下，当然不会以该危害结果的发生为目标去追求，希望其发生；已经预见而轻信能够避免，表明了行为人的意志倾向是避免，发生危害结果是其不希望的、反对的，有违其意愿的，所以这样的心理态度区别于故意，也仅成立过失。

二、犯罪过失的种类

根据认识因素和意志因素的不同，也可将犯罪过失划分为疏忽大意的过失和过于自信的过失两种。

(一) 疏忽大意的过失

所谓疏忽大意的过失，是指行为人应当预见自己的行为可能发生危害社会的结果，由于疏忽大意而没有预见，以致发生危害结果的过失心理态度。这种过失犯罪是行为人对可能发生的危害结果缺乏认识的情况下发生的，所以疏忽大意过失的特征，集中反映在认识因素上。其认识因素的特征表现为：

1. 行为人对危害结果的发生没有预见。这是疏忽大意过失犯罪的行为人实施行为时的认识状况。没有预见的原因是行为人的疏忽大意，而在此情况下行为人盲目实施了行为，致使危害结果发生。有预见，就说明行为人对危害结果的认识没有疏忽，也就不成立疏忽大意过失。所以疏忽大意的过失也称无认识的过失。

2. 行为人对危害结果的发生应当预见。所谓应当预见有两层含义：(1) 行为人有预见的义务。预见的义务，或者来自公共生活准则的要求，也就是作为普通人应当保持的一般注意；或者来自法律的要求，也就是某一法律关系的当事人依照法律对特定事项应当保持的注意；或者来自特定职责的要求，也就是从事特定工作的人，依其职责应当保持的特殊注意。(2) 行为人有预见的可能性，也即能够预见。在实践中，是否能够预见，应该根据行为人的年龄和心智状况、文化知识和专业技术水平等主观能力，结合行为时的具体环境和条件等客观因素来判断；既考虑一般人应有的能力，也考虑行为人的特殊能力。总之，应当预见是预见义务和预见可能的统一，法律不会要求人们去做不是他们必须做，或者他们实际上无法做到的事情。也正是应当预见，行为人却没有预见，进而实施行为，造成危害结果，所以法律要令行为人承担刑事责任。

疏忽大意过失的意志因素也可以说就是疏忽。这种疏忽的态度首先影响行为人的认识，使其对危害结果发生的可能性缺乏应有的注意，没有认识，继而影响行为选择，使行为人没能实施正确的行为，而实施了导致危害结果发生的行为。不过，在司法实践中，只要行为人有义务且能够预见而没有预见，就说明行为人的疏忽，它本身是无须证明的，所以弄清认识因素，是把握疏忽大意过失的关键。

(二) 过于自信的过失

所谓过于自信的过失，是指行为人已经预见自己的行为可能发生危害社会的结果，但轻信能够避免，以致这种结果发生的过失心理态度。其具体内容如下：

1. 认识因素为已经预见危害结果可能发生。首先，从认识状态看，行为人“已经预见”，在事实上也就是明知。所以过于自信的过失也被称为有认识的过失。如果对行为导致的危害结果的发生没有预见，行为人就不具有过于自信的过失，而可能是疏忽大意过失或者意外事件。其次，所预见的只能是危害结果发生的可能性。如果行为人已经预见到行为的实施必然导致危害结果发生，那么轻信避免就没有基础，而依然实施行为，足见行为人不打算避免危害结果发生，此种心理态度已不属过失，而是故意，并且是直接故意。

2. 意志因素为轻信危害结果能够避免。所谓轻信，就是行为人高估了避免危害结果发生的可能性，或者认为依靠自己的能力能够阻止危害结果的发生，或者认为客观环境和条件能够使危害结果不发生。相反却低估了危害结果发生的可能性。由于轻信能够避免，便轻率地实施行为以致危害结果发生。

疏忽大意的过失和过于自信的过失虽同属过失，但有较为明显的区别，而把握两者区别最关键的是要抓注认识因素。

过于自信的过失与间接故意的认识因素都表现为对可能发生的危害结果有预见，而且都以危害结果的实际发生为认定的客观基础，所以容易发生混淆，有区别的必要。二者的根本区别是行为人对危害结果的发生所抱的心理态度即意志因素不同。一方面，就心理态度的内容看，过于自信过失的行为人对结果的发生是轻信能够避免，不仅不希望、不追求，而且因为危害结果的发生违背其意愿而持反对态度；间接故意的行为人是放任危害结果的发生，虽然不是希望发生，没有积极追求，但也不是不希望而持反对态度，发生了的危害结果并不违背行为人的意愿。另一方面，就表现心理态度的行为特点看，过于自信过失的行为人在实施行为时，存在避免危害结果发生的条件，并为行为人努力利用，只是因为估计错误，使避免的可能没有变为现实，相反却发生了危害结果；间接故意的行为人抱放任态度，对不发生的可能性并不关心，所以对可能存在的不发生危害结果的条件根本不去利用，相反，仍决意实施行为。两种心理态度表现出明显不同的主观恶性，所以在有预见的情况下，轻信能够避免的态度是一种过失，放任态度则是一种故意。

第四节 犯罪目的与动机

一、犯罪目的

（一）犯罪目的的概念

所谓犯罪目的，是指行为人通过实施犯罪希望达到的某种危害结果，也就是以观念形态预先存在于犯罪人的内心并导引行为方向的危害结果。例如盗窃罪的行为人，总是以非法占有他人财物这种结果状态作为目标，去实施盗窃行为，占有他人财物的“想法”就是盗窃罪的犯罪目的。又如走私淫秽物品罪，行为人首先希望达到的结果是逃避海关监管，使淫秽物品得以进出国（边）境，然后希望牟利或者使其传播；使淫秽物品得以进出国（边）境和牟利或传播是行为人的希望所在，共同构成走私淫秽物品罪犯罪目的的内容。综上可知，犯罪目的有以下特点：

1. 犯罪目的是观念形态的危害结果。犯罪目的的内容是危害结果，但不是客观危害结果本身，而是危害结果的主观表现，因此属于主观范畴的事实特征。犯罪目的的存在，进一步说明了行为的意志倾向和主观恶性。一般而言，具有犯罪目的的行为危害更大。

2. 犯罪目的只存在于直接故意的犯罪。因为犯罪目的表现为对危害结果发生的希望，希望的态度是直接故意的意志特征。过失犯罪的行为人对危害结果持反对态度，即不希望，所以过失犯罪中不存在犯罪目的；间接故意的行为人任凭危害结果的发生与不发生，没有发生也不违背其意愿，不是希望发生，所以就间接故意本身而言，没有犯罪目的的问题。

3. 在直接故意中，犯罪目的有两种：一种是行为人希望实施行为直接造成的危害结果，可称为“直接目的”；另一种是直接危害结果达到后，行为人希望进一步达到的危害结果或实现的非法利益，可称为“最终目的”。前一种是任何直接故意的当然内容，在刑法条文中一般不加规定，如前例的盗窃罪；后一种对某些犯罪的性质认定有特殊的意义，所以刑法规定这些犯罪时，在条文中加以明确，如前例的走私淫秽物品罪。

(二) 犯罪目的的意义

1. 犯罪目的是某些犯罪的构成要件。对只能是直接故意构成的犯罪而言，没有犯罪目的就不构成相应的犯罪。“直接目的”对这些犯罪都是必需的，而规定有“最终目的”的犯罪，行为人要构成，还应具备“最终目的”。不过两种目的是否达到，对犯罪有不同的意义。一般而言，“直接目的”未达到的，犯罪属未完成形态；而达到了“直接目的”，“最终目的”没有达到的，犯罪仍属完成形态。换言之，“最终目的”是否实现对犯罪的形态不发生影响。

2. 犯罪目的在某些犯罪中是区分此罪与彼罪的界限之一。在诸多情况下，犯罪目的不同，犯罪的性质及罪名也不同。如同是拐骗儿童，以出卖为目的的，构成拐卖儿童罪，以非出卖为目的的，构成拐骗儿童罪。

3. 犯罪目的反映着行为人的主观恶性，因此影响量刑。比如故意杀人，希望受害者死亡，就具有了杀人的目的，构成直接故意杀人，仅放任受害人死亡的，构成间接故意杀人。在其他事实特征一致的情况下，前者的恶性大于后者，因此受到的处罚通常重于后者。

二、犯罪动机

(一) 犯罪动机的概念

所谓犯罪动机，就是引起并推动行为人实施犯罪行为的内心动因。例如，为了复仇而杀害他人，复仇引起并推动了杀人行为的实施，是杀人犯罪的动机。犯罪动机对犯罪的构成不发生影响。不同的行为人实施相同的危害行为，其动机可能是不同的，有恶的动机，也有不恶的动机，对行为是否达到追究刑事责任的社会危害性程度不具决定意义，所以法律在规定某危害行为为犯罪时，不以动机为要件。如故意杀人，有的为复仇，有的为灭口，有的为谋财，有的却为“大义”，但无论出于何种动机，都构成故意杀人罪。从这个意义上讲，犯罪动机不是犯罪构成的要件。

(二) 犯罪动机的意义

犯罪动机进入刑法的视野，具有重要的意义。首先，犯罪动机影响犯罪目的。动机的内容是需要，当人出现需要时，动机就形成；行为人受动机的驱使并希望通过犯罪来满足时，犯罪目的也就形成，动机也就成为犯罪动机。犯罪动机是犯罪目的的起因和前提，犯罪目的是犯罪动机的具体指向，二者密切联系。其次，犯罪动机在以情节恶劣为构成要件的犯罪中，对定罪发生影响。在这类犯罪中，“情节”不限于特定内容，包含了犯罪动机。如果行为没有其他恶劣之处，但动机十分卑劣，也成立“情节恶劣”，那么行为将被认定为犯罪。第三，犯罪动机影响量刑。同一犯罪可有不同的动机，反映出犯罪人主观恶性的差异，预示着改造犯人的难度，因此量刑时必须考虑。

第五节　意外事件

一、意外事件的概念与特征

刑法典第 16 条规定：“行为在客观上虽然造成了损害结果，但是不是出于故意或者过失，而是由于不能抗拒或者不能预见的原因所引起的，不是犯罪。”这种非犯罪的特定情况，在刑法理论上称之为意外事件。意外事件不构成犯罪，是我国刑法主客观相统一的刑事责任原则的要求。

根据刑法典第 16 条的规定可知，刑法上的意外事件有两个特征：

1. 行为在客观上造成了损害结果。由于损害结果的发生，使意外事件在客观上容易同犯罪发生混淆，所以为刑法特别规定，以区别于犯罪。

2. 行为人不具有构成犯罪所要求的罪过。即损害结果不是出于行为人的故意或者过失，而是由于不能抗拒的原因引起，或者不能预见的原因引起。“不能抗拒”是指行为人已经认识到自己的行为会发生损害结果，但由于主客观条件的限制，行为人无力排除和防止结果的发生。例如，某甲赶着马车在公路上行进，突然马因汽车鸣笛而受惊，某甲用尽全力也未制止住马的狂奔，马车撞倒行人，造成死伤。马车的狂奔对某甲来说，是不能抗拒的。“不能预见”是指行为人对行为引起的客观损害没有预见，而且根据当时的具体情况，行为人也不可能预见。例如，某甲一天晚上到停车场取汽车，当汽车从停车位退出后，发现某乙被车压成重伤。后来查明，某乙当时正准备盗另一辆车，忽见来人，误以为是停车场管理员，于是藏于某甲的车下；当某甲上车并将车发动时，某乙才明白过来，犹犹豫豫地往外爬，结果被车压伤。某乙被压伤是某甲在当时不可能预见的，对某甲而言，是意外事件。

二、意外事件与过失犯罪的界限

实践中，意外事件与过失犯罪容易混淆，应当注意区分。

因“不能抗拒”而形成的意外事件与过于自信的过失犯罪，行为人对行为实际发生结果都有预见，二者相似。它们的区别是：意外事件的行为人对发生损害结果的原因是“不能抗拒”的，因而对损害结果的发生根本就无力去避免；过于自信过失的犯罪，行为人对结果的发生是有可能避免的，只是由于轻信，才致使危害结果发生，如果有足够的谨慎，结果是可以避免的。能否避免是区分二者的界限。

因“不能预见”而形成的意外事件与疏忽大意的过失犯罪，行为人对实际发生结果都没有预见，二者相似。它们的区别是：意外事件的行为人不可能预见，也就无义务预见，也就是不应当预见；而疏忽大意过失犯罪的行为人是能够预见，因而有义务预见，也就是应当预见。应否预见是区分二者的界限。

第六节　刑法上的认识错误

刑法上的认识错误是指行为人对自己行为的法律性质和法律上的后果或者事实状态所表现出来的误解。这种认识错误对行为人行为时的主观心理态度的内容和性质有影响，进而说明行为人有无罪过以及何种罪过，刑事责任如何。在理论上，行为人对自己行为的法律性质和在法律上的后果的误解称为法律上的认识错误，行为人对自己行为的事实状态的误解称为事实上的认识错误。

一、法律上的认识错误

行为人在法律上的认识错误，大体上可分为以下两种情形。

（一）对行为法律性质的误解

其表现是，法律上认为是犯罪的，行为人自己认为不是犯罪，或者相反。显然，这种认识错误对认定行为的法律性质不发生影响。一方面，罪与非罪的界定由法律规定，而不以行为人的意志为转移，这是罪刑法定原则的要求；另一方面，从罪过的认识因素看，行为人对结果的危害性有认识或应当认识即可，而不要求对行为的刑事违法性有认识，因此，行为人自己对行为及结果在法律上所作的评价，不改变行为的心理态度的性质。

(二) 对犯罪应受处罚的误解

其表现是，认为自己的行为构成犯罪，但认为应受到较轻的处罚，或者相反。同理，这种认识错误对应受的处罚不发生影响。犯罪应受处罚及其轻重法律有明文规定，而刑罚的轻重应当与行为人的罪行和承担的刑事责任相适应，罪刑法定和罪刑相适应的原则决定了对行为人的犯罪处何种刑罚，不以行为人的意志为转移。

二、事实上的认识错误

行为人在事实上的认识错误主要有以下几种情形。

(一) 对象的认识错误

即对行为对象的真实情况发生错误认识。具体有三种情况：

1. 对象不存在而误认为存在。如误将动物当做人而枪杀，这种误认不影响故意的内容和性质，仅因“对象不能犯”而影响犯罪的形态，构成未遂。

2. 对象存在而误认为不存在。如将人误为动物而打死。由于行为人不知对象是人，没有预见到自己的行为发生他人死亡的危害结果，因此不可能具有杀人的故意和过于自信的过失。行为性质的确定，关键是看行为人对结果的发生是否应当预见，应当预见则有疏忽大意过失，构成过失致人死亡罪，否则属意外事件。

3. 误认甲为乙而杀害。即对行为对象是人本身没有误认，仅仅是对其身份认识有误。这种误认对行为构成犯罪及其性质、形态不发生任何影响。

(二) 客体的认识错误

即行为人就对象的真实性没有认识错误，而对其反映出的社会关系即客体发生认识错误。如一便衣警察依法将盗窃分子甲扭送去派出所，途中被甲的朋友乙、丙二人遇见。乙、丙二人误认为便衣警察是与甲打架的公民，于是上前将便衣警察打倒，造成轻伤，甲、乙、丙三人逃走。在这里，乙、丙意图侵犯的是他人的健康权利，由于认识错误，实际上侵犯的是国家工作人员执行职务的活动。此种情况，应当按行为人意图侵犯的客体定罪。

(三) 工具、手段的认识错误

即行为人意图造成某种危害结果，却没有料到自己所采用的工具或手段不能造成这种结果。如误将食盐当砒霜用以投毒杀人。这种误认不影响故意的内容和性质，仅因“工具、手段不能犯”而影响犯罪的形态，构成未遂。

(四) 因果关系的认识错误

即行为人对其实施的行为和所发生的危害结果之间的因果关系的实际发展产生误解。主要有三种具体情况：

1. 行为人误认为自己的行为已经引起了预期结果的发生，但事实上并没有发生。如甲意图杀乙，在乙的腹部连捅5刀，乙血流不止，倒地昏迷。甲以为乙已死，逃离现场。后乙遇救未死。这种情况不影响甲构成故意杀人罪，但属于未遂。

2. 行为人将其他原因引起的危害结果误认为是自己的行为造成的，实际上是其他原因引起。如甲为杀乙而向乙射击。乙中弹后倒地昏迷，甲见状误认为乙已经死亡而逃离。乙苏醒后慢慢往家爬，在公路一转弯处，不料被一辆高速行驶的汽车压死。虽然甲自认为已将乙杀死，乙也确实死亡了，但真正原因是汽车的碾压，而非甲的杀害，甲承担的是故意杀人未遂的刑事责任。

3. 行为人认为其行为是按照自己的预期发展，但事实上所见到的却是预期外的结果。如甲想伤害乙，用刀刺乙腹部，不料刺中脾脏，造成大出血，乙经抢救无效而死亡。在这里，虽然发生了乙死亡的结果，但甲并无杀人的故意，不构成故意杀人罪，只承担故意伤害罪的责任，死亡结果作为从重处罚的量刑情节。

第十章　排除犯罪性的行为

第一节　排除犯罪性的行为概述

一、排除犯罪性的行为的概念和特征

所谓排除犯罪性的行为，是指行为具有加害性，形式上似乎具备刑法分则所规定的某罪的犯罪构成要件，但实质上不仅不具有社会危害性，而且还对国家、社会有益的行为。排除犯罪性的行为具有以下特征：

1. 排除犯罪性的行为具有加害性，客观上造成一定的损害。如正当防卫行为造成不法侵害人伤亡，紧急避险行为造成一定财产的损毁。

2. 排除犯罪性的行为似乎符合刑法分则所规定的某罪的犯罪构成要件，但因与一定的法定条件相结合，实质上并不符合该种犯罪的构成特征。例如，盗窃犯窃取物主的财物后，物主用适当的方法强行夺回财物，这形式上符合抢劫罪的构成，但本质上既没有非法抢劫他人财物的故意，也没有非法抢劫他人财物的行为，因而并不具备抢劫罪的构成要件，该行为属于自救行为。

3. 排除犯罪性的行为不仅不具有社会危害性，而且是对社会有益的行为。例如，正当防卫行为是制止正在进行的不法侵害而实施的正当损害行为，保护了正当的合法权益；紧急避险虽然造成了某种合法权益的损害，但保全了更大的合法权益免遭损害。不具有社会危害性，就不具备犯罪的本质特征，自然不构成犯罪。

4. 排除犯罪性行为的成立要件及种类由刑法明确规定。排除犯罪性的行为，在大陆法系国家的刑法中称为“违法阻却事由”，在英美法系国家属于“合法辩护”的一部分。所谓“违法阻却事由”是指行为即使符合构成要件，但有排除违法性根据的事由。[①] 英美法系“合法辩护”的核心内容就是说明形似犯罪但实质上不是犯罪的事实和理由。[②] 总之，无论是大陆法系国家，还是英美法系国家都是从行为的价值判断上，将排除犯罪性的行为作为非犯罪处理。

二、排除犯罪性的行为的种类

关于排除犯罪性的行为的种类，大陆法系国家大都将正当防卫、紧急避险作为典型的违法阻却事由，在刑法典中予以明文规定。在刑事立法和司法中，一般也将依照法令的行为、正当业务行为、自救行为等作为违法阻却事由对待。我国刑法关于排除犯罪性的行为，只规定了正当防卫和紧急避险两种。刑法理论界一般认为，排除犯罪性的行为，除正当防卫和紧急避险外，还包括依照法令的行为、执行上级命令的行为、正当业务行为、自救行为、经被害人同意的行为等。

---

① ［日］木村龟二主编《刑法学词典》，上海翻译出版公司，1991年版，第175页。
② 储怀植著《美国刑法》，北京大学出版社，1987年版，第125页。

三、排除犯罪性的行为的意义

正确认识和对待排除犯罪性的行为，有着重要的理论和实践意义。

1. 有利于认清犯罪的本质特征，明确罪与非罪的界限。排除犯罪性的行为尽管具有一定的加害性，造成一定的损害后果，但这类行为实质上是对社会有益的行为，并不具有社会危害性，从而不构成犯罪。认清这类行为的本质，有助于我们明确罪与非罪的界限，正确区分罪与非罪。

2. 有利于正确理解和把握犯罪构成要件。排除犯罪性的行为表面上似乎具备犯罪构成要件，但因具备法律规定的特定条件，实质上并不具备犯罪构成。因此，正确理解和掌握法律规定的特定要件，有利于正确理解和把握犯罪构成要件，保证刑事司法的准确性。

3. 有利于公民充分行使法定权利，履行法定义务，维护合法权益，促进社会的进步和发展。如公民积极行使正当防卫权，有利于同违法犯罪行为作斗争，维护合法权利；医疗、竞技等正当业务中造成的难以避免的损害，属于人类科学文化发展中付出的正常代价，明确排除其犯罪性并予以保护，有利于促进社会的进步和发展。

第二节 正当防卫

一、正当防卫的概念

刑法典第20条第1款规定："为了使国家、公共利益、本人或者他人的人身、财产和其他权利免受正在进行的不法侵害，而采取的制止不法侵害的行为，对不法侵害人造成损害的，属于正当防卫，不负刑事责任。"所谓正当防卫，是指采取对不法侵害者本人造成损害的方法，制止不法侵害，使国家、公共利益、本人或者他人的人身、财产免受正在进行的不法侵害的行为。

正当防卫是在合法权益遭受不法侵害的紧急情况下，行为人以损害不法侵害人的人身和财产利益的手段，制止不法侵害、保护合法权益的紧迫措施。它属于排除社会危害性的行为之一，行为人主观上不仅不具有危害社会的故意，而且客观上其行为是有益于社会的，是刑法赋予公民的一项权利，受国家法律的保护。

在我国，正当防卫是法律赋予公民的一项合法权利，也是公民道义上的义务，对人民警察来说还是法律上的义务。1983年9月14日最高人民法院、最高人民检察院、公安部、国家安全部、司法部制定的《关于人民警察执行职务中实行正当防卫的具体规定》第4条明确规定："人民警察在必须实行正当防卫的时候，放弃职守，致使公共财产、国家和人民利益遭受严重损失的，依法追究刑事责任；后果轻微的，由主管部门酌情给予行政处分。"

二、正当防卫的意义

我国刑法关于正当防卫制度的规定，有着重要的理论和实践意义。

1. 有利于及时、有效地制止和抵御不法侵害，保障国家、公共利益、本人或者他人的合法权益免受正在进行的不法侵害。当法律保护的合法权益正在遭受不法侵害，而国家公力又来不及及时予以制止时，公民行使正当防卫权，可以及时加以制止，从而使国家、公共利益、本人或者他人的合法权益免受损害或者减轻损害，这正是立法规定正当防卫制度的直接目的。

2．有利于鼓励公民积极同违法犯罪行为作斗争，倡导社会良好风尚。正当防卫制度为公民在紧急情况下制止不法侵害，提供了可靠的法律保障，这有助于鼓励公民见义勇为，培养爱国家、爱集体、助人为乐的良好社会风尚。

3．有利于有效地威慑犯罪分子，从而减少和预防犯罪。法律鼓励公民为维护国家、公共利益、本人或者他人的合法权益，而对正在进行不法侵害的人进行防卫反击，对不法侵害者的人身、财产权益造成必要的损害，甚至可以致伤、致死。这对不法侵害者是一种有效的威慑，促使其遏制犯罪欲念，从而达到减少和预防犯罪的目的。

三、正当防卫的条件

正当防卫是对不法侵害者的反击，具有加害性，必须符合法定的条件，否则，会导致防卫权的滥用。

（一）正当防卫成立的前提条件

1．必须有不法侵害发生。所谓“侵害”，就是对法律保护的权益的侵袭和损害，是一种积极的攻击行为。所谓“不法”，就是该种行为为法律所不允许，实际上是违法。“不法侵害”除犯罪行为，还包括违法侵害行为，如违反社会治安管理的行为。违法行为与犯罪行为在防卫人处于高度紧张、恐惧、愤怒的紧急状况下是很难明确加以划分的，且在侵害的进行中二者并没有不可逾越的鸿沟，违法行为在一定条件下可转化为犯罪行为。因此，如果不允许公民对尚未达到犯罪程度的不法侵害进行适当防卫，无疑会束缚公民的手脚，放纵违法行为对合法权益的侵害，不利于切实发挥正当防卫在保护合法权益方面的作用。

正当防卫是一种带有积极进攻性、暴力性的反侵害行为，是以给不法侵害者造成损害的方式进行的。因此，正当防卫主要适用于那些采用暴力，具有积极进攻性和破坏性的不法侵害行为。有些犯罪行为（如诬告陷害、贪污行为）和一般违法行为不带有暴力性和进攻性，不构成防卫的紧迫性，而无须采取正当防卫。

不法侵害是实行正当防卫的前提条件，对下列与不法侵害相关的问题应予以明确。

（1）关于精神病人或者无刑事责任能力的未成年人的侵害行为。我们认为，在遭到精神病人和未成年人的侵害时，若知道侵害者无责任能力，根据实际情况，可采用其他方法避免的，不提倡采取正当防卫；如果不知道，或用其他方法不能避免侵害的，可以采取正当防卫。

（2）互相斗殴。彼此都有攻击或伤害对方的故意，双方的行为均属不法，都无权进行正当防卫。如果一方已经放弃斗殴，逃跑躲避，另一方继续攻击，实施不法侵害的，则逃避方可以对之实行正当防卫。

（3）携带凶器用以自卫的人，遭到不法侵害时能否进行正当防卫？携带凶器的行为本身是错误和违法的，但并未实施不法侵害，在遭受不法侵害时，当然可以进行正当防卫，不能因为携带凶器就剥夺其正当的防卫权利。

（4）对动物的侵袭，无所谓“不法”，不产生防卫的问题。但是，如果是故意利用动物侵害他人，这时的动物是行为人实行不法侵害的工具，则可实行正当防卫。

2．必须是客观的正在进行的不法侵害。正当防卫只能对客观的正在进行的不法侵害实施，如果不法侵害尚不存在或者已进行完毕，均不能实行正当防卫。

（1）不法侵害是客观存在的，而不是主观想象或者推测的。由于认识上的错误，在实际上并不存在不法侵害的情况下，认为有不法侵害发生而实行防卫，造成他人无辜损害的，是假想防卫。假想防卫不是正当防卫，造成损害的，应按事实认识错误的原则处理。防卫人应当预见而没有预见到他人的行为不是危害社会的行为，对其实施防卫所造成的损害负过失犯罪的责任；如果在行为时没有预见，而且不可能预见他人不是进行不法侵害的，其主观上没有罪过，属意外事件，对造成的损害不负刑事责任。假想防卫不能构成故意犯罪。

（2）必须是正在进行的不法侵害。即不法侵害处于已经开始尚未结束的行为状况。怎样认定不法侵害已经开始？我国刑法界存在不同的看法：一是侵害行为着手说，认为不法行为的着手就是不法行为的开始；二是进入现场说，认为只要侵害者进入现场就是不法行为的开始；三是临近说，认为对某些危险性较大的不法侵害，其预备行为转入着手实施的时刻就是不法行为的开始；四是折衷说，认为一般应以不法侵害行为着手实施为不法侵害的开始，但在不法侵害的现实威胁已经十分明显，不实行正当防卫，就会立即发生危害社会的结果时，也应认为不法侵害已经开始。我们认为，折衷说比较妥当，它从原则性和灵活性的统一出发，既抓住了不法侵害开始的一般规律，又考虑到某些不法侵害的特殊性，符合正当防卫的立法精神。与此不同，尚未到来的不法侵害不是正在进行的不法侵害，对其不能进行正当防卫。为了使合法权益免受不法侵害，可在不法侵害发生前，向有关部门检举揭发，对其进行处理，以防止不法侵害的实际发生。同时，还可以采取防范措施，以便在不法侵害发生时予以制止。但是，对尚未到来的不法侵害采取预防措施，不能违反法律的规定和社会安全生活的一般准则，如不能为防盗而在住宅周围私设电网，否则，行为人应对由此引起危害他人的后果负相应的刑事责任。所谓不法侵害的结束，是指不法侵害行为已经停止而不再继续进行的状况。具体包括三种情况：一是不法侵害行为已经实行完毕，危害结果已经发生，如行为人已把人杀死；二是不法侵害确已自动中止，侵害归于消灭；三是不法侵害者已被制服，或者已经丧失继续侵害的能力。已经终了的侵害不是正在进行的侵害，不能实行正当防卫。在某些场合，不法侵害行为虽然已经结束，侵害人还未离开现场或刚离开现场，由侵害行为造成的损失当时还来得及挽回的情况下，即不法侵害的状况还能消除，仍可视为不法侵害尚未结束。例如，当场追击盗窃行为人或抢劫行为人，使用暴力或威胁的方法夺回被非法占有的财物，应认为是正当防卫。

正当防卫只能对正在进行的不法侵害实行，这是对行使防卫权在时间上的限制。行为人在不法侵害尚未到来或者已经终了时，进行所谓防卫，对侵害者造成一定损害的，叫防卫不适时。防卫不适时，分为“事前防卫”和“事后防卫”，前者系不法侵害尚未到来而进行的所谓防卫；后者指不法侵害已经结束而进行的所谓防卫。防卫不适时逾越了正当防卫的时间条件要求，不属于正当防卫。若行为人明知不法侵害尚未到来或者已经终了，还进行所谓防卫，应对其造成的损害负故意犯罪的刑事责任。若行为人由于认识错误，而进行事前防卫或事后防卫，则应根据案件的实际情况，按事实认识错误的原则处理。

（二）正当防卫的合法性条件

1. 防卫必须是为了使合法权利免受不法侵害而实施。它包括两层含义：

(1) 防卫行为必须出于防卫的意思。它包含了对不法侵害的认识因素和为制止不法侵害实施防卫行为的意志因素。如果行为人在没有认识到不法侵害行为正在进行的情况，出于加害故意而采取加害对方的行为，即使客观上对方确实正在进行不法侵害，也不能成立正当防卫。“防卫挑拨”同样如此，所谓“防卫挑拨”，是指为加害对方，而故意挑逗对方先向自己实施侵害，然后借口实行防卫，加害对方的情形。由于行为人主观上具有不法侵害的预谋与恶意，缺乏防卫的意思，不能成立正当防卫，而应以故意犯罪论处。当然，若行为人并没有加害对方的预谋，尽管其行为引起对方的侵害，只要符合正当防卫的条件，仍然可以行使防卫权。

(2) 防卫行为的目的是为使合法权益免受不法侵害。根据刑法典第 21 条的规定，可以防卫的合法权益包括：国家、公共利益、本人或者他人的人身、财产和其他权利。国家利益指国家的安全及人民民主专政的政权；公共利益指公共安全、公共财产及社会管理秩序；人身权利指生命、健康、人身自由、性的不可侵犯等与人身有关的权利；财产权指具有经济价值的财物所产生的权利，主要指财产所有权；其他权利主要指公民人身权、财产权之外的其他权利，如住宅不可侵犯的权利。不论上述何种权利，都可成为正当防卫保护的范围。同时，应当指出，为保护非法利益而实行的防卫，不是正当防卫，如走私犯为了保护走私的赃货而将小偷打伤或打死。因其防卫的目的具有非正当性，不构成正当防卫。构成犯罪的，应追究其刑事责任。

2. 正当防卫必须针对不法侵害者本人实行。正当防卫只能针对不法侵害人本人实行，而不能对没有实施不法侵害的第三者（包括不法侵害人的家属）实行。因为不法侵害者本人的不法侵害，是法律允许对其不法行为进行反击的根据。防卫人只有通过对不法侵害人本人的人身、财产权益进行攻击、侵害，才能在不伤及无辜的情况下，迫使其停止不法侵害或者削弱乃至最终剥夺其继续侵害的能力，实现维护合法权益的目的。如果防卫人在实施正当防卫的过程中给第三者造成了人身或者财产损害，符合紧急避险条件的，按紧急避险处理；若不符合紧急避险条件，则按其罪过形式，分别追究其故意犯罪或者过失犯罪的刑事责任。

3. 防卫不能明显超过必要限度造成重大损害。正当防卫的限度条件，是指正当防卫行为不能明显地超过必要限度且造成重大损害。这是对正当防卫行为防卫限度量的规定，也是划分正当防卫和防卫过当的客观标准。

如何理解正当防卫的限度？刑法典对此没有明确规定，刑法学界存在“相适应说”、“基本相适应说”、“必须说”、“折衷说”及“有效制止说”等不同的主张，目前大多数学者倾向于“有效制止说”，即正当防卫的必要限度应是以有效制止正在进行的不法侵害所必需的限度。根据我国刑法典的规定，我们认为可从以下两个方面判定正当防卫的限度。

(1) 防卫的限度是制止不法行为所必需的，即防卫行为的性质、手段、强度以及造成的损害结果是制止不法侵害行为所必需的。如何判断防卫行为是所必需的，不能单纯地根据不法侵害行为的性质、手段、强度以及可能造成的危害后果来设定，而应从实际出发，全面考虑不法侵害者的个人情况，侵害行为的性质、方法、强度，防卫人所保护权益的大小，防卫人的个人情况和他所处的环境，以及案发的时间、地点、条件等各种因素。

（2）没有明显地超过必要的限度造成重大损害。法律允许正当防卫行为超过制止不法侵害行为所必须的限度，只要不是明显超过；或者即便明显超过了必要限度但没有造成重大损害。不法侵害往往是突然袭击，防卫人没有防备，精神极其紧张，情况又十分紧急，一般很难在实施防卫行为的当时立即准确判明不法侵害的确实意图和危险程度，也没有条件选择一种恰当的防卫方式、工具和强度来进行防卫。因此，对防卫行为的要求不应太严。只要不是明显地超过必要限度造成重大损害的，都属于正当防卫。所谓明显超过必要限度，是指客观事实已清楚地表明防卫行为显著地超过制止不法侵害行为所需的界限范围，如为保护较微小的合法权益，采取过大损害的防卫行为。所谓重大损害，是指对不法侵害人造成的损害，较为悬殊地大于制止不法侵害行为应造成的损害。

鉴于严重危及人身安全的暴力犯罪的严重社会危害性及其对被害人潜在的严重威胁和损害后果，我国刑法典第 20 条第 3 款规定："对正在进行行凶、杀人、抢劫、强奸、绑架以及其他严重危及人身安全的暴力犯罪，采取防卫行为，造成不法侵害人伤亡的，不属于防卫过当，不负刑事责任。"这是关于对严重危及人身安全的暴力犯罪实施无限防卫权的原则规定。据此规定，对严重危及人身安全的暴力犯罪进行正当防卫，只要符合法律的规定条件，不存在防卫过当的问题。

防卫行为只有符合上述条件，才能成立正当防卫。根据我国刑法典第 20 条的规定，正当防卫行为不负刑事责任。

四、防卫过当及其刑事责任

（一）防卫过当的概念

所谓防卫过当，是指防卫行为明显地超过必要限度造成重大损害的情形。防卫过当与正当防卫具有紧密的联系又存在本质的区别。紧密的联系表现在防卫过当是正当防卫诸要件中，防卫限度条件的超越；本质区别在于，由于防卫限度的超越，正当防卫行为发生质的转化，从合法的防卫行为转化为一种不法侵害行为。正是这种本质的区别，我国刑法才规定防卫过当应当承担刑事责任。

（二）防卫过当的罪过形式

追究防卫过当的刑事责任，首先要确定防卫过当的罪过形式，即行为人对防卫过当结果的主观心理态度。在防卫过当的场合，防卫行为属于正当防卫的范畴，防卫人主观上出于正当防卫的目的，对正在进行的不法侵害行为进行防卫反击，只是防卫行为明显超过必要限度造成重大损害。防卫人进行防卫尽管是故意实施的，但其实施防卫行为的故意和刑法理论上犯罪的故意有着本质区别，即防卫人没有危害社会的犯罪目的。对超过必要限度造成的危害，是由其在反击不法侵害行使防卫权时主观上的疏忽或判断失误造成的。所以，一般说来防卫过当的主观方面是过失犯罪。但在极少情况下，可能是间接故意犯罪，即明知会明显超过必要限度造成重大损害，而在防卫时放任这种结果发生。但是，有目的的借机防卫造成的损害和实施防卫后的加害行为，不是防卫过当，而是故意犯罪。

（三）防卫过当的定罪

防卫过当是正当防卫行为明显超过必要限度造成重大损害的一种犯罪形态，并非独立罪名，并且它是量刑时应当减轻或者免除处罚的法定情节。因此，在处理防卫过当的案件时，不能定"防卫过当罪"，也不宜采用先冠以"防卫过当"，再定"致人伤害罪"、

"伤害致死罪"或"致人死亡罪"，而应当根据具体案件中防卫过当的犯罪行为事实，防卫过当人的主观罪过形式，依照刑法分则的有关条款来确定罪名，符合什么罪的构成要件就定什么罪，如过失致人重伤罪、故意伤害罪、故意杀人罪、故意毁坏财物罪等。

（四）防卫过当的量刑

对防卫过当的量刑，刑法典第20条第2款规定，"应当减轻或者免除处罚"。至于在什么情况下减轻处罚，什么情况下免除处罚，刑法没有明文规定。根据司法实践，对防卫过当行为裁量减轻或者免除处罚时，应综合考虑以下情况：（1）防卫行为的起因；（2）防卫所保护利益的性质；（3）防卫过当所明显超过限度的程度及造成危害的轻重；（4）防卫人主观上的罪过形式及当时的处境；（5）造成防卫过当的原因。

对防卫过当的犯罪人，在处理时应当正确适用刑法分则的有关条款，依法酌情减轻或者免除处罚。从审判实践看，对防卫过当致人重伤或者死亡，构成过失致人重伤罪或者过失致人死亡罪的，分别按照刑法典第235条和第233条规定的相应量刑幅度减轻处罚；如果具备缓刑条件，可以适用缓刑；如果犯罪情节轻微不需要判处刑罚，应当免除处罚。对于构成故意伤害罪或者故意杀人罪的，应当分别按照刑法典第234条和第232条规定的相应量刑幅度减轻处罚；如果具备缓刑条件，可以适用缓刑；如果情节轻微不需要判处刑罚，应当免除处罚。

应当指出，对于防卫行为虽然造成不应有的重大损害，但客观事实能够证明防卫人主观上确实不具有故意，也不具有过失，而是由于不能抗拒或者不能预见的原因引起的，属于意外事件，不应负刑事责任。

第三节　紧急避险

一、紧急避险的概念

刑法典第21条规定："为了使国家、公共利益、本人或者他人的人身、财产和其他权利免受正在发生的危险，不得已采取的紧急避险行为，造成损害的，不负刑事责任。"根据该条规定，所谓紧急避险，是指为了使国家、公共利益、本人或者他人的人身、财产和其他权利避免遭受正在发生的危险，不得已而采取的损害另一个较小的合法权益，以保护较大的合法权益的行为。

紧急避险属于排除犯罪性的行为，其特点是：在两个合法权益发生冲突，又只能保存其中一个权益的紧急情况下，法律允许为了保护较大的权益而牺牲较小的权益，从而使社会可能遭受的损失减少到最低限度。因此，从整体上看，紧急避险行为是有益于社会的正义行为，不具有社会危害性，不仅不应承担刑事责任，而且应当受到鼓励和支持。这正是我国刑法把紧急避险确认为合法行为的理由所在。

在我国，紧急避险是公民的一项合法权利，也是公民在道义上应尽的一项义务，在某些情况下还是公民的法律义务。法律规定紧急避险，其意义就在于鼓励和支持公民在同违法犯罪活动和自然灾害作斗争中，不仅敢于见义勇为，懂得运用紧急避险的合法手段，保护国家、公共和公民的最大利益，而且勇于牺牲局部的、较小的合法权益来保护整体的、较大的合法权益。这对于增进公民之间的团结友爱，培养集体主义精神，弘扬社会主义道德风尚，促进社会主义精神文明的建设，都有着积极的作用。

二、紧急避险的条件

（一）紧急避险成立的前提条件

1. 必须是合法权益受到危险的威胁。紧急避险只有在合法权益受到危险的现实威胁时才能实行。所谓危险，是指法律所保护的利益可能立即遭受危害的一种事实状态。其来源主要有以下四种：（1）自然的力量，如天然火灾、水灾、地震、山崩、海啸、狂风、巨浪以及飞机、航空器、船舶在航行中遭到的恶劣天气等。（2）动物的侵袭，如猛兽追噬、恶狗扑咬、受惊牲畜狂奔等。如果动物所有人或管理人利用动物作为侵害工具进行侵袭时，公民可进行正当防卫，杀死侵袭的动物。（3）人实施的危害社会的行为，不管是有责任能力的人，还是无责任能力的人的行为，都能进行紧急避险。（4）来源于疾病、饥饿等生理机能造成的危险，如为了抢救病人私开他人的汽车将病人送到医院，在荒原、森林或沙漠中迷路的人，因自然灾害、缺粮断水而生命垂危，迫不得已侵害公共或者他人财产利益的，应视为紧急避险。

2. 必须是客观存在的正在发生的危险。第一，危险是客观存在的，而不是主观想象和推测的危险。只有客观存在的危险威胁到合法权益时，才能实行紧急避险。否则，若实际上并不存在危险，行为人误认为存在而实行紧急避险，致使合法权益受到损害，在刑法理论上称为假想避险。假想避险不是紧急避险，应根据处理事实认识错误的原则，确定是否应当负刑事责任。第二，必须是正在发生的危险，即实际存在的危险处于已经发生而尚未结束的状况。这是实行紧急避险的时间条件。若在危险尚未发生或已经结束的情况下，实行所谓紧急避险，则构成“避险不适时”。避险不适时因不符合紧急避险的时间条件，不属于紧急避险，应按事实认识错误的原则，结合案件的具体情况，由行为人承担相应的刑事责任或民事责任。危险尚未出现是指危险虽然客观存在，并也可能对合法权益造成损害，但在其发展进程中，尚未对合法权益构成直接的现实威胁，尚处于一种潜在的非现实可能性，采取必要的防范措施便可避免危害的发生。危险已经出现表明合法权益已直接遭受危险现实威胁，若不采取紧急避险措施，合法权益不可避免地会受到损害。危险已经结束是指危险已经过去，给合法权益造成的损害也无法避免和挽回，或者因避险人的努力或其他原因，危险已经消灭和不复存在。

（二）实施避险行为的合法性条件

1. 必须是为使合法权益避免正在发生的危险而实施，这是紧急避险行为合法性的主观要件。包括两层含义：一是紧急避险保护的利益必须是合法权益，包括国家、公共利益、本人或者他人的合法权益。如果是非法利益，不允许实行紧急避险。二是避险人必须出于避险的意图，即在遭受危险的紧急情况下，基于对危险事实的认识，为了避免合法权益遭受正在发生的危险，才实行紧急避险。若行为人主观上没有避险的意图，其行为尽管在客观上避免了某种合法权益免遭危害，也不是紧急避险。

2. 必须是在迫不得已的情况下实施。紧急避险是两种合法权益的冲突，保全这一合法权益，必然牺牲另一合法权益，给法律保护的另一合法权益造成损害。因此，只有在迫不得已的情况下，才能实行紧急避险。这是采取紧急避险的限制条件。所谓迫不得已，是指在危险已经发生的非常时刻，从当时的情形来看，除了采取紧急避险行为以外，别无他法能够避免危险。如果当时还有其他方法可以避免损害，就不能实行紧急避险。否则，造成损害的，应负刑事责任。

3. 紧急避险不能超过必要的限度造成不应有的损害。所谓紧急避险行为的必要限度，根据紧急避险行为的性质和目的，应理解为避险行为所引起的损害应小于所要避免的损害，而不能等于更不能大于所要避免的损害。因为，只有损害了较小的利益保全了较大的利益，行为在本质上才是有利于社会的，行为才不具有社会危害性，成为受法律保护的合法行为，这是紧急避险的立法目的所在。所以，不允许为了保护较小的权益，而损害较大的或者同等的权益。否则不能得到法律上的保护。

如何衡量各个利益的大小呢？刑法没有规定具体标准。一般说来，人身权益大于财产权益，人身权益中生命权是最高权益，财产权益的大小，可用财产的价值进行比较。但是，实际生活是复杂多样的，尤其是不同性质的利益发生冲突时，应根据案件的具体情况，进行全面的分析、判断。

行为具备上述条件，才能成立紧急避险。另外，根据刑法典第 21 条第 3 款的规定，在职务上、业务上负有特定责任的人，不得因为避免本人的合法权益免受危险的损害而实行紧急避险。所谓在职务上、业务上负有特定责任的人，是指其所担任的职务或所从事的业务的性质要求其负有同一定的危险作斗争的责任，如医师、护士有同传染病作斗争的责任，消防人员有扑灭火灾的责任，船长、海员面对海损、海难事故有坚守岗位的责任，民航客机发生故障，机组人员有排除险情的责任等。如果这些负有特定职责的人员，为了避免与自己职务上、业务上有关的危险，而擅离职守，逃避责任，其行为不能成立紧急避险。因渎职而造成严重危害后果的，应当追究其刑事责任。

三、避险过当及其刑事责任

避险过当，是指避险行为超过必要限度造成不应有的损害的行为。避险过当是有害于社会的行为，根据我国刑法规定，应当负刑事责任。

构成避险过当，必须具备两方面的要件：其一，避险行为客观上超过了必要的限度，造成了不应有的损害。即避险行为所造成的损害等于或大于所要保护的利益，这是避险过当行为人承担刑事责任的客观基础。其二，行为人对避险行为过当主观上具有罪过，存在故意或过失。从理论和司法实践上讲，避险过当的罪过形式主要是过失，即行为人应当预见自己的避险行为会超过必要的限度造成不应有的损害，因疏忽大意而没有预见或虽已预见但轻信能够避免。但也有在少数情况下对结果的发生抱放任态度的间接故意。行为人主观方面的罪过，是其承担刑事责任的主观基础。

避险过当是一种特殊的犯罪形态，而不是一种独立的罪名。定什么罪名，应当根据避险过当触犯的具体罪名来确定。如过失致人死亡的，就定过失致人死亡罪；过失致人重伤的，就定过失致人重伤罪。司法文书中除引用刑法分则的相应条文外，还应引用刑法总则关于避险过当的条款，说明本案的特殊性。

刑法典第 21 条第 2 款规定，对于避险过当行为，量刑时应当减轻或者免除处罚。至于如何具体地掌握减轻处罚和免除处罚，应当根据危险的损害性质和强度、避险过当的损害性质和程度，以及危险的来源、避险人自身的排险能力和处境等具体情况分别而定。

在紧急避险中，还有一个义务冲突行为的紧急避险问题。所谓义务冲突，是指法律上规定应当履行的两个或两个以上的义务同时并存，义务之间发生冲突，不能同时履行时，行为人只能选择其中一个义务先期履行，而对不能同时履行义务而发生的危害结果，不负刑事责任。义务冲突，仅限于法律上、职务上的义务，如救生员甲在游泳池值班，忽见三个小孩在深水中挣扎，生命垂危，便奋力游向距其最近的孩子，将他救起，然后再救起第二人，这时第三个小孩已溺水而死。义务冲突行为，完全符合紧急避险条件，不负刑事责任。

四、紧急避险和正当防卫的异同

紧急避险和正当防卫都是为了保卫国家、公共利益、本人或者他人的人身、财产利益和其他合法权益，而对他人的权益或利益造成一定的损害，同属排除犯罪性的行为的范畴，但它们毕竟是刑法上两种不同的法律制度，有着以下区别：

1．危害的来源不同。正当防卫的危害来源于人的不法侵害行为；紧急避险的危害来源除人的不法侵害行为外，更多的是自然灾害、动物侵袭以及人的生理、病理原因。

2．损害的对象不同。正当防卫所损害的是不法侵害者本人的利益，而不能损害第三者的合法权益；紧急避险损害的是第三者的合法权益。

3．限制的条件不同。紧急避险是两种合法权益的冲突，只有在无其他方法可以避免危险的情况下才能实施；正当防卫是合法权益与不法侵害的冲突，不受无其他方法避免不法侵害的限制，即使在有其他方法可以避免不法侵害时也可以实施防卫，只要防止行为是有效制止不法侵害的必要手段即可采用。

4．对损害程度的要求不同。紧急避险所造成的损害，只能小于所要保护的利益，不能超过必要限度；正当防卫造成的损害可以超过必要的限度，只要不是明显超过必要限度造成重大损害。

5．对行为主体的要求不同。紧急避险不能适用于职务上、业务上负有特定责任的人避免本人危险；正当防卫的主体则无此限制。

第四节　其他排除犯罪性的行为

一、依照法令的行为

依照法令的行为，是指依照现行法律、法规、法令实施的行为的统称。这些行为是直接根据法律、法规、法令的规定实行，其性质是依法履行职责或依法行使权利的行为。虽然有时在外观上与刑法规定的某些犯罪构成要件相似，但行为的行使具有合法的根据，实质上并不具有社会危害性，反而是对社会有益的行为，其成立应具有以下条件：

1．须具有法令上的直接根据。所谓法令上的直接根据，是指现行法律、法规、法令明文规定和许可，既包括中央权力机关和行政机关制定的法律、法则，也包括地方各级权力机关制定的法规。明文规定和许可是指实行的行为是法律、法规、法令要求行为人依法履行职权或行使权利。

2．行为人在主观上须是出于履行职责或行使权利的意图。行为人须认识到自己的行为是在履行职责或行使权利，目的是为了保护国家、公共利益、本人或他人的合法权益。如果明知自己的行为没有合法的根据，或者出于其他不正当目的，造成危害社会的结果，不能排除其行为的社会危害性。

3．依照法令的行为必须在法定限度内实施。所谓法定限度，是指实施行为的方式、强度都是符合法律、法规、法令规定的履行职责和行使权利的要求，没有给社会造成不应有的损害。

二、正当职务行为

正当职务行为，是指国家工作人员执行其职务的行为。关于正当职务行为，如果法令有明文规定，可归属于依照法令的行为。但是，在实践中国家工作人员的正当职务行为，相当多的一部分是法律没有明文规定的。为此，它应当独立地成为一种排除犯罪性的行为形式，其成立应具备以下条件：

1．必须是在职权范围内的职务行为，超越职权范围的属非法行为。

2．必须是在其所管辖区域内执行其职务，才有合法性；如果在其管辖区外执行的行为，则属非法。

3．必须在形式上有合法的依据，足以证明其职务行为的合法性。

三、执行上级命令的行为

执行上级命令的行为，是指部属根据上级国家工作人员的命令实施的行为。在一般情况下，部属执行上级命令与刑法无关。因为下级服从上级，是国家机构民主集中制原则的体现，部属执行上级命令，是其应尽的职责，如果执行的是正确的、合法的命令，就不会发生违法犯罪的问题；如果执行了上级的具有犯罪内容的命令，可能会发生与发布命令的人一起承担刑事责任的问题。至于执行命令的人应否承担刑事责任，一般认为只要执行命令的人具备以下条件便可排除其犯罪性：

1．命令必须是所属上级国家工作人员发布的。在这里，命令是指上级对下级有指示或下达的指示。所属上级国家工作人员，包括直属的同级首长和上一级首长。国家工作人员负有执行自己所属的上级国家工作人员命令的义务。而没有执行与自己无直接上下级关系的国家工作人员命令的义务，如果执行了非自己所属上级国家工作人员违法内容的命令，给社会造成危害的，不能排除其行为的犯罪性。

2．命令必须是在上级国家工作人员的职权范围之内。上级国家工作人员的职权范围，是指其业务管辖的范围。下级国家工作人员只有执行上级国家工作人员职权范围的命令的义务，而无执行超越其职权范围之外的命令的义务。如若执行，则不能排除其行为的犯罪性。

3．发布命令，在形式和程序上必须符合法律规定。只有这种命令，下级国家工作人员才有义务执行。否则，执行违反法定形式和程序的命令，不能排除其行为的犯罪性。

4．国家工作人员在执行命令时必须不知道该命令具有犯罪的内容。根据我国刑法主客观相统一的原则，执行者主观上没有犯罪的故意或过失，客观上也没有审查上级命令内容正确与否的义务。如果下级国家工作人员明知上级命令的内容是犯罪的，却不加以拒绝，仍然执行的，就可能成为这种犯罪的共犯。

由于命令是上级国家工作人员发布的，下级处于从属的地位。因而，具有犯罪性的行为是因执行命令而为时，可以作为酌定从轻情节在量刑时予以考虑。

四、正当业务行为

正当业务行为，是指行为人根据其所从事的某种正当业务的需要而实施的行为。正当业务行为是法律所允许的保全某种合法权益或者发展某项社会事业所容许的行为。这种行为在外观上好像具备某种犯罪构成要件，如医生为了保全病人的生命实施截肢手术，运动员在拳击、摔跤、足球等体育竞赛中击伤或者踢伤对方的身体，但实际上是在一定业务范围内实施有益于社会的行为，不构成犯罪。但是，并非所有的业务行为都能排除其犯罪性，要排除其犯罪性，必须具备以下条件：

1. 所进行的必须是正当业务，即法律所允许的或为社会所认可的业务。如果被法律所禁止，不属正当业务。如果失去了业务的正当性，就不能排除其行为的违法性。

2. 执行正当业务的行为人，须是具有一定专业知识和一定业务能力的专业人员。如医生必须是受过一定医学教育或专业训练且经主管机关审定准许执行这项专业的人，其业务上的行为才能认为是正当业务行为。如果不具有专业知识的人执行业务行为，发生了危害结果，就不能视为正当业务行为而排除行为的社会危害性，行为人应负刑事责任。如一个完全不具备专业知识的人为了骗取钱财，擅自为已放避孕环的妇女取环时钩破了子宫，致使该妇女大出血而死亡，其行为就不能认为是正当业务行为，对其行为造成的危害结果，应承担刑事责任。

3. 执行的正当业务行为必须没有危害社会的目的，具有正当目的。如果为了某种危害社会的非正当目的而履行所从事的业务行为，就不能排除行为的违法性。如战争期间明知有军人是为了逃避军事义务，某医生还帮助其自伤，这种行为因不具有正当目的，而不能排除行为的社会危害性。

4. 所实施的行为必须符合正当业务要求，即必须遵守该项业务的操作规程或者技术操作的规章制度。如果违章而行，就不能认为是正当行为。例如，根据注射的操作规程，护士为病人注射青霉素，必须先进行皮试。但某护士未经青霉素皮试就对病人注射，造成病人因青霉素过敏而死亡。这个护士的行为就不属于业务上的正当行为，而应对病人的死亡承担刑事责任。

五、经权利人同意的行为

经权利人同意的行为，又称经被害人同意或承诺的行为，是指得到有权处分某种利益的人同意而损害其利益的行为。从性质上看，这种行为是根据权利人本人的承诺或嘱托实施的，是权利人自愿放弃自己合法权的行为。经权利人的同意的行为是否排除行为的社会危害性，不可一概而论。例如，权利人同意他人将其放在办公室的手机拿走，他人在权利人不在时拿走了他的手机，就不构成盗窃罪。而未满 14 周岁的幼女同意他人与其发生性行为，他人与其发生了性行为，就不免于构成强奸罪。实施权利人同意的损害行为，须具备以下条件才能排除行为的犯罪性：

1. 权利人只能承诺个人有权自由支配和处分的权益，不能将国家、公共利益、他人的权益和自己不能处分的权益包括在承诺处分的范围之内。一般认为，个人可以承诺的权利限于其自身财产、名誉、秘密、自由等，身体、生命方面权利不能承诺。例如，财产所有人同意他人取走或毁坏自己的某种财物，就排除实施上述行为的社会危害性。公民的生命权不属于其自由处分的范畴，即使同意他人剥夺自己的生命，他人果真实施了杀人行为，也不能不负杀人罪的刑事责任。

2. 权利人的承诺必须是真实的意思表示。首先，做出承诺的权利人应具有完全的行为能力，即能够正确认识自己所同意的行为的意义，并能独立地表达其意思，他的同意才能是其自我意志的表现。精神病患者和未成年人的同意并不是他们的真实意志，经他们同意的行为，不能排除其社会危害性。例如，女精神病人或者幼女同意某甲与她们发生性行为，并不能免除某甲构成强奸罪的刑事责任。其次，这种意思表示必须是自愿的，而不是在他人的欺骗、暴力或者威胁下做出的。否则，就不能排除实施损害行为的社会危害性。

3. 权利人的承诺必须具有现实性，要在行为实施前或者行为时表示承诺。这就是说应先有承诺，后有侵害。事后追认的承诺，不具有同意的效力。权利人事前同意，行为时又取消同意的，原来的承诺则失去效力。如果执行者仍然实施了原来承诺的行为，则不能排除其社会危害性。

4. 权利人承诺的目的或者动机必须是正当的，不能违背社会的共同生活准则。实施承诺的行为必须是法律允许的，而不能帮助权利人实现危害社会的目的。否则，不能排除行为人的社会危害性。例如，为了获取巨额保险金而承诺他人对其损害，如果实施了这种损害行为的，就不能排除行为的社会危害性。

5. 权利人承诺的损害不能危害社会。权利人承诺的损害范围必须限于个人利益，不能危害他人利益或者公共安全。例如，权利人同意他人烧毁自己的房屋，若殃及邻居的房屋，便是犯罪行为。

第十一章　故意犯罪过程中的犯罪形态

第一节　故意犯罪过程中的犯罪形态概述

一、故意犯罪过程中犯罪形态的概念

故意犯罪过程是指完成犯罪所经过的前后连续的各个过程。犯罪是人的有意识的危害社会的行为，当一人故意实施犯罪时，总是首先产生犯罪的意思，然后实施危害社会的行为。人的犯意有时在产生以后立即实现，如突发性犯罪。但在多数情况下，一个人是在产生犯意后，可能首先进行犯罪的准备活动，经过准备以后，再进而实行犯罪，以至最后造成犯罪结果的发生而完成犯罪。因此，具体地讲，故意犯罪过程是故意犯罪由犯罪的预备开始，经过犯罪的实行，到犯罪完成的全过程。故意犯罪过程中的犯罪形态，则是指在实施故意犯罪过程中的不同阶段，由于主客观因素的影响而使犯罪行为停顿下来不再发展所出现的各种行为状态，即犯罪的既遂、预备、未遂和中止。从这个概念出发，我们可以看出，故意犯罪过程中的犯罪形态与故意犯罪的阶段是有区别的，主要区别在于：(1) 前者是故意犯罪过程中已经停止下来不再往前发展所出现的犯罪行为的状态，是一种终结形态和静态的概念；后者是指故意犯罪发展过程中的一定的进程，是一种运动形态和动态的概念。(2) 前者所出现的各种行为状态之间没有先后的连续关系，不存在前后的递进关系；而后者则具有前后的连续性，即由前一阶段转入后一阶段，不同阶段之间存在着承前启后的衔接递进关系。(3) 前者所出现的各种状态不可能同时并存于某一个具体的故意犯罪之中，只要出现其中一种形态，就排除了出现其他形态的可能性；后者则在一个具体的故意犯罪发展过程中则可能同时出现几个不同的犯罪阶段，经过前一个阶段而后又转入下一个阶段。

那么，故意犯罪的过程应当从什么时间开始呢？由于犯意的形成只能是犯罪行为的起因，而不能成为犯罪的一个阶段，它还是行为人的一种内在的思想活动，尚未表现为外在的犯罪行为，因此它与犯罪的预备是有本质区别的。犯罪预备不仅表现为人的思想，而且还外化为人的行为，即为了犯罪，准备工具、制造条件的行为，而故意犯罪过程是指犯罪人行为的进程，因此这个过程应从犯罪的预备开始，而犯意的形成则不包括在内。经过犯罪的实行到完成的过程，从这个时间意义上讲，故意犯罪过程表现出两个阶段，即犯罪的预备阶段和犯罪的实行阶段。

二、故意犯罪过程中犯罪形态的构成

在故意犯罪过程中的各种形态中，犯罪既遂是犯罪的完成形态，它标志着某一犯罪的构成要件完全具备。从刑法分则规定的各种具体犯罪来看，每一种犯罪均是以其完成形态作为标本来制定它的构成要件和法定刑的。在刑法理论上，我们把犯罪既遂状态的犯罪构成称为基本的犯罪构成。

犯罪的预备、未遂和中止形态是犯罪的未完成形态，但它们并非不具备犯罪构成的要件。它们只是不完全具备分则规定的某一犯罪构成的全部要件，因而由刑法总则对这些犯罪形态的要件做出专门规定。因此，在确定这些形态的犯罪构成要件时，应以刑法分则对某一具体犯罪规定的要件为基础，并结合刑法第22条、第23条和第24条的规定为补充。所以，这些未完成形态的犯罪仍然具备犯罪构成的基本要件，只是相对完成形态的犯罪构成来看，由刑法总则的有关规定对它们在犯罪的客观要件上进行了修正。故在刑法理论上将这些未完成形态的犯罪构成称为修正的犯罪构成。

三、犯罪未完成形态存在的范围

犯罪的未完成形态不是在任何犯罪中都存在，它们只存在于直接故意犯罪中。从过失犯罪的特点看，过失犯罪的行为人在主观上没有犯罪的意图，对危害结果的发生持否定、排斥的态度，危害结果最终发生是由于行为人没有预见或轻信能够避免造成的。因此，不存在为了犯罪进行准备或犯罪是否得逞或是否放弃、中止犯罪的情况，而只有当危害结果发生才能成立犯罪，因而就不可能存在犯罪预备、未遂和中止。从间接故意犯罪来看，主观上没有该种犯罪的目的，或行为人追求的目的不是该种危害结果的发生，而是在另外方面，因此，也就不可能有为实施这种犯罪做准备的行为，同时，危害结果没有发生也不违背其本意，而只有当危害实际发生时才构成犯罪，这就谈不上由于意志以外的原因未得逞的问题，当然，也不属于自动放弃犯罪的中止。故间接故意犯罪不存在犯罪的未完成形态。

第二节　犯罪既遂

一、犯罪既遂的概念

犯罪既遂，是指行为人故意实施的犯罪行为已经具备了刑法分则规定的某一犯罪构成全部要件的状态。刑法理论上称之为“犯罪构成要件齐备说”。因此，认定犯罪是否既遂，是以该罪是否符合刑法分则规定的全部要件为标准，这些要件都是法定的犯罪既遂的条件。所谓以“犯罪目的实现说”和“危害结果发生说”作为犯罪既遂的标准均是片面的、不周延的，是单纯以行为人的主观认识或者客观结果情况来认定的，不可能概括犯罪既遂的所有情况，因而是不科学的。

二、犯罪既遂的形态

根据刑法分则对各种具体犯罪构成要件规定的情况不同，犯罪既遂可以表现为以下几种形态。

（一）行为犯

行为犯是指行为人只要实施刑法分则规定的该种犯罪构成要件的行为即齐备了该种犯罪构成的全部要件，从而构成犯罪既遂的情况。在这种犯罪的既遂形态中，不以危害结果的发生作为其要件。这些犯罪并非不能发生危害结果，只是法律上并未要求将危害结果作为犯罪构成的要件。危害结果是否发生，只是作为量刑时考虑的情节。如刑法规定的诬告陷害罪、侮辱罪、诽谤罪等都是行为犯。

（二）结果犯

结果犯是指行为人不仅要实施刑法分则规定的某一犯罪构成要件的行为，而且还要发生刑法分则规定的这种犯罪构成要件的结果，才被认为是齐备了这种犯罪构成的全部要件，从而成立犯罪既遂的情况。这里的结果是指法定的危害结果，而非行为人预期的结果。如刑法中规定的故意杀人罪、盗窃罪、诈骗罪、贪污罪等都是结果犯。

（三）危险犯

危险犯是指行为人不仅要实施刑法分则规定的某一犯罪构成要件的行为，并且这种行为还导致发生了作为这种犯罪的构成要件的某种危险状态，从而齐备了该种犯罪构成的全部要件，成立犯罪既遂的情况。如刑法典第116条规定的破坏交通工具罪，只要行为人实施了破坏火车、汽车、电车、船只、飞机的行为，并足以使上述交通工具发生倾覆或者毁坏的危险，即使尚未造成严重后果，也齐备了这种犯罪的全部要件，构成犯罪既遂。

（四）结果加重犯

结果加重犯是指行为人实施了刑法分则规定的构成要件的行为，发生了基本的构成要件的结果以外的结果，刑法从而对它规定加重法定刑，成立犯罪既遂的情况。结果加重犯的特点在于：（1）在客观上出现了两个结果，即一个是基本构成要件以内的结果，另一个是基本结果之外的加重结果；（2）在主观上行为人对基本要件以内的结果是故意，对加重结果则是过失。刑法上规定的故意伤害罪（致人死亡）就是一个典型的结果加重犯。

三、既遂犯的刑事责任

应当注意，犯罪既遂与既遂犯是两个既有联系又有区别的概念。犯罪既遂是指某种故意犯罪的完成形态，既遂犯则是指构成犯罪既遂的犯罪人。因为刑法分则规定的各种故意犯罪都是以犯罪既遂形态作为标准来制定这种犯罪的构成要件和法定刑的，因此在刑法总则中就没有明文规定犯罪既遂的概念。对符合犯罪既遂形态的犯罪人，只需要直接引用刑法分则的规定定罪量刑即可。

第三节 犯罪预备

一、犯罪预备的概念

刑法典第22条第1款规定："为了犯罪，准备工具、制造条件的，是犯罪预备。"因此，犯罪预备实际上是犯罪人为了实现自己的犯罪意图而创造各种便利条件的行为。

犯罪预备行为有两种方式：一是准备工具。犯罪工具是指为便于实行犯罪而利用的各种物品，如杀人用的枪支，盗窃用的万用钥匙，贪污用的伪造的印章、票据等。二是制造条件。犯罪条件是指除工具之外的其他任何方便实行犯罪的准备行为。从广义上讲，准备犯罪工具实际上也是制造犯罪条件的行为，这里的制造犯罪条件的行为主要有：调查、勘探犯罪场所和被害人的行踪，拟定犯罪计划和逃避侦查、审判的方案，勾结共同犯罪人等。

犯罪预备不是刑法分则规定的某种犯罪构成要件的行为，而是刑法总则中规定的。因此，在认定某种犯罪预备行为的犯罪构成时，应把这种犯罪在刑法分则中的规定与刑法典第22条的规定有机地结合起来加以认定。

犯罪预备行为与犯意表示的区别是明显的。犯意表示是指将犯罪的意图以口头、文字或其他方式表露于外的活动。它仅仅是行为人犯罪意图的流露，而不是为了以后实行犯罪创造条件，对刑法保护的客体不可能起到任何作用，属于思想活动的范畴。犯罪预备行为已经表现为具有一定社会危害性的行为，具备相应的犯罪构成要件。因此应注意划清上述两者的界限。

二、犯罪预备的特征

犯罪预备具备以下三个特征：

1. 已经实施了犯罪的预备行为，即为了犯罪，已经实施了准备工具、制造条件的行为。这一特征将它与犯意表示区别开来。

2. 必须在犯罪过程中的预备阶段停顿下来，尚未着手实行犯罪。即行为人在犯罪预备过程中的行为没有再往前发展，尚未实施刑法分则规定的这种犯罪的实行行为，没有通过着手实行犯罪进入犯罪的实行阶段。从犯罪行为实际的发展情况看，可能有三种情况的停顿：（1）在犯罪预备过程中被阻止而停顿下来；（2）经过犯罪预备，进而着手实行犯罪，在预备犯罪和实行犯罪过程中因主动放弃而停顿下来；（3）完成了预期的犯罪。而作为犯罪预备阶段的犯罪预备行为构成预备犯的，只能是上述三种情况中第一种情况。因此，当行为人经过犯罪的预备，已经进入实行犯罪的过程，甚至完成了犯罪，对其就不能再按预备犯处理了，因为在这些情况下犯罪的预备行为已被后来的实行行为吸收，对前面的预备行为没有再单独论处的必要。

3. 由于行为人意志以外的原因而使犯罪行为在预备过程中停顿下来。即犯罪预备行为在预备过程停顿下来不是出于行为人的本意，而是由于行为人以外的某种外力的障碍使犯罪行为只能停顿在预备阶段，不可能再往前发展下去。如果是出于行为人本意自动在此停顿下来的，则可能成立犯罪中止，而不是预备犯。也只有当行为停顿在犯罪预备阶段，才有单独处罚犯罪预备行为的必要，从而使其成立预备犯。

预备犯的成立应当同时具备上述三个条件，缺一不可。

三、预备犯的刑事责任

刑法典第22条第2款规定："对于预备犯，可以比照既遂犯从轻、减轻处罚或者免除处罚。"据此，在确定预备犯的刑事责任时应当注意：（1）对预备犯原则上应予处罚。犯罪预备行为本身虽然造成的社会危害性有限，但它已经威胁到一定的法益，虽然被迫停止下来，但行为人"为了犯罪"的主观状态并未改变，具有主观恶性，应予处罚。给预备犯定罪，应根据其所犯预备之罪的性质来确定，在判决书中一般应将"预备"二字缀于罪名之后，如"故意杀人罪（预备）"。（2）对预备犯，一般应当比照既遂犯从轻、减轻处罚或者免除处罚。即对预备之罪的性质，预备的具体方法、手段，预备行为进展的程度，以及行为人主观恶性的大小，按照罪刑相适应的原则，比照刑法分则的有关条文从宽处理。在这里，既要引用刑法分则关于某种犯罪的条文，又要引用刑法典第22条第2款的规定。（3）对少数情节恶劣的预备犯也可以不从轻、减轻或者免除处罚。因为刑法条文这里规定的是"可以"而非"应当"，对某些准备实施严重危害的犯罪，或者多次犯罪，人身危险性极大，或者预备犯罪的手段特别凶狠，可能危及国家、社会和广大人民的人身、财产安全的，则可以不从宽处理，予以严惩。

第四节　犯罪未遂

一、犯罪未遂的概念和特征

刑法典第 23 条第 1 款规定："已经着手实行犯罪，由于犯罪分子意志以外的原因而未得逞的，是犯罪未遂。"据此，犯罪未遂具有如下特征。

1. 已经着手实行犯罪。所谓实行犯罪，就是实施相当于刑法分则所规定的某种具体犯罪构成客观要件的行为。例如，故意杀人罪中剥夺他人生命的行为，抢劫罪中强行夺取财物的行为，盗窃罪中的秘密窃取他人财物的行为等，都是属于犯罪构成要件的行为。所谓已经着手，就是已经开始实施刑法分则规定的相当于犯罪构成客观要件的行为。例如故意杀人的行为人已经举刀刺向被害人，抢劫的行为人已经开始对被害人实施暴力或胁迫行为等，这时，剥夺他人生命的行为和暴力劫财行为就是故意杀人罪或抢劫罪的犯罪构成客观方面要件的行为，因此，着手是实行行为的开始，它标志着故意犯罪由预备阶段进入了实行阶段，但决不意味犯罪行为的结束，而恰恰是直接实行犯罪的起点。因此，行为人着手实行犯罪是犯罪未遂行为与犯罪预备行为区别的关键。

既然着手是实施某种犯罪构成客观要件的行为，那么判断行为人是否已经着手实行犯罪，要以刑法分则条文对该种犯罪客观方面要件特征的规定来衡量。因为每一个刑事案件都是具体的、复杂的和有个性的，因而在确定某种行为是否属于某种犯罪构成客观要件的行为时，要结合每个案件的不同特点来考虑。一般来讲，判断是否着手，可以从以下几方面进行分析：（1）着手行为已经接触或已接近犯罪的对象，对刑法保护的社会关系，即直接客体已经有直接的威胁性，甚至已开始侵害了直接客体。例如，杀人犯已经举枪对准了被害人，抢劫犯已经开始实施暴力、胁迫行为侵害被害人等，都是着手实行行为。如果只是准备杀人用的枪支，跟踪、尾随被害人，那就不是着手实行行为，而是犯罪的预备行为。（2）着手实行行为一般能够直接造成危害结果的发生，例如，持刀杀人，在已经举刀向被害人砍去时，即能够直接造成被害人的死亡后果，如果杀人犯未看到或者接近被害人，则很难直接造成危害结果，则不是着手。而投毒杀人，行为人就不需要亲眼看见被害人，只要将毒物投入被害人的食品里，即使被害人当时不在现场，也有可能直接导致危害结果的发生，这就是已经着手杀人，这些行为如果没有其他因素的介入，而让它无阻碍地发展下去，犯罪就能够完成。（3）着手行为一般能够较明显地反映出行为人的意图。犯罪的预备行为是准备工具、制造条件的行为，单从表面上看，很难辨别出其是否有犯罪意图。例如，准备刀子的行为尚不能反映出行为人的主观意图，但是如果行为人不仅准备了刀子，而且还持刀刺向被害人，其主观意图就十分"明显"，这时就可以判断出行为人是着手实行犯罪行为。

2. 犯罪未得逞。所谓犯罪未得逞，在刑法理论界有三种观点：（1）犯罪目的达到说，认为犯罪没有得逞是指行为人的犯罪目的没有实现。（2）犯罪结果发生说，认为犯罪没得逞是指没有发生法定的危害结果。（3）犯罪构成要件齐备说，认为犯罪没得逞是指犯罪还不齐备刑法分则规定的该种犯罪构成的全部要件。刑法理论界大多数人认为，前两种观点是不全面的，因为它们只能概括犯罪未遂的部分情况。犯罪目的在很多犯罪中虽然要求作为犯罪构成要件，但只是要求行为人主观上具有这一目的，即使该犯罪目的还没有达到，也可能构成犯罪既遂。对于犯罪结果来讲，虽然很多犯罪没有产生法定的危害结果，确实是犯罪未遂，如结果犯，但对行为犯来说，仍然有可能构成犯罪既遂。因为行为犯是指只要实施了法定的行为即可构成犯罪既遂。因此，从犯罪既遂的标准衡量，惟有第三种观点能够全面地、科学地说明犯罪未遂的一切情况。犯罪未遂的“未得逞”是指尚未完成犯罪，也就是说尚未完全具备某种犯罪的全部要件。因此，是否完全具备构成要件，是划分犯罪既遂与犯罪未遂的标志。

3. 犯罪未得逞是由于犯罪分子意志以外的原因造成的。所谓意志以外的原因是指违背犯罪分子本意的原因，从本质上讲，这是以犯罪分子的主观感受为标准，以各种不利于完成犯罪的因素的性质和其作用程度为必要程度，衡量这些不利因素是否足以达到抑制行为人的犯罪意志。如果这些不利于完成犯罪的因素达到足以抑制犯罪分子意志的程度，则应成为“意志以外的原因”。例如，被害人的强力反抗、第三者的制止、客观外力的障碍、行为人本身的认识错误或行为人本身缺乏完成犯罪的能力和技术等，如果行为人主观感受到这些因素不利于完成犯罪而放弃的，都应视为犯罪未遂。相反，有些因素不足以抑制犯罪分子的犯罪意志，如果因这些原因而放弃犯罪，一般不能认定为“意志以外的原因”所致的犯罪未遂，例如，被害人或第三者的劝告、斥责、哀求，被害人的轻微反抗；客观情况对完成犯罪有轻微的不利影响等。这些因素一般不足以抑制犯罪意志，如果行为人因此放弃犯罪的，应认定为其他形态，如犯罪中止。

是否出于本意放弃犯罪，这是犯罪未遂与犯罪中止相区别的标志。

二、犯罪未遂的种类

刑法并未对犯罪未遂的种类做出明确规定。犯罪未遂分类是刑法理论上根据不同标准对其作的分类。

（一）以犯罪行为实行终了与否为标准，可以将犯罪未遂分为实行终了的未遂和未实行终了的未遂

实行终了的未遂，就是犯罪分子自认为已将完成犯罪所必需的全部行为实行完毕，但由于其意志以外的原因以至犯罪未得逞。例如，犯罪分子持枪杀人，对准被害人开枪后见被害人倒在血泊中不再动弹，以为被害人已被杀死，旋即逃走，结果被害人只是身负重伤，一时昏迷，后被他人急送医院救治未死。未实行终了的未遂是指犯罪分子由于意志以外的原因未实行完毕为完成犯罪所必要的全部行为，致使犯罪未得逞。例如，犯罪分子持械抢劫，与被害人发生搏斗，结果为被害人所制服，未能抢到财物。

在其他条件相同的情况下，对犯罪未遂作如此划分，主要意义是表明实行终了的未遂与未实行终了的未遂相比较，前者实行犯罪的程度较高，对社会的危害程度也大，因此在处理时应区别对待。

（二）以犯罪行为实际上能否构成犯罪既遂为标准，可以将犯罪未遂分为能犯的未遂和不能犯的未遂

能犯的未遂是指犯罪分子实际有可能完成犯罪，但由于意志以外的原因而未能完成犯罪，以至犯罪未得逞的情况。前述犯罪分子持枪杀人的情况即属此例。不能犯的未遂是指犯罪分子实行犯罪时由于使用的工具的性质或犯罪对象的性质而使犯罪不能完成，以至未遂。前者，如误将白矾作砒霜去投毒杀人就不可能完成犯罪，后者，如误将动物当做人开枪射杀，也不能完成犯罪。

无论是否能够构成犯罪既遂，犯罪分子客观上都实施了一定的危害行为，主观上都有罪过，有一定的主观恶性，都同样认定为犯罪。

三、未遂犯的刑事责任

刑法典第 23 条第 2 款规定："对于未遂犯，可以比照既遂犯从轻或者减轻处罚。"根据此条规定，对未遂犯处罚时应当考虑：(1) 原则上讲，对未遂犯一般可以从轻或者减轻处罚。具体量刑时，应比照刑法分则条文规定的既遂犯处理，因此在法律文书中应当同时引用刑法分则对某种犯罪的规定和刑法典第 23 条第 2 款的规定。(2) 我国刑法对未遂犯的处罚，采取的是得减主义，因此对个别情节恶劣的未遂犯，也可以与既遂犯同等处刑，并非全部未遂犯都一律从轻或减轻处罚。(3) 对未遂犯决定刑罚的时候，应当考虑行为人实行犯罪的程度、造成什么样的后果、犯罪未能完成的原因及犯罪人的主观恶性程度等情况适当量刑。

第五节　犯罪中止

一、犯罪中止的概念与特征

刑法典第 24 条第 1 款规定："在犯罪过程中，自动放弃犯罪或者自动有效地防止犯罪结果发生的，是犯罪中止。"据此，犯罪中止应当具有如下特征。

1. 必须发生在犯罪过程中。犯罪的过程是指犯罪预备开始至犯罪完成以前的全过程，这是犯罪中止的时间性。具体来讲，从时间上看，犯罪中止有三种情况：(1) 在预备阶段的自动中止。预备阶段的行为还未实行犯罪，这时只要放弃犯罪的实行即可。(2) 在实行阶段未实行终了时的中止。既然犯罪行为未实行终了，行为人只要放弃犯罪的继续实行即可中止犯罪，使犯罪处于未完成形态。(3) 在实行阶段行为实施终了时的中止。这时必须由行为人采取有效措施，防止犯罪结果的发生。根据犯罪中止的时间性，在犯罪既遂后自动返还原物、恢复原状或者赔偿损失的行为，以及犯罪未遂后积极抢救被害人的行为，都不能成立犯罪中止，而是属于犯罪既遂后的悔改表现，只是在量刑时可以酌情考虑。

2. 必须是犯罪分子自动放弃犯罪。这是犯罪中止的自动性，即犯罪人自认为本来能够完成犯罪，却自动放弃了犯罪。如果某种因素虽然不利于犯罪的完成，但尚不足以抑制犯罪人的犯罪意志，而犯罪人却放弃了犯罪的，应当视为自动中止的情况。如被害人或第三者的劝告、哭泣、斥责、哀求等，以及客观因素造成的轻微不利影响，时间、地点造成轻微不利影响等。实践中，促使犯罪人自动放弃犯罪的因素一般是：(1) 犯罪人悔悟。(2) 对被害人的怜悯、同情。(3) 对法律制裁的恐惧。犯罪中止的自动性是犯罪中止同犯罪预备、犯罪未遂相区别的标志。

犯罪中止的自动性是其本质特征，因此对于客观上根本不可能完成犯罪，而犯罪人误认为能够完成而自动放弃犯罪，也应认定为犯罪中止。例如，某甲一天晚上企图报复杀害某乙，在临近某乙住处时，想到如果把某乙杀死，会给其家人带来极大的精神痛苦和生活困难，于心不忍而返回，但其实那晚某乙根本不在家，即使某甲去了也不可能完成犯罪，但某甲主观上自动放弃了犯罪应当认定为犯罪中止。

3. 必须有效地防止犯罪结果的发生。这是犯罪中止的有效性。这种有效性是指犯罪人必须彻底放弃犯罪意图而不实施犯罪。如果行为人只是感到时机不利，暂时停止进行，等到适当时机再行实施，那就不是彻底放弃犯罪意图，而是犯罪的暂行中断，对此应以犯罪未遂论处。这里的有效性还包括犯罪人自动中止犯罪后有效地防止了犯罪结果发生。如果行为人虽然采取积极措施，但最终未能避免犯罪结果发生，仍不能认定为犯罪中止，而是犯罪既遂。行为人采取积极防止措施的表现可以作为悔罪表现，量刑时予以适当考虑。但犯罪中止并非指不发生任何结果，因为这里的犯罪结果是指作为该种犯罪构成要件的法定的结果，而在犯罪中止的情况下，虽然没发生这种法定的结果，但可能发生了其他危害结果。例如，行为人持刀杀害被害人，虽然由于行为人自动中止避免了被害人死亡，但却造成了被害人的伤害，对此应当根据案件的具体情况做出适当处理。

以上三个特征，是成立犯罪中止必须同时具备的三个条件，缺一不可。

二、中止犯的刑事责任

刑法典第24条第2款规定："对于中止犯，没有造成损害的，应当免除处罚；造成损害的，应当减轻处罚。"据此，对中止犯确定刑事责任应当注意：（1）所谓中止犯是指其行为符合犯罪中止全部特征的犯罪分子。（2）对中止犯的处罚，刑法规定采取必减主义，即都应当从宽处理。因为中止犯在客观上没有发生预期的危害结果，在主观上自动放弃犯罪，人身危险比较小，所以对中止犯的处罚比预备犯和未遂犯都更轻。（3）处罚时，对没有造成损害的，应当免除处罚；对造成损害的，应当减轻处罚，但不能免除处罚，因为虽然没有发生预期的作为该种犯罪构成要件的结果，但是已发生了其他损害，仍然应予适当处罚。

第十二章　共同犯罪

第一节　共同犯罪概述

一、共同犯罪的概念及成立要件

共同犯罪是单人犯罪的对应形态，一般而言，其危害性大于单人犯罪。各国的立法对共同犯罪的构成有不同的规定。我国刑法典第25条第1款规定："共同犯罪是指二人以上共同故意犯罪。"该条第2款规定："二人以上共同过失犯罪，不以共同犯罪论处；应当负刑事责任的，按照他们所犯的罪分别处罚。"据此，构成共同犯罪应具备如下要件。

（一）主体要件：行为人必须是两个以上具备刑事责任能力的自然人或者单位

一方面，行为人的数量在二人以上，这是共同犯罪与单人犯罪在量上的区别。这里的行为人通常是指自然人，也可能是单位。另一方面，每一个行为人都具备刑事责任能力。对自然人而言，应当达到其行为可能涉及的犯罪所要求的刑事责任年龄，具有辨认和控制能力。不具备所涉犯罪的主体条件，没有达到刑事责任年龄，或者不具有辨认和控制能力，不能成为相应的共同犯罪的主体。一个具备犯罪主体条件的人与未达到刑事责任年龄的人或者无辨认和控制能力的人共同实施行为，不能成立共同犯罪。对单位而言，必须是法律规定的能够成为某种犯罪主体的公司、企业、事业单位、机关、团体。法律没有规定可以由单位构成的犯罪，都不认为是单位犯罪，也就不成立单位共同犯罪。

（二）客观要件：必须有共同的犯罪行为

所谓共同的犯罪行为，是指各行为人的行为都是为了同一个犯罪目的而实施，指向共同的犯罪目标，虽然具体的行为内容可能不尽相同，但彼此联系，相互配合，形成一个犯罪行为的整体，共同造成危害结果的发生。其基本含义是：(1) 各个行为人的行为都属犯罪行为。如果共同行为中，有的人实施的是犯罪行为，有的人实施的是非犯罪的行为，相互间不成为共同犯罪。如在数人共同实施的行为中，有的行为属排除犯罪性的行为，有的行为属犯罪行为，那么彼此间不构成共同犯罪。(2) 各行为人的行为相互联系，相互配合，指向共同的犯罪目标，从而形成一个有机统一的犯罪活动整体。虽然各行为人的行为对危害结果的发生有不同的作用，但相互联系、配合形成的合力，共同造成危害结果，因此都是原因的一部分，与危害结果存在因果关系。在认定共同犯罪行为与危害结果之间的因果关系时，不应把共同的行为割裂开来，孤立地考查它与危害结果之间的因果关系。

各行为人实施共同犯罪的具体行为，可以有不同表现，从而构成共同犯罪的不同组合类型。从行为方式的组成看，可以是作为与作为，可以是作为与不作为，还可以是不作为与不作为；从行为内容的组成看，可以是实行行为与实行行为，可以是组织行为和实行行为，可以是实行行为与帮助行为，还可以是教唆行为与实行行为。共同犯罪的客观表现呈现出多样性。

（三）主观要件：行为人必须有共同的犯罪故意

共同的犯罪故意是将各行为人的行为联系在一起，并成立共同犯罪行为的内在根据。共同的犯罪故意的基本含义是：（1）各行为人有着相同的犯罪故意。一方面，各行为人不仅是明知自己的行为会发生危害社会的结果，并且希望或者放任这种结果的发生，是故意实施犯罪；另一方面，故意的内容相同，表现为对共同行为发生的危害结果有相同的认识，并且希望或者放任这样的危害结果，即有相同的故意，从而使各行为人不完全相同的行为具有相同的性质。（2）各行为人主观上的犯罪故意有联系和沟通，形成合意。即各行为人不仅认识到自己在实施犯罪，而且认识到自己是在与他人一起共同实施犯罪，正因如此，共同的犯罪行为才具有了内在一致性。

共同故意的形式一般为共同的直接故意，但在特定情况下也可以表现为共同的间接故意或者一方为直接故意，另一方为间接故意。共同故意可以在实行行为前经过行为人的通谋而形成，也可以在实行行为中形成；可以通过明示的方式形成，也可以通过默契方式形成。共同故意的具有，构成了各行为人对共同行为及其结果承担刑事责任的主观基础。

二、不成立共同犯罪的情形

1. 共同过失犯罪。如共同玩忽职守，不构成共同犯罪。在此情况下，各行为人既无犯罪故意，也无犯罪故意的联系和沟通。刑法典第 25 条第 2 款明确规定："二人以上共同过失犯罪，不以共同犯罪论处；应当负刑事责任的，按照他们所犯的罪分别处罚。"

2. 故意犯罪行为和过失犯罪行为。如国家工作人员林某违反国家保密法的规定，让自己的朋友章某擅自进入保密工作室，不料章某趁林某暂离之机，窃得数份国家绝密文件并提供给境外组织，导致泄密。但林某泄密是过失，章某则是故意，虽然二人的行为在客观上有一定的联系，但没有共同故意，所以不构成共同犯罪。

3. 同时犯。即二人以上在同一时间和同一场合，实施性质相同的犯罪。例如甲乙互不认识，在骚乱中同时对某一商店实施抢劫，由于彼此间缺乏犯罪意图的联系和沟通，没有共同的故意，所以不构成共同犯罪。

4. 故意实施的共同行为，但故意的内容不同。如甲乙二人同租一条船走私，甲走私的是淫秽物品，乙走私的是香烟等普通物品，如果彼此间对各自的走私没有共谋，仅是共雇一条船，走私过程中一方也未向另一方提供帮助行为，那么不构成共同犯罪。因为没有共同故意，且行为性质不同。

5. 超出共同故意的行为。如甲教唆乙到丙家盗窃。乙在丙家盗窃后发现室内一个 6 岁的小孩正好睡觉醒来，他怕自己的行为败露，竟将小孩掐死。掐死小孩的杀人行为超出了甲教唆的范围，因而不存在共同的杀人故意，甲与乙不构成故意杀人罪的共犯，仅构成盗窃罪的共犯。

6. 事前无通谋的窝藏、包庇、窝赃、销赃等行为。窝藏、包庇、窝赃、销赃等行为发生在后，如果行为人在事前并无通谋，就没有共同故意，因此不构成共同犯罪。如果事前有通谋，依照刑法相关条款的规定，构成共同犯罪。

第二节　共同犯罪的形式

共同犯罪的形式，是指共同犯罪的结构或者共同犯罪人之间的结合形式。了解共同犯罪的形式，有利于更深入地认识共同犯罪的具体特点，做到正确地定罪量刑。关于共同犯罪的形式，通常有如下几种划分。

一、以共同犯罪能否任意形成为标准，可以划分为任意共同犯罪与必要共同犯罪

任意共同犯罪，是指刑法规定的可以由一人单独实施的犯罪，当由两个以上的人共同实施时所形成的共同犯罪。如故意杀人罪、放火罪、抢劫罪可以由一人单独实施，当由二人以上共同实施时，即是任意共同犯罪。

必要共同犯罪，是指刑法规定只能由二人以上共同实施方才成立的犯罪。二人以上的行为是成立犯罪所必需的，换言之，只能以共同犯罪形式出现的犯罪就是必要共同犯罪。如组织、领导、参加黑社会性质组织罪、聚众越狱罪等。这些犯罪不可能由一人单独实施。

二、以共同故意形成的时间为标准，可以划分为事前通谋的共同犯罪与事前无通谋的共同犯罪

事前通谋的共同犯罪，是指共同犯罪人的共同故意是在着手实行犯罪前的预备阶段即已形成的共同犯罪形式，也就是指预谋性的共同犯罪。由于共同犯罪人之间有预谋，因此该种形式的共同犯罪通常具有更大的社会危害性，对量刑产生影响，但在特定情况下，事前通谋决定是否构成共同犯罪，如刑法典第310条规定，窝藏、包庇犯罪人，事前通谋的，以共同犯罪论处。

事前无通谋的共同犯罪，是指共同犯罪人的共同故意在着手实行犯罪时或者犯罪实行过程中形成而构成的共同犯罪形式，实际上是指无预谋而事中通谋的共同犯罪。如甲乙二人外出散步，甲被丙无意地踩了一脚。甲见丙只身一人，于是率先动手打丙，乙见状也冲上前与甲一起打丙，致丙重伤。甲乙共同伤害丙的故意于行为实行中形成，所构成的共同犯罪为事前无通谋的共同犯罪。

三、以共同犯罪人之间有无分工为标准，可以划分为简单共同犯罪与复杂共同犯罪

简单共同犯罪，是指各共同犯罪人都共同实施刑法分则规定的某一犯罪构成要件的行为，也即所有共同犯罪人都是实行犯。如甲乙二人在共同盗窃中都有直接窃取财物的行为即为简单共同犯罪。

复杂共同犯罪，是指共同犯罪人有不同的分工，并不都直接实行刑法分则规定的某一犯罪构成要件的行为，也即共同犯罪人并非都是实行犯。共同犯罪人中，有的是实行犯，有的是组织犯、教唆犯或者帮助犯。

四、以共同犯罪人之间有无组织形式为标准，可以划分为一般共同犯罪与特殊共同犯罪

一般共同犯罪，是指没有组织形式的共同犯罪。构成一般共同犯罪，从共同犯罪人的数量上看，只要是二人以上即可，而各犯罪人通常是在共同犯罪时结合在一起，没有为犯罪而结成某种形式的组织。一般共同犯罪是实践中普遍存在的共同犯罪的形式。

特殊共同犯罪，是指行为人为犯罪而结成较为固定的组织，以组织形式实施共同犯罪，也即集团犯罪。为犯罪所形成的组织称为犯罪集团，由刑法明确地加以界定。刑法典第 26 条第 2 款规定："三人以上为共同实施犯罪而组成的较为固定的犯罪组织，是犯罪集团。"据此，犯罪集团具有以下特点。

1. 有多个成员。构成犯罪集团，其成员数至少要三人，而一般共同犯罪的人数可以是二人。三人以上，是犯罪集团与一般共同犯罪的首要区别。

2. 有一定的组织形式。在犯罪集团内部，成员间有比较明确的分工，并有一定的纪律约束。有的是首要分子，组织、领导、指挥集团犯罪；有的是一般的成员，听从首要分子的领导和指挥，实行犯罪或者辅助犯罪的实施。集团有较为严格的纪律，各成员都要服从，并在集团内部形成上下有别的"等级关系"。

3. 有明确的犯罪目的。一方面是指成立集团的目的在于实施犯罪，另一方面是指各成员明知是犯罪集团而加入其中，参与实施犯罪。犯罪集团的目的可以是专门实施某种犯罪，也可以是实施多种犯罪。

4. 有一定的稳定性。由于上述特点，使犯罪集团的成员较为固定，呈现出稳定的特点，在实施一次或几次犯罪后，集团的组织形式依然存在。因此一般而言，犯罪集团具有更大的危险性，其犯罪活动也具有更大的危害性。

组织性、目的性、稳定性的特点，使集团犯罪与以聚众形式和临时结伙形式表现出来的一般共同犯罪相区别。

第三节　共同犯罪人的种类及其刑事责任

一、共同犯罪人分类的意义和标准

在共同犯罪中，各个行为人的地位和作用有可能不同，在处理共同犯罪案件时，就必须根据他们在共同犯罪中的具体表现，区别情况，给予不同的认定，做到处罚适当。对共同犯罪人进行分类，是正确确定共同犯罪人的刑事责任的必要前提，是保证罪刑相适应原则实现的具体制度，是区别对待的刑事政策的必然要求，意义很大。

标准不同，对共同犯罪人的分类就有不同。我国刑法主要根据行为人在共同犯罪中的作用大小，辅之以分工的不同，将共同犯罪人分为四种：主犯、从犯、胁从犯和教唆犯。由于分类标准是双重的，因此在特定情况下，某种行为人在共同犯罪中的身份可能是双重的，如教唆犯有时可能同时是主犯，有时也可能同时是从犯。

二、主犯及其刑事责任

（一）主犯的概念和种类

刑法典第 26 条第 1 款就主犯作了明确的规定："组织、领导犯罪集团进行犯罪活动的或者在共同犯罪中起主要作用的，是主犯。"刑法典第 97 条规定："本法所称首要分子，是指在犯罪集团或者聚众犯罪中起组织、策划、指挥作用的犯罪分子。"据此，在我国刑法中，主犯有以下两种。

1. 首要分子。首要分子包括两种情形：一种是在犯罪集团中组织、领导、指挥集团及其犯罪活动的犯罪分子；另一种是在聚众犯罪中起组织、策划、指挥作用的犯罪分子。凡为首纠集他人组成犯罪集团或者临时聚合，为实施共同犯罪出谋划策，主持制定犯罪活动计划并据以指使、安排各参与者实施犯罪活动的，即便没有实施实行行为，也属首要分子。在理论上，首要分子也称为组织犯、造意犯。当然，首要分子也可能实施实行行为，所以不能把首要分子仅仅看做是组织犯、造意犯。

2. 在共同犯罪中起主要作用的犯罪分子。在集团犯罪和聚众犯罪中，不是首要分子，但积极实施实行行为的共同犯罪人，以及在一般共同犯罪中起组织、指导作用和积极实施实行行为的犯罪分子均属于这种主犯。就实行犯而言，其行为态度可能有积极与消极的差异，作用可能有大小的区别，所以在共同犯罪中的实行犯也并不都是主犯，实行犯中可能只有一部分构成主犯，即那些积极实施实行行为，且起主要作用的实行犯。这种主犯可称之为“主实行犯”。

犯罪集团中的首要分子都是主犯，聚众犯罪的首要分子通常也都是主犯，但集团犯罪和聚众犯罪中的主犯并非都是首要分子。另外，由于在集团犯罪和聚众犯罪中起组织、策划、指挥的人以及在共同犯罪中为实行行为的人不只一个，所以就某一具体的共同犯罪而言，主犯可能不止一个，而是若干个，甚至可能每一个行为人在犯罪中所起的作用都是主犯的作用，因此都应承担主犯的刑事责任。换句话说，在某一具体的共同犯罪中，并不是必定存在主犯与从犯、胁从犯的结构形式。注意这一点，对认定主犯及其承担刑事责任的范围有着重要的意义。

对某些聚众犯罪，刑法规定只追究首要分子的刑事责任，如第 291 条规定的聚众扰乱公共场所秩序、交通秩序罪。在这种聚众犯罪中，首要分子才是犯罪主体。就一个具体案件而言，首要分子可能只有一人，无所谓共同犯罪，不存在主犯问题，从这个意义上讲，我国刑法规定的首要分子并非都是主犯。

（二）主犯的刑事责任及处罚

刑法典第 26 条第 3 款规定：“对组织、领导犯罪集团的首要分子，按照集团所犯的全部罪行处罚。”该条第 4 款规定：“对于第三款规定以外的主犯，应当按照其所参与的或者组织、指挥的全部犯罪处罚。”可见，不同的主犯，其承担刑事责任的范围及处罚不同，相应地可分为两种情况：

1. 首要分子的刑事责任及处罚。犯罪集团的首要分子，按照集团所犯的全部犯罪处罚，“集团所犯全部罪行”是指犯罪集团预谋实施的全部罪行；聚众犯罪中的首要分子，按照其组织、指挥的全部犯罪处罚。如果犯罪集团的成员实施了超出犯罪集团预谋的犯罪，聚众犯罪的参与者实施了超过首要分子组织、指挥的犯罪，由行为人自己负责，首要分子对此不承担刑事责任。

2. 对首要分子以外的在共同犯罪中起主要作用的犯罪分子，按照其所参与的全部犯罪处罚，即仅对自己实施的全部实行行为承担刑事责任并受处罚。

三、从犯及其刑事责任

（一）从犯的概念和种类

刑法典第 27 条第 1 款就从犯的概念作了规定：“在共同犯罪中起次要或者辅助作用的，是从犯。”据此，从犯有以下两种。

1. 在共同犯罪中起次要作用的从犯。起次要作用的从犯所实施的是实行行为，即也是实行犯，但与主犯的实行行为相比，作用比较小，不是危害结果发生的主要原因，犯罪的情节较轻。这种从犯可称之为“实行从犯”。

2. 在共同犯罪中起辅助作用。起辅助作用的从犯的行为不是实行行为，而是为其他共同犯罪人实施实行行为提供帮助。有的表现为帮助实行犯出谋划策，坚定其犯罪的决心和信心；有的表现是为实行犯的犯罪指示目标、提供工具、排除障碍或者按预谋在事后包庇、窝藏实行犯，窝藏、销售赃物，使共同犯罪顺利地实施，并逃避法律的制裁。起辅助作用的从犯提供的是帮助行为，所以可称之为“帮助从犯”。

尽管从犯的行为内容有差异，但在共同犯罪中都是起非主要作用。就共同犯罪的形式看，从犯既存在于一般共同犯罪中，也存在于集团犯罪中。如前所述，在一个具体的共同犯罪中，如果各个犯罪人起的都是主要作用，均应承担主犯的刑事责任，这种情况下，也就没有可认定的从犯。

(二) 从犯的刑事责任及处罚

由于从犯在共同犯罪中的作用是非主要的，从犯的刑事责任和应受到的处罚，相应地也就比主犯轻。刑法典第27条第2款规定：“对于从犯，应当从轻、减轻处罚或者免除处罚。”对某一共同犯罪案件中的从犯是从轻处罚，还是减轻处罚，抑或是免除处罚，应根据其参与实施的犯罪性质、危害大小以及从犯的具体作用等情况，综合判定。

四、胁从犯及其刑事责任

(一) 胁从犯的概念

根据刑法典第28条的规定，所谓胁从犯，是指被胁迫参加共同犯罪的行为人。胁从犯最大的特点是，参加共同犯罪是被胁迫的，即被胁迫人在其他共同犯罪人的威胁、逼迫下，精神受到强制而参加共同犯罪。胁迫是一种精神强制，主要是指以暴力胁迫，如以杀人、伤害等方式进行威胁逼迫；也包括以特定内容的非暴力威胁逼迫，不过非暴力的胁迫应当达到比较严重的程度，通常应以损害被胁迫人或其近亲属的重大名誉为限。

胁从犯是共同犯罪人中的一种，一方面，其行为符合共同犯罪的一般特征；另一方面由于刑法规定对胁从犯应当给予较轻的处罚，所以胁从犯应当是共同犯罪人中罪行较轻的犯罪人。有鉴于此，在认识胁从犯时，需要特别指出的是：(1) 胁从犯虽然受到了精神强制，是被胁迫参加犯罪，但其主观上的意志还是相对自由的。在当时的情况下，他可以参与犯罪，也可以不参与犯罪，只是为了保全某种利益而屈从于威逼，参与了犯罪。因此说，胁从犯参与犯罪是不愿意或者不完全愿意的，这也是胁从犯与自觉自愿参与犯罪的从犯的根本区别。相对自由的意志特征，是胁从犯成为共同犯罪人，承担相应刑事责任的主观基础。如果某人在身体受到了完全的强制，丧失了意志自由的情况下实施某种行为或者未履行自己的职责，因而使他人的犯罪得以进行的，由于该行为人没有罪过，其行为不构成犯罪，所以也不是胁从犯。(2) 胁从犯在共同犯罪中所起的作用应当较小。如果行为人开初是因为被胁迫而参与犯罪，但在犯罪进行中却积极主动地实施犯罪行为，说明其主观心理态度已经发生了变化，其所起的是主要作用时，应以主犯论，起次要作用时，应以从犯论，这种认定是符合刑法规定的精神的。

(二) 胁从犯的刑事责任及处罚

胁从犯参与共同犯罪，主观上是不愿意或不完全愿意的，主观恶性小，客观上所起的作用较小，综合主客观要件的事实特征，说明其行为的危害性较小，因此刑法典第28条规定，对胁从犯“应当按照他的犯罪情节减轻处罚或者免除处罚”。

五、教唆犯及其刑事责任

（一）教唆犯的概念和特征

根据刑法典第 29 条第 1 款的规定，教唆犯是指故意引起他人实行犯罪的意图，而自己并不直接实施犯罪实行行为的人。这一概念表明，教唆犯的构成应当具备的条件是：

1．客观上有教唆他人犯罪的行为，即有引起他人产生犯罪意图的行为。其具体含义是：（1）教唆的对象是达到刑事责任年龄、具有刑事责任能力的人，一般说是特定的人。教唆未达到刑事责任年龄、不具刑事责任能力的人去实施刑法禁止的行为，即便被教唆人实施了行为，也不可能构成共同犯罪，应当认定是教唆人直接实施犯罪行为。（2）教唆他人实施的行为是具体的犯罪行为。教唆他人去实施一般的违法行为、违纪行为，不构成刑法上的教唆犯；另外，所教唆的犯罪应当是具体的犯罪，惟有如此，才有认定的意义。（3）教唆的结果是可能引起他人产生犯罪的意图。一方面，被教唆人产生了犯罪意图，其原因是教唆人的教唆，二者具有因果关系；另一方面，教唆行为构成犯罪只要求能够引起他人产生犯罪意图即可，被教唆人是否实施教唆的犯罪，对教唆行为成立犯罪不发生影响。

教唆行为的方式可以是多样的，如授意、怂恿、劝说、刺激等。无论是当面教唆还是转托他人教唆，是公开教唆还是秘密教唆，是口头教唆还是书面教唆，甚至是特定条件下的动作示意，只要具有教唆他人犯罪的实质，就成立教唆犯。

2．主观上有教唆他人犯罪的故意。教唆的故意，就认识因素看，表现为教唆人明知自己的教唆行为能够引起他人产生犯罪意图的结果；就意志因素看，表现为教唆人希望或者放任他人产生犯罪意图。直接故意的教唆不仅成立教唆故意，而且即便被教唆人没有实施被教唆的犯罪，教唆人也构成教唆犯罪；间接故意的教唆要成立犯罪，应当以被教唆人实施了被教唆的犯罪为认定的基础，否则就无从认定被教唆人产生了犯罪意图。

（二）教唆犯的刑事责任及处罚

符合教唆犯罪特征的行为人即构成教唆犯，其罪名应根据教唆的犯罪而定，不能定为“教唆罪”；此外，以教唆方式实施的某种行为已被刑法规定为独立的犯罪，如刑法典第 103 条第 2 款规定的煽动分裂国家罪，而行为人实施该行为的，应直接定罪，不能以教唆犯论。由于教唆犯不以被教唆人实施被教唆的行为为必要条件，教唆的后果有所不同，所以刑事责任的大小及处罚也就有差别。按照刑法典第 29 条的规定，对教唆犯应分别情况予以处罚。

1．对教唆犯，“应当按照他在共同犯罪中所起的作用处罚”。这是在被教唆人实施被教唆的犯罪，从而成立共同犯罪的情况下，处罚教唆犯的一般原则。实践中，教唆犯的行为在共同犯罪中一般是起主要作用，对此应以主犯处罚；在特定情况下也可能起次要作用，对此则应以从犯处罚。

2．“教唆不满 18 周岁的人犯罪的，应当从重处罚”。不满 18 岁的人属未成年人，他们的身心发育尚不成熟，容易听信他人的教唆而误入歧途。以未成年人为教唆对象，既说明教唆犯的主观恶性大，也说明教唆行为使被教唆人产生犯罪意图的可能性大，因而社会危害性更加严重，所以为有效地予以打击，更好地保护未成年人的健康成长，对这种教唆规定从重处罚，是完全必要和适当的。

3.“如果被教唆的人没有犯被教唆的罪，对于教唆犯，可以从轻或者减轻处罚”。被教唆的人没有犯被教唆的罪，那么教唆人与被教唆人之间不成立共同犯罪，只是教唆人单独构成犯罪，这种情况在刑法理论上称之为教唆未遂。因为是教唆未遂，所以同未遂犯的处罚原则相同。

第十三章　单位犯罪

第一节　单位犯罪概述

一、单位犯罪界定

单位犯罪不是独立的罪名，而是指与自然人相对的、在法律上具有独立人格的社会组织体，如公司、企业、事业单位、机关、团体实施的犯罪。在国外刑法理论与立法上一般称为“法人犯罪”。我国在1997年刑法草案的讨论中，不少学者建议使用“法人犯罪”这一国外通用的法律用语，而立法者即采用了“单位犯罪”，其主要理由是：“单位”一词并不限于具有民法意义上的法人资格的组织，它也包括非法人组织在内，这样规定更符合我国社会上除法人组织外还有非法人组织实施犯罪的现实情况。从严密法网，严厉打击组织体犯罪的角度上讲，无疑有可取之处。

二、国外关于法人犯罪的立法概况

关于法人犯罪的立法最早出现于英美法系国家。在19世纪末20世纪初，英美法系国家基于“仆人过错，主人负责”这一古老民事责任原则，逐步建立了法人犯罪责任制度。英国检察官在总结侵权法中法人责任的发展状况时，曾指出：“旧的不追究法人刑事责任的做法产生于与今天不大相同的时代。时代变了，传统的做法就需要有例外情况来补充。如果传统的做法不能保证法人遵循自己的章程时，就必须采取新的做法。”①英国在1889年的法令中明文规定，“关于刑法之适用，苟无特别规定，法人一概予以处罚”。英国1925年和1948年的《刑事司法法》中也持相同的原则。美国1890年《谢尔曼反托拉斯法》中有处罚法人违反该法的犯罪行为的条款。1909年《纽约州刑法》第131条、第132条和1901年《加利福尼亚州刑法》第26条等，都规定法人可作为犯罪主体，并处以罚金刑。1962年美国《模范刑法》第2章第7条专门规定了“法人和非法人团体及其代表人的责任”，并把法人犯罪分为三类。20世纪70年代以来，这一规定已陆续为美国部分州的刑法典所采纳。可以说，承认法人为犯罪主体并处以刑罚，在英美法系国家的立法中具有普遍性。

大陆法系国家一向恪守罗马法“社团不能犯罪”的原则，否认法人可以成为犯罪主体。如《意大利宪法》第27条和1928年《西班牙刑法》第44条就明文规定“刑事责任乃个人责任。”但近年来，直面法人犯罪严峻的社会现实，一些学者提出了法人可以成为犯罪主体的主张，一些国家虽然在刑法典中不承认法人犯罪，但在商法、行政法、经济法等非刑事法律中却开始规定法人犯罪及其刑事责任，如日本1970年《关于处罚有关危害人身健康的公害犯罪的法律》规定，“工厂、作坊不论出于其故意或过失，凡

---

① 《英国案例汇编》第115卷，1846年版，第1294页。转引自周密主编《美国经济犯罪和经济刑法研究》，北京大学出版社，1993年版，第38页。

在进行生产活动时，排放损害人身健康的物质，致使公众生命或身体发生危害的，除对法人代表、代理人以及其他从业人员判处有期徒刑或罚金外，对法人还要按有关条文判处罚金”。此外，日本 1968 年《防止大气污染法》、1968 年《噪音控制法》、1970 年《防止水质污染法》、《道路法》、《未成年人饮酒禁止法》和《所得税法》等，都有处罚法人犯罪的规定。法国在对待法人能否成为犯罪主体的问题时，顺应社会历史的发展，在 1994 年 3 月 1 日生效的新刑法典中，按照总则分则相结合的立法模式，详尽地规定了法人犯罪的刑事责任。法国学者也指出，“立法上一经明确承认法人对相应的犯罪负刑事责任，法人即可作为既遂罪或未遂罪的正犯或共犯承担责任，但所涉及的犯罪应当是为法人之利益以及由法人之机关或代表所实施”。[①] 法国在刑法中对法人犯罪及其刑事责任作了明确规定，对大陆法系国家历来奉行“社团不能犯罪”观念产生极大的冲击，并对法人犯罪刑事责任的立法体制产生了深远影响。

法人犯罪日趋严重，已成为世界各国共同面临的严峻问题，引起国际社会的广泛关注。1929 年布加勒斯特第二次国际刑法会议、1953 年罗马第六次国际刑法会议和 1957 年雅典第七次国际刑法会议，都倾向于法人组织可以成为犯罪主体并追究刑事责任。1975 年日内瓦第五届联合国预防犯罪和罪犯待遇大会，就把法人犯罪作为国内犯罪和跨国犯罪的一种新形式加以研究，建议“公布法律以制止国家企业和跨国公司在进行商业活动中滥用它们在国家和跨国领域中的经济实力”，1980 年加拉加斯第六届联合国预防犯罪和罪犯待遇大会，特别提出“各会员国应考虑进一步修订民法和刑法，取缔滥用经济和政治权利，以防止这种滥用权力的行动”。1985 年米兰第七届联合国预防犯罪和罪犯待遇大会，通过《发展角度和新的国际经济秩序来预防犯罪和刑事司法的指导原则》，不仅明确提出必须追究法人的刑事责任，还提出有效制裁法人的刑事政策、原则和方法，敦请各国政府在制定适当的立法措施和政策指示时要以此为指导。现在，在刑法上规定法人犯罪及其刑事责任，已成为一种世界性的发展趋势。

三、我国对单位犯罪的刑事立法

中华人民共和国建立以后，长期处于计划经济的封闭状态下，商品经济不发达，法人组织数量少、性质单一，独立参与社会经济生活的深度和广度一直很有限，法人制度亦未得到认可。因此，从建国到 1979 年刑法颁布之初，我国刑法没有法人或单位犯罪的规定。

十一届三中全会以后，我国经济形势发生了巨大变化，经济体制改革不断深入，社会主义商品经济不断发展，法人制度很快建立起来，法人数量日益增多，法人作为最重要的主体登上社会经济生活的舞台，发挥着巨大作用。然而，包括法人在内的企业、事业单位、机关、团体，为谋取本单位的利益，置国家和人民的利益于不顾，大肆进行各种违法犯罪活动，严重干扰和损害了国民经济的运行秩序。法人犯罪逐年上升的趋势，引起了社会各界的普遍关注。1985 年 7 月，最高人民法院、最高人民检察院在《关于当前办理经济犯罪案件中具体应用法律若干问题的解答（试行）》中明确指出：“法人犯贿赂罪、投机倒把罪、诈骗罪的，要应用刑法有关条文，追究其刑事责任。”这是我国第一个关于追究法人刑事责任的司法解释。1987 年《海关法》第 47 条第 4 款规定：

---

① 法国总检察长皮埃尔·特律仕、巴黎第一大学教授海依尔·戴尔玛斯－马蒂为《法国刑法典》在中国出版而作的序。见《法国刑法典》，中国人民公安大学出版社，1995 年第 1 版，第 7 页。

“企业、事业单位、国家机关、社会团体犯走私罪的，由司法机关对其主管人员和直接责任人员依法追究刑事责任；对该单位判处罚金，没收走私货物、物品、走私运输工具和违法所得。”《海关法》首次规定了法人可以成为走私罪的主体。此后，在《关于惩治走私罪的补充规定》、《关于惩治贪污罪贿赂罪的补充规定》、《关于禁毒的决定》、《关于惩治走私、制作、贩卖、传播淫秽物品的犯罪分子的决定》等十多个特别刑事法规和非刑事法律中，又规定法人可以成为受贿罪、行贿罪、逃套外汇罪、诈骗罪、非法制造毒品罪等 60 种犯罪的主体，并处以罚金。① 实践证明，这些法律对打击法人犯罪，保障改革、发展和稳定，保证社会主义市场经济健康有序地发展发挥了积极作用，并为新刑法规定单位犯罪奠定了良好基础。

1997 年刑法在规定单位犯罪时，既借鉴了其他国家关于法人犯罪的立法规定，又充分吸取了自 1979 年刑法颁布后，以 1987 年《海关法》为代表的十多个特别刑事法规和非刑事法律关于单位犯罪的有益经验，将单位犯罪的刑事责任法典化。1997 年刑法典第 30 条明文规定：“公司、企业、事业单位、机关、团体实施的危害社会的行为，法律规定为单位犯罪的，应当负刑事责任。”第 31 条规定了对单位犯罪的处罚原则，并在分则中以 100 多个条文，具体规定了单位所犯的 160 多个具体罪名。

第二节　单位犯罪的概念和构成特征

一、单位犯罪的概念及特征

刑法典第 30 条明文规定：“公司、企业、事业单位、机关、团体实施的危害社会的行为，法律规定为单位犯罪的，应当负刑事责任。”根据上述规定和单位犯罪的发生机制，单位犯罪体现出以下特征：

1. 单位犯罪具备犯罪的基本属性，即社会危害性、刑事违法性及应受处罚性。无论单位犯罪的发生机制如何，犯罪的一般概念属上位概念，单位犯罪属下位概念，从逻辑关系上看，下位概念应具备上位概念的本质属性，这是逻辑上种属关系的必然反映。

2. 单位犯罪以自然人犯罪为其发生的前提和基础。单位作为法律上规定的组织体，本身不能自为思维和行为，而是通过作为其构成要素的自然人的行为实现自身的行为。离开自然人的行为，不可能有单位的行为；离开自然人的犯罪行为，也不可能有单位的犯罪行为。由单位作为组织体的特性和行为科学的一般原理，决定了单位犯罪是由作为其构成要素的自然人实施的犯罪，这是单位犯罪发生机制所在。

3. 自然人的犯罪行为符合法定条件才能归责于单位，由单位对该犯罪行为承担刑事责任。单位成员具有自然人和单位成员的双重身份，若他纯粹基于个人意志、为了个人利益、以个人身份实施犯罪行为，在人格上他是和单位分离的，其实施的犯罪行为是个人的犯罪行为，应由其单独承担刑事责任，单位不存在刑事责任问题。若其在履行职务过程中，基于单位意志、为了单位的利益、以单位名义实施的犯罪行为，在人格上他是和单位统一的，其犯罪的主观罪过为单位的主观罪过，其犯罪行为即为单位的犯罪行为，单位对此应承担刑事责任。

---

① 参见孙昌军、蒋羽杨《论我国新刑法关于单位犯罪的立法模式及其完善》，载《现代法学》，1998 年第 2 期。

4．单位犯罪是法定犯罪，受法律规定范围的限制。在我国并非单位可以成为所有犯罪的主体，它只可能成为一部分犯罪的主体，即只能构成法律明文规定单位可以构成的犯罪。对此，刑法典第30条规定："法律规定为单位犯罪的，应当负刑事责任。"

二、单位犯罪的构成要件

（一）单位犯罪的主体

单位犯罪的主体是复合主体，即由单位主体和单位内部成员主体复合构成。其中，单位成员是单位犯罪的具体实施者。成立单位犯罪时，单位和单位成员皆应承担刑事责任。

1．单位主体：公司、企业、事业单位、机关、团体。（1）公司，是指依《中华人民共和国公司法》在中国境内设立的有限责任公司和股份有限公司。有限责任公司和股份有限公司是现代企业法人制度的典型形式，前者是指股东以其出资额为限对公司承担责任，公司以其全部资产对公司的债务承担责任的公司；后者是指全部资本分为等额股份，股东以其所持股份为限对公司承担责任，公司以其全部资产对公司的债务承担责任的公司。（2）企业，是指除公司以外，从事生产、流通等经营活动，以盈利为目的社会经济组织。由于强调公司的法律地位，我国刑法便将公司与企业并列。（3）事业单位，是指依照法律或行政命令成立，从事非盈利性的各种社会公益活动的组织，包括国家事业单位和集体事业单位。我国大多数事业单位具有法人资格。（4）机关，是指行使国家和党派管理职能的单位，包括执政党的各级机关、中央和地方各级国家权力机关、国家行政机关、国家军事机关、国家审判机关和国家检察机关。我国大多数机关具有法人资格。（5）团体，是指为了一定的宗旨自愿组成并依法成立进行某种社会活动的组织，包括工会、共青团、妇联、学会、协会、宗教团体、基金会等。在我国，依法成立的团体，可以取得法人资格。

2．单位成员主体：直接负责的主管人员、其他直接责任人员。（1）直接负责的主管人员，是指单位具体犯罪意志的决策人员，包括单位的法定代表人、法定代表人之外的其他主要负责人。根据国家法律规定或单位章程的规定，法定代表无须单位授权，即可以单位的名义对外代表单位进行活动。当法定代表人，如有限责任公司、股份有限责任公司的董事长、非公司企业的厂长（经理）、机关和事业单位的首长或团体的负责人，独立做出或主持集体讨论决定实施单位犯罪，即可构成单位犯罪中的直接负责的主管人员。除单位法定代表人之外的其他负责人，如机关、事业单位、团体的副职，公司、企业的副董事长、副总经理或董事成员以及单位部门负责人员，若共同参与了决定单位犯罪或在其分管单位某一方面工作的职权范围内决定实施单位犯罪，也可构成单位犯罪的直接主管人员。（2）其他直接责任人员，是指除单位直接负责的主管人员之外的单位犯罪意志的执行者，即具体实施单位犯罪的人员。如果说单位犯罪的直接负责主管人员是组织犯、指挥犯的话，单位犯罪的直接责任人员主要是具体执行单位犯罪意志，将单位犯罪意志付诸实施的实行犯。① 构成其他直接责任人员，需要具备三个条件：一是有单位内部成员身份；二是客观上本人具体实施了单位犯罪行为；三是主观上明知自己执行的是单位犯罪意志。不符合以上三个条件，即使本人行为是单位整体犯罪不可缺少的环

① 参见丁慕英、李淳、胡云腾主编《刑法实施中的重点难点问题研究》，法律出版社，1998年7月第1版，第38页。

节，也不能构成其他直接责任人员的主体资格。

在单位故意犯罪中，参加犯罪决定的直接负责主管人员和具体实施犯罪行为的其他直接责任人员均应承担刑事责任。在单位过失犯罪中，只有负有重大过失责任的单位直接负责主管人员和其他直接责任人员才承担刑事责任。

（二）单位犯罪的主观方面

单位犯罪是在人格化的单位主观意志支配下进行的，具有独特的心理特征。单位意志，是指单位的整体意志，一般是通过单位的决策机关集体开会研究，单位负责人相互通气，单位各负责人彼此心照不宣、相互默认，具有决策权的个别负责人做主或单位职工代表大会决定等方式形成的。形成的具体方式如何，不影响单位意志的成立。① 正因为有单位独立的整体意志的存在，决定了单位独立的整体罪过的存在。虽然从形式上看，单位的罪过（故意或过失）是通过单位内部成员来表现，但因为这种罪过体现的是单位的整体犯罪意志，故应是单位的整体罪过，而不是个人罪过。单位整体犯罪意志及整体罪过的存在，使单位具备了犯罪的主观心理要素。

单位的主观方面包括故意或过失。所谓单位故意犯罪，是指单位直接负责的主管人员或者其他直接责任人员，在单位犯罪意志支配下，为了单位利益，以单位名义实施明知会发生危害社会后果的行为。在单位故意犯罪的情况下，上述单位成员主观上具有为单位谋取利益的犯罪目的。“为了单位谋利”既包括谋取合法利益也包括谋取非法利益。谋取的利益是否实现不影响单位故意犯罪的成立。所谓单位过失犯罪，是指单位直接负责的主管人员或者其他直接责任人员，进行业务活动中，违反法律规定或者不履行单位应尽义务，造成应该预见而没有预见或者已经预见而轻信能够避免的严重危害社会的后果，因而构成犯罪的行为。

大多数单位犯罪是由故意犯罪构成，法律规定一部分单位犯罪也可由过失犯罪构成，如重大安全事故罪、工程重大安全事故罪等。

（三）单位犯罪的客观方面

单位犯罪的客观方面，必须是单位成员实施了危害社会并且由法律规定为单位犯罪的行为。如果单位成员实施的行为虽具有社会危害性，刑法并未将其归定为单位犯罪的，仍然不属于单位犯罪，而应依照刑法的相关规定，按自然人犯罪处理，直接追究单位直接负责的主管人员或直接责任人员的刑事责任。

单位犯罪行为虽由单位成员来实施，然而并非单位成员的所有犯罪行为都可归责于单位，成为单位的犯罪行为。我们认为单位成员的犯罪行为符合下列条件方可成立单位犯罪：

1. 单位内部成员必须是根据单位意志所实施的行为，才能认为是单位的行为。单位具体行为意志的产生取决于决策机关或法定代表人。因此，除法定代表人个人决定或单位决策机关集体决定外，单位内部成员未经决策机关或法定代表人的批准、同意或承认，自作主张而实施的行为，单位对此不承担责任。

2. 单位内部成员必须是以单位的名义而实施的行为，才能认为是单位的行为。因此，对于盗用、冒用和滥用单位名义进行犯罪的，应追究冒用人、盗用人、滥用人的刑

① 参见李希慧《关于法人犯罪的几个问题》，载《法学评论》，1996 年第 1 期。

事责任，单位不承担由此种犯罪而引起的刑事责任。

3. 单位内部成员必须是在执行职务的过程中，在其职务范围内所实施的行为，才是单位的行为。所谓职务范围内的行为，是指在单位章程明确规定其职责范围内有权实施的行为。单位内部成员所实施的行为很多，但并不是所有行为都是单位行为，超越职权范围的行为，只能由单位内部成员自己负责，单位对此不负责任。

4. 单位内部成员必须是为了单位利益实施的行为，才能认为是单位的行为。单位内部成员打着单位的旗号，利用职权，为谋取个人私利而实施的犯罪行为，由单位内部成员承担刑事责任，而不能归属于单位。

以上四点既反映了单位犯罪的发生机制，同时也是单位内部成员的犯罪能否转为单位犯罪的必要条件，即单位内部成员的犯罪行为具备上述四个条件，就可认定为单位犯罪。

三、单位犯罪的范围和分类

（一）单位犯罪的范围及罪名

关于单位犯罪的范围，除个别学者主张不作范围的限定外，大多数学者主张应将单位犯罪的范围限定在经济犯罪、妨害社会管理秩序犯罪及渎职犯罪的范围之内，与单位的生产、流通、经营、管理活动范围相适应。我国新刑法对单位犯罪的规定，不仅对单位犯罪的罪名大大增加，即由过去的大约 50 多个罪名增加到 160 多个，而且大大拓展了过去单位犯罪仅限于经济犯罪领域的狭小范围，在刑法分则危害公共安全罪、破坏社会主义市场经济秩序罪、危害国防利益罪及贪污贿赂罪等七章中均对单位犯罪作了具体规定。我们认为，新刑法关于单位犯罪范围的规定，基本上反映了当前我国单位犯罪发生的主要情况，因而是比较准确和全面的。

（二）单位犯罪的分类

根据不同的标准，可以对单位犯罪作不同的分类。

1. 根据犯罪侵犯的客体的不同类型，可以将单位犯罪分为危害国家安全的单位犯罪、危害公共安全的单位犯罪、破坏社会主义市场经济秩序的单位犯罪、侵犯公民人身权利和民主权利的单位犯罪、妨害社会管理秩序的单位犯罪、危害国防利益的单位犯罪、贪污贿赂的单位犯罪、渎职的单位犯罪等。

2. 根据犯罪是否只能由单位构成，可以将单位犯罪分为纯正的单位犯罪与不纯正的单位犯罪。只能由单位构成的犯罪，称为纯正的单位犯罪，如刑法典第 126 条规定的违规制造销售枪支罪、第 137 条规定的工程重大安全事故罪等；既可以由单位构成，也可以由自然人单独构成的犯罪，称为不纯正的单位犯罪，如刑法典第 363 条规定的制作、复制、出版、贩卖、传播淫秽物品罪，为他人提供书号出版淫秽书刊罪等。应当指出，单位犯罪多数是不纯正的单位犯罪，少数是纯正的单位犯罪。

3. 根据主体范围的不同，可以将单位犯罪分为一般主体的单位犯罪和特殊主体的单位犯罪。一般主体的单位犯罪是指公司、企业、事业单位、机关、团体均可构成的犯罪，如生产、销售伪劣产品罪，走私罪中的单位犯罪等；特殊主体的单位犯罪是指只能由特定性质或类型的单位才能构成的犯罪，如逃汇罪，非法出租、出借枪支罪等。

4. 根据主观罪过形式的不同，可以将单位犯罪分为单位故意犯罪和单位过失犯罪。刑法规定的单位犯罪，大多数是故意犯罪，只有少数是过失犯罪，如刑法典第 135 条重大劳动安全事故罪、第 137 条工程重大安全事故罪、第 138 条教育设施重大安全事故罪、第 139 条消防责任事故罪、第 330 条妨害传染病防治罪、第 334 条第 2 款采集、供应血液、制作、供应血液制品事故罪以及第 363 条第 2 款为他人提供书号出版淫秽书刊罪等。

5. 根据客观行为的不同，可以将单位犯罪分为单位作为犯罪和单位不作为犯罪。刑法上的单位犯罪，多数是作为犯罪，少数是不作为犯罪。

第三节　单位犯罪的刑事责任

一、单位犯罪刑事责任的根据

（一）国外关于单位犯罪刑事责任的理论

1. 英美法系国家关于法人刑事责任的理论。早期的普通法理论强调信守个人原则，否认法人犯罪，立法上也无法人犯罪的规定。布莱克斯通在《英国法释义》中认为，“法人没有能力犯叛逆罪、重罪或其他罪，虽然它的成员有个人能力实施犯罪”。[①] 当法人犯罪大量出现之际，普通法系法官从民事侵权法“仆人过错主人负责”的理论出发，主张追究法人犯罪的刑事责任，并提出了追究法人刑事责任应遵循的以下条件：(1) 该法人的代理人的行为构成犯罪；(2) 法人代理人的犯罪行为是在其职权范围内实施的；(3) 法人代理人的意图是为法人谋取利益。

2. 大陆法系国家关于法人刑事责任的理论。大陆法系国家关于法人犯罪的刑事责任问题与法人的本质问题密切相关，在法人的本质问题上存在“法人拟制说”、“法人否认说”及“法人实在说”三种不同的主张。在关于法人刑事责任问题上，反对法人承担刑事责任的论者从“法人拟制说”出发，认为“法人的人格是基于法之拟制，法人纯为观念之存在”，[②] 法人只不过是一种虚拟的、潜在的东西；法人没有意思能力，而不可能形成为主观之罪过。犯罪行为无法归属于法人组织，法人的刑事责任能力就无从谈起。以法人名义实施的犯罪实质上是自然人的犯罪，应由自然人承担刑事责任。赞成法人应负刑事责任的论者从“法人实在说”出发，认为法人并非虚拟之物，而是真实存在的法律实体。作为法律的组织体，法人有自己的机关，由自己的机关形成独立的法人意志，并通过自己的机关的行为表达和实现法人意志。法人因其机关的存在具有意志能力，这就决定了法人具有犯罪的心理要素。法人机关在法人意志支配下实施的行为在法律构成上是归属于法人的，理应由法人承担相应的责任。法人刑事责任肯定说，打破了团体不能犯罪的陈旧观念，为惩治法人犯罪提供了理论根据，对法人犯罪的刑事立法产生深远影响。

（二）单位犯罪刑事责任能力

1. 单位具有刑事责任能力。我国刑法规定单位能够成为犯罪主体的根本原因在于单位同自然人一样具备刑事责任能力，否则，单位将无法对其犯罪行为承担相应的刑事责任。对于法人的本质，我国不论在立法上还是在司法上都采取法人“组织体说”，即“法人是具有民事权利能力和民事行为能力，依法享有民事权利和承担民事责任的组

① 储怀植著《美国刑法》，北京大学出版社，1987 年版，第 52 页。
② 李宜琛著《日耳曼法》，商务印书馆，1922 年版，第 29 页。

织”。法人通过作为其构成要素的自然人的行为而行为。因此“法人机关成员执行职务时所为的行为，不管是违法行为，还是合法行为，都应视为法人的行为，其法律后果均应由法人承担”。为此，《民法通则》第43条规定，“企业法人对于它的代表人和其他工作人员的经营活动承担民事责任”。第49条进一步规定，“企业法人有下列情形之一的，除法人承担责任外，对法定代表人可给予行政处分、罚款，构成犯罪的，依法追究刑事责任”。“下列情形”，包括法人的侵权行为。我们认为，法人的违法侵权行为和单位（包括法人）的违法犯罪行为的发生机制完全一样，单位理应像承担侵权责任一样对其成员的犯罪行为承担刑事责任，其原因在于单位不仅具有民事责任能力，而且具有刑事责任能力。

2. 单位刑事责任能力的独立性和依附性。因单位是由单位内部自然人构成的整体，单位刑事责任能力的形成源于自然人，是单位内部自然人辨认、控制能力的一种集合。但它一经形成，已经超越自然人，成为超个人辨认、控制能力的一种集体意志。这是单位独立承担刑事责任的原因。但因单位成员是犯意的肇始者和单位犯罪行为的具体实施者，离开他们的罪过及犯罪行为，就不会有法人的罪过及犯罪行为。单位的责任能力又具有依附性，即依附于具有刑事责任能力的单位成员。所以，单位在承担刑事责任的情况下，同时要处罚其内部成员。单位因不具有自然人的人身属性，只能接受罚金刑和资格刑，单位内部成员具有人身属性，能承受自由刑和生命刑。为此，法律规定对单位犯罪实行双罚制。

二、我国刑法关于单位犯罪的处罚原则及具体规定

（一）我国刑法关于单位犯罪的处罚原则

刑法典第31条规定：“单位犯罪的，对单位判处罚金，并对其直接负责的主管人员和其他直接责任人员判处刑罚。本法分则和其他法律另有规定的，依照规定。”据此，新刑法对单位犯罪实行以双罚制为主，以单罚制为辅的处罚原则。所谓双罚制是指对单位及单位内部的直接负责的主管人员和其他直接责任人员均处以刑罚；所谓单罚制，是指只处罚单位而不处罚单位内部直接负责的主管人员和其他直接责任人员，或者只处罚单位内部直接负责的主管人员和其他直接责任人员而不处罚单位。在刑法理论上将单罚制中只处罚单位中的自然人来代替对单位的处罚的制度，称为“代罚制”。将只处罚单位本身而不再对单位内部的自然人适用刑罚的制度，称为“转嫁制”。无论是“代罚制”还是“转嫁制”，都难以体现刑法的公正性和对单位犯罪的有效制裁，故世界各国对单位犯罪的处罚原则已由早期的单纯的单罚制转变为目前的以双罚制为主以单罚制为补充的原则。

（二）单位犯罪双罚制的规定。

1. 对单位判处罚金。我国刑法典第31条规定对单位判处的刑罚为罚金刑，对罚金的金额没有具体的规定。刑法典第52条关于罚金的数额也仅规定“根据犯罪的情节决定罚金的数额”。因此，在司法实践中，应根据单位犯罪造成的后果、其他情节及单位的执行能力，酌定适当的罚金数额；一次缴纳罚金确有困难的，可判令其分期缴纳。

2. 对单位内部直接负责的主管人员和其他直接责任人员判处的刑罚。对单位内部直接负责的主管人员和其他直接责任人员判处的刑罚既包括主刑，也包括附加刑。在刑罚的具体确认上分为两种情况：一是不另外制定单独的法定刑，而是按自然人犯该罪的

法定量刑原则进行处罚。如刑法典第 164 条规定的对公司人员行贿罪，“单位犯前款罪的，对单位判处罚金，并对直接负责的主管人员和其他责任人员，依照前款的规定处罚”。二是对单位内部的直接负责的主管人员和其他直接责任人员单独规定法定刑。如刑法典第 191 条第 2 款规定，“单位犯前款罪的，对单位判处罚金，并对其直接负责的主管人员和其他直接责任人员，判处五年以下有期徒刑或者拘役”。

（三）单位犯罪的单罚制规定

因单位犯罪的复杂性，我国刑法分则有少量条文规定单位犯罪只处罚单位的直接负责的主管人员和其他直接责任人员，而不处罚单位。如刑法典第 244 条规定的强迫职工劳动罪、第 161 条规定的提供虚假财务报告罪、第 162 条规定的妨害清算罪和第 396 条规定的私分国有资产罪及私分罚没财物罪等，都以处罚单位成员来代替对单位的处罚。

第十四章　一罪与数罪

第一节　一罪与数罪的区分

一、一罪与数罪的区分标准

在司法实践中，常常会遇到罪数问题，即行为人所犯之罪的数量问题，是一罪还是数罪。按照罪刑法定和罪刑相适应两个基本原则的要求，犯一罪就应定一个罪名，并科处一个相应的刑罚；犯数罪原则上应定数个罪名，科处数个相应刑罚，并应数罪并罚。可见，在司法工作中准确认定罪数，区分是一罪还是数罪，对正确地定罪和量刑具有十分重要的意义。

那么，怎样区分一罪与数罪，即区分罪数的标准是什么呢？根据我国刑法的规定及刑法学的理论，区分罪数应以犯罪构成的个数为标准，即行为人的行为符合一个犯罪构成的为一罪，符合数个犯罪构成的则为数罪。就是说，行为人如出于一个故意或过失，相应实施了一个危害行为，而侵犯了一个直接客体就是一罪；行为人如出于数个故意或过失，相应实施了数个危害行为，侵犯了数个直接客体即为数罪。

在对罪数的区分上应特别注意掌握“一行为不二罚”的执法原则。由于刑法规定的犯罪构成之间本身存在交叉重合的情况（即法条竞合），故一个行为有时可能同时符合数个犯罪构成的情况。此情况下以犯罪构成的个数标准则似已构成数罪，但由于行为人只实施了一个危害行为，而绝不允许对同一行为既定此罪又定彼罪实行并罚。对此，应按处理法条竞合的若干方法具体择定一个罪名处罚。

二、数罪的种类

数罪又可分为同种数罪和异种数罪两类。(1) 同种数罪，是指行为人所构成的数罪均为同一罪名。例如，某甲单独抢劫过路行人 1 次并参与抢劫他人住宅 1 次。这里某甲的行为分别构成了 2 个抢劫罪。对同种数罪原则上应分别定罪实行数罪并罚，个别情况下根据罪刑相适应原则的要求也可只定一罪，视为情节特别严重从重处罚。(2) 异种数罪，是指行为人所构成的数罪分别为不同的罪名。对异种数罪应当分别定罪实行数罪并罚。

第二节　非数罪的若干情况

在实践中，有些犯罪其形态十分复杂，从现象上看与数罪极为相似，但其实并非数罪；或者是实质的一罪（本身只有一个犯罪行为），或者是处断的一罪（本身是数个犯罪行为但在处理时只定一罪）。

一、实质的一罪

这类情况，行为人事实上只实施了一个刑法意义上的危害行为，由于行为本身无法分离开来作数个犯罪行为看待，故法律只能将其规定为一罪并在处理时相应地只能定一罪。

（一）继续犯

继续犯又称持续犯，是指犯罪行为在一定期间处于持续状态的犯罪。继续犯有两个特点：（1）危害行为一着手实施该行为即构成犯罪。至于该行为是否实际地进入持续状态以及持续状态的长短，原则上不影响犯罪的成立（只是量刑的酌定情节）。（2）构成犯罪的行为状态必然在较长时间内延续。这是由行为人实施犯罪的目的所决定的，否则实施的行为便无意义。以重婚罪为例，男女双方在各自原有婚姻关系并未解除的情况下又行结婚，从结婚之日起 2 人的行为均已构成重婚罪，并且该犯罪的行为状态（而非结果状态）必然会（而非偶然）在长时间内持续。

由于继续犯是同一行为持续不断地侵犯同一个直接客体，无法从时间上将其分离为数行为看待，所以实质上它只有一个犯罪行为。认定继续犯的意义在于肯定它是一罪而不是数罪，并且其追诉期限“从犯罪行为终了之日起计算”（刑法典第 89 条第 1 款）。

（二）徐行犯

徐行犯是指由于危害行为的不断重复实施引起质变而构成的犯罪。它有两个特点：（1）行为人多次重复实施同一种危害行为，单看每一次的行为均不构成犯罪而只属一般违法行为。（2）多次行为量的累积而形成严重后果，数个一般违法行为质变为一个犯罪行为。以虐待罪为例，任何一次性的虐待行为都不可能构成虐待罪（可能构成故意伤害罪或其他犯罪），而必须是长时期地、经常性地实施虐待行为才能构成。又如，公共汽车售票员每天侵吞 20 元票款，长期违法行为的累积便可构成职务侵占罪。再如刑法典第 303 条规定的“以赌博为业”所构成的赌博罪，也属徐行犯。

由于徐行犯在犯罪构成客观方面要件上只存在一个危害行为（数个一般违法行为的集合），单看每一次的行为均不属刑法意义上完整的危害行为，所以实质上它也只有一个犯罪行为，只能作一罪处理。

（三）想象竞合犯

想象竞合犯又可称为结果竞合犯，是指一个危害行为同时造成了数个危害结果，而该行为与不同危害结果的分别组合则触犯不同罪名的犯罪。例如，某甲乘一妇女不备，从后冲上前夺过妇女手中提袋（内装现金 2000 元）逃走，该妇女受惊跌坐在地上，形成尾椎压缩性骨折，为重伤。该案中某甲只实施了一个危害行为，却造成了两个不同的危害结果：当该行为与财产损失的结果组合时，行为构成了抢夺罪；当该行为与重伤结果组合时，又构成了过失致人重伤罪。同一行为因危害结果的意义不同而获得不同的罪名评价，于是一个行为便基于数个结果产生行为性质的竞合关系。想象竞合犯有四个特点：（1）行为人只实施了一个危害行为，行为本身是无法分离作数行为看待的。（2）造成了数个刑法意义上的危害结果。之所以一行为引起数结果，是由于事物之间的普遍关联性。（3）行为人对数个结果分别具有故意或过失的罪过。对某一危害结果如果没有罪过则不能做出有罪的评价。（4）该行为与不同结果的分别组合触犯不同的罪名。如果触犯的是同一罪名，则无须讨论竞合问题，如甲开枪打死乙，子弹又穿透乙的身体打死丙。

想象竞合犯由于只存在一个危害行为，属于实质的一罪，所以只能定一罪处罚。根据罪刑相适应原则，应在竞合的数罪名中选择一个最重之罪定罪处理，其余危害结果应作为酌定从重量刑情节考虑。

二、法定的一罪

这类情况，行为人事实上实施数个危害行为，并且单看每一个行为一般也已经构成犯罪。刑法针对这类极易重复出现的犯罪，出于简化司法定罪的考虑（定数罪并给予并罚十分繁琐），专门另行规定一个新罪名，将事实上的数罪全部囊括，并相应规定加重的法定刑，要求在定罪中只作一罪处理。

（一）惯犯

惯犯是指刑法针对某种极易反复多次发生的犯罪，另行规定一个新罪名的情况。惯犯的特点在于：（1）行为人作案时间长、次数多、危害极大。（2）每一次的行为一般都已经触犯刑法上某一罪名，多次的行为事实上已经构成同种数罪。（3）刑法将事实的数罪合并规定为一个新罪名。我国1979年刑法典第152条规定的惯窃罪和惯骗罪，便是刑法意义上非常典型的惯犯。刑法针对司法实践中经常出现的盗窃（或诈骗）数十次乃至上百次的案件，出于简化司法定罪的考虑，以一个惯窃罪（或惯骗罪）便予以囊括，并规定了加重的法定刑。从罪名上即可看出犯罪人作案的特点，表现出立法对这类行为给予针对性打击的强烈警示意义。

在理论上应将在犯罪构成意义上所要求的“一贯多次作案，刑法另定新罪名”的惯犯，同犯罪心理学中所理解的“犯罪已成习性”的惯犯严格区分开来；后者同司法定罪并无直接联系。根据上述理解，则我国现行刑法中已没有关于惯犯的规定。

（二）结合犯

结合犯是指刑法将数个本来独立的罪名并列在一起，规定为一个新罪名的情况。结合犯的特点在于：（1）本来存在数个不同的罪名，即行为人事实上实施的是数个行为，也触犯了数个不同罪名（异种数罪）。如行为人既抢劫又强奸被害人。（2）刑法将不同罪名简单并列，组合为一个新罪名。如日本刑法典第241条规定的强盗强奸罪，便是由强盗罪和强奸罪两个罪名简单结合而成。之所以需要组合新罪名，其立法意图在于该类数罪出现几率较高，以数罪并罚方式反而难以实现从重处罚（数罪分别量刑则实际的宣告刑可能较低），于是立法上将数罪名规定为一个新罪名，并规定极重的法定刑，从罪名上即可做到给予针对性的打击并警示社会。

由于结合犯是一个外来的概念，为遵从约定俗成的学术交流规则，凡不属于数罪名简单排列组合成新罪名的均不应认为是结合犯。结合犯的成立公式为：A罪名+B罪名=AB罪名（不能是C罪名）。作此理解，我国刑法从来就没有关于结合犯的规定。

三、处断的一罪

这类情况，行为人事实上实施的是数个危害行为，并且以刑法规定的犯罪构成衡量每一行为也已经构成犯罪，属于事实上的数罪；如果机械地执行刑法则应定数罪并给予并罚。但司法定罪中却出于策略及效果的考虑，只定一罪为宜。

（一）连续犯

连续犯是指出于同一的犯罪故意，实施数个危害行为触犯同一罪名的情况。连续犯的特点在于：(1) 行为人连续实施了数个危害行为，行为之间间隔较短，且每个行为都已单独构成犯罪。(2) 数行为均出于同一犯罪故意。同一的犯罪故意既包括具有准备实施数个犯罪的详细计划的具体故意，也包括具有准备实施若干犯罪的大致考虑的概括故意。例如，某甲欲报复杀害乙全家 7 口人，事先经过精心策划准备，于一晚连续奔袭 3 处持斧分别砍死 6 人，这为同一的具体故意。又如，某青工在两年多时间内连续强奸作案 60 多起，其在作案初期阶段对以后的行为只是有一种意向性的考虑，这为同一的概括故意。(3) 数行为均触犯同一罪名。

由于连续犯属于事实和法定的数罪（同种数罪的一种），本应数罪并罚，但司法定罪中出于策略的考虑，对同一罪名反复多次定罪似无必要，定一罪从重处罚为宜。但个别情况下由于某些罪名的法定刑太低（如刑法典第 252 条规定的侵犯通信自由罪，法定最高刑只为 1 年有期徒刑），为切实贯彻罪刑法定和罪刑相适应的基本原则，对连续犯也可数罪并罚。

（二）牵连犯

牵连犯是指以实施某一犯罪为目的，而其犯罪的方法或结果又触犯其他罪名的情况。牵连犯的特点在于：(1) 行为人所实施的危害行为在犯罪构成上可以分离为两个以上独立的犯罪行为。如某甲伪造某学会印章诈骗赞助款 3 万元，由于某甲的伪造行为情节显著轻微尚不构成犯罪，故不存在牵连犯问题。由此可看出，牵连犯属于事实和法律上的数罪。(2) 数个犯罪行为之间必须具有方法上或结果上的紧密联系。牵连犯一定具有两个以上的犯罪行为；在两个行为中，一个是目的行为，另一个是方法行为或结果行为，方法行为或结果行为都紧紧服从或派生于目的行为，即具有必然性的牵连关系。由此可以将牵连犯分为方法牵连犯和结果牵连犯两种类型。如入室盗窃、抢劫或强奸，单看入室行为就已构成非法侵入住宅罪，此为方法牵连犯（"方法"取广义）。又如盗窃枪支得逞后又予以私藏，单看私藏行为就已经构成私藏枪支罪，此为结果牵连犯。

牵连犯虽然其行为在犯罪构成上可以分离为数罪，但由于对行为人而言只具有一个确定的犯罪目的，其在犯罪构成上的数行为事实上又是一个完整案件的不同环节，所以不宜分离以数罪论。其处理原则为"从一重罪处断"，在牵连的数罪中选择一个最重之罪处罚。但个别情况下仍有例外，如行为人伪造国家要害部门的公文、印章进行诈骗，且数额巨大，为做到有针对性地打击并且罪刑相适应，仍可以数罪定罪给予并罚。

（三）吸收犯

司法定罪中对事实上的数罪除连续犯和牵连犯外，还有一些情况不宜数罪并罚，只能作一罪处理。这些情况便以吸收犯予以全部概括。所谓吸收犯，是指对事实上存在的数个犯罪行为，司法定罪中出于多方面策略的考虑，以其中一行为吸收其余行为，仅仅成立吸收行为一个罪名的情况。吸收犯又大致可分为以下几种情况：

1. 重行为吸收轻行为。在事实上存在的数罪中，往往有轻重之分；对其中有些轻罪，无论从定罪（针对性打击）还是从量刑（罪刑相适应）的角度看，都无必要另定罪名，于是对轻罪便予以吸收。如某甲因某乙强奸了其妻，便伺机杀死了某乙，某甲仍不解恨，从尸体上割下生殖器以泄愤。某甲的行为便构成故意杀人罪和侮辱尸体罪两罪，但显然对后一轻罪在处理时并无必要再定罪名。

2. 实行行为吸收预备行为。这里的实行行为和预备行为应理解为并无必然的牵连关系，否则只能认为是牵连犯（如入室抢劫）；并且，预备行为是成立犯罪预备的，否则无需讨论罪数问题。例如，甲、乙、丙三人经精心策划准备以秘密方法撬开某信用社保险柜窃取现金。事前为盗窃做了大量的制造条件工作。于一晚由丙出面约值班员杨某到离值班室30米外的一住房内赌博。杨某因醉酒贪睡拒绝离开。甲等人经商议临时改变主意，冲进值班室将杨某扼死，然后撬取保险柜抢走现金8万余元。该案中甲、乙、丙三人的行为既构成盗窃罪（预备）也构成了抢劫罪（既遂），但在处理时就只需对实行行为的抢劫罪定罪，属于预备行为的盗窃罪完全可略去不计。

3. 主行为吸收从行为。有的案件，对行为人所实施的数行为在分别定性后，其数行为的不同性质处于一种冲突关系之中，对此只能在数行为中选择其主行为定性处理，从行为便被吸收。如某甲欲枪杀某乙，在开第一枪未打中后感到害怕并产生悔意，于是自动放弃了能够重复侵害的第二枪。某甲的前一行为为犯罪未遂，后一行为为犯罪中止，由于两种形态处于冲突中，于是只能选择对案件实际结果起决定性作用的后行为处理。又如行为人先被胁迫参加犯罪，加入共同犯罪的后期却起了主要作用，行为人的前一行为为胁从犯，而后来的行为都为主犯，两者相冲突则只能选择主行为定主犯。

第十五章　定　罪

第一节　定罪概述

一、定罪的涵义

定罪一词在不同的部门法领域，有不同的理解。在刑事诉讼法领域，定罪是指国家司法机关（包括公安、检察与审判机关）对刑事案件的有关事实、证据进行分析、认定，并最终确定犯罪嫌疑人或者被告人的刑事责任问题的一种专门性活动。定罪活动涉及除执行外的立案、侦查、审查起诉、提起公诉、法庭审理与判决等刑事诉讼过程的全部阶段，核心阶段是法庭审理，其要旨在于遵循一定的原则、方法与程序认定事实，分析、判断证据。刑法中的定罪概念与之有很大不同。刑法是实体法，并不关注对于证据的获取、查证、取舍从而确定事实真相等程序方面的任务。刑法中所称的定罪，实际上是在一种相对静态的状况下，在相关的事实、证据已经得到某种程度的确认的前提下进行的活动，定罪的目的是依据刑法的规定，确定行为是否构成犯罪，构成何种犯罪；此外，还需要判断故意犯罪的停止形态以及共同犯罪的有关问题，此为刑法学上广义的定罪涵义。狭义的定罪仅指司法机关依据刑法认定行为人的行为构成什么罪的活动。狭义的定罪，外延过于狭窄，不利于学术研究与认识活动的统一。故本书与大多数教材一样，采取的是广义上的定罪的概念。

二、定罪的特征

（一）定罪的主体只能是国家司法机关

定罪活动是依据刑事实体法进行的一种专门性活动，所谓专门性是指主体的专门性，即只能由有权的国家司法机关代表国家进行定罪，独立行使定罪权，其他任何个人、机关、组织均无权行使定罪权，也无权干涉、代替司法机关行使这一权力。行使定罪权的国家司法机关主要是人民法院，特别是在新刑事诉讼法颁布施行之后，认定构成犯罪的定罪权，即做出有罪判决的权力只能由人民法院依法享有。刑事诉讼法第 12 条确立了“未经人民法院依法判决，对任何人都不得确定有罪”的“无罪推定”原则。这一原则表明：做出有罪认定的权力，只能由人民法院排他性地行使。当然，人民检察院、公安机关和国家安全机关等国家侦查、检察机关也在一定程度上参与定罪活动，部分地行使定罪权，但是，这里所称的“定罪权”只能局限于认定不构成犯罪的权力。侦查、检察机关在各自的诉讼活动终结后，均需要做出有罪或者无罪的结论，其中，只有认定无罪的结论才是终局性的，与人民法院的无罪判决具有相同的法律效果与社会意义；但是，如果其结论是有罪，则必须进入法院审理程序，并由法院做出最终的结论。侦查机关与检察机关依法并不享有任何确定行为有罪的权力，其有罪结论能否成立，只能取决于法院的裁决。有学者据此否认侦查、检察机关也是定罪的主体[①]，我们认为，这一看法并不符合我国的法律规定与司法实际。侦查机关对在侦查过程中，发现不应对犯罪嫌疑人追究刑事责任的，应当撤销案件；检察机关也有权对其认为不构成犯罪的案件做出撤消案件、无罪不起诉或微罪不起诉的结论。这些结论虽然是无罪性结论，但判断罪行的有或无都是定罪活动的内容，所以侦查、检察机关也享有一定的定罪权，尽管这种定罪权是不完整的。当然，如果持狭义的定罪概念，即判断构成何种犯罪，由于是有罪认定，则定罪权显然只能由人民法院依法行使。

（二）定罪是一种进行认识、分析、判断的主观思维活动

确定行为是否构成犯罪、构成何种犯罪的过程，就是判断行为与刑法所规定的一种或多种犯罪的构成要件是否符合的认识过程。定罪过程不是客观存在本身，而是对客观存在的认识、分析与判断，因此，定罪活动是一种主观活动。具体进行这种判断的是司法人员，判断的对象是被审理的行为，即由于某种原因而进入刑事司法程序的行为，判断的依据是刑法的规定，判断的目的是确定行为与刑法对犯罪的规定是否具有一致性[②]。有学者提出，定罪除了表现为一种主观认识过程外，还应当包括用法律文书将最终结论予以确定的活动。[③] 我们认为，无论是有罪结论还是无罪结论，都应当形成为法律文书，借以最终确定行为性质与行为人的法律地位；法律文书的有无在程序法意义上至关重要，但拟定法律文书本身却不是定罪活动的认识内容，而仅涉及定罪结论的法定形式问题。

（三）定罪的任务是确定行为是否构成犯罪、构成何种犯罪，以及解决犯罪的停止形态与共同犯罪的认定问题

定罪的首要任务是确定被审理的行为是否构成犯罪；在得出肯定结论的前提下，还要进一步确定该行为构成哪种或者哪些犯罪。确定是否构成犯罪，就是要确定犯罪行为与合法行为、一般违法行为以及不道德行为的界限，即罪与非罪的界限。刑法所惩处的仅是依法构成犯罪的行为，对其他行为，即使是较严重的违法行为，只要没有被规定为犯罪，都不能由刑法调控。确定构成何种犯罪，就是要确定此罪与彼罪的界限、一罪与数罪的界限，即准确地认定犯罪的性质并确定相应的罪名。不同的罪名与不同的罪数所体现出的否定性评价不同，法律后果也不完全一样，有时差别还很大，因此，正确区分此罪与彼罪以及一罪与数罪，是定罪活动的一项重要任务。

在认定行为构成犯罪并已确定相应罪名的情况下，定罪活动的另一项重要任务就是要正确判断故意犯罪的停止形态以及解决共同犯罪问题。犯罪的停止形态与共同犯罪都是刑法总则独立规定的内容，有学者称之为修正的构成要件。司法人员只有在依据刑法分则的普通构成要件确定相应罪名并且依据总则正确认定故意犯罪的停止形态，即是犯罪既遂、未遂、预备还是犯罪中止，以及是否存在共同犯罪之后，才能算是完成了整个定罪过程，否则，行为的法律性质与行为人的法律地位问题就得不到完整的解决。因此，对犯罪形态以及共同犯罪的分析、判断也是定罪活动中不可或缺的重要内容。

---

① 参见赵长青主编《刑法学》（上），法律出版社，2000年9月版，第233页。
② 参见高铭暄、马克昌主编《刑法学》，中国法制出版社，1999年版，第353页。
③ 赵长青主编《刑法学》（上），法律出版社，2000年9月版，第234页。

三、定罪的意义

正确定罪对于实现刑法目的与功能，实现社会公平正义都具有极其重要的作用。刑法的任务与目的，是通过追究犯罪人的刑事责任以保护各种合法权益。刑法具有惩罚、保护与保障三大功能。只有正确地认定犯罪，才能准确打击犯罪，保护合法权益不受犯罪行为的侵害；只有正确地认定犯罪，才能保障无辜公民不受刑事追究，同时保障犯罪人的合法权益不受非法剥夺，使刑法真正不仅成为“善良人的大宪章”，同时也成为“犯罪人的大宪章”。

社会正义的实现有赖于体现正义观念的规范能得以贯彻与确证。刑法作为调控强度最大的社会规范，集中体现了人民的意志，体现了人民对秩序与自由的追求。只有正确地定罪，才能使“纸面上的法律”成为活生生的法律，才能使刑法规范的内容得以彰明，刑法的尊严得以展示，体现在刑法中的社会正义观念得以实现。

四、定罪论的地位与体系

定罪论即研究定罪的理论。如前所述，定罪的内容包括认定是否构成犯罪、构成何罪以及判断故意犯罪的停止形态及共同犯罪。在这个意义上，关于定罪的问题几乎囊括了犯罪论中的所有内容（可以称之为最广义的定罪论，等同于犯罪论）。对任何被审理的行为都必须首先结合刑法对具体犯罪构成要件的规定进行认定。通说认为，犯罪的构成必须符合犯罪客体、犯罪客观方面、犯罪主观方面以及犯罪主体等四大要件，而这四大要件中又各自具有丰富的内容。如在犯罪主体中必须研究责任年龄、责任能力，自然人犯罪、单位犯罪，一般主体、特殊主体等；犯罪的主观要件包括故意、过失与意外事件，犯罪故意中又依法区分为直接故意与间接故意，犯罪过失也区分为疏忽型过失（无认识的过失）与自信型过失（有认识的过失）等，而这些需要研究的对象在分则当中更是表现得五花八门。在判定形式上符合犯罪构成之后，还应当考虑有无排除社会危害性的情况，如是否是正当防卫。在故意犯罪中，更需要进一步判断犯罪的停止形态以及共同犯罪，将涉及既遂、未遂、预备、中止、主犯、从犯、胁从犯、教唆犯等众多内容。把这些所有内容都统一到“定罪论”一章中，其实就是取消了定罪论，显然是不可取的，也是没有必要的。上述内容都应当分为相应的章节进行研究、论述。在分别进行了这些研究之后，还有必要对定罪问题进行综合考虑，定罪理论就起到了这种作用。因此，“定罪论”实质是定罪的方法论，并不包括对犯罪构成要件（普通的与修正的）的具体化研究。定罪论仅是犯罪论中的一个部分，故本章只讨论定罪的概念与特征、定罪的原则、定罪的方法与步骤等问题，不涉及量刑的问题。在有的著作中，定罪一章还包括“一罪与数罪”及“认识错误与定罪”等内容①。我们认为，不能把“定罪论”作为一个大口袋，凡是不适宜在犯罪论其他章节中研究的问题，都一并放入本章，定罪论的研究内容以对定罪的抽象性、方法论研究为限，凡涉及构成要件方面的具体问题，均不宜纳入本章，而应当另立专门章节进行讨论。

---

① 参见苏惠渔主编《刑法学》（修订版），中国政法大学出版社，1997 年 7 月版，第 252～第 263 页。

第二节　定罪的原则

定罪的原则，是指司法机关在进行定罪活动时必须遵循的基本准则。作为一项严肃的专门性活动，定罪必须要由一定的原则来保障。但对于定罪应当遵循哪些原则，理论界的认识并不一致，刑法也未对此做出明确规定。定罪是实现刑法目的与功能的重要活动，当然首先应当遵循刑法的三大基本原则，即罪刑法定原则、罪刑相适应原则与适用刑法人人平等原则。但刑法的基本原则是贯穿全部刑法规范的，指导和制约全部刑法适用活动的准则，而定罪活动只是刑法适用活动的一部分，具有自身的特点。因此，刑法的基本原则在定罪活动中应当被具体化，同时，定罪还应当遵循一些与自身特点相适应的特殊原则。我们认为，定罪的基本原则主要有：依法定罪原则、协调原则与谦抑原则。

一、依法定罪原则

依法定罪原则，也称合法原则，是指在定罪活动中，必须严格依照刑事法律的规定。认定有无犯罪、犯何种罪、一罪与数罪以及判断犯罪停止形态与共同犯罪等，司法人员只能依法定罪，忠实地执行法律，不得任意出入人罪。

依法定罪原则是建设社会主义法治国家的必然要求。法治，即依法治国，法律是治理国家、管理社会的最高权威。刑法是法律制度的重要组成部分，是强度最大的社会调控规范，如果在定罪这样一项事关公民财产、自由乃至生命的重大问题上可以不依法办事或者绕开法律自行其是，那么建设社会主义法治国家就只可能是一句空话。

依法定罪是罪刑法定原则的必然要求，是罪刑法定原则在定罪活动中的具体化。刑法典第 3 条规定："法律明文规定为犯罪行为的，依照法律定罪处罚；法律没有明文规定为犯罪行为的，不得定罪处罚。"罪刑法定原则是刑法的"帝王规则"，是公民自由的基本保护阀，它有力地防止了刑罚权可能造成的滥用，保障公民的合法权利不受国家权力的不当侵害。罪刑法定原则要求司法人员在定罪活动中，必须严格遵循法律的规定，尤其是在认定有罪的时候，只能依照法律的明文规定，对于法律没有明文规定为犯罪的，即使其性质再严重，情节再恶劣，也不能认定为犯罪。在当前，特别要防止出现因为一时一地的政策需要而忽视依法定罪原则的不良倾向；在刑法做出相应调整之前，司法人员无权以任何理由将刑法没有明文规定为犯罪的行为认定为犯罪。

依法定罪还是依法量刑的基础。定罪是量刑的前序阶段，罪与非罪、此罪与彼罪、一罪与数罪之间的法律后果可能具有很大的差别，这一差别最终就反映在量刑上。不正确的定罪必然造成不正确的量刑。比如本来犯的是轻罪，但被错误地认定为犯重罪；本来没有犯罪，但被错误地认定为犯罪等，这些情况的发生必然会导致在量刑上发生错误，从而影响到刑法目的与功能的实现，影响到社会正义的实现。

依法定罪中的"法"，仅指刑事法律。首先，不包括除法律外的其他社会规范，如法规、规章等；其次，民事法律、行政法律等非刑事部门法律中的非罪刑规范也不能够作为定罪的依据。所谓刑事法律，除中华人民共和国刑法典外，还包括全国人大及其常委会制定的单行刑事法律，以及其他非刑事法律中的罪刑规范，即单行刑法与附属刑法，二者与刑法典一起构成刑事法律的整体。在刑法中有时会出现空白罪状，要求司法人员引用其他部门法律甚至法规的规定来确定某项犯罪的构成要件。这种情况不能视为是对依法定罪原则的违反，因为定罪的最终依据还是刑法的相关条文，但是，我们认为，刑事法律应当尽可能地减少空白罪状的规定，以最大限度地保障“刑法专属化”；在必须引用其他规范时，也应当尽可能引用法律，而排除引用法规、规章这些低级别规范。在刑法的规定内容不详，或者在理解上有歧义时，必须严格遵守法律解释的原则与方法，对刑法规范做出正确解释；应当尽量尊重刑法的文字含义，不得凭司法人员的自我理解任意曲解法律，只有在进行文理解释明显违背立法者意图之时，才能进行论理解释，探讨立法原意①，那种认为论理解释应当优先于文理解释的观点违背了法律明确性原则，牺牲了公民的预测可能性，从而与罪刑法定原则背道而驰。当然，如果已经存在有权解释，包括立法解释与司法解释，司法人员在定罪时必须遵照执行。

二、协调定罪原则

协调原则，是指在一定的时间与空间范围，对被审理行为的定罪结论应统一协调。协调定罪原则是形式正义的当然要求。形式正义即“相同情况相同对待，不同情况不同对待”，如果对具有相同法律性质的行为，在此一时与彼一时，此一地与彼一地，得出完全不同的评价，无疑是违背形式正义观念的。协调原则包括横向的协调与纵向的协调。

横向协调指空间范围的协调，即对同样的行为，在不同地域应做出相同的评价。我国刑法在全国范围内具有效力，这就要求刑法在其效力范围内能得到相同的实现。各地司法机关在对待完全一致的被审理行为时，应当保持定罪结论的一致性，不能此地定此罪、彼地定彼罪或者此地定无罪而彼地定有罪。当然，强调定罪的横向协调是从形式正义的角度而言的，如果坚持形式正义将会明显牺牲实质正义，则应当着重维护实质正义。从实质正义的角度出发，在不同的地域中，有可能会出现同一行为但法律性质不同的情况。由于我国地域辽阔，人口与民族众多，各地的政治、经济、文化发展水平参差不齐，使得刑法的适用不得不照顾各地的不同情况，尤其要注意少数民族地区与汉族地区、经济发达地区与经济欠发达地区间的差别。考虑到这些客观存在的差别，在依法定罪时，有可能出现完全相同的行为在此地无罪，而在彼地却有罪的情况。最典型的是某些经济犯罪，这些犯罪的危害性主要体现在数额的大小上，而相同的数额在经济发展不同的地区可能具有完全不同的意义。如盗窃罪应当以“数额较大”为构成要件，最高人民法院《关于审理盗窃案件具体应用法律若干问题的解释》规定：盗窃罪的“数额较大”是指个人盗窃在500元至2000元以上的。在相对贫困的地区，盗窃500元就会被定罪；而在相对富裕的地区，盗窃500元仅是一般违法行为，不构成犯罪（取决于省级人民法院最终决定在本省执行的标准）。另外，我国刑法典第90条还赋予民族自治区或省的人民代表大会根据当地民族政治、经济、文化特点和刑法的基本原则，制定变通或者补充规定的权力，也在一定程度上允许了地域差别对适用刑法的影响。必须强调的是，地域差别对定罪结论的影响只限于有罪或无罪的结论，而不包括其他结论，罪名、罪数、犯罪形态及共同犯罪的构成与否只能严格依照刑法的规定。

纵向协调指时间上的协调，即对相同的行为，在不同时间也应做出相同的评价。司

① 参见张明楷著《刑法格言的展开》，法律出版社，1999年2月版，第10～11页。

法机关在定罪时，必须注意定罪的历史一贯性，不能够对相同行为此时定此罪、彼时定彼罪或者此时定无罪、彼时定有罪。定罪的纵向协调是在法律保持稳定，未发生变动的情况下而言的，如果随着时间的推移，作为定罪依据的法律发生了变动，则定罪的结论肯定会发生相应的变动。同时，也不能为了保持协调而沿袭以前的错误认定，应该在正确理解法律的基础上，通过法定程序，纠正错误，并对现在的案件做出正确的判决。

三、谦抑原则

谦抑原则既是一项定罪原则，又是一项量刑原则，同时还是一项立法原则。定罪的谦抑原则包括定罪必要性原则与疑罪从无原则。

谦抑，即谦逊并自我克制。刑法虽是以国家强制力为后盾的社会调控规范，但也不能为所欲为，把惩罚之手伸向社会生活的各个角落。惟因其强烈，才更需要克制，否则国家、个人两受其害。在定罪活动中，刑法的自我克制表现为定罪的必要性，或称最后性原则，即只有在必须动用刑法追究行为人刑事责任之时，才能动用刑法，才能认定为有罪；如果运用其他法律或者道德手段即可合理调控，则绝不能动用刑法调控。刑法是保护合法权益的最后一道防线，不但说明了刑法的重要性，也说明了刑法必须保持适度冷静与克制。既然是最后一道防线，就不能处处蠢蠢欲动，不能提前介入，不能越俎代庖。从经济学的角度讲，动用刑法进行调控较之动用其他手段进行调控将花费更大的成本，包括物质成本（如漫长的刑事诉讼过程必然耗费相当多的人、财、物）与价值成本(判决一个人有罪不是没有代价的，这个人的自由或者生命就是最大的代价，而已经造成的损害实际上无法挽回)。所以，除非不对行为人定罪不足以抗制非法，不足以保护合法，从而将造成更大的成本损失，就不能动用刑法，不能认定为有罪。在这个意义上，必要性原则也称为刑法经济原则。

疑罪是指司法机关对被告人是否犯罪疑惑不决、难以确证的情况。疑罪是司法实践中客观存在的常见现象。对疑罪的司法抉择，在刑事司法历史上，有“疑罪从无”与“疑罪从有”的对立立场。“疑罪从无”的法律思想和司法原则被现代文明国家的刑事立法与司法所普遍认可，是法治社会司法文明与进步的标志之一。“疑罪从无”不但已成为我国刑法学界的基本理论共识，而且也为刑事诉讼法所确认。《刑事诉讼法》第 12 条规定的“无罪推定”原则，为“疑罪从无”确立了根据；第 162 条规定：“证据不足，不能认定被告人有罪的，应当做出证据不足、指控的犯罪不能成立的无罪判决。”即是“疑罪从无”的具体法律依据。

尊重人权、保障人权、促进人权既是现代法治社会的价值目标，也是其内在要求；而在法治国度之中，构成对人权的最大威胁者，莫过于国家刑罚权的滥用。疑罪择其有，无疑是对人权保障的轻视，对刑及无辜和刑罚滥用的纵容，与现代刑法的保障机能与法治社会的根本精神相悖。疑罪择其无是必然选择。当犯罪嫌疑人或被告人是否有罪无法确证的情况下，采取“疑罪从有”的原则，如果确实有罪，虽刑法目的可以实现，犯罪也受到应得的惩罚，但由于其罪存疑，刑法正义的实现亦难免有所勉强，在民众心目中难以形成清楚而明确的规范界限，刑法正义仅仅成为个案的正义，刑法的实际功能无法展示；反之，如果本属无罪，“疑罪从有”则是赤裸裸地侵犯人权、刑及无辜，同时让真正的犯罪者逍遥法外，刑罚的适用已完全背离其宗旨，刑法的保障功能丧失殆尽，刑法正义更是遭到彻底亵渎。

在刑事司法中贯彻“疑罪从无”的原则有重大意义。一方面可防止国家权力为恶，确保国家刑罚权的正确运用，强化司法人员的人权意识；另一方面，可以促进国家司法人员，特别是侦查、检察人员证明犯罪的能力和技术水平的提高与改进。疑罪的形成，不是一个理论问题，而是人类的认识能力和证明水平问题。因此，疑罪减少的惟一途径，只能依赖于国家检控机关侦、检力量与技术水平的提高与改善，以及诉讼制度，特别是证据制度的完善。①

需要指出的是，“疑罪从无”的定罪原则不但指在对于是否犯罪存疑时，应当选择无罪的结论，在更广泛的意义上，还指对于一切存在疑问的地方，都应当做出有利于被追诉人的结论。故有学者也称之为“疑罪从宽”原则②，在西方国家，称为“疑点利益归于被告”原则。具体而言，包括：（1）有无犯罪存疑时，应认定为无罪。（2）可能犯有数罪，但只能查实一罪或少数罪时，对没有查实的犯罪不能认定。（3）可能犯有重罪，但所查证的只是轻罪时，只能认定为犯有轻罪。（4）可能犯有既遂罪，但所查证的只是未遂罪（或者预备罪、中止罪）时，只能按未遂罪（或者预备罪、中止罪）认定，即在犯罪停止形态的认定中有轻重之疑时，应当有利于被告人。（5）可能构成共同犯罪，但查证的仅是单独犯罪时，只能按单独犯罪认定；③ 在共同犯罪中，可能是主犯而无法查证时，不能认定为主犯，即在共同犯罪的认定中有轻重之疑时，应当有利于被告人。

第三节　定罪的方法与步骤

一、定罪的方法

定罪是一项严肃的司法活动，要做到公正定罪，就要求司法人员不仅具备相关的法律知识、丰富的经验与正直的品格，还必须掌握正确的定罪方法。对于经常参与定罪活动的司法人员而言，也许会认为得出一个定罪的结论是十分自然的事情，但实际上，任何定罪活动都必然会受到某些法则的制约和指导，如果背离这些法则，就容易得出错误的定罪结论。这些法则主要包括逻辑法则与经验法则。

（一）定罪的逻辑推论

逻辑推理方法是定罪的基本方法。作为一项分析、判断活动，定罪首先要遵循一定的逻辑规则；不遵循这些规则，就无法合理地确定被审理行为与法律规范之间的一致性，无法了解行为的法律性质。逻辑是思维的指针，无逻辑或者逻辑混乱的思维，不可能得出正确的结论。

从形式逻辑上讲，定罪活动就是三段论的演绎推理过程。三段论是由两个包含着一个共同项的性质判断推论出的另一个新的性质判断的推理，定罪活动采用的推理通常是三段论中的第一格。其推理形式是：

M——P：大前提

① 向朝阳、龙波《疑罪之司法抉择的学理及应用研究》，中央政法管理干部学院学报 1998 年第 6 期。
② 张明楷著《刑法学》（上），法律出版社，1997 年 9 月版，第 341 页。
③ 值得探讨的问题是，认定共同犯罪成立反而对被告人有利时应当如何处理？例如，认定为单独犯罪，被告人将承担全部罪责，而认定为共同犯罪，被告人是从犯，反而能减轻其刑。我们认为，同样应当做出有利于被告人的选择。

S——M：小前提

S——P：结论

解释：P 是大项，是某一具体犯罪的罪名；M 是中项，是该罪的法定构成要件；S 是小项，是定罪过程中的被审理行为。以重婚罪为例，其三段论格式为：

有配偶而重婚的，或者明知他人有配偶而与之结婚的（M）是重婚罪（P）。

张三的行为（S）属于有配偶而重婚（M）。

所以，张三的行为（S）是重婚罪（P）。

在运用定罪三段论时，必须注意以下几点。

1. 大、小前提都必须是真实的。定罪三段论的大前提是刑法的明文规定，小前提是案件事实；大前提的真实性通常不发生问题，所以关键是必须要保证小前提的真实性。如上例中，张三已经结婚，并且在婚姻关系存续期间又再次结婚这一事实必须是真实的；小前提的真实性取决于司法人员对案件事实的评价，是刑事诉讼的重点。对前提真实性的要求是定罪三段论与形式逻辑三段论的根本区别；形式逻辑不关注前提的真实性，即使前提虚假，只要符合推理规则，其结论也是符合逻辑要求的。而定罪活动不仅要确定形式上的真实，更要确定实质结论的真实，故大小前提中只要有一项是虚假的，结论就肯定是虚假的。

2. 要注意大前提中的隐含要素。大前提通常是刑法分则的明文规定。而出于立法技术的考虑，刑法分则对于具体犯罪构成的规定既有详细的，也有粗略的；一些犯罪的共同要件往往不在分则条文中重复出现。刑法的基本格局是“总则—分则”，在分则没有特别规定的前提下，总则的基本制度、原理、原则制约分则的所有罪名。所以，定罪三段论中的大前提并不是完整的法律条文，通常只是某项犯罪的客观要件，有时也包括主体要件（特殊主体）或者主观要件（如过失犯罪）。这就要求司法人员在运用定罪三段论时，不能仅仅参考分则条文，还必须要结合总则的规定，自觉地复原大前提中的所有要素。

但这一大前提是不真实的，因为它忽略了大前提中的一些隐含要素。“强奸罪”三段论的完整大前提应当是：

14 周岁以上的自然人（a）故意（b）与不满 14 周岁的女性发生性关系的行为是强奸罪。

其中 a 是犯罪主体要件，因为是一般主体，故不会产生疑问；b 是主观要件，虽然刑法分则强奸罪的条文中无“明知”的表述，但该条文显然也应当受到总则的制约；由于过失不构成本罪，故本罪只能由故意构成；又由于故意要求对危害性的明知，如果行为人不知是幼女而与之发生性关系，则行为人不可能明知行为的危害性，所以本罪要求行为人明知是幼女而与之发生性关系。因此，本罪的大前提还可以进一步具体为：

14 周岁以上的自然人明知对方是不满 14 周岁的女性而与之发生性关系的行为是强奸罪。

3. 中项必须同一。即大、小前提中的 M 项在内涵与外延上都应当完全一致。如果大前提中的中项与小前提中的中项不完全一致，则会犯逻辑上称的“偷换概念”的错误，其结论自然也是错误的。例如，张三用放火的方法烧死李四，但不可能危及公共安全。如果就这一案件进行以下的三段论，则是错误的：

故意放火的（M）是放火罪。

张三的行为是故意放火（M）。

所以，张三的行为是放火罪。

这一三段论之所以不成立，根本原因是中项不一致。大前提中的中项的“放火”是指“危害公共安全的放火”，而小前提中的“放火”已经被偷换为“一切放火”了，其内涵与外延都发生了变化。

4．允许小前提为否定形式，但小前提为否定形式时，一次推理不能轻易判定行为人无罪。在一般形式逻辑中，小前提必须是肯定的，否则，得出的否定性结论就可能是错误的。但在定罪三段论中，由于法律所规定的某一犯罪的构成要件就是该罪的惟一定义，大前提中主、谓项完全一致，相互周延，所以即使得出否定的结论，也是正确的推论。比如：

有配偶而重婚的，或者明知他人有配偶而与之结婚的是重婚罪。

张三的行为不属于有配偶而重婚且不属于明知他人有配偶而与之结婚。

所以，张三的行为不是重婚罪。

但需要特别注意的是，对于选择性罪名，除非构成要件中列举的所有要件都被否定，否则不能得出否定的结论。上例中重婚罪的客观要件即是选择性的，如果仅能否定其中一项客观要件，尚不能得出否定结论。以下推论是不成立的：

有配偶而重婚的，或者明知他人有配偶而与之结婚的是重婚罪。

张三的行为（S）不属于有配偶而重婚。

所以，张三的行为（S）不是重婚罪。

如果大前提是刑法对具体犯罪构成的规定，则一次推理并不能当然得出行为人无罪的结论。因为当换一个大前提时，可能得出行为构成犯罪的结论。即一个三段论得出否定结论并不代表行为人无罪，只有当以刑法规定的犯罪构成为大前提的所有三段论都得出否定结论时，才能认定行为人无罪。当然，在司法实践中，只需要将若干近似罪名进行推理就足够了。但是，当大前提是刑法规定的不构成犯罪的事由时，一次推理就能得出无罪结论①。例如：

紧急避险不负刑事责任。

张三的行为是紧急避险。

所以，张三的行为是不负刑事责任的行为。

5．在数罪的情况下，需要建立数个相应的定罪三段论。在确定故意犯罪的停止阶段时，还必须在得出有罪结论的基础上，再建立一个以刑法总则关于故意犯罪停止阶段的相关规定为大前提的三段论。同理，在确定共同犯罪时，也需要建立以刑法总则关于共同犯罪的相关规定为大前提的三段论。例如：

在犯罪过程中，自动放弃犯罪或者自动有效地防止犯罪结果发生的（M）是犯罪中止（P）。

张三的行为（S）是在犯罪过程中自动有效地防止犯罪结果发生的行为（M）。

所以，张三的行为（S）是犯罪中止（P）。

---

① 张明楷著《刑法学》（上），法律出版社，1997年9月版，第343页。

(二) 定罪的经验分析

经验一词的日常含义是指经历和体验，哲学上称的经验，指由实践得出的知识或技能。经验与客观实践密切相关，是思考、解决问题的重要方法。在定罪活动中，除了严密的逻辑推论之外，进行相关的经验分析也是不可或缺的。

定罪的逻辑方法是在较为抽象的层面对定罪进行数字化分析，然而真实的定罪活动需要将抽象的逻辑具体化。如果定罪活动有公式可循的话，逻辑推论只是解决了公式的形式，公式的内容在很大程度上必须诉诸于经验。

如前所述，定罪三段论结论的正确性依赖于其大、小前提的正确性。但无论是对大前提还是小前提，都可能存在经验分析的问题。其实，即使是最简单、最无可争议的罪名中，都包含着经验的成分。例如故意杀人罪，何为“杀”？（看着他人死去而不救助算不算“杀”?）杀有哪些方式？有哪些特征？都无不与经验密切相关。又如，什么叫“玩忽职守”？“玩忽”是什么意思？也无非是经验的总结。再如争议颇大的“淫秽”二字，经验告诉人们，“淫秽”含有令正常且具有稳定良心的公民感到不安的意思，含有引起人不正常的情欲的意思，或者含有容易导致人产生强烈的性冲动的危险的意思等等；如果脱离经验，即使是最严谨的哲学家，也很难给这个词下准确的定义。正确地解释刑法依赖经验，在解释刑法之后，更存在如何解决行为与法条间的一致性的问题。例如，结果犯要求行为与结果间具有因果关系，但如何认识这种因果关系，如何认定具体的行为与结果间是否存在因果关系，却经常不得不诉诸于经验，以经验为基础。大陆法系形成了“相当因果关系”理论，并日渐成为通说。又如，虽然人们都知道以“暴力”方法夺人财物是抢劫罪，但何为“暴力”？猛然拉下妇女的耳环算不算“暴力”？乘人不备用脚将其绊倒再夺走其财产算不算“暴力”抢劫？

经验分析方法没有确定不变的准则，我们认为，以下三个原则应当得到遵守：(1) 如果经验已经上升为法律，则仅存在对法律进行解释的问题，生活经验不等同于法律。(2) 对法律的解释和事实的认定依赖于司法人员的理解。即在定罪活动中，对定罪结论直接产生影响的经验，只能是司法人员的经验。(3) 司法人员的经验应当符合社会上一般人的经验。法律无非是社会经验的总结，司法活动是对法律的确证与实现，从而是对社会一般经验的确证与实现。

经验分析还与另一个问题密切相关，即如何看待判例的作用。我国是成文法国家，法院的判决不是法律渊源，不能成为以后做出类似判决的根据。而在英美法系国家，判例是重要的法律渊源，法院恪守“遵循先例”的原则进行审理。所谓“先例”即是一种司法经验的总结，是通过司法实践获得的知识积累。我们认为，判例不但能形象地解释刑法，而且在一定程度上还能起到补充刑法的作用。我国犯罪数量多，情况复杂，刑法规定相对比较概括，有权解释远不能解决所有的疑难法律问题，因此，很有必要借助判例的解释功能帮助司法人员正确执法。① 同时，判例对于保持定罪的历史协调性，保障形式正义也具有积极的意义。

定罪的逻辑推论方法与经验分析方法并不是非此即彼的关系，二者经常需要同时运用，遵循严密的逻辑形式，并依靠经验对构成要件和被审理行为进行解释、评价。所

---

① 高铭暄、马克昌主编《刑法学》，中国法制出版社，1999 年版，第 363 页。

以，逻辑推论与经验分析不是并列的，更不是对立的，而是相辅相成、密切联系的。

（三）排除法

除定罪三段论与经验分析之外，在定罪过程中，合理地运用排除法也是至关重要的。定罪的重要步骤之一是确定相似的犯罪群，并逐步分析，一一排除，最终确定应当适用的法律条文及罪名。这当中就存在排除法的运用。例如，张三非法地占有了他人的财产，可能涉及的犯罪有很多，如盗窃、诈骗、抢劫、抢夺、敲诈勒索，也可能是贪污、职务侵占等等。只有合理地运用排除法才能够在众多类似犯罪群中正确认定其行为性质，确定最终的罪名。排除法在定罪逻辑中表现为小前提为否定形式的三段论。

在定罪过程中运用排除法必须注意以下两点。

1. 熟悉刑事法律的规定，全面掌握可能作为排除标准的犯罪构成要件。可能作为排除标准的构成要件是很多的，首先是主体，上例中如果张三不满 14 周岁，则一切罪名皆可被排除，应当做出无罪认定；如果张三已满 14 周岁不满 16 周岁，则除抢劫罪外的一切罪名均可排除；如果张三既不是国家工作人员也不是刑法规定的受委托管理公共财产的人员，则肯定不能构成贪污罪，贪污罪就能够被排除（共同犯罪除外）。其次，犯罪的客观构成要件是排除法需要考虑的重点，因为绝大多数分则条文仅仅规定了犯罪的客观要件。如果张三没用运用暴力、威胁的方法，则不能构成抢劫罪或敲诈勒索罪。再次，在某些犯罪中，主观要件也可能成为排除的标准，如经查证行为人的主观状态是过失，则可以排除一切故意犯罪与一切刑法没有规定为犯罪的过失性危害。最后，客体作为排除标准的情况比较少见，因为刑法一旦施行，就很少再单独地对客体进行考虑，刑法对具体罪名的规定已经包含着对某种合法权益（即客体）的保护，一般而言，没有必要再对客体进行特别地考察；但有时候，客体除了作为立法的指导观念存在之外，在刑法的解释上也具有一定价值，如是否足以侵害到公共安全是认定是否构成危害公共安全罪的根本标准，如果能够排除这种对特定客体的侵害性，则可以排除构成危害公共安全这一类的犯罪。要合理运用排除法，就需要司法人员对刑事法律相当熟悉，在具体个案中迅速、准备地确定排除的标准；如果不熟悉法律规定，在面对近似的犯罪时，就无法进行合理地排除。

2. 全面分析案件，正确筛选案件事实。排除法的运用首先应当建立在对案件事实的合理筛选之上。合理筛选事实要求尽量掌握对构成犯罪可能相关的事实，如果选择的事实不全面，即使正确地运用了排除法也不可能得出正确的结论，因为本来应当作为排除标准的事实情况并没有进入考虑的范围。合理筛选案件事实还要求尽量排除对构成犯罪肯定无关的事实，从而尽可能缩小类似犯罪群，为排除法的运用创造有利的条件。要正确筛选案件事实，也需要司法人员对刑事法律相当熟悉，只有熟悉刑事法律，才能够准确判断案件事实与犯罪构成间是否具有一定关联性，避免在定罪过程中走弯路。

应当指出的是，排除法并不是在每个定罪活动中都必须运用的方法。对于一些性质十分清楚，无相似罪名群的犯罪，直接确定其罪名比运用排除法更有利于迅速认定行为性质，正确定罪。在十分熟悉法律条文的前提下，也不一定要单纯采取排除法，最好结合正面确定的方法，根据刑法对犯罪构成的规定，一一对照相关的案件事实，如果能直接得出肯定结论，则无须进行排除法，以避免司法资源的浪费。

二、定罪的步骤

刑法中所称的定罪，实际上是在一种相对静态的状况下，在相关的事实、证据已经得到某种程度的确认的前提下进行的活动，这是与刑事诉讼法上的定罪相比较得出的结论。在刑事诉讼中，对于证据的收集、运用、查证、采纳都伴随着相应的外部活动，而运用实体法——刑法进行定罪，并不需要从事这些活动。但作为一项主观思维过程，定罪也必然表现出一定程度的动态特征。刑法中的定罪与刑事诉讼中定罪的区别在于：前者是思维过程的动态，而后者是行为过程的动态。

从司法实践看，定罪活动一般要经历以下步骤：(1) 筛选案件事实。(2) 确定类似罪名群。(3) 选定适用的法律条文。(4) 确定具体的罪名。(5) 解决罪数、故意犯罪停止形态及共同犯罪的问题。这五大阶段体现了定罪的动态思维过程，即首先掌握案情，确定与定罪有关的事实，然后依照案件事实找出可能适用的法律条文，再逐步排除，逐步缩小范围，直至确定一个合适的犯罪构成或者宣告无罪，最后解决定罪的其他内容。

在具体的案件中，并非每一个事实都可能具有刑法上的意义。有的事实与犯罪完全无关。筛选案件事实就是指舍弃无任何刑法意义的事实，挑选出对刑事责任有关系的事实。如王某，女，23 岁，一天深夜潜入一李姓人家盗窃价值 1 万元的金银首饰，在回来的路上吃了 1 个冰淇淋，于凌晨 5 点返回家中。在这个案件中，行为人的姓名、性别，受害人的姓名，以及作案过程中的一些个人行为（如吃了 1 个冰淇淋）等，明显与构成犯罪没有任何关系，故应当被排除在需要加以考虑的案件事实之外。

（一）筛选案件事实

在筛选案件事实时，首先，要以刑法的犯罪构成规定为指导，包括分则对具体犯罪构成的规定以及总则对普通犯罪构成的规定。在尽量熟悉刑法的前提下，才能正确选定具有刑法意义的事实排除无关事实。其次，筛选案件事实要做到客观公正，以客观存在的事实为基础，不能凭空想象，主观臆断；既要注重能够证明有罪的事实，也要注重能够证明无罪的事实或者排除危害性的事实。再次，案件事实可能具有不同的刑法意义，有的对定罪有意义，有的对量刑有意义，不能仅选取对定罪有意义的案件事实，而应当同时选取可能对量刑有意义的事实（比如入室盗窃这一事实虽然对定罪没有意义，但对量刑有意义），避免在量刑时发生偏差或者发生量刑上的错误。当然，在定罪过程中需要进行构成要件性思考的，仅是对定罪有意义的事实，具体而言，包括以下事实：(1) 直接与犯罪构成要件有关的事实。如国家工作人员的身份，暴力的行为方式。(2) 能间接表明符合犯罪构成要件的事实，如酒后驾车的行为，间接表明行为人的主观过失。(3) 能表明行为的社会危害性的事实。仅指与决定行为危害性的可罚性程度有关的事实以及表明排除社会危害性的事实。前者如因为极度贫困而盗窃 500 元，可能被判定为情节显著轻微，危害不大，不认为是犯罪；后者如行为属于正当防卫，不具有社会危害性，依法不负刑事责任。(4) 与故意犯罪的停止形态及共同犯罪有关的事实。

（二）确定相似犯罪群

具体的犯罪之间并不总是泾渭分明的，有许多案件具有某种程度的相似性。如抢劫罪与敲诈勒索罪就在各个构成要件上都具有很多的相似甚至相同之处。这种相似性来源于犯罪构成要件之间的相似性。刑法规定的具体犯罪的构成要件，有相当一部分属于类似罪名。在进行了案件事实的筛选之后，对某些犯罪，司法人员还难以立即确定其符合的犯罪构成，在这种情况下，就有必要确定相似犯罪群，即运用排除法，把不可能成立的犯罪摒弃在思维过程之外，确定行为可能成立的犯罪的范围。在确定了相似犯罪群后，再逐步缩小范围，逐步排除，最终确定应当适用的犯罪构成。本书在对“排除法”的阐述中，已经详细地说明了确定相似犯罪群中的相关问题，不再赘述。

（三）选定适用的法律条文

在运用排除法逐一排除了不能构成的罪名之后，如果不符合任何构成要件，或者符合排除犯罪性的行为的规定，则应当作为无罪认定；如符合剩余的构成要件，则应当依据该构成要件对应的法律条文确定被审理行为的性质。

这里所称的法律条文，不仅指分则中对具体犯罪的构成要件规定的条文，还包括总则中对普通构成要件规定的条文。尤其是在分则对构成要件的规定不全面的情况下，更是必须要结合总则的规定，才能得出正确的结论。

（四）确定具体的罪名

罪名的确定不是想当然的，确定罪名必须符合科学性、概括性、合法性的要求。司法人员不能任意创制罪名。为了指导各级司法机关正确确定罪名，1997 年 12 月 9 日最高人民法院颁布了《关于执行〈中华人民共和国刑法〉确定罪名的规定》，2002 年 3 月 15 日，最高人民法院、最高人民检察院公布了《关于执行〈中华人民共和国刑法〉确定罪名的补充规定》，在今后的定罪活动中，司法人员只能依据上述规定确定罪名。

（五）解决故意犯罪停止形态及共同犯罪的问题

在做出有无犯罪及构成何种犯罪的结论之后，如果是故意犯罪，最后还需要解决故意犯罪停止形态及共同犯罪的问题。例如，根据刑法关于故意犯罪停止形态的规定，确定行为人是既遂、未遂、中止或者预备；根据刑法关于共同犯罪的规定，确定是否成立共同犯罪等等。

需要强调指出的是，以上各步骤并不一定是顺次渐进的，有时候可能发生交叉甚至颠倒，有的步骤也可以忽略，如对于案情简单，性质十分明了的案件，完全有可能直接认定适用的法律条文；在阶段性上，有些复杂定罪的阶段性更为明显一些，而简单定罪的阶段性则可能不太明显，比如，事实清楚的强奸罪，因为缺乏相应的类似罪名群，所以第二阶段就可能较为含糊，甚至被不自觉地省略。如果是数罪，还需要多次重复上述步骤，直至得出全面的结论。因此，司法人员在定罪过程中应具体问题具体分析，不能对定罪的步骤做机械理解。

第十六章　刑事责任

第一节　刑事责任概述

一、刑事责任的定义

刑事责任（criminal responsibility）一词，在各国刑事法律中以及我国刑事法律中均普遍使用。在我国，刑事责任是作为犯罪的刑法后果而存在的，因而，与大陆法系刑法理论中使用的作为犯罪的成立要件的“责任”、“有责性”意义完全不同。

关于刑事责任的定义，观点甚多，归纳起来，主要有以下几种：（1）法律责任说。认为刑事责任是指犯罪人因犯罪行为应承担的法律责任。① （2）强制方法（刑罚处罚）说。即认为刑事责任就是国家对犯罪人施以的一种强制方法。② （3）法律后果（负担）说。认为刑事责任是犯罪人因犯罪行为所引起的法律后果（负担）。③ （4）法律关系说。认为刑事责任是一种法律关系。④ （5）否定评价（责难或谴责）说。⑤ 认为刑事责任是指国家对犯罪人及其犯罪行为所做出的一种否定评价或谴责。（6）刑事义务说。认为刑事责任是一种法律义务。⑥ 以上各种观点，从不同角度、不同程度认识到了刑事责任范畴质的规定性，但都有所不足。法律责任说以“刑事责任是……法律责任”定义，同义反复，不利于人们深刻理解刑事责任的本质；强制方法说，简单地以刑罚代替刑事责任，混淆了二者各自独立的性质；法律后果说与法律关系说，过于笼统、含糊，不利于人们对刑事责任本质的明确认识，并且扩大了刑事责任的外延；否定评价说与法律义务说，各有独到之处，但二者都存在一定的片面性。否定评价说，注意到了刑事责任在政治、道德方面的意义，却忽视了刑事责任的法律特征，把刑事责任仅仅归结于国家或社会对犯罪行为的一种否定、排斥态度，使刑事责任的内容太空泛、抽象，性质不明；义务说，与否定评价说相反，着重于揭示刑事责任的法律性质，却忽视了刑事责任的社会意义，即刑事责任具有的政治、道义和伦理上的否定价值判断的意义，从而把刑事责任存在的根本意义淡化，甚至抹杀了。

刑事责任属法律责任之一种，正确认识刑事责任的本质，揭示其质的规定性，还有赖于从法律责任的概念中得到启示：法律责任总是同一定的法律关系即权利义务关系被破坏相联系的，没有法律关系的被破坏，没有一定的权利遭到侵害，就没有法律责任。

---

① 《辞海》（缩印本），上海辞书出版社，1980 年版，第 182 页。《法学词典》（增订本），上海辞书出版社，1986 年版，第 234 页。［苏］沙赫马托夫著，韦政强等译《刑事责任与刑罚》，法律出版社，1984 年版，第 16 页。

② ［苏］沙赫马托夫著，韦政强等译《刑事责任与刑罚》，法律出版社，1984 年版，第 16 页。

③ 《法学研究》1986 年第 5 期，第 14 页。《法学季刊》1986 年第 2 期，第 15 页。《中国大百科全书》（法学卷）第 668 页。《法学辞典》（增订版）第 289 页。

④ ［苏］沙赫马托夫著，韦政强等译《刑事责任与刑罚》，法律出版社 1984 年版，第 17、18、19 页。

⑤ 转引自高铭暄、马克昌主编《刑法学》，中国法制出版社，1999 年版，第 381 页。

⑥ 《法学研究》1987 年第 2 期，第 53 页。

因此，法律责任的内容可从两个层面来理解：一方面表现为国家对违法者及其行为从政治上、道义和伦理上的否定评价或谴责，另一方面又体现为违法者依法承担与否定评价或谴责相适应的惩罚性义务。一定的否定评价或谴责，通过一定的惩罚性义务得以具体体现，而一定的惩罚性义务存在的内容、范围及其实现程度，又总是反映着一定的否定评价或谴责的强度和范围；一定的否定评价或谴责与惩罚性义务两方面有机地统一，便是法律责任的全部内容。如果惩罚性义务离开了否定判断的价值，就无法理解法律责任存在的意义，也无法区别于一般的法律义务；而无惩罚性义务的存在，法律责任的否定价值判断则得不到体现和强化，从而也就无异于道德责任。

刑事责任属法律责任之一种，它除具有法律责任的一般属性外，还具有以下特征：

1. 刑事责任是基于犯罪行为而产生的法律责任。无犯罪则无刑事责任，有刑事责任必有犯罪。

2. 刑事责任是否定评价最强烈、惩罚性义务最为严厉的法律责任。犯罪是最为严重的违法行为，因而，与其相连接的刑事责任就是国家对这种严重的违法行为强烈的不容和排斥态度的法律表现。刑事责任总是与刑罚联系在一起，犯罪人刑事责任的存在，就意味着他的一定财产权利、人身自由或生命被剥夺或可能被剥夺，这是其他法律责任不可比拟的。

3. 刑事责任是责任人向国家承担的一种法律责任。刑事责任虽然因一定法律关系的严重破坏而产生，但并不以恢复或补偿具体受害人为目的。所以刑事责任不同于民事责任，它要求责任人亦须直接向国家承担责任。

4. 刑事责任是不可移转的、严格的个人责任。刑事责任存在的根本意义，在于通过对犯罪行为的严厉谴责和对犯罪者惩罚及教育以达到预防犯罪的作用，因此，以国家强制力保证责任人自己承担责任，是刑事责任实现预防犯罪功利追求的必然结论。

综上所述，所谓刑事责任，就是犯罪人因其犯罪行为根据刑法规定应向国家承担的、体现着国家否定评价最为强烈的惩罚性义务。社会最为强烈的否定价值判断与严厉的惩罚性义务的统一，便是刑事责任本质所在。

二、刑事责任之意义

刑事法律所要解决的根本问题，是人的刑事责任问题。从刑事立法的角度看，一定的危害行为和强制方法之所以被规定在刑法中，并称之为犯罪和刑罚，且以各种不同的形式连接起来，只有透过刑事责任的棱镜才能得到科学的解释。我国刑法中关于故意、过失犯罪的区分，共同犯罪制度，预备犯、未遂犯和中止犯犯罪形态的划分，自首、累犯、缓刑、减刑、假释、时效、刑罚等制度，以及刑法分则中各种具体犯罪的设定，无一不是围绕着正确解决行为人的刑事责任而展开的。如果离开了行为人的刑事责任，这一切都将成为无本之木、无源之流。从刑事司法的角度看，自立案侦查、起诉审判，到判决的执行等全部诉讼活动，围绕的中心只有一个，就是确定和实现被告人的刑事责任。离开解决刑事责任的任何所谓侦查审判，无一不是对人类法治文明的摧残。可以说，刑事责任是刑事立法和司法审判的根本问题，是刑事法律存在的内在根据。

三、刑事责任的功能与作用

刑事责任是连接犯罪与刑罚的桥梁，是罪刑关系的调节器。它作为否定价值判断，必然以已然的犯罪事实为评价对象，具有回顾性功能；同时，它以一种特殊的义务形式存在，成为国家对犯罪人行使刑罚权的对应物，又具展望性功能，对刑罚的适用起着指示性作用。

（一）有罪必有责，无罪则无责，罪大则责大，罪责相适应

从刑事立法角度看，犯罪因国家要追究其刑事责任而存在，国家认为无需追究刑事责任的危害社会的行为，则不认为是犯罪。因此，我们可以说，某种行为之所以有犯罪的性质，正是由于其行为存在着刑事责任。例如我国刑法第 13 条给犯罪所下的定义："……依照法律应当受刑罚处罚的，都是犯罪"，这里"应当受刑罚处罚"的实质意义就是"应当负刑事责任"。再从刑事司法的角度来看，刑事责任因犯罪的存在而产生，无犯罪则无刑事责任。没有无刑事责任的犯罪，也没有无犯罪的刑事责任。

犯罪与刑事责任不仅具有质的同一性，而且具有量的一致性。犯罪人罪恶的大小，决定其应承担的刑事责任重轻；刑事责任对一定犯罪否定评价的强弱程度，反映着犯罪对社会利益危害和社会规范背离的程度。刑事责任与犯罪这种不可分割的联系，是刑事责任作为社会最为强烈的否定评价的必然要求。

（二）刑事责任决定刑罚的适用

有刑事责任，不一定有刑罚。刑事责任作为一种否定评价性质的义务形式存在，它与刑罚的连接状态，取决于它的对应面——国家对犯罪人刑罚权的行使状况。刑罚权只表明国家有对犯罪人适用刑罚的现实可能性，但这种可能性要转化为现实，取决于刑罚权的主体——国家主观上的功利追求和实现这种功利追求的客观条件。如国家认为没有必要适用刑罚而使用其他方法就足以实现对犯罪人及其行为的否定，或者基于政治上或其他的考虑（赦免、外交特权等）而免除刑罚处罚，或者由于行为人是精神病患者缺乏刑罚适应性，或者犯罪人已死亡等等。也就是说，刑事责任的存在，并不等于刑罚的存在，而只表现犯罪者有必要承受国家给予刑罚的可能性状态。我国刑法中关于具有外交特权与豁免权的外国人的刑事责任通过外交途径解决、非刑罚方法、追诉时效、缓刑等制度的规定，以及我国《刑事诉讼法》第 11 条、第 12 条、第 101 条等规定，都充分说明了这一点。

刑罚的适用以刑事责任为前提。刑事责任是国家对犯罪行为的强烈的否定评价，刑罚则是实现这种否定评价的手段之一。刑事责任的存在，决定着刑罚的存在，刑罚作为"社会对付违犯它生存条件行为的一种手段"的职能，只有在刑事责任的启迪中才能真正实现，否则，刑罚就只能成为同犯罪一样的社会恶害。因此，一定行为在不存在国家对其强烈否定评价时，则不存在刑罚的适用问题。有刑罚必有刑事责任，无刑事责任则无刑罚。

刑罚适用与刑事责任相当。一方面，国家对犯罪人及其行为的否定评价的强弱程度，直接表现为强制犯罪人承担惩罚性义务的大小，且主要通过适用刑罚来实现。因此，刑罚的适用范围与惩罚性义务大小相适应，是刑事责任实现其不同层次否定评价的必然要求。另一方面，刑罚也只有与刑事责任保持量的一致性，才能真正被赋予伦理谴责的意义，具有教育的功能，成为抗制犯罪中最为有效的工具。然而，刑罚适用的差别性、层次性，同样，也只有在刑事责任的启迪中得以实现。所以，刑事责任不仅决定着刑罚的存在，而且，也制约着刑罚适用量的范围。责重则刑重，责轻则刑轻。

第二节　刑事责任的理论根据

刑事责任的理论根据，旨在说明"犯罪应负刑事责任"这一法律原则的理由，用以揭示刑事责任存在的必然性与合理性。这是历代法学家都必须解释和回答的问题。在西方刑法理论研究史上，正是由于寻找刑事责任存在的基点的不同，引起了刑法学派之争。因此，考察历史上各种刑事责任观，划清它们与马克思主义刑事责任观的界限，阐明我国刑事责任的理论根据，无疑是十分重要的。

一、历史上各种刑事责任观概说

（一）神意责任论

在奴隶社会和封建社会里，没有明确的现代意义的刑事责任概念。

因此，对"犯罪应负刑事责任"这一法律原则存在的理由，一般是在对刑罚权的解释中给以说明的。在奴隶社会和封建社会，统治者为了说明自己统治的必然性和合理性，总是假借神的意志来掩饰自己的意志和利益。因此，"犯罪应负刑事责任"的问题，自然与"神意"有不可分割的联系。在西方，把犯罪看成是对上帝的"罪过"，世俗法律是按上帝的旨意对犯罪人处罚；认为国家所建立的秩序是上帝的安排，侵犯国家利益就是对神的冒犯；所以，神委托世俗中的代表——国家或君主，给予侵犯秩序者以处罚，方能使神所确定的"绝对正义"在世俗社会中得到体现。在我国奴隶社会和封建社会，历代统治者都把"君权神授"、"替天行道"等天罚思想奉为圣经。汉代大儒董仲舒的"天人感应说"，更是把"天罚"思想推向了极端，宣称："王者承天意从事"，[①]"天子受命于天，天下受命于天子"。[②] 按此逻辑，王者的意志就是天意，违背王者的意志，就是违背天意或上帝的意志。受到惩罚则是天意或上帝意志的必然要求。由于只有王者、统治者才能与神灵沟通，则统治者就可以根据自己利益需要，任意解释"神意"，因此，这种神意责任论不过是统治者罪刑擅断、刑罚权滥用的掩饰与托词而已。

（二）道义责任论

道义责任论是西方刑法学旧派的观点，代表人物有贝卡利亚、康德和费尔巴哈。道义责任论是在天赋人权、自由、平等的思想背景下，以个人人权为本位或者说是以自由主义和个人主义为基本立场，以"非决定论"为基础，开展其理论论证。此学派认为，人是具有自由意志的主体，凡达到一定年龄的人，除不健全者外，都具有根据理性而行动的自由，并根据绝对的理性的要求，从善避恶。具有这种意志自由的个人，基于自己的意志自由决定，而做出违反道义的犯罪行为，就应当受到道义的非难而承担刑事责任。因此，国家设置刑罚，正是为了维护被蔑视的道义的必然要求。道义责任论所非难的是个别行为、意志或心理，因此，又称为行为责任论、意志责任论。道义责任论把刑事责任的根据还"神"于人，建立以行为为中心的刑事责任和犯罪论，反对封建司法专横和刑罚的滥用，具有不可磨灭的历史功绩。但是，道义责任论建立在绝对的自由意志和超阶级的道德基础上，把刑事责任看成是超然的东西，是不科学的。

---

① 《春秋繁露·尧舜汤武》。
② 《春秋繁露·为人者天》。

（三）社会责任论

社会责任论是19世纪中叶兴起的所谓新派刑法理论，其代表人物有尤勃罗梭、菲利、加罗伐洛、李斯特等，该理论以实证主义的“决定论”为哲学基础，在社会防卫和社会目的思想的影响下发展起来。该理论认为，犯罪是人类或社会学的现象，人的意志或行为是基于人的本质（生理、遗传等因素）和环境的内外因素决定的，所以，人并不具有向善避恶的自由意志。犯罪是对社会利益的侵害，社会为保卫自身，对具有危险性格者，必须加以防卫处分。也就是说犯罪者之所以要负刑事责任，不是出于任何道德上的理由，而是具有危险性格者对全体社会应负的责任。实行犯罪者，无论是否具有刑事责任能力，都应对社会负责而受到社会防卫处分，故该理论又被称为“行为人责任论”。社会责任论由于不以行为及后果为刑事责任的基础，而以行为人反社会性格（人身危险性）为刑事责任的基础，故又称为性格责任论。社会责任论以保护社会利益的需要来证明刑事责任存在的必然性与正义性，使刑事责任的根据从超然的神或理性的领域回到社会实际生活领域，有助于人们正确理解刑事责任的本质。但是，社会责任论有两个理论前提值得研究：第一，“社会利益”是一个不完全真实概念。因为在阶级社会中，不存在全体社会成员共同一致的社会利益，即使在资产阶级内部，个人之间、法系之间、集团之间，也存在尖锐的利益冲突。因此，对“社会利益”的理解和实际需要是不可能一致的。第二，否认“人的意志自由”，片面强调人必然存在的主观危险性，使犯罪的界限模糊不清了，为新的司法专横开了方便之门，统治者可借口保卫社会，排除“人的危险性”，滥施刑罚。德国20世纪30～40年代希特勒灭绝种族的刑事政策就曾经利用过这种学说来掩饰。

（四）新社会防卫论

道义责任论与社会责任论的对立，在理论上表现了无定论与决定论、伦理价值评价与社会秩序价值评价、道义非难与社会防卫观念的对立，由于这些对立，以致近代西方新旧两派刑法理论争论不休。新社会防卫论是第二次世界大战后，法国刑法学家马尔克·安塞尔（Marc·Ancel）在他所著的《新社会保卫》一书中提出的。安塞尔的新社会保卫论是在“人道的社会防卫”的口号下提出的。新社会保卫论基本的出发点与社会责任论相同，认为犯罪是复合多因素引起的，追究行为人的刑事责任是社会防卫之需要；但同时，认为每一个人均具有相对的意志自由，犯罪行为是表现犯罪人人格的一种意志行为，人人都有责任心，应当要求犯罪人付出“道德义务”感情。因此，犯罪也就有个人责任问题。同时，基于人道主义立场，又认为社会对犯罪人也应当负责，应尊重人的人格尊严和保障人的自由，社会处罚犯罪人不应基于消极地排除妨害，而是要帮助犯罪人，使之能复归社会。新社会防卫论将道义责任论中的道德价值内容注入社会责任论之中，克服了社会责任论忽视伦理价值之不足。另外，新社会防卫论重视保障人权，这与道义责任论强调保障的旨意一致，对于防止刑事司法的滥用有一定的积极意义。新社会防卫论从社会与犯罪人两方面来说明刑事责任存在的必然性与合理性，应该说比道义责任和社会责任更为全面，尤其是它重视人权和人道主义的思想和出发点，是符合人类社会文明发展需要的。但新社会防卫论中有两个基本的支点即“社会道德”和“社会利益”是不完全真实的，从而决定了该理论在实践中存在一些问题。在一定的社会中，尤其是在阶级社会中道德和利益是多元的，各阶级、阶层的利益是相对独立的，乃至矛盾的，因此，以维护统治阶级的利益为出发点，用统治阶级的道德去规范、教育、改造、感化与之利益对立的犯罪者，效果是可想而知的。

上述各种刑事责任观尤其是近代西方的刑事责任观，为刑事责任制度日趋合理化起了积极的指导作用，客观上为我们提供了某些研究资料和方法，也为我们提供了历史的借鉴。

二、马克思主义刑事责任观

马克思主义刑事责任观，同它的法律观、犯罪观一样，都是建立在辩证唯物主义和历史唯物主义的基础之上的。不同于历史上的各种刑事责任观，首先，它揭示了刑事责任中统治阶级的利益和意志因素，从而使刑事责任真正回到了现实的社会关系之中；其次，它运用唯物辩证法的原理，科学地解决了刑事责任中行为人的意志自由问题，从而使刑事责任真正走上了合理化的道路。

（一）维护统治阶级利益的需要，是“犯罪应负刑事责任”的最原始的动因

犯罪与刑事责任均是人类社会发展到一定阶段的产物。在人类社会初期，当时普遍存在的血族复仇、同态复仇等现象，那仅仅是氏族之间为了维护自身的存在和内部团结，以私力对抗和遏止侵害行为的必要手段，不具有现代犯罪和刑事责任的意义。当社会进入到阶级社会之后，社会分裂为利益上相互对立的阶级与集团，各阶级和集团为取得各自的生存条件，彼此之间产生了严重的冲突与斗争，为使各方不在这种冲突与斗争中同归于尽，社会生活中占支配地位的阶级和集团，利用自己在经济上从而在政治上占据的优势，建立起特殊的公共权力——国家，以缓和这种冲突和斗争，并运用国家机器，把这种冲突与斗争纳入有利于阶级统治所需要的秩序范围。然而，这种以国家权力维护的秩序不但没有改变，反而更加坚固了各阶级、阶层在社会生活中以及整个社会中的不平等状态。因此，在被统治阶级中，以及在统治阶级不同阶层、集团中，基于追求自己的利益，产生各种蔑视、反抗、破坏这种秩序的行为就不可避免。面对这种公然蔑视、破坏统治秩序的行为，统治阶级基于报复和遏制这种行为，维护其根本利益的需要，借助国家权力，对行为人进行惩罚，以示对其严厉的谴责和否定。所以，刑事责任存在的根本动因既不是什么神的意志，也不是什么抽象的道义和社会利益，而是统治阶级为保护其利益的需要。什么行为应当承担刑事责任，承担什么样的刑事责任，都是统治阶级根据其利益需要和他们对刑事责任的理解为转移的。这正是人类历史上各阶级以及世界各国的刑事责任制度呈现出千姿百态的根本原因所在。正是由于统治者“意志的偏私”，“决定着成千上万人的命运，也决定着社会道德的面貌”。①

（二）相对意志自由，是行为人承担刑事责任的前提

刑事责任从本质上看，是统治阶级意志强制的结果，但具体刑事责任的发生，必须以行为人实施了侵害统治者利益的行为为前提，所以，刑事责任除取决于统治阶级的利益和意志因素，也取决于行为人的自由意志选择。

辩证唯物主义认为，人是环境的产物，要受环境的制约。但同时，人又是环境的改造者、支配者。人的思想、感情是对社会存在的反映，但它们一经产生又具有相对的独立性，可以能动地作用于社会存在。环境对人的影响是通过人的内心世界，个人的体验

① 《马克思恩格斯全集》第13卷，第146页。

起作用的。人既能接受外在环境的某些因素，又能拒绝抵挡其他某些因素。所以，客观世界对人来说只是一系列可能性，每个人都可以依据自己的主动性，在这些可能性中做出选择。一方面，人在面临具体选择环境时，在善恶之间、道德与不道德之间、合法与违法之间进行选择，并采取行动的意志自由是绝对的。不承认这一点，道德、法律规范对人们行为的调整，就不可能，道德和法律的评价便无从进行。正是在此意义上，意志自由成为讨论道德和法律问题的前提和基础。另一方面，人在凭着自己的目的和愿望选择行为时，不是无条件的，要受到当时的社会历史条件、客观环境以及人的主观选择能力的制约。如果历史条件和社会环境没有提供选择某种行为的可能性，或行为人无主观选择能力时，人就不可能对一定行为进行选择。正是在此意义上，才不至于把人的一切行为都归咎于人的自由意志，让人对一切行为负责。所以说，人的意志自由是绝对性与相对性的统一，是主观能动性与客观制约性的统一。

辩证唯物主义关于意志自由问题的辩证解决，为科学、合理地解决人的个人责任问题提供了理论依据，对于正确地说明刑事责任问题具有十分重要的意义。

首先，为对犯罪行为及其行为人在道义上和法律上的否定评价或谴责提供了理论根据。在我们社会主义国家里，一个人无视国家和人民的利益，对法律和社会主义道德置若罔闻，在具体的选择环境中，不选择符合国家利益和法律要求的行为，反而选择违背法律，严重侵害国家和人民利益的行为，那么，受到社会主义道德和法律的谴责和惩罚，承担刑事责任，则是理所当然的。否则，就不能促使人们在决定自己行为时，首先考虑到是否符合社会利益，符合法律和道德的要求，从而保证每个社会成员共同的存在和发展。这就是刑事责任否定评价的意义之所在。

其次，为科学、合理地解决行为人的刑事责任提供了理论依据。人的意志自由是相对的，人对自己行为及行为方式的选择是有条件和限度的。因而，行为人对自己行为所承担的责任应以客观上可供选择的范围为限度。如果外在客观条件无选择某种行为的可能性时，则不存在意志自由选择的问题。因此，对这样的行为就不存在道德和法律的评价问题，其行为严重危害了社会利益，也不能让行为人承担刑事责任，如刑法上的意外事件就属这种情况。同时，在客观环境所规定的多种选择可能性中，行为人如何选择，取决于行为人的主观选择能力。因此，人的主观选择能力对行为人的行为承担责任及其程度也具有重要意义。(1) 人的主观选择能力存在有无之别。在行为人不具有选择能力时，比如由于患精神疾病而丧失认识和控制自己行为的能力，在这种情况下所实施的行为，无所谓意志选择，不具有道德和法律的评价意义。因而，不应存在刑事责任问题。(2) 人们的主观选择能力还有强弱之分，尤其是对道德行为和法律行为的选择，不仅要掌握客观环境的各种联系和事实，还需要对这些联系和事实做出道德和法律上的判断。因此，人们对法律行为的选择，不仅仅是一般反映能力的表现，而且是道德观念和法律意识的体现。所以，人们主观选择能力的不同情况，也决定着行为人意志选择自由的大小，因而人们应承担的责任也应呈现出不同的情况。刑法上关于刑事责任年龄的不同规定，以及故意和过失犯罪的区分等，正是现实生活中人们主观选择能力的不同层次在刑事责任问题上的必然要求。

第三节　刑事责任确定的根据

刑事责任确定的根据，是指在刑事司法中确定一个人承担刑事责任及其大小的法律事实依据。所要解决的是具备什么样的条件即法律事实，才能确定一个人的刑事责任及其程度的问题。

一、刑事责任确定的根据观点概说

关于刑事责任确定的根据问题，是近些年来我国刑法学界讨论较多的问题之一，观点甚多，主要包括：(1)“社会危害性说”。认为社会危害性是刑事责任的惟一根据，或者说刑事责任的事实根据只能是犯罪的社会危害性。(2)“罪过说”。认为罪过是行为人承担刑事责任的根据。因为任何一个刑法意义上的行为，都是人在认识和意志支配下实施的行为。没有主观罪过，行为即不是犯罪行为。所以，刑事责任的根据是主观罪过。(3)“犯罪行为说”。认为犯罪构成不是刑事责任的根据。刑事责任的惟一根据就是某人所实施的犯罪行为。(4)“犯罪构成说”。认为犯罪构成是使行为人负刑事责任的基础。没有犯罪构成，就意味着该人不构成犯罪，不是有罪的人，从而也就不负刑事责任，不受刑罚处罚。(5)“行为符合犯罪构成说”。认为某人的行为具备犯罪构成，是负刑事责任的基础。只有当某人实施了刑法规定的危害行为，具备了某种犯罪的构成要件，才能让他负刑事责任。[①] (6)“多根据统一说”。认为刑事责任的根据包括实质根据、法律根据和事实根据。[②] 上述关于刑事责任根据的种种学说，都试图对刑事责任的根据问题做出合理的解释，也从不同的角度揭示了刑事责任根据所具有的属性，其中许多观点也确实存在着不同程度的合理性，有着重要的借鉴价值。

二、犯罪是刑事责任的根据

刑事责任是犯罪引起的法律后果，无犯罪则无刑事责任；有犯罪必然产生刑事责任问题。不同犯罪引起不同的刑事责任，相同性质的犯罪而其社会危害性程度不同也引起不同程度的刑事责任。显然，犯罪不仅决定刑事责任的存在，也决定着具体刑事责任的程度与范围。因此，犯罪是刑事责任存在的根据。

犯罪是以一定行为及其后果为前提的，但纳入犯罪视野的行为及其后果，是以其具有社会危害性为条件的，不具有社会危害性的行为不可能成其为犯罪，也不可能引起刑事责任，从此角度或层面说，“社会危害性说”是有一定道理的；但是，“社会危害性”仅是一个抽象的价值判断，它是一定主体依据一定的标准对一定行为及其后果评价的结果，其本身不可能独立存在，因此，将其视为刑事责任的根据，不仅空泛，难以把握，而且也不符合客观真实。事实上具有社会危害性的行为，并不意味着引起刑事责任问题，如未达法定责任年龄的人或不具有刑事责任能力的人所实施的具有社会危害性的行为。因此，社会危害性是犯罪具有的最基本的属性，但并非是犯罪的全部，它不可能决定具体刑事责任的存在，视其为刑事责任的根据明显是欠妥当的。

具有社会危害性是一定行为构成犯罪的基础，但是它还必须是行为人意志选择的结果，即它还必须是行为人在故意或过失的罪过心理的支配下实施的行为，否则，它不具

---

① 参见宣炳昭、黄志正主编《犯罪构成与刑事责任》，中国政法大学出版社，1993年版，第408～409页。
② 参见张明楷著《刑法学》，法律出版社，1997年版，第381页。

有道德与法律评价的意义，不能成为其刑事责任非难的对象。从此层面讲，“罪过是行为人承担刑事责任的依据”的观点是有一定道理的。但是，尽管行为人的选择意志——罪过决定着一定危害行为其结果的存在，但“罪过”也只是犯罪的成立的要素之一，并不能取代危害行为及其结果，也不能脱离危害行为及后果而存在。罪过的有无及其大小无疑可以影响刑事责任的存在及其大小，但它只是影响和决定刑事责任的因素之一，而且必须是在犯罪概念的涵盖内容中才具有如此的意义。因此，将罪过视为“刑事责任的惟一依据”的观点显然是不确切的。

无法律即无犯罪，是现代刑法罪刑法定原则的基本要求。行为人在一定罪过支配下实施的具有社会危害性的行为，必须符合刑法的规定，即具有刑事违法性，不符合刑法规定的行为不构成犯罪，无犯罪自然也就谈不上责任问题。据此，“犯罪构成说”认为“犯罪构成是刑事责任的惟一根据”，作为传统刑法理论之通说，不难看出它似乎比“社会危害性”说和“罪过说”都更为全面，更为接近问题的全部真实。但是，近些年来许多著述的批评，应该说是有道理的。犯罪构成作为刑法规定的犯罪的规格与标准，或者说是抽象的犯罪的类型化、规格化，但它本身只是一个法律模型，只是认定犯罪的规格与标准，它的根本任务是解决具体的危害行为是否构成犯罪的问题，虽然它也是追究刑事责任的前提条件，但没有具体的危害行为的存在，仅有犯罪的规格与标准，是不可能产生犯罪的，也不可能引起刑事责任。因此，“犯罪构成说”也是难以让人完全信服的。

“行为符合犯罪构成说”和“多根据统一说”是近年刑法著述中比较具有说服力的观点，认为“行为符合犯罪构成是应当追究行为人刑事责任的根据”。① 确实，犯罪构成作为犯罪的规格与标准，它只有与一定的行为相结合才能真正具有引起刑事责任之意义，但是，一定的行为符合犯罪构成，它的第一个逻辑结论是，该行为构成犯罪；它的第二个结论才是“犯罪引起刑事责任”。“行为符合犯罪构成是应当追究行为人刑事责任的根据”的表述，实事上是表达了两个不同阶段的逻辑联系过程，即“行为符合犯罪构成是犯罪”和“犯罪引起刑事责任”；所以，我们认为“行为符合犯罪构成说”和“多层次根据统一说”最后的结论是可取的，但却有将犯罪的根据与刑事责任的根据混为一谈之误。

行为及其后果、罪过、犯罪构成应该说都与刑事责任有不可分割的联系。尤其是作为犯罪构成的诸要件不仅影响着刑事责任的存在，而且影响刑事责任的程度与范围。但是，它们都必须统一于犯罪的前提下才可能影响刑事责任，成为刑事责任根据的要素之一。离开了犯罪而存在的其他所谓根据或者根据之一，都将得出有悖于罪责刑相适应原则的结论。所以，犯罪是刑事责任的根据无疑才是最完整恰当的结论。

第四节　刑事责任的实现

刑事责任的实现，是指司法机关代表国家对行为人所实施的犯罪行为予以否定评价和强制行为人承担的相应惩罚性义务变为现实。刑事责任的实现需要一个过程，这个过程由若干环节组成；同时，刑事责任的实现必须依赖于一定实现方法或手段，如果离开

① 参见张明楷著《刑法学》，法律出版社，1997年版，第382页。

了这些实施的方法与手段，刑事责任的目的则无法实现，刑事责任也就没有现实意义了。

一、刑事责任的实现与消亡过程

（一）刑事责任的产生

犯罪是刑事责任的根据，因此，只要行为人的行为构成犯罪，则就产生相应的刑事责任。所以，刑事责任产生于犯罪成立之时。就故意犯罪而言，一些犯罪的刑事责任开始产生于犯罪预备行为实施之时，形成于犯罪行为终了之时；一些犯罪的刑事责任则开始产生于行为着手之时；在以犯罪结果为成立条件的犯罪，如过失犯罪，刑事责任则产生于法定犯罪结果出现之时。

犯罪一经形成，刑事责任就产生；但并不意味着刑事责任就受到追究。刑事责任受到追究，取决犯罪事实及时被发现和查明，犯罪人被司法机关查获，如告诉才处理的犯罪，还取决于案件告诉权人及时告诉。否则，刑事责任虽然因犯罪成立而产生、客观存在，但完全可能因为长期得不到追究而归于消亡，如超过追诉时效、新法不认为是犯罪等法定事由的出现。

（二）刑事责任的确认

刑事责任的确认是指司法机关通过对犯罪的查明而对犯罪人刑事责任的追究与确认。就公诉犯罪案件而言，刑事责任的确认一般要经过侦查、起诉、审判三个诉讼阶段；告诉才处理的犯罪案件，则只经过告诉和审判的诉讼过程。正是这些必经的诉讼过程或环节，才使刑事责任的实现变为可能。这个确认过程自司法机关立案时起，到人民法院有罪判决生效时止。

（三）刑事责任的履行

刑事责任的履行是指人民法院的有罪生效判决所确定的惩罚性义务付诸履行，即人民法院生效判决所确定的刑事制裁措施交付执行。刑事责任的履行过程从人民法院判决生效开始，到刑事制裁措施执行完毕或犯罪人被赦免为止。此过程是刑事责任得以实现的关键环节或主要阶段，严格确保犯罪人履行刑事义务或刑事措施的执行，是刑事责任目的和任务实现的重要保证。

刑事责任的履行过程，可能出现刑事责任变更的法定事由。根据我国刑法规定，这种法定变更事由主要有减刑、假释、特赦等情形。刑事责任的履行过程，是对犯罪人改造、教育、社会化的过程。根据行为人改造、教育的不同情况，对一些通过改造、教育，人身危险性明显减弱或消除的行为人，对其刑事责任进行相应调整，是罪责刑相适应原则在这些阶段的具体体现。

（四）刑事责任的终结与消灭

刑事责任的终结，指刑事责任已经履行完备，已经实现。具体表现为以下几种情况：(1) 刑罚执行完毕或犯罪人被赦免；(2) 犯罪人被宣告缓刑或假释后，考验期满，而未出现在考验期又犯新罪、发现漏罪、违反监督管理等法定事由；(3) 仅处以非刑罚制裁措施的，如训诫、具结悔过等，已经执行完毕；(4) 仅作有罪宣告而免予刑事处分的判决已经生效。

刑事责任的消灭也是客观存在的刑事责任归于“无”的方式之一，是指刑事责任产生之后，犯罪人实际承担刑事责任之前，出现法律规定的事由，刑事责任即行消失，国家不再追究行为人刑事责任的情形。根据刑法规定，引起刑事责任消灭的法定事由主要有以下几种：(1) 犯罪已过追诉时效；(2) 对犯罪人的刑事责任国家予以特赦；(3) 刑法规定的告诉才处理的犯罪，没有告诉或撤回告诉；(4) 犯罪人已经死亡；(5) 其他特殊原因，如刑法典第 449 条规定的戴罪立功制度，即对于在战时被宣告缓刑的犯罪军人，可戴罪立功，如确有立功表现，可撤销原判刑罚，不以犯罪论处。这种情形下，原已被确定的刑事责任便归于消灭。

刑事责任的终结与刑事责任的消灭的法律效果及性质是完全不同的。前者是已经追究并实现了刑事责任，后者是没有追究和实现刑事责任。行为人以后再犯罪，前者可能产生累犯问题，后者则不会发生累犯问题。

二、刑事责任的实现方式

刑事责任实现的方式，是指国家强制犯罪人实际承担刑事责任的法律处分措施，实质是国家对犯罪人进行刑事制裁的具体方法和手段。刑事责任实现的方式，不是司法机关任意选择的，它是刑法明文规定的，同时，只能是在实体上针对应承担刑事责任的犯罪人适用的方法与手段。我国刑事责任实现的方式，根据刑法规定主要有以下几种。

（一）适用刑罚的方式

即通过对责任人处以刑罚的方式实现其应承担的刑事责任。刑罚是实现刑事责任的基本的、主要的方式，也是最严厉的方式，它通过对责任人生命、自由、财产以及资格的剥夺，最能体现国家对犯罪的强烈否定与谴责。对大多数犯罪人来说，通过这种方式才能达到预防犯罪的刑罚目的。我国刑法规定的刑罚，包括管制、拘役、有期徒刑、无期徒刑、死刑五种主刑，还有罚金、剥夺政治权利、没收财产三种附加刑，此外还包括专门适用于犯罪的外国人的驱逐出境和专门适用于犯罪的军人的剥夺政治荣誉。

（二）适用非刑罚措施的方式

即认定行为人的行为构成犯罪之后，宣告免予刑事处分，同时司法机关对犯罪分子直接适用或建议有关部门适用刑罚以外的其他非刑罚处罚措施。适用非刑罚处罚措施，是适应实现不同程度、不同层次刑事责任的需要，与刑罚相比，它是次要的、辅助的方式。根据我国刑法典第 39 条的规定，非刑罚处罚措施主要有：训诫、具结悔过、赔礼道歉、赔偿损失、由主管机关予以行政处分。应当指出，实现刑事责任的非刑罚处理措施与民事的、经济的、行政的处罚方法是不同的。前者属于刑事制裁的范畴，只能由人民法院对犯罪人适用。

（三）仅做有罪宣告的方式

即认定行为人的行为构成犯罪，仅做出有罪宣告，不处以刑罚也不适用非刑罚处罚措施。我国刑法典第 37 条规定：“对于犯罪情节轻微不需要判处刑罚的，可以免于刑事处分。”作为有罪宣告免予刑事处分，也表明了国家对犯罪人及其行为的否定性评价，对犯罪人的名誉、活动都会产生一定的影响。这种方式仅仅适用于罪责轻微的责任人。

（四）外交途径解决的方式

即享有外交特权和豁免权的外国人在我国领域内实施犯罪而产生的刑事责任问题，通过外交途径解决。这种方式实际上是将刑事责任转移处理，是实现刑事责任的一种特殊方式。根据我国刑法典第 11 条的规定，仅适用在我国享有外交特权和豁免权的外国人。

第十七章　刑罚概述

第一节　刑罚的概念

一、刑罚的属性

刑罚是指由刑法规定的国家审判机关依法对犯罪分子适用的限制或者剥夺其某种权益的最严厉的强制性法律制裁方法。

刑罚作为国家对犯罪人权益限制和剥夺的法律制裁措施，具有惩罚与教育二重属性。

（一）刑罚的惩罚性

刑罚是法律制裁中最严厉的制裁措施，除刑罚以外的其他法律制裁都不能剥夺人的生命，而刑罚不仅可以限制和剥夺人的资格、荣誉、财产、自由，而且可以剥夺人的生命。刑罚的严厉惩罚性是刑罚的根本属性，是刑罚产生和赖以存在的依据，也是刑罚与其他法律制裁措施相区别的显著标志，没有刑罚的惩罚性也就没有刑罚。

刑罚的严厉惩罚性是就刑罚与其他法律制裁措施的总体比较而言的，并不意味着刑罚都是血淋淋的、严酷的。随着社会的发展、人类的进步、人类文明程度的提高，刑罚也逐渐由残酷向轻缓、由野蛮向文明发展。正如黑格尔在《法哲学原理》中所说："由于文化的进步，对犯罪的看法比较缓和了，今天刑罚早已不像百年以前那样严峻。"

刑罚总是和犯罪联系在一起的，犯罪是前提刑罚是结果。刑罚的严厉程度与犯罪的严重程度成正比，犯罪重刑罚严，犯罪轻刑罚缓，重罪重罚，轻罪轻罚，罚当其罪，才能充分体现刑罚的惩罚性。反之，如果轻罪重罚，严刑峻法，罚不当罪，会使刑罚的惩罚性得不到充分体现，使刑罚本身丧失其存在的社会基础。

（二）刑罚的教育性

刑罚既是国家对犯罪者一定权利和利益的限制和剥夺，也是国家对犯罪行为及犯罪者的否定评价，是法律惩罚与道德谴责的融合，是惩恶扬善的手段。刑罚通过对犯罪者造成痛苦，使犯罪者感受社会对其行为的否定，感知犯罪行为给他人、给社会造成的危害，认识到恶因必然带来恶果，从而达到使犯罪者改恶从善认罪伏法的效果。通过刑罚的适用，刑罚惩罚性得以充分体现，对社会上的不稳定分子会起到警示、威慑作用，使其不能以身试法。刑罚的适用也是对广大公民生动的法制教育，使广大公民通过活生生的刑事案例感受到我国法律的威严，增强守法的自觉性和同违法犯罪作斗争的决心和信心，使惩恶扬善、扶正去邪蔚然成风。

刑罚是惩罚性与教育性的有机整体，惩罚性是教育性的前提和基础，是刑罚的本质属性，没有惩罚性也就没有教育性。教育性是惩罚性发挥社会作用的条件，没有教育性的单纯惩罚是人类蒙昧时代的惩治手段，不是文明时代的刑罚。刑罚创制的目的在于防卫社会，仅有惩罚性没有教育性的刑罚不能达到防卫社会的目的，也就失去了刑罚产生的根据。随着社会的发展，刑罚的教育性得到了充分的体现。因此，惩罚性与教育性是刑罚的二重属性，它们既不能分割也不可或缺。

二、刑罚的特征

刑罚的外在特征是其内在属性的外在表现，是区别于其他法律制裁手段的显著标志，它与其他法律制裁手段相比有以下几方面的特征。

（一）强制程度的严厉性

刑罚是最严厉的法律制裁方法，其强制程度的严厉从其所限制和剥夺的权利与利益上得到体现。通过对犯罪者适用死刑、自由刑、财产刑和资格刑，剥夺犯罪者的生命、自由、财产和资格，换言之，刑罚可以剥夺犯罪者拥有的一切乃至生命。而其他法律制裁方法绝对排除对生命的剥夺，一般也不涉及剥夺人身自由的问题。

（二）适用对象的特定性

刑罚只适用于触犯刑法构成犯罪的人，对无罪的人不受刑事追究，不得施以刑罚。正如英国刑法学家哈特在《惩罚与责任》一书中指出："将刑罚限于罪犯是构成刑罚之正当目的的任何原理（报应或功利）的无条件的结果。"我国刑法典第 3 条也明确规定："法律明文规定为犯罪行为的，依照法律定罪处刑；法律没有明文规定为犯罪行为的，不得定罪处刑。"对于仅有一般违法行为的人，只能采取民事制裁、行政制裁或者经济制裁措施，而不能适用刑罚方法。

（三）适用机关和程序的专门性

刑罚只能由国家刑事审判机关代表国家依照法定程序适用。在我国，刑罚只能由最高人民法院、地方各级人民法院和各专门人民法院的刑事审判部门依据刑事诉讼法规定的管辖权限、诉讼程序依法对犯罪者适用。其他任何机关、团体和个人都无权适用刑罚。

（四）适用根据的特定性

对犯罪者适用刑罚所根据的实体法只能是刑法，根据的程序法只能是刑事诉讼法。换言之，除刑法之外的一切法律、法规、行政规章都不能成为法院对犯罪者定罪和适用刑罚的依据，法院也不能根据刑事诉讼法以外的民事诉讼法、行政诉讼法等程序法律的管辖权限和诉讼程序作为对犯罪者的审判程序依据。

第二节　刑罚的功能

刑罚的功能是指国家创制、适用和执行刑罚所产生的社会作用。刑罚创制、适用和执行后必然对社会的不同层面产生作用。根据作用的对象不同可以将刑罚的功能分为：对犯罪人的功能、对被害人的功能、对一般社会成员的功能和对社会的功能；根据功能的性质不同，可将刑罚功能区分为剥夺功能、改造功能、感化功能、威慑功能、教育功能、安抚功能、补偿功能、鼓励功能和保障功能等九大功能。

一、剥夺功能

刑罚作为最严厉的法律制裁手段，必然对犯罪人的权益进行限制和剥夺。通过对犯罪人适用刑罚，限制或剥夺犯罪人的权益，使其生理和心理遭受痛苦，从而达到惩恶扬善、预防犯罪的目的。死刑的适用是对犯罪人的生命的剥夺，自由刑的适用是对犯罪人自由的限制和剥夺，财产刑的适用是对犯罪人金钱和财物的剥夺，资格刑的适用是对犯罪人某种资格的剥夺。可见，刑罚就意味着剥夺，剥夺是刑罚最基本的功能，是刑罚其他功能发挥作用的前提和基础。但是，剥夺功能仅是刑罚的最基本功能，并非刑罚的惟一功能，我们不能把刑罚的剥夺功能绝对化、惟一化。

二、改造功能

刑罚的改造功能是指刑罚具有的改变犯罪人的价值观念和行为方式，泯灭其反社会性，使其重新融入社会成为对社会有用的新人的作用。犯罪是犯罪人反社会性的体现，犯罪人的反社会性是在其特定的社会环境和人身道路上形成的扭曲的、病态的心理状态，要使犯罪人不致再犯罪必须对其反社会的病态心理状态予以矫正。矫正犯罪人的反社会性必须设定特定的环境、特殊的手段，惩恶扬善才能奏效。刑罚具有惩恶扬善的功能，它通过对犯罪人造成实际的生理和心理上的痛苦，使犯罪人感到犯罪得不偿失，逐渐泯灭其反社会性，从而逐渐融入社会，成为社会新成员。

三、感化功能

感化功能是指刑罚具有的对犯罪人的思想所产生的积极的触动和影响作用。刑罚通过对犯罪人权益的剥夺，使其在生理和心理遭受痛苦，在痛苦中感受到因其犯罪行为给他人带来的痛苦和给社会造成的危害，使其心灵得到净化，痛改前非、改恶从善。正如俄国生物学家巴甫洛夫所说：“任何东西不是不可变的、不可影响的。只要有相应的条件，一切总是可以达到的，并且向好的方面转化。”通过刑罚的个别化，通过自首，从轻、减轻处罚，缓刑，减刑，假释等刑事政策的运用，尊重犯罪人的人权，给予其必要的关心和帮助，必能重新唤起犯罪人的良知，使其悔罪自新、重新做人。

四、威慑功能

刑罚的威慑功能，亦称威吓、震慑功能。根据威慑对象的不同，可将其分为个别威慑功能和一般威慑功能。

（一）个别威慑功能

个别威慑功能通常分为行刑前的威慑功能、行刑时的威慑功能和行刑后的威慑功能。行刑前的威慑功能是刑罚对犯罪人产生的使其在受到刑罚制裁之前，畏惧刑罚处罚而放弃犯罪或争取宽大处理的作用。如犯罪人在犯罪预备或实行过程中，畏惧刑罚处罚而自动停止犯罪；犯罪人犯罪后为减轻刑罚处罚而自首或立功，便是行刑前的威慑作用。行刑时的威慑功能是指刑罚执行过程中给犯罪人造成直接的痛苦，而使其产生畏惧刑罚的作用。刑罚的执行便是对犯罪人权益的直接剥夺，必然造成犯罪人身心的痛苦，使其感受到犯罪是要付出沉重代价的，犯罪最终会得不偿失，从而便会畏罚悔罪，重新做人。行刑后的威慑功能是指刑罚对曾经受刑者所产生的威慑作用。受过刑罚制裁的人，大多有“往事不堪回首”之感，行刑结束后，更加觉得自由的可贵、生活的美好，自觉抑制犯罪的念头。

（二）一般威慑功能

刑罚的一般威慑功能是指刑罚对潜在犯罪人产生的威吓震慑作用。刑罚的一般威慑功能又分为刑罚的立法威慑功能和刑罚的司法威慑功能。刑罚的立法威慑功能是指国家通过立法的形式将罪刑关系确定下来，并具体规定每种罪应受到的刑罚处罚，使知法欲犯罪的人望而生畏，不敢以身试法。刑罚的立法威慑功能以知法、懂法为前提，对“法盲”不能产生威慑功能。对公民进行普法教育，提高公民的法律意识，是刑罚立法威慑功能得以充分发挥的前提。刑罚的司法威慑功能是指通过司法机关对犯罪人适用和执行刑罚，使意欲犯罪的人，目睹他人受刑之苦，从中得到警戒，从而悬崖勒马，放弃犯罪。立法威慑功能与司法威慑功能相互联系、不可分割，立法威慑功能是前提、是基础，没有立法威慑，司法威慑便丧失了依据；司法威慑是立法威慑发挥作用的条件，只有司法威慑功能的充分发挥才能使立法威慑发挥作用。

五、教育功能

刑罚的教育功能是指刑罚具有的对犯罪人和其他社会成员的教导、培育作用。刑罚的教育功能可分为特殊教育功能和一般教育功能。

特殊教育功能即对犯罪人的教育功能，是指刑罚对犯罪人产生的合法与违法、是与非、善与恶的教导、培育作用。通过对犯罪人判处和执行刑罚，限制和剥夺犯罪人的一定权益，使犯罪人身心遭受痛苦，犯罪人在痛苦中会追溯造成痛苦的原因，从而以自我谴责、自我批判的情绪，对自己的犯罪行为做出否定的评价，对犯罪与合法的界线逐渐明晰，对善与恶、是与非的标准有进一步的了解，使其得到深刻的法制教育。同时，在行刑过程中监管人员对犯罪人还会进行耐心、细致的法制教育和职业技能教育，为犯罪人改恶从善、重新做人培育出较好的思想道德素养和良好的职业技能素质，为犯罪人重新回归社会，树立自尊、自立、自强的完整人格打下基础。一般教育功能即对犯罪人以外的其他社会成员的教育功能，是指刑罚对广大公民产生的合法与犯罪、是与非、善与恶的教导、培育作用。国家通过制定刑事法律，明文规定什么行为是犯罪，对犯罪处以什么样的刑罚，给广大公民确立了犯罪行为与非犯罪行为的标准，使公民对自己与他人行为的是非、善恶有了明确的评判依据，为广大公民自觉守法，与违法犯罪行为作斗争提供了法律依据。同时，国家通过对犯罪人适用和执行刑罚，使广大公民从生动的案例中认识到犯罪的危害、刑罚的严肃，从这些案例中吸取教训，养成自觉守法的习惯。刑罚一般教育功能要正常发挥，有利于立法者制定出的刑罚公平、公正、科学、合理，有赖于严格适用刑罚，使有罪的人难逃法网。

六、刑罚的补偿功能

刑罚的补偿功能是指刑罚所具有的对遭受危害的社会或被害人的损失予以补救和赔偿的作用。通过对财产刑（罚金、没收财产）的适用，对贪利性犯罪人予以处罚，对因贪利性犯罪给国家和社会造成的直接经济损失予以补偿；通过刑事附带民事诉讼，对因犯罪行为给被害人造成的实际经济损失予以补偿。为保障被害人能获得经济补偿，我国刑法典第 36 条做出规定：“由于犯罪行为而使被害人遭受经济损失的，对犯罪分子除依法给予刑事处罚外，并应根据情况判处赔偿经济损失。承担民事赔偿责任的犯罪分子，同时被判处罚金，其财产不足以全部支付的，或者被判处没收财产的，应当先承担对被害人的民事赔偿责任。”

七、安抚功能

刑罚的安抚功能是指刑罚所具有的对被害人和其他社会成员的安慰、抚慰作用。如果犯罪行为给被害人造成生命的丧失、身体的伤害、自由的限制、财产的损失、名誉的损害时，必然给受害人造成身心的痛苦，给其亲友带来精神创伤，从而产生复仇的心理。在文明社会里，被害人及其亲友的复仇并不表现为自己亲自对犯罪人的加害，而是要求国家动用刑罚权对犯罪人予以惩处，实现其复仇的愿望。通过刑罚的适用，使犯罪人遭到严厉惩罚，能满足被害人及亲友要求惩罚犯罪人的强烈愿望，抚慰其受到的精神创伤。如果犯罪行为没有直接的被害人，必然给社会秩序造成危害，破坏了广大公民良好的公共秩序和善良习俗，必然激起广大公民的民愤，对犯罪人予以刑罚处罚，方能平息民愤、安抚民众。

八、鼓励功能

刑罚的鼓励功能是指刑罚具有的对广大公民产生的鼓舞和激励作用。司法机关对犯罪人适用和执行刑罚，既是对犯罪的惩罚又是对正义的伸张，既惩恶又扬善。它使广大公民认识到国家对犯罪的强烈否定和刑罚的严肃性，增强其与犯罪行为作斗争的决心和信心。只要广大公民形成了惩恶扬善、扶正去邪的社会风尚，就为遏制和消灭犯罪提供了强大的社会力量，为刑罚功能的发挥、刑罚目的的实现提供了群众基础。刑罚鼓励功能的发挥有赖于司法机关公正、合理地适用刑罚，做到有罪当罚、无罪不罚、重罪重罚、轻罪轻罚、一罪一罚、数罪并罚，总之，应罚当其罪，做到罪责刑相一致。

九、保障功能

刑罚的保障功能是指刑罚所具有的保护国家、社会、公民的利益和合法权益的作用。如果说刑罚的剥夺功能是刑罚最基本的功能，是刑罚其他功能发挥作用的前提和基础，那么，刑罚的保障功能便是刑罚的终极功能，是刑罚其他功能的归宿。对犯罪人权益的剥夺本身就意味着对国家、社会和公民利益的保护，对犯罪人的改造、感化、威慑、教育在于化消极因素为积极因素，使犯罪人改恶从善、重新做人，使国家、社会和公民的权益不致再次受到侵犯，对广大公民、被害人的教育、补偿、安抚和鼓励使广大公民自觉守法，和犯罪行为作斗争，以维护国家、社会和公民自身的权利和利益。我国刑罚的保障功能表现在：保卫国家安全，保卫人民民主专政的政权和社会主义制度；保护国有财产和劳动群众集体所有的财产，保护公民私人所有的财产；保护公民的人身权利、民主权利和其他权利；维护社会秩序、经济秩序，保障社会主义建设事业的顺利进行。

第三节　刑罚的目的

刑罚的目的是指国家制定、适用、执行刑罚所追求达到的结果。刑罚的目的是人们运用刑罚所追求的主观目标，属主观愿望的范畴。由于人们对刑罚的认识的差异，不同时代、不同学派对刑罚目的的认识也各不相同。

一、有关刑罚目的的学说

（一）西方刑罚目的的学说

西方刑罚目的的学说源远流长、学派林立。概括起来主要有报应目的说、预防目的说和一体论目的说。

1．报应目的说。报应目的说认为刑罚的目的在于以恶报恶。报应目的说是一种古老的学说，最早见于亚里士多德的《政治学》。亚里士多德在该书中指出：“以刑罚惩治罪恶，就某一意义（如给人痛苦）而言，仍旧只是一件可以采取的坏事，相反，人就惩恶的目的在于消除恶而言，施善恰恰是可以开创某些善业而成为善德的基础。”从而首创了以恶报恶的刑罚目的论思想。西方进入中世纪以后，神意报应论占主导地位，认为犯罪是违反了神的命令或旨意，国家对罪犯适用刑罚是秉承神意给以报应。到了近代，德国著名哲学家康德提出了道义报应论、黑格尔提出了法律报应论思想。康德指出：“违背道德上之原则，加害恶于他人者，须受害恶之报应（刑罚），此理有固然者也。”并提出了著名的等量报应名言：如果你诽谤了别人，你就是诽谤了自己；如果你偷了别人的东西，你就是偷了自己的东西；如果你打了别人，你就是打了自己；如果你杀了别人，你就是杀了自己。① 黑格尔认为：“刑罚毕竟只是犯罪的显示，这就是说，它是以前一半为前提的后一半。”② 法律报应论较之道义报应论是一大进步。

2．预防目的说。预防目的说认为刑罚的目的在于预防犯罪。预防目的说最早见于古希腊哲学家的著述，如柏拉图、格劳秀斯都论及刑罚的目的是为了使犯罪人不致再犯错误，并警戒其他的人犯同样的错误。近代刑法学之父贝卡里亚在《论犯罪与刑罚》一书中指出：“刑罚的目的并不是要使人受到折磨和痛苦，也不是要使已实施的犯罪成为不存在。”“刑罚的目的，只是阻止有罪的人再使社会遭受到危害并制止其他人实施同样的行为。”后来，边沁首次将刑罚的目的划分为“一般预防”和“特殊预防”。费尔巴哈、龙勃罗梭、菲利和李斯特进一步丰富和发展了预防目的说。

3．一体论目的说。一体论目的说认为刑罚的目的在于报应与预防相结合。刑罚的一体论目的说是在报应目的说和预防目的说长期对立、各执一端的情况下产生的资产阶级现代刑罚目的思想。英国刑法学家哈特认为：刑罚的目的应视刑事活动的阶段性而定。刑罚活动分为立法、裁判与行刑三个阶段，与之相适应，刑罚的目的也表现为三个方面：刑罚在立法上的确定，即规定什么样的行为应受惩罚以及应受多重的惩罚，主要取决于一般预防的需要；在审判阶段，刑罚的裁量则以报应为目的，对具体犯罪人所处的刑罚的分量应该与其犯罪的严重程度相适应；行刑阶段，占主导地位的是个别预防，对犯罪人是否实际执行已判处的刑罚，实际执行刑罚的方式及分量，要与预防其重新犯罪相适应。

（二）中国刑罚目的的学说

1，中国古代刑罚目的学说。我国早在春秋战国时期便产生了报应与预防两种刑罚目的论思想。荀况认为：“凡刑人之本，禁暴恶恶。……凡爵列官职，庆赏刑罚，毕报也，以类相从者也。一物失称，乱之端也。夫德不称位，能不称官，赏不当功，刑不当罪，不详莫大焉。”正如庆赏是对功绩的善报一样，刑罚是对犯罪的恶报。荀况在提出报应目的刑论的同时，也提出了预防目的刑论，荀况认为：“有不由令者，然后俟之以刑。故刑一人而天下服。罪人不邮其上，知罪之在己也。是故刑罚省而威行如流，无他故焉，由其道也。”商鞅和韩非强调刑罚的预防目的。商鞅认为：“以杀去杀，虽杀可也；以刑去刑，虽重刑可也。”韩非认为：“重一奸之罪而止境内之邪，此所以为治也。重罚者盗贼也，而悼惧者良民也。”

2．中国现代刑罚目的学说。中国现代理论界关于刑罚目的的认识极不统一，提出了多种主张，归纳起来主要有以下几种：

① 《西方法律思想史资料选编》，北京大学出版社，1982 年版，第 424 页。
② 黑格尔《法哲学原理》，商务印书馆，1961 年版，第 106 页。

（1）广义目的说与狭义目的说。广义目的说认为，刑罚的目的是指国家制定、适用和执行刑罚所追求的效果，包括刑事立法、刑事审判和刑事执法所追求达到的目的，是预防与惩罚的统一。狭义目的说认为，刑罚的目的是指刑事审判机关通过对犯罪人适用刑罚所追求达到的效果，仅限于量刑活动所追求的目的——惩罚。

（2）单一目的说与多重目的说。单一目的说认为刑罚的目的在内容上是惟一的，几个目的不可能同时并存。单一目的说又分为惩罚说、改造说和预防说。多重目的说认为刑罚的目的在内容上是丰富的，具有两个或两个以上的目的。还有双重目的说，分为惩罚和改造犯罪分子说、特殊预防和一般预防说、预防犯罪和消灭犯罪说等。

（3）根本目的说与直接目的说。这种观点认为刑罚的目的是多层次的，刑罚的目的分为表层目的和深层目的。刑罚的深层目的即刑罚的根本目的，是预防犯罪，保卫社会安全。刑罚的表层目的即刑罚的直接目的，包括惩罚犯罪，伸张社会正义，震慑犯罪分子和社会不稳定分子，抑制犯罪意念，改造犯罪分子等方面的内容。

尽管古今中外刑罚目的学说纷繁复杂，但现代刑罚目的论逐渐倾向于预防目的论，即刑罚的目的是特殊预防和一般预防。

二、特殊预防

特殊预防，又称个别预防，是指通过对犯罪人适用一定的刑罚防止其重新犯罪。

特殊预防是通过对犯罪人适用刑罚实现的，不同种类的刑罚对犯罪人的作用是不同的：生命刑通过剥夺犯罪人的生命，永远剥夺其重新犯罪的能力；自由刑通过剥夺犯罪人的自由，使其在一定时期与社会隔离，并对其进行教育使其成为新人，重新回归社会；财产刑通过剥夺犯罪人的财产，使其丧失重新犯罪的物质条件，并懂得不义之财不可贪的道理；资格刑通过剥夺犯罪人的某种权利或资格，使其丧失利用职权重新犯罪的条件，对其特殊预防作用十分明显。

特殊预防的实现是一个系统工程，有赖于刑事立法、刑事审判、刑罚执行各环节的衔接与配合。在刑事立法上，要根据罪责轻重和犯罪人反社会性的强度来合理设定刑罚的种类和幅度。在刑事审判中，要贯彻刑罚个别化原则，在定罪量刑时，既要根据犯罪人的罪行又要根据犯罪人的人身危险性适当确定刑罚。量刑不能畸轻畸重，罚不当罪。否则，特殊预防的目的难以实现。在刑罚执行中，罪犯改造机关应贯彻惩罚与改造相结合的原则，把教育罪犯、改造罪犯作为刑罚执行的核心，把罪犯改造成新人作为其根本任务，才能实现预防犯罪人重新犯罪的目的。

三、一般预防

一般预防是指通过对犯罪人适用一定的刑罚防止尚未犯罪的人走上犯罪的道路。

一般预防的对象不是犯罪人而是没有犯过罪的其他社会成员，包括潜在犯罪人、被害人和其他普通公民。潜在犯罪人，又称未然的犯罪人，是指社会上的危险分子和不稳定分子。这些人自控能力差、抗诱惑力低，容易受犯罪诱惑，且具有一定的主观恶性和人身危险性，具有犯罪的现实可能性，是一般预防的首要对象。刑事被害人是直接或间接受犯罪行为侵害的人，这些人既是犯罪的受害者，也是具有报复倾向的复仇者，如果对刑事案件处理不当，就可能导致他们进行私刑报复，酿成新的犯罪。一般普通公民具有遵纪守法的自觉性，但也不能排除法盲犯罪、激情犯罪和过失犯罪，也应对其采取普法教育和社会责任教育，防止其走上犯罪的道路。

一般预防的实现较之特殊预防更为复杂，更有赖于刑事立法的科学、刑事审判的适当、刑罚执行的有效。除此之外，还应注意以下几个方面。

（一）刑罚公开

刑罚公开是指国家应当将刑罚公之于众，使全体公民知道、了解刑罚。刑罚公开包括刑事立法上的刑罚公开和刑事审判上的刑罚公开两个方面。立法公开是指实行罪刑法定主义，由法律规定犯什么罪处何种刑，为公民提供刑事行为规范。立法公开便于公民依法约束其言行，不至于走上犯罪的道路。审判公开是指刑事案件的审理过程，除有法定的特殊情况需要秘密进行外一般都应当将审理过程与判决结果向社会公开，以便于公民从生动的案例中受到法律教育。

（二）刑罚必然

刑罚必然是指任何人只要犯了罪都难逃法网，必然受到刑罚处罚。刑罚必然包括两个方面的内容：刑事立法上不存在有罪无罚的条款；刑事审判中除依法免除刑罚处罚者外，必须对犯罪人科处刑罚。有罪应罚和有罪必罚表明国家对犯罪不予容忍姑息的严厉态度。任何人犯罪都不能逍遥法外。这种刑罚的必然性可以破除知法欲犯者企图逃避法律制裁的侥幸和投机心理，使其心怀恐惧，不敢贸然实施犯罪。正如贝卡里亚所说：制止犯罪发生的一个最有效的手段，并不在于刑罚的残酷，而在于刑罚的不可避免。可见，刑罚的必然对于一般预防十分重要。

（三）刑罚及时

刑罚及时是指犯罪案件发生后，司法机关应当在尽可能短的时间内，将犯罪人缉拿归案，交付审判，执行刑罚。刑罚及时包括及时侦查、起诉，及时审查裁判，及时执行刑罚。如果犯罪发生后，司法机关能迅速破案，及时起诉，尽快审判，就会使被害人的心理得以抚慰，公民的义愤得以平息，还可以使人们对罪案记忆犹新，受到教育。正如贝卡里亚在其《论犯罪与刑罚》中所说："刑罚跟随着犯罪来得愈快，它们之间的间隔愈小，刑罚就愈公正，愈有益处。……这是因为刑罚同犯罪之间的间隔愈小，犯罪和刑罚这两种观念在人们的头脑中的联系愈紧密和持久；而它们将很自然地表现为一个是原因，另一个是必要的和必然的结果。"相反，如果案件久拖不决，或者使犯罪人长期逍遥法外，则会失去公民对司法机关的信任和支持，刑罚的一般预防效果不仅会降低，有时还会产生副作用。因此，刑罚及时是实现其一般预防的必要条件。

（四）刑罚适当

刑罚适当是指刑罚的轻重与犯罪的轻重相适应。刑罚适当包括刑罚立法上的罪刑相当和刑事审判中的罪刑相当。在刑事立法和司法上都要体现重罪重罚、轻罪轻罚、无罪不罚的原则。适度的刑罚，犯罪人能够接受，公民能够理解，受害人得以慰藉，一般预防目的容易实现。刑罚过轻，很难产生有效的刑罚威慑和教育作用，难以使潜在的犯罪人、被害人和其他普通公民放弃犯罪欲念，反而加速这些人的犯罪进程，不利于一般预防的实现。刑罚过重，不符合刑罚人道原则，不仅使犯罪人产生逆反心理，抗拒改造，还会在广大公民中树立刑罚残酷不公的形象，使人们反而同情犯罪人，极不利于一般预防目的实现。

四、特殊预防与一般预防的关系

特殊预防与一般预防是刑罚目的的基本内容的两个方面，它们互相对立、互相依存，组成刑罚目的共同体。它们之间处于一种既对立又统一的辩证关系。

1. 特殊预防和一般预防具有共同性。特殊预防和一般预防的共同性表现在三个方面：其一，二者归宿的同一性——预防犯罪。无论是防止犯罪人重新犯罪还是防止没有犯过罪的其他社会成员犯罪，其目的都是预防犯罪，保卫社会，其归宿是相同的。其二，二者的实现方式基本一致。无论是特殊预防还是一般预防的实现都有赖于刑事立法、刑事审判和刑罚执行环节的相互衔接和配合。其三，二者功能的互补性。特殊预防功能的侧重点在于惩治于已然，而一般预防功能的侧重点在于防患于未然。只有惩治于已然才能防患于未然，只有防患于未然，才能减少已然的犯罪，二者相互配合、相互补充，共同实现预防犯罪的目的。

2. 特殊预防和一般预防具有差异性。二者的差异性主要体现在以下三个方面：其一，二者的作用对象不同。特殊预防作用的对象是已然的犯罪人；一般预防作用的对象是潜在的犯罪人、被害人和其他公民。其二，二者在具体运作中不能兼顾。有时，一般预防的需要压倒特殊预防，主要考虑犯罪的社会影响和民愤；有时，特殊预防的需要压倒一般预防，主要考虑犯罪人的人身危险性。其三，二者在刑事法律活动的不同阶段主次关系不同。在刑事立法阶段以一般预防为主，兼顾特殊预防；在刑事审判阶段特殊预防与一般预防并重；在刑罚执行阶段，以特殊预防为主，兼顾一般预防。

第十八章　刑罚的体系与种类

第一节　刑罚的体系与种类概述

一、刑罚的体系和种类的概念

刑罚的体系，是指刑法所规定的，按照一定次序、原则进行系统科学排列的各种刑罚方法的统一体。刑罚体系是将各种刑罚方法按照一定原则有组织、有系统地做出一定次序的排列，形成轻重有致、主次分明，具有严谨内容结构的有机整体，从而有效地发挥刑罚的功能，实现刑罚的目的。我国现行刑罚体系由主刑和附加刑两大系列组成，主刑按刑罚轻重排列为：管制、拘役、有期徒刑、无期徒刑和死刑；附加刑为罚金、剥夺政治权利、没收财产和对外国人适用的驱逐出境。

刑罚种类是指根据刑罚本身的性质和特征而将其分成的门类。以刑罚剥夺犯罪人的权利和利益的性质，可将其划分为生命刑、自由刑、财产刑和资格刑四类。生命刑是剥夺犯罪人生命的刑罚方法，如死刑。自由刑是剥夺或限制犯罪人人身自由的刑罚方法，如罚金、没收财产。资格刑是剥夺犯罪人行使某些权利的资格的刑罚方法，如剥夺政治权利。以刑罚是否能单独或附加适用为标准，可将其划分为主刑和附加刑两大类。主刑是只能独立适用，不能附加适用的刑罚方法，如死刑、无期徒刑、有期徒刑、拘役、管制。附加刑是既可单独适用，也可附加适用的刑罚方法，如罚金、没收财产、剥夺政治权利等。

二、我国刑罚体系和种类的形成

我国刑罚体系的形成经历了一个长期发展的过程。我国刑罚种类也经历了由分散到集中，由不统一、不完备到统一、完备，由主刑、附加刑不区分到区分的过程。早在1934 年 4 月中央工农民主政府公布的《中华苏维埃共和国惩治反革命条例》，规定有死刑、有期监禁、剥夺公民权和没收财产等刑罚方法。抗日战争时期各抗日根据地颁布的法令规定有死刑、无期徒刑、有期徒刑、拘劳役、没收财产和罚金等刑罚方法。

中华人民共和国成立后，我国积极开展了刑罚体系和刑罚方法的研制工作。1950 年 7 月 25 日中央人民政府法制委员会印发的《中华人民共和国刑法大纲（草案）》，规定了死刑、监禁、劳役、没收、罚金、褫夺政治权、褫夺亲权、禁止从事一定业务或职务、公开批评教育、赔偿损害、认罪道歉等多种刑罚方法。1954 年 9 月 30 日中央人民政府法制委员会起草的《中华人民共和国刑法指导原则草案（初稿）》规定了死刑、无期徒刑、有期徒刑、劳役、管制、驱出国境、流放、剥夺政治权利、没收财产和罚金等 10 种刑罚方法。1956 年最高人民法院在研究总结各地法院刑事案件罪名、刑种的基础上，归纳出全国统一使用的 10 种刑罚方法，即死刑、无期徒刑、有期徒刑、劳役、管制、逐出国境、剥夺政治权利、没收财产、罚金和公开训诫。1957 年 6 月 28 日提出的

《中华人民共和国刑法草案（初稿）》即第 22 次稿，首次将刑罚分为主刑和附加刑。主刑有：管制、拘役、有期徒刑、无期徒刑和死刑 5 种。附加刑有罚金、剥夺政治权利、没收财产等 3 种。刑法草案第 22 次稿无论从刑法体系还是刑罚种类都是一次创新和突破，奠定了我国现行刑法典刑罚体系和种类的基础。1963 年提出的刑法草案第 33 次稿除增加了对外国人犯罪可独立或附加适用逐出国境并将管制和拘役的次序颠倒外，沿袭了刑法草案第 22 次稿的刑罚体系和刑种。

1979 年 7 月 1 日，是中国刑法史的重要日子，第五届全国人大第二次会议通过了新中国第一部刑法典——《中华人民共和国刑法》。该法典首次将刑罚体系和刑种法定化。第 27 条规定：刑罚分为主刑和附加刑。第 28 条规定的主刑有：管制、拘役、有期徒刑、无期徒刑和死刑 5 类。第 29 条规定的附加刑有：罚金、剥夺政治权利、没收财产 3 种。第 30 条规定对犯罪的外国人，可以独立适用或者附加适用驱逐出境。该法典除规定主刑和附加刑外，还作了赔偿经济损失和非刑罚处罚方法的规定。1997 年 3 月 14 日第八届全国人大第五次会议对我国刑法典作了大幅修订，但在刑罚体系和种类上基本未作修订。

三、我国刑罚体系和种类的特点

我国刑罚体系和种类与世界其他国家的刑罚体系和种类相比，具有自己的特色。这些特色表现在以下几方面。

（一）体系完整，结构严谨

我国刑罚由主刑和附加刑构成一个完善的体系。我国刑罚体系中的各种刑罚方法全部由轻到重排列，主次分明，轻重衔接。主刑只包括自由刑和生命刑，表明了主刑的严厉性。附加刑由财产刑和资格刑组成，虽严厉程度受到限制，但可与主刑附加适用，其作用不可低估。刑种多样、数量适中、主附配合、结构严密是我国刑罚体系的重要特点。

（二）方法人道，内容合理

我国刑罚是以自由刑为核心的刑罚体系。我国刑罚 5 种主刑有 4 种是自由刑，并严格限制死刑的适用。现行刑法典第 49 条规定："犯罪的时候不满十八周岁的人和审判的时候怀孕的妇女，不适用死刑。"该法典第 248 条规定："监狱、拘留所、看守所等监督机构的监督人员对被监管人进行殴打或者体罚虐待，情节严重的，处三年以下有期徒刑或者拘役；情节特别严重的，处三年以上十年以下有期待刑。致人伤残、死亡的，依照本法第二百三十四条、第二百三十二条的规定定罪从重处罚。监管人员指使被监管人殴打或者体罚虐待其他被监管人员的，依照前款的规定处罚。"可见，我国刑罚充分体现了社会主义人道原则，具有进步性。

（三）宽严相济，目标统一

我国刑罚体系充分体现了惩办与宽大、惩罚与教育改造相结合的刑事政策。从刑罚种类看，既有主刑又有附加刑，既有重刑又有轻刑。对严重刑事犯罪予以严惩，施以重刑，以儆效尤；对罪行轻的犯罪人施以轻刑，予以教育改造，使之成为新人。从刑罚体系看，主刑由轻而重依次排列，附加刑可独立适用，也可附加适用，形成宽严相济、目标统一的刑罚体系。就每一犯罪所规定的刑种看，至少有两种可供选择的主刑，绝大多数凡有死刑出现的条款均有无期徒刑。死刑的执行方式又分为立即执行和缓期二年执行两种方法。我国刑罚体系做到了惩罚与感化的统一，宽与严的配合，报应与预防的结合。

第二节 主 刑

一、主刑的概念和种类

主刑又称基本刑罚，是对犯罪分子适用的主要刑罚方法。主刑只能独立适用，不能作为其他刑罚方法的附加来适用。一人犯一罪，只能判处一个主刑，不能判处两个或两个以上主刑；一人犯数罪，可以判处几个主刑。但要通过数罪并罚的方法，决定执行一个主刑，而不能执行几个主刑。世界各国由于历史和现实的差异，刑法所规定的主刑种类也不相同。主刑种类最多的国家是西班牙，该国刑法规定的主刑多达22种，日本刑法规定的主刑有6种，德国刑法规定的主刑仅2种。我国现行刑法典第33条规定："主刑的种类如下：（一）管制；（二）拘役；（三）有期徒刑；（四）无期徒刑；（五）死刑。"

二、管制

（一）管制的概念

管制是对犯罪分子不予关押，但限制其一定自由，在公安机关管束和监督下接受教育和改造的一种刑罚方法。管制是我国独创的刑种，它把司法机关的专门工作和群众的监督工作结合起来，教育和改造罪行较轻的犯罪分子。管制是我国刑法规定的5种主刑之一，是主刑中最轻的一种刑罚。

（二）管制的特点

管制与其他主刑相比，有其自身的特点，这些特点包括三个方面：

1. 对犯罪分子不予关押。管制刑是限制自由而不是剥夺自由刑，即只限制犯罪分子一定自由，而不剥夺其自由。管制刑的执行不需要到监狱或看守所等专门刑事设施之中，而是将犯罪分子留在原工作单位或居住地工作或劳动，不离开家庭，仍生活在群众之中，除遵守法定的限制规定外，其行动基本上是自由的。并且在劳动中与其他守法公民同工同酬。对判处管制刑的犯罪分子不予关押，让犯罪分子感受到社会的温暖，有利于改造犯罪分子。

2. 在公安机关管束和监督下进行劳动改造。这是管制和剥夺自由刑的又一重要区别。剥夺自由刑的执行机关是监狱和其他劳改场所，而管制的执行机关是公安机关。公安机关根据人民法院的判决，向被判处管制的犯罪分子原所在单位或居住地的群众，宣布犯罪分子的罪行、管制期限、管制内容并予以监督执行；管制期满，公安机关向犯罪分子所在单位或居住地的群众宣布解除管制。

3. 由人民法院依法判处。管制作为一种刑罚方法，只能由人民法院代表国家判处，其他任何机关、团体和公民个人都无权适用。之所以在此提出管制应由人民法院依法判处，在于我国在建国初期既可由人民法院判处，也可以由公安机关予以适用。1952年公布的《管制反革命分子暂行办法》第11条规定："对反革命分子管制之批准权，除法庭依法判决者外，均属县市以上之公安机关。"我国现行刑法排除了公安机关判处管制刑的权力，只赋予公安机关对管制刑的执行权。

（三）管制的适用对象

管制是让犯罪分子与社会不予隔离而进行改造的刑罚方法，只适用于罪行较轻、社会危害性较小、人身危险性较小的犯罪分子。管制的适用对象主要是罪行较轻的盗窃、诈骗、抢夺、冒充国家工作人员招摇撞骗、赌博、引诱或容留他人卖淫、偷越国（边）境、虐待、遗弃等罪的犯罪分子。

（四）管制的内容

刑法典第39条对管制的内容作了规定："被判处管制的犯罪分子，在执行期间，应当遵守下列规定：（一）遵守法律、行政法规，服从监督；（二）未经执行机关批准，不得行使言论、出版、集会、结社、游行、示威自由的权利；（三）按照执行机关规定报告自己的活动情况；（四）遵守执行机关关于会客的规定；（五）离开所居住的市、县或者迁居，应当报经执行机关批准。"

（五）管制的期限

管制的期限为3个月以上2年以下，数罪并罚，最高不超过3年。管制的刑期，从判决执行之日起计算，判决执行以前先行羁押的，羁押1日折抵刑期2日。

三、拘役

（一）拘役的概念

拘役是短期剥夺犯罪分子的人身自由，由公安机关就近实行强制劳动改造的刑罚方法。拘役是介于管制与有期徒刑之间的短期自由刑，适应面很宽，主要适用于罪行较轻，社会危害性不大，需要短期关押的犯罪分子。

（二）拘役的特点

1. 拘役属剥夺自由刑。拘役是剥夺犯罪分子一定时期的自由，而管制仅是限制犯罪分子的自由。拘役是由公关机关将犯罪分子就近拘押于特定的刑事设施——一般为拘役所、看守所内强制其劳动改造，剥夺其自由活动的权利。

2. 期限最短。在自由刑中，拘役的刑期最短。管制刑期为3个月以上2年以下，拘役为1个月以上6个月以下，有期徒刑为6个月以上15年以下。

3. 享受某些优待。拘役较之有期徒刑具有以下待遇：首先，执行场所离家较近，一般不到监狱执行，而是到就近的拘役所、看守所执行。其次，每月可以回家1至2天，回家时间计算在刑期之内。最后，参加劳动的，可以酌量发给报酬。这既不同于管制的同工同酬，也不同于有期徒刑、无期徒刑的无报酬强制劳动。

（三）拘役的刑期

刑法典规定，拘役的期限为1个月以上6个月以下，数罪并罚最高不能超过1年。拘役的刑期，从判决执行之日起计算，判决执行以前先行羁押的，羁押1日折抵刑期1日。

四、有期徒刑

（一）有期徒刑的概念

有期徒刑是剥夺犯罪分子一定期限的人身自由，并实行强制劳动改造的刑罚方法。有期徒刑是适用范围最广泛的刑罚方法。我国刑法分则中，凡规定有刑罚的条文都规定了有期徒刑。有期徒刑刑幅宽、变化性大，能适应轻、重不同的罪，成为我国刑罚体系中名副其实的主刑。

（二）有期徒刑的特点

有期徒刑与其他刑罚方法相比具有以下特征：

1. 有期徒刑是完全剥夺自由刑。刑法典第46条规定，判处有期徒刑的犯罪分子在监狱或者其他执行场所执行。可见，有期徒刑在特定执行场所执行，这既与管制刑的不予关押、不离开家庭相区别，也与拘役刑的就近执行，每月可以回家1至2天相区别。

2. 有期徒刑的执行机关是劳动改造部门。有期徒刑的执行场所是监狱或其他执行场所，这些场所由司法行政机关的劳动改造部门管理，它与管制、拘役刑的执行机关——公安机关区别开来。

3. 有期徒刑刑幅最宽。有期徒刑刑期为6个月以上15年以下，刑幅达14年半，而管制刑的刑幅为1年零9个月，拘役刑的刑幅为5个月，无期徒刑没有刑幅。

4. 对判处有期徒刑的犯罪分子实行强制劳动改造。我国刑法规定，判处有期徒刑的犯罪分子，凡有劳动能力的，都应当参加劳动，接受教育和改造。劳动是改造犯罪分子的主要手段，犯罪分子没有不参加劳动的权利，也不能获得报酬，这与管制刑的同工同酬和拘役刑的酌量发给报酬相区别。

（三）有期徒刑的期限

有期徒刑的期限为6个月以上15年以下，数罪并罚不超过20年，判处死刑缓期2年执行减为有期徒刑的期限为15年以上20年以下。有期徒刑的刑期，从判决执行之日起计算，判决执行以前先行羁押的，羁押1日折抵刑期1日。

五、无期徒刑

（一）无期徒刑的概念

无期徒刑是剥夺犯罪分子终身自由，并对其强制劳动改造和教育的刑罚方法。无期徒刑是终身自由刑，在我国刑罚体系中是仅次于死刑的重刑。我国刑法分则条文中，除以无期徒刑为最高刑罚外，凡规定有死刑的条文，都规定有无期徒刑作为选择刑种。

（二）无期徒刑的特点

无期徒刑与其他刑种相比具有以下特点：

1. 无期徒刑没有期限。无期徒刑是剥夺犯罪分子终身自由的刑罚方法，理论上，从判决生效之日起直至犯罪分子死亡为止皆为服刑期，没有确定的期限。实际执行中由于有减刑、假释与赦免这些行刑制度，多数犯罪分子不会死于监狱中。

2. 无期徒刑无折抵刑期的规定。除无期徒刑外，所有的自由刑，判决执行前先行羁押的时间均可折抵刑期。管制先行羁押1日折抵刑期2日，拘役和有期徒刑先行羁押1日折抵刑期1日，而无期徒刑由于没有期限，先行羁押的时间不能折抵刑期。

3. 判处无期徒刑，必须剥夺政治权利。判处管制、拘役、有期徒刑，可以附加剥夺政治权利而不是必须剥夺政治权利。且管制、拘役、有期徒刑附加剥夺政治权利的期限为1年以上5年以下，而无期徒刑附加剥夺政治权利的期限是终身。

4. 无期徒刑适用于故意犯罪。无期徒刑适用于主观恶性大、人身危险性大的重罪犯罪分子。过失犯罪人的主观恶性和人身危险性较之故意犯罪人小，教育改造使之回归社会也较容易，没有必要适用无期徒刑。

六、死刑

（一）死刑的概念

死刑又称极刑或生命刑，是剥夺犯罪分子生命的刑罚方法。死刑剥夺犯罪分子生命，剥夺犯罪分子赖以生存的基础，从人世间消灭犯罪分子的存在，它是刑罚体系中最严厉的刑罚方法。

死刑是最严厉的刑罚，也是人类历史上最古老、最简单的刑罚。死刑起源于氏族社会的血亲复仇，并广泛应用于古代社会。由于其性质严厉、行刑方便，既易于满足受害人的复仇情绪，又能完全剥夺犯罪分子的再犯能力，成为中外古代最流行的刑罚方法。伴随着文艺复兴时代人道主义的兴起，人们对死刑的作用提出了质疑，死刑的存废便成了死刑问题的重要内容，长期争论。最早对死刑提出质疑的是刑事古典学派创始人贝卡利亚，他开创了近代刑法学研究死刑存废之先河。1786 年意大利的突斯展尼率先在刑事审判中废除了死刑，1787 年奥地利废除死刑，以后相继在欧美一些国家废除了死刑。据大赦国际副秘书长 1987 年 5 月在意大利锡拉库札会议上提供的数字，废除死刑的国家有 48 个。[①] 当今世界虽有废除死刑的舆论趋势，但大多数国家仍保留着死刑。我国虽保留死刑，但严格限制死刑的适用。

（二）死刑的适用条件

我国保留死刑，同时又规定了死刑适用的严格条件：

1. 死刑只适用于罪行极其严重的犯罪分子。我国刑法分则中虽规定了若干死刑，但并非凡规定有死刑的犯罪都会判处犯罪人死刑。我国刑法分则中，凡规定有死刑的条文都规定了无期徒刑作为选择刑，可见，死刑并非必须适用，而是选择适用刑。死刑只适用于罪行极其严重的犯罪分子。罪行极其严重的犯罪分子是指故意犯罪中手段极其残忍，后果特别严重，情节特别恶劣，严重损害国家、集体和公民利益的犯罪分子。换言之，死刑只适用于罪刑极重、民愤极大的主观恶性和人身危险性特大的犯罪分子。这一条件充分体现了我国刑法坚持少杀，可杀可不杀则不杀的刑事政策。

2. 适用死刑必须严格遵循法定程序。我国《刑事诉讼法》第 20 条规定，死刑案件只能由中级人民法院以上级别的法院作为一审法院，基层法院无权适用死刑。我国刑法典第 48 条第 2 款规定，死刑除依法由最高人民法院判决的以外，都应当报请最高人民法院核准。可见，对于死刑案件，二审终结后还必须经过特殊的死刑复核程序。死刑复核权只能由最高人民法院行使，其他有权判处死刑的各级人民法院只有呈报死刑复核的义务，没有死刑复核的权利。这一规定为尽量少杀、避免错杀、防止冤杀提供了法律依据。

3. 死刑不适用于犯罪的时候不满 18 周岁的人和审判的时候怀孕的妇女。我国刑法典第 49 条规定："犯罪的时候不满十八周岁的人和审判的时候怀孕的妇女，不适用死刑。"这是死刑适用主体的限制性规定。犯罪的时候是否满 18 周岁，以公历年、月、日为标准，过了 18 周岁生日从第 2 天起，方可认定已满 18 周岁。犯罪时不满 18 周岁的人不适用死刑，是指不能判处死刑，既不能判处死刑缓期 2 年执行，也不能判处死刑等到年满 18 周岁执行。审判的时候怀孕的妇女不适用死刑是指对孕妇不能判处死刑，既不能判处死刑缓期 2 年执行，也不能等到分娩后再判处或执行死刑，更不能为了判处死刑而采取体罚、虐待、刑讯逼供等非法手段致使孕妇流产或进行人工流产。因非法手段导致流产的，仍视同怀孕妇女。

---

① 参见高铭暄主编《刑法学原理》第三卷，中国人民大学出版社，1994 年版，第 139 页。

（三）死刑缓期执行

刑法典第 48 条第 1 款规定，对于应当判处死刑的犯罪分子，如果不是必须立即执行的，可以判处死刑同时宣告缓期 2 年执行。死刑缓期 2 年执行（以下简称死缓）不是独立的刑种，而是死刑的一种执行制度。死刑的执行制度包括两种：一种是立即执行，一种是死缓。死缓制度是我国的独创。死缓制度对限制死刑的实际执行，贯彻慎杀、少杀的方针具有重要的作用。适用死缓必须具备两个条件：第一，应当判处死刑。应当判处死刑是指犯罪分子所犯罪行特别严重，罪该处死。应当判处死刑是死缓的前提条件，如果犯罪分子所犯罪行不应当判处死刑，就不存在判处死缓的问题。第二，不是必须立即执行。犯罪分子所犯罪行虽应当判处死刑，但由于其存在某些情节，可以不必立即执行。不是必须立即执行是划分死刑立即执行与死缓的原则界限。“不是必须立即执行”的情节，法律没有作明确规定，根据司法实践，具有下列情节之一的，可以认定为“不是必须立即执行”：犯罪分子投案自首或有立功表现的；犯罪分子所犯罪行极其严重，但民愤不是特别大的；在共同犯罪中虽然是主犯之一，首要分子已判处死刑立即执行，其他主犯不具有最严重罪行的；犯罪分子属限制刑事责任能力的人；由于被害人的明显过错，引起犯罪分子激愤而犯罪的等。

刑法典第 48 条第 2 款规定：“死刑缓期执行的，可以由高级人民法院判决或者核准。”即高级人民法院既可以判处死缓，又可以核准死缓。由高级人民法院判处死缓的可由高级人民法院核准生效，不必再报最高人民法院，由中级人民法院判处死缓的，应报高级人民法院核准。对于死缓执行期满后的处理，刑法典第 50 条规定，判处死刑缓期执行的，在死刑缓期执行期间，如果没有故意犯罪，2 年期满以后减为无期徒刑；如果确有重大立功表现，2 年期满以后，减为 15 年以上 20 年以下有期徒刑；如果故意犯罪，查证属实的，由最高人民法院核准，执行死刑。

关于死缓执行的期间和死缓减为有期徒刑的刑期计算，刑法典第 51 条规定：“死刑缓期执行的期间，从判决确定之日起计算。死刑缓期执行减为有期徒刑的刑期，从死刑缓期执行期满之日起计算。”“判决确定之日”是指判决生效之日。判决确定之日起计算，意味着判决生效前先行羁押的时间不能折抵 2 年刑期；而判决生效后到实际执行期间的时间应包括在 2 年刑期内。死缓减为有期徒刑的，从死缓执行期满之日起计算，死缓生效前先行羁押的时间和死缓 2 年期不能计入有期徒刑期限内；而死刑缓期执行期满之日至裁定减刑之日的时间应计入有期徒刑之内。

第三节　附加刑

一、附加刑的概念及种类

附加刑又叫从刑，是补充主刑适用的刑罚方法。附加刑能否独立适用，各国刑法规定不尽相同。例如，意大利刑法规定的附加刑有：褫夺公权，褫夺营业权，宣告禁治产，褫夺父权、夫权及遗嘱权，宣告判决前所立之遗嘱无效，中止父权或夫权之行使等，它们既可作为主刑的附加科处，也可以单独科处。日本刑法规定的附加刑只有没收一种，并且只能随主刑附加适用，不能单独适用。我国刑法典第 34 条规定的附加刑有：罚金、剥夺政治权利和没收财产 3 种，刑法典第 35 条对犯罪的外国人规定了驱逐出境附加刑。我国刑法规定的附加刑，既可随主刑附加适用，也可以独立适用。

二、罚金

（一）罚金的概念

罚金是人民法院判处犯罪分子向国家缴纳一定金钱的刑罚方法。罚金作为刑罚历史悠久，它由原始社会末期限制复仇的赔偿制度演变而来。古巴比伦的《汉穆拉比法典》中就有赎金的规定。我国《尚书·吕刑》中记载："墨辟疑赦，其罚百锾。"唐律所规定的笞、杖、徒、流、死五刑刑名之下，都规定了具有罚金性质的赎铜。罚金刑在资本主义国家中被广泛运用，成为仅次于自由刑的刑罚。随着法人犯罪、职务犯罪、过失犯罪的大量出现和短期自由刑弊端的逐渐暴露，罚金刑因其既可独立适用，又可附加适用，易于分割，容易做到罪刑相称，适用和执行代价较小，可节省监狱开支，减少国家财政负担等优点，在现代各国的刑罚体系中占有特殊重要的地位。

罚金既不同于罚款也不同于赔偿损失。罚金是人民法院对犯罪分子适用的刑罚，罚款则是公安、海关、税务及工商等机关对违反行政管理法规及其他经济法规的违法分子的行政处罚。赔偿损失则是人民法院判处犯罪分子对遭受经济损失的受害人予以一定赔偿。

（二）罚金的适用对象

从总体上说，罚金刑适用于贪利性犯罪。具体说罚金刑主要适用于经济犯罪、财产犯罪和其他故意犯罪。经济犯罪主要是刑法分则第 3 章规定的破坏社会主义市场经济秩序罪，该章 92 个条文，基本上都规定了罚金刑的独立或附加适用。财产犯罪主要是刑法分则第 5 章规定的侵犯财产罪，该章 14 个条文，有 9 个条文规定了罚金刑。其他故意犯罪主要指刑法分则第 7 章规定的妨害社会管理秩序罪，该章共 91 个条文约有一半的条文规定了罚金刑，此外还有第 137 条工程重大安全事故罪，第 240 条拐卖妇女、儿童罪，第 244 条强迫职工劳动罪规定了罚金刑。

（三）罚金的数额

刑法典第 52 条对罚金的数额作了原则性的规定："判处罚金，应当根据犯罪情节决定罚金数额。"这为罚金刑的具体立法和司法活动指明了方向。罚金数额与犯罪情节成正向运动，犯罪情节愈重，罚金数额愈大。反之亦然。

根据刑法总则关于罚金的原则规定，刑法分则对罚金的数额做出了三种不同规定：无限额罚金制、限额罚金制和比例罚金制。无限额罚金制是指刑法条文中只规定应判处罚金而不作数额限定的情形。如刑法典第 325 条规定，单位违反文物保护法规，将收藏的国家禁止出口的珍贵文物私自出售或者私自赠送给外国人的，对单位判处罚金。限额罚金制是指刑法条文中对罚金的上、下限作了规定的情形。如刑法典第 205 条规定，虚开增值税专用发票的，处 3 年以下有期徒刑或者拘役，并处 2 万元以上 20 万元以下的罚金。比例罚金制是指刑罚条文中对罚金规定了比例或倍数的情形。如刑法典第 147 条规定，生产假农药、假兽药、假化肥，使生产遭受较大损失的，处 3 年以下有期徒刑或者拘役，并处或者单处销售金额 50％以上 2 倍以下罚金。

（四）罚金的缴纳

刑法典第 53 条规定："罚金在判决指定的期限内一次或者分期缴纳。期满不缴纳的，强制缴纳。对于不能全部缴纳罚金的，人民法院在任何时候发现被执行人有可以执行的财产，应当随时追缴。如果由于遭遇不能抗拒的灾祸缴纳确实有困难的，可以酌情减少或者免除。”根据该条规定，罚金的缴纳可分 5 种情况：其一，限期一次性缴纳。对于罚金数额不多或缴纳无困难的应在判决指定的期限内一次性向法院缴纳。其二，限时分期缴纳。对于一次缴纳有困难的，可判决在指定的期限内分期缴纳，分几期缴纳由人民法院根据具体情况确定。其三，强制缴纳。判决指定的缴纳罚金的期限届满，犯罪分子有能力缴纳而拒不缴纳或拒不全额缴纳的，人民法院应强制其缴纳。强制缴纳的措施包括：查封财产、扣押财物、扣发工资等。其四，随时追缴。对于超过判决指定的期限，不能全部缴纳罚金的，人民法院在任何时候发现被执行人有可以执行的财产，应当随时追缴。其五，减少或免除缴纳。如果犯罪分子由于遭受不能抗拒的灾祸，如遭遇地震、火灾、水灾、车祸、劳动力丧失等灾祸，缴纳确实有困难的，经本人或其近亲属的申请，人民法院可以根据实际情况减少或者全部免除罚金。

三、剥夺政治权利

（一）剥夺政治权利的概念及内容

剥夺政治权利是指剥夺犯罪分子参加国家管理与政治活动的刑罚方法。剥夺政治权利主要是剥夺犯罪分子与国家之间形成的民主管理权利，不包括各种民事权利及非政治性职业资格。

刑法典第 54 条对剥夺政治权利的内容作了具体规定：“剥夺政治权利是剥夺下列权利：(1) 选举权和被选举权；(2) 言论、出版、集会、结社、游行、示威自由的权利；(3) 担任国家机关职务的权利；(4) 担任国有公司、企业、事业单位和人民团体领导职务的权利。”

（二）剥夺政治权利的适用对象

剥夺政治权利作为附加刑既可附加适用，又可独立适用。

1. 附加适用剥夺政治权利的对象包括：(1) 危害国家安全的犯罪分子。根据刑法典第 56 条的规定，对于危害国家安全的犯罪分子无论判处何种主刑或附加刑均应附加剥夺政治权利。(2) 故意杀人、强奸、放火、爆炸、投毒、抢劫等严重破坏社会秩序的犯罪分子。对于故意杀人、强奸、放火、爆炸、投毒、抢劫等严重破坏社会秩序的犯罪分子，可以附加剥夺政治权利。(3) 被判处死刑、无期徒刑的犯罪分子。根据刑法典第 57 条的规定，对于被判处死刑、无期徒刑的犯罪分子，应当剥夺政治权利终身。

2. 独立适用剥夺政治权利的对象包括：(1) 危害国家安全罪中的第 103 条、第 104 条、第 105 条、第 107 条、第 109 条、第 111 条规定的分裂国家罪，煽动分裂国家罪，武装叛乱、暴乱罪，颠覆国家政权罪，煽动颠覆国家政权罪，资助危害国家安全犯罪活动罪，叛逃罪，为境外窃取、刺探、收买、非法提供国家秘密、情报罪中的情节较轻的犯罪分子或非主犯的其他参与者。(2) 侵犯公民人身权利、民主权利罪中的第 246 条、第 249 条、第 256 条规定的侮辱罪，诽谤罪，煽动民族仇恨、民族歧视罪，破坏选举罪等的犯罪分子。(3) 妨害社会管理秩序罪中的第 278 条、第 279 条、第 280 条、第 282 条、第 290 条、第 294 条、第 296 条、第 297 条、第 298 条、第 299 条规定的煽动暴力抗拒法律实施罪，招摇撞骗罪，伪造、变造、买卖国家机关公文、证件、印章罪，盗窃、抢夺、毁灭国家机关公文、证件、印章罪，伪造、变造居民身份证罪，非法获取国家秘密罪，非法持有国家绝密、机密文件、资料、物品罪，聚众扰乱社会秩序罪，聚众冲击国家机关罪，组织、领导、参加黑社会性质组织罪，入境发展黑社会组织罪，包庇、纵容黑社会性质组织罪，非法集会、游行、示威罪，非法携带武器、管制刀具、爆炸物参加集会、游行示威罪，破坏集会、游行、示威罪，侮辱国旗、国徽罪等的犯罪分子。(4) 危害国防利益罪中的第371条、第375条规定的聚众冲击军事禁区罪，聚众扰乱军事管理区秩序罪，伪造、变造、买卖武装部队公文、证件、印章罪，盗窃、抢夺武装部队公文、证件、印章罪，非法生产、买卖军用标志罪等的犯罪分子。

（三）剥夺政治权利的期限

我国刑法规定的剥夺政治权利的期限有4种情况：

1. 判处死刑、无期徒刑的，剥夺政治权利终身；

2. 判处拘役、有期徒刑而附加或者单独适用剥夺政治权利的期限为1年以上5年以下；

3. 判处管制附加剥夺政治权利的期限和管制的期限相等，同时执行；

4. 死刑缓期执行减为有期徒刑，或者无期徒刑减为有期徒刑的，附加剥夺政治权利的期限应改为3年以上10年以下。

附加剥夺政治权利的刑期，从徒刑、拘投执行完毕之日或者从假释之日起计算；剥夺政治权利的效力当然施用于主刑执行期间。

四、没收财产

（一）没收财产的概念

没收财产是把犯罪分子所有财产的一部或全部强制无偿收归国有的刑罚方法。没收财产在古代奴隶制国家中就已经存在，封建时代盛行。我国古代战国时期的“籍刑”、“籍没”就属于没收财产刑，它不仅没收犯罪分子的全部财产，还没收犯罪分子的妻女入官为奴。资产阶级革命胜利后，由于没收财产与私有财产神圣不可侵犯原则相抵触，没有普遍采用没收财产刑。

（二）没收财产刑的适用对象

根据我国刑法的规定，没收财产刑主要适用于以下几类犯罪的犯罪分子：(1) 适用于危害国家安全罪的犯罪分子。刑法第113条第2款规定：“犯本章之罪的，可以并处没收财产。”可见，刑法对危害国家安全罪的犯罪分子惩罚的严厉性，不仅可以剥夺危害国家安全罪的犯罪分子的生命、政治权利而且还要并处没收财产。(2) 适用于某些严重经济犯罪的犯罪分子。破坏社会主义市场经济秩序罪一章中的第140条、第141条、第142条、第143条、第145条、第147条、第151条、第153条、第163条、第170条、第171条、第172条、第177条、第178条、第192条、第193条、第194条、第195条、第196条、第197条、第198条、第199条、第204条、第205条、第206条、第207条、第209条、第224条、第225条规定了附加适用没收财产。(3) 适用于严重财产犯罪的犯罪分子。刑法分则侵犯财产罪一章中，有5个条文规定可以适用没收财产，即第263条抢劫罪、第264条盗窃罪、第266条诈骗罪、第267条抢夺罪、第271条职务侵占罪。(4) 适用于其他贪利性犯罪的犯罪分子。如刑法典第239条、第240条、第318条、第328条、第334条、第341条、第347条、第358条、第363条、第390条规定了附加适用没收财产。

(三) 没收财产的范围

我国刑法规定，没收财产是没收犯罪分子所有的财产的一部或全部。犯罪分子所有的财产是指犯罪分子合法取得的财产，包括现金、有价证券、动产和不动产。没收全部财产的，应当对犯罪分子个人及其扶养的家属保留必需的生活费用。犯罪分子扶养的家属包括犯罪分子的未成年子女、犯罪分子的年迈父母、丧失劳动能力的配偶及其他由犯罪分子犯罪前扶养的人。给犯罪分子扶养的家属保留必需的生活费用是指根据没收财产刑执行时当地的平均生活费用和教育费用来确定生活费用。

我国刑法规定，在判处没收财产的时候，不得没收属于犯罪分子家属所有或应有的财产。这是贯彻罪责自负、不株连无辜的刑事政策的具体体现。人民法院在判处没收犯罪分子财产时，应首先将犯罪分子个人所有的财产与家庭其他成员的财产区分开来，将夫妻共有财产加以分割，来确定犯罪分子实际所有的财产，只有在确定犯罪分子实际所有的财产的基础上，扣除犯罪分子个人及其扶养的家属必需的生活费用后，才能确定没收犯罪分子全部财产的数额。

刑法典第 60 条规定："没收财产以前犯罪分子所负的正当债务，需要以没收的财产偿还的，经债权人请求，应当偿还。"以没收财产偿还债务，必须同时具备以下 4 个条件：(1) 必须是犯罪分子在其财产被没收以前所负的债务，财产被没收以后所负的债务不在此列；(2) 必须是正当债务，如基于正当合法的买卖、借贷、租赁、雇佣等民事关系中所发生的债务；(3) 必须经债权人提出请求，债权人提出请求是以没收财产偿还的程序要件，也是前提条件；(4) 必须是在没收的财产数额范围内偿还，超出部分，不予偿还，国家没有替犯罪人偿还债务的义务。

五、驱逐出境

(一) 驱逐出境的概念

驱逐出境是强令犯罪的外国人离开中国国（边）境的刑罚方法。驱逐出境属于一种特殊的附加刑，既可附加适用，又可独立适用。驱逐出境实质是剥夺犯罪的外国人在中国停留或居住的资格。

(二) 驱逐出境的适用对象

驱逐出境适用对象不具有普遍性，不能适用于我国公民，只适用于特定的外国人，即犯罪的外国人。犯罪的外国人是指在我国境内停留或居住的拥有外国国籍的人和无国籍的人触犯了我国刑事法律，构成犯罪的人。犯罪的外国人不包括享有外交特权和豁免权的外国人。

(三) 驱逐出境的适用方式

根据刑法典第 35 条的规定，驱逐出境有两种适用方式：(1) 附加适用。驱逐出境的附加适用是对犯罪性质比较严重的外国人在判处主刑的同时附加适用驱逐出境。附加适用驱逐出境是在主刑执行完毕后执行。(2) 单独适用。驱逐出境的单独适用是指对那些犯罪情节比较轻的外国人，没有必要判处主刑的，可以单独判处驱逐出境。单独适用驱逐出境从判决生效之日开始执行。

第四节　非刑罚处理方法

一、非刑罚处理方法的概念

非刑罚处理方法是指人民法院根据案件的具体情况，对犯罪分子直接或者间接使用刑罚以外的其他处罚方法的总称。非刑罚处理方法的对象只能是犯罪分子。对于刑法典第 13 条规定的，情节显著轻微危害不大的，不认为是犯罪的人不适用非刑罚处理方法。非刑罚处理方法的适用必须满足两个条件：其一，行为人的行为必须构成犯罪；其二，不需要判处刑罚而有适用非刑罚处理方法之必要或虽已判处刑罚但仍有适用非刑罚处理方法之必要。根据我国刑法的规定，非刑罚处理方法有：赔偿经济损失、训诫、责令具结悔过、赔礼道歉、由主管部门予以行政处罚、由主管部门予以行政处分。

二、赔偿经济损失

赔偿经济损失是人民法院根据犯罪行为给被害人造成的损失，责令犯罪分子向被害人支付一定数额金钱的非刑罚处理方法。刑法典第 36 条规定："由于犯罪行为而使被害人遭受经济损失的，对犯罪分子除依法给予刑事处罚外，并应根据情况判处赔偿经济损失。"赔偿经济损失不仅适用于依法被判处刑罚的犯罪分子，根据刑法典第 37 条的规定，也适用于依法被免予刑事处罚的犯罪分子。判处赔偿经济损失必须具备以下条件：其一，被害人必须遭受了实际经济损失；其二，被害人所遭受的经济损失是由于犯罪行为造成的，或者说犯罪行为与该经济损失之间存在因果关系；其三，被告的行为已构成犯罪。赔偿经济损失是通过刑事附带民事诉讼实现的。

三、训诫、责令具结悔过、赔礼道歉

刑法典第 37 条规定，对于犯罪情节轻微不需要判处刑罚的，可以免予刑事处罚，但是可以根据案件的不同情况予以训诫或者责令具结悔过、赔礼道歉。可见，训诫、责令具结悔过、赔礼道歉的适用对象是犯罪情节轻微，不需要判处刑罚，免予刑事处罚的犯罪分子。训诫是指人民法院以国家名义对犯罪分子公开谴责和训教，警诫犯罪分子，令其改恶从善、从新作人的非刑罚处理方法。具结悔过是指人民法院责令犯罪分子用书面方式保证悔改的非刑罚处理方法。赔礼道歉是指人民法院责令犯罪分子当着被害人的面承认罪行，表示歉意，请求被害人谅解的非刑罚处理方法。

四、由主管部门予以行政处罚或处分

根据刑法典第 37 条的规定，对于免予刑事处罚的犯罪分子可以由主管部门予以行政处罚或者行政处分。即人民法院对于免予刑事处罚的犯罪分子，根据案件情况向行政主管部门或犯罪人所在单位提出给犯罪人予以一定行政处罚或行政处分的建议，而由行政主管部门或犯罪人所在单位具体确定处罚的非刑罚处理方法。行政处罚是国家行政机关依法对违反行政管理法规的行为给予的制裁措施。根据《行政处罚法》的规定，行政处罚包括警告，罚款，没收违法所得，没收非法财物，责令停产停业，暂扣或者吊销许可证，暂扣或者吊销执照，行政拘留，法律、行政法规规定的其他行政处罚。行政处分是国家机关、企事业单位和社会团体依据行政管理法规、规章、章程、纪律，对其所属人员所作的处罚，包括警告、记过、记大过、降级、降职、撤职、留用察看、开除等。

五、保安处分

保安处分是对实施危害社会行为或者具有社会危险性的人，以教育、矫正、治疗、监护等方式，防止其危害或者继续危害社会，所采取的一种预防犯罪、保卫社会的特殊的强制处分制度。

1893 年瑞士刑法草案专章规定了保安处分制度以后，这一制度迅速被世界各主要资本主义国家接受。20 世纪以来，保安处分已制度化、成文化和系统化，甚至成为西方刑法现代化的重要标志。当今主要西方国家如法国、德国、意大意、瑞典、瑞士、芬兰、挪威、丹麦、比利时、西班牙、墨西哥等的刑法中都规定了保安处分。英美法系的判例中有大量的保安处分。保安处分被广泛采用，已成为现代刑法体系的重要组成部分。

我国虽无明确的保安处分立法，但在我国的刑法中仍有一些带有保安处分性质的条款：(1) 对未成年犯罪分子的监护管教或收容教养。刑法典第 17 条第 4 款规定："因不满十六周岁不予刑事处罚的，责令他的家长或者监护人加以管教；在必要的时候，也可以由政府收容教养。"这些措施适用于已满 14 周岁不满 16 周岁免予刑事处罚的犯罪分子。(2) 精神病监护医疗。刑法第 18 条第 1 款规定："精神病人在不能辨认或者不能控制自己行为的时候造成危害结果，经法定程序鉴定确认的，不负刑事责任，但是应当责令他的家属或者监护人严加看管和医疗；在必要的时候，由政府强制医疗。(3) 强制禁戒或者强制治疗。全国人大常委会于 1990 年公布的《关于禁毒的决定》中规定，对于吸食、注射毒品成瘾的，予以强制戒除及治疗教育；1991 年公布的《关于严禁卖淫嫖娼的决定》中规定，对于卖淫、嫖娼者一律强制进行性病检查，对于患有性病者强制治疗。(4) 特别没收。刑法典第 64 条规定，犯罪分子违法所得的一切财物，应当予以追缴或者责令退赔，违禁品和供犯罪所用的本人财物，应当予以没收。通过以上带有保安处分性质的措施，用以消除犯罪条件，确保社会秩序，补充刑罚之不足。

第十九章　量　刑

第一节　量刑概述

一、量刑的概念和内容

量刑，就是刑罚的裁量，是人民法院对犯罪人裁量决定刑罚的活动。具体讲，就是人民法院在定罪的基础上，根据行为人的犯罪事实，依法决定对犯罪人是否判处刑罚，判处何种刑罚，判多重的刑罚，以及所判之刑是否需立即执行的审判活动。人民法院刑事审判工作的基本要求是，事实清楚，证据确凿，定性准确，量刑适当，程序合法。可见，人民法院的刑事审判活动包括定罪和量刑两个基本环节。定罪是在查清案件事实的基础上，认定行为人的行为是否构成犯罪、构成什么罪、构成一罪还是数罪的问题。量刑则是在认定行为人的行为构成犯罪的基础上，决定是否判刑（是否免除处罚）、判什么刑以及判处刑罚的轻重的问题。定罪是量刑的前提，行为不构成犯罪，就谈不上对行为人量刑的问题。定罪不准，量刑就不会适当。量刑是定罪的法律后果和必然要求，它体现着行为人应负刑事责任的轻重，也表明了国家对犯罪行为的否定评价。定罪准确、量刑适当是衡量人民法院刑事审判工作质量的基本标志。量刑主要包括以下几方面内容。

（一）决定对行为人是否判处刑罚

一般情况下，行为构成犯罪，行为人则将被处以刑罚。但是，根据刑法的规定，在某些情况下，可以免予刑事处罚，例如，对于中止犯、预备犯、从犯、胁从犯等，均可免除刑罚。因此，人民法院对行为人的量刑，首先就是要根据其犯罪情节轻重，决定判处刑罚还是免除刑罚。

（二）决定对犯罪人判处何种刑罚及其轻重

我国刑法规定了多种刑种，其轻重也是显而易见的，在有的刑种中还规定了不同的量刑幅度，如在有期徒刑中就规定了可供选择的不同刑期。人民法院通过量刑活动，决定对行为人判处何种刑种，以及某一刑种的刑期。

（三）决定对犯罪人判处的刑罚是否立即执行

通常情况下，刑事判决一经做出，便立即执行，如无期徒刑、管制、3 年以上有期徒刑以及死刑等。但是，为了教育、改造犯罪人，充分发挥刑罚功能，我国刑罚制度中规定了缓刑、死缓等制度，对所判刑罚暂缓执行。因此，人民法院在决定判处犯罪人刑罚时，尚需衡量是立即执行还是缓期执行。

二、量刑的意义

量刑适当，对于实现我国刑法的任务和刑罚的目的，具有重要的意义。所谓量刑适当，是指量刑要轻重适度，罚当其罪，做到轻罪轻判，重罪重判，罪刑相适应。只有在准确定罪的基础上正确量刑，才能达到我国刑罚特殊预防和一般预防的目的，才能使犯罪分子真正得到教育和改造，防止其再次犯罪，并使社会上那些有犯罪可能的危险分子受到威慑。量刑适当，会有效地维护社会主义法制的尊严和人民法院判决的严肃性和权威性，提高刑事审判工作的质量。反之，量刑不当，无论是当罚不罚、重罪轻判，还是不当罚而罚、轻罪重判，都会直接影响我国刑法任务和刑罚目的的实现，降低人民法院刑事审判工作的质量。前者将会导致犯罪人得不到应有的惩罚和教育，甚至还会助长犯罪分子的嚣张气焰，产生再次犯罪的邪念，削弱刑罚惩罚、威慑和改造犯罪分子的功能和作用；后者则会使无辜者被判处刑罚，酿成冤狱，或者是该轻判的没有轻判，从而不能使罪犯真正认罪服法，甚至还会使其产生抗拒心理，不利于罪犯的教育和改造。因此，人民法院在量刑上必须坚持严肃、认真、负责的态度，真正做到罪刑相适应，罚当其罪，确保量刑的公正无误。

第二节　量刑原则

量刑的基本原则是整个刑事审判活动必须遵循的基本准则。要达到量刑适当，实现刑法的任务和刑罚的目的，就必须以量刑的基本原则作指导。我国刑法典第 61 条规定："对于犯罪分子决定刑罚的时候，应当根据犯罪的事实，犯罪的性质、情节和对于社会的危害程度，依照本法的有关规定判处。"这就是我国刑法规定的量刑的基本原则。它是"以事实为根据，以法律为准绳"这一社会主义法制原则在量刑问题上的具体体现，也是人民法院长期以来量刑工作的科学总结。因此，根据刑法的规定，要做到正确量刑，必须遵循两项基本原则：量刑必须以犯罪事实为根据；量刑必须以刑法规定为准绳。

一、量刑必须以犯罪事实为根据

量刑以犯罪事实为根据，是指人民法院在对犯罪分子裁量决定刑罚时，必须以客观存在的与犯罪构成有关的一切实际情况为根据。贯彻量刑以犯罪事实为根据这一原则，包括以下几方面内容。

（一）查清犯罪事实

犯罪事实有广义与狭义之分。广义的犯罪事实包括刑法典第 61 条所指的"犯罪的事实，犯罪的性质、情节和对于社会的危害程度"，即客观存在的案件的一切事实情况。

狭义的犯罪事实，仅指犯罪构成的基本事实，即犯罪主体、主观方面、客观方面、客体的各种情况。例如，行为人是否达到刑事责任年龄、具备刑事责任能力，主观上是否具有罪过，犯罪侵犯的客体和对象是什么，造成何种危害后果，行为与危害后果之间是否存在因果关系等。审判人员量刑时首先要考察犯罪构成的基本事实是否存在，这是准确认定犯罪性质和正确适用刑罚的前提。另外，还应考察其他能够影响行为的社会危害程度的事实，如犯罪的动机、手段，犯罪的时间、地点等。这些事实虽非犯罪构成要件，不影响犯罪的性质，但对于确定犯罪的社会危害程度，仍有重要作用。

（二）认定犯罪性质

犯罪性质，是指犯罪行为具备刑法规定的哪一种犯罪的构成要件，应定什么罪名。所谓定性准确，主要是指确定罪名要准确。在查清犯罪构成基本事实的基础上，进而明确犯罪的性质是正确量刑所必需的。我国刑法分则将所有犯罪划分为十大类，最高人民法院根据刑法分则确定了 400 余种罪名。各种犯罪都有其质的规定性，如同是剥夺他人生命，过失致人死亡和故意杀人的性质不同；同是非法占有他人财物，抢劫罪与侵占罪的性质迥异。准确认定犯罪的性质就是准确认定犯罪的类别和具体罪名，只有准确地认定犯罪的性质，才能依照刑法的相应条款正确裁量刑罚。

（三）分析犯罪情节

犯罪情节是指犯罪构成基本事实以外的其他的能够影响行为的社会危害程度的各种具体事实情况。我国刑法典中的很多条文都含有影响量刑的情节。如第 232 条对故意杀人罪的规定："故意杀人的，处死刑、无期徒刑……情节较轻的，处三年以上十年以下有期徒刑。"相同的犯罪，由于情节不同，社会危害性大小也不同，人身危险性的大小也不一样。因此，所判刑罚也应当有所不同。例如，同是故意杀人罪，有的是蓄谋已久而实施，有的是在受到侮辱时由于激愤而实施，有的是为了灭口而实施，有的属于防卫过当，有的杀人手段极其残忍等。由于犯罪情节的多样性，决定了每个具体犯罪的特殊性，由此，我国刑法对每种犯罪都规定了一定的法定刑幅度，供审判人员根据每个案件的具体情节具体裁量适当的刑罚。由此可见，只有在正确定性的基础上，全面考察和分析犯罪的各种情节，并予以恰当的评价，才能对具体案件在法定刑幅度内裁量适当的刑罚。

（四）评价犯罪的社会危害程度

犯罪行为对社会的危害程度，是指犯罪行为对社会造成或者可能造成的损害。行为的社会危害性是犯罪的最本质的特征，是区分罪与非罪、重罪与轻罪的重要标志。相同性质的犯罪行为，其社会危害性并不完全相同，如同是故意伤害罪，有的致人重伤，有的致人死亡；同是没有出现死亡结果的故意杀人罪，其犯罪中止与犯罪未遂的社会危害程度各不相同。全面考察行为的社会危害性的各种主观、客观因素，对于正确量刑是十分重要的。法官在分析犯罪行为的社会危害程度时，既要考察犯罪行为在客观上已经造成或者可能造成的危害，又要考察行为人的主观恶性，全面地考察犯罪的事实、性质、情节等一切与犯罪有关的实际情况，进行综合判断。只有全面而准确地评判犯罪的社会危害程度，才能据此确定相应的刑罚。

二、量刑必须以刑法规定为准绳

要做到量刑适当，还必须在事实清楚的基础上，严格依照刑法的有关规定，确定与罪行相适应的刑罚。我国刑法典第 61 条明确规定量刑要"依照本法的有关规定判处"。对此，要注意以下几点。

（一）依照刑法分则的规定量刑

即在刑法分则所确定的刑种和量刑幅度内来确定应当判处的刑罚。我国刑法采用的是相对确定的法定刑，每一犯罪的法定刑都有一个轻重不等的幅度。因此，法官要根据犯罪的社会危害程度和犯罪人的人身危险性大小来选择适用刑罚。但无论怎样选择，都必须在刑法分则条文规定的法定刑的幅度内，不能超出。例如，刑法典第 252 条规定："隐匿、毁弃或者非法开拆他人信件，侵犯公民通信自由权利，情节严重的，处一年以下有期徒刑或者拘役。"本条只规定了两个可供选择的刑种——有期徒刑或者拘役，那么，对侵犯通信自由罪的犯罪人，就不能超出一年以下有期徒刑或者拘役。我国刑法中的有期徒刑，通常有较大的量刑幅度，这就给法官进行刑罚裁量留下了较大余地。但是，法官在量刑时不得超越刑法所设定的界限。例如，刑法典第 353 条第 2 款规定："强迫他人吸食、注射毒品的，处三年以上十年以下有期徒刑，并处罚金。"因此，对于犯强迫他人吸毒罪的犯罪人，判处刑罚时，只能在"三年以上十年以下"这一幅度内裁量。

（二）依照刑法总则关于法定情节的规定量刑

决定从重、从轻、减轻和免除处罚，应严格以刑法规定为准。从重、从轻、减轻和免除处罚，必须是针对法定的对象，并在法定的范围内从重、从轻、减轻和免除处罚。如对于盲人或聋哑人、自首或立功的人、预备犯、中止犯、未遂犯、主犯、从犯、胁从犯、教唆犯、累犯以及防卫过当等，都要依照刑法总则的规定量刑。

（三）依照刑法总则规定的有关原则和制度量刑

对犯罪人量刑时，既要依据刑法分则规定的法定刑，同时还必须根据刑法总则有关刑罚适用的原则和制度来裁量刑罚。例如，刑法总则规定对于犯罪时不满 18 周岁的人和审判时怀孕的妇女，不适用死刑；对于累犯不得宣告缓刑；对于危害国家安全的犯罪分子，应当附加剥夺政治权利；对于被判处死刑、无期徒刑的罪犯，应当附加剥夺政治权利终身；关于数罪并罚的规定；关于缓刑、减刑、假释以及时效的规定等，量刑时都必须遵照执行。

第三节　量刑情节

量刑情节，亦称刑罚裁量情节，是指人民法院在对犯罪分子量刑时，作为决定判处刑罚轻重或免除处罚所根据的各种情况。这里所说的"作为决定判处刑罚轻重或免除处罚所根据的各种情况"，是指人民法院在刑罚裁量的过程中，依据这些情况，可以对犯罪分子做出"从重"、"从轻"、"减轻"、"免除"处罚的决定。根据不同的标准，量刑情节可以分为不同的种类。

一、法定情节与酌定情节

以刑法中是否有明文规定为标准，可将量刑情节分为法定情节与酌定情节。

（一）法定情节

法定情节，是指刑法明文规定的，在量刑时必须予以考虑的各种犯罪事实情况。它既包括刑法总则规定的对各种犯罪共同适用的情节，又包括刑法分则规定的对特定犯罪适用的情节。法定情节共四种，即从重、从轻、减轻和免除处罚。

1. 从重处罚，是指在法定刑幅度内，对犯罪分子适用相对较重的刑种或者相对较长的刑期。其含义包括两方面：第一，当一个罪在法条中规定了几个轻重不同的刑种时，如果犯罪人具有法定从重的情节，则应对其选择适用较重的刑种。例如，刑法典第 238 条对非法拘禁罪规定了"三年以下有期徒刑、拘役、管制或者剥夺政治权利"几个刑种，如果行为人具有殴打、侮辱情节的，便具备了本条规定的从重处罚情节。从本条规定来看，对行为人就应选择"三年以下有期徒刑"这一刑种。第二，当一个罪在一个法条中规定了一定的量刑幅度时，如果犯罪人具有法定从重处罚的情节，则应对其选择适用较长的刑期。例如，刑法典第 236 条第 2 款规定："奸淫不满十四周岁的幼女的，以强奸论，从重处罚。”该条第1款对强奸罪规定了“三年以上十年以下有期徒刑”。因此，对奸淫幼女的犯罪分子，应对其选择适用较长的刑期。

2. 从轻处罚，是指在法定刑幅度内，对犯罪分子选择适用相对较轻的刑种或相对较短的刑期。同从重处罚一样，从轻处罚也包括两层含义：第一，当一个罪在一个法条中规定了几个轻重不同的刑种时，如果犯罪人具有法定从轻的情节，应选择适用较轻的刑种。例如，刑法典第27条规定，对从犯“应当从轻……处罚”，如果犯罪人作为从犯参与了倒卖文物的犯罪，并且情节不是特别严重，依照刑法典第326条的规定，对该犯罪人就应在本条规定的“五年以下有期徒刑或者拘役”这两个主刑中选择适用“拘役”这一刑种（附加刑仍应执行）。第二，当一个罪在一个法条中规定了一定的量刑幅度时，如果犯罪人具有法定从轻处罚的情节，则应选择适用较短的刑期。例如，未遂犯属于法定从轻或者减轻处罚的情节，如果某犯罪人触犯了刑法典第232条规定的故意杀人罪（未遂，情节较轻），那么此犯罪人就具有法定从轻处罚的情节，人民法院对其量刑就应在“三年以上十年以下有期徒刑”这一幅度中选择较短的刑期。

3. 减轻处罚，是指在法定刑以下判处刑罚。根据刑法典第63条的规定，减轻处罚的情节有两种：一种是法律明文规定的减轻处罚情节；另一种是犯罪人虽不具有法定的减轻处罚情节，但是根据案件的具体情况判处法定最低刑仍然过重的，经最高人民法院核准也可以减轻处罚（酌定的减轻处罚情节）。在“法定刑以下判处刑罚”包括两种情况：（1）如果一个法条对某一犯罪规定有轻重不同的几个刑种，那么其中最轻刑种就是法定最低刑。如刑法典第258条对重婚罪规定了“处二年以下有期徒刑或者拘役”，本条中的拘役便是法定最低刑。减轻处罚时，就应减至适用拘役以下的管制。（2）如果一个条文中对某一犯罪只规定了从低到高的有期徒刑的量刑幅度，那么最低的量刑幅度便是法定最低刑。如刑法典第263条对抢劫罪规定了“三年以上十年以下有期徒刑”，其法定最低刑为3年有期徒刑，减轻处罚时，就应减至适用3年以下有期徒刑，但不得少于6个月。需要指出，减轻处罚不能无限制地减到免于处罚。因为减轻处罚和免于处罚是两种不同的法定量刑情节，不得混淆。

4. 免除处罚，亦称免予刑事处分，是指对犯罪人作有罪宣告，但免除刑事处罚。免除处罚是以行为人的行为构成犯罪，应受刑事处罚为前提条件，只是因为情节轻微，不需要判处刑罚，或存在其他免除处罚的情节，才免除处罚。免除处罚与刑法典第13条规定的“情节显著轻微危害不大的，不认为是犯罪”有着本质区别。前者构成犯罪，本应受处罚，只是有条件地不予处罚；后者不构成犯罪，不存在刑事责任，不应受处罚。免除处罚并不意味对其不作任何处理。依照刑法典第37条规定，如予以训诫或者责令具结悔过、赔礼道歉、赔偿损失，或者由主管部门予以行政处罚或者行政处分。

上述四种情节，从对量刑影响力的大小分为从重、应当从轻、应当减轻、应当免除的情节和可以从轻、可以减轻、可以免除处罚的情节。前者是绝对的，人民法院量刑时必须严格执行，否则即属违法；后者是相对的，由人民法院选择适用。刑法典对于法定量刑情节的规定比较分散，为便于掌握，将这些情节整理归纳如下。

1. 从重处罚的情节。

（1）教唆不满18周岁的人犯罪的；（2）累犯；（3）与境外机构、组织、个人相勾结实施分裂国家、武装叛乱、颠覆政府等犯罪行为的；（4）掌握国家秘密的国家工作人员犯判逃罪的；(5) 伪造、出售伪造的增值税专用发票集团的首要分子；(6) 奸淫不满 14 周岁的幼女的；(7) 猥亵儿童的；(8) 国家工作人员利用职权犯非法拘禁罪的；(9) 国家工作人员利用职权非法拘禁他人，索取债务的；(10) 国家工作人员犯诬告陷害罪的；(11) 暴力取证致人伤残、死亡的；(12) 监管人员虐待、殴打或支使、纵容他人殴打被监管人员，致人伤残、死亡的；(13) 邮电工作人员非法开拆他人邮件盗取财物的；(14) 引诱未成年人参加聚众淫乱活动的；(15) 司法人员妨碍证人作证的；(16) 利用、教唆未成年人走私、贩卖、运输、制造毒品的；(17) 缉毒或其他国家工作人员包庇毒犯的；(18) 引诱、教唆、欺骗、强迫未成年人吸毒的；(19) 旅馆、饮食服务业、文化娱乐业、出租汽车业等单位的主要负责人，利用本单位的条件，组织、强迫、引诱、容留、介绍他人卖淫的；(20) 制作、复制淫秽的电影、录像等音像制品组织播放的，依照组织播放淫秽音像制品罪从重处罚；(21) 向不满 18 周岁的未成年人传播淫秽物品的；(22) 挪用救灾、抢险、防汛、优抚、救济款物归个人使用的；(23) 国家工作人员利用职务上的便利，索要他人财物的，按受贿罪从重处罚。

2. 应当减轻处罚的情节。

犯罪中止，造成损害的。

3. 应当从轻或者减轻处罚的情节。

已满 14 周岁不满 18 周岁的人犯罪的。

4. 应当减轻处罚或者免除处罚的情节。

(1) 防卫过当，造成危害后果的；(2) 避险过当，造成危害后果的；(3) 自首又有重大立功表现的。

5. 应当从轻、减轻处罚或者免除处罚的情节。

共同犯罪中的从犯。

6. 应当免除处罚的情节。

中止犯，没有造成危害后果的。

7. 可以从轻或者减轻处罚的情节。

(1) 未完全丧失行为能力的精神病人造成危害后果的；(2) 对于未遂犯，可以比照既遂犯从轻或者减轻处罚；(3) 被教唆者没有犯被教唆之罪的，对教唆犯，可以从轻或者减轻处罚；(4) 犯罪以后自首的；(5) 有立功表现的。

8. 可以减轻处罚或者免除处罚的情节。

(1) 在我国领域外犯罪，但在外国已经受过刑罚处罚的；(2) 有重大立功表现的；(3) 行贿人在被追诉前，主动交待其行贿行为的；(4) 介绍贿赂人在被追诉以前，主动交待其介绍贿赂行为的。

9. 可以免除处罚的情节。

(1) 犯罪以后自首，而罪行较轻的；(2) 非法种植罂粟或者其他毒品原植物，收获前自动铲除的。

10. 可以从轻、减轻处罚或者免除处罚的情节。

(1) 又聋又哑的人或者盲人犯罪的；(2) 对于预备犯，可以比照既遂犯从轻、减轻处罚或者免除处罚。

（二）酌定情节

酌定情节是指法律没有明文规定，由人民法院根据立法精神和审判实践，灵活掌握的对量刑有影响的事实情况。虽然酌定情节并不必然影响刑罚的适用，但对公正地适用刑罚也具有重要意义，因而在量刑过程中也予以考虑。酌定情节也有四种：酌情从重、酌情从轻、酌情减轻、酌情免除。

根据我国刑事司法实践，量刑时须考虑的酌定情节主要有以下几种。

1. 犯罪动机。犯罪动机反映出犯罪人主观恶性程度。例如，同是盗窃行为，其动机有的出于挥霍享受，有的出于生活困难。前者的主观恶性和社会危害性和大于后者，量刑时前者应当重于后者。

2. 犯罪手段。犯罪手段不同，其社会危害性和主观恶性也不同。如同是杀人，以残忍手段杀人比以普通方式杀人的社会危害性和主观恶性要大得多。因此，对于前者应处以较重的刑罚。

3. 犯罪的时间、地点。犯罪的时间、地点在某些情况下，也能影响行为的社会危害程度。如在抗灾期间盗窃救灾物质，与平时的盗窃行为相比，前者的社会危害性显然大于后者，因而对前者应予从重处罚。

4. 犯罪对象。犯罪对象情况如何，也反映出行为的社会危害性和行为人的主观恶性。如强奸孕妇比强奸一般妇女的社会危害性严重，量刑时对前者应处以较重的刑罚。

5. 犯罪造成的实际危害结果。犯罪危害结果直接反映行为的社会危害程度。在其他犯罪情节相同的情况下，危害结果越重，裁量刑罚就应从重，危害结果越轻，裁量刑罚就应从轻。

6. 犯罪人的一贯表现。犯罪人的一贯表现，主要是指与其犯罪行为有关的思想品德、工作态度、生活态度等，它能显现犯罪人的人身危险性和主观恶性。如一个品行不正、好逸恶劳、多次受处罚的人和一个平时表现良好、初次犯罪的人相比，前者改造的难度显然比后者大，对前者的处刑应重于后者。

7. 犯罪后的态度。犯罪后的态度如何，反映出犯罪人的主观恶性和改造难易程度。如果犯罪人犯罪后如实坦白交代犯罪事实，或积极采取挽救措施，或真诚认罪悔罪，或主动退赃等，说明其主观恶性较小，也易于改造；如果犯罪人拒不悔罪认罪，负隅顽抗，甚至订立攻守同盟，毁灭罪证，畏罪潜逃，则说明其主观恶性较大，也难以改造。因而，量刑时应根据犯罪后的态度予以区别对待。

以上的量刑情节在刑法中虽未明确规定，但这些酌定情节从不同方面反映着犯罪的社会危害性和行为人的人身危险性，因而，人民法院在刑罚裁量中，应给予充分考虑。

二、从宽情节与从严情节

以对犯罪人所处刑罚的轻重为标准，可将量刑情节分为从宽量刑情节与从严量刑情节。从宽量刑情节是指人民法院在量刑时对犯罪人处以较轻的刑罚的情节；从严量刑情节，是指对犯罪人处以较重的刑罚的情节。

（一）从宽量刑情节

根据刑法规定，从宽处罚的量刑情节可分为从轻、减轻和免除三个等级。在我国刑法中，只有极少数条文规定的从宽量刑情节为一个从宽等级，大多数从宽量刑情节都包括了两个或三个从宽等级。例如，刑法典第 22 条第 2 款规定：“对于预备犯，可以比照既遂犯从轻、减轻处罚或者免除处罚。”这里，预备犯既是可以从轻处罚的情节，又是可以减轻和免除处罚的情节。

（二）从严量刑情节

在我国刑法中，从严处罚的量刑情节仅指从重处罚的规定。根据刑法典第 62 条规定，从重处罚是指在法定刑的限度以内判处较重的刑罚。既可以在规定的几个刑种中选择一个较重或者最重的刑种，也可以在某一刑罚幅度内判处较长或者最长的刑期。但不允许判处高于法定最高刑的刑罚。在我国刑法中，从严量刑的情节也较多，例如，刑法典第 279 条第 2 款规定：“冒充人民警察招摇撞骗的，依照前款的规定从重处罚。”

此外，以情节对量刑结果是否产生必然影响为标准，可将量刑情节分为“应当”量刑情节和“可以”量刑情节。

第二十章　量刑制度

第一节　累　犯

一、累犯的概念

累犯是指因犯罪受过一定刑罚处罚，在刑罚执行完毕或者赦免以后的法定期限内又犯一定之罪的犯罪分子。对累犯从严惩处，是当代世界各国重要的刑罚裁量制度之一。

累犯，从犯罪形态上说，是重新犯罪的一种，它反映出犯罪人具有更深的主观恶性和更大的人身危险性，从而决定了犯罪的社会危害性也更为严重。对于这种具有较大再犯可能性的犯罪分子，理应从重处罚。

累犯不同于惯犯。累犯与惯犯相同之处，即在犯罪次数上都具有多次性，主观方面都是故意犯罪。但两者又有显著区别：第一，只有经过有期徒刑以上刑罚执行完毕或者赦免以后的犯罪人，才能构成累犯；而构成惯犯，则没有此方面的限制性条件。第二，累犯是在前罪刑罚执行完毕或者赦免以后的法定期限内又犯一定之罪；而惯犯则是在一定时间内反复多次实施同种犯罪行为。第三，累犯的前后两罪中，前罪已受过一定刑罚处罚，而后罪尚未处罚，从重处罚是就后罪而言的；惯犯是在一段时间里反复多次实施的犯罪，均未经处理。第四，累犯是法定从重处罚的量刑制度，而惯犯则不是法定从重处罚的量刑制度。

累犯不同于再犯。所谓再犯，是指犯罪经判决后又犯罪的犯罪人。再犯的后犯之罪既可发生在前罪刑罚执行期间，也可发生在刑满释放之后。累犯与再犯的相同之处在于犯罪次数都是二次以上。两者的区别在于：第一，构成累犯，必须前后两罪所判的刑罚都是有期徒刑以上；而再犯的前后两罪所判刑罚无轻重的限制，只要受过刑罚处罚又犯罪的即为再犯。第二，累犯所犯后罪，必须是在前罪刑罚执行或赦免以后的法定期限内实施的；而再犯的前后两罪之间并无时间上的限制，服刑期间或刑满释放后的任何时间又犯罪的，均属再犯。第三，累犯前后两罪都必须是故意犯罪；而再犯的前后两罪，主观方面无限制，既可以均为故意或过失，也可以一罪是故意另一罪是过失。

二、累犯的构成条件

我国刑法将累犯分为一般累犯和特别累犯两类。

（一）一般累犯

根据刑法典第 65 条规定，一般累犯，是指被判处有期徒刑以上刑罚的犯罪分子，在刑罚执行完毕或者赦免以后，在 5 年内再犯应当判处有期徒刑以上刑罚之罪的犯罪分子。其构成条件是：

1．前罪与后罪都是故意犯罪。这是构成累犯在主观方面必须具备的条件。如果前罪和后罪都是过失犯罪，或者其中一罪是过失犯罪，则不能构成累犯。之所以如此，一方面是实现我国刑法任务的要求；另一方面，体现了我国刑法对累犯范围从严控制的精神。

2. 前罪被判处的刑罚和后罪应当判处的刑罚，都必须在有期徒刑以上。这是构成累犯的犯罪轻重程度的要求。如果前罪被判处的刑罚在有期徒刑以下，如判处拘役、管制或其他独立适用的附加刑，后罪虽然应当判处有期徒刑以上刑罚，也不能构成累犯；反之，如果前罪虽然被判处有期徒刑以上刑罚，但后罪只应当判处有期徒刑以下刑罚，同样不能构成累犯。应当注意，这里所说的“被判处有期徒刑以上刑罚”，是指人民法院最后确定宣告的刑罚，包括有期徒刑、无期徒刑和死缓。而“应当判处有期徒刑以上刑罚”，是指根据后罪社会危害性的大小，实际上应当判处有期徒刑以上刑罚，而不是指该罪的法定刑中包括有期徒刑以上的刑罚。如果将应当判处有期徒刑以上刑罚之罪，理解为所犯之罪的法定刑中包括有期徒刑以上刑罚，则势必会无限制地扩大累犯的范围，这就违背了我国刑法中累犯制度的基本精神。

3. 后罪发生在前罪刑罚执行完毕或者赦免以后5年内。这是构成累犯的时间界限。所谓刑罚执行完毕，是指主刑执行完毕，不包括附加刑在内。主刑执行完毕5年内又犯罪，即使附加刑未执行完毕，不影响累犯的构成。所谓赦免，在我国实际上是指特赦。我国刑法以刑罚执行完毕或赦免后5年内再犯罪，作为构成累犯的时间界限。如果后罪发生在前罪的刑罚执行期间，则不构成累犯，而应适用数罪并罚；如果后罪发生在前罪的刑罚执行完毕或者赦免5年以后，也不构成累犯。

被假释的犯罪分子，如果在假释考验期内又犯新罪，不构成累犯，因为假释是有条件地提前释放，而不是刑罚已经执行完毕，对此应当撤销假释，实行数罪并罚；如果在假释考验期满5年以内又犯新罪，则构成累犯，因为假释考验期满就认为原判刑罚已经执行完毕；如果是在假释考验期满5年以后再犯新罪，则不构成累犯。

被判处有期徒刑宣告缓刑的犯罪分子，在缓刑考验期满5年以内又犯罪，不能构成累犯。因为缓刑是附条件地不再执行原判刑罚，只要在缓刑考验期内不犯新罪，缓刑考验期满，原判刑罚就不再执行，而不是“刑罚已经执行完毕”。既然前罪刑罚没有执行，构成累犯的必要条件就不完备，当然就构不成累犯。

前罪已受外国刑罚处罚，在我国又犯新罪，能否构成累犯？有人认为，所谓刑罚执行完毕，是指在我国的有罪判决和刑罚执行完毕，我国刑法原则上不承认外国法院的判决。因此，犯罪人在国外犯罪受过刑罚处罚，又在我国犯罪的，不能认为具有构成累犯的条件。我们认为，对此应作具体分析。如果前罪虽然受到外国刑罚处罚，但该行为并未触犯我国刑法，则不符合我国刑法中累犯的构成条件；如果犯罪人受到外国刑罚处罚的前罪，依照我国刑法也应当负刑事责任，我国可以承认其已执行过刑罚，如犯罪人被判处并执行的刑罚为有期徒刑以上，则可以依照我国刑法再行处理。即犯罪人在前罪刑罚执行完毕或赦免后5年内，在我国又实施了应当判处有期徒刑以上刑罚之罪的，可以构成累犯。

（二）特别累犯

根据刑法典第66条规定，特别累犯，是指因犯危害国家安全罪受过刑罚处罚，在刑罚执行完毕或者赦免以后，在任何时候再犯危害国家安全罪的犯罪分子。其构成条件是：

1. 前罪与后罪必须都是危害国家安全罪。如果前后两罪中有一个是普通刑事犯罪，就不能构成特别累犯。符合一般累犯的法定构成条件的，可以一般累犯来处罚。

2. 前罪所判处的刑罚和后罪应判处的刑罚的种类及其轻重不受限制。即使前后两罪或者其中一罪判处了管制、拘役或者单处某种附加刑，也不影响特别累犯的构成。

3. 前罪的刑罚执行完毕或者赦免以后，任何时候再犯危害国家安全罪，即构成特别累犯，也就是说，构成特别累犯，不受前后两罪间隔时间的限制。

三、累犯的处罚原则

累犯比起初犯，其所实施的犯罪行为具有更为严重的社会危害性。因为这些犯罪分子已经受过刑罚处罚，但他们仍不悔改，在刑罚执行完毕或者赦免以后的5年以内，又犯性质比较严重的罪，表明其主观恶性甚深，人身危害性大，改造比较难，只有判处较重的刑罚，才能有效地对他们进行改造，达到预防犯罪的目的。

我国刑法规定，对于累犯，应当从重处罚。在司法实践中适用对累犯的从重处罚原则，应从以下几点把握。

1. “应当”从重处罚，即只要犯罪分子构成累犯，就必须对其在法定刑幅度以内处以较重的刑罚。

2. 对于累犯应当比照初犯从重处罚，即对累犯从重处罚，并不是无原则的、无限制的从重处罚，而应参照初犯的刑罚。当累犯所实施的犯罪行为与某一初犯实施的犯罪行为在性质、情节、社会危害程度等方面基本相似的情况下，对累犯处以比初犯较重的刑罚。

3. 对累犯从重处罚并非一律判处法定最高刑，而是必须根据其所实施的犯罪行为的性质、情节和社会危害程度等诸种情况综合考虑。

4. 对于累犯，不适用缓刑和假释。刑法典第74条和第81条对此有明确规定。这是因为缓刑和假释的适用是以犯罪人具有悔罪表现，不致再危害社会为条件的。而累犯则是屡教不改，具有较大人身危险性的犯罪人，对累犯适用缓刑，不能保证社会的安全，也不利于对累犯的改造和刑罚特殊预防目的的实现。

第二节　自首与立功

自首与立功是我国刑罚裁量中的两项法定从宽处罚制度，也是两个重要的从宽处罚情节。它们是我国惩办与宽大相结合基本刑事政策的具体化、法律化。其对分化瓦解犯罪分子，给犯罪人提供一个弃暗投明的机会，促使他们认罪服法，改过自新，使案件能够及时侦破和处理，达到一般预防和特殊预防的目的，具有重要意义。

一、自首的概念和意义

根据刑法典第67条的规定，自首是指犯罪分子犯罪以后自动投案，如实供述自己的罪行的行为，或者被采取强制措施的犯罪嫌疑人、被告人和正在服刑的罪犯，如实供述司法机关还未掌握的本人其他罪行的行为。我国刑法规定的自首制度，是以惩办与宽大相结合的刑事政策为根据的一种刑罚裁量制度，表明我国刑法在相应的基础上追求刑罚的功利效果，即在惩罚犯罪的基础上，通过自首从宽原则的实施，获得有利于国家、社会的预防犯罪效果。

自首的实质，在于犯罪人基于本人的意志而将自己交付国家追诉其刑事责任。由自首的实质及其所反映的自首犯人身危险性的特征出发，刑法根据惩办与宽大相结合的刑事政策和刑罚个别化的原则设置了自首制度，并确定了自首从宽的原则。

刑法设置的自首制度及其所确立的对自首犯从宽处罚的原则，具有重要的意义。第一，它对于分化瓦解犯罪分子，鼓励犯罪分子主动投案，使其改过自新，不隐匿在社会上继续为非作歹，起着积极的作用。第二，它有利于尽快侦破刑事案件，及时惩治犯罪，提高刑事法律在打击和预防犯罪中的功效。第三，它是兼顾惩罚犯罪和教育改造罪犯的刑罚重要功能的刑罚裁量制度，使刑罚目的的实现过程在一定程度上，因犯罪人的自动归案而拓展到犯罪行为实施之后，定罪量刑之前的阶段，促使罪犯的自我改造更早开始。

二、自首的种类及其成立条件

根据刑法典第 67 条的规定，自首分为一般自首和特别自首两种。其中，一般自首，是指犯罪分子犯罪以后自动投案，如实供述自己罪行的行为。特别自首，亦称准自首、余罪的自首，是指被采取强制措施的犯罪嫌疑人、被告人和正在服刑的罪犯，如实供述司法机关还未掌握的本人其他罪行的行为。根据刑法的规定，一般自首与特别自首的成立条件有所不同。

根据刑法典第 67 条第 1 款的规定，成立一般自首必须具备以下条件。

（一）自动投案

所谓自动投案，是指犯罪人在犯罪之后，归案之前，基于本人的意志而向有关机关或个人承认自己实施了犯罪，并自愿置于有关机关或个人的控制之下，等候进一步交代犯罪事实，并最终接受国家的审查和裁判的行为。对此，可从以下四个方面加以理解和把握。

1. 投案行为必须发生在犯罪人尚未归案之前。这是对自动投案的时间限定。根据最高人民法院司法解释，自动投案，是指犯罪事实或者犯罪嫌疑人未被司法机关发觉，或者虽被发觉，但犯罪嫌疑人尚未受到讯问、未被采取强制措施时，主动、直接向公安机关、人民检察院或者人民法院投案。此外，犯罪嫌疑人向其所在单位、城乡基层组织或者其他有关负责人员投案的；犯罪嫌疑人因病、伤或者为了减轻犯罪后果，委托他人先代为投案，或者先以书信、电报投案的；罪行尚未被司法机关发觉，仅因形迹可疑，被有关组织或者司法机关盘问、教育后，主动交代自己的罪行的；犯罪后逃跑，在被通缉、追捕过程中，主动投案的；经查实确已准备去投案，或者正在投案途中，被公安机关捕获的，应当视为自动投案。

2. 必须是基于犯罪分子本人的意志而自动归案。这是认定自动投案是否成立的关键条件。也即犯罪分子的归案，并不是由于违背犯罪分子本意的原因所造成的。必须注意，犯罪分子自动投案的动机是多种多样的，有的出于真诚悔罪，有的慑于法律的威严，有的为了争取宽大处理，有的潜逃在外无生存条件，有的经亲友规劝而醒悟，等等。但不同的动机，并不影响归案行为的自动性。根据司法解释，并非出于犯罪嫌疑人主动，而是经亲友规劝、陪同投案的；公安机关通知犯罪嫌疑人的亲友，或者亲友主动报案后，将犯罪嫌疑人送去投案的，也应当视为自动投案。

3. 必须向有关机关或者个人承认自己实施了特定犯罪。此为自动投案的对象和具体方式。对此应从两个方面加以把握：第一，自动投案，一般要求犯罪分子直接向公安机关、检察机关或者人民法院投案。对于犯罪分子向其所在单位、城乡基层组织或者其他有关负责人投案的，也应视为投案。第二，投案之后必须向有关机关、单位、组织或个人承认自己所犯特定之罪。而且不能仅空泛地承认犯罪，而是必须承认自己实施了特定犯罪或承认某一特定犯罪系自己所为。

4. 必须自愿置于有关机关或个人的控制之下，等候进一步交代犯罪事实，接受国家司法机关的审查和裁判。此为自动投案的基本构成要素，也是自首成立的其他条件的前提。所谓审查，主要是指公安机关、检察机关和人民法院针对刑事案件而进行的审理、查证等诉讼活动；所谓裁判，是指人民法院在审查的基础上对犯罪人定罪量刑所作的判决或裁定。犯罪分子自动投案后，必须听候、接受司法机关的侦查、起诉和审判，不能逃避，才能最终成立自首。犯罪分子将自己的人身置于司法机关的现实控制之下，是其悔罪的具体表现，也是国家对其从宽处理的重要根据。犯罪人归案之后，无论在刑事诉讼的侦查阶段、起诉阶段还是审判阶段，逃避司法机关现实控制的，都是不接受国家审查、裁判的行为，不能成立自首。根据司法解释，犯罪嫌疑人自动投案后又逃跑的，不能认定为自首。在认定自动投案的这一重要内容时，需要注意三方面的问题：(1) 犯罪人自动投案并供述罪行后又隐匿、脱逃的，或者自动投案并供述罪行后又推翻供述，意图逃避制裁的，或者委托他人代为自首而本人拒不到案的，等等，都属于拒不接受国家审查和裁判的行为。(2) 犯罪人自动投案并如实供述罪行后，为自己进行辩护，或者提出上诉，或者补充更正某些事实，这都是法律赋予被告人的权利，应当允许，不能视为拒不接受国家审查和裁判。(3) 在司法实践中，有的犯罪人匿名将赃物送回司法机关或原主，或者用电话、书信等方式匿名向司法机关报案或指出赃物所在。此类行为并没有将自身置于司法机关的控制之下，没有接受国家审查和裁判的诚意，因而不能成立自首。但这种主动交出赃物的行为，是悔罪的表现之一，处理时可以酌情适当从宽处罚。

(二) 如实供述自己的罪行

犯罪分子自动投案之后，只有如实供述自己的罪行，才表明其认罪服法，为司法机关追诉其所犯罪行提供客观根据，使追究犯罪人刑事责任的诉讼活动得以顺利进行。因此，如实地供述自己的罪行，是自首的本质特征，也是自首成立的必备条件。对自首成立的这一条件，应从以下三方面加以把握。

1. 投案人所供述的必须是犯罪的事实。

2. 投案人所供述的必须是自己的犯罪事实，即由自己实施，并由自己承担刑事责任的罪行，而不是他人的罪行。投案人所供述的犯罪，既可以是投案人单独实施的，也可以是与他人共同实施的；既可以是一罪，也可以是数罪。根据司法解释，犯有数罪的犯罪嫌疑人仅如实供述所犯数罪中部分犯罪的，只对如实供述部分犯罪的行为，认定为自首。共同犯罪案件中的犯罪嫌疑人，除如实供述自己的罪行外，还应当供述所知的同案犯，主犯则应当供述所知其他同案犯的共同犯罪事实，才能认定为自首。

3. 投案人必须如实供述所犯罪行，即犯罪分子应按照实际情况彻底供述所实施的罪行。根据司法解释，如实供述自己的罪行，是指犯罪嫌疑人自动投案后，如实交代自己的主要犯罪事实。如果犯罪人在供述犯罪的过程中推诿罪责，保全自己，意图逃避制裁；包揽他人罪行，庇护同伙；歪曲罪质，隐瞒情节，企图蒙混过关；掩盖真相，避重就轻，试图减轻罪责，等等，均属不如实供述自己的犯罪事实，不能成立自首。此外，根据司法解释，犯罪嫌疑人自动投案并如实供述自己的罪行后又翻供的，不能认定为自首；但在一审判决前又能如实供述的，应当认定为自首。

根据刑法典第 67 条第 2 款的规定，成立特别自首，应当具备以下条件。

1. 成立特别自首的适用对象必须是被采取强制措施的犯罪嫌疑人、被告人和正在服刑的罪犯。其中，所谓强制措施，是指我国刑事诉讼法规定的拘传、拘留、取保候审、监视居住和逮捕。所谓正在服刑的罪犯，是指已经人民法院判决，正在执行所判刑罚的罪犯。除上述法律规定的三种人以外的犯罪分子，不能成立特别自首。

2. 必须如实供述司法机关还未掌握的本人其他罪行。所谓其他罪行，又称余罪，是相对于已被查获的罪行而言的，是指犯罪嫌疑人、被告人和服刑的罪犯被指控处理的罪行以外的犯罪。对此，应特别注意把握以下几点：(1) 所供述的必须是司法机关还未掌握的罪行，也即司法机关不了解的犯罪事实。(2) 所供述的必须是本人的罪行，也即必须供述犯罪人本人实施的犯罪事实。(3) 所供述的罪行与司法机关已掌握的罪行在罪名上是否一致，其法律后果有所不同。根据司法解释，被采取强制措施的犯罪嫌疑人、被告人和正在服刑的罪犯，如实供述司法机关还未掌握的本人其他罪行的法律后果，分为两种：一是被采取强制措施的犯罪嫌疑人、被告人和已宣判的罪犯，如实供述司法机关尚未掌握的罪行，与司法机关已掌握的或者判决确定的罪行属不同罪行的，以自首论。二是被采取强制措施的犯罪嫌疑人、被告人和已宣判的罪犯，如实供述司法机关尚未掌握的罪行，与司法机关已掌握的或者判决确定的罪行属同种罪行的，可以酌情从轻处罚；如实供述的同种罪行较重的，一般应当从轻处罚。

判断犯罪人如实供述所犯罪行的行为是否构成特别自首，除上述两个必备条件以外，还应特别注意的是，根据司法解释，1997 年 9 月 30 日以前被采取强制措施的犯罪嫌疑人、被告人或者 1997 年 9 月 30 日以前犯罪，1997 年 10 月 1 日以后仍在服刑的罪犯，如实供述司法机关还未掌握的本人其他罪行，适用刑法典第 67 条第 2 款的规定。

三、自首的认定

（一）共同犯罪自首的认定

对于共同犯罪人的自首，关键在于准确把握共同犯罪人“自己的罪行”的范围。根据刑法的规定，各种共同犯罪人自首时所要供述的“自己的罪行”的范围，与其在共同犯罪中所起的作用和具体分工是分不开的。

1. 主犯应供述的罪行的范围。主犯可分为首要分子和其他主犯。其中，首要分子必须供述其组织、策划、指挥下或支配下的全部罪行；其他主犯必须供述的罪行，包括在首要分子的组织、策划、指挥的支配下单独实施的共同犯罪行为，以及与其他共同犯罪人共同实施的犯罪行为。

2. 从犯应供述的罪行的范围。从犯分为次要的实行犯和帮助犯。次要的实行犯应供述自己实施的犯罪，以及与自己共同实施犯罪的主犯和胁从犯的犯罪行为；帮助犯应供述自己实施的犯罪帮助行为，以及自己所帮助的实行犯的行为。

3. 胁从犯应供述的罪行的范围，包括自己在被胁迫的情况下实施的犯罪，以及所知道的胁迫自己犯罪的胁迫人所实施的犯罪行为。

4. 教唆犯应供述的罪行的范围，包括自己的教唆行为，以及所了解的被教唆人产生犯罪意图之后实施的犯罪行为。

总之，共同犯罪人在自首时供述的罪行，包括自己实施的犯罪，以及自己确实了解的与自己的罪行密切相关的其他共同犯罪人的罪行。这是由共同犯罪的特性和自首的本质所决定的。

（二）数罪自首的认定

对于数罪的自首，关键在于判断犯罪人是否如实地供述了所犯数罪，然后分不同情况予以处理。首先，就一般自首而言，对于犯罪人自动投案后如实供述所犯全部数罪的，应认定为全案均成立自首。对于犯罪人自动投案后仅如实供述所犯全部数罪的一部分，而未供述其中另一部分犯罪的，应分别予以处理：若行为人所犯数罪为异种数罪的，其所供述的犯罪成立自首，其未交代的犯罪不成立自首，即自首的效力仅限于如实供述之罪。若行为所犯数罪为同种数罪，则应根据犯罪人供述犯罪的程度，决定自首成立的范围，其中，犯罪人所供述的犯罪与未供述的犯罪在性质、情节、社会危害程度等方面大致相当的，只应认定所供述之罪成立自首，未供述之罪不成立自首，即自首的效力同样仅限于如实供述之罪。犯罪人确实由于主客观方面的原因，只如实供述了所犯数罪中的主要或基本罪行，应认定为全案成立自首，即自首的效力及于所犯全部罪行。其次，就特别自首而言，被司法机关依法采取强制措施的犯罪嫌疑人、被告人和正在服刑的罪犯，如实供述司法机关还未掌握的本人非同种罪行的，以自首论；如实供述司法机关还未掌握的本人同种罪行的，分别不同情况，可以酌情或者一般应当从轻处罚。

（三）过失犯罪的自首

对于过失犯罪，主要涉及的问题是过失犯罪有无自首。在我国刑法学界，有人以过失犯罪的犯罪事实和犯罪人容易被发现为主要理由，主张刑法所规定的自首从宽制度不适用于过失犯罪，自首对于过失犯罪没有实际意义。还有人认为，我国刑法典第 67 条的规定，并未对可以成立自首的犯罪予以任何限制，即刑法分则规定的所有犯罪均未被排除在可以成立自首的犯罪之外。所以，行为人在实施过失犯罪之后，只要其行为符合自首成立的条件，就应认定为自首。我们同意后一种观点。

（四）自首与坦白的关系

所谓坦白，是指犯罪分子被抓捕归案后，如实交代自己被指控的犯罪事实，并接受国家司法机关审查和裁判的行为。自首与坦白在某些方面有着相同之处：（1）两者都以本人实施了犯罪行为为前提。（2）两者在犯罪人归案之后都能如实交代本人的犯罪事实。（3）两者的犯罪人都接受国家司法机关的审查和裁判。（4）两者都是从宽处罚的情节。自首与坦白的不同之处：（1）自首是犯罪人自动投案之后，主动如实供述本人犯罪事实的行为，或者被动归案以后，如实供述司法机关还未掌握的本人其他罪行的行为；而坦白则是犯罪人被动归案之后，如实交代本人被指控的犯罪事实。（2）自首与坦白所反映的犯罪人的人身危险性程度不同，自首犯的人身危险性相对较轻，坦白者的人身危险性相对较重。（3）自首是法定的从宽处罚情节，而坦白只是酌定的从宽处罚情节。（4）从宽处罚幅度不同，在一般情况下，由于自首犯的悔罪程度比坦白者的深，因此，自首比坦白的从宽处罚幅度要大。

四、自首犯的刑事责任

我国刑法典第 67 条第 1 款规定："对于自首的犯罪分子，可以从轻或者减轻处罚。其中，犯罪较轻的，可以免除处罚。"根据司法解释，对于自首犯适用该规定，具体确定从轻、减轻，还是免除处罚，应当根据犯罪轻重，并考虑自首的具体情节。据此，对于自首犯应分别不同情况予以从宽处罚。

1. 对于自首的犯罪分子，无论犯何罪，无论其罪行轻重，都可以从轻处罚或者减轻处罚。但对于极少数罪行极其严重的犯罪分子，也可以不从轻或者减轻处罚。

2. 对于犯罪较轻的自首犯，不仅可以从轻处罚或者减轻处罚，而且可以免除处罚。

另外，根据刑法典第 68 条第 2 款的规定，犯罪后自首又有重大立功表现的，应当减轻或者免除处罚。

具体是从轻处罚还是减轻处罚，首先要分清犯罪分子主观恶性的大小，其次应当对其犯罪的事实、性质、情节和对社会的危害程度进行综合分析。而自首的具体情节，则应综合考虑投案时间、投案动机、投案的客观条件、交代罪行的程度等多方面因素，得出评判结论。

除此之外，解决自首犯的刑事责任，还应注意以下问题。

1. 犯罪人犯有数罪，投案后仅如实供述一罪的，只对这一罪按自首从宽处罚。如果其如实供述主要罪行的，也可以对全案按自首处理。

2. 在共同犯罪案件中，对自首的，按自首处理；对未自首的，按未自首依法处理。

3. 对于被采取强制措施的犯罪嫌疑人、被告人和正在服刑的罪犯，如实供述司法机关还未掌握的本人非同种或者同种罪行的，应依照相关司法解释，分别不同情况予以论处。

五、立功

（一）立功的概念和意义

根据我国刑法典第 68 条的规定，所谓立功，是指犯罪分子揭发他人犯罪行为，查证属实的，或者提供重要线索，从而得以侦破其他案件等情形。立功制度与自首制度、累犯制度、数罪并罚制度等一样，都是重要的刑罚裁量制度。立功制度的依据与自首制度基本相同。

我国刑法确立的立功制度具有重要的意义。第一，它有利于司法机关侦破案件，查实犯罪行为，提高司法机关办理刑事案件的效率。第二，它对于分化瓦解犯罪势力，促使其他犯罪分子主动归案，起着积极的作用。第三，它通过对犯罪分子立功从宽处罚的结果，促使犯罪分子悔过自新、弃恶从善，从而更好地发挥刑罚的惩罚犯罪和教育改造罪犯的重要作用。

（二）立功的种类

根据刑法典第 68 条的规定，我国刑法中的立功分为一般立功和重大立功两种类型。这两种类型依法受到的从宽处罚程度是不同的。

根据司法解释，一般立功包括以下几种情形：犯罪分子检举、揭发他人犯罪行为，包括共同犯罪案件中的犯罪分子揭发同案犯共同犯罪以外的其他犯罪，经查证属实；在押期间阻止他人犯罪活动；协助司法机关抓捕其他犯罪嫌疑人（包括同案犯）；具有其他有利于国家和社会的突出表现的，应当认定为有立功表现。提供侦破其他案件的重要线索，经查证属实的。此外，司法解释还明确指出，共同犯罪案件中的犯罪分子到案后，揭发同案犯共同犯罪事实的，可以酌情予以从轻处罚。

根据司法解释，重大立功包括以下几种情形：犯罪分子检举、揭发他人重大犯罪行为，经查证属实；提供侦破其他重大案件的重要线索，经查证属实；在押期间阻止他人重大犯罪活动；协助司法机关抓捕其他重大犯罪嫌疑人（包括同案犯）；对国家和社会有其他重大贡献等表现的。前述所称“重大犯罪”、“重大案件”、“重大犯罪嫌疑人”的标准，一般是指犯罪嫌疑人、被告人可能被判处无期徒刑以上刑罚或者案件在本省、自治区、直辖市或者全国范围内有较大影响等情形。

认定犯罪分子的行为是否构成立功（包括一般立功和重大立功），除前述各种情形外，还应特别注意，根据司法解释，1997 年 9 月 30 日以前犯罪的犯罪分子，有揭发他人犯罪行为，或者提供重要线索，从而得以侦破其他案件等立功表现的，适用刑法典第 68 条的规定。

（三）犯罪分子立功后的刑事责任

根据刑法典第 68 条的规定，对立功的犯罪人应分别依照以下不同情况予以从宽处罚。

1．犯罪分子有一般立功表现的，可以从轻或者减轻处罚。

2．犯罪分子有重大立功表现的，可以减轻或者免除处罚。

3．犯罪分子犯罪后自首又有重大立功表现的，应当减轻或者免除处罚。

第三节　数罪并罚

一、数罪并罚的概念和意义

（一）数罪并罚的概念

数罪并罚，是世界各国刑事法律制度的重要内容之一，也是刑罚体系的基本制度之一。犯罪现象错综复杂，有一人犯一罪，也有一人犯数罪等情形。为此，我国刑法典第 69 条、第 70 条、第 71 条规定了数罪并罚的刑罚制度和法律适用的并罚方法。其设置的目的和价值在于对一行为人犯数罪予以罪刑相适应的科学的合理的处罚。

根据我国刑法总则对数罪并罚的具体规定，数罪并罚是指人民法院对一行为人在法定时间界限内所犯数罪进行分别定罪量刑，按照法定的并罚原则及刑期计算方法，决定其应执行的刑罚的制度。概言之，数罪并罚就是对一行为人所犯数罪合并处罚的制度。

数罪并罚的实质在于，依循一定准则，解决或协调行为人所犯数罪的各个宣告刑与执行刑之间的关系。因为在一行为人犯数罪的情形下，审判机关在刑罚裁量中，不仅要处理罪与刑的关系，即数种罪刑或数个罪刑与数个宣告刑的关系，而且还必须处理刑与刑之间的关系，即数个宣告刑与一个执行刑（主刑）的关系，以及主刑与附加刑的关系。受我国刑法所规定的刑罚种类及其性质、特点、适用和执行规则等因素的制约，以数罪为前提的数个宣告刑与罪犯的执行刑之间不是简单的对应关系，两者之间的关系必须依照特定规则予以确定，才能使一罪犯的各个宣告刑转化为具体有实施可能性、合理性的执行刑。这正是数罪并罚作为我国刑罚基本制度存在的合理性、必要性和重要性之处。

(二) 数罪并罚的特征

根据我国刑法的规定，数罪并罚具有以下三个特征。

1. 必须是一行为人犯有数罪。数罪并罚的事实前提是一个人犯有数罪。此处的数罪，是指独立的数罪或实质的数罪，而且必须是同一行为人所为。反过来说，一行为人犯有一罪或数罪形式，或者非共犯数行为人犯有数罪（各个行为人分别犯有一罪）均不在并罚之例。

就犯罪的罪过形式和故意犯罪的形态而言，一行为人所犯数罪，既可是故意犯罪，也可是过失犯罪；即可以单独形式犯罪，也可以共犯形式犯罪；既可表现为犯罪的完成形态（犯罪既遂），也可表现为犯罪的未完成形态（犯罪预备、犯罪未遂和犯罪中止）。至于怎样区分实质数罪（即应予并罚之数罪）与形式数罪（即不予并罚的数罪），我国刑法未作明确的规定。目前，刑法理论界借鉴古今中外刑事立法例和刑法学说，基本确定了以犯罪构成为标准来确定罪数，划分一罪与数罪。据此，实践中的近似数罪，但并非数罪或本为数罪，但刑法将其作为一罪来规定的情形，就不再适用数罪并罚。例如，一行为在刑法上规定为一罪或处理时作为一罪的情形，包括继续犯、想象竞合犯等；数行为在刑法上规定为一罪的情形，包括惯犯、结合犯等；数行为处理时作为一罪的情形，包括连续犯、牵连犯、吸收犯等。

2. 一行为人所犯数罪，必须发生在法定的时间界限之内。此特征为数罪并罚的时间条件。关于数罪并罚的范围，即适用并罚的数罪发生于何种期限之内，各国刑法的规定颇不相同。大致有三种规定：一是以宣判前所犯数罪为限；二是以判决确定前所犯数罪为限；三是以刑法执行完毕或赦免前所犯数罪为限。我国刑法关于数罪并罚适用期限的规定与上述三种规定有所区别。根据我国刑法规定，并非任何时候实质数罪都需数罪并罚，而是仅限于以下三种情况的数罪才适用数罪并罚。

(1) 判决宣告前一人犯数罪。

(2) 刑罚执行过程中发现被判刑的犯罪分子在判决宣告以前还有其他罪没有判决(有漏罪)。

(3) 判决宣告以后，刑罚执行完毕以前，被判刑的犯罪分子又犯有新罪。包括被宣告缓刑的犯罪分子在缓刑考验期限内再犯新罪的或者发现判决宣告以前还有其他罪没有判决的；被假释的犯罪分子在假释考验期内发现漏罪的或再犯新罪的。

3. 必须在对数罪分别定罪量刑的基础上，依照法定的并罚原则、范围与刑期计算方法决定执行的刑罚。

数罪并罚不是对数罪所判刑罚的简单相加，而是对犯罪分子所犯数罪，依照刑法的相关规定，一个罪一个罪地确定其罪名，量定刑罚，然后根据数罪并罚所应遵循的法定原则，决定应当执行的刑罚。

(三) 数罪并罚制度的意义

1. 数罪并罚有利于审判人员对犯罪分子判决适当的刑罚。如果没有数罪并罚制度的设置，在解决数罪的处罚上，往往采取“估堆”的方法，即对一个人所犯数罪，不是分别定罪量刑，而是总括地、综合地加以考虑，决定其执行的刑罚。此种做法难以把握刑罚轻重，极易破坏罪刑相适应的原则。而数罪并罚则是先对每一个罪判处相应的刑罚，然后依照法定的原则决定执行的刑罚。这种量刑方法比较科学、合理，处刑重轻容易掌握，并能更好地体现罪刑相适应原则。

2. 数罪并罚可以保证适用法律的准确性。对于犯罪分子所犯数罪分别定罪量刑，可以清楚地看出审判人员对每一个罪所定罪名和所判刑罚是否正确、恰当，有利于上级法院处理上诉、抗诉的案件，也便于人民法院和人民检察院进行审判监督和法律监督。如果发现数罪中某一罪行不能成立，或对某一罪行的定性不准，处刑不当，或某一罪行已过追诉时效期限，需要部分改判，上级法院可以直接做出维持原判或撤销原判哪一项的判决或裁定，使案件得到及时纠正。如果某一罪行受到赦免，也便于依法处理。对于判处死刑的案件来说，还便于执行死刑核准权限的有关规定，分清哪种死刑判决必须报最高人民法院核准，哪种死刑判决必须报高级人民法院核准。这样，能够增强审判人员严格依法办案的观念，提高刑事司法工作的质量，得到社会监督的肯定评价。

3. 数罪并罚有利于保障被告人的合法权益。只有对犯罪分子所犯数罪分别定罪量刑，被告人才能了解人民法院是如何定罪量刑的。如果不服一审法院的判决，就可以有针对性地提起上诉。若用“估堆”的办法，被告人就会感觉笼统、含糊，无从具体提出上诉意见和理由，因而也就限制了宪法给予被告人的上诉权。

4. 数罪并罚有利于劳改单位对犯罪分子的管教、减刑和假释。犯有数罪的罪犯被送到劳改场所以后，劳改单位可以从人民法院对其所作的分别定罪量刑后再并罚的判决中，看出犯的是什么罪，多重的罪，从而因人因罪地进行管教，如果罪犯在刑罚执行期间确有悔改或者立功表现，有关部门也可以酌情区别对待，依法给予减刑、假释。

二、数罪并罚的原则

（一）世界各国数罪并罚原则概述

所谓数罪并罚的原则，是指对一人所犯数罪合并处罚所依据的原则。简单说，就是对数罪如何实行并罚。数罪并罚原则是数罪并罚制度的核心和灵魂。它一方面体现着一国刑法所奉行的刑事政策的性质和特征；另一方面，从根本上制约着该国数罪并罚制度的具体内容及其适用效果。综观各国刑事立法例，当今世界的数罪并罚原则主要可归纳为以下四种。

1. 并科原则，亦称相加原则、合并原则或累加原则，是指将一人所犯数罪分别宣告的各罪刑罚绝对相加合并执行的处罚原则。该原则在一定程度上反映了报应刑主义的理念，其在形式上公正，且持之有理，但在实际中弊端颇多。如对有期徒刑而言，若采用绝对相加的方法决定执行的刑罚期限，可能被判处几十年、上百年甚至上千年的徒刑，远远超过犯罪人的生命极限，并且与无期徒刑的效果并无二致，已丧失有期自由刑的本来意义。如数罪中若有被判处死刑或无期徒刑者，则受刑种性质的限制，无法采用绝对相加的并科规则予以执行。所以，世界各国目前很少有单纯采用并科原则的。

2. 吸收原则，是指对一人所犯数罪分别定罪量刑后采用重刑吸收轻刑，被吸收的刑罚不予执行的处罚原则。吸收原则对死刑和无期徒刑来说是适宜的，但要适用于其他刑种（如有期自由刑、财产刑等）则存在明显的弊端：其一是违背罪刑相适应的基本原则，有重罪轻罚之嫌。也就是说，犯数罪者（其中有一重罪）和犯一重罪者都有可能被判处相同的刑罚。其二是易导致刑罚的威慑功能（包括个别威慑和一般威慑）丧失，不利于刑罚惩治和预防目的（包括特殊预防和一般预防）的实现。因为在犯数罪和犯一重罪承担相同刑事责任的情况下，无疑会鼓励犯罪人或潜在犯罪人实施一重罪后，去实施更多的同等重罪和较轻的其他数罪。当今各国单纯采用吸收原则的国家并不多。

3．限制加重原则，或称限制并科原则，是指以一人所犯数罪中法定或已被判处的最重刑罚为基础，再在一定限度之内对其予以加重作为执行刑罚的合并处罚规则。该原则或以数罪中法定刑最重之罪的法定刑再加重处罚；或以数罪中被判决宣告的最重刑罚加重处罚，即在对数罪分别定罪量刑基础上，以宣告刑为准确定其中最重刑罚，再就宣告的最高刑罚加重处罚作为执行刑，其通常作法是在数刑中最高刑期以上，总和刑期以下决定执行的刑罚，同时规定不应超过的最高限度。限制加重原则克服了并科原则与吸收原则或失之严酷无法实际适用，或失之宽纵不足以惩罚犯罪的弊端，既贯彻了有罪必罚和罪刑相适应原则，又采取了较为灵活、合乎情理的合并处罚方式。但它显然无法适用于死刑、无期徒刑的并科，因而仍具有一定的局限性。

4．折衷原则，亦称综合原则或混合原则，是指对一人所犯数罪的合并处罚不单纯采取并科原则、吸收原则或限制加重原则中的一种原则，而是根据法定的刑罚性质及特点兼采前述几种原则的合并处罚规则。即以前述某一种原则为主，其他原则为辅，将其分别适用于不同刑种或刑罚结构的数罪合并处罚方法。鉴于前述原则各有长短，单独采取其中之一，则易产生流弊，目前除极少数国家单纯采用某一原则外，世界上绝大多数国家都是采用折衷原则。这种兼采多种原则的作法，使得数罪并罚各原则得以合理取舍、扬长避短、互为补充、便于适用。不仅充分体现了各原则综合的优势，而且也使得各原则能最大化地发挥其效用。

（二）我国刑法数罪并罚原则的特点

我国刑法总结了建国以来刑事立法和司法的实践，借鉴了其他国家的立法例，在刑法典第69条确定了以限制加重原则为主，兼采吸收原则和并科原则为补充的折衷原则。体现了以下几方面特点。

1．全面兼采各种数罪并罚原则，包括并科原则、吸收原则和限制加重原则的合理因素。

2．所采用的各种原则均无普遍适用效力，每一种原则适用于特定的刑种。吸收原则适用于死刑和无期徒刑，限制加重原则适用于有期徒刑、拘役和管制三种有期自由期，并科原则适用于附加刑。但数罪中判有附加刑时的实际并罚规定，另有一定特殊性。如数个剥夺政治权利终身、数个没收全部财产，自应采取吸收原则；对数个有期限的剥夺政治权利、数个罚金、数个没收部分财产，则采取限制加重原则较为合理。

3．限制加重原则的适用居于主导地位，吸收原则和并科原则处于辅助或次要地位。这是由我国刑罚体系的特点和各个刑种的实际适用状况或程度所决定的。

4．吸收原则和限制加重原则的适用效力互相排斥；并科原则附加适用，其适用效力相对独立，不影响其他原则的适用。所谓吸收原则和限制加重原则适用效力的相互排斥，是指对一罪犯的各个宣告刑一次合并决定执行刑罚时，只能根据宣告刑的实际状况或结构状况依法选择适用其中一种原则，而不得同时适用两种原则。具体说，在判决宣告的数个刑罚中有死刑或无期徒刑的条件下，不论罪犯是否还被判处有期自由刑，只能适用吸收原则；而在判决宣告的数个刑罚均为有期自由刑的条件下，只能适用限制加重原则。所谓并科原则的适用效力相对独立，是指不论判决宣告的数个刑罚中的主刑种类如何，以及所适用的并罚原则如何，只要数刑中有附加刑，就应适用并科原则。附加刑的并罚原则不排斥对吸收原则或限制加重原则的适用。可见这种立足于我国国情和刑事法律状况的数罪并罚折衷原则，有利于充分发挥刑法所规定的各种刑罚方法的综合优势，使得各种具体的数罪并罚原则最大限度地发挥了作用，极大地推动着我国刑罚目的的实现。

我国刑法的数罪并罚折衷原则，在具体适用中表现出以下特点。

1. 对判决宣告的数个主刑为有期自由刑即有期徒刑、拘役或管制的，采取限制加重原则。有期徒刑、拘役和管制本身有一定期限。因此，在数刑的总和刑期以下数刑中最高刑期以上，酌情决定执行的刑期是比较恰当的。但是，如果总和刑期过高，决定执行的刑罚就可能过长，因而我国对最高刑期加以限制，即管制最高不超过 3 年，拘役最高不超过 1 年，有期徒刑最高不超过 20 年。如张某犯有故意伤害罪判处有期徒刑 15 年，犯有绑架罪判处有期徒行 10 年，犯有盗窃罪判处有期徒刑 5 年，三个罪的总和刑期为 30 年，数刑中最高刑为 15 年，本应在 15 年以上 30 年以下的范围内决定执行的刑期。由于数罪并罚有期徒刑最高不超过 20 年，故只能在 15 年以上 20 年以下的幅度内酌情决定执行的刑期。

2. 对判处死刑或无期徒刑的，采取吸收原则。即数罪中宣告几个死刑或最重刑为死刑的，仅执行一个死刑，而不得决定执行二个以上的死刑或其他主刑。因为死刑是剥夺生命的刑罚，生命对于一个人只有一次，既然已经执行了死刑，其他刑罚如无期徒刑或有期徒刑、拘役、管制就不可能执行了。如果在其他主刑执行完毕后再执行死刑，不利于对罪大恶极的罪犯予以及时有力的打击，也有悖于人道主义刑罚的原则。数罪中宣告几个无期徒刑或最重之刑为无期徒刑的，执行一个无期徒刑，不执行其他刑罚，因为，无期徒刑是剥夺终身自由的刑罚，一个人终身自由被剥夺后，事实上已不可能再执行其他刑罚。同时，也不允许将两个无期徒刑合并升格为死刑，因为无期徒刑是剥夺自由的刑罚，死刑是剥夺生命的刑罚，两者的性质是截然不同的。

3. 对判有附加刑的，一般采取并科原则，即使主刑采用了吸收原则，附加刑仍须执行。数罪中主刑不论执行死刑、无期徒刑、有期徒刑、拘役或管制，如有判处附加刑的，附加刑仍须执行，因为附加刑与主刑性质不同，不妨碍并科。例如，刘某犯生产、销售假药罪，被判处死刑和附加没收财产，两者均要执行。至于数个附加刑如何并罚，刑法未作明确规定。刑法学界也未取得一致意见。一般认为，对数个不同种附加刑的并罚，由于它们之间不存在吸收的可能，也不便限制加重，故采取并科原则比较适宜。例如，数罪被分别判处剥夺政治权利、没收部分财产和罚金，可以合并执行，即几个附加刑均须执行。但是，如果数罪中判处全部没收财产与罚金，则应采取吸收原则，只执行没收全部财产，不执行罚金。因为，没收财产与罚金同属于财产刑，犯罪分子的财产已被全部没收，就无法再交纳罚金。因此，以重刑吸收轻刑是符合法理的。对数个同种附加刑的并罚，应当分别不同情况，采取不同的并罚原则。例如，数个剥夺政治权利中有剥夺政治权利终身的，数个没收财产中有没收全部财产的，当然应采取吸收原则，以剥夺政治权利终身吸收有期限的剥夺政治权利，以没收全部财产吸收没收部分财产。但对数个有期限的剥夺政治权利、数个罚金、数个没收部分财产的并罚，若采用吸收原则将失之过轻，采用并科原则又失之过重，因而采用限制加重原则较为合理可行。

总之，由附加刑的属性所决定，数罪中被判处的附加刑不能被主刑吸收，不同种附加刑之间通常也不能相互吸收，否则便会使刑法对某种犯罪专门规定的附加刑丧失意义。同时因无法确定加重的标准以及不同种刑罚之间无可比性，附加刑与主刑之间、不同种附加刑之间也根本不能采用限制加重原则合并处理。故数罪中被判决的附加刑通常采用并科原则并罚，只有个别情形采用吸收或限制加重的原则。

三、不同条件下数罪并罚的适用

根据我国刑法典第 69 条、第 70 条、第 71 条的规定，适用数罪并罚有以下三种情况。

（一）判决宣告以前一人犯数罪的并罚

1. 判决宣告前一人犯数罪并均已被发现，这是数罪并罚的基本形式。其基本特征为：（1）一个人犯数罪；（2）所犯数罪是在判决宣告以前实施并且已被司法机关发现；（3）在对各种罪分别定罪量刑的基础上，依照刑法典第 69 条决定犯罪分子应执行的刑期。即“判决宣告以前一人犯数罪的，除判处死刑和无期徒刑以外，应当在总和刑期以下，数刑中最高刑期以上，酌情决定执行的刑期，但是管制最高不能超过三年，拘役最高不能超过一年，有期徒刑最高不能超过二十年。如果数罪中有判处附加刑的，附加刑仍须执行”。即对判处死刑和无期徒刑的采用吸收原则，对判处有期徒刑、拘役和管制的采用限制加重原则，对判处附加刑的采用并科原则。例如，张某犯抢劫罪应判有期徒刑 10 年，犯诈骗罪应判有期徒刑 3 年，犯盗窃罪应判管制 2 年。合并处罚，张某应在 10 年以上 13 年以下执行有期徒刑，待有期徒刑执行完毕后，再接着执行 2 年管制。

2. 对于数罪中判处不同种的刑罚，应如何并罚，刑法没有具体规定。在司法实践中，一般是把数罪中较轻的刑罚折抵成较重的刑罚，然后并罚。如数罪所判的刑罚分别是有期徒刑和拘役两种，就按拘役 1 日折抵有期徒刑 1 日的方法，把拘役折算成有期徒刑之后再并罚。但对数罪中所判的管制，则不宜按管制 2 日折合成拘役或有期徒刑 1 日后并罚。因为管制是限制自由的刑种，拘役和有期徒刑是剥夺自由的刑种，三种刑罚方法程度不同，执行方法也各有不同，因此，不能将管制折抵成拘役或有期徒刑，而应在有期徒刑或拘役执行完毕以后再执行管制。

3. 数罪并罚中的数罪，按性质或触犯的罪名状况可以划分为两类。一类是同种数罪，指触犯同一罪名的数罪；另一类是异种数罪，指触犯不同罪名的数罪。对异种数罪任何时候要数罪并罚，这是毫无疑问的，但判决宣告以前发现犯罪人犯有同种数罪，一般则按一罪从重处罚，而不必实行数罪并罚。理由是：（1）长期以来，我国刑事立法的一般规定和刑事审判的实践，都只把异种数罪作为并罚对象，而把同种数罪作一罪从重处理。（2）我国刑法对绝大多种犯罪规定的法定刑包含两个量刑幅度，为同种数罪按一罪重处，创造了可操作的法律条件。即使刑法对某些犯罪只规定了单一量刑幅度，对同种数罪选择判处较重的刑罚，一般也能达到罪刑相适应的标准。

（二）判决宣判后发现漏罪的并罚

刑法典第 70 条规定：“判决宣告以后，刑罚执行完毕以前，发现被判刑的犯罪分子在判决宣告以前还有其他罪没有判决的，应当对新发现的罪作出判决，把前后两个判决所判处的刑罚，依照本法第六十九条的规定，决定执行的刑罚。已经执行的刑期，应当计算在新判决决定的刑期以内。”这就是“先并后减”的方法。依照该条规定，对新发现的漏罪的合并处罚具有以下特点。

1. 必须在判决宣告以后，刑罚执行完毕以前发现漏罪，且漏罪是指被判刑的犯罪分子在判决宣告以前实施的并未被判决的罪。其中，“判决宣告以后”，具体是指判决业已宣告并发生法律效力之后。如果漏罪被发现的时间不是在判决宣告以后至刑罚执行完毕以前的期限内，而是在刑罚执行完毕之后，或者所发现的罪不是在判决宣告之前实施的，而在刑罚执行期间实施的，则不得适用第 70 条的合并处罚。

2. 对于新发现的漏罪，不论与前罪的性质是否相同，即无论是异种数罪，还是同种数罪，都应当单独做出判决。这样，对新发现的漏罪实行的并罚结果，可能重于第 69 条规定的判决宣告以前一人犯数罪的并罚结果。

3. 应当把前后两个判决所判处的刑罚，即前罪所判处的刑罚与漏罪所判处的刑罚，按照相应的数罪并罚原则，决定执行的刑罚。第 70 条规定的合并处罚是将两个独立的判决所判处的刑罚合并决定执行，而第 69 条规定的合并处罚是将同一判决中的数个宣告刑合并决定执行。

4. 在缓刑考验期限内发现漏罪的并罚方法。根据刑法典第 77 条的规定，被宣告缓刑的犯罪分子，在缓刑期限内发现判决宣告以前还有其他罪没有判决的，应当撤销缓刑，对新发现的罪做出判决，把前罪和后罪所判的刑罚，依照刑法典第 69 条的规定决定执行的刑罚。

5. 在假释考验期限内发现漏判之罪的并罚方法。根据刑法典第 86 条的规定，在假释考验期限内，发现被假释的犯罪分子在判决宣告以前还有其他罪没有判的，应当撤销假释，依照刑法典第 70 条的规定实行数罪并罚。

刑事审判实践中适用刑法典第 70 条规定时，还应注意以下问题。

1. 对数罪并罚后执行过程中又发现漏罪应当如何并罚？即漏判之罪的刑罚是与原判数罪的刑罚并罚，还是与原判决执行的刑罚并罚。我们认为，应与原判决决定执行的刑罚并罚。因为根据刑法典第 70 条规定，是“把前后两个判决所判处的刑罚，依照本法第六十九条的规定，决定执行的刑罚”。显然，这是肯定原判决决定的刑罚是有效的。如果漏罪所判的刑罚不与原判决决定执行的刑罚并罚，而与原判决的两个罪的刑罚并罚，这就意味着决定原判决执行的刑罚是无效的。然而刑法并未规定发现漏罪是撤销或改判原判决决定的刑罚。

2. 刑法执行过程中，发现数个漏罪应如何并罚？刑法理论界通行的观点是：应当对新发现的数个漏罪分别定罪量刑，然后将各自判处的刑罚与前罪所判处的刑罚，依照刑法典第 69 条规定的并罚原则决定执行的刑罚。

3. 刑满释放后再犯罪并发现漏罪，且又在追诉期内，如何并罚？根据有关司法解释，我们认为，所发现的漏罪，应当与前一判决发生关系，应按照审判监督程序，进行提审或再审。刑法典第 70 条规定的漏罪处理时间局限在刑罚执行完毕之前，无法适用于刑罚执行完毕以后发现的漏罪，故应当考虑修改此条。

（三）刑罚执行期间又犯新罪的并罚

有的服刑人在服刑期间，不思悔改，继续实施危害社会的犯罪行为，表明其主观恶性深，人身危险性大。我国刑法虽然没有规定对新犯之罪从重处罚，但在数罪并罚的方法上与判决宣告前犯数罪的并罚有明显的区别。根据刑法典第 71 条规定：“判决宣告以后，刑罚执行完毕以前，被判刑的犯罪分子又犯罪的，应当对新犯的罪作出判决，把前罪没有执行的刑罚和后罪所判处的刑罚，依照本法第六十九条的规定，决定执行的刑罚。”这种情形的数罪并罚具有以下特征。

1. 判决宣告以后，刑罚执行完毕以前，被判刑的犯罪分子又犯新罪。这里的“判决宣告以后”应指判决已经宣告并发生法律效力之后，因为，此种法律条件下的合并处罚的基本特点，主要体现于“把前罪没有执行的刑罚和后罪所判处的刑罚”依照法定的数罪并罚原则决定执行的刑罚。切忌不要理解为包括判决虽已宣告但尚未发生法律效力的情形，否则，会导致部分否定刑法设置的以“先减后并”为特点的并罚规则的根据及其严格适用条件。

2. 对犯罪分子所犯新罪，无论是否与前罪性质相同，都应单独做出判决。

3. 把前罪所判的刑罚减去已经执行了的刑罚，得到剩余的刑罚，再把剩余的刑罚与新罪所判处的刑罚进行并罚，这时得到的刑期为继续执行的刑期。一般将此种并罚方法概括为“先减后并”的方法。例如，陈某犯绑架罪被判有期徒刑 10 年，服刑 3 年后，又犯盗窃罪被判有期徒刑 5 年，用“先减后并”的计算方法，应将陈某没有执行完的 7 年刑期与盗窃罪的 5 年刑期合并，在总刑期 12 年以下，最高刑期 7 年以上判处决定执行的刑法。已执行的 3 年刑期不计算在新刑期内。假定决定执行 10 年刑期，到执行完毕时陈某实际执行了 13 年刑期。

在刑事审判实践中，适用刑法典第 71 条规定的方法进行数罪并罚，还有以下几方面的问题应予重视。

1. 刑法典第 71 条是以再犯一个新罪为标准制定的，那么判决宣告以后，刑罚还没有执行完毕以前，被判刑的犯罪分子又犯数个新罪的，如何并罚？刑法规定不明确。我们认为，应以符合刑法典第 71 条所确定的对再犯新罪者从严惩处的立法精神为标准，据此，应把数个新罪分别定罪量刑，然后将判决所宣告的数个宣告刑与前罪未执行完的刑罚并罚，而不是对数个新罪分别定罪量刑并实行并罚后，再将决定执行的刑罚与前罪未执行完的刑罚并罚。这样，不仅可以使总和刑期居于相对较高的水平，而且一般也不会使数刑中最高刑期降至低于余刑期的程度，从而保障了“先减后并”特征能够得以体现。相反，若先并罚新罪，再与前罪的余刑并罚，则有可能因此降低总和刑期和数刑中最高的刑期，从而导致实际执行的刑期也相应减少，不符合严惩再犯新罪的立法精神。

2. 在缓刑考验期内又犯新罪的合并处罚方法。根据刑法典第 77 条规定，在缓刑考验期内又犯新罪的，应当撤销缓刑，对新犯的罪做出判决，把前罪和后罪所判处的刑罚，依照刑法典第 69 条的规定，决定执行的刑罚。

3. 在假释考验期内再犯新罪的合并处罚方法。根据刑法典第 86 条的规定，在假释考验期限内，被假释的犯罪分子又犯新罪的，应当撤销假释，按照刑法典第 71 条的规定实行数罪并罚。其中，如果被判处无期徒刑的犯罪分子被假释后，在考验期间又犯新罪并且新罪被判有期自由刑，则应按照吸收原则，将后罪所判处的刑罚吸收，仍决定执行原判的无期徒刑，但若新罪被判处死刑（包括死缓），原判无期徒刑就被后者所吸收，应当执行死刑或死缓。

4. 判决宣告以后，刑罚执行完毕以前，被判刑的犯罪分子不仅犯有新罪，而且被发现有漏罪罪行的合并处罚问题。此时同时涉及“先并后减”和“先减后并”的数罪并罚方法。我们认为，对此类罪的合并处罚，应在对于漏判之罪和新犯之罪分别定罪量刑的基础上，对漏罪和新罪分别适用“先并后减”和“先减后并”的方法做出判决，并按照漏罪在先、新罪在后的顺序进行数罪并罚，所得结果即为整个数罪并罚的应执行的刑罚。

“先减后并”的方法特殊的惩罚意义在于：刑法典第 71 条规定的“先减后并”的刑期计算方法，较之刑法典第 70 条规定的“先并后减”的刑期计算方法，在一定条件下，可能给予判决宣告之后又犯新罪的犯罪分子更重的刑罚，特别表现在有期徒刑中，具体体现在以下几个方面。

1. 决定执行刑罚的最低期限提高，因而导致实际执行的刑期也随之相应提高。即在新罪所判处的刑期比前罪尚未执行的刑期要长的条件下，决定执行刑罚的最低期限，较之依“先并后减”的方法决定执行刑罚的最低期限有所提高。例如，胡某犯拐卖妇女、儿童罪被判处有期徒刑 8 年，执行 6 年后又犯盗窃罪被判有期徒判刑 4 年，采取“先减后并”的方法并罚为 8 年减去 6 年余刑为 2 年，再用 2 年余刑与新罪所判之刑 4 年并罚，最高刑期为 6 年，并罚决定执行的刑期应在 4 年以上，6 年以下。加上胡某实际上已执行了 6 年刑期，实际执行的最低刑期是 10 年。而用“先并后减”的方法 ，则为前罪 8 年刑期加上新罪 4 年刑期，按并罚原则，合并执行的刑期为最低刑期 8 年以上，最高刑期 12 年以下，实际执行的最低刑期则只有 8 年，比“先减后并”的方法少了 2 年。

2. 实际执行的刑罚可能超过数罪并罚最高刑期的期限。在前罪和新罪都被判处较长刑期的情况下，用“先减后并”的方法并罚，犯罪分子实际执行的刑期可能超过刑法典第 69 条“有期徒刑最高不能超过二十年”的规定。例如，赵某犯绑架罪被判处有期徒刑 13 年，执行了 9 年，又犯故意伤害罪，被判有期徒刑 10 年。按照“先减后并”的方法并罚，应在 10 年以上，14 年以下决定执行的刑罚，加上已经执行了 9 年刑期，实际执行的刑期最高可达 23 年。如果按照“先并后减”的方法，则是 13 年加 10 年，按第 69 条原则，有期徒刑不超过 20 年，则决定执行的刑期应在 13 年以上，20 年以下确定，最高刑期没有超过 20 年。

注意把握：（1）“先减后并”是余刑与新罪的刑罚合并，已执行的刑期要扣除，扣除刑罚与合并执行的新刑期没有直接关系。“先并后减”是前罪所判决执行的刑期与新罪判决的刑期合并，前罪所判刑期与新刑期有直接关系。（2）合并时，由于“先减后并”是对已执行的刑期不计算入新合并的刑期内，新判决适用的仍是刑法典第 69 条规定，只是犯罪分子实际执行的刑期超过了 20 年而已，这是刑法对此类犯罪的一种加大力度的打击方法。

3. 犯罪分子执行刑罚期间又犯新罪的时间间隔长短，与数罪并罚时决定执行的最低期限和实际执行刑期的最低限度成反比关系。即犯罪分子犯新罪的时间距离前罪所判刑罚执行完毕的期限越近，余刑就越少，数罪并罚决定执行的最低刑期和实际执行的最低刑期就越高。例如，李某前罪被判有期徒刑 7 年，新罪被判有期徒刑 5 年，假定三种情况下李某又犯新罪：其一是前罪执行 1 年以后又犯新罪，其二是前罪执行 3 年后又犯新罪，其三是前罪执行 6 年后又犯新罪。用“先减后并”的方法，则余刑分别为 6 年、4 年、1 年，合并执行的最高刑期分别为 11 年、9 年、6 年，决定执行的刑期分别应在 6 年以上 11 年以下，5 年以上 9 年以下，5 年以上 6 年以下。实际执行的最低刑期加上已执行的刑期，则分别为 1 年后犯新罪的是 7 年，3 年以后犯新罪的是 8 年，6 年以后犯新罪的是 1 年，最高限度均为 12 年。如果适用“先并后减”的方法并罚，则实际执行的最低刑期都是 7 年，最高刑期都是 12 年。

可见，我国刑法典第 71 条规定的“先减后并”的刑期计算方法，是颇有意义的。因为犯罪分子再犯新罪的时间越是临近刑罚执行完毕的期限，就表明其重新适应社会生活的自律性程度越差。在恢复自由的条件下重新犯罪的可能性就越高。也表明该犯罪分子的主观恶性较深，人身危险性较大，前罪被判处刑罚的事实和刑罚执行过程中的各种惩罚和教育措施未能对其产生改过迁善、预防再犯的效果。因而采取“先减后并”的并罚方法，给予再犯者更加严厉的惩罚。

第二十一章　行刑制度

第一节　行刑制度概述

一、行刑的概念和特征

(一) 行刑的概念

行刑，即刑罚的执行，是指法律规定的刑罚执行机关为使人民法院已经发生法律效力的判决和裁定所确定的刑罚付诸实施而进行的刑事司法活动。我国刑法规定的行刑制度有三项：缓刑制度、减刑制度和假释制度。有学者认为，缓刑制度既是量刑制度的内容，也属于行刑制度的范畴。因为对犯罪人是否适用缓刑制度，是量刑阶段的事情。而一旦对犯罪人判处了缓刑，便进入了行刑的领域。正因为如此，在刑法学界有人将缓刑制度视为量刑制度之一，也有人将其归入行刑制度。我们认为，尽管缓刑制度纵跨量刑阶段和行刑阶段，但缓刑一旦决定对犯罪人适用之后，主要的是对缓刑制度的执行问题，所以，将缓刑制度纳入行刑制度一章，也有其合理因素。

行刑是继量刑之后刑罚适用的又一阶段，是对量刑结果的检验和实现。适用刑罚的目的，就是在量刑和行刑的过程中得以实现的。如果说量刑阶段侧重于刑罚一般预防目的的实现，那么，行刑阶段则侧重于刑罚特殊预防目的的实现。缓刑、减刑和假释三种行刑制度的正确执行，对于促进犯罪人认罪服判，积极改造，弃恶从善，成为新人，有着积极的促进作用。

(二) 行刑的特征

1. 刑罚执行的主体是特定的国家机关。依照我国刑法、刑事诉讼法和监狱法的有关规定，死刑立即执行、没收财产、罚金的执行由人民法院负责；管制、拘役、剥夺政治权利、交付执行前余刑在1年以下的和暂予监外执行的有期徒刑的执行，以及缓刑考验期的执行等，由公安机关负责；死刑缓期2年执行、无期徒刑、有期徒刑的执行由监狱负责。人民检察院对执行机关执行刑罚的活动是否合法实行监督。据此，上述特定的刑罚执行机关各有其执行范围，而人民检察院是刑罚执行的监督机关。

2. 刑罚执行的依据是生效的刑事裁判。我国《刑事诉讼法》第208条规定，刑事判决和裁定在发生法律效力后执行。所谓发生法律效力的判决和裁定，是指已过法定期限没有上诉、抗诉的判决和裁定，终审的判决和裁定，最高人民法院核准的死刑的判决和高级人民法院核准的死刑缓期2年执行的判决。只有上述刑事判决和裁定所确定的刑罚才能交付执行。未发生法律效力的刑事判决和裁定不得作为刑罚执行的依据，其中的刑罚内容不得交付执行。

3. 缓刑、减刑和假释三项行刑制度是根据实现刑罚的目的的需要确立，并根据行刑中的具体情况执行的。缓刑是有期徒刑和拘役的一种执行方法，减刑和假释是在行刑过程中修正和调整量刑结果的两项制度。人民法院对犯罪人裁量决定刑罚时，主要根据的是犯罪事实，而对于犯罪人改造的难易程度，仅是一般预测。适用缓刑的犯罪人未必肯定不再执行原判刑罚，而是要根据缓刑期间的表现情况而定；减刑和假释，不是对量刑结果的否定，而是追求刑罚适用最佳社会效果的必不可少的制度。刑罚交付执行后，犯罪人一般都要经过一个由强迫改造到自觉改造的过程，并表现不同程度的悔改心理，有的甚至有立功表现。为了鼓励犯罪人改过自新，早日回归社会，就应当对表现好的犯罪人予以适当奖励。减刑和假释，就是奖励犯罪人改恶从善的两项行之有效的措施。

二、刑罚执行的原则

刑罚执行的原则，是指在刑罚执行过程中应当遵循的基本准则。

惩罚与教育改造相结合的原则是我国刑罚执行的基本原则。惩罚与教育改造相结合是我国刑事立法与司法一贯奉行的基本精神和基本政策。首先，刑罚执行体现了对罪犯的惩罚。惩罚性是刑罚的基本属性，对犯罪人判处刑罚，是犯罪人实施犯罪所必须承担的法律后果，体现了国家对犯罪人的否定的法律评价。只有严格执行刑罚，使罪犯认识到法律的严肃性以及自己的罪行对国家和人民利益所具有的危害性，使他们感到一定的压力和痛苦，从而认罪服法，改过自新。其次，刑罚执行并非单纯地对罪犯予以惩罚，而是作为一种手段促使罪犯改造成为新人。离开了对罪犯的教育改造，刑罚执行就可能导致惩办主义，刑罚的目的也就难以实现。我国刑法中规定的拘役、有期徒刑、无期徒刑、死刑缓期2年执行等执行方法，都具有教育改造的性质。特别是缓刑、减刑和假释等制度，说明了我国的刑罚执行决非实行惩办主义和报应主义，而是立足于将罪犯改造为新人。当然，暂不执行刑罚或者是刑罚执行中实行的教育改造，也不能离开惩罚而存在。缓刑，是附条件不执行原判刑罚，它以刑罚执行为后盾，即罪犯如果违反一定条件，原判刑罚要执行。减刑和假释，也是以惩罚作为对罪犯进行教育改造的。因此，惩罚是使罪犯完成从强迫改造到自觉改造的必不可少的手段。

第二节　缓　刑

一、缓刑的概念和意义

（一）缓刑的概念

世界各国刑法所规定的缓刑制度主要有刑罚暂缓宣告、刑罚暂缓执行和缓予起诉三种。我国刑法所规定的缓刑，属于刑罚暂缓执行，即对原判刑罚附条件不执行的一种刑罚制度。它是指人民法院对于被判处拘役、3年以下有期徒刑的犯罪人，根据其犯罪情节和悔罪表现，认为暂缓执行原判刑罚，确实不致再危害社会的，规定一定的考验期，暂缓刑罚的执行，若犯罪分子在考验期内没有发生法定撤销缓刑的情形，原判刑罚就不再执行。

缓刑不是刑种，而是刑罚具体运用的一种制度。宣告缓刑必须以判处刑罚为前提。缓刑不能脱离原判刑罚而独立存在。若犯罪人未被判处拘役、3年以下有期徒刑，就不能判处缓刑。缓刑的特征在于，在判刑的同时宣告暂不执行，但又在一定时间内保留执行的可能性。

缓刑与免于刑事处罚不同。免于刑事处罚是指人民法院对已经构成犯罪的被告人，做出有罪判决，但根据案件的具体情况，依照法律规定认为不需要判处刑罚，因而宣告免于刑事处罚，即只定罪不判刑。这样，被宣告免于刑事处罚的犯罪人不存在曾经被判过刑罚和仍有执行刑罚的可能性的问题。而缓刑则是在人民法院对犯罪分子做出有罪判决并判处刑罚的基础上，宣告暂缓执行刑罚，同时保持执行刑罚的可能性。如果犯罪人在缓刑考验期再犯新罪或者被发现漏罪，或者违反法律、法规或者有关规定，就要撤销缓刑，执行原判刑罚。即使犯罪人在考验期内未犯新罪，或者未被发现漏罪，或者未违反法律、法规和有关规定，而不执行原判刑罚，也属于被判处过刑罚的犯罪人。

缓刑与死刑缓期2年执行（以下简称死缓）不同。(1) 适用的前提不同。适用缓刑是以犯罪人被判处拘役、3年以下有期徒刑为前提；适用死缓是以犯罪人被判处死刑但不需立即执行为前提。(2) 执行方法不同。对于被宣告缓刑的犯罪人不予关押，而是由公安机关考察，所在单位或者基层组织予以配合；对于被宣告死缓的罪犯必须予以关押，并强迫劳动改造。(3) 考验期限不同。缓刑的考验期，必须依所判刑种和刑期而确定，所判刑种和刑期的差别决定了其具有不同的法定考验期；死缓的法定期限为2年。(4) 法律后果不同。缓刑是根据犯罪人在考验期内的不同表现，或不执行原判刑罚，或撤销缓刑，把前罪和后罪所判处的刑罚，按照数罪并罚的原则处理，或撤销缓刑，收监执行原判刑罚；死缓期限届满时，根据犯罪人在缓期2年执行期间的表现，或减刑，或执行死刑，在缓期执行期间也可因犯罪人违反法定条件而执行死刑。

缓刑与监外执行不同。(1) 性质不同。缓刑是对犯罪人宽大处理的一种制度，是附条件暂缓执行原判刑罚；监外执行则属于刑罚执行场所的问题，它并非不执行原判的刑罚，而是将犯罪人置于监外执行，监外执行期间，计算在刑期内。(2) 适用的对象不同。缓刑只适用于被判处拘役、3年以下有期徒刑的犯罪人；监外执行可以适用于被判处无期徒刑、有期徒刑和拘役的犯罪人。(3) 适用条件不同。缓刑是以犯罪人的犯罪情节、悔罪表现和不致再危害社会为基本条件；监外执行是以有法定的特殊情形不宜收监为适用条件，即必须是有严重疾病需要保外就医、怀孕或者还在哺乳自己婴儿的妇女等。(4) 适用的方法不同。缓刑应在判处刑罚的同时予以宣告，并应依法确定缓刑的考验期；监外执行是在判决确定以后适用的一种变通执行刑罚的方法，在宣告判决和刑罚执行过程中均可适用，也不需要确定考验期，一旦影响在监内执行的情况消失，尽管犯罪人在监外没有再犯新罪，如果刑期未满，仍应收监执行。(5) 适用的依据不同。缓刑适用的依据是刑法的有关规定；监外执行适用的依据是刑事诉讼法的有关规定。

我国刑法除规定了一般缓刑制度外，还规定了特殊缓刑制度，即战时缓刑制度。刑法典第449条规定的战时缓刑制度，是对我国刑法中一般缓刑制度的一项特殊补充，它与一般缓刑制度共同构成了我国刑法中缓刑制度的整体。根据该条规定，战时缓刑，是指在战时，对被判处3年以下有期徒刑没有现实危险的犯罪军人，暂缓其刑罚执行，允许其戴罪立功，确有立功表现时，可以撤销原判刑罚，不以犯罪论处的制度。战时缓刑制度适用于特定的时间和特定的对象，其法律效果与一般缓刑制度也有所不同，即可以撤销原判刑罚，不以犯罪论处。这是因为他们不仅没有犯新罪，而且以实际行动积极地保卫祖国安全，为人民立下功绩，理应给予更为宽大的处理。

(二) 缓刑的意义

我国刑法中的缓刑制度是惩办与宽大相结合、惩罚与教育相结合的刑事政策的重要体现，也是依靠专门机关与人民群众相结合的同犯罪作斗争的方针在刑罚具体运用中的体现。对于那些罪行较轻、有悔罪表现、不关押也不致再危害社会的犯罪分子适用缓刑，具有重要的意义，具体表现在以下几方面。

1. 有利于教育改造犯罪分子，更好地实现刑罚的目的。基于刑罚个别化的原则，对符合法定条件的犯罪分子，在判处刑罚并保持执行可能性的条件下，暂缓刑罚的执行，可使其感受到国家给予的宽大处理，从而消除其对抗的情绪，增强其改过自新的决心，通过以自律为主的社会生活取代以他律为主的监禁生活，达到特殊预防的效果。

2. 缓刑有助于避免短期自由刑的弊端，最优化地发挥刑罚的功能。缓刑保持着执行刑罚的可能性，能够使犯罪分子在精神约束下感受到刑罚的威慑力，畏惧暂缓执行的刑罚可能被实际执行，因此，在不被关押并由特定机关予以考察的过程中，更自觉地检点行为，改恶从善，争取光明的前程，从而可避免被实际执行刑罚所带来的与社会隔绝、罪犯间交互感染等弊端，较好地发挥惩罚与教育改造犯罪人的刑罚功能。

3. 缓刑是实现刑罚社会化的重要制度保障。被宣告缓刑的犯罪分子不脱离家庭和所从事的工作，可以使其不致因犯罪而影响履行自身负有的家庭和社会义务。根据有关规定，被宣告缓刑的罪犯，可以在原工作单位留用，这样，对激励犯罪分子认真改造，稳定其家庭生活，争取社会同情，促进社会安定都有积极的作用，并避免了因实际执行刑罚而带来的各种不良影响。

4. 有利于贯彻少捕政策，缓解国家狱政负担。适用缓刑制度，对不必关押的犯罪人不予关押，既可以使劳改单位集中精力改造那些罪行较重、主观恶性深、人身危险性大的犯罪分子，又可以发挥人民群众考察、教育犯罪分子的作用，从而使国家的司法资源（劳改机关）效用达到最优化和社会资源（广大人民群众）得到充分利用。

二、缓刑的适用条件

我国刑法从国情出发，并参考外国的立法例，对缓刑的适用条件作了具体规定。我国刑法规定的一般缓刑和战时缓刑的适用条件有所不同。

（一）一般缓刑的适用条件

根据刑法典第72条、第74条的规定，适用一般缓刑必须具备以下条件。

1. 犯罪分子必须是被判处拘役或者3年以下有期徒刑的刑罚。缓刑的附条件不执行原判刑罚的特点，决定了缓刑的适用对象只能是罪行较轻和人身危险性小的犯罪分子。而罪行的轻重是与犯罪人被判处的刑罚轻重相适应的。这里说的“3年以下有期徒刑”是指宣告刑而不是法定刑。犯罪分子所犯之罪的法定刑虽然是3年以上有期徒刑，但其具有减轻处罚的情节，宣告刑是3年以下有期徒刑，可以适用缓刑。之所以将缓刑的适用对象规定为被判处拘役或3年以下有期徒刑的犯罪分子，是因为其罪行较轻，社会危害性较小；相反，被判处3年以上有期徒刑的罪犯，因其罪行较重，社会危害性较大，而未被列为适用缓刑的对象。至于罪行相对更轻的被判处管制的犯罪分子，由于管制刑对犯罪人不予关押，仅限制其一定自由，故无适用缓刑之必要。对于一人犯数罪，犯罪人被数罪并罚的情况下能否适用缓刑的问题，刑法学界存在不同的认识。学界认为，犯罪人实施数罪，被适用数罪并罚，决定执行的刑罚如果符合缓刑的条件，仍可宣告缓刑，但需注意两个问题：一是必须针对数罪并罚后决定执行的刑罚宣告缓刑，而不能针对尚未合并的各个宣告刑适用缓刑，即不能一部分刑罚宣告缓刑，一部分刑罚不宣告缓刑。二是必须以数罪并罚后决定执行的刑罚为标准决定并宣告缓刑，而不能以数罪分别判处的刑罚或者数罪的总和刑期为标准，决定是否适用并宣告缓刑。

2. 根据犯罪分子的犯罪情节和悔罪表现，适用缓刑确实不致再危害社会。这是适用缓刑的最关键的条件。虽然，有些犯罪分子被判处拘役或3年以下有期徒刑，但犯罪情节恶劣，没有悔罪的表现，不能表明不予关押也不致再危害社会，也不能宣告缓刑。应当注意的是，"确实不致再危害社会"只能是法官的一种推测或预先判断，这种推测或判断的根据应是两个方面：其一，犯罪情节的轻重。这可以从犯罪动机、目的是否卑劣，手段是否残忍，危害后果是否严重等加以考察。也就是说，从主观恶性和客观危害两个方面统一评价罪行的社会危害性程度。其二，犯罪人是否有悔罪表现。这可从犯罪后是否真诚认罪悔过，是否如实坦白交待自己的全部罪行，是否积极退赃，是否检举揭发同伙的罪行等方面加以考察。这是从犯罪人犯罪后各种表现来衡量其人身危险性（再犯可能性）的大小。只有社会危害性和人身危险性都较小的犯罪分子，才可以适用缓刑。

3. 犯罪分子不是累犯。累犯屡教不改，主观恶性较深，人身危险性大，适用缓刑难以防止其再犯新罪。所以，即使累犯被判处拘役或3年以下有期徒刑，也不能适用缓刑。

适用缓刑必须同时具备上述三个条件，缺一不可。只有严格遵守法律明确规定的适用条件，才能充分发挥缓刑制度的积极作用。

（二）战时缓刑的适用条件

根据刑法典第449条的规定，适用战时缓刑应具备以下条件。

1. 适用的时间必须是在战时。所谓战时，依据刑法典第451条的规定，是指国家宣布进入战争状态、部队受领作战任务或者遭敌突然袭击时，此外，部队执行戒严任务或者处置突发性暴力事件时，以战时论。应当注意，宣告缓刑的时间可以在战时，也可以在平时。也就是说，缓刑考验期限必须是全部或者一部分在战时。

2. 适用的对象只能是被判处3年以下有期徒刑的犯罪军人，不是犯罪的军人，或者虽是犯罪的军人，但被判处的刑罚为3年以上有期徒刑，均不能适用战时缓刑。至于战时缓刑是否适用于被判处拘役的犯罪军人，从立法精神来看应认为是可以的。另外，构成累犯的犯罪军人能否适用战时缓刑，根据刑法典第74条的规定，应当认为累犯军人不能适用战时缓刑。

3. 适用战时缓刑的基本根据，是在战争条件下宣告缓刑没有现实危险。这是战时缓刑最重要的适用条件。如果被判处3年以下有期徒刑的犯罪军人，经判断、推测其适用缓刑具有现实危险，也不能宣告缓刑。因为，战时缓刑的适用，是将犯罪军人继续留在部队，并在战时状态下执行军事任务，若宣告缓刑具有现实的危险，则会在战时状态下严重危害国家的军事利益，其后果不堪设想。如何确定犯罪军人是否有现实危险，则应根据其所犯罪行的性质、情节、危害程度，以及犯罪军人的悔罪表现和一贯表现，即社会危害性（主观恶性与客观危害的统一）和人身危险性（再犯可能）的大小做出综合评价之后加以确认。

三、缓刑的考验期

缓刑的考验期，是指对被宣告缓刑的犯罪分子进行考察的一定期限。缓刑的考验期限，是缓刑制度的重要组成部分，设立考验期限的目的，在于考察被缓刑人是否接受改造、悔过自新，以使缓刑制度在改造、教育犯罪人方面发挥积极的效用。法院在宣告缓刑的同时，应当确定适当的考验期。确定缓刑考验期长短的基本原则应当是既能促使缓刑犯积极改造，又能满足对其教育和考察的需要。

刑法典第 73 条规定："拘役的缓刑考验期限为原判刑期以上一年以下，但是不能少于二个月。有期徒刑的缓刑考验期限为原判刑期以上五年以下，但是不能少于一年。"可见，我国刑法设置的缓刑考验期具有以下几个特点：（1）所犯罪行的轻重程度不同，考验期限也相应不同。（2）明确规定了缓刑考验期的最高限和最低限，为人民法院在具体确定缓刑考验期限时提供了明确的界限。（3）以原判刑期为考验期限的起点，这样就避免了考验期已满而刑期未满的情况。（4）明确规定缓刑考验期高于原判刑期。（5）给人民法院留有一定程度的裁量余地。（6）缓刑考验期不得延长或缩短。

在确定考验期限时应注意以下几点：（1）缓刑考验期限的长短应以原判刑罚的长短为前提。可以等于或适当长于原判刑期，但以不超过原判刑期一倍为宜。过长或过短都不能充分发挥缓刑的作用。（2）在确定具体的缓刑考验期限时，应注意原则性与灵活性相结合，根据犯罪情节和犯罪分子个人的具体情况，在法律规定的幅度内决定适当的考验期限。

根据刑法典第 73 条第 3 款的规定，缓刑的考验期限，从判决确定之日起计算。所谓"判决确定之日"，是指判决发生法律效力之日。判决以前先行羁押的日期，不能折抵缓刑考验期。

四、缓刑考验期限内的考察

（一）被宣告缓刑者应当遵守的行为规范

根据刑法典第 75 条的规定，被宣告缓刑的犯罪分子应当遵守下列规定：（1）遵守法律、行政法规，服从监督；（2）按照考察机关的规定报告自己的活动情况；（3）遵守考察机关关于会客的规定；（4）离开所居住的市、县或者迁居，应当报经考察机关批准。

（二）缓刑的考察机关

刑法典第 76 条规定："被宣告缓刑的犯罪分子，在缓刑考验期限内，由公安机关考察，所在单位或者基层组织予以配合。"据此，缓刑的考察机关是公安机关，被宣告缓刑的犯罪分子所在单位或者基层组织，只是对公安机关的缓刑考察工作予以配合。这一规定体现了专门机关与基层组织相结合的原则。

（三）缓刑考察的内容

缓刑考察的内容，就是考察被宣告缓刑的犯罪分子，在缓刑考验期限内，是否具有刑法典第 77 条规定的情形，即是否再犯新罪或者被发现有漏罪，以及是否违反法律、行政法规或者国务院公安部门有关缓刑的监督管理规定，且情节严重。若没有发现刑法典第 77 条规定的情形，缓刑考验期满，原判的刑罚就不再执行，并公开予以宣告。所谓考察，是指对被宣告缓刑的犯罪分子进行观察、教育，帮助其改过自新。对缓刑犯的考察不同于管制，对他们的活动自由，不应作不适当的规定。这里说的"再犯新罪"与"被发现漏罪"，不受犯罪性质的限制，既指故意犯罪，也指过失犯罪；既包括同种罪也包括不同种罪；也不受所犯之罪或者被发现漏罪应当判处的刑种、刑期的限制。

此外，对于宣告缓刑的犯罪分子，第一审宣判后，如当时仍在关押，第一审法院可以做出变更强制措施的决定，改为监视居住或者取保候审，并通知有关公安机关。待判决发生法律效力后，再依法由公安机关负责考察。

五、缓刑的法律后果

根据刑法典第 76 条、第 77 条的规定，一般缓刑的法律后果有以下三种：(1) 被宣告缓刑的犯罪分子，在缓刑考验期限内，没有刑法典第 77 条规定的情形，缓刑考验期满，原判的刑罚就不再执行，并公开予以宣告。(2) 被宣告缓刑的犯罪分子，在缓刑考验期限内犯新罪或者发现判决宣告以前还有其他罪没有判决的，应当撤销缓刑，对新犯的罪或者新发现的罪做出判决，把前罪和后罪所判的刑罚，依照刑法典第 69 条的规定，决定执行的刑罚。(3) 被宣告缓刑的犯罪分子，在缓刑考验期限内，违反法律、行政法规或者国务院公安部门有关缓刑的监督管理规定，情节严重的，应当撤销缓刑，执行原判刑罚。

司法实践中，对撤销缓刑存在以下特殊情况：其一，缓刑犯在考验期限内又犯新罪，但在缓刑期满后才被发现，是否要撤销缓刑。对此，最高人民法院 1985 年做出司法解释：被宣告缓刑的犯罪分子不执行原判刑罚，是以罪犯在缓刑考验期限内不再犯罪为条件的，如果罪犯在缓刑考验期限内又犯新罪，即便该犯罪是在考验期满后才发现，只要尚未超过追诉时效期限，应当撤销缓刑。其二，发现被宣告缓刑的犯罪分子构成累犯是否要撤销缓刑。具体讲，即犯罪分子在被宣告缓刑之前犯有被判处有期徒刑以上之罪，在刑罚执行完毕或者赦免以后 5 年内又实施了应判处有期徒刑以上刑罚之罪，因而构成累犯。但是，司法机关因种种原因在对其再犯之罪做出判决时未能及时发现，导致未作累犯处理，宣告了缓刑。后来司法机关发现了未作累犯处理的情况，此时应否撤销缓刑。对此，立法未做出规定，司法机关也未做出解释。学界认为，刑法典第 74 条明确规定累犯不适用缓刑，因而构成累犯的事实不论是在缓刑考验期限内发现或者是在期限届满后发现，都应当撤销缓刑，进行再审，重新裁量应处的刑罚。

关于缓刑的法律后果，根据最高人民法院的司法解释，还应当注意两个问题：第一，1997 年 9 月 30 日以前犯罪被宣告缓刑的犯罪分子，在 1997 年 10 月 1 日以后的缓刑考验期间又犯新罪、被发现漏罪或者违反法律、行政法规或者国务院公安部门有关缓刑的监督管理规定，情节严重的，适用刑法典第 77 条的规定，撤销缓刑。第二，对被宣告缓刑的犯罪分子，一般不适用减刑。根据司法解释，如果在缓刑考验期间有重大立功表现的，可以参照刑法典第 78 条的规定，予以减刑，同时相应地缩减其缓刑考验期限。减刑后实际执行的刑期不能少于原判刑期的 1/2，相应缩减的缓刑考验期限不能低于减刑后实际执行的刑期。判处拘役的缓刑考验期限不能少于 2 个月，判处有期徒刑的缓刑考验期限不能少于 1 年。

此外，根据刑法典第 72 条第 2 款的规定，缓刑的效力不及于附加刑，即被宣告缓刑的犯罪分子，如果被判处附加刑，附加刑仍须执行。因而，无论缓刑是否撤销，所判处的附加刑均须执行。

六、一般缓刑与战时缓刑的区别

一般缓刑与战时缓刑的区别主要表现在以下几个方面。

1. 适用对象不同。一般缓刑适用于被判处拘役、3 年以下有期徒刑的犯罪分子，累犯除外；战时缓刑适用于被判处3年以下有期徒刑（含拘役）的犯罪军人，累犯除外。

2. 适用时间不同。一般缓刑的适用无时间方面的限制；战时缓刑只适用于战时。

3. 适用的关键条件不同。一般缓刑适用的关键条件是“适用缓刑确实不致再危害社会”；战时缓刑适用的关键条件是在战时状态下适用缓刑“没有现实危险”。

4. 法律后果不同。一般缓刑的法律后果前面已经阐述；战时缓刑的法律后果为：犯罪军人确有立功表现时，可以撤销原判刑罚，不以犯罪论处。可见，一般缓刑在犯罪分子没有刑法典第77条规定的情形的条件下，不再执行原判刑罚，但犯罪依然成立；而战时缓刑在犯罪军人确有立功表现的条件下，原判刑罚可予撤销，不以犯罪论处，即原来的行为不再以犯罪对待。

第三节 减 刑

一、减刑的概念和意义

减刑，是指对被判处管制、拘役、有期徒刑、无期徒刑的犯罪分子，根据其在刑罚执行期间的悔改或者立功表现，而适当减轻其原判刑罚的制度。所谓减轻原判刑罚，实际包含了两种情况：一是把原判较重的刑种减为较轻的刑种，即刑种的减轻。二是把原判较长的刑期减轻为较短的刑期，即刑期的减轻。

减刑，作为一种刑罚执行制度，是我国刑事立法的一个创举。这一制度不仅在刑法条文中有明确的规定，而且在刑事诉讼法和监狱法中也有其程序及条件等方面的具体规定。它充分体现了我国惩办与宽大相结合、惩罚与教育相结合的刑事政策，是实现刑罚目的特别是特殊预防目的的重要手段。

罪犯在刑罚执行期间的改造情况往往各有不同。有些犯罪分子在服刑期间，真诚接受改造，确有悔改，甚至有立功表现，说明其人身危险性已经减小。在不损害国家法律的严肃性和人民法院判决的权威性的前提下，对犯罪分子给予适当减刑，可以鼓励他们继续认真改造，并对其他犯罪分子的改造起到积极的作用。长期以来的实践证明，减刑制度对于实现刑罚的特殊预防目的具有积极的作用，能收到调动罪犯积极改造的良好效果。

减刑不同于减轻处罚。量刑中的减轻处罚，是由于犯罪分子具有法定减轻处罚的情节，人民法院对其量刑时判处低于法定最低刑的刑罚，适用对象为判决确定前的未决犯。它属于刑罚裁量情节及其适用规则问题。减刑则是在判决确定以后的刑罚执行期间，对正在服刑的犯罪分子，依法对原判刑罚予以适当减轻，其适用对象为判决确定以后的已决犯。它是一种刑罚执行制度。

减刑不同于改判。改判是原判决在认定事实或者适用法律上确有错误时，依照第二审程序或者审判监督程序，撤销原判决，重新判决。它主要是刑事诉讼程序问题，是对原判决错误的纠正。减刑则是在肯定原判决的基础上，根据犯罪分子在刑罚执行期间确有悔改或者立功表现，而将原判刑罚予以适当减轻。

减刑不同于判处死刑缓期二年执行后的减刑。两者的性质、作用、内容等方面是有原则区别的。“死缓”执行后的减刑，是根据法律特别规定的“缓期2年执行”期间的情况而适用的，是按期进行的一种特殊程序。“死缓”是死刑的一种执行制度，其中就包含了缓期2年执行后的减刑问题。减刑则是刑法规定的另一种刑罚执行制度，它不包括判处死刑缓期2年执行后的减刑。

二、减刑的适用条件

减刑是根据犯罪分子的服刑改造情况对原判刑罚所作的调整。因此，适用减刑必须有一定的限制条件。根据刑法典第78条的规定，减刑分为可以减刑和应当减刑两种。可以减刑与应当减刑的对象条件和限度条件相同，只是实质条件有所区别。对犯罪分子适用减刑，必须符合下列条件。

（一）对象条件

减刑适用于被判处管制、拘役、有期徒刑、无期徒刑的犯罪分子。这说明，减刑的适用范围，只有刑罚种类的限制，而没有刑期长短、犯罪性质和主观恶性等方面的限制。只要是被判处上述四种刑罚之一的犯罪分子，无论其犯罪行为是故意犯罪还是过失犯罪，是重罪还是轻罪，是危害国家安全罪还是其他犯罪，只要具备了法定的减刑条件，都可以减刑。这里需要说明，当“死缓”减为有期徒刑或者无期徒刑减为有期徒刑时，依照刑法典第57条第2款的规定，应当把原判的附加剥夺政治权利终身改为3年以上10年以下。这是由于主刑刑种的性质改变而引起附加刑的相应改轻。对被判罚金的犯罪分子，由于其遭遇不能抗拒的灾祸缴纳确有困难的，可以酌情减少其罚金数额或者免除罚金。这是根据犯罪分子的实际负担能力而采取的一种变通措施。这些都不属于刑法典第78条规定的减刑制度的范围。

根据最高人民法院《关于办理减刑、假释案件具体应用法律若干问题的规定》（1997年10月29日发布）第5条的规定，对被判处拘役或者3年以下有期徒刑宣告缓刑的犯罪分子，如果在缓刑考验期间有重大立功表现的，可以参照刑法典第78条的规定，对原判刑罚予以减刑，同时相应地缩短其缓刑考验期限。这种对缓刑考验期限的缩减是以对原判刑罚减刑为前提的，也不属于这里所说的减刑的适用范围。

（二）实质条件

减刑的实质条件，因减刑的种类不同而有所区别。

1．可以减刑的实质条件是确有悔改表现或者有立功表现。只有当犯罪分子在服刑期间认真遵守监规，接受教育改造，确有悔改或者立功表现时，才能说明其人身危险性已经减弱，对他的教育改造收到了预期的效果，也才符合减刑制度的宗旨和目的。一般来说，犯罪分子的悔改表现和立功表现应该是统一的，但也有一些犯罪分子有悔改表现而无立功表现，或者有立功表现而无明显的悔改表现。根据刑法规定，悔改或者立功表现都是减刑的条件，只要具备其中之一就可以减刑。当然，如果既有悔改表现又有立功表现的，则可以在法定的减刑限度内给予更大幅度的减刑。关于悔改或者立功表现的具体标准，刑法没有明确规定，根据最高人民法院《关于办理减刑、假释案件具体应用法律若干问题的规定》第1条的规定，“确有悔改表现”是指同时具备以下四个方面的情形：（1）认罪服法（罪犯在执行期间的正当申诉不能认为是不认罪服法）；（2）认真遵守监规，接受教育改造；（3）积极参加政治、文化、技术学习；（4）积极参加劳动，完成生产任务。“立功表现”是指具有下列情形之一：（1）检举、揭发监内外犯罪活动，或者提供重要的破案线索，经查证属实的；（2）阻止他人犯罪活动的；（3）在生产、科研中进行技术革新，成绩突出的；（4）在抢险救灾或者排除重大事故中表现积极的；

(5) 有其他有利于国家和社会的突出事迹的。根据最高人民法院《关于处理自首和立功具体应用法律若干问题的解释》的精神，协助司法机关抓捕其他犯罪嫌疑人的，也属于立功表现之一。

2. 应当减刑的实质条件是有重大立功表现。根据刑法典第 78 条的规定，“重大立功表现”是指下列六种情形之一：(1) 阻止他人重大犯罪活动的；(2) 检举监狱内外重大犯罪活动，经查证属实的；(3) 有发明创造或者重大技术革新的；(4) 在日常生产、生活中舍己救人的；(5) 在抗御自然灾害或者排除重大事故中，有突出表现的；(6) 对国家和社会有其他重大贡献的。根据最高人民法院司法解释的精神，协助司法机关抓捕其他重大犯罪嫌疑人的，也属于重大立功表现之一。

此外，为充分发挥减刑制度的作用，根据最高人民法院司法解释，适用减刑时还应注意以下问题：其一，对犯罪时未成年人的罪犯的减刑在掌握标准上可以比照成年罪犯依法适度放宽。未成年罪犯能认罪服法，遵守监规，积极参加学习、劳动的，即可视为确有悔改表现予以减刑，其减刑的幅度可以适当放宽，间隔的时间可以相应缩短。其二，除有特殊情形，被假释的罪犯一般不得减刑，其假释考验期也不能缩短。其三，对罪刑严重的危害国家安全的罪犯、犯罪集团的首要分子、主犯、累犯的减刑，应当严格掌握。对确属应当减刑的，主要根据其改造的表现，同时也要考虑原判的情况，慎重决定。

(三) 限度条件

减刑的目的是鼓励犯罪分子加速改造。它是以原判刑罚为基础适用的。因此，减刑要适当，应当根据犯罪分子的悔改或者立功表现将其原判刑罚予以适当减轻。但是，无论是刑种的减轻，还是刑期的减轻，都必须有一定的限度。减得过多，有损于国家法律的严肃性和法院判决的权威性，也违背了罪刑相适应的基本原则，使犯罪分子得不到必要的惩罚和改造；减得过少，难以起到鼓励犯罪分子特别是被判处长期徒刑的罪犯积极改恶从善、早日回归社会成为新人的作用，从而难以发挥减刑制度的作用。

刑法典第 78 条对减刑的幅度作了明确的限制：减刑以后实际执行的刑期，判处管制、拘役、有期徒刑的，不能少于原判刑期的 1/2；判处无期徒刑的，不能少于 10 年。所谓实际执行的刑期，是指判决执行后犯罪分子实际服刑的时间。如果判决前先行羁押的，羁押期应当计入实际执行的刑期之内。根据最高人民法院的司法解释，被判处无期徒刑的罪犯减刑后实际执行的刑期不能少于 10 年的规定，应当自无期徒刑判决确定之日起计算，判决确定之前先行羁押的时间，不能计入应实际执行的 10 年刑期之内。对死刑缓期执行罪犯经过一次或几次减刑后，其实际执行的刑期不得少于 12 年，自死刑缓期执行 2 年期满第 2 日起计算。

刑法对犯罪分子减刑后实际执行的刑期规定了最低限度，但对其在服刑期间何时可以减刑，可以减刑多少次，每次多长期限，前后两次减刑之间应间隔多长时间等，未作明确规定。为此，最高人民法院在《关于办理减刑、假释案件具体应用法律若干问题的规定》中作了解释，对被判处有期徒刑、无期徒刑的罪犯减刑的起始时间、间隔期限、减刑幅度等规定了具体标准。

1. 被判处有期徒刑的犯罪分子，在执行期间，如果确有悔改或者有立功表现的，一般一次减刑不超过 1 年；如果确有悔改并有立功表现，或者有重大立功表现的，一般一次减刑不超过2年。被判处10年以上有期徒刑的罪犯，如果悔改表现突出或者有立功表现的，一次减刑不得超过2年；如果悔改表现突出并有立功表现，或者有重大立功表现的，一次减刑不得超过3年。

2．被判处5年以上有期徒刑的罪犯，一般在执行1年半以上方可减刑；两次减刑之间一般应当间隔1年以上；被判处10年以上有期徒刑的罪犯，一次减2年至3年有期徒刑之后，再减刑时，其间隔时间一般不得少于2年。被判处不满5年有期徒刑的罪犯，可以比照上述规定的时间适当缩短。确有重大立功表现的，可以不受上述时间的限制。在有期徒刑罪犯减刑时，对附加剥夺政治权利的刑期可以酌减，酌减后剥夺政治权利的期限，最短不得少于1年。

3．被判处无期徒刑的犯罪分子，在执行期间，如果确有悔改或者立功表现的，服刑2年以后，可以减刑。对确有悔改或者立功表现的，一般可以减为18年以上20年以下有期徒刑；对有重大立功表现的，可以减为13年以上18年以下有期徒刑。无期徒刑罪犯在刑罚执行期间又犯罪，被判处有期徒刑以下刑罚的，自新罪判决确定之日起一般在2年之内不予减刑；对新罪判处无期徒刑的，减刑的起始时间要适当延长。

三、减刑后刑期的计算

减刑后刑期的计算方法因原判刑罚的种类不同，可分为以下3种。

1．对于原判处管制、拘役、有期徒刑的，减刑后的刑期从原判决刑罚执行之日起计算。原判刑期已经执行的部分，应当计算在减刑后的刑期之内。例如，某甲原被判处有期徒刑7年，在刑罚执行2年后，因有立功表现，被依法减刑1年，其实际服刑的刑期就是6年，甲只需再服刑4年，刑罚就执行完毕。

2．对于原判处无期徒刑减为有期徒刑后的刑期，从裁定减刑之日起计算。已执行的刑期不计入减刑后的刑期之内。例如，某乙原被判处无期徒刑，执行3年后，确有悔改表现，减为有期徒刑20年。其已经执行的3年不计入20年之内，即从裁定减刑之日起，需再服刑20年才算刑罚执行完毕。某乙实际服刑为23年。

由无期徒刑减为有期徒刑后，依法再次减刑的，再次减刑后的刑期从有期徒刑执行之日即无期徒刑减为有期徒刑之日起计算。已执行的有期徒刑的刑期，应当计算在再次减刑后的刑期之内。例如，某丙原被判处无期徒刑，4年以后因有立功表现减为有期徒刑18年。执行有期徒刑5年以后，又因有重大立功表现，减为有期徒刑16年（即减刑2年）。此时，已执行的5年刑期应计算在16年之内。某丙需再服刑11年就期满。某丙实际服刑期为20年。

3．犯罪分子在刑罚执行期间，曾经被减过刑，后经复查，发现原判决量刑畸重，按照审判监督程序再审后改判为较轻的刑罚。这时，原来的减刑仍然有效，应从改判后的刑期中减去原减刑的刑期。这是因为减刑是根据罪犯在执行刑罚期间的悔改或立功表现而决定的，与原判刑罚的轻重无关。例如，某丁原被判处有期徒刑15年，执行3年后，因有立功表现，减为有期徒刑14年。经再审将原判改为有期徒刑10年。那么，原减刑的1年和已执行的3年应从改判后的10年有期徒刑中减去，某丁再服刑6年，刑罚就执行完毕。

四、减刑的程序

根据刑法典第79条的规定，对于犯罪分子的减刑，由执行机关向中级以上人民法院提出减刑建议书。人民法院应当组成合议庭进行审理，对确有悔改或者立功事实的，裁定予以减刑。非经法定程序不得减刑。

人民法院应当审查执行机关申报的材料、手续是否齐全完备。申报的材料包括提请减刑意见书、罪犯评审鉴定表、奖惩审批表、终审法院判决书、裁定书、历次减刑裁定书的复制件，以及罪犯悔改或者立功表现具体事实的证明材料。经审查，认为材料不齐和手续不全的，应当通知执行机关补充材料或退回补查。人民法院在制定减刑裁定书时，应当扼要写明罪犯确有悔改或者立功表现的事实，引用刑法、刑事诉讼法有关条款，同时，注明刑期的起止日期。减刑裁定既可以由人民法院直接宣告，也可以委托执行机关代为宣告。人民法院应当将裁定书副本同时送达原判法院和担负对劳改单位检察任务的人民检察院。

第四节　假　释

一、假释的概念和意义

假释，是指对被判处有期徒刑、无期徒刑的犯罪分子，在执行一定刑期之后，因其认真遵守监规，接受教育改造，确有悔改表现，不致再危害社会，而附条件地将其予以提前释放的制度。

假释是世界各国的刑事立法中普遍规定的一种刑罚执行制度。就假释的内涵来说，各国都有自己的特点，但是各国都把假释看做是对服刑期间表现好的在押犯人附条件地提前复归社会的一种奖励措施。

我国的假释制度是根据刑法的任务和刑罚的目的而建立的。它体现了惩办与宽大相结合、惩罚与改造相结合的刑事政策基本精神。

我国的刑罚不是单一的惩办主义，更不是报复主义。我国刑罚的根本目的在于通过刑罚的适用，教育改造犯罪分子，使之成为新人。实行假释制度，把那些已服过一定刑期，确有悔改表现，没有必要继续关押的罪犯，放在社会上改造，有利于鼓励和促进犯罪分子改过自新，对分化瓦解犯罪分子，预防和减少犯罪具有非常重要的意义。

假释与释放不同。释放，包括宣告无罪释放、刑满释放、赦免释放，都是无条件释放，不存在再执行的问题；假释是有条件地提前释放，还存在着收监执行余刑的可能性。

假释与监外执行不同。(1) 适用对象不同。假释只适用于无期徒刑和有期徒刑；监外执行则适用于无期徒刑、有期徒刑、拘役。(2) 适用条件不同。假释适用于在服刑期间认真遵守监规，接受教育改造，确有悔改表现，不致再危害社会的犯罪分子；监外执行适用于因法定特殊情况不宜在监内执行的犯罪分子，如有严重疾病需保外就医、妇女怀孕或者正在哺乳自己的婴儿等。(3) 收监条件不同。被假释的罪犯，在假释考验期内犯新罪，或者被发现判决宣告以前还有其他罪没有判决，或者有违反法律、行政法规、公安部门有关监管规定的，撤销假释；监外执行的罪犯当妨碍在监内执行的因素消失时，如果刑期未满，尽管在监外没有再犯新罪，也应将其收监，执行尚未执行完毕的刑期。(4) 期间计算不同。被假释的罪犯如果被撤销假释，其假释的期间，不得计入按数罪并罚原则所判处的刑期之内；监外执行的犯罪分子，在监外执行期间，应计入原判刑期之内。

假释不同于缓刑。(1) 适用对象不同。假释适用于被判处有期徒刑、无期徒刑的犯罪分子；缓刑适用于被判处拘役、3 年以下有期徒刑的犯罪分子。(2) 适用的实质条件不同。假释的实质条件是罪犯在刑罚执行期间认真遵守监规，接受教育改造，确有悔改表现，假释后不致再危害社会，或者有其他特殊情况。缓刑的实质条件是罪犯的犯罪情节、悔罪或者立功表现，适用缓刑确实不致再危害社会。(3) 适用时间不同。假释是在罪犯执行刑罚过程中根据其表现，以裁定做出；缓刑是在判决的同时宣告。(4) 不执行的刑期不同。假释必须已经执行一部分原判刑期，对尚未执行完的刑期，附条件不执行；缓刑是对原判决的全部刑期有条件地不执行。

假释与减刑不同。(1) 适用对象不同。假释只适用于被判处有期徒刑、无期徒刑的罪犯；减刑适用于被判处管制、拘役、有期徒刑、无期徒刑的罪犯。(2) 最低服刑期限不同。假释除“特殊情况”外，被判处有期徒刑的罪犯，执行原判刑期的 1/2 以上，被判处无期徒刑的，实际执行 10 年以上，才能适用；对于减刑的罪犯，根据司法解释的规定，分不同情况处理的罪犯，只要符合法定减刑条件就可适用，甚至在服刑一年后即可适用减刑。(3) 适用的限制不同。假释有一定的考验期限和应当遵守有关规定，如果发生法定情形，就撤销假释；减刑没有考验期限和其他限制条件，即使被减刑的罪犯再犯新罪，已减的刑期也不恢复。(4) 释放时间不同。对被假释的罪犯当即解除监禁，予以附条件释放；对被减刑的人则要视其减刑后是否有余刑，才能决定是否释放，有未执行完的刑期，仍需继续在监执行。

二、假释的适用条件

根据刑法典第 81 条的规定，适用假释必须遵守以下条件。

(一) 对象条件

假释只适用于被判处有期徒刑或无期徒刑的犯罪分子，但累犯以及因杀人、爆炸、抢劫、强奸、绑架等暴力性犯罪被判处 10 年以上有期徒刑、无期徒刑的罪犯除外。假释是对犯罪分子有条件地提前释放，国家保留对其继续执行尚未执行的那部分刑罚的可能性。这一特点决定了假释不适用于被判处其他刑罚的犯罪分子。死刑立即执行，因其特殊性质，根本不存在假释问题。死刑缓期 2 年执行也不能直接适用假释（“死缓”属于死刑的范畴），只有在“死缓”减为无期徒刑或者有期徒刑之后，符合假释条件时，才可以适用假释。拘役的刑期短，适用假释没有实质意义。如果被判处拘役的罪犯确有悔改或者立功表现，可以宣告缓刑或者减刑。被判处管制的犯罪分子，因不在监内执行，而是放在社会上监督改造，仅限制其部分自由，因而更无必要适用假释。

(二) 实质条件

根据刑法典第 81 条的规定，犯罪分子认真遵守监规，接受教育改造，确有悔改表现，假释后不致再危害社会，可予以假释。这是适用假释的实质条件，也是关键性条件。如果罪犯拒不认罪，不思悔改，或者虽有一定程度的悔改，但尚不足以防止其再次危害社会，即使已经服刑的刑期达到假释的条件，也不能适用假释。相反，如果罪犯在刑罚执行期间认真遵守监规，接受教育改造，确有悔改表现，不致再危害社会，即使是危害国家安全的罪犯，或者曾经被撤销过假释的罪犯，也都可以适用假释。“确有悔改表现”的认定标准，与减刑中确有悔改表现的条件相同。“不致再危害社会”的认定标准，根据最高人民法院《关于办理减刑、假释案件具体应用法律若干问题的规定》的解释，是指罪犯在刑罚执行期间一贯表现好，确有悔改表现，不致违法、重新犯罪的，或者是老年、身体有残疾（不含自伤致残），并丧失作案能力的。

此外，根据司法解释，把握适用假释的实质条件，还应注意以下问题：（1）为了贯彻对未成年犯教育、感化、挽救的方针，对未成年人的假释在掌握标准上可以比照成年犯依法适度放宽。未成年犯能认罪服法，遵守监规，积极参加学习、劳动的，即可视为确有悔改表现，假释后又不致再危害社会的，可以适用假释。（2）对罪行严重的危害国家安全的罪犯，犯罪集团的首要分子、主犯、惯犯的假释，主要是根据他们的改造表现，同时也要考虑原判的情况，应当特别慎重，严格掌握。（3）对老年和身体有残疾（不含自伤致残）罪犯的假释，应当主要注重悔罪的实际表现。对于已执行了法定期限的刑期，有悔罪表现，丧失作案能力或者生活不能自理，且假释后生活确有着落的老、残罪犯，可依法予以假释。

（三）时间条件

这是假释的前提条件。刑法典第 81 条规定，被判处有期徒刑的犯罪分子，执行原判刑期 1/2 以上，被判处无期徒刑的犯罪分子，实际执行 10 年以上，才能适用假释。这是因为只有执行一定的刑期，才能比较准确地判断犯罪分子是否认真遵守监规，接受教育改造，确有悔改表现，不致再危害社会，以保证假释的效果，也才能体现人民法院判决的稳定性和法律的严肃性。

根据最高人民法院的司法解释，被判处无期徒刑、有期徒刑的犯罪分子，经过减刑，无期徒刑减为有期徒刑、有期徒刑缩短刑期的，适用假释时，实际执行的刑期的确定应以原判刑罚为标准，而不能以减刑后的刑期为标准。对被判处有期徒刑的罪犯适用假释，执行原判刑期 1/2 以上的起始时间应从判决执行之日起计算，执行前先行羁押的时间折抵刑期。对“死缓”罪犯减刑后假释的，其实际执行的刑期不得少于 12 年（不含死刑缓期执行的 2 年）。实际执行的刑期自“死缓”期满第 2 日起计算。对被判处无期徒刑的罪犯适用假释，执行 10 年以上的起始时间应当从判决确定之日起计算。判决确定前先行羁押的时间不能折抵刑期。

为了充分有效地发挥假释的作用，刑法也对假释的适用规定了一定的灵活性。刑法典第 81 条规定：“如果有特殊情况，经最高人民法院核准，可以不受上述执行刑期的限制。”就是说，罪犯在刑罚执行期间，如果具有特殊情况，即使被判处有期徒刑的尚未执行原判刑期的 1/2 以上，被判处无期徒刑的尚未执行 10 年以上，也可以适用假释。所谓“特殊情况”，根据司法解释，是指有国家政治、国防、外交等方面特殊需要的情况。

另外，根据最高人民法院的司法解释，罪犯减刑后假释的，间隔时间一般为 1 年；对一次减 2 年或者 3 年有期徒刑后，又适用假释的，其间隔时间不得少于 2 年。

三、对假释犯的考验

假释是将犯罪分子附条件地提前释放，这种提前释放并不是刑罚已经执行完毕，而是把罪犯放在社会上进行改造，同时保留对其继续执行未执行的刑罚的可能性。因此，必须对假释犯规定一定的考验期限，在宣布假释的同时宣布考验期限，对其进行监督改造。

（一）监督机关和监督内容

根据刑法典第 85 条的规定，被假释的犯罪分子，在假释考验期限内，由公安机关予以监督。监督的内容就是考察被假释的罪犯是否遵守假释期间的行为规则，是否具有刑法典第 86 条规定的情形，即是否又犯新罪、是否发现漏罪以及是否违反法律、行政法规或者国务院公安部门有关假释的监督管理规定等。

（二）考验期限和必须遵守的规定

根据刑法典第 83 条的规定，有期徒刑的假释考验期限，为没有执行完毕的刑期；无期徒刑的假释考验期限为 10 年。假释考验期限，从假释之日起计算。

根据刑法典第 84 条的规定，被宣告假释的犯罪分子，应当遵守下列规定：（1）遵守法律、行政法规，服从监督；（2）按照监督机关的规定报告自己的活动情况；（3）遵守监督机关关于会客的规定；（4）离开所居住的市、县或者迁居，应当报告经监督机关批准。

四、假释的程序

根据刑法典第 82 条、第 79 条的规定，对于犯罪分子的假释，由执行机关向中级以上人民法院提出假释建议书。人民法院应当组成合议庭进行审理，对符合法定假释条件的，裁定予以假释。非经法定程序不得假释。

对有期徒刑犯的假释，应当由罪犯所在的监狱、劳改队提出书面意见，提请当地中级人民法院依法裁定。对无期徒刑犯的假释（包括原判死刑缓期 2 年执行已经减为无期徒刑的罪犯），应当由罪犯所在的监狱、劳改队提出书面意见，报请本省、自治区、直辖市的司法厅（局）审查同意后，提请当地高级人民法院依法裁定。

人民法院根据监狱、劳改队提交的详细的书面材料，经合议庭审理，如果犯罪分子认真遵守监规，接受教育改造，确有悔改表现，并不致再危害社会，符合法定假释条件的，依法做出假释裁定。

劳动改造机关在收到人民法院的假释裁定书以后，应当召开所有正在服刑改造的罪犯大会，宣布人民法院所作的假释裁定，借以推动犯罪分子的改造。同时，劳动改造机关应当将其有关材料转送给其居住地的公安机关，以便对其进行监督考察。

人民法院的假释裁定书，除交监狱、劳改队执行外，应当将裁定书的副本送交担负对该劳改单位检察任务的人民检察院。人民检察院如果发现适用假释不恰当，可以按照审判监督程序提请纠正。

五、假释的法律后果

根据刑法典第 85 条、第 86 条的规定，假释的法律后果有以下几种。

1．被假释的犯罪分子，在假释考验期限内没有刑法典第 86 条规定的情形即没有犯新罪或者发现漏罪，或者违反法律、行政法规或者国务院公安部门有关假释的监督管理规定，假释考验期满，就认为原判刑罚已经执行完毕，剩余刑罚不再执行。

2．被假释的犯罪分子，在假释考验期限内又犯新罪，应当撤销假释，依照刑法典第 71 条的规定实行数罪并罚。如果假释犯在假释考验期限内犯新罪，考验期满后才被发现，只要新罪没有超过追诉时效期限，即应撤销假释，对新罪做出判决并把前罪没有执行的刑罚和后罪所判处的刑罚，依照刑法典第 69 条的规定，决定执行的刑罚。如果原判刑罚为无期徒刑，则应按照吸收原则，将新罪所判的刑罚吸收，仍决定执行原判的无期徒刑。如果新罪所判的是死刑（包括死刑缓期 2 年执行），则不论原判刑罚是有期徒刑还是无期徒刑，均应执行死刑或者“死缓”。

3. 在假释考验期限内，发现假释犯在判决宣告以前还有其他罪没有判决的，只要没有超过追诉时效期限，应当撤销假释，依照刑法典第 70 条的规定实行数罪并罚。

4. 被假释的犯罪分子，在假释考验期限内，有违反法律、行政法规或者国务院公安部门有关假释的监督管理规定的行为，尚未构成新的犯罪的，应当依照法定程序撤销假释，收监执行未执行完毕的刑罚。

另外，犯罪分子被假释后，原判决有附加刑的，附加刑仍须继续执行。原判决附加剥夺政治权利的，剥夺政治权利的刑期从假释之日起计算。

第二十二章　时效与赦免

第一节　时　效

一、时效的概念

刑法上的时效分为追诉时效和行刑时效两种。追诉时效，是指刑事法律规定的对犯罪人追究刑事责任的有效期限。在追诉时效内，司法机关或有告诉权的人，有权追究或请求追究犯罪人的刑事责任。超过时效期限，司法机关或有告诉权的人无权再追究行为人的刑事责任。行刑时效，是指刑事法律规定的，对被判刑人执行刑罚的有效期限。判处刑罚而未执行，超过法定执行期限的，刑罚就不得再执行。我国只在刑法中规定了追诉时效，简称时效，而没有规定行刑时效。

二、时效的意义

为什么一个人犯了罪，过了一定期限之后就不能再对他进行追诉？有人不理解，认为这实际是鼓励犯罪人隐瞒罪行，担心犯罪人会因此而逃避制裁。这种看法是不妥当的。规定追诉时效，绝不是为了给犯罪人提供一个逃避制裁的机会，它的实际意义在如下几方面。

1. 时效的规定，符合我国刑罚的目的。我们认为，时效制度设立的根据从最终意义上看，离不开刑罚的目的。刑罚的目的应定位在报应与教育辩证统一基础上，既不片面强调报应，也不脱离实际片面强调教育。应把两者统一起来，才能收到好的效果。因此，对犯罪人适用刑罚不是为了惩罚而惩罚，而是通过惩罚，教育改造犯罪人，使之成为新人，从而达到预防犯罪的目的。犯罪人在犯罪后经过一定时间没有被追诉，没有再犯新罪，可以以此推断其已受到警戒，成为无害于社会的人。这时再对他进行追诉，并加以惩罚，从刑罚的特殊预防目的看，已无必要。从刑罚的一般预防目的看，对犯罪惩办越快，警戒作用越大。反之，在犯罪行为对社会的危害性已经消失的情况下，再对犯罪人进行追诉，就很难收到预期的警戒和教育的效果，有时甚至会丧失社会的同情。因此，从我国刑罚的目的出发，规定追诉时效是完全必要的。

2. 从司法机关工作上考虑，最主要的任务是打击现行的犯罪分子。一个犯罪案件发生后，时间经过越长，由于时过境迁，调查搜集人证、物证的工作越困难，这样，侦查、起诉和审判工作也不会顺利进行。刑法规定时效制度，就可以使司法机关摆脱那些难以查清而又现实意义不大的陈年老案的拖累，集中力量办理现行案件。即使被害人或其亲属坚持控告，我们也有法律根据说服他们撤回控诉。同时，规定时效制度，也可以使司法机关提高工作效率，防止犯罪分子逃避制裁，力争在时效期限内对犯罪分子进行追诉和审判。

3. 从维护社会稳定的角度看。犯罪发生后经过一段时期，因犯罪而遭到破坏的某一方面的社会秩序以及因犯罪而引起的公众心理失衡状态已得到缓和或修复。有了时效规定，就可以稳定这种社会关系，有利于人民群众同心协力搞建设。同时，可以解脱一些过了追诉期的犯罪人，使其放下包袱，安心工作，不致再发生危害社会的行为。如果事隔多年又突然追究起来，就会使已经稳定了的社会关系重新紧张起来，这样容易引发新的不安定因素，不利于社会秩序的稳定。

三、时效的期限

追诉时效的期限，是指法律规定的对犯罪人追究刑事责任的有效期限。它是与犯罪行为的社会危害性程度、刑罚的轻重相适应的。社会危害性大、法定刑重的犯罪，追诉时效期限就应当长些。反之，社会危害性小、法定刑轻的犯罪，追诉时效就应当短些。根据这一原则，刑法典第 87 条规定，犯罪经过下列期限不再追诉：

1. 法定最高刑为不满 5 年有期徒刑的，经过 5 年；
2. 法定最高刑为 5 年以上不满 10 年有期徒刑的，经过 10 年；
3. 法定最高刑为 10 年以上有期徒刑的，经过 15 年；
4. 法定最高刑为无期徒刑、死刑的，经过 20 年。如果 20 年以后认为必须追诉的，须报请最高人民检察院核准。

对法定最高刑，有不同的理解。有的认为，是指刑法对某种罪名所规定的最高刑。如刑法典第 232 条规定的故意杀人罪的最高刑是死刑，所以就不论其情节怎样，其时效均为 20 年。另有人认为，是指某个具体案件应处的法定最高刑，我们认为后者意见更合理。

由于刑法分则对各种犯罪的法定最高刑的规定方式不同，因而对每一犯罪追诉时效的期限，可以分别下列情况确定：

第一，如果分则条文规定的法定刑是单一的，则以本罪的最高法定刑来确定追诉时效的期限。如刑法典第 315 条对破坏监管秩序罪的规定为“处三年以下有期徒刑”。该罪的法定最高刑不满 5 年，其追诉期限应为 5 年。

第二，如果分则条文规定是并列的几种主刑，则以最重主刑来确定追诉时效的期限。如刑法典第 311 条对拒绝提供间谍犯罪证据罪的规定为“处三年以下有期徒刑、拘役或者管制”。在三种并列主刑中，最重主刑是 3 年以下有期徒刑。因此，犯此罪的，追诉时效的期限都应是 5 年。

第三，如果分则条文根据犯罪情节不同，规定有几个量刑幅度，则以与具体案件罪刑相适应的量刑幅度的最高刑为标准，来确定其追诉时效的期限。如刑法典第 177 条对伪造、变造金融票证罪，规定了三个量刑幅度。一般情况下，“处五年以下有期徒刑或者拘役”；情节严重的，“处五年以上十年以下有期徒刑”；情节特别严重的，“处十年以上有期徒刑或者无期徒刑”。因此，如果具体案件是犯罪情节一般，则追诉时效的期限应为 10 年；如果情节严重，则追诉时效的期限应为 15 年；如果情节特别严重，则追诉时效的期限应为 20 年。

四、时效期限的计算

关于时效期限的计算，我国刑法典第 89 条作了明确规定，具体说来有下列两种情况。

（一）在一般情况下，追诉期限从犯罪之日起计算

所谓“犯罪之日”，应当理解为犯罪成立之日。由于犯罪现象错综复杂，各种犯罪形态要件的规定不同，因而认定犯罪成立之日的标准也不相同，主要有以下几种：一是

对行为犯，应从行为实施之日起计算；二是对结果犯，应从结果发生之日起计算；三是对结果加重犯，应从加重结果发生之日起计算；四是对牵连犯，应从重罪成立之日起计算；五是对预备犯、未遂犯、中止犯，应分别从其犯罪预备、犯罪未遂、犯罪中止成立之日起计算。

（二）犯罪行为有连续或继续状态的，从犯罪行为终了之日起计算

连续犯或继续犯的追诉时效，从犯罪行为终了之日起计算。如连续犯诈骗罪的，从最后一次诈骗行为终了之日起计算；犯非法拘禁罪的，从对被害人解除拘禁，恢复其人身自由之日起计算。

五、时效中断与时效延长

（一）时效中断

刑法典第 89 条第 2 款对时效中断作了规定，即“在追诉时效期限以内又犯罪的，前罪追诉的期限从犯后罪之日起计算”。因此，犯罪人在追诉期限内又犯罪的，不论新罪性质如何，应受何种处罚，前罪所经过的时效期间都归于无效。前罪的追诉期限从犯新罪之日起重新计算。如某甲犯贪污罪，追诉期限为 5 年，经过 4 年，他又犯盗窃罪，因而他犯贪污罪的时效即告中断，对贪污罪追诉期限应从犯盗窃罪之日起计算。

（二）时效延长

时效延长是指由于发生了法律规定的事由，追诉期限无限延伸的制度。

我国刑法典第 88 条规定：“在人民检察院、公安机关、国家安全机关立案侦查或者在人民法院受理案件以后，逃避侦查或者审判的，不受追诉期限的限制。被害人在追诉期限内提出控告，人民法院、人民检察院、公安机关应当立案而不予立案的，不受追诉期限的限制。”犯罪人在司法机关对其立案侦查或者受理案件之后逃避侦查或审判，表明其藐视法律、怙恶不悛，所以不受追诉期限的限制，无论逃避状态持续多久，都可以对其进行追诉。

第二节　赦　免

赦免，是国家元首或国家最高权力机关，以政令的形式，免除或减轻犯罪人的罪与刑的一种法律制度。

赦免一般不是由刑法规定，而是由宪法或者刑事诉讼法加以规定。赦免通常分为大赦和特赦两种。我国 1954 年宪法规定了大赦和特赦，1982 年宪法只规定了特赦。因此，我国刑法典第 65 条、第 66 条所说赦免，都是指特赦。

赦免制度从本质上说，是统治阶级调整社会关系，维护其统治秩序的工具。它对国家的政治、经济情况和社会环境起调节作用。合理使用赦免制度，可以为犯罪人创造一个复归社会，重新做人的机会，也为其他犯罪人保留一种求得赦免的希望，促使其改过自新。同时，赦免对弥补法律的不足也具有重要作用。毛泽东同志曾指出：“采取这个措施，将更有利于化消极因素为积极因素。对于这些罪犯和其他在押罪犯的继续改造，都有重大的教育作用。这将使他们感到在我们伟大的社会主义制度下，只要改恶从善，就会有光明的前途。”当然，我们认为，赦免虽然对罪刑法定主义不起破坏或削弱作用，但对法律的稳定性会起一定削弱作用。所以，对此应采取慎重态度，力求使其发挥应有

的效果。

从各国立法例看，大赦与特赦各国法律规定不一，没有公认的严格界限。一般地说，大赦是指国家元首或最高权力机关以命令的形式，对某一时期的某一类或几类罪犯一概予以赦免的制度。这种赦免的效力及于罪与刑两个方面，即对宣布大赦的罪犯，不再认为是犯罪；对犯罪实施人，不再认为是犯罪人，因而不再追究其刑事责任；已受罪刑宣告的，宣告归于无效；已受追诉而未受罪刑宣告的，追诉归于无效。特赦是指国家元首或最高权力机关以命令的方式，对已受罪刑宣告的特定犯罪分子免除其刑罚的全部或一部分的制度。特赦与大赦不同，它对犯罪人只赦其刑，不赦其罪。犯罪人在特赦后再犯罪，如符合累犯条件，仍可构成累犯。新中国成立以来，实行过7次特赦。

1. 1959年9月17日，在庆祝建国10周年大庆时，第二届全国人民代表大会常务委员会第9次会议决定，对经过一定时间劳动改造，确实改恶从善的蒋介石集团和伪满洲国的战争罪犯、反革命罪犯和普通刑事罪犯，实行特赦。

2. 1960年11月19日，第二届全国人大常委会第32次会议决定，对于经过一定期间的劳动改造，确实改恶从善的蒋介石集团和伪满洲国的战争罪犯，实行特赦。

3. 1961年12月16日，第二届全国人大常委会第47次会议决定，对于经过一定期间的劳动改造，确实改恶从善的蒋介石集团和伪满洲国的战争罪犯，实行特赦。

4. 1963年3月30日，第二届全国人大常委会第91次会议决定，对确实改恶从善的蒋介石集团、伪满洲国和伪蒙疆自治政府的战争罪犯，实行特赦。

5. 1964年12月12日，第二届全国人大常委会第135次会议决定，对确实改恶从善的蒋介石集团、伪满洲国和伪蒙疆自治政府的战争罪犯，实行特赦。

6. 1966年3月29日，第三届全国人大常委会第29次会议决定，对确实改恶从善的蒋介石集团、伪满洲国和伪蒙疆自治政府的战争罪犯，实行特赦。

7. 1975年3月17日，第四届全国人大常委会第2次会议决定，对全部在押战争罪犯，实行特赦释放，并予以公民权。

从上述已经实行的7次特赦情况看，有以下特点。

第一，从特赦对象看，除1959年第一次包括反革命罪犯和普通刑事罪犯外，其余历次特赦对象都是对战争罪犯实行。我国的战争罪犯是民族解放战争和民主革命战争的产物，它的形成有极其复杂的历史和政治因素。在有条件实施特赦时，首先集中解决战犯问题是政治上的需要，这有利于扩大爱国统一战线，争取祖国的早日统一。

第二，从特赦的条件看，每次特赦都是对经过一定时期的关押改造并确实已经改恶从善的犯罪分子实行。所以，改恶从善是特赦的前提条件（第7次特赦除外）。

第三，从赦免的效力看，特赦的效力只针对刑的消灭而不针对罪的消灭，并且只是免除犯罪人剩余刑罚或减轻其原判刑罚，不是免除犯罪人的全部刑罚，也不是宣告原确定的罪刑无效。这样既有利于被特赦者及其他犯罪人继续努力改造，也有利于消除某些人的侥幸心理，同时又保持了判决的稳定性和法律的严肃性。

第四，从特赦的程序看，特赦都是根据党中央或国务院的建议，由全国人大常委会审议决定，由国家主席发布特赦令，由最高人民法院和高级人民法院执行。这反映了我国对特赦的严肃慎重态度，也为特赦的正确实行提供了可靠的保证。

第二编

刑法各论

第二十三章　刑法分则概述

第一节　刑法总则与分则的关系

我国刑法典体系由总则和分则两大部分组成。与之相适应——对它进行阐释与研究的刑法学也由两大部分构成，即刑法总论和罪刑各论。本书第一编是对刑法总则的研究与论述，属于总论的内容。本编则是以刑法分则作为研究对象，阐释具体各罪的构成特征及法定刑，故称为刑法各论。

一、刑法总则与分则的关系

刑法总则与分则的关系，首先，是普遍性与特殊性的关系。刑法总则是刑法分则的归纳，刑法分则是对刑法总则规定的基本原则与制度的具体体现。刑法分则是对各具体犯罪的构成特征及其法定刑的规定，它所关注的是现实生活中形形色色的各具体犯罪的特殊性。比如，什么是盗窃罪，犯了盗窃罪应当受到怎样的刑罚。刑法总则所规定的是有关犯罪、刑事责任及刑罚的一般原理、原则和制度，它关注的是分则所规范的各种具体罪刑中所面临的一般的、共同的问题。比如，刑法典第14条规定："明知自己的行为会发生危害社会的结果，并且希望或者放任这种结果发生，因而构成犯罪的，是故意犯罪。"这实际上就是从刑法分则规定的各种具体的犯罪中抽象、归纳出的故意犯罪的共性特征。反过来，正确理解与运用这条规定，又必须借助于分则对各具体的故意犯罪的规定。其次，刑法总则对于刑法分则具体适用具有指导作用。我们知道，刑法分则是对各具体罪的构成特征和法定刑的规定。但需要指出的是，这些规定所描述的都是一种典型状态下的犯罪，即仅仅是单个人实施的完成形态的犯罪。然而，现实生活中的犯罪是纷繁复杂的，常常可能出现数人共同实施一种犯罪行为或犯罪呈现不完成形态的情况。此时，若要正确地对行为人定罪量刑，仅仅依靠分则规范就远远不够，而必须运用总则中有关共同犯罪、犯罪形态的一般性、原则性规定作指导。此外，在有关量刑制度方面、中国公民域外实施犯罪方面，刑法总则的规定也对刑法分则条文的具体运用起着必不可少的指导作用。

二、学习刑法分则的意义和方法

在学习、掌握刑法总则的基础上，学习和研究刑法分则具有重要的意义。首先，通过对刑法分则的学习和研究，有助于丰富和加深对刑法总论的理解和把握。其次，通过学习和研究刑法分则，可以掌握各种具体犯罪的定罪量刑标准，能够准确把握罪与非罪、此罪与彼罪的界限，有助于在司法实践中正确地适用刑法。

研究刑法分则除了必须注意以总则的原理、原则为指导外，还应注意以下两点：其一，要注意抓住重点和难点。重点是司法实践中的常见罪、多发罪的犯罪构成、罪与非罪以及此罪与彼罪的界限。难点在各罪中可能不尽相同，有的罪的难点可能是主体特征，有的罪的难点也许是主观方面，有的罪的难点可能在于此罪与其他相关罪的界限。其二，必须贯彻理论联系实际的学习和研究方法。一方面要将具体罪刑理论和刑法规范运用于具体的案例分析之中，培养分析和解决实际问题的能力；另一方面，必须注意及时了解刑事立法和司法实践的动态，根据新情况来探讨各种问题。

第二节　刑法分则体系

学习刑法分则，必须首先对刑法分则体系有一明确的认识，从而在整体上把握刑法分则的基本内容。所谓刑法分则体系是指刑法分则所规定的依照一定标准对各具体犯罪进行分类并按一定顺序排列而形成的有机整体。

一、犯罪的分类

在刑法分则中，对犯罪进行科学的分类，是建立科学的分则体系所必需，同时对于揭示各类犯罪的本质与特殊性，以及在司法实践中查阅分则条文、区分此罪与彼罪的界限，也具有重要意义。

对于刑法分则所规定的具体犯罪的分类，各国刑法的做法不尽相同，从而其分则体系也各有不同。有的国家分类比较简单，如法国1810年刑法典把犯罪分为两大类，一是危害国家的犯罪，二是危害个人的犯罪，二者构成刑法分则的两编。又如俄罗斯联邦刑法典分则，将犯罪分为12类。有的国家分类繁复，如德意志联邦共和国刑法典分则将犯罪分为29类；韩国刑法典分则将犯罪分为42类。我国刑法典分则对犯罪采用简明的分类方法，共分为10类，构成分则的10章，依次是：危害国家安全罪；危害公共安全罪；破坏社会主义市场经济秩序罪；侵犯公民人身权利、民主权利罪；侵犯财产罪；妨害社会管理秩序罪；危害国防利益罪；贪污贿赂罪；渎职罪；军人违反职责罪。同时，对于内容复杂、条文过多的两类罪，即破坏社会主义市场经济秩序罪、妨害社会管理秩序罪，立法机关又对其进行了二次分类，前者分为8个小类，后者分为9个小类，构成章下的各节。

二、犯罪分类排列的依据

我国刑法分则对具体犯罪进行分类的标准是犯罪行为所侵犯的同类客体，对各类犯罪排列主要是以各类犯罪的社会危害程度为标准。

（一）以同类客体为标准对犯罪进行分类

犯罪客体是指我国刑法所保护而为犯罪行为所侵犯的社会主义社会关系。作为犯罪构成的必要要件，没有一个犯罪没有犯罪客体。犯罪之所以有社会危害性，首先是由行为侵犯的犯罪客体所决定的，因此，犯罪客体是决定犯罪本质的根本因素。由于犯罪客体的性质与范围是确定的，不同的犯罪具有不同的犯罪客体，所以它可以成为犯罪分类的基础。

我国刑法分则所规定的10类犯罪，是以同类客体为标准划分的结果。所谓犯罪的同类客体，是指某一类犯罪所共同侵犯的我国刑法所保护的社会关系的某一部分或某一方面，例如，危害国家安全罪侵犯的是有关国家主权、领土完整和社会主义社会制度等方面的社会关系；危害公共安全罪侵犯的是公共安全；破坏社会主义市场经济秩序罪侵犯的是有关社会主义市场经济秩序方面的社会关系；侵犯财产罪侵犯的是公私财产所有权；贪污贿赂罪侵犯的是职务的廉洁性等。同类客体的原理揭示了同一类型犯罪侵犯的客体之相同属性，既便于认识同类型犯罪的共同危害性质，也有助于从立法到司法都能正确区分不同类型的犯罪。

（二）以犯罪的危害程度为标准对各类犯罪进行排列

建立科学的刑法分则体系，除了需要对犯罪做正确的分类，还需要在此基础上恰当地排列各类犯罪的次序。我国刑法分则根据犯罪的危害程度对各类犯罪进行排列，使之与正确的犯罪分类相结合，从而真正构筑科学的刑法分则体系。

从总体上看，各类罪的排列是按照同类客体性质决定的社会危害程度的大小，由重到轻排列的。例如，危害国家安全罪侵犯的是国家安全及我国的国家政权和社会制度，因此社会危害性最为严重，所以，将其排在各章之首。危害公共安全罪侵犯的是社会公共安全，其危及的是不特定的多数人的生命、健康和重大公私财产的安全，一旦发生往往造成难以预料的后果，其社会危害程度仅次于危害国家安全，故在分则中置于第二位。分则以下几章也大体按这种标准排列。不过也并非如此绝对，考虑到类罪之间的内在联系和个别类罪的特殊性，刑法分则作了例外处理。例如，考虑到贪污贿赂罪和渎职罪在犯罪同类客体中存在同一性的一面，将这两类犯罪分别置于第 8 章、第 9 章，考虑到军人违反职责罪在犯罪主体上的特殊性，虽然其危害性较大，但仍将其放在刑法分则的最后一章即第 10 章。

应当指出的是，类罪的先后排列顺序所表明的社会危害程度的大小，是从总体上而言的，并不意味着排在前面类罪中的每一种具体犯罪的社会危害性都大于排在后面的类罪的所有具体罪的社会危害性。如分则第 4 章中的故意杀人罪，其危害性就显然大于前面几章中的许多过失犯罪。

第三节　法条竞合

一、法条竞合的概念、本质、分类

（一）法条竞合的概念、本质

法条竞合，又称法规竞合，指在刑事法律中由于法条的错综规定，出现不同种罪名的数个法律条文所规定的构成要件在内容上具有从属或交叉关系的情形。例如，刑法典第 398 条第 1 款规定的故意泄露国家秘密罪与第 432 条规定的故意泄露军事秘密罪在内容上具有从属关系，因此，这两个条文之间就构成法条竞合。

法条竞合体现的是刑法分则条文之间的关系。这种不同种罪名的数个法条之间从属或交叉关系的产生并不以犯罪行为的实际发生为前提，而是刑法条文所规定的事实。无论犯罪是否发生，人们都可以通过对法律条文内容的分析而确定各个法条之间原本依刑事立法就实际存在的这种从属或交叉关系。因此，法条竞合主要是从静态的角度分析刑法分则规定各条文之间的关系，说明刑法分则体系的某种特殊结构。

法条竞合形式上表现为刑法分则具体条文之间的竞合，但是，由于法律条文的核心内容是某一具体犯罪的构成要件，因此，法条竞合实际上是犯罪构成的竞合，是相异的个罪之间在构成要件上所存在的某种程度的从属或交叉关系。

(二) 法条竞合的分类

根据我国刑法的规定，从理论上看，法条竞合可分为两种形态。

一类是分则中某一法条的全部内容包含于另一个法条的内容之中，即从属关系的竞合，后者的适用范围要大于前者。例如，刑法典第398条故意泄露国家秘密罪与第432条故意泄露军事秘密罪，第140条生产、销售伪劣产品罪与第141条生产、销售假药罪等。但是，需要指出的是，所谓从属竞合，并不意味着两罪的构成要件在四个方面都必然存在从属关系，而只是从法条所反映的内容及其适用范围而言。例如，故意泄露国家秘密罪与故意泄露军事秘密罪在犯罪客体、犯罪主观方面上都不存在从属关系。另一类是呈交叉关系的竞合，指两个法条的部分内容相同，即有所交叉。从适用范围上看，在所交叉部分，两罪形成我中有你、你中有我的相互包容状态。例如，刑法典第133条交通肇事罪与第233条过失致人死亡罪，第266条诈骗罪与第279条招摇撞骗罪。

二、法条竞合犯

(一) 法条竞合犯的概念和特征

法条竞合犯是指一行为同时符合两个或两个以上的法条所规定的犯罪构成特征，且这些法条在其内容上又存在从属或交叉关系的一种犯罪形态。法条竞合是一种客观存在的法律现象，但它仅仅是法条竞合犯成立的基础，并不等于法条竞合犯。两个法条虽然存在竞合关系，但行为人的犯罪行为未同时符合两个犯罪的构成要件，而只符合其中一个犯罪构成要件，只是简单的一罪，而非法条竞合犯。例如，行为人不是以交通肇事而是以其他方式致人死亡，则该行为只符合过失致人死亡罪的构成要件。因此，法条竞合与法条竞合犯是两个既有关系又相区别的问题。前者主要从静态的角度分析刑法分则规定的犯罪条文之间具有的从属或交叉关系，而后者则从动态的角度说明实际发生的犯罪行为如何具体触犯相互竞合的法条，应该具体适用哪一法条。

从理论上看，法条竞合犯具有两个特征：其一，一个犯罪行为同时符合数个性质不同的犯罪构成，这是法条竞合犯成立的前提条件。所谓一个犯罪行为是指行为人基于一个犯罪故意或过失，实施一次危害社会的行为。其二，该犯罪行为所符合的数个犯罪构成之间，在条文内容上具有交叉关系或从属关系。这是法条竞合犯的核心特征，也是它与想象竞合犯之间最根本的区别。

(二) 法条竞合犯的处理原则

研究法条竞合与法条竞合犯，根本上要解决的是在一个犯罪行为触犯数个有竞合关系的法条的情况下，适用哪个法条的问题，即到底根据哪个法条定罪量刑。法条竞合犯作为一种法律现象，已经获得刑法理论的承认，但关于其处理原则，刑事立法并没有对每一类法条竞合犯都做出明确的规定，故理论界对这一问题提出了形形色色的见解。根据刑法的规定和理论界的通说，法条竞合犯处理原则有两个。

1. 在特别法与普通法的法条发生竞合时，按特别法优于普通法的原则，选择适用特别法的法条。这里所说的特别法与普通法既指分别存在于普通刑法即刑法典与特别刑法中的条款，又指刑法典或特别刑法内部的普通条款与特别条款。对于有些法条竞合犯，刑法明确规定了适用该原则处理。如刑法典第233条规定，过失致人死亡，“本法另有规定的，依照规定”。因此，当行为人因交通肇事致人死亡时，就应定交通肇事罪。特别法优于普通法原则是处理法条竞合犯最基本的原则，在法律无明确规定的情况下，一般都应按该原则处理。

2. 重法优于轻法原则。就是说，在一个犯罪行为触犯数个有竞合关系的法条的情况下，根据该行为的具体情节，依照法定刑规定按较重的法条定罪处罚。现行刑法在有些涉及法条竞合的条款中也明确规定了该原则。例如，根据刑法典第 149 条第 2 款的规定，一行为既构成生产、销售伪劣产品罪，又构成生产、销售假药罪，则应“依照处罚较重的规定定罪处罚”。重法优于轻法原则属于前一原则的补充原则，实践中适用该原则主要在于做到罪刑相适应，有效打击犯罪、预防犯罪。因此，法律没有明确规定法条竞合犯的处理原则时，有时也应适用重法优于轻法原则。例如，行为人冒充国家机关工作人员诈骗公私财物且数额巨大，该行为既构成诈骗罪又构成招摇撞骗罪，理论界一般认为应采用重法优于轻法原则，定为诈骗罪。

三、法条竞合犯与想象竞合犯的区别

法条竞合犯与想象竞合犯，具有一些相同的特征：两者都是行为人实施了一个犯罪行为；都触犯了不同罪名的数个法条；法条竞合犯是单纯的一罪，想象竞合犯是实质上的一罪，即两者的法律本质都是一罪而非数罪，最终也都依照一罪予以处罚。但二者在性质上也有如下区别：(1) 法条竞合犯中，一法条与另一法条之间在内容上存在从属或交叉关系；而想象竞合犯所触犯的数个法条之间则无此关系。(2) 法条竞合犯所涉及的数个法条之间的竞合关系是法律条文所体现的客观事实，并不以犯罪行为的实际发生为转移；想象竞合犯中不同种罪名的数个法条发生关联，是以行为人实施特定的犯罪行为为前提。(3) 法条竞合犯本是单纯的一罪，只是由于法条的交错规定，以致违反数个法律条文，对它的研究主要解决法律的适用问题；想象竞合犯是观念上的数罪，实质的一罪，它所体现的是犯罪之单复形态，对它的研究主要解决罪数问题和对犯罪行为如何选择罪名并予以处罚的问题。

第四节　罪状、罪名、法定刑

刑法分则的条文大致可分为两类，一类是规定具体犯罪的条文，它们是分则条文的基本表现形式，数量上占绝对多数。这些具体犯罪条文在构成上一般由罪状和法定刑组成，它们规定的是某一具体犯罪的构成及其处罚。另一类条文则不规定罪状和法定刑。如刑法典第 451 条对“战时”的解释性规定，刑法典第 367 条对淫秽物品的规定。这一类条文属于分则中特殊的规范，占极少数。对刑法分则的研究，主要是对具体犯罪条文构成的研究。由于罪状与罪名联系的紧密性，故对罪状、罪名、法定刑的研究，是罪刑各论的重要内容。

一、罪状

罪状，是指刑法分则中规定具体犯罪的条文对某一具体犯罪的基本构成特征的描述。它是司法机关对某种行为进行定罪的依据。根据对具体犯罪构成的描述方式，可将罪状分为以下五种。

（一）简单罪状

所谓简单罪状，即在条文中只简单地描述具体犯罪构成的要件。在这种条文中，有的只简单地描述具体犯罪客观方面的特征。如刑法典第 266 条规定，“诈骗公私财物，数额较大的，处三年以下有期徒刑、拘役或者管制，并处或者单处罚金……”。有的只简单地描述具体犯罪的主观方面和客观方面的特征，如刑法典第 233 条的规定，“过失致人死亡的，处三年以上七年以下期徒刑；情节较轻的，处三年以下有期徒刑”。使用这种罪状，一般是因为立法者认为，这些犯罪的特征凭生活经验不难了解，不必作更具体地描述。这有助于法律条文的简练。简单罪状在刑法分则中所占不多。

（二）叙明罪状

所谓叙明罪状，即在条文中较为详细地描述具体犯罪的基本构成特征。例如，刑法典第 270 条规定：“将代为保管的他人财物非法占为已有，数额较大，拒不退还的，处二年以下有期徒刑、拘役或者罚金……”这样的罪状，比较容易为人们所理解和掌握，有利于正确定罪。因此，多数刑法条文采取叙明罪状。

（三）引证罪状

所谓引证罪状，即引用刑法分则的其他条款来说明和确定某一犯罪构成的特征。例如，刑法典第 124 条第 1 款规定了破坏广播电视设施、公用电信设施罪的构成特征。其第 2 款规定：“过失犯前款罪的，处三年以上七年以下有期徒刑；情节较轻的，处三年以下有期徒刑或者拘役。”该款就是引用第一款规定的罪状，来说明过失破坏广播电视设施、公用电信设施的构成特征。在大多情况下，引证罪状可以理解为叙明罪状的“变异”（只要被引用的是叙明罪状）。使用引证罪状，可以避免条文文字的重复，保持条文的简洁性。

（四）空白罪状

所谓空白罪状，即条文没有直接地具体说明某一犯罪构成的特征，而仅指明要参照其他法律、法规的规定来确定其构成特征。例如，刑法典第 133 条规定：“违反交通运输管理法规，因而发生重大事故，致人重伤、死亡或者使公私财产遭受重大损失的，处三年以下有期徒刑或者拘役……”这里仅指明确定交通肇事罪的构成特征时必须参照有关交通运输管理法规，而没有直接地具体描述该罪的特征，因而是空白罪状。我国刑法关于空白罪状规定的特点在于，其一，明确指出了行为触犯的法律、法规等规范性文件；其二，除引用违反的法律、法规外，还对表明行为达到犯罪程度的要件，如“致人重伤、死亡”、“情节严重”等作了描述。采用空白罪状的方式，一是因为有关法律、法规的规定往往内容较多，一一写在条文中会使条文繁冗，二是因为空白罪状仅指明违反某种法律、法规而不对犯罪构成要件作详细地描述，而这些法律、法规对社会发展变化的反应较快，当社会物质生活条件发生某种变化时，只需修订有关法规，空白罪状则可以不变应万变，在一定程度上缓解刑法与动态发展的现实之间的矛盾。

（五）混合罪状

所谓混合罪状，即刑法分则条文中同时采用两种或两种以上描述方式来对某一犯罪的基本构成特征进行描述。例如，刑法典第 341 条第 2 款规定：“违反狩猎法规，在禁猎区、禁猎期或者使用禁用的工具、方法进行狩猎，破坏野生动物资源，情节严重的，处三年以下有期徒刑、拘役、管制或者罚金。”本条前一分句指出了确定非法狩猎罪的构成需要参照的法规，属于空白罪状的描述方式；后一分句详细描述了实施狩猎的地点、时间、方法、工具、对象及其危害程度，具有叙明罪状的典型特征。两者结合起来同时说明非法狩猎罪的构成要件，使用了两种描述罪状的方式，因而是混合罪状。采用混合罪状方式，是由某些犯罪的特殊性决定的。刑法分则条文中的混合罪状为数不多。

二、法定刑

除了罪状之外，具体犯罪条文的另一构成部分则是法定刑。所谓法定刑，是指刑法分则条文对具体犯罪所规定的刑种和量刑幅度。法定刑在条文表现上一般是紧接罪状之后，表明罪与罚的质的因果联系和量的相适应关系，是审判机关对犯罪人适用刑罚的依据。研究法定刑问题，对正确适当地量刑具有重要的意义。

（一）法定刑的基本形式

根据立法实践和刑法理论，刑法条文中法定刑的设置方式有三种基本形式。

1. 绝对确定的法定刑，即条文中对某种犯罪或某种犯罪的某种情形只规定单一的刑种和量刑幅度，司法机关没有自由裁量的余地。这种立法例最初见于 1791 年《法兰西刑法典》，该法第 7 条规定："凡在公务员执行其职责时对之实行侵袭的，处二年苦役。"绝对确定的法定刑既是严格意义上的罪刑法定主义的产物，也是对封建社会司法专横反思的结果，具有历史的必然性质和相对的合理性。但这种法定刑的弱点在于缺乏灵活性，使法官不能根据具体情况对犯罪人判处轻重适当的刑罚，不利于实现刑罚个别化。此外，对同一犯罪，不考虑其差异而一律科处完全相同的刑罚，对行为人而言也显失公正。故这种形式目前各国刑法已极少采用。

2. 绝对不确定的法定刑，即在条文中对某种犯罪不规定具体的刑种和量刑幅度，只规定应对该种罪以刑罚处罚，至于如何具体处罚，则完全由司法机自由裁量。在我国刑法公布实施前的法制不完备时期，在一些法律、法规中常采用这种形式。法律中设定绝对不确定的法定刑其弊端是显而易见的。由于缺乏统一的量刑标准，容易导致法官裁量刑罚的不平衡，甚至发生裁量权滥用。这既不利于国家法制的统一，也动摇了法律的公正性。因此目前已不为世界上绝大多数国家所采用。

3. 相对确定的法定刑，即在刑法分则条文中对某种犯罪规定一定的刑种和量刑幅度。这种法定刑的特点在于：一方面，它对具体的刑种和量刑幅度作了硬性规定，从而保证法制的统一性；另一方面，相对确定的法定刑又有一定的灵活性，使法官能够根据具体案件和犯罪人的具体情况，在法定刑的幅度内选择适当的刑种和刑期，有利于刑罚目的的实施。因而这种法定刑被世界各国刑法广泛采用。

（二）我国刑法中的法定刑

我国刑法中，不存在绝对不确定的法定刑，分则条文中法定刑绝大多数为相对确定的法定刑。它在我国刑法中有五种具体规定形式。

1. 仅规定法定刑的最高限度，其最低限度决定于刑法总则的规定。例如，刑法典第 315 条规定的破坏监管秩序罪的法定刑是 3 年以下有期徒刑，而没有规定下限。但刑法总则第 45 条规定，有期徒刑最低期限为 6 个月。由此而知，该罪的法定刑实为 6 个月以上 3 年以下有期徒刑。

2. 仅规定法定刑的最低限度，其最高限度决定于刑法总则的规定。现行刑法并没有以这种方式规定单一法定刑的条文，而是在两三个量刑幅度中，有一个采用此种方式。例如，刑法典第 400 条第 1 款规定："司法工作人员私放在押的犯罪嫌疑人、被告人或者罪犯的，处五年以下有期徒刑或者拘役；情节严重的，处五年以上十年以下有期徒刑；情节特别严重的，处十年以上有期徒刑。"最后一句法定刑没有最高限度，结合总则第45条关于有期徒刑的最高期限为15年的规定，该法定刑就是10年以上15年以下有期徒刑。

3. 分则条文同时规定法定刑的最高与最低限度。现行刑法中没有以这种方式规定单一法定刑的条文，而是存在于某个量刑幅度中。例如，刑法典第249条规定："煽动民族仇恨、民族歧视，情节严重的，处三年以下有期徒刑、拘役、管制或者剥夺政治权利；情节特别严重的，处三年以上十年以下有期徒刑。"

4. 在一个分则条文中规定两种以上主刑或者同时规定主刑与附加刑，而主刑有的又存在两种以上的相对确定幅度。例如，刑法典第258条规定："有配偶而重婚的，或者明知他人有配偶而与之结婚的，处二年以下有期徒刑或者拘役。"这里规定了两种主刑，对其中的有期徒刑又规定了上限。又如，刑法典第202条规定："以暴力、威胁方法拒不缴纳税款的，处三年以下有期徒刑或者拘役，并处拒缴税款一倍以上五倍以下罚金；情节严重的，处三年以上七年以下有期徒刑，并处拒缴税款一倍以上五倍以下罚金。"这一条同时规定了主刑与附加刑，前一个量刑幅度中对有期徒刑规定了上限，后一个量刑幅度明确规定了有期徒刑的最高与最低限度。

5. 分则条文规定援引性的法定刑。例如，刑法典第386条规定："对犯受贿罪的，根据受贿所得数额及情节，依照本法第383条的规定处罚。索贿的从重处罚。"

此外，需要指出的是，我国刑法中存在着少量的绝对确定的法定刑。不过，这种绝对确定的法定刑均是针对特定犯罪的特定情形而言的，而不是对某种犯罪的所有情况都适用。例如，刑法典第121条规定，劫持航空器，"致人重伤、死亡或者使航空器遭受严重破坏的，处死刑"。刑法典第240条规定，拐卖妇女、儿童，"情节特别严重的，处死刑"。刑法典第239条规定，实施绑架行为，"致使被绑架人死亡或者杀害被绑架人的，处死刑，并处没收财产"。

（三）*法定刑与宣告刑、执行刑*

所谓宣告刑，是指审判机关在审理具体刑事案件时，根据犯罪的事实、情节、性质和社会危害程度，在规定的刑种和幅度内，对犯罪人实际判处的刑罚。所谓执行刑，是指审判机关在判决中所决定的实际应予执行的刑种和刑期。宣告刑是执行刑的基础，在一人犯一罪的场合，执行刑与宣告刑相同。但在一人犯数罪时，且符合数罪并罚条件时，执行刑并不等于宣告刑，而应当依法按数罪并罚的原则决定执行刑。

对于法定刑而言，它是宣告刑的基础，宣告刑是法定刑的具体适用。如果某一具体犯罪的法定刑是绝对确定的法定刑，宣告刑与法定刑相同。如果法定刑是相对确定的法定刑，二者则有明显的区别。法定刑往往同时包含不同的刑种和量刑幅度，而宣告刑只能是针对具体案件所决定的一个具体的主刑或（和）附加刑及其确定的刑期或数额。此外，在个别场合，如果遇有减轻或免除处罚情节时，宣告刑还可在法定刑之外选择刑种、刑期或者免予处罚。

三、罪名

罪名，指犯罪的名称。根据我国现行刑法，广义的罪名包括类罪名、类罪中的节罪名和具体罪名。本节所论述的罪名为狭义，即具体罪名，它是指具体个罪的名称，是对某种具体犯罪行为的最本质特征的简明概括。现代各国刑法规定罪名的方式主要有两类：一是明示式，即由立法机关在分则条文中明确规定罪名，因而使罪名法定化；二是包含式，即在分则条文之中不规定罪名，只规定罪状，将罪名包含在罪状中，经过对罪状的分析获取罪名。我国采取的是后一种方式，由最高人民法院对个罪的罪状进行分析，最终以司法解释的形式使个罪罪名明确化、法定化。

（一）确定罪名的原则

采用包含式规定罪名，则有一个罪名如何确定的问题。正确确定罪名，应当遵循以下原则。

1. 法定原则。这一原则要求，确定罪名时必须严格根据刑法分则规定的具体犯罪的条文所描述的罪状来进行，也就是必须从罪状中确定罪名。这是确定罪名最基本的原则，也是在确定罪名时对罪刑法定原则的反映。个罪罪名中所反映出的该罪的本质特征应当是在罪状中明确规定的，而不能超出罪状所描述的内容。

2. 本质原则。这一原则要求，所起的罪名必须能够反映出某一犯罪的本质特征，即该罪所固有的并能反映该种犯罪的本质属性。当然，这种本质属性不一定非固定从某个特定的方面反映出来。它既可能从犯罪的主体、主观方面反映出来，也可能从犯罪的行为、手段甚至犯罪对象上反映出来。例如，过失决水罪是从犯罪的主观方面和行为反映该罪的本质特征；走私文物罪则是从犯罪的对象和行为反映该罪的本质特征。

3. 概括性原则。这一原则要求，所确定的罪名必须是对个罪罪状的高度概括，表述上应力求简明扼要，力戒繁琐、冗长。遵循该原则，确定个罪罪名时就不需要将该罪的全部构成要件都包含其中，而应根据法律的规定和该罪的特点选择罪状中能够反映其本质特征的要件，省略其他要件。例如，刑法典第 175 条规定："以转贷牟利为目的，套取金融机构信贷资金高利转贷他人，违法所得数额较大的，处三年以下有期徒刑……"有学者将该罪定名为"套取金融机构贷款转贷他人非法牟利罪"，虽然符合法定原则和本质原则，但过于冗长。最高人民法院司法解释将其定为"高利转贷罪"，就显得简明扼要。

（二）罪名的分类

如前所述，我国刑法采取包含式的方式对罪名加以规定。1997 年 3 月新刑法颁布之后，罪名法定化的呼声日益高涨。同年 12 月，最高人民法院颁布了《关于执行〈中华人民共和国刑法〉确定罪名的规定》，以司法解释的方式将罪名法定化，共确定罪名 413 个。所定罪名基本符合前述基本原则。2002 年 3 月 15 日，最高人民法院、最高人民检察院公布了《关于执行〈中华人民共和国刑法〉确定罪名的补充规定》。总的来看，根据罪名所包含的犯罪构成内容的复杂程度可分为两类：单一罪名和选择性罪名。

1. 单一罪名。该类罪名所包含的犯罪构成的具体内容是单一的，如故意杀人罪、盗窃罪。在某些情况下，尽管罪状中规定了两种以上的行为，但从逻辑上又可概括为一种更为抽象性的行为，这种概括性的罪名也可视为单一罪名。如刑法典第 286 条第 3 款内容规定了数种扰乱、破坏计算机信息系统的行为，但司法解释最终定为"破坏计算机信息系统罪"。

2. 选择性罪名。该类罪名所包含的犯罪构成的具体内容复杂，可以概括使用，也可以分解使用。这种选择性罪名有三种情况：（1）行为选择，如出售、购买、运输假币罪；（2）对象选择，如走私珍贵动物、珍贵动物制品罪；（3）行为与对象同时选择，如伪造、变造、买卖国家机关公文、证件、印章罪。在实践中，如果行为人仅实施一个行为或仅针对一个对象，则认定为一罪，如出售假币罪、走私珍贵动物罪、伪造国家机关公文罪。如实施两个以上行为或针对两个以上对象，依然认定为一罪，罪名为出售、购买假币罪；走私珍贵动物、珍贵动物制品罪；伪造、买卖国家机关公文、印章罪，而不认为是数罪。

第二十四章　危害国家安全罪

第一节　危害国家安全罪概述

一、危害国家安全罪的概念和构成

危害国家安全罪，是指故意危害中华人民共和国国家安全的行为。危害国家安全罪的构成具有如下特征。

1. 犯罪的客体是国家的安全。所谓国家安全，是指我国主权、领土的完整与安全，以及人民民主专政的国家政权和社会主义制度的安全。一个国家的主权、领土的完整与安全，以及国家政权和社会制度的稳定与安全，是一个国家赖以存在和发展的政治基础和物质基础。因此，任何一个国家都毫不例外地将国家安全纳入刑法的重点保护范围，我国也不例外。我国刑法将危害国家安全罪排列在分则各章犯罪之首，也表明国家对打击这类犯罪的重视和决心。

2. 犯罪的客观方面表现为危害中华人民共和国国家安全的行为。所谓危害中华人民共和国国家安全的行为，是指危害我国主权、领土完整与安全以及人民民主专政的国家政权和社会主义制度的行为。包括作为也包括不作为。具体表现为刑法典第 102 条至第 112 条所规定的背叛国家，分裂国家，煽动分裂国家，武装叛乱、暴乱，颠覆国家政权，煽动颠覆国家政权，资助危害国家安全的犯罪活动，投敌叛变，叛逃，间谍，为境外的机构、组织、人员窃取、刺探、收买、非法提供国家秘密或者情报，资敌等行为。

3. 犯罪的主体多数是一般主体，少数是特殊主体。如分裂国家，煽动分裂国家，武装叛乱、暴乱，间谍，资敌等犯罪的主体，均是一般主体，不管是中国人还是外国人，均能实施。而背叛国家罪、叛逃罪的主体则是特殊主体，前者只能由具有中华人民共和国国籍的公民实施，后者则只能由国家机关工作人员实施。根据刑法典第 17 条第 2 款的规定，已满 14 周岁不满 16 周岁的未成年人，不构成此类犯罪。

4. 犯罪的主观方面是故意。这类犯罪绝大多数是直接故意，即明知自己的行为会发生危害中华人民共和国国家安全的后果，并且希望这种结果发生。少数犯罪既可以是直接故意，也可以是间接故意。例如，为境外窃取、刺探、收买、非法提供国家秘密、情报，行为人可能出自获利的动机，对危害国家安全的结果持放任的态度。

二、危害国家安全罪的种类

我国刑法典第 102 条至第 112 条规定了 12 种危害国家安全的具体犯罪，根据其客观特征，可以分为以下几种类型。

1. 分裂国家、颠覆政府的犯罪。其中包括：背叛国家罪；分裂国家罪；煽动分裂国家罪；武装叛乱、暴乱罪；颠覆国家政权罪；煽动颠覆国家政权罪。

2. 叛变、叛逃性犯罪。其中包括：投敌叛变罪；叛逃罪。

3. 间谍、资敌的犯罪。其中包括：资助危害国家安全犯罪活动罪、间谍罪；为境外窃取、刺探、收买、非法提供国家机密、情报罪；资敌罪。

第二节 分裂、颠覆国家、政府的犯罪

一、背叛国家罪

（一）背叛国家罪的概念与特征

背叛国家罪，是指勾结外国，危害中华人民共和国的主权、领土完整和安全的行为。背叛国家罪，是现行犯罪中最严重、最危险的罪行。我国《宪法》第 28 条规定："国家维护社会秩序，镇压叛国和其他危害国家安全的犯罪活动。"刑法分则第 1 章更是将背叛国家罪列在危害国家安全罪的首位，第 102 条、第 113 条对此罪作了明确的规定。

背叛国家罪的构成特征是：

1. 侵犯的客体是中华人民共和国的国家安全。国家安全是国家存亡的大事，是巩固政权，进行社会主义建设的基础。它主要是指国家的主权、领土完整和安全。

2. 客观上表现为勾结外国，危害国家主权、领土完整和安全的行为。所谓勾结外国，不仅指勾结外国政府，也包括勾结外国的政党、组织、政治集团等。危害国家主权、领土完整和安全的行为，表现形式多样，主要包括签订丧权辱国的条约，策划对我国发动侵略战争，挑起争端，使外国向我国提出领土要求等。构成本罪并不要求实际发生了危害中华人民共和国的主权、领土完整和安全的事实，只要实施了勾结外国，背叛祖国的行为，且足以危害中华人民共和国的主权、领土完整和安全，即构成本罪。

3. 主体是一般主体，且只能是中国公民，外国人不能单独成为本罪的主体，但可以成为本罪的共犯。一般来讲，本罪的主体是那些窃居高位或者是具有较大政治影响和社会地位的人。普通公民是不容易同外国勾结实施上述行为的。如果普通公民投靠外国，充当间谍，应定间谍罪等其他危害国家安全的犯罪，而不应定本罪。

4. 主观上是故意，并且具有危害国家主权、领土完整和安全的目的。

（二）背叛国家罪的刑事责任

根据刑法典第 102 条、第 113 条、第 56 条的规定，犯本罪的；处无期徒刑或者 10 年以上有期徒刑；与境外机构、组织、个人相勾结，犯本罪的，依照上述规定处罚；对国家和人民危害特别严重，情节特别恶劣的，可以判处死刑；犯本罪的，可以并处没收财产，应当附加剥夺政治权利。

二、分裂国家罪

（一）分裂国家罪的概念与特征

分裂国家罪，是指组织、策划、实施分裂国家，破坏国家统一的行为。其构成特征为：

1. 侵犯的客体是国家的统一。国家统一是作为一个国家存立的基本前提，是国家安全极其重要的组成部分，分裂国家、破坏国家统一，侵犯了国家安全，而且是一种较严重的危害国家安全罪。

2. 客观上表现为组织、策划、实施分裂国家、破坏国家统一的行为。所谓组织，

是指勾结、纠集多人进行旨在分裂国家的非法活动，或者是建立旨在分裂国家的组织。所谓策划，是指为分裂国家而进行的秘密谋划。所谓实施，是指实际着手进行分裂国家的犯罪活动。分裂国家、破坏国家统一主要是指推翻地方政府，另立伪政府，实行地方割据，或者破坏民族团结和统一，制造民族分裂，在一定地区建立反中央政府的统治。本罪属行为犯，只要行为人实施了组织、策划、实施分裂国家、破坏国家统一的行为，即构成本罪的既遂，不要求发生实际的危害结果。

3. 犯罪主体是一般主体，可以是中国人，也可以是外国人。通常主要是一些身居要职的野心家、阴谋家以及具有一定社会影响力的地方分裂分子和民族分裂主义分子。

4. 主观上是故意，而且行为人有分裂国家、破坏国家统一的目的。

（二）分裂国家罪的刑事责任

根据刑法典第 103 条第 1 款、第 106 条、第 113 条和第 56 条的规定，犯本罪的，对首要分子或者罪行重大的，处无期徒刑或者 10 年以上有期徒刑；对积极参加的，处 3 年以上 10 年以下有期徒刑；对其他参加的，处 3 年以下有期徒刑、拘役、管制或者剥夺政治权利；与境外机构、组织、个人相勾结实施本罪的，从重处罚；对国家和人民危害特别严重、情节特别恶劣的，可以判处死刑；犯本罪的，可以并处没收财产，应当附加剥夺政治权利。

三、煽动分裂国家罪

（一）煽动分裂国家罪的概念与特征

煽动分裂国家罪，是指煽动分裂国家、破坏国家统一，危害国家安全的行为。其主要特征是：

1. 侵犯的客体是国家安全。具体侵犯的是国家和民族的统一。国家和民族的统一是国家赖以生存和发展的基础，犯罪分子煽动分裂国家，是严重危害国家统一的行为，危害性极大，应予严惩。

2. 客观方面表现为以各种方式煽动分裂国家、破坏国家统一的行为。煽动，从某种意义上讲，就是教唆他人实施犯罪。但本罪的行为已由刑法条文单独定罪，不再按照教唆犯罪处理。

煽动分裂国家罪，是行为犯。只要行为人实施了煽动分裂国家的行为，不管被煽动人是否接受煽动，是否实施了具体的分裂国家的行为，造成了什么后果，均不影响本罪的构成。

3. 犯罪主体是一般主体，只能由符合刑法规定的自然人构成。

4. 主观方面表现为具有追求分裂国家、破坏国家统一的结果的目的，因而，其煽动分裂国家的行为是直接故意。

（二）煽动分裂国家罪的刑事责任

根据刑法典第 103 条第 2 款、第 113 条第 2 款、第 56 条的规定，犯本罪的，处 5 年以下有期徒刑、拘役、管制或者剥夺政治权利；对首要分子或者罪行重大的，处 5 年以上有期徒刑。此外，还应当剥夺政治权利，可以并处没收财产。根据刑法典第 106 条的规定，与境外机构、组织、个人相勾结犯本罪的，从重处罚。

四、颠覆国家政权罪

（一）颠覆国家政权罪的概念与特征

颠覆国家政权罪，是指组织、策划、实施颠覆国家政权，推翻社会主义制度的行为。其特征是：

1. 侵犯的客体是我国的国家政权和社会主义制度。

2. 客观上表现为组织、策划、实施颠覆国家政权、推翻社会主义制度的行为。其行为主要是指三个方面：一是组织颠覆国家政权、推翻社会主义制度的行为。如拉帮结派结成反动集团，领导颠覆政权的行动，指挥拟定颠覆计划等。二是策划行为。如密谋筹划篡党夺权计划，制定躲避国家惩处的对策等。三是实施行为，主要是直接参与推翻国家政权、改变社会主义制度的行动。本罪属行为犯，只要行为人具有颠覆政权、推翻社会主义制度而进行组织、策划、实施的事实，即构成本罪既遂，不要求行为人已经造成颠覆国家政权、推翻社会主义制度的结果。

3. 主体是一般主体，但主要是窃居党政重要职位，具有较大社会影响的人。

4. 主观上是故意，具有颠覆国家政权、推翻社会主义制度的目的。

（二）颠覆国家政权罪的刑事责任

根据刑法典第105条第1款、第106条、第113条和第56条的规定，犯本罪的，对首要分子或者罪行重大的，处无期徒刑或者10年以上有期徒刑；对积极参加的，处3年以上10年以下有期徒刑；对其他参加的，处3年以下有期徒刑、拘役、管制或者剥夺政治权利；与境外机构、组织、个人相勾结，实施本罪的，从重处罚；犯本罪的，应当附加剥夺政治权利，可以并处没收财产。

五、煽动颠覆国家政权罪

（一）煽动颠覆国家政权罪的概念与特征

煽动颠覆国家政权罪是指以造谣、诽谤或者其他方式煽动颠覆国家政权、推翻社会主义制度，危害国家安全的行为。其特征是：

1. 侵犯的客体是国家安全，具体侵犯的是国家的政权和基本制度。

2. 客观方面表现为以造谣、诽谤或者其他方式煽动颠覆国家政权和基本制度的行为。但本罪的行为已由刑法条文单独定罪，不再按照教唆犯罪处理。煽动颠覆国家政权罪，是行为犯。只要行为人实施了煽动颠覆国家政权的行为，不管被煽动人是否接受煽动，是否实施了具体的颠覆国家政权的行为，造成了什么后果，均不影响本罪的构成。

3. 主体是一般主体，只能由符合刑法规定的自然人构成。

4. 主观方面表现为具有追求颠覆国家政权的结果的目的，因而主观上具有煽动颠覆国家政权的直接故意。

（二）煽动颠覆国家政权罪的刑事责任

根据刑法典第105条、第113条第2款、第56条的规定，犯本罪的，处5年以下有期徒刑、拘役、管制或者剥夺政治权利；对首要分子或者罪行重大的，处5年以上有期徒刑。此外，还应当剥夺政治权利，可以并处没收财产。根据刑法典第106条的规定，与境外机构、组织、个人相勾结犯本罪的，从重处罚。

六、武装叛乱、暴乱罪

（一）武装叛乱、暴乱罪的概念与特征

武装叛乱、暴乱罪，是指组织、策划、实施武装叛乱或武装暴乱的行为。

本罪的构成特征：（1）本罪侵犯的客体是中华人民共和国的国家安全。（2）本罪在客观上表现为组织、策划、实施武装叛乱或者武装暴乱的行为。武装叛乱，是指采取武装对抗的形式，以投靠境外敌对组织和势力为目的，反叛国家和政府的行为。武装暴乱，是指采取武装对抗的形式，破坏社会秩序的行为，但它不具有背叛国家的行为。(3) 本罪的主体是一般主体，包括中国人、外国人和无国籍人。(4) 本罪在主观上只能是故意，并且行为人具有以叛乱、暴乱方式危害国家安全的目的。

(二) 武装叛乱、暴乱罪的刑事责任

根据刑法典第 104 条、第 106 条、第 113 条和第 56 条的规定，犯本罪的，对首要分子或者罪行重大的，处无期徒刑或者 10 年以上有期徒刑；对积极参加的，处 3 年以上 10 年以下有期徒刑；对其他参加的，处 3 年以下有期徒刑、拘役、管制或者剥夺政治权利；对国家和人民危害特别严重、情节特别恶劣的，可以判处死刑；与境外机构、组织、个人相勾结、实施本罪的，从重处罚；策动、胁迫、勾引、收买国家机关工作人员、武装部队人员、人民警察、民兵进行武装叛乱或者武装暴乱的，从重处罚；犯本罪的，应当附加剥夺政治权利，可以并处没收财产。

第三节　叛变、叛逃的犯罪

一、投敌叛变罪

(一) 投敌叛变罪的概念与特征

投敌叛变罪，是指中国公民背叛国家，投奔敌对营垒，危害国家安全的行为。

本罪的构成特征是：(1) 侵犯的客体是中华人民共和国的国家安全。(2) 客观上表现为投敌叛变的行为。投敌，包括投靠国外敌人和国内敌对势力两种，它在形式上有多种情况，可以是自动投向敌对势力营垒，也可以是在被捕、被俘后投降敌人，还可以是暗地里加入敌人营垒。投敌后是否实施了危害国家安全的行为，并不影响本罪的成立。(3) 主体上是特殊主体，只限于中华人民共和国的公民，外国人或无国籍人只能构成本罪的共犯。(4) 主观上只能是直接故意。

(二) 投敌叛变罪的刑事责任

根据刑法典第 108 条、第 113 条、第 56 条的规定，犯本罪的，处 3 年以上 10 年以下有期徒刑；情节严重或者带领武装部队人员、人民警察、民兵投敌叛变的，处 10 年以上有期徒刑或者无期徒刑；对国家和人民危害特别严重、情节特别恶劣的，可以判处死刑；犯本罪的，可以并处没收财产，应当附加剥夺政治权利。

二、叛逃罪

(一) 叛逃罪的概念与特征

叛逃罪，是指国家机关工作人员在履行公务期间，擅离岗位、叛逃境外或者在境外叛逃，危害中华人民共和国国家安全的行为。

本罪的构成特征是：(1) 侵犯的客体是中华人民共和国的国家安全。(2) 客观上表现为行为人在履行公务期间，擅离岗位，叛逃境外或者在境外叛逃的行为。所谓在履行公务期间，主要是指行为人依照法律规定或授权，按照权限行使职务期间。这里的公务，不论是常任的还是临时的，不论是在编内的还是编外的。所谓叛逃，是指背叛国家、逃奔国外或境外的行为。(3) 主体是特殊主体，即必须是国家机关工作人员。(4) 主观上只能是直接故意。

（二）叛逃罪的认定中应注意的问题

1. 本罪与非罪的界限。叛逃罪在客观上表现为国家机关工作人员逃往国外或境外的行为。这与现实中某些人因仰慕国外物质文化生活条件而偷偷逃奔外国或境外（如偷渡）的行为是有区别的。前者具有危害国家安全的目的，其行为性质属于背叛国家，主体也仅限于国家机关工作人员；后者则无犯罪目的，其主体也不仅限于国家机关工作人员。

2. 正确认定本罪的既遂与未遂。只要行为人实施了叛逃境外或在境外叛逃的行为，不论是否出现危害我国国家安全的结果，都可以构成犯罪既遂。但如果由于行为人意志以外的原因，行为人未能到达外国控制的区域，则应认为是犯罪未遂。

（三）叛逃罪的刑事责任

根据刑法典第 109 条、第 113 条和第 56 条的规定，犯本罪的，处 5 年以下有期徒刑、拘役、管制或者剥夺政治权利；情节严重的，处 5 年以上 10 年以下有期徒刑；掌握国家秘密的国家工作人员犯本罪的，从重处罚；犯本罪的，应当附加剥夺政治权利，可以并处没收财产。

第四节　资敌、间谍犯罪

一、资助危害国家安全犯罪活动罪

（一）资助危害国家安全犯罪活动罪的概念与特征

资助危害国家安全犯罪活动罪，是指境内外机构、组织或者个人资助境内组织和个人实施背叛国家，分裂国家，煽动分裂国家，武装叛乱、暴乱，颠覆国家政权，煽动颠覆国家政权等危害国家安全犯罪活动的行为。

本罪的特征是：（1）侵犯的客体是国家安全。（2）客观方面表现为实施了各种资助境内组织和个人实施危害国家安全特定犯罪活动的行为。这里的“资助”可以是各种提供物资、资金的帮助行为。被资助的对象只限于境内的组织和个人。被资助的犯罪也仅限于背叛国家罪，分裂国家罪，煽动分裂国家罪，武装叛乱、暴乱罪，颠覆国家政权罪，煽动颠覆国家政权罪六种犯罪。（3）犯罪主体为一般主体，任何符合刑法规定的自然人都可以构成。（4）主观方面只能是故意。

（二）资助危害国家安全犯罪活动罪的刑事责任

根据刑法典第 107 条、第 113 条、第 56 条的规定，犯本罪的，处 5 年以下有期徒刑、拘役、管制或者剥夺政治权利；情节严重的，处 5 年以上有期徒刑；犯本罪的，应当剥夺政治权利，可以并处没收财产。

二、间谍罪

（一）间谍罪的概念和特征

间谍罪，是指实施间谍行为，危害国家安全的行为。

其主要特征是：（1）侵犯的客体是中华人民共和国的国家安全。（2）客观方面表现为以下行为之一：其一，参加间谍组织。这里的“间谍组织”泛指国内外敌对势力建立的专门进行收集我国各方面国家秘密、情报，或者实施危害我国国家安全活动的组织和机构。其二，接受间谍组织及其代理人的任务。其三，为敌人指示轰击目标。这里主要是指在战时为敌方指示所要轰击的各种目标。行为人有以上三种行为之一的，即构成本罪。(3) 犯罪主体是一般主体，任何符合刑法规定的自然人均可构成。(4) 主观方面是直接故意。

(二) 间谍罪的刑事责任

根据刑法典第 110 条、第 113 条、第 56 条的规定，犯本罪的，处 10 年以上有期徒刑或者无期徒形；情节较轻的，处 3 年以上 10 年以下有期徒刑。犯本罪，对国家和人民危害特别严重、情节特别恶劣的，可以判处死刑。犯本罪，还应当剥夺政治权利，可以并处没收财产。

三、为境外窃取、刺探、收买、非法提供国家秘密、情报罪

(一) 为境外窃取、刺探、收买、非法提供国家秘密、情报罪的概念与特征

为境外窃取、刺探、收买、非法提供国家秘密、情报罪，是指为境外的机构、组织、人员窃取、刺探、收买、非法提供国家秘密或者情报，危害国家安全的行为。本罪具有以下特征：

1. 客观方面必须有为境外的机构、组织、人员窃取、刺探、收买、非法提供国家秘密或者情报的行为。这里指的“境外的机构、组织、人员”，是指我国境外的国家或地区的非间谍性质的机构、组织及其人员，如境外国家或地区的政府机构、政党和社会团体；经济组织；文化、新闻机构；科学研究机构及其人员，以及这些机构、组织在我国境内设立的派驻机构、分支组织及其人员。此外，还包括不隶属于任何境外机构、组织的境外人员，如外国公民、无国籍人和外籍华人等。行为人具有为上述境外机构、组织、人员窃取或刺探、收买、非法提供我国的国家秘密或者情报的行为之一，即可构成本罪。

2. 主体是一般主体，即中国公民、外国公民或者无国籍人均可成为本罪的主体。

3. 在主观方面，只能是故意，即行为人明知是国家秘密或者情报，而故意为境外的机构、组织、人员窃取、刺探、收买或非法提供；如果行为人不是出于故意，而是由于过失泄露了国家秘密，情节严重的，应按照刑法典第 398 条规定的过失泄露国家秘密罪定罪处罚。

(二) 为境外窃取、刺探、收买、非法提供国家秘密、情报罪的刑事责任

根据刑法典第 111 条、第 113 条和第 56 条的规定，犯本罪的，处 5 年以上 10 年以下有期徒刑；情节特别严重的，处 10 年以上有期徒刑或者无期徒刑；情节较轻的，处 5 年以下有期徒刑、拘役、管制或者剥夺政治权利；对国家和人民危害特别严重、情节特别恶劣的，可以判处死刑。犯本罪的，除单处剥夺政治权利的外，应当附加剥夺政治权利，可以并处没收财产。

四、资敌罪

(一) 资敌罪的概念与特征

资敌罪，是指在战时供给敌人武器装备、军用物资，资助敌人的行为。

本罪的特征是：(1) 侵犯的客体是国家安全。(2) 客观方面表现为战时供给敌人武器、军火、军事装备或者其他军用物资的行为。(3) 主体是一般主体，任何符合刑法规定的自然人均可构成。(4) 主观方面是故意。

(二) 资敌罪的刑事责任

根据刑法典第112条、第113条、第56条的规定，犯本罪的，处10年以上有期徒刑或者无期徒形；情节较轻的，处3年以上10年以下有期徒刑。犯本罪，对国家和人民危害特别严重、情节特别恶劣的，可以判处死刑。犯本罪的，还应当剥夺政治权利，可以并处没收财产。

第二十五章　危害公共安全罪

第一节　危害公共安全罪概述

一、危害公共安全罪的概念及特征

危害公共安全罪，是指故意或者过失地实施危害不特定多数人的生命、健康或者重大公私财产安全的行为。危害公共安全罪的构成具有如下特征：

1. 犯罪客体是社会的公共安全。按照通说，所谓公共安全，是指不特定多数人的生命、健康和重大公私财产的安全。公共安全的内容包括两个基本的方面，一是不特定多数人的生命、健康安全。“不特定多数人”的含义是，行为人的行为有可能造成多人生命、健康的损害，对此，行为人既无法具体地预料，也难以有效地控制。不能认为行为人一定没有特定的行为目标；即使行为针对的是特定的个别人，但危害范围随时都可能扩大而危及其他人的安全，也就是针对不特定多数人。二是重大公私财产的安全。重大公私财产，无论是特定的，还是不特定的，只要以某种危险的方式对其加以损害，就可能造成重大的财产损失，同时还危及不特定多数人的安全，因而重大公私财产的安全是公共安全的一个方面。由于危害不特定多数人的生命、健康和重大公私财产的安全，所以危害公共安全罪是普通刑事犯罪中危害最严重的犯罪。

2. 犯罪的客观方面表现为行为人实施了危害不特定多数人的生命、健康或者重大公私财产安全即公共安全的行为。危害公共安全的行为有多种多样的具体表现，有的以危险方法实施，有的是破坏事关公共安全的工具或设施，有的是实施特定的恐怖行为，有的是涉及枪支、弹药、爆炸物等杀伤性极大的武器、危险品的行为，有的则是违反安全规则造成重大事故的行为。无论是哪种具体行为，它们都具有危害公共安全的实质，如果不可能危害公共安全，就不能认定为危害公共安全的行为。另外，对于由过失构成的危害公共安全罪，要求实际发生严重的危害结果，否则不构成相应的过失犯罪。

3. 犯罪主体多数为一般主体，只有少数几种犯罪的主体为特殊主体。如刑法典第128条第2款和第3款规定的非法出租、出借枪支罪；第129条规定的丢失枪支不报罪，必须是依法配备公务用枪或依法配备枪支的人员。在这类犯罪中，多数犯罪的主体只能是自然人，但少数犯罪的主体可以是自然人也可以是单位，如刑法典第125条规定的非法制造、买卖、运输、邮寄、储存枪支、弹药、爆炸物罪。有的犯罪，其主体仅为单位，但受处罚的情形不同，如第126条规定的违规制造、销售枪支罪，单位构成，采取双罚制；第137条规定的工程重大安全事故罪，采取单罚制，即单位构成犯罪，但只处罚直接责任人员。

4. 犯罪主观方面，有的犯罪是故意，有的犯罪是过失。故意犯罪固然是危害公共安全罪中的主要组成部分，但过失犯罪也同样重要。危害公共安全罪中过失犯罪不仅数量多，而且所占比重也是刑法分则各章中最高的。过失危害公共安全罪中的过失，是特指行为人对严重危害后果发生所持的过失心理态度，而不是指对行为的实施也一定是过失。即行为人实施危害公共安全的行为可能是故意的，但只要对严重后果的发生是持反对的，不希望的心理态度，是一种过失，就成立过失犯罪。

二、危害公共安全罪的种类

我国刑法及刑法修正案规定了43种具体的危害公共安全罪的犯罪，根据这些犯罪的客观要件的特点，可分为以下几种类型：

1. 以危险方法危害公共安全的犯罪，包括放火罪，决水罪，爆炸罪，投放危险物质罪，以危险方法危害公共安全罪，失火罪，过失决水罪，过失爆炸罪，过失投放危险物质罪，过失以危险方法危害公共安全罪。

2. 破坏特定对象危害公共安全的犯罪，包括破坏交通工具罪，破坏交通设施罪，破坏电力设备罪，破坏易燃易爆设备罪，破坏广播电视设施、公用电信设施罪，过失损坏交通工具罪，过失损坏交通设施罪，过失损坏电力设备罪，过失损坏易燃易爆设备罪，过失损坏广播电视设施、公用电信设施罪。

3. 具有恐怖性质的危害公共安全的犯罪，包括组织、领导、参加恐怖组织罪，资助恐怖活动罪，劫持航空器罪，劫持船只、汽车罪，暴力危及飞行安全罪。

4. 违反枪支、弹药等危险物品管理规定危害公共安全的犯罪，包括非法制造、买卖、运输、邮寄、储存枪支、弹药、爆炸物罪，非法制造、买卖、运输、储存危险物质罪，违规制造、销售枪支罪，盗窃、抢夺枪支、弹药、爆炸物、危险物质罪，抢劫枪支、弹药、爆炸物、危险物质罪，非法持有、私藏枪支、弹药罪，非法出租、出借枪支罪，丢失枪支不报罪，非法携带枪支、弹药、管制刀具、危险物品危及公共安全罪。

5. 过失造成重大责任事故危害公共安全的犯罪，包括重大飞行事故罪，铁路运营安全事故罪，交通肇事罪，重大责任事故罪，重大劳动安全事故罪，危险物品肇事罪，工程重大安全事故罪，教育设施重大安全事故罪，消防责任事故罪。

第二节　以危险方法危害公共安全的犯罪

一、放火罪

（一）放火罪的概念和特征

放火罪是指故意引起公私财物燃烧，危害公共安全的行为。其特征是：

1. 犯罪的客观方面表现为行为人有危害公共安全的放火行为。首先，行为人有放火行为，即利用火源引起财物等对象的燃烧。行为方式可以是作为，也可以是不作为，具体方法更是多种多样，没有限制。其次，行为人引起的燃烧可能造成火灾，危害公共安全，如果不可能造成火灾，不危害公共安全的，不成立放火罪。放火危害公共安全，是焚烧公共财物、他人财物，还是自己的财物，是否造成严重后果，对放火罪的构成都不发生影响。

2. 犯罪的主体是一般主体，指已满14周岁、具有刑事责任能力的自然人。

3. 犯罪的主观方面是故意，既可以是直接故意，也可以是间接故意。行为人放火的动机如何，目的是什么，对放火罪的定性不发生影响。

（二）放火罪的认定

1. 要把放火罪与以放火为手段实施的有关犯罪加以区别。如果行为人不以特定的他人或者财产为对象，实施放火，危害公共安全的，构成放火罪。故意利用放火的方法，杀害或伤害特定的他人，毁坏财产，并不危害公共安全的，应认定为故意杀人罪、故意伤害罪、故意毁坏财物罪；如果危害公共安全的，应从一重罪定罪处罚。

2. 放火罪的既遂与未遂。放火罪既遂与未遂的界限是，着手放火行为后，是否对公共安全造成现实的危险。凡放火烧被燃烧物，并在脱离引火物后被燃烧物也能独立燃烧，足以危害公共安全的，构成放火罪既遂。着手放火后，由于意志以外的原因，没有引燃被燃烧物或者被燃烧物不能独立燃烧的，构成放火罪未遂。

（三）放火罪的刑事责任

根据刑法典第 114 条和第 115 条第 1 款规定，犯放火罪，尚未造成严重后果的，处 3 年以上 10 年以下有期徒刑；致人重伤、死亡或者使公私财产遭受重大损失的，处 10 年以上有期徒刑、无期徒刑或者死刑。

二、爆炸罪

（一）爆炸罪的概念和特征

爆炸罪是指故意用爆炸的方法，杀伤不特定多数人，毁坏公私财产，危害公共安全的行为。其特征是：

1. 犯罪的客观方面表现为行为人有危害公共安全的爆炸行为。首先，行为人有爆炸的行为，包括为引起爆炸而实施的预备行为和实施爆炸的行为。引爆的方式通常是利用爆炸物，主要是利用炸药、炸弹和其他易爆的固体、液体、气体实施爆炸，表现为作为；也包括利用某些设备、设施如机器、锅炉的性能引起爆炸，表现为不作为。其次，爆炸足以危害公共安全，如果不可能危害公共安全的，不成立爆炸罪。实施爆炸，危害了公共安全的，无论是否造成严重后果，都能构成爆炸罪。

2. 犯罪的主体是一般主体，指已满 14 周岁、具有刑事责任能力的自然人。

3. 犯罪的主观方面是故意，既可以是直接故意，也可以是间接故意。行为人实施爆炸的动机如何，目的是什么，对爆炸罪的定性不发生影响。

（二）爆炸罪的认定

在爆炸犯罪中，需要特别注意的是将爆炸罪与以爆炸为手段实施的其他犯罪加以区别。如果行为人不以特定的他人或者财产为对象，实施爆炸，危害公共安全的，构成爆炸罪。故意利用爆炸的方法，杀害或伤害特定的他人，毁坏财产，并不危害公共安全的，应认定为故意杀人罪、故意伤害罪、故意毁坏财物罪；如果危害公共安全的，应从一重罪定罪处罚。

（三）爆炸罪的刑事责任

根据刑法典第 114 条和第 115 条第 1 款规定，犯爆炸罪，尚未造成严重后果的，处 3 年以上 10 年以下有期徒刑；致人重伤、死亡或者使公私财产遭受重大损失的，处 10 年以上有期徒刑、无期徒刑或者死刑。

三、投放危险物质罪

（一）投放危险物质罪的概念和特征

投放危险物质罪是指故意投放毒害性、放射性、传染病病原体等物质，危害公共安全的行为。其特征是：

1. 犯罪的客观方面表现为行为人有危害公共安全的投放危险物质的行为。首先，行为人有投放危险物质的行为。有投放危险物质的行为，一方面是指，行为人投放的必须是危害人的生命、健康和动植物安全，具有毒害性、放射性、传染病病原体的危险物质；另一方面是指，行为人有投放的行为，或将毒物投放在不特定他人的食物中，或者投放于公共领域，如在供人、畜使用的水井、池塘、河流中投毒，在一定场合施放毒气等。其次，投放行为足以危害公共安全，如果不可能危害公共安全的，不成立本罪。投放危险物质而危害了公共安全的，无论是否造成严重后果，投放危险物质罪都成立。

2. 犯罪的主体是一般主体，指已满 14 周岁、具有刑事责任能力的自然人。

3. 犯罪的主观方面是故意，既可以是直接故意，也可以是间接故意。行为人投放危险物质的动机如何，目的是什么，对投放危险物质罪的定性不发生影响。

（二）投放危险物质罪的认定

1. 应注意把投放危险物质罪与以投放毒物为手段实施的故意杀人罪、故意毁坏财物罪加以区别。如果行为人不以特定的他人或者财物为对象，实施投放危险物质而危害公共安全的，构成投放危险物质罪。故意以投放毒物的方法，杀害特定的他人，毁坏财产，并不危害公共安全的，应认定为故意杀人罪、故意毁坏财物罪；如果危害公共安全的，应从一重罪定罪处罚。

2. 投放危险物质罪既遂的认定。行为人投放危险物质后，给不特定多数人的生命、健康和重大公私财产造成现实的危险，足以危害公共安全的，即构成既遂。实践中，如果行为人实施危害公共安全的投放危险物质行为后，又采取措施防止严重后果的发生，依然成立投放危险物质罪既遂，但在量刑上应当考虑从轻处罚。

（三）投放危险物质罪的刑事责任

根据刑法典第 114 条和第 115 条第 1 款规定，犯投放危险物质罪，尚未造成严重后果的，处 3 年以上 10 年以下有期徒刑；致人重伤、死亡或者使公私财产遭受重大损失的，处 10 年以上有期徒刑、无期徒刑或者死刑。

四、失火罪

（一）失火罪的概念和特征

失火罪是指过失引起火灾，危害公共安全，造成严重后果的行为。其特征是：

1. 犯罪的客观方面表现为引起火灾，危害公共安全，造成严重后果。一方面行为人引起了火灾，并危害不特定多数人的生命、健康或者重大公私财产的安全。引起火灾的方式可以是作为，也可以是不作为，而引起火灾的方法则是多种多样的。另一方面，火灾造成了严重后果，如造成他人死亡，或多人重大伤害，或者造成重大财产的毁损。

2. 犯罪的主观方面是过失。即行为人应当预见自己的行为可能引起火灾造成严重后果，因为疏忽大意而没有预见，或者已经预见而轻信能够避免，以致发生严重后果。

（二）失火罪的认定

1. 划清失火罪与一般失火行为、意外火灾的界限。失火罪在客观上必须造成了严重后果，如果没有造成后果或者后果不严重，不构成犯罪，是一般的失火行为。实践中，失火仅造成本人财产重大损失的，不认为行为人构成失火罪。虽然客观上发生了火灾并造成严重后果，但是由于行为人不能预见或者不能抗拒的原因引起的，应属意外事件的火灾，行为人不构成犯罪。

2. 划清放火罪与轻信过失的失火罪的界限。在行为人对引起火灾，发生严重后果都有预见的情况下，是构成放火罪还是失火罪，关键是判明行为人对严重后果的发生所持的心理态度，希望或者放任的，是放火罪；轻信能够避免的，是失火罪。

（三）失火罪的刑事责任

依照刑法典第 115 条第 2 款的规定，犯失火罪的，处 3 年以上 7 年以下有期徒刑；情节较轻的，处 3 年以下有期徒刑。

五、其他犯罪

（一）决水罪

决水罪是指故意破坏水利设施，制造水患，危害公共安全的行为。其主要特征是：(1) 行为人在客观上有破坏水利设施，足以引起水患，危害公共安全的行为。(2) 行为人在主观上是出于故意，即明知自己的行为会造成水患的危害结果，并且希望或者放任这种结果发生。(3) 犯罪主体是一般主体。

根据刑法典第 114 条和第 115 条第 1 款的规定，犯决水罪，尚未造成严重后果的，处 3 年以上 10 年以下有期徒刑；致人重伤、死亡或者使公私财产遭受重大损失的，处 10 年以上有期徒刑、无期徒刑或者死刑。

（二）以危险方法危害公共安全罪

以危险方法危害公共安全罪是指以放火、决水、爆炸、投放危险物质以外的其他危险方法，危害公共安全的行为。其主要特征是：(1) 行为人在客观上有以其他危险方法危害公共安全的行为。其他危险方法是指放火、决水、爆炸、投毒以外的足以危及不特定多数人的生命、健康或者重大公私财产安全的方法，如非法设置电网、驾车冲撞人群的方法。(2) 行为人在主观上是故意。(3) 犯罪主体是一般主体。

根据刑法典第 114 条和第 115 条第 1 款的规定，犯以危险方法危害公共安全罪的，尚未造成严重后果的，处 3 年以上 10 年以下有期徒刑；致人重伤、死亡或者使公私财产遭受重大损失的，处 10 年以上有期徒刑、无期徒刑或者死刑。

（三）过失决水罪

过失决水罪是指过失地引起决水，造成水患的严重后果，危害公共安全的行为。犯本罪的，依照刑法典第 115 条第 2 款的规定，处 3 年以上 7 年以下有期徒刑；情节较轻的，处 3 年以下有期徒刑。

（四）过失爆炸罪

过失爆炸罪是指过失地引起爆炸，造成人员伤亡，重大财产毁损的严重后果，危害公共安全的行为。犯本罪的，依照刑法典第 115 条第 2 款的规定，处 3 年以上 7 年以下有期徒刑；情节较轻的，处 3 年以下有期徒刑。

（五）过失投放危险物质罪

过失投放危险物质罪是指过失投放具有毒害性、放射性、传染病病原体等危险物质而致使人、畜中毒、患病，造成严重后果的行为。犯本罪的，依照刑法典第 115 条第 2 款的规定，处 3 年以上 7 年以下有期徒刑；情节较轻的，处 3 年以下有期徒刑。

（六）过失以危险方法危害公共安全罪

过失以危险方法危害公共安全罪是指过失地以火灾、决水、爆炸、投放危险物质外的危险方法，造成人员伤亡或重大公私财产损失，危害公共安全的行为。犯本罪的，依照刑法典第 115 条第 2 款的规定，处 3 年以上 7 年以下有期徒刑；情节较轻的，处 3 年以下有期徒刑。

第三节　破坏特定对象危害公共安全的犯罪

一、破坏交通工具罪

（一）破坏交通工具罪的概念和特征

破坏交通工具罪是指破坏火车、汽车、电车、船只、航空器，足以造成其倾覆、毁坏，危害公共安全的行为。其特征是：

1. 犯罪客体是交通运输安全。破坏交通工具罪侵害的客体是由破坏的对象决定的。破坏交通工具罪的对象是正在使用的火车、汽车、电车、船只、航空器等机动交通工具，不包括自行车、人力三轮车、马车等非机动的简单交通工具。而且被破坏的对象处于“正在使用”中。“正在使用”一是指处于行驶或者飞行状态的，二是指随时待用的；在制造、修理中，尚未交付使用的，或者已经废弃不用的，一般不属于本罪的破坏对象。正在使用的火车等交通工具，有着速度快、运载量大的特点，所以受到破坏后会危及交通运输安全，可能造成的后果往往比较严重。

通常认为，大型拖拉机作为运输工具使用时，其性质与汽车没有实质区别，因此正在从事运输活动的大型拖拉机，应属于破坏交通工具罪的对象。

2. 犯罪的客观方面为行为人有破坏的行为，并足以造成交通工具的倾覆、毁坏，危害交通运输安全。首先，行为人有破坏行为，也就是对交通工具的完整性或者某种功能进行损坏。破坏的方法可以是毁损、拆卸、改装、添加等。其次，破坏行为能够造成交通工具的倾覆、毁坏，危及交通运输安全。倾覆是指火车出轨、汽车电车翻车、船只沉没、航空器坠落等后果；毁坏是指不能或者难以修复的损坏。破坏的范围或者是交通工具的整体，或者是关系到交通工具运输安全的重要部位。对不影响安全的交通工具部位进行破坏，不构成破坏交通工具罪。再次，构成破坏交通工具罪在客观上只要求足以造成交通工具的倾覆、毁坏，是否实际发生倾覆、毁坏，不影响本罪的成立。所谓足以，是指行为人如果不自动中止破坏行为，或者破坏行为不被排除、制止，就会发生交通工具的倾覆、毁坏。

3. 犯罪主体是一般主体，限于已满 16 周岁，具有刑事责任能力的自然人。

4. 犯罪主观方面是故意，既可以是直接故意，也可以是间接故意。

（二）破坏交通工具罪的认定

1. 以放火、爆炸的危险方法破坏交通工具罪的认定。破坏交通工具罪的破坏方法在法律上没有限制，应包括放火、爆炸的方法，而其对象是特定的。所以以放火、爆炸的方法针对交通工具加以破坏，应认定为破坏交通工具罪。

2. 盗窃交通工具的部分设施的认定。在这种情况下，行为构成破坏交通工具罪还是盗窃罪，关键是看设施被盗后是否危及交通运输安全，不危及安全的，可以构成盗窃罪；危及交通运输安全的，应定破坏交通工具罪，如果盗窃罪的处刑重，则应定盗窃罪。

3. 破坏交通工具罪既遂的认定。凡着手破坏，并发生足以使交通工具倾覆、毁坏危险的，构成既遂；造成严重后果的，作为加重处罚的情节。

（三）破坏交通工具罪的刑事责任

根据刑法典第116条、第119条的规定，犯破坏交通工具罪，尚未造成严重后果的，处3年以上10年以下有期徒刑；造成严重后果的，处10年以上有期徒刑、无期徒刑或者死刑。

二、破坏交通设施罪

（一）破坏交通设施罪的概念和特征

破坏交通设施罪是指故意破坏轨道、桥梁、隧道、公路、机场、航道、灯塔、标志或者其他设施，足以使火车、汽车、电车、船只、航空器发生倾覆、毁坏，危害公共安全的行为。其特征是：

1. 犯罪客体是交通运输安全。破坏的对象是正在为火车、汽车、电车、船只、航空器使用的轨道、桥梁、隧道、公路、机场、航道、灯塔、标志等设施。这些设施关系到火车、汽车、电车、船只、航空器的运输安全，对其进行破坏，必然危及相关交通工具的运输安全，可能造成十分严重的后果。

2. 犯罪的客观方面为行为人有破坏的行为，并足以造成交通工具的倾覆、毁坏，危害交通运输安全。首先，行为人有破坏行为，也就是对交通设施的完整性或某种功能进行损坏。破坏的方法可以是毁损、拆卸、改装、添加等。其次，破坏行为能够造成交通工具的倾覆、毁坏，危及交通运输安全，因而破坏指向的对象应当是对交通工具运输安全有影响的重要部位。对不涉及安全的交通设施部位进行破坏，不构成破坏交通设施罪。再次，构成破坏交通设施罪在客观上只要求足以造成交通工具的倾覆、毁坏，是否实际发生倾覆、毁坏，不影响本罪的成立。

3. 犯罪主体是一般主体，限于已满16周岁，具有刑事责任能力的自然人。

4. 犯罪主观方面是故意，既可以是直接故意，也可以是间接故意。

（二）破坏交通设施罪的认定

盗窃交通设施的认定。在这种情况下，行为构成破坏交通设施罪还是盗窃罪，关键是看设施被盗后是否危及交通工具运输安全，不危及安全的，可以构成盗窃罪；危及交通工具运输安全的，应定破坏交通设施罪，如果盗窃罪的处刑重，则应定盗窃罪。

（三）破坏交通设施罪的刑事责任

根据刑法典第116条、第119条的规定，犯破坏交通设施罪，尚未造成严重后果的，处3年以上10年以下有期徒刑；造成严重后果的，处10年以上有期徒刑、无期徒刑或者死刑。

三、破坏广播电视设施、公用电信设施罪

（一）破坏广播电视设施、公用电信设施罪的概念和特征

破坏广播电视设施、公用电信设施罪是指故意破坏广播电视设施、公用通信设施，危害公共安全的行为。其特征是：

1. 犯罪客体是通信方面的公共安全。犯罪对象是正在使用中的广播电视设施、公用通信设施。破坏尚未安装交付使用，或者已经废弃不用的设施，以及破坏非公用的通信设施均不构成本罪。破坏广播电视设施、公用通信设施，会造成广播通信的中断，危

害国家和人民的利益，甚至造成重大的政治影响。

2. 犯罪客观方面表现为行为人实施了破坏广播电视设施、公用电信设施，危害公共安全的行为。破坏的方法可以是多种多样，只要能够导致广播电视设施、公用通信设施无法正常工作，甚至使其完全丧失功能的，即属破坏，而破坏行为具体指向的对象应该是关系到广播电视、公用通信正常工作的部位。危害通信方面的公共安全就构成本罪，造成严重后果的，加重处罚。

3. 犯罪主体是一般主体，限于已满 16 周岁，具有刑事责任能力的自然人。

4. 犯罪主观方面为故意，包括直接故意和间接故意。

（二）破坏广播电视设施、公用电信设施罪的认定

盗窃广播电视设施、公用电信设施的认定。在这种情况下，行为是构成破坏广播电视、公用电信设施罪还是盗窃罪，关键是看设施被盗后是否危及广播电视、公用通信安全，不危及的，可以构成盗窃罪；危及的，应定破坏广播电视、公用电信设施罪，如果盗窃罪的处刑重，则应定盗窃罪。

（三）破坏广播电视设施、公用电信设施罪的刑事责任

根据刑法典第 124 条第 1 款的规定，犯破坏广播电视设施、公用电信设施罪，危害公共安全的，处 3 年以上 7 年以下有期徒刑；造成严重后果的，处 7 年以上有期徒刑。

四、其他犯罪。

（一）破坏电力设备罪

破坏电力设备罪是指故意破坏电力设备，危害公共安全的行为。其特征是：(1) 在客观上行为人有破坏电力设备，危害公共安全的行为。犯罪对象是正在使用中的电力设备，如电站（厂）的发电设备、送变电设备等。破坏行为必须足以危害公共安全，否则不构成本罪。破坏的方法没有限制。(2) 主观上表现为故意。

根据刑法典第 118 条和第 119 条的规定，犯破坏电力设备罪，尚未造成严重后果的，处 3 年以上 10 年以下有期徒刑；造成严重后果的，处 10 年以上有期徒刑、无期徒刑或者死刑。

（二）破坏易燃易爆设备罪

破坏易燃易爆设备罪是指故意破坏易燃易爆设备，危害公共安全的行为。其特征是：(1) 在客观上行为人有破坏易燃易爆设备，危害公共安全的行为。犯罪对象是正在使用中的易燃易爆设备，如煤气、天然气生产、输送、储存设备以及石油、化工方面的其他易燃易爆设备等。破坏行为必须足以危害公共安全，否则不构成本罪。破坏的方法多种多样。(2) 主观上表现为故意。

根据刑法典第 118 条和第 119 条第 1 款的规定，犯破坏易燃易爆设备罪，尚未造成严重后果的，处 3 年以上 10 年以下有期徒刑；造成严重后果的，处 10 年以上有期徒刑、无期徒刑或者死刑。

（三）过失损坏交通工具罪

过失损坏交通工具罪是指过失损坏交通工具，造成严重后果，危害公共安全的行为。其特征是：(1) 客观上行为人损坏了正在使用的汽车、电车、火车、船只、航空器等交通工具，并造成了交通工具倾覆、毁坏的严重后果。(2) 在主观上是过失，即对严重后果的发生，行为人是过失。

根据刑法典第119条第2款的规定，犯过失损坏交通工具罪，处3年以上7年以下有期徒刑；情节较轻的，处3年以下有期徒刑或者拘役。

（四）过失损坏交通设施罪

过失损坏交通设施罪是指过失损坏交通设施，造成严重后果，危害公共安全的行为。其特征是：（1）在客观上，行为人损坏了正在使用的轨道、桥梁、隧道、公路、机场、航道、灯塔、标志等交通设施，并造成了汽车、电车、火车、船只、航空器等交通工具倾覆、毁坏的严重后果。（2）在主观上是过失，即对严重后果的发生，行为人是过失。

根据刑法典第119条第2款的规定，犯过失损坏交通设施罪，处3年以上7年以下有期徒刑；情节较轻的，处3年以下有期徒刑或者拘役。

（五）过失损坏电力设备罪

过失损坏电力设备罪是指过失损坏电力设备，造成严重后果，危害公共安全的行为。其特征是：（1）在客观上，行为人损坏了正在使用的电力设备，并造成严重后果。（2）在主观上是过失，即对严重后果的发生，行为人是过失。

根据刑法典第119条第2款的规定，犯过失损坏电力设备罪，处3年以上7年以下有期徒刑；情节较轻的，处3年以下有期徒刑或者拘役。

（六）过失损坏易燃易爆设备罪

过失损坏易燃易爆设备罪是指过失损坏易燃易爆设备，造成严重后果，危害公共安全的行为。其特征是：（1）在客观上，行为人损坏了正在使用的易燃易爆设备，并造成严重后果。（2）在主观上是过失，即对严重后果的发生，行为人是过失。

根据刑法典第119条第2款的规定，犯过失损坏易燃易爆设备罪，处3年以上7年以下有期徒刑；情节较轻的，处3年以下有期徒刑或者拘役。

（七）过失损坏广播电视设施、公用通信设施罪

过失损坏广播电视、公用通信设施罪是指过失损坏广播电视设施、公用通信设施，造成严重后果，危害公共安全的行为。其特征是：（1）在客观上，行为人损坏了正在使用的广播电视、公用通信设施，并造成严重后果。（2）在主观上是过失，即对严重后果的发生，行为人是过失。

根据刑法典第124条第2款的规定，犯过失损坏广播电视、公用通信设施罪，处3年以上7年以下有期徒刑；情节较轻的，处3年以下有期徒刑或者拘役。

第四节　具有恐怖性质的犯罪

一、组织、领导、参加恐怖组织罪

（一）组织、领导、参加恐怖组织罪的概念和特征

组织、领导、参加恐怖组织罪是指以进行恐怖活动为目的，组织、领导或者参加恐怖活动组织的行为。其特征是：

1. 犯罪客体是公共安全。恐怖活动组织是以实施暗杀、绑架、劫持等恐怖活动为目的而建立起来的犯罪组织，其活动性质决定了恐怖组织及组织、领导和参加恐怖组织的行为必然对社会构成威胁，使人民群众缺乏安全感，危害公共安全，涉及的范围可能

是国内领域，也可能是国际领域，危害极大。

2. 犯罪客观方面表现为行为人有组织、领导或者参加恐怖活动组织的行为。一方面，行为人只要实施组织、领导或者参加恐怖活动组织的行为之一，即构成本罪，而不要求三种行为同时实施。其次，只要实施了组织、领导或者参加行为就构成本罪，其后是否进行恐怖活动，不影响本罪的成立；如果组织、领导或者参加恐怖活动组织后，又实施了其他犯罪，如杀人、爆炸的，应另行定罪，实行数罪并罚。

3. 犯罪主体是一般主体，即达到刑事责任年龄，具有刑事责任能力的自然人。

4. 犯罪主观方面是故意。参加者构成本罪，应当明知所参加的是恐怖活动组织。

（二）组织、领导、参加恐怖组织罪的认定

从刑法规定的本意看，本罪打击的重点是恐怖组织的组织者、领导者即首要分子，以及积极参加者，因此对不明真相，受骗上当而参加，了解真相后表示退出的，或者被胁迫而参加的，一般不认定构成本罪。

（三）组织、领导、参加恐怖组织罪的刑事责任

根据刑法典第120条及刑法修正案（三）第3条的规定，犯本罪，组织、领导恐怖活动组织的，处10年以上有期徒刑或者无期徒刑；积极参加的，处3年以上10年以下有期徒刑；其他参加的，处3年以下有期徒刑、拘役、管制或者剥夺政治权利；犯本罪并实施杀人、爆炸、绑架等犯罪的，依照数罪并罚的规定处罚。

二、资助恐怖活动罪

（一）资助恐怖活动罪的概念和特征

资助恐怖活动罪是指资助恐怖活动组织或者实施恐怖活动的个人的行为。其特征是：

1. 犯罪客体是公共安全。以暗杀、绑架、劫持等为内容的恐怖活动，无论是在国内发生，还是在国际间发生，都严重影响国家和社会的稳定，威胁人民群众正常的生产和生活秩序，造成恐慌，对公共安全构成危害。

2. 犯罪客观方面表现为行为人有资助恐怖活动的行为，首先，行为人有资助行为。资助的方式多种多样，一般表现为提供物质上的帮助，如提供资金、场地、工具等；在某些情况下，也可以表现为提供人力支持，如帮助培训人员，甚至提供人员以供使用。其次，资助的活动是以暗杀、绑架、劫持等为内容的恐怖活动。本罪是行为犯，只要对恐怖活动实施资助行为即构成。

3. 犯罪主体是一般主体，除达到刑事责任年龄、具有刑事责任能力的自然人外，单位也可以构成本罪。

4. 犯罪主观方面是故意。表现为明知是恐怖活动而给予资助。

（二）资助恐怖活动罪的刑事责任

根据刑法典第120条及刑法修正案（三）第4条的规定，犯资助恐怖活动罪，处5年以下有期徒刑、拘役、管制或者剥夺政治权利，并处罚金；情节严重的，处5年以上有期徒刑，并处罚金或者没收财产。单位犯本罪的，对单位判处罚金，并对其直接负责的主管人员和其他直接责任人员按前述规定处罚。

三、劫持航空器罪

（一）劫持航空器罪的概念和特征

劫持航空器罪是指以暴力、胁迫或者其他方法劫持航空器的行为。其特征是：

1. 犯罪客体是旅客和航空器的安全。犯罪的对象是正在使用或者正在飞行的各种航空器，包括民用航空器、军用航空器。劫持航空器，不仅危及航空器上的机组人员、旅客的人身安全和财产安全以及航空器本身的安全，而且危及到地面人员和设施等财产安全，危害极大，被认为是国际恐怖性犯罪。

2. 犯罪客观方面表现为行为人以暴力、胁迫或者其他方法劫持航空器。其中，暴力是指对航空器直接进行袭击控制，或者以杀伤、捆绑等方法，对航空器的驾驶操作人员的身体进行打击和强制；胁迫是指以杀伤、捆绑、爆炸等暴力相威胁，使航空器的驾驶操作人员不敢反抗；其他方法则是指暴力、胁迫以外，足以使航空器驾驶操作人员不能反抗的方法，如用药品或其他麻醉品使航空器驾驶操作人员昏迷、昏睡等。劫持就是将航空器劫往他处，方式主要有两种：一是直接劫夺航空器，二是强行控制航空器的航行。有劫持行为即构成本罪，而是否实际上劫夺了航空器或者控制了航空器的飞行，不影响本罪的成立。

3. 犯罪主体是一般主体，已满16周岁、具有刑事责任能力的自然人。

4. 犯罪主观方面是故意，其目的是控制航空器的航行，将其劫往某一目的地。实践中，行为人劫持航空器另有特定的动机和目的，但这些动机和目的是什么，都不影响本罪的成立。

(二) 劫持航空器罪的认定

要划清劫持航空器罪与暴力危及飞行安全罪、破坏交通工具罪的界限。劫持航空器罪与后两种犯罪最大的区别是，该罪行为人的目的是将航空器劫往某一目的地，从其内心讲，并不希望航空器发生坠毁的后果。而暴力危及飞行安全罪和以航空器为对象的破坏交通工具罪，行为人都没有将航空器劫往某一目的地的目的，而是分别对航空器内的人员施以暴力和对航空器上事关飞行安全的装置、设施加以破坏，希望或者放任航空器在飞行中坠落或航空器被毁坏的结果发生，从而危害公共安全。

(三) 劫持航空器罪的刑事责任

根据刑法典第121条的规定，犯劫持航空器罪的，处10年以上有期徒刑或者无期徒刑；致人重伤、死亡或者航空器遭受严重破坏的，处死刑。

四、其他犯罪

(一) 劫持船只、汽车罪

劫持船只、汽车罪是指以暴力、胁迫或者其他方法，劫持船只、汽车的行为。其主要特征是：(1) 行为人在客观上使用了暴力、胁迫或者其他方法，强行将正在使用和正在行驶中的船只、汽车劫往他处的行为。(2) 行为人在主观上是故意，具有将船只、汽车劫往他处的目的。至于动机如何，最终的目的是什么，对构成本罪不发生影响。

根据刑法典第122条的规定，犯劫持船只、汽车罪的，处5年以上10年以下有期徒刑；造成严重后果的，处10年以上有期徒刑或者无期徒刑。

(二) 暴力危及飞行安全罪

暴力危及飞行安全罪是指对正在飞行的航空器上的人员使用暴力，危及飞行安全的行为。其主要特征是：(1) 在客观上，行为人对正在飞行的航空器上的人员使用了暴力，从而危及航空器的飞行安全。行为发生的场合只能是处于飞行状态的航空器上，行为的对象是航空器上的人员，包括航空器的驾驶操作人员、服务人员，也包括旅客。

(2) 在主观上，行为人是故意，即明知其暴力行为的实施将危及航空器的飞行安全，希望或放任这种结果发生，目的不是将航空器劫往他处。

根据刑法典第 123 条的规定，犯暴力危及飞行安全罪的，尚未造成严重后果的，处 5 年以下有期徒刑或者拘役；造成严重后果的，处 5 年以上有期徒刑。

第五节　违反枪支、弹药等危险物品管理规定的犯罪

一、非法制造、买卖、运输、邮寄、储存枪支、弹药、爆炸物罪

（一）非法制造、买卖、运输、邮寄、储存枪支、弹药、爆炸物罪的概念和特征

非法制造、买卖、运输、邮寄、储存枪支、弹药、爆炸物罪是指违反枪支、弹药、爆炸物的管理规定，擅自制造、买卖、运输、邮寄、储存枪支、弹药、爆炸物的行为。其特征是：

1. 犯罪客体是公共安全。犯罪对象是枪支、弹药、爆炸物。这些对象是一种选择关系，行为人只要制造、买卖、运输、邮寄、储存其中的一种，就具备了犯罪的对象。其中，枪支是指各种发射弹药，具有杀伤力，口径在一定范围内的管状武器；弹药是指供枪支使用的发火物；爆炸物则是指能够引起爆炸，具有较大杀伤性、破坏性的爆破物质，但烟花、爆竹除外。从枪支、弹药、爆炸物的用途看，既包括军用的，也包括民用的。由于枪支、弹药、爆炸物的共同特点是具有相当大的杀伤力、破坏力，所以非法制造、买卖、运输、邮寄、储存，对社会构成重大威胁，危害公共安全。

2. 犯罪客观方面表现为行为人有非法制造、买卖、运输、邮寄、储存枪支、弹药、爆炸物的行为。首先，行为人实施了制造、买卖、运输、邮寄、储存枪支、弹药、爆炸物的行为。各行为间是一种选择关系，行为人只要实施其中一种行为，就能够构成本罪，实施两种以上的行为，也认定为一个行为而构成本罪。其次，行为人制造、买卖、运输、邮寄、储存枪支、弹药、爆炸物的行为是非法的。非法主要表现是违反国家关于枪支、弹药、爆炸物的管理规定，在未经国家主管部门批准的情况下，擅自制造、买卖、运输、邮寄、储存枪支、弹药、爆炸物。因为这些行为具有极大的危险性，所以只要非法实施，是否造成实际的损害结果，对构成本罪都不发生影响。

3. 犯罪主体为一般主体，包括已满 16 周岁、具有刑事责任能力的自然人，也包括单位。

4. 犯罪主观方面为故意，行为人必须明知自己制造、买卖、运输、邮寄、储存的是枪支、弹药、爆炸物，不明知的不构成本罪。行为人的动机如何，目的是什么，不影响本罪的成立。

（二）非法制造、买卖、运输、邮寄、储存枪支、弹药、爆炸物罪的认定

1. 在行为人有非法储存枪支、弹药的行为时，应注意与非法持有、私藏枪支、弹药罪的区分。非法持有、私藏枪支、弹药罪的对象不包括爆炸物，其主体只能是自然人，因此，擅自储存爆炸物，或者单位非法储存枪支、弹药、爆炸物的，都应认定为非法储存枪支、弹药、爆炸物罪。当自然人私自藏匿枪支、弹药的，是定非法储存枪支、弹药罪，还是定非法持有、私藏枪支、弹药罪，主要是看数量，数量较多的，危险性

大，处罚应重，而认定为非法储存枪支、弹药、爆炸物罪；反之则可以认定为非法持有、私藏枪支、弹药罪

2. 一罪与数罪的认定。行为人实施非法制造、买卖、运输、邮寄、储存枪支、弹药、爆炸物行为的即构成本罪，其后的非法持有、私藏的行为不另行定罪。如果行为人利用这些枪支、弹药、爆炸物实施了其他犯罪行为的，如杀人、伤害、爆炸的，应构成相应的其他犯罪，并与非法制造、买卖、运输、邮寄、储存枪支、弹药、爆炸物罪数罪并罚。

（三）非法制造、买卖、运输、邮寄、储存枪支、弹药、爆炸物罪的刑事责任

根据刑法典第 125 条第 1 款和第 3 款的规定，犯非法制造、买卖、运输、邮寄、储存枪支、弹药、爆炸物罪的，处 3 年以上 10 年以下有期徒刑；情节严重的，处 10 年以上有期徒刑、无期徒刑或者死刑。单位犯本罪的，对单位判处罚金，并对其直接负责的主管人员和其他直接责任人员依上述法定刑处罚。

二、非法制造、买卖、运输、储存危险物质罪

（一）非法制造、买卖、运输、储存危险物质罪的概念和特征

非法制造、买卖、运输、储存危险物质罪是指违反有毒性、放射性以及传染病病原体等物质的管理规定，擅自制造、买卖、运输、储存毒害性、放射性或传染病病原体等物质，危害公共安全的行为。其特征是：

1. 犯罪客体是公共安全。犯罪对象是毒害性、放射性或传染病病原体等危险物质。这些物质流散在社会上，将对社会构成广泛而严重的威胁。非法制造、买卖、运输、储存危险物质是对公共安全的危害。

2. 犯罪客观方面表现为行为人有非法制造、买卖、运输、储存危险物质的行为。首先，行为人实施了制造、买卖、运输、储存危险物质的行为。各行为间是一种选择关系，行为人只要实施其中一种行为，就能够构成本罪，实施两种以上的行为，也认定为一个行为而构成本罪。其次，行为人制造、买卖、运输、储存危险物质的行为是非法的。非法的主要表现是违反国家关于危险物质的管理规定，擅自制造、买卖、运输、储存危险物质。因为这些行为具有极大的危险性，所以只要非法实施，是否造成实际的损害结果，对构成本罪不发生影响。

3. 犯罪主体为一般主体，包括已满 16 周岁、具有刑事责任能力的自然人，也包括单位。

4. 犯罪主观方面为故意，行为人必须明知自己制造、买卖、运输、储存的是危险物质，至于动机如何，目的是什么，不影响本罪的成立。不明知的不构成本罪。

（二）非法制造、买卖、运输、储存危险物质罪的认定

实践中应注意一罪与数罪的认定。行为人实施非法制造、买卖、运输、储存危险物质行为，未投放的，构成非法制造、买卖、运输、储存危险物质罪一罪；构成本罪又投放危险物质，有牵连关系的，按牵连犯从一重罪处断；没有牵连关系的，以数罪处理，实行数罪并罚。

（三）非法制造、买卖、运输、储存危险物质罪的刑事责任

根据刑法典第 125 条第 2 款和第 3 款及刑法修正案第 5 条的规定，犯非法制造、买卖、运输、储存危险物质罪的，处 3 年以上 10 年以下有期徒刑；情节严重的，处 10 年

以上有期徒刑、无期徒刑或者死刑。单位犯本罪的，对单位判处罚金，并对其直接负责的主管人员和其他直接责任人员依上述法定刑处罚。

三、盗窃、抢夺枪支、弹药、爆炸物、危险物质罪

（一）盗窃、抢夺枪支、弹药、爆炸物、危险物质罪的概念和特征

盗窃、抢夺枪支、弹药、爆炸物、危险物质罪是指以非法占有为目的，秘密窃取或者公然夺取枪支、弹药、爆炸物，或者秘密窃取或者公然夺取毒害性、放射性、传染病病原体等危险物质，危害公共安全的行为。其特征是：

1. 犯罪客体是公共安全。犯罪对象是枪支、弹药、爆炸物或者毒害性、放射性、传染病病原体等危险物质。

2. 犯罪客观方面表现为行为人有盗窃、抢夺枪支、弹药、爆炸物、危险物质的行为。盗窃是指行为人采取自认为不会被枪支、弹药、爆炸物、危险物质的持有人、保管人发现的方法秘密窃取；抢夺是指行为人公然地直接夺取他人持有或者保管的枪支、弹药、爆炸物、危险物质，但没有实施为排除持有人、保管人的反抗而对其身体进行强制的行为，否则不是抢夺，而属抢劫。

3. 犯罪主体是一般主体，即已满16周岁、具有刑事责任能力的自然人。

4. 犯罪主观方面为故意，其中行为人必须明知自己盗窃、抢夺的是枪支、弹药、爆炸物、危险物质。没有这种明知，行为人不构成本罪。

（二）盗窃、抢夺枪支、弹药、爆炸物、危险物质罪的认定

1. 明知盗窃、抢夺的是枪支、弹药、爆炸物，是构成本罪的重要方面。实践中，有人为了盗窃、抢夺一般财物而实际上窃取了枪支、弹药，由于行为人不明知盗窃、抢夺的是枪支、弹药，因此不能认定为盗窃、抢夺枪支、弹药罪，符合盗窃罪的犯罪构成的，应认定为盗窃罪；如果盗窃、抢夺后不交出的，应另行认定为非法持有、私藏枪支、弹药罪，有牵连关系的，按牵连犯从一重罪处断。

2. 一罪与数罪的认定。行为人实施盗窃、抢夺枪支、弹药、爆炸物行为的，构成本罪，其后的非法持有、私藏的行为不再独立定罪。如果行为人利用枪支、弹药、爆炸物实施了其他犯罪行为的，如杀人、伤害、爆炸的，应构成相应的其他犯罪，并与盗窃、抢夺枪支、弹药、爆炸物罪数罪并罚。

（三）盗窃、抢夺枪支、弹药、爆炸物、危险物质罪的刑事责任

根据刑法典第127条第1款、第2款及刑法修正案（三）第6条的规定，犯盗窃、抢夺枪支、弹药、爆炸物、危险物质罪的，处3年以上10年以下有期徒刑；情节严重的，或者盗窃、抢夺国家机关、军警人员、民兵的枪支、弹药、爆炸物的，处10年以上有期徒刑、无期徒刑或者死刑。

四、抢劫枪支、弹药、爆炸物、危险物质罪

（一）抢劫枪支、弹药、爆炸物、危险物质罪的概念和特征

抢劫枪支、弹药、爆炸物、危险物质罪是指以非法占有为目的，以暴力、胁迫或者其他方法夺取枪支、弹药、爆炸物，或者毒害性、放射性、传染病病原体等危险物质，危害公共安全的行为。其特征是：

1. 犯罪客体是公共安全。犯罪对象是枪支、弹药、爆炸物或者毒害性、放射性、传染病病原体等危险物质。

2. 犯罪客观方面表现为行为人有抢劫枪支、弹药、爆炸物或者抢劫危险物质，危害公共安全的行为。所谓抢劫是以暴力、胁迫或者其他方法实施的夺取行为。所谓暴力，是指行为人对被害人的身体实施暴力或者使用其他强暴手段，使得被害人不敢反抗或者不能抗拒的手段。例如殴打、围困、伤害、捆绑、禁闭等。所谓胁迫，是指行为人以立即实施暴力相威胁，对被害人实行精神强制，迫使被害人当场交出危险物质或者立即劫走危险物质的手段。所谓其他手段，是指行为人对被害人有意识地施加除了暴力或者胁迫方法以外的某种力量，使得被害人不能反抗的各种手段，例如用药物麻醉、以酒灌醉、使用催眠术等。抢劫危险物质，必须是能够危害公共安全的，才构成本罪。

3. 犯罪主体是一般主体，限于已满16周岁、具有刑事责任能力的自然人。

4. 犯罪主观方面为故意，其中行为人必须明知抢劫的是枪支、弹药、爆炸物、危险物质。行为人不明知的，不构成本罪。

（二）抢劫枪支、弹药、爆炸物、危险物质罪的认定

1. 明知抢劫的是枪支、弹药、爆炸物，是构成本罪的重要方面。实践中，有人为了抢劫一般财物而实际上获取了枪支、弹药，由于行为人不明知是枪支、弹药，不能认定为抢劫枪支、弹药罪，符合抢劫罪的，认定为抢劫罪，如果抢劫后不交出的，应另行认定为非法持有、私藏枪支、弹药罪，有牵连关系的，按牵连犯从一重罪处断。

2. 要划清抢劫枪支、弹药、危险物质罪与抢夺枪支、弹药、危险物质罪的界限。区分两罪的关键在于行为人是否为夺取枪支、弹药、危险物质而对持有人、保管人使用了暴力、胁迫等强制方法。采用了暴力、胁迫等强制方法的，构成抢劫枪支、弹药、危险物质罪，否则构成抢夺枪支、弹药、危险物质罪。

3. 一罪与数罪的认定。行为人实施抢劫枪支、弹药、爆炸物、危险物质行为的，构成本罪，其后的非法持有、私藏的行为不再独立定罪。如果行为人利用抢劫获得的枪支、弹药、爆炸物、危险物质实施了其他犯罪行为的，如杀人、伤害、爆炸或投放危险物质的，应构成相应的其他犯罪，与抢劫枪支、弹药、爆炸物、危险物质罪数罪并罚。

（三）抢劫枪支、弹药、爆炸物、危险物质罪的刑事责任

根据刑法典第127条第2款及刑法修正案（三）第6条的规定，犯抢劫枪支、弹药、爆炸物、危险物质罪的，处10年以上有期徒刑、无期徒刑或者死刑。

五、非法出租、出借枪支罪

（一）非法出租、出借枪支罪的概念和特征

非法出租、出借枪支罪是指依法配备公务用枪和依法配置枪支的人员或者单位，违反枪支管理规定，出租、出借枪支的行为。其特征是：

1. 犯罪客体是国家对枪支的管制和公共安全。犯罪对象是依法配备的公务用枪或者依法配置的枪支。前者主要包括公安机关、国家安全机关、监狱、司法机关、海关缉私部门、国家重要守护单位等因公务需要而按规定配备的枪支，后者主要指从事射击竞技的体育运动队、营业性射击场、狩猎场、野生动物保护、饲养、科研单位等经国家有关部门批准而配置的枪支。非法出租、出借这些枪支，不仅造成管理上的无序，而且对社会构成威胁。

2. 犯罪客观方面表现为行为人违反国家有关枪支管理的规定，将依法配备的公务用枪或者依法配置的枪支出租、出借的行为。出租是指有偿地提供给他人使用的行为；

出借则是指无偿地提供给他人使用的行为。出租、出借的枪支不同，构成犯罪的要求有所不同。依刑法规定，对依法配备的公务用枪，有非法出租、出借的行为即可构成犯罪，但将依法配置的枪支非法出租、出借的，要造成严重后果，才构成犯罪。

3. 犯罪主体是依法配备公务用枪和依法配置枪支的人员和单位。

4. 犯罪主观方面是故意。

(二) 非法出租、出借枪支罪的刑事责任

根据刑法典第128条第2款、第3款及第4款的规定，依法配备公务用枪和依法配置枪支的人员犯本罪的，处3年以下有期徒刑、拘役或者管制；情节严重的，处3年以上7年以下有期徒刑；单位犯本罪的，对单位判处罚金，并对直接负责的主管人员和其他直接责任人员处3年以下有期徒刑、拘役或者管制；情节严重的，处3年以上7年以下有期徒刑。

六、非法携带枪支、弹药、管制刀具、危险物品危及公共安全罪

(一) 非法携带枪支、弹药、管制刀具、危险物品危及公共安全罪的概念和特征

非法携带枪支、弹药、管制刀具、危险物品危及公共安全罪是指非法携带枪支、弹药、管制刀具或者爆炸性、易燃性、放射性、毒害性、腐蚀性物品，进入公共场所或者公共交通工具，危及公共安全，情节严重的行为。其特征是：

1. 犯罪客体是公共安全。犯罪对象是枪支、弹药、管制刀具和具有爆炸性、易燃性、放射性、毒害性、腐蚀性的危险物品。由这些物品特有的性能，决定了行为人将其非法携带进入公共场所和公共交通工具，必然对公共安全构成威胁，一旦引发事端，往往造成十分严重的后果。

2. 犯罪客观方面表现为行为人有非法携带枪支、弹药、管制刀具和危险物品，进入公共场所和公共交通工具，危及公共安全，情节严重的行为。公共场所指车站、码头、机场、商店、公园、影剧院、体育场馆等公众出入和活动的场所，公共交通工具是指用于客运的公共汽车、电车、出租车、地铁列车、缆车、火车、船只、航空器等。非法携带枪支、弹药、管制刀具和危险物品进入这些场所，会不同程度地危及公共安全，但要构成犯罪，还必须是情节严重，否则为一般的违法行为。

3. 犯罪主体是一般主体，即年满16周岁、具有刑事责任能力的自然人。

4. 犯罪主观方面是故意，并且行为人明知所携带的是枪支、弹药、管制刀具、危险物品，否则不能认定构成本罪。

(二) 非法携带枪支、弹药、管制刀具、危险物品危及公共安全罪的认定

要注意划分本罪与非法携带武器、管制刀具、爆炸物参加集会、游行、示威罪的界限。主要区别是：(1) 携带物品的范围有所不同，前者除枪支、弹药、管制刀具和爆炸物外，还包括易燃性、放射性、毒害性、腐蚀性的危险物品，后者则局限于枪支、弹药等武器、管制刀具和爆炸物。(2) 非法携带行为涉及的场合不同，前者是在特定的公共场所和公共交通工具内，后者则是在集会、游行、示威的场合，一般而言，涉及的空间范围更为开放，更为广阔。

(三) 非法携带枪支、弹药、管制刀具、危险物品危及公共安全罪的刑事责任

根据刑法典第130条的规定，犯非法携带枪支、弹药、管制刀具、危险物品危及公共安全罪的，处3年以下有期徒刑、拘役或者管制。

七、其他犯罪

(一) 违规制造、销售枪支罪

违规制造、销售枪支罪，是指依法被指定、确定的枪支制造企业、销售企业，违反枪支管理法规，非法制造、销售枪支的行为。其主要特征是：(1) 客观上表现为违反枪支管理法的规定，制造、销售枪支的行为，包括以非法销售为目的，超过限额或者不按照规定的品种制造、配售枪支的；以非法销售为目的，制造无号、重号、假号的枪支的；非法销售枪支或者在境内销售为出口制造的枪支等。(2) 犯罪主体只能是依法获得枪支制造、销售权的企业。(3) 主观方面是故意。

根据刑法典第 126 条的规定，犯违规制造、销售枪支罪，对单位判处罚金，并对其直接负责的主管人员和其他直接责任人员，处 5 年以上 10 年以下有期徒刑；情节特别严重的，处 10 年以上有期徒刑或者无期徒刑。

(二) 非法持有、私藏枪支、弹药罪

非法持有、私藏枪支、弹药罪是指违反枪支管理规定，擅自持有和藏匿枪支、弹药的行为。其主要特征是：(1) 在客观上，行为人有携带、佩带、使用或者保存、藏匿枪支、弹药的行为，并且未经国家有关部门批准。枪支、弹药包括军用的，也包括民用的。(2) 在主观上是故意，而且行为人明知持有和私藏的是枪支、弹药，不明知的，不构成本罪。

根据刑法典第 128 条第 1 款的规定，犯本罪的，处 3 年以下有期徒刑、拘役或者管制；情节严重的，处 3 年以上 7 年以下有期徒刑。

(三) 丢失枪支不报罪

丢失枪支不报罪是指依法配备公务用枪的人员，丢失枪支不及时报告，造成严重后果的行为。其主要特征是：(1) 在客观上，行为人首先是丢失了依法配备的公务用枪，丢失的原因可以是行为人的遗失，也可以是被盗、被骗、被抢等，这是构成本罪的前提。其次是没有及时报告，这是行为的实质。最后，只有造成严重后果的，才构成犯罪，这是定罪的界限。(2) 犯罪的主体是特殊主体，只能是依法配备公务用枪的人员。(3) 在主观上，本罪应属故意，因为丢失枪支不报是行为的实质，而不报告显然是故意。至于对严重后果的发生，一般而言，行为人是过失心理，但不能排除可能是间接故意。

根据刑法典第 129 条的规定，犯丢失枪支不报罪，处 3 年以下有期徒刑或者拘役。

第六节 造成重大事故的犯罪

一、重大飞行事故罪

(一) 重大飞行事故罪的概念和特征

重大飞行事故罪是指航空人员违反规章制度，致使发生重大飞行事故，造成严重后果的行为。其特征是：

1. 犯罪客体是航空器的飞行安全及公共安全。由航空器的飞行特性决定，一旦发生重大事故，不仅会造成航空器的毁损，机上人员的重大伤亡，而且极有可能造成地面的其他财产的重大损失和人员的伤亡，因此危害性大而广泛。本罪的危害性集中表现为

侵害航空器的飞行安全和公共安全。

2. 犯罪客观方面表现为行为人违反规章制度，致使发生重大事故，造成严重后果的行为。首先，行为人的行为违反了规章制度。这里的规章制度指与航空器的飞行安全有关的各项规章制度，主要涉及飞行管理、维修管理、空域管理、运输管理等方面。违反规章制度是行为人承担刑事责任的前提。其次，行为人的违章行为导致了重大事故的发生，并造成严重后果。一方面，有重大事故的发生，造成严重后果，如航空器的坠毁和严重损坏、人员的重大伤亡、运输货物的重大损失、飞行活动的中断或重大延误等；另一方面，这种事故及其后果是违章行为引起的，二者具有因果关系。

3. 犯罪主体是特殊主体，只能是航空人员，包括空勤人员和地勤人员。非航空人员的行为即使造成重大飞行事故，也不构成本罪。

4. 犯罪主观方面是过失。包括疏忽大意的过失和过于自信的过失。

(二) 重大飞行事故罪的认定

应注意划清重大飞行事故罪与飞行中的意外事件的界限。在行为人没有预见的情况下要构成本罪，必须是行为人应当预见自己的行为可能发生事故，造成严重后果，否则为意外事件；在行为人有预见的情况下要构成本罪，必须存在避免事故发生的可能性，同时由于行为人过高地估计了这种避免发生的可能性，即轻信能够避免，以致实施行为，发生了事故，造成严重后果。如果事故的发生是不能避免的，行为人不构成本罪。

(三) 重大飞行事故罪的刑事责任

根据刑法典第 131 条的规定，犯重大飞行事故罪的，处 3 年以下有期徒刑或者拘役；造成飞机坠毁或者人员死亡的，处 3 年以上 7 年以下有期徒刑。

二、交通肇事罪

(一) 交通肇事罪的概念和特征

交通肇事罪，是指违反交通运输管理法规，因而发生重大事故，致人重伤、死亡或者使公私财产遭受重大损失的行为。其主要特征是：

1. 犯罪客体是交通运输安全。交通运输安全一般指公路运输安全、水上运输安全，但也包括铁路运输安全、航空运输安全。

2. 犯罪客观方面表现为行为人有违反交通运输管理法规，因而发生重大交通事故，致人重伤、死亡或者使公私财产遭受重大损失的行为。首先，行为人违反了交通运输管理法规，主要是公路运输管理的法规、水上运输管理的法规。非航空人员违反航空运输管理的法规、非铁路职工违反铁路运输管理的法规，也可能构成交通肇事罪，所以本罪所违反的交通运输法规还包括航空运输管理法规和铁路运输管理法规。其次，行为人违反交通运输法规的行为致使重大事故发生，并造成人员重伤、死亡或者使公私财产遭受重大损失。违规行为与严重后果间存在因果关系。严重后果的发生，行为人才构成本罪，否则属一般事故，不构成犯罪。

3. 犯罪主体是一般主体，可以是从事交通运输活动的人员，如交通工具的驾驶操作人员、交通设施设备的安全保障人员等，也可以是非从事交通运输活动的人员。

4. 犯罪主观方面是过失，即对发生事故及造成严重后果是过失，而违章则完全可能是故意，但这种故意不是主观罪过的内容。

（二）交通肇事罪的认定

1. 注意划清交通肇事罪与意外事件的界限。在行为人没有预见的情况下要构成交通肇事罪，必须是行为人应当预见自己的行为可能发生事故，造成严重后果，否则应为意外事件；在行为人有预见的情况下要构成本罪，必须是行为人轻信事故及严重后果能够避免，而且确实存在避免的可能性，如果事故的发生是不能避免的，行为人不构成本罪。

2. 注意划清交通肇事罪与重大飞行事故罪、铁路运营安全事故罪的界限。主要的区分是主体的不同。后两罪的主体分别只能是航空人员和铁路职工，交通肇事罪的主体是一般主体。非航空人员和非铁路职工在航空、铁路运输活动中违反航空、铁路运输管理方面的规章制度，致使发生飞行事故、铁路运营事故，造成严重后果的，应认定构成交通肇事罪。

3. 一罪与数罪的认定。交通肇事后，肇事者单纯地逃逸，使受害人未获及时救治而身亡的，依法只构成交通肇事罪，受害人死亡的后果作为交通肇事罪的量刑情节；肇事者在送受害者去医院的途中将受害人丢弃而致其死亡，或者出于灭口以及其他动机而故意碾压受害人的，应另定故意杀人罪，与交通肇事罪数罪并罚。

（三）交通肇事罪的刑事责任

根据刑法典第133条的规定，犯交通肇事罪的，处3年以下有期徒刑或者拘役；交通运输肇事后逃逸或者有其他特别恶劣情节的，处3年以上7年以下有期徒刑；因逃逸致人死亡的，处7年以上有期徒刑。

三、重大责任事故罪

（一）重大责任事故罪的概念和特征

重大责任事故罪是指工厂、矿山、林场、建筑企业或者其他企业、事业单位的职工，由于不服管理、违反规章制度，或者强令工人冒险作业，因而发生重大伤亡事故或者造成其他严重后果的行为。其特征是：

1. 犯罪客体是企业、事业单位的生产安全。由于本罪主体是企业、事业单位的职工，事故发生的场合是在单位的生产作业过程中，所以直接危害了这些单位的生产安全。

2. 犯罪客观方面表现为企业、事业单位的职工有不服管理、违反规章制度，或者强令工人冒险作业的行为，并因此发生重大伤亡事故或者造成其他严重后果。不服管理、违反规章制度主要是指企事业单位的生产操作人员不服从指挥、安排，不遵守管理制度、操作规程而违章作业；强令工人冒险作业，是指管理、指挥人员在出现危险的情况下，强迫工人继续作业。由此可见，本罪发生的场合应当是在生产作业过程中。而正是因为行为人违章，才发生重大伤亡事故，或者造成其他严重后果，违章与事故及严重后果的发生有因果关系。

3. 犯罪主体是特殊主体，只能是工厂、矿山、林场、建筑企业或者其他企业、事业单位的职工，主要包括两种人员：一是在企事业单位中直接从事生产作业活动的工人、科技人员；二是在生产作业中直接从事领导、指挥的人员。企事业单位的性质、类别，对本罪的构成不发生影响。

4. 犯罪主观方面是过失。发生事故，造成严重后果是违背行为人的本意的，对于违章，行为人则可能是故意。

（二）重大责任事故罪的认定

1. 应划清本罪与意外事件的界限。由于生产作业的技术特点，难免发生事故。如果是行为人不能预见或者不能抗拒的原因造成的，属意外事件，行为人不构成本罪；如果事故的发生和造成严重后果是行为人应当预见而没有预见，或者已经预见但轻信能够避免，并且违章作业所引起，行为人构成本罪。

2. 应划清本罪与失火罪、过失爆炸罪的界限。区别的关键是看事故发生的场合。在企事业单位的生产作业过程中，因违章而引起火灾、爆炸的，应认定为本罪，超出该范围的，应认定为失火罪、过失爆炸罪。

（三）重大责任事故罪的刑事责任

根据刑法和《刑法修正案（六）》的规定，犯本罪的，在生产、作业中违反有关安全管理的规定，因而发生重大伤亡事故或者造成其他严重后果的，处三年以下有期徒刑或者拘役；情节特别恶劣的，处三年以上七年以下有期徒刑。

强令他人违章冒险作业，因而发生重大伤亡事故或者造成其他严重后果的，处五年以下有期徒刑或者拘役；情节特别恶劣的，处五年以上有期徒刑。

四、铁路运营安全事故罪

铁路运营安全事故罪是指铁路职工违反规章制度，致使发生铁路运营安全事故，造成严重后果的行为。其主要特征是：(1) 客观方面，行为人有违反铁路运输管理的规章制度的行为，并致使发生铁路运输、营业方面的安全事故，造成人员伤亡，公私财产重大损失，铁路运输活动严重受阻甚至中断的后果。(2) 其主体是特殊主体，只能是铁路职工，即在铁路企业中从事铁路运营工作的管理指挥人员、驾驶运输人员、建设维修人员、安全保障人员等。(3) 主观方面是过失，包括疏忽大意的过失和过于自信的过失。

根据刑法典第132条的规定，犯铁路运营安全事故罪的，处3年以下有期徒刑或者拘役；造成特别严重后果的，处3年以上7年以下有期徒刑。

五、重大劳动安全事故罪

重大劳动安全事故罪是指工厂、矿山、林场、建筑企业或者其他企业、事业单位的劳动安全设施不符合国家规定，经有关部门或者单位职工提出后，对事故隐患仍不采取措施，因而发生重大伤亡事故或者造成其他严重后果的行为。其主要特征是：(1) 在客观方面，在本单位的劳动安全设施不符合国家规定，经有关部门或者单位职工提出后，对事故隐患仍不采取措施，因此导致发生重大伤亡事故或者造成其他严重后果。(2) 犯罪主体是工厂、矿山、林场、建筑企业或者其他企业、事业单位，但刑法只处罚直接责任人员。(3) 行为人在主观上是过失，而且是过于自信的过失。

根据刑法典第135条的规定，工厂、矿山、林场、建筑企业或者其他企业、事业单位犯重大劳动安全事故罪的，对直接责任人员处3年以下有期徒刑或者拘役；情节特别恶劣的，处3年以上7年以下有期徒刑［参见《刑法修正案（六）》第三条］。

六、危险物品肇事罪

危险物品肇事罪是指违反爆炸性、易燃性、放射性、毒害性、腐蚀性物品的管理规定，在生产、储存、运输、使用过程中发生重大事故，造成严重后果的行为。其主要特征是：（1）在客观方面行为人首先是在生产、储存、运输、使用爆炸性、易燃性、放射性、毒害性、腐蚀性物品的过程中，违反管理规定，因此导致发生重大事故，造成严重后果。(2) 犯罪主体是一般主体，主要是从事生产、储存、运输、使用上述危险物品的人员，不包括单位。(3) 行为人在主观上是过失，包括疏忽大意的过失和过于自信的过失。

根据刑法典第 136 条的规定，犯危险物品肇事罪的，处 3 年以下有期徒刑或者拘役；后果特别严重的，处 3 年以上 7 年以下有期徒刑。

七、工程重大安全事故罪

工程重大安全事故罪是指建设单位、设计单位、施工单位、工程监理单位违反国家规定，降低工程质量标准，造成重大安全事故的行为。其主要特征是：(1) 客观方面，行为人在建筑、设计、施工、监理的过程中，违反国家规定，降低质量标准，因而导致重大安全事故。违规降低质量标准是本罪客观方面的实质。(2) 犯罪主体是建设单位、设计单位、施工单位、工程监理单位，但刑法只处罚直接责任人员。(3) 行为人在主观上是过失，包括疏忽大意的过失和过于自信的过失。

根据刑法典第 137 条的规定，建设单位、设计单位、施工单位、工程监理单位犯工程重大安全事故罪的，对直接责任人员处 5 年以下有期徒刑或者拘役，并处罚金；后果特别严重的，处 5 年以上 10 年以下有期徒刑，并处罚金。

八、教育设施重大安全事故罪

教育设施重大安全事故罪是指明知校舍或者教育教学设施有危险，而不采取措施或者不及时报告，致使发生重大伤亡事故的行为。其主要特征是：(1) 在客观方面，行为人对有危险隐患的校舍或者教育教学设施不采取措施或者不及时报告，因此导致发生重大伤亡事故。如果采取了必要的措施或者报告了有关部门，不构成本罪。(2) 犯罪主体是特殊主体，只能是对教育教学设施负有直接管理职责的人员。(3) 行为人在主观上是过失，而且是过于自信的过失，即在明知教育教学设施存在危险隐患的情况下，行为人轻信能够避免发生事故，因而没有采取措施或者没有报告。

根据刑法典第 138 条的规定，对犯教育设施重大安全事故罪的直接责任人员，处 3 年以下有期徒刑或者拘役；后果特别严重的，处 3 年以上 7 年以下有期徒刑。

九、消防责任事故罪

消防责任事故罪是指违反消防管理法规，经消防监督机构通知采取改正措施而拒绝执行，造成严重后果的行为。其主要特征是：(1) 行为人在客观方面违反了消防管理法规，并经消防监督机构通知采取改正措施，但行为人拒绝执行，因此造成严重后果，如人员的重大伤亡、公私财产的重大损失等。如果采取了必要的措施，没有拒绝执行的，即使发生严重后果，也不构成本罪。(2) 犯罪主体是对消防安全负有直接责任的人员。(3) 行为人在主观上是过失，而且是过于自信的过失。即虽然行为人违反消防管理法规，并经消防监督机构通知采取改正措施却拒绝执行，但对严重后果的发生却是轻信能够避免。

根据刑法典第 139 条的规定，对消防责任事故罪的直接责任人员，处 3 年以下有期徒刑或者拘役；后果特别严重的，处 3 年以上 7 年以下有期徒刑［参见《刑法修正案(六)》第四条］。

第二十六章　破坏社会主义市场经济秩序罪

第一节　破坏社会主义市场经济秩序罪概述

一、破坏社会主义市场经济秩序罪的概念

破坏社会主义市场经济秩序罪，是指在市场经济活动中，违反国家经济管理法规，严重破坏市场经济秩序的行为。破坏社会主义市场经济秩序罪的构成具有如下特征。

1. 犯罪侵犯的客体是我国社会主义市场经济秩序。市场经济是优胜劣汰、自由竞争的经济，自由、平等、公正、诚实信用的市场秩序是市场经济存在与发展的基础，因此，建立和维护市场经济秩序，遏制和打击破坏经济秩序的行为，保证市场经济运行井然有序，是确保市场经济健康发展所必须的。为此，国家立法机关制定了一系列经济法律、法规，对我国市场经济运行过程进行调节和规范，以确保市场经济的运行健康有序。刑法将破坏经济秩序的严重不法经济行为规定为犯罪，从而为我国社会主义市场经济秩序的建立和维护提供了法律上的可靠保障。

2. 犯罪客观方面表现为在市场经济活动中，违反国家经济管理法规，严重破坏市场经济秩序的行为。首先，破坏社会主义市场经济秩序的犯罪行为，是发生在市场经济活动中的行为，也就是说，是市场主体发生商品生产、交换、分配、消费过程中的经济活动行为。例如，生产、销售伪劣商品罪，表现为商品的生产、销售；合同诈骗罪，表现为经济合同的签订；虚报注册资本罪，表现为申请公司登记。其次，这类犯罪都具有违反经济管理法规的违法性。也就是说，破坏社会主义市场经济秩序的犯罪行为，总是以违反一定的经济管理法规为前提。如生产、销售伪劣商品罪在客观方面违反了《中华人民共和国产品质量法》、《中华人民共和国标准化法》等产品质量管理法规；走私罪在客观方面违反了《中华人民共和国海关法》等海关法规；妨害对公司、企业的管理秩序罪在客观方面违反了《中华人民共和国公司法》等公司、企业管理法规；破坏金融管理秩序罪在客观方面违反了《中华人民共和国商业银行法》、《中华人民共和国票据法》、《禁止证券欺诈行为暂行办法》等金融管理法规；危害税收征管罪在客观方面违反了《中华人民共和国税收管理法》、《中华人民共和国增值税暂行条例》等税收征管的法规；侵犯知识产权罪在客观方面违反了《中华人民共和国商标法》、《中华人民共和国专利法》、《中华人民共和国著作权法》等知识产权的法律规定；扰乱市场经济秩序罪在客观方面违反了《中华人民共和国反不正当竞争法》、《中华人民共和国广告法》等妨害市场正当竞争秩序的法规。第三，严重破坏社会主义市场经济秩序。这是划分破坏社会主义市场经济秩序的违法行为与犯罪行为的标准。一种发生在市场经济活动中的行为尽管是违反国家经济管理法规的违法行为，但如果没有严重破坏社会主义市场经济秩序，就不构成犯罪。何为“严重破坏”？刑法明文规定的情况有：“数额较大的”、“数额巨大的”、

“造成严重后果的”、“情节严重的”以及其他情况，据此用以划分这类犯罪的罪与非罪的界限。

3. 犯罪主体是自然人或单位。自然人作为犯罪主体分两种情况，一是年满16周岁具有刑事责任能力的自然人即可构成的一般主体，如生产、销售伪劣商品罪，信用卡诈骗罪等诸多破坏经济秩序的犯罪；二是必须具有一定的身份才能构成。如公司、企业人员受贿罪的主体限定为公司、企业人员，非法经营同类营业罪的主体只能是国有公司、企业的董事、经理，金融工作人员购买假币、以假币换取货币罪的主体限定为银行或者其他金融机构的工作人员，保险诈骗罪的主体只能是投保人、被保险人、受益人等。本类犯罪绝大多数犯罪的主体均可由单位构成。据统计，本章涉及单位作为主体的犯罪有61条，包括两种情况：一是犯罪的一般主体，指法律仅仅规定主体为单位，而没有具体列举什么单位。二是犯罪的特殊主体，指法律明文规定主体为何种单位，如“公司”、“公司、企业”等。

4. 犯罪主观方面多由故意构成，个别只能由过失构成。在故意犯罪中，有些犯罪必须具有特定目的方可成立，如高利转贷罪“以牟利为目的”，集资诈骗罪“以非法占有为目的”等。本类犯罪中个别罪主观罪过表现为过失，如签订、履行合同失职被骗罪、出具证明文件重大失实罪等。

二、破坏社会主义市场经济秩序罪的种类

刑法分则第3章破坏社会主义市场经济秩序罪，分为8节，有92个条文，规定了94个具体罪名。此后，1998年12月29日关于惩治骗购外汇的单行刑法增加1个罪名。而1999年12月25日，全国人大常委会通过的《中华人民共和国刑法修正案》又增加了1个罪名，修改补充了8种具体犯罪的罪状，从而有的犯罪罪名也应发生相应变化。现分述如下：

1. 生产、销售伪劣商品罪。包括9种具体犯罪，即生产、销售伪劣产品罪，生产、销售假药罪，生产、销售劣药罪，生产、销售不符合卫生标准的食品罪，生产、销售有毒、有害食品罪，生产、销售不符合标准的医用器材罪，生产、销售不符合安全标准的产品罪，生产、销售伪劣农药、兽药、化肥、种子罪，生产、销售不符合卫生标准的化妆品罪。

2. 走私罪。包括10种具体犯罪，即走私武器、弹药罪，走私核材料罪，走私假币罪，走私文物罪，走私贵重金属罪，走私珍贵动物、珍贵动物制品罪，走私珍稀植物、珍稀植物制品罪，走私淫秽物品罪，走私普通货物、物品罪，走私固体废物罪。

3. 妨害对公司、企业的管理秩序罪。包括14种具体犯罪，即虚报注册资本罪，虚假出资、抽逃出资罪，欺诈发行股票、债券罪，提供虚假财会报告罪，妨害清算罪，隐匿、销毁会计凭证、会计账簿、财务会计报告罪，公司、企业人员受贿罪，对公司、企业人员行贿罪，非法经营同类营业罪，为亲友非法牟利罪，签订、履行合同失职被骗罪，国有公司、企业、事业单位人员失职罪，国有公司、企业、事业单位人员滥用职权罪，徇私舞弊低价折股、出售国有资产罪。

4. 破坏金融管理秩序罪。包括25种具体犯罪，即伪造货币罪，出售、购买、运输假币罪，金融工作人员购买假币、以假币换取货币罪，持有、使用假币罪，变造货币罪，擅自设立金融机构、期货机构罪，伪造、变造、转让金融机构经营许可证、批准文件罪，高利转贷罪，非法吸收公众存款罪，伪造、变造金融票证罪，伪造、变造国家有价证券罪，伪造、变造股票、公司、企业债券罪，擅自发行股票、公司、企业债券罪，内幕交易、泄露内幕信息罪，编造并传播证券、期货交易虚假信息罪，诱骗投资者买卖证券、期货合约罪，操纵证券、期货交易价格罪，违法向关系人发放贷款罪，违法发放贷款罪，用账外客户资金非法拆借、发放贷款罪，非法出具金融票证罪，对违法票据承兑、付款、保证罪，骗购外汇罪，逃汇罪，洗钱罪。

5. 金融诈骗罪。包括 8 种具体犯罪，即集资诈骗罪，贷款诈骗罪，票据诈骗罪，金融凭证诈骗罪，信用证诈骗罪，信用卡诈骗罪，有价证券诈骗罪，保险诈骗罪。

6. 危害税收征管罪。包括 12 种具体犯罪，即偷税罪，抗税罪，逃避追缴欠税罪，骗取出口退税罪，虚开增值税专用发票、用于骗取出口退税、抵扣税款发票罪，伪造、出售伪造的增值税专用发票罪，非法出售增值税专用发票罪，非法购买增值税专用发票、购买伪造的增值税专用发票罪，非法制造、出售非法制造的用于骗取出口退税、抵扣税款发票罪，非法制造、出售非法制造的发票罪，非法出售用于骗取出口退税、抵扣税款发票罪，非法出售发票罪。

7. 侵犯知识产权罪。包括 7 种具体犯罪，即假冒注册商标罪，销售假冒注册商标的商品罪，非法制造、销售非法制造的注册商标标识罪，假冒专利罪，侵犯著作权罪，销售侵权复制品罪，侵犯商业秘密罪。

8. 扰乱市场秩序罪。包括 12 种具体犯罪，即损害商业信誉、商品声誉罪，虚假广告罪，串通投标罪，合同诈骗罪，非法经营罪，强迫交易罪，伪造、倒卖伪造的有价票证罪，倒卖车票、船票罪，非法转让、倒卖土地使用权罪，提供虚假证明文件罪，出具证明文件重大失实罪，逃避商检罪。

第二节　生产、销售伪劣商品罪

生产、销售伪劣商品罪，是指生产者、销售者，违反国家对产品质量、安全的监督管理的法律、法规，生产、销售伪劣商品，危害人体健康和人身、财产安全，侵害用户、消费者的合法权益，破坏社会主义商品市场秩序，情节严重的行为。根据刑法分则第 140 条至第 148 条的规定，此类犯罪共涉及罪名 9 个。

一、生产、销售伪劣产品罪

（一）生产销售伪劣产品罪的概念与特征

生产、销售伪劣产品罪，是指生产者、销售者故意在产品中掺杂、掺假，以假充真，以次充好或者以不合格的产品冒充合格产品，销售金额 5 万元以上的行为。其犯罪构成特征是：

1. 侵犯的客体，是国家对生产、销售产品质量的监督管理制度（主要是工商管理制度）和消费者的合法权益。《中华人民共和国产品质量法》第 7 条规定："产品质量应当检验合格，不得以不合格产品冒充合格产品。"这是国家对产品质量进行监督管理的核心内容。为了对生产、销售的产品质量进行监督管理，维护正常的生产、流通秩序，保护消费者的合法权益，近年来，我国颁布了一系列的法律法规，如《中华人民共和国标准化法》、《中华人民共和国计量法》、《反不正当竞争法》、《中华人民共和国消费者权益保护法》等等。这些法律、法规形成了一套完整的产品质量监督制度，所有生产、销售伪劣产品的行为，都是对这一制度的侵犯。与此同时，生产、销售伪劣产品的犯罪活动还严重侵犯了消费者的合法权益，造成人员伤亡、财产损失等严重后果，所以，消费者的合法权益也是本罪的客体。可见，本罪侵犯的是复杂客体。

2. 客观方面，表现为生产者、销售者实施了在产品中掺杂、掺假，以假充真，以次充好或者以不合格产品冒充合格产品，销售金额 5 万元以上的行为。概括起来，主要有四种表现形式：(1) 掺杂、掺假。就是在生产、销售的产品中掺入杂物或者一些假的东西。如在白酒中掺入一定量的水，或者在芝麻中掺入沙子。(2) 以假充真。就是以假的产品冒充真的产品，即生产者、销售者将伪造的产品冒充真正的产品，主要表现为生产、销售的产品名称、成分与实际名称、成分不符。如将猪皮鞋冒充牛皮鞋高价售出。(3) 以次充好。就是以质量次的产品冒充质量好的产品。主要表现为将次品冒充正品，将等次低的产品冒充等次高的产品，将旧产品冒充新产品，将淘汰产品冒充未淘汰产品，将没有获得某种荣誉称号的产品冒充获得了某种荣誉称号的产品等。(4) 以不合格的产品冒充合格的产品。为确保产品的生产、销售活动能达到质量要求，我国有关法律确立了一系列质量标准。我国目前判断产品合格与否的四种标准：一是强制性标准，即国家颁行的特定商品的标准；二是行业性标准，又称推荐标准，即国家有关部门推荐，企业自愿采用的标准；三是企业标准，即企业自己规定的产品质量标准；四是社会标准，即在没有强制性标准、行业性标准、企业标准的情况下，按照社会通行的标准来衡量，依此标准衡量产品是否合格比较复杂，但社会上普通人的标准无疑具有重要的参考价值。不符合上述产品标准的产品即为不合格产品，以不合格产品冒充合格产品，销售金额 5 万元以上的，就应追究刑事责任。本罪是数额犯，即行为人在客观方面除了实施上述四种行为之一以外，还需要销售金额在 5 万元以上，才能构成本罪。

3. 本罪犯罪主体为一般主体，一切从事产品生产、销售的企业、公司等单位以及达到刑事责任年龄具有刑事责任能力的自然人，都能成为本罪的主体。

4. 本罪在主观方面是故意，过失不构成本罪。故意的内容为，明知是伪劣产品而予以生产和销售，尤其对销售者来说，必须是在经销的产品中掺杂、掺假，故意以假充真，以次充好，或者以不合格产品冒充合格产品出售才构成本罪。如何认定明知，要依案情事实做出分析判断。过失行为，如生产者不明知原材料有假或者不符合质量标准，销售者不明知商品系伪劣产品，不构成本罪。

（二）生产、销售伪劣产品罪的认定

1. 本罪与非罪的界限。在认定生产、销售伪劣产品罪时，应注意其与一般违法行为的区分。(1) 主观条件不同。生产、销售伪劣产品罪的行为人在主观上明知生产、销售伪劣产品是违法甚至是犯罪的，但由于为了获取巨额利润而明知故犯；而在一般违法行为情况下，有时并无故意，有时是疏忽大意。(2) 客观方面的具体条件不同。刑法规定构成生产、销售伪劣产品罪，销售金额必须达到 5 万元以上，未达到这个数额要求的，只能作为一般违法行为处理。

2. 本罪与诈骗罪的界限。两个罪在犯罪构成上主要表现为犯罪的主体相同，即一是均为一般主体；二是主观方面相同，即均为故意犯罪；三是客观方面都使用了欺骗的手段。但两者毕竟是不同性质的犯罪，区别主要在于：(1) 两罪侵犯的客体不同。生产销售、伪劣产品罪侵犯的是复杂客体，即对国家的产品质量的监督管理制度和消费者合法权益的侵犯；而诈骗罪侵犯的是简单客体，即对公私财物所有权的侵犯。(2) 两罪客观方面的表现形式不同。生产、销售伪劣产品罪的客观方面，表现为掺杂、掺假，以次充好，以假充真或以不合格产品冒充合格产品；而诈骗罪的客观方面，表现为使用虚构事实或隐瞒真相的欺骗方法，使财物所有人、管理人产生错觉，信以为真，而"自愿"交出财物。(3) 两罪的犯罪目的不同。生产、销售伪劣产品罪是以获取非法利润为目的，而诈骗罪则是以非法占有公私财物为目的。

(三) 生产、销售伪劣产品罪的刑事责任

刑法典第140条根据销售金额对生产、销售伪劣产品罪规定了4个幅度的法定刑：犯本罪销售金额在5万元以上不满20万元的，处2年以下有期徒刑或者拘役，并处或者单处销售金额50%以上2倍以下罚金；销售金额在20万元以上不满50万元的，处2年以上7年以下有期徒刑，并处销售金额50%以上2倍以下罚金；销售金额在50万元以上不满200万元的，处7年以上有期徒刑，并处销售金额50%以上2倍以下罚金；销售金额在200万元以上的，处15年有期徒刑或者无期徒刑，并处销售金额50%以上2倍以下罚金或者没收财产。根据刑法典第150条的规定，单位犯本罪的，对单位判处罚金，并对其直接负责的主管人员和其他直接责任人员，依照上述规定追究刑事责任。

二、生产、销售假药罪

(一) 生产、销售假药罪的概念与特征

生产、销售假药罪，是指违反国家药品管理法规，非法生产、销售假药，足以危害人体健康的行为。其犯罪构成特征是：

1. 侵犯的客体是国家的药品管理制度和人民的生命健康权利。犯罪对象是假药。本罪中的假药根据刑法的规定是指依据《中华人民共和国药品管理法》第33条规定，属于假药和按假药处理的药品、非药品。包括：(1) 药品所含成分的名称与国家药品标准或者省、自治区、直辖市药品标准规定不符合的；(2) 以非药品冒充药品或者以他种药品冒充此种药品的；(3) 属于下列情形之一的：国务院卫生行政部门禁止使用的；未取得批准文号生产的；变质不能使用的；被污染不能使用的。另外，本罪所指药品专指人用药品，生产、销售假农药、假兽药不属于本罪的范围，而是属于生产、销售伪劣农药、兽药、化肥、种子罪的范围。再者，根据《药品管理法》第57条的规定，药品包括血液制品，所以为非法牟利，以坏血、次血甚至带病毒的血液冒充好血出售，足以造成严重危害的行为，也应以本罪论处。

2. 客观方面表现为行为人实施了生产、销售假药，足以严重危害人体健康的行为。足以严重危害人体健康，是指行为人生产、销售的假药具有严重损害人体正常生理机能的可能性。在犯罪形态上，属于危险犯。能够严重危害人体健康并不以实际上发生严重危害人体健康的结果为既遂的条件。关于是否"足以严重危害人体健康"的考察，应采取客观的、一般的标准，同时兼顾个别的标准。具体而言，经有关部门鉴定，该假药可对一般人的身体健康造成危害的，就应认定为足以严重危害人体健康。同时，在特殊情况下，应把不危及一般人健康，却对个别体质特殊的人有危害的视为足以严重危害人体健康。

3. 犯罪主体是一般主体。单位和达到刑事责任年龄并具有刑事责任能力的自然人均可成为本罪主体。

4. 主观方面是故意。对于生产者来说，就是明知生产的药品违反国家药品管理制度和国家标准而故意生产；对于销售者来说，则是明知是国家禁止销售的假药而故意卖给他人。但无论是生产者还是销售者，对于可能造成的危害不特定人人体健康的结果都是采取放任的态度，换言之，本罪由间接故意构成。如果行为人积极追求危害结果的发生，则构成其他性质更为严重的犯罪。

（二）生产、销售假药罪的认定

1. 本罪与非罪的界限。在认定本罪时要注意区分与一般违法行为的界限。区分的关键是看行为人生产、销售的假药是否足以严重危害人体健康。如果行为人生产、销售的虽然是假药，但不足以严重危害人体健康的，不构成犯罪。

2. 本罪与他罪的界限。(1) 与生产、销售伪劣产品罪的界限。这两个罪易产生混淆，因为药品也属于产品的一种，前者为种概念，后者为属概念。前者因客体受法律的特殊保护而从生产、销售伪劣产品罪中独立出来。它们之间的区别表现在：第一，侵犯的客体不同。生产、销售伪劣产品罪侵犯的客体是国家对生产、销售的产品质量的监督管理制度和企业、消费者的合法权益，主要是财产方面的权益；而生产、销售假药罪侵犯的客体则是国家的药品管理制度和人民群众的生命健康安全。生产、销售伪劣产品罪包括所有的产品，生产、销售假药罪则仅限于药品。第二，认定标准不同。刑法规定，生产、销售伪劣产品销售金额在 5 万元以上的才构成犯罪；生产、销售假药，只要足以严重危害人体健康就构成犯罪，前者是结果犯，后者则是危险犯。(2) 与故意以其他方法危害公共安全罪的界限。两罪的区别主要在于主观故意的内容不同。生产销售假药罪在主观方面是间接故意，对危害结果的发生采取放任态度。相反，故意以其他方法危害公共安全罪对危害结果的发生采取积极追求的态度。因而行为人明知生产、销售假药会造成危害人体健康的后果，却积极追求这种结果发生，就应构成故意以其他方法危害公共安全罪。

（三）生产、销售假药罪的刑事责任

根据刑法典第 141 条第 1 款和第 150 条的规定，个人犯本罪的，根据对人体健康的危害程度予以不同的处罚：(1) 足以严重危害人体健康的，处 3 年以下有期徒刑或者拘役，并处或者单处销售金额 50%以上 2 倍以下罚金；(2) 对人体健康造成严重危害的，处 3 年以上 10 年以下有期徒刑，并处销售金额 50%以上 2 倍以下罚金。这里所说的对人体健康造成严重危害，主要是指被害人因服用假药造成轻伤、重伤等情况；(3) 致人死亡或者对人体健康造成特别严重危害的，处 10 年以上有期徒刑、无期徒刑或者死刑，并处销售金额 50%以上 2 倍以下罚金或者没收财产。单位犯本罪的依照刑法典第 150 条规定处罚。

三、生产、销售劣药罪

（一）生产、销售劣药罪的概念与特征

生产、销售劣药罪是指违反国家药品管理法规，生产、销售劣药，对人体健康造成严重危害的行为。其犯罪构成特征是：

1. 侵犯的客体，是药品管理制度和公民的健康的权利。本罪的犯罪对象是劣药。所谓劣药，根据《药品管理法》第 35 条的规定主要包括以下三种：(1) 药品成分的含量与国家药品标准或省、自治区、直辖市药品标准规定不符合的；（2）超过有效期的；（3）其他不符合标准规定的。

2. 客观方面表现为生产、销售劣药，对人体健康造成严重危害的行为。所谓对人体健康造成严重危害，主要指造成用药人残疾或者其他严重后遗症，或者因服用劣药，延误治疗，致使病情加剧而引起伤害、伤亡等严重后果。本罪为结果犯。

3. 犯罪主体是一般主体，即凡是达到刑事责任年龄具有刑事责任能力的自然人或者单位均可成为本罪主体。

4. 主观方面为故意，过失不构成本罪。即行为人生产或销售明知是劣质的药品，且对危害结果的发生采取放任的态度，置他人的生命、健康安全于不顾。可见本罪故意的内容为间接故意。若行为人对危害结果采取积极的追求态度，则构成其他更为严重的犯罪。该罪的犯罪目的一般是为了营利，但法律并未明确规定构成本罪须以营利为目的，所以无论出于何种目的或动机，均不影响本罪的成立。

（二）生产、销售劣药罪的认定

与生产、销售假药罪的界限。（1）犯罪对象不同。生产、销售假药罪的犯罪对象是假药，而生产、销售劣药罪的犯罪对象是劣药。由于劣药和假药性质不同，社会危害性的严重程度不一样，因而其构成要件也有区别。假药往往比劣药对人体健康造成的危害大，因而，生产、销售假药罪的法定刑要重于生产、销售劣药罪，前者的法定最高刑为死刑，后者为无期徒刑。（2）对危害结果强调的程度不同。生产、销售劣药罪要求对人体造成严重危害，是结果犯。如果没有造成严重危害后果，符合刑法典第140条规定的，可按生产、销售伪劣产品罪处罚。后者则是危险犯，只要足以严重危害人体健康，不问这种危害是否已经发生，都构成犯罪。

（三）生产、销售劣药罪的刑事责任

根据刑法典第142条和第150条的规定，个人犯本罪的：（1）对人体健康造成严重危害的，处3年以上10年以下有期徒刑，并处销售金额50%以上2倍以下罚金。（2）后果特别严重的处10年以上有期徒刑或者无期徒刑，并处销售金额50%以上2倍以下罚金或者没收财产。“后果特别严重”，根据司法实践，一般是指致人死亡，多人重伤等。单位犯本罪的，对单位判处罚金，并对其直接负责的主管人员和其他直接责任人员，依照上述规定处罚。

四、生产、销售不符合卫生标准的食品罪

（一）生产、销售不符合卫生标准的食品罪的概念与特征

生产、销售不符合卫生标准的食品罪，是指违反国家食品卫生管理法规，明知是不符合卫生标准的食品而进行生产、销售，足以造成严重食物中毒或者其他食源性疾患的行为。其犯罪构成的特征是：

1. 侵犯的客体是复杂客体，既侵犯了国家的食品卫生监督制度，又侵犯了消费者的健康权利和生命安全的权利。

2. 客观方面表现为生产、销售不符合卫生标准的食品，足以造成严重食物中毒事故或者其他严重食源性疾患的行为。本罪为危险犯，即只要有生产、销售不符合卫生标准的食品的行为，而且还足以造成严重食物中毒事故或其他严重食源性疾患。所谓严重食物中毒事故包括两种情形：一是造成相当数量的人因食用不卫生的食品而中毒；二是

因食物中毒而发生人员伤亡等严重后果。所谓食源性疾患，是指因食物而导致的疾病，如肝炎、痢疾、伤寒等。

3. 犯罪主体为一般主体，所有生产、销售不符合卫生标准食品的单位或者自然人都可成为本罪的主体。

4. 主观方面表现为故意。这种故意仅表现为明知所生产和销售的食品不符合卫生标准而继续生产和销售，其中行为人对严重危害结果的态度，是放任的心理，直接故意不构成本罪，若行为人直接积极追求食品中毒等严重后果的发生，将构成其他性质更为严重的犯罪，如投放危险物质罪、故意杀人罪等。

（二）生产、销售不符合卫生标准的食品罪的刑事责任

根据刑法典第 143 条和第 150 条的规定，个人犯本罪的，根据对人体健康的危害程度予以不同处罚：(1) 足以严重危害人体健康的，处 3 年以下有期徒刑或者拘役，并处或者单处销售金额 50%以上 2 倍以下罚金。(2) 对人体健康造成严重危害的，处 3 年以上 7 年以下有期徒刑，并处销售金额 50%以上 2 倍以下罚金。(3) 后果特别严重的，处 10 年以上有期徒刑或者无期徒刑，并处销售金额 50%以上 2 倍以下罚金或者没收财产。单位犯本罪的，对单位判处罚金，并对其直接负责的主管人员和其他直接责任人员，依照上述规定处罚。

五、生产、销售有毒、有害食品罪

（一）生产、销售有毒、有害食品罪的概念与特征

生产、销售有毒、有害食品罪，是指生产者、销售者故意在生产、销售的食品中掺入有毒、有害的非食品原料，或者销售明知掺有有毒、有害的非食品原料的食品的行为。其犯罪构成特征是：

1. 侵犯的客体是复杂客体，既侵犯了国家的食品卫生管理制度，又侵犯了不特定的多数人的生命、健康权利。

2. 客观方面表现为两种行为：(1) 生产者、销售者在食品中掺入有毒、有害的非食品原料的行为。所谓有毒、有害的非食品原料，主要指损害人体健康的根本不能食用或饮用的原料，如用工业酒精酿制白酒，在食盐中掺杂白砂石等。(2) 销售明知掺有有毒、有害的非食品原料的食品的行为。在此，行为人虽未实施掺入有毒、有害非食品原料的行为，但却予以销售，也构成本罪。本罪是行为犯，行为人只要实施了上述行为，无论是否造成危害结果，都构成既遂。若造成了严重的食物中毒事故或者其他严重食源性疾患，属结果加重犯，处罚则更重。

3. 犯罪主体为一般主体，任何单位以及达到刑事责任年龄具有刑事责任能力的自然人都可以构成，既包括合法的食品生产者、销售者，又包括非法的食品生产者、销售者。

4. 主观方面表现为故意。故意的内容为行为人明知其掺入食品中的是有毒、有害的非食品原料或明知其销售的是掺有有毒、有害的非食品原料的食品，并且其行为可能会造成食物中毒事故或其他食源性疾患，却对此危害结果采取放任的心理态度。换言之，本罪由间接故意构成，若行为人追求危害结果的发生，则构成其他性质更为严重的犯罪。

（二）生产、销售有毒、有害食品罪的认定

1. 与生产、销售不符合卫生标准的食品罪的界限。这两个罪在犯罪主体、犯罪客体上有相似或相同之处。两罪的区别表现在：（1）犯罪对象不同。本罪生产、销售的是有毒、有害的食品，即掺入有毒、有害的非食品原料的食品；而生产、销售不符合卫生标准的食品罪的犯罪对象只是未达到食品卫生标准的食品。（2）犯罪客观方面不同。生产、销售有毒、有害食品罪在客观方面表现为行为人必须在生产、销售的食品中故意掺入有毒、有害的非食品性原料；而在生产、销售不符合卫生标准的食品罪中，行为人生产、销售的食品中也可能含有有毒、有害原料，但其性质上仍然是食品原料，只是该原料或腐败或变质或被污染了，难以达到食品卫生标准而已。（3）本罪为行为犯，只要实施了客观方面要求的行为即构成既遂，而生产、销售不符合卫生标准的食品罪是危险犯，只要足以造成严重食物中毒事故或者其他严重食源性疾患的，就能构成既遂。

2. 本罪与故意以其他危险方法危害公共安全罪的界限。本罪既侵犯消费者的生命健康权利，在客观上往往又造成多人伤亡的严重后果，所以它与投放危险物质罪和故意以其他危险方法危害公共安全罪存在一些相似之处。在司法实践中如何把握，具体应从主观方面予以区分。即本罪故意的内容不包括对人体健康严重后果的积极追求，而只是放任危害结果的发生；上述危害公共安全罪的主观故意中包括对危害结果的发生积极追求的意志内容。因而，如果行为人生产、销售有毒、有害食品，其目的就是对他人的生命、健康、财产安全造成损害，追求这种结果的发生，应定投放危险物质罪或故意以其他危险方法危害公共安全罪。

（三）生产、销售有毒、有害食品罪的刑事责任

根据刑法典第 144 条和第 150 条的规定，个人犯本罪的，分别三种情况予以处罚：（1）在生产、销售的食品中掺入有毒、有害的非食品原料的，或者销售明知掺有有毒、有害的非食品原料的食品的，处 5 年以下有期徒刑或者拘役，并处或者单处销售金额 50%以上 2 倍以下罚金。（2）造成严重食物中毒事故或者其他严重食源性疾患，对人体健康造成严重危害的，处 5 年以上 10 年以下有期徒刑，并处销售金额 50%以上 2 倍以下罚金。（3）致人死亡或者对人体健康造成其他特别严重危害的，依照刑法典第 141 条规定的生产、销售假药罪处罚。单位犯本罪的，对单位判处罚金，并对其直接负责的主管人员和其他直接责任人员，依照上述规定处罚。

六、生产、销售不符合标准的医用器材罪

生产、销售不符合标准的医用器材罪，是指生产不符合保障人体健康的国家标准、行业标准的医疗器械、医用卫生材料，或者销售明知是不符合保障人体健康的国家标准、行业标准的医疗器械、医用卫生材料，对人体健康造成严重危害的行为。

侵犯的客体是复杂客体，既侵犯了国家对医用卫生材料的管理制度，又侵犯了不特定多数人的生命健康权利。客观方面则表现为行为人实施了生产不符合保障人体健康的国家标准、行业标准的医疗器械、医用卫生材料，或者销售明知是不符合保障人体健康的国家标准、行业标准的医疗器械、医用卫生材料，对人体健康造成严重危害的行为。本罪的主体为一般主体，既可以是自然人也可以是单位。在主观内容上表现为故意，过失不构成本罪。犯本罪的，依照刑法典第 145 条和第 150 条的规定处罚。

七、生产、销售不符合安全标准的产品罪

（一）生产、销售不符合安全标准的产品罪的概念与特征

生产、销售不符合安全标准的产品罪，是指生产不符合保障人身、财产安全的国家标准、行业标准的电器、压力容器、易燃易爆产品或者其他不符合保障人身、财产安全的国家标准、行业标准的产品，或者销售明知是以上不符合保障人身、财产安全的国家标准、行业标准的产品，造成严重后果的行为。其犯罪构成特征是：

1. 侵犯的客体是复杂客体，一方面侵犯了国家对电器、压力容器、易燃易爆产品的监督管理制度，同时也侵犯了消费者的人身、财产安全。本罪的犯罪对象是不符合安全标准的电器、压力容器、易燃易爆产品以及其他不符合安全标准的产品。

2. 客观方面表现为行为人违反产品质量法规，生产、销售不符合保障人身、财产安全的国家标准、行业标准的电器、压力容器、易燃易爆产品或者其他不符合保障人身、财产安全的国家标准、行业标准的产品，造成严重后果的行为。这里所指的电器是指各种电力器材及家用电器，如照明灯具、冰箱、电视机、电路开关等；所谓压力容器，是指储存高压物品的容器，如高压锅等；而易燃易爆产品，就是易于燃烧或爆炸的产品，如烟花爆竹、煤气罐等。所谓其他产品，是指那些可能发生危险的产品，如含污染性、放射性的产品等。本罪是结果犯，即生产、销售上述产品，而没有造成严重的后果，不构成本罪。

3. 犯罪主体是一般主体，自然人和单位均可成为本罪的主体。

4. 主观方面表现为故意。即行为人明知生产、销售的电器、压力容器、易燃易爆产品或者其他产品不符合保障人身、财产安全的国家标准、行业标准而进行生产、销售。至于对因生产、销售这些不符合安全标准的产品而造成的严重后果，行为人既可以是放任心理，也可以是过失心理。若行为人积极追求严重后果的发生，则构成其他性质更为严重的犯罪。本罪的目的是牟取非法利益，但司法实践中不必证明行为人具有此种目的便可定罪。

（二）生产、销售不符合安全标准的产品罪的认定

本罪与过失爆炸罪、失火罪等危害公共安全罪有相似之处，但有区别，主要表现在：（1）前者在客观上表现为生产与销售的行为，这种行为本身并不能引起如失火、爆炸等现象，只是由于生产或销售的产品不合格，才在使用人使用时发生火灾或爆炸；而后者的行为本身，就是失火或爆炸的原因。（2）两种犯罪的主观罪过形式不同，前者的主观故意中是为了追求非法利润而对危害结果的发生采取放任或过失态度，而后者行为人对危害后果诸如失火、爆炸所持的是一种过失的心理态度。

（三）生产、销售不符合安全标准的产品罪的刑事责任

犯本罪的，依据刑法典第146条、第150条的规定，对个人犯本罪的分两种情形处罚：（1）造成严重后果的，处5年以下有期徒刑，并处销售金额50%以上2倍以下罚金。（2）后果特别严重的，处5年以上有期徒刑，并处销售金额50%以上2倍以下罚金。单位犯本罪的，对单位判处罚金，并对其直接负责的主管人员和其他直接责任人员，依照上述的规定处罚。

八、生产、销售伪劣农药、兽药、化肥、种子罪

生产、销售伪劣农药、兽药、化肥、种子罪，是指生产者、销售者明知是假的或者

失去使用效能的农药、兽药、化肥、种子而生产或销售；或者生产者、销售者以不合格的农药、兽药、化肥、种子冒充合格的农药、兽药、化肥、种子，使生产遭受较大损失的行为。

本罪侵犯的是复杂客体，一方面侵犯了国家对生产、销售农药、兽药、化肥、种子等农业生产资料的管理制度；另一方面侵犯了广大农民的合法权益和农业生产。客观方面表现为行为人生产假农药、假兽药、假化肥，销售明知是假的或失去使用效能的农药、兽药、化肥、种子，或者生产者、销售者以不合格的农药、兽药、化肥、种子冒充合格的农药、兽药、化肥、种子，使生产遭受较大损失的行为。本罪的犯罪主体为一般主体。主观方面为故意，有三种情况：一是故意生产假农药、假兽药、假化肥；二是明知是假的或失去使用效能的农药、兽药、化肥、种子而故意予以销售；三是故意以不合格的农药、兽药、化肥、种子冒充合格的农药、兽药、化肥、种子。无论是哪一种故意形式，行为人都明知上述产品可能会给生产造成较大的损失，并对造成损失的危害结果采取放任的心理态度，过失不构成本罪。

犯本罪的，依据我国刑法典第 147 条和第 150 条的规定处罚。

九、生产、销售不符合卫生标准的化妆品罪

生产、销售不符合卫生标准的化妆品罪，是指生产不符合卫生标准的化妆品，或者销售明知是不符合卫生标准的化妆品，造成严重后果的行为。

侵犯的客体是复杂客体，包括国家对化妆品的监督管理制度以及消费者的人身健康权利。所谓化妆品是指以涂擦、喷洒或者其他类似方法，散布于人体表面任何部位（皮肤、毛发、指甲、口唇等），以达到清洁、消除不良气味、护肤、美容和修饰目的的日用化学工业品。国家制定了一系列的法律、法规加强对化妆品的卫生监督，以保障广大消费者的人身健康，如《产品质量法》、《化妆品卫生监督条例》、《化妆品卫生标准》等。客观方面本罪表现为行为人违反国家对化妆品的管理法规，生产不符合卫生标准的化妆品，或者销售明知是不符合卫生标准的化妆品，造成严重后果的行为。所谓卫生标准，是指国家有关部门对化妆品所规定的有关卫生方面的质量标准。所谓造成严重后果，一般是指因使用化妆品而造成容貌毁损、肉体痛苦以及其他的严重后果。本罪的犯罪主体是一般主体。主观方面为故意。

犯本罪的，依据刑法典第 148 条和第 150 条的规定处罚。

十、本节犯罪的特殊规定

在刑法条文的具体适用过程中存在着法条竞合的情况，按照法条竞合时的适用原则即特别法条优于普通法条、重法优于轻法的通行做法，本节在犯罪的认定过程中采取后者的做法，主要是避免出现罪刑不均衡的情形。即在行为符合刑法典第 141 条至第 148 条规定的某种犯罪的构成要件，同时又符合刑法典第 140 条规定的犯罪构成要件时，通过考察犯罪的情节与可能适用的法定刑，选择处罚较重的规定作为定罪量刑的依据。同时，行为人若生产、销售的都是特定的伪劣产品，但并不符合刑法典第 141 条至第 148 条规定的构成要件时，并不意味着绝对不成立犯罪，若销售金额在 5 万元以上，则依照刑法典第 140 条的规定认定为生产、销售伪劣产品罪。需要注意的是，刑法典第 144 条规定的生产、销售有毒、有害食品罪是行为犯，只要求有生产或销售行为，并不要求有具体的危害后果，因而不适用刑法典第 140 条认定为生产、销售伪劣产品罪。

第三节 走私罪

走私罪是指违反海关法和国家有关法律、法规，逃避海关监管和边防检查，运输、携带、邮寄国家禁止进出境的物品，或者国家限制进出口或者依法应当缴纳关税的货物、物品进出境，破坏国家对外贸易管理制度的行为。根据刑法典第151条到第155条的规定，此类犯罪共涉及罪名10个。

一、走私武器、弹药罪

走私武器、弹药罪是指行为人违反海关法规，逃避海关监管，非法运输、携带、邮寄武器、弹药的行为。

本罪侵犯的客体是国家的对外贸易管理制度。武器、弹药属于违禁品，国家禁止这些物品自由流通，其性质不同于可合法流通的一般商品。因而，走私武器、弹药罪侵犯的是特殊的对外贸易管理制度。法律把这些方面的走私活动作为走私罪的打击重点。客观方面本罪表现为违反海关法规，逃避海关监管，以伪装、藏匿、冒充、欺骗或其他方式非法运输、携带、邮寄武器、弹药的行为。这里所说的武器、弹药指军用武器、弹药。本罪的犯罪主体是一般主体。主观方面为故意。

犯本罪的，依据刑法典第151条第1款、第4款和第5款的规定，及刑法典第157条第1款和第2款的规定，定罪处罚。

二、走私核材料罪

走私核材料罪是指违反海关法规，逃避海关监管，非法运输、携带、邮寄核材料的行为。

本罪所侵犯的客体是国家的对外贸易管理制度。核材料属于违禁品，国家禁止这些物品自由流通，其性质不同于可合法流通的一般商品。因而法律把走私核材料罪作为走私犯罪的打击重点。客观方面本罪表现为违反海关法规，逃避海关监管，以伪装、藏匿、冒充、欺骗或其他方式非法运输、携带、邮寄核材料的行为。所谓核材料，是指可以用来制造核武器的各种材料和核燃料。本罪的犯罪主体是一般主体。主观方面为故意。

犯本罪的，依据刑法典第151条第1款、第4款和第5款的规定，及刑法典第157条第1款和第2款的规定，定罪处罚。

三、走私假币罪

走私假币罪是指违反海关法规，逃避海关监管，非法运输、携带、邮寄伪造的货币的行为。侵犯的客体是国家的对外贸易管理制度。客观方面表现为违反海关法规，逃避海关监管，以伪装、藏匿、冒充、欺骗或其他方式非法运输、携带、邮寄伪造的货币的行为。所谓伪造，是指以仿照国家货币的票面、颜色、形状等方法制作的假货币，变造的货币不是走私假币罪的犯罪对象。本罪的犯罪主体是一般主体。主观方面为故意。

犯本罪的，处罚与犯走私核材料罪的处罚相同。

四、走私文物罪

走私文物罪是指违反海关法规，逃避海关监管，非法运输、携带、邮寄国家禁止出口的文物的行为。

侵犯的客体是国家的对外贸易管理制度。客观方面表现为违反海关法规，逃避海关监管，非法运输、携带、邮寄国家禁止出口的文物的行为。所谓文物，是指根据我国《文物保护法》第 2 条规定所列出的文物。本罪的犯罪主体是一般主体。主观方面为故意。

犯本罪的，依据刑法典第 151 条第 2 款、第 4 款和第 5 款的规定及刑法典第 157 条第 1 款和第 2 款的规定，定罪处罚。

五、走私贵重金属罪

走私贵重金属罪是指违反海关法规，逃避海关监管，非法运输、携带、邮寄国家禁止出口的黄金、白银和其他贵重金属的行为。

作为走私罪的一种，本罪侵犯的客体也是国家的对外贸易管理制度。客观方面表现为违反海关法规，逃避海关监管，非法运输、携带、邮寄国家禁止出口的黄金、白银和其他贵重金属进出境的行为。这里所指的贵重金属，一般是金银，也包括与金、银同等重要的铱、锇、钌、铂、铑、钯等国家禁止出口的贵重金属。这些贵重金属由于其高价值性和稀有性，因而为走私分子所青睐。本罪的犯罪主体是一般主体。主观方面为故意。

犯本罪的，依据刑法典第 151 条第 2 款、第 4 款、第 5 款及刑法典第 157 条第 1 款和第 2 款的规定处罚。

六、走私珍贵动物、珍贵动物制品罪

走私珍贵动物、珍贵动物制品罪是指违反海关法规，逃避海关监管，非法运输、携带、邮寄国家禁止出口的珍贵动物及其制品的行为。

本罪所侵犯的客体是国家的对外贸易管理制度。在客观方面表现为违反海关法规，逃避海关监管，非法运输、携带、邮寄国家禁止出口的珍贵动物及其制品进出境的行为。这里所指的珍贵动物制品，是指上述珍贵动物的皮、毛、骨等制成品。本罪的犯罪主体是一般主体。主观方面为故意。

犯本罪的，根据刑法典第 151 条第 2 款、第 4 款、第 5 款及刑法典第 157 条第 1 款、第 2 款的规定处罚。

七、走私珍稀植物、珍稀植物制品罪

走私珍稀植物、珍稀植物制品罪是指违反海关法规，逃避海关监管，非法运输、携带、邮寄国家禁止出口的珍稀植物及其制品进出国（边）境的行为。

本罪作为一种走私犯罪，所侵犯的客体是国家的对外贸易管理制度，其侵犯的直接客体是国家对珍稀植物及其制品进出口的制度。珍稀植物历来是世界各国重要保护的资源。为此国务院专门发布《野生植物保护条例》，明确了对珍稀植物进行保护的态度及决心，若有违反条例的行为出现，应依法追究其刑事责任。本罪在客观方面表现为违反海关法规，逃避海关监管，非法运输、携带、邮寄国家禁止进出口的珍稀植物及其制品予以出境的行为。本罪的走私对象仅限于珍稀植物及制品，所谓珍稀植物，是指国家重点保护的原生地天然生长的珍贵植物和原生地天然生长并具有重要经济、科学研究、文化价值的濒危、稀有植物，如金钱松、水松、香果树、银杉、银杏等。本罪的犯罪主体是一般主体。犯罪的主观方面为故意。

犯本罪的，根据刑法典第 151 条第 3 款、第 5 款及刑法典第 157 条第 1 款、第 2 款的规定处罚。

八、走私淫秽物品罪

（一）走私淫秽物品罪的概念与特征

走私淫秽物品罪，是指违反海关法规，逃避海关监管，以牟利或者传播为目的，非法运输、携带、邮寄淫秽物品进出国（边）境的行为。其犯罪构成特征是：

1. 侵犯的客体是国家的对外贸易管理制度。淫秽物品是一种严重损害人们身心健康，尤其是青少年身心健康的物品，因而是国家严禁进出口的特殊物品。

2. 客观方面表现为违反海关法规，逃避海关监管，非法运输、携带、邮寄淫秽物品进出国（边）境的行为。所谓淫秽物品，是指具体描绘性行为或者露骨宣扬色情的淫秽性的书刊、影片、光碟录像带、录音带、图片及其他淫秽物品。

3. 犯罪主体为一般主体，自然人和单位均可构成本罪主体。

4. 主观方面表现为故意，且必须以牟利或传播目的。这里的故意是指行为人明知属于淫秽物品而仍然运输、携带或者邮寄其进出境，如果行为人不知是淫秽物品的，即使是具有过失也不构成本罪。除了必须出于故意以外，构成本罪还要求行为人主观上具有牟利或者传播的目的，这是走私淫秽物品罪与其他走私犯罪的重要区别所在。所谓以牟利为目的，是指行为人走私淫秽物品是为了出卖、出租、放映或通过其他方式而获得钱财或者其他非法利益；所谓以传播为目的，是指行为人走私淫秽物品不仅是为了自用，而是意图在社会上进行扩散。若尽管故意实施了走私淫秽物品的行为，但其目的是为了自娱，不能认为构成本罪。

（二）走私淫秽物品罪的认定

1. 本罪与非罪的界限。区别本罪与非罪主要注意三点：（1）主观方面，前者出于故意并且具有牟利或传播的目的，后者的确不知是淫秽物品而运输、携带或邮寄其进出境的，由于其主观上不是故意的，故而不能认定构成本罪。（2）客观方面，前者运送、邮寄的一定是淫秽物品，而后者所运送、携带、邮寄的并非淫秽物品。有些物品虽包含有性的内容，如夹有色情内容的有艺术价值的文学作品，表现人体、美学的艺术作品等不能认为是淫秽物品。（3）数量上，虽然走私淫秽物品行为原则上都可以认为构成犯罪，但根据刑法典第 13 条的规定，如果行为“显著轻微，危害不大”的，不构成犯罪。

2. 与其他犯罪的界限。走私淫秽物品罪与制作、出版、贩卖、传播淫秽物品罪有一致的地方，但也有区别，具体表现在：（1）侵犯的客体不同。前者所侵犯的客体是国家的对外贸易管理制度。后者侵犯的客体是国家对于文化市场的管理秩序和社会道德风尚。（2）客观方面不同。前者在客观方面表现为违反海关法规，走私淫秽物品进出境的行为，行为人即使有贩卖行为的，也只是属于走私行为的后续行为，不单独再构成贩卖淫秽物品罪；而后者则表现为制作、复制、出版、贩卖、传播淫秽物品的行为。（3）主观方面不尽相同。两罪都表现为故意，同时前者主观方面还必须具有牟利或传播的目的。

（三）走私淫秽物品罪的刑事责任

犯本罪的，依据刑法典第 152 条与第 157 条的规定，处 3 年以上 10 年以下有期徒刑，并处罚金；情节严重的，处 10 年以上有期徒刑或者无期徒刑，并处罚金或者没收财产；情节较轻的，处 3 年以下有期徒刑、拘役或者管制，并处罚金。单位犯本罪的，对单位判处罚金，并对其直接负责的主管人员和其他直接责任人员，依照上述规定处罚。

武装掩护走私淫秽物品的，依照本法第151条第1款、第4款的规定从重处罚。以暴力、威胁方法抗拒缉私的，以本罪和妨害公务罪，依照数罪并罚进行处罚。

九、走私普通货物、物品罪

（一）走私普通货物、物品罪的概念与特征

走私普通货物、物品罪是指违反海关法规，逃避海关监管，非法运输、携带或者邮寄武器、弹药、核材料、伪币、国家禁止出口的文物、珍贵动物及其制品、珍稀植物及其制品、贵重金属以及淫秽物品以外的货物、物品进出国（边）境，情节严重的行为。其犯罪构成特征是：

1. 客观方面表现为违反海关法规，逃避海关监管，走私普通货物、物品的行为。违反海关法规，主要是指违反《中华人民共和国海关法》。逃避海关监管，是指行为人采取多种形式逃避海关对其进出国（边）境的货物、物品的监督、检查和管理的行为。具体形式有以下四种：(1) 绕过海关走私，即不经海关而非法越境走私。(2) 蒙骗海关走私，即以假报、违报、藏匿等手段，蒙混过关，逃避监管。(3) 间接走私。刑法典第155条规定："（一）直接向走私人非法收购国家禁止进口物品的，或者直接向走私人非法收购走私进口的其他货物、物品，数额较大的；（二）在内海、领海运输、收购、贩卖国家禁止进出口物品的，或者运输、收购、贩卖国家限制进出口货物、物品，数额较大，没有合法证明的。"这种行为又可称之为准走私行为，这类行为的主体虽未直接从事走私活动，但其行为又与走私有很密切的联系，甚至有的行为人与走私分子之间达成了一种默契。由于这些行为的存在，使走私的货物、物品得以迅速销售、扩散，使走私分子的目的得以实现。如果没有这些收购、运输等行为，走私行为也不会如此大行其道，对我国的对外贸易管理制度造成破坏，使我国遭受外来物品的侵害以及损失巨额的关税。因此，对此种情节严重的行为，也要按照走私普通货物、物品罪处罚。(4) 事后走私。即以合法手续为招牌，不经海关许可并且不缴纳应缴税额，擅自将批准进口的保税货物或者特定减税、免税进口的货物、物品在境内销售牟利的行为。

2. 犯罪主体是一般主体，即任何单位以及达到刑事责任年龄并具有刑事责任能力的自然人，均可成为本罪的主体。

3. 主观方面表现为故意，若行为人不懂海关法规或者因为疏忽大意等过失而未申报、漏报或错报关税等，不构成本罪。走私一般货物、物品罪客观行为表现多种多样，不同的行为方式有不同的动机或者目的，因此本罪也并不要求主观上必须具有牟利目的，尽管走私一般货物、物品的行为人多数都有此目的。

另外，刑法典第156条规定，与走私罪犯通谋，为其提供贷款、资金、账号、发票、证明，或者为其提供运输、保管、邮寄或者其他方便的，以走私罪的共犯论处。

须注意的是，作为走私罪的一种，走私普通货物、物品罪也须情节严重才能构成，本罪主要是依据行为人走私货物、物品偷逃应缴关税的数额来判定其走私行为是否达到情节严重而构成犯罪。根据刑法典第153条第1款、第2款、第3款的规定，偷逃应缴税额有三个幅度，即50万元以上、15万元以上不满50万元、5万元以上不满15万元，可见构成本罪的偷逃应缴税额的最低限度为5万元，即偷逃应缴税额5万元以上是构成本罪的客观条件之一。另外，刑法典第153条第3款规定，对多次走私未经处理的，按照累计走私货物、物品的偷逃应缴税额处罚。

（二）走私普通货物、物品罪的认定

区分走私普通货物、物品罪与一般走私行为的关键在于看行为人走私行为的偷逃应缴税额是否已达到5万元以上，若偷逃应缴税额在5万元以上，就应认定构成本罪。如果未达到5万元，只能认定为一般走私行为。当然，偷逃应缴税额并非惟一认定标准，还应兼顾其他的走私方式、手段等，如果行为人偷逃应缴税额在5万元以下，但他武装掩护走私，按照刑法典第157条的规定，应按走私武器、弹药罪从重处罚。

（三）走私普通货物、物品罪的刑事责任

犯本罪的，依据刑法典第153条、第154条和第155条分下列情况处理。

1.个人走私普通货物、物品的，分别依照下列规定处罚：（1）走私货物、物品偷逃应缴税额在50万元以上的，处10年以上有期徒刑或者无期徒刑，并处偷逃应缴税额1倍以上5倍以下罚金或者没收财产；情节特别严重的，依刑法典第151条第4款规定处死刑，并处没收财产。（2）走私货物、物品偷逃应缴税额在15万元以上不满50万元的，处3年以上10年以下有期徒刑，并处偷逃应缴税额1倍以上5倍以下罚金；情节特别严重的，处10年以上有期徒刑或者无期徒刑，并处偷逃应缴税额1倍以上5倍以下罚金或者没收财产。（3）走私货物、物品偷逃应缴税额在5万元以上不满15万元的，处3年以下有期徒刑或者拘役，并处偷逃应缴税额1倍以上5倍以下罚金。

2.企业事业单位、机关、团体犯走私普通货物、物品罪，对单位判处罚金，并对其直接负责的主管人员和其他直接责任人员，处3年以下有期徒刑或者拘役；情节严重的，处3年以上10年以下有期徒刑；情节特别严重的，处10年以上有期徒刑。

3.对多次走私未经处理的，按照累计走私货物、物品的偷逃应缴税额处罚。

同时，刑法典第157条第1款规定，犯本罪，武装掩护走私的，依照刑法典第151条第1款、第4款的规定从重处罚，第2款规定，犯本罪，以暴力、威胁方法抗拒缉私的，以本罪和刑法典第277条规定的妨害公务罪，依照数罪并罚的规定处罚。

十、走私废物罪

走私废物罪，是指违反海关法规和环境保护法规，逃避海关监管，将境外固体废物、液态废物和气态废物运输进境，情节严重的行为。

本罪的主要特征为：（1）侵犯的客体是复杂客体，即国家的对外贸易管理制度和环境保护制度。（2）客观方面表现为违反海关法规和环境保护法规，逃避海关监管，将境外固体废物、液态废物和气态废物，运输进境，情节严重的行为。（3）本罪的犯罪主体是自然人，也可以是单位。（4）主观方面为故意。

犯本罪的，依照刑法修正案（四）的规定，处五年以下有期徒刑，并处或单处罚金；情节特别严重的，处5年以上有期徒刑，并处罚金。单位犯本罪的，对单位判处罚金，对其直接负责的主管人员和其他直接责任人员，依照个人犯罪的规定处罚。

第四节　妨害对公司、企业的管理秩序罪

妨害对公司、企业的管理秩序罪是指违反公司、企业法的规定，在公司、企业设

立、经营、清算过程中，妨害对公司、企业的管理秩序，情节严重的行为。根据刑法典第158条到第169条及刑法修正案的规定，此类犯罪共涉及罪名14个。

公司、企业登记过程中的犯罪

一、虚报注册资本罪

(一) 虚报注册资本罪的概念与特征

虚报注册资本罪是指申请公司登记使用虚假证明文件或者采取其他欺诈手段虚报注册资本，欺骗公司登记主管部门，取得公司登记，虚报注册资本数额巨大，后果严重或者有其他严重情节的行为。本罪的构成具有以下特征：

1. 侵犯的客体是双重客体，即国家工商管理制度及公司股东和债权人的利益。

2. 客观方面表现为：(1) 使用虚假证明文件或者采取其他欺诈手段虚报注册资本。公司申请设立中，证明文件的虚假包括设立批准文件的虚假、公司登记申请书的虚假、公司章程的虚假、验资证明的虚假。本罪使用虚假证明文件的实质是注册资本虚假，因此，本罪的虚假证明文件特指虚假的验资证明文件，其他文件的虚假不构成本罪。虚假的验资证明文件可通过两种途径取得：一是伪造或变造合法验资机构的验资报告书；二是与验资机构及其工作人员恶意串通，共同制作虚假的验资报告书。“其他欺诈手段”是指虚假验资证明以外的足以造成注册资本虚假的各种手段。如公司的发起人将自己无所有权的财产作为公司股份交验资机构验证；股东将赃款、赃物或其他非法所得作为公司股份交验资机构并通过验证。(2) 欺骗公司登记主管部门。行为人虚报注册资本的目的是取得公司登记，欺骗的对象只能是负责公司登记的主管部门。《公司登记管理条例》第4条规定，工商行政管理机关是公司登记机关。工商行政管理机关有权对公司的设立条件进行审查，有权对公司报送文件的合法性和真实性进行审核，有权做出准予登记或不予登记的决定。行为人要达到非法取得公司登记的目的，不得不欺骗工商行政管理机关。行为人欺骗的对象不是工商行政管理机关，不构成本罪。如行为人虚报注册资本，欺骗税务机关，逃避纳税；虚报注册资本作为商业谈判的筹码；虚报注册资本，骗取银行贷款；虚报注册资本从事经济诈骗等均不构成本罪。(3) 取得公司登记。取得公司登记是行为人的行为目的，也是行为的最后阶段。行为人虚报注册资本，取得公司登记，其社会危害性达到必须动用国家的刑罚权的程度。取得公司登记便对公司制度构成现实的侵害，从而构成本罪。如果行为人的行为被工商行政管理机关发现，不予公司登记；如果行为人与工商行政管理机关及其工作人员串通获取公司登记；如果工商行政管理机关及其工作人员已发现行为人的非法行为仍准予公司登记，均不构成本罪。

3. 犯罪主体是特殊主体，即申请有限责任公司和股份有限公司登记的单位和个人。《公司法》第27条第1款规定：“股东的全部出资经法定的验资机构验资后，由全体股东指定的代表或者共同委托的代理人向公司登记机关申请设立登记。”该法第82条规定，股份有限公司应由董事会申请设立登记。可见，本罪的主体是有限责任公司全体股东指定的代表（单位或个人）或者共同委托的代理人及股份有限公司的董事会。

4. 主观方面是故意，且有非法取得公司登记的目的。行为人不仅明知自己采用欺诈手段虚报注册资本，欺骗公司登记主管部门，而且希望公司登记主管部门受骗上当，以便其取得公司登记。过失不构成本罪。

（二）虚报注册资本罪的认定

1. 罪与非罪的界限。(1) 虚报注册资本数额巨大，构成本罪。数额巨大是虚报注册资本最常见的情况，也是区分罪和非罪的重要界限。数额巨大既包括虚报注册资本的绝对额巨大，又包括虚假的注册资本占整个公司注册资本的比率很高。不同行业的公司其注册资本的最低限额要求不同，对不同行业申请公司登记的人虚报注册资本构成犯罪的数额要求也不相同，不仅应看虚报注册资本绝对量的大小，而且应看其比率的高低，才能全面反映虚报注册资本的社会危害性。何谓数额巨大？对此应由立法机关或最高司法机关根据实际情况做出具体规定。(2) 虚报注册资本后果严重，构成本罪。虚报注册资本数额巨大不是构成本罪的惟一条件。虚报注册资本数额虽不巨大，但后果严重的仍构成本罪。后果严重是指行为所造成的社会危害严重，如虚报注册资本使公司不能正常运转，使股东和其他债权人的利益遭受巨大损失，激化社会矛盾，引起社会动乱等。(3) 虚报注册资本有其他严重情节，构成本罪。其他严重情节是指虚报注册资本数额巨大、后果严重以外的其他危害社会的严重情节。如将犯罪所得的赃款、赃物虚报为注册资本，将具有国际争议的财物虚报为注册资本，虚报外商资本，将无所有权、所有权不明或所有权有争议的财产虚报为注册资本等。虚报注册资本未达本罪构成条件的，仅是一般的违法行为，不构成本罪。一般的虚报注册资本，欺骗公司登记主管部门，取得公司登记的违法行为，根据《公司法》第 206 条的规定，由工商行政管理机关责令改正，对虚报注册资本的公司，处以虚报注册资本金额 5%以上 10%以下的罚款。对提交虚假证明文件或者采取其他欺诈手段隐瞒重要事实的公司，处以 1 万元以上 10 万元以下的罚款；情节严重的，撤销公司登记。

2. 本罪与诈骗罪的界限。本罪与诈骗罪都是虚构事实欺骗对方当事人的犯罪，两罪的客观方面有相同或相似之处，容易混淆。但二者存在根本的区别：首先，二者的主体不同。本罪是特殊主体即只能是申请公司登记的自然人和单位；诈骗罪的主体是一般主体。其次，二者的主观目的不同。本罪的目的是非法取得公司登记；诈骗罪的目的是非法取得公私财物。再次，二者的犯罪客体不同。本罪的犯罪客体是工商行政管理机关对公司设立登记的正常管理活动；诈骗罪的犯罪客体是公私财物所有权。最后，二者的客观方面存在差异。本罪的客观方面表现为：行为人使用虚假证明文件或者采取其他欺诈手段虚报注册资本，欺骗公司登记主管部门，取得公司登记，即虚假的内容限于注册资本，欺骗的对象限于公司的登记部门，行为的结果是取得公司登记；诈骗的犯罪客观方面表现为：行为人采取虚构事实、隐瞒事实真相或其他欺骗手段骗取公私财物的行为。行为人虚构的事实不限于某一方面，欺骗的对象也不特定，行为的结果是非法占有公私财物。

（三）虚报注册资本罪的刑事责任

根据刑法典第 158 条的规定，犯本罪的处 3 年以下有期徒刑或者拘役，并处或者单处虚报注册资本金额 1%以上 5%以下的罚金。单位犯本罪的，对单位判处罚金，并对直接负责的主管人员和其他责任人员，处 3 年以下有期徒刑或者拘役。

二、虚假出资、抽逃出资罪

(一) 虚假出资、抽逃出资罪的概念与特征

虚假出资、抽逃出资罪是指公司发起人、股东违反公司法的规定未交付货币、实物或者未转移财产权，虚假出资，或者在公司成立后又抽逃其出资，数额巨大、后果严重或者有其他严重情节的行为。本罪的构成具有以下特征：

1. 侵犯的客体是公司财产所有权及公司债权人利益。公司发起人和股东的出资是公司的注册资本，成为公司财产的组成部分，公司对其拥有合法的所有权。公司注册资本是公司赖以生存和发展的基础，是公司对外享有民事权利、承担民事义务的基本条件。公司发起人、股东虚假出资、抽逃出资，就会使公司成立的实际资本小于注册资本，使公司财产所有权及公司债权人利益遭受直接侵害。

2. 客观方面表现为：(1) 公司发起人、股东违反公司法的规定未交付货币。《公司法》第25条规定，股东应当足额缴纳公司章程中规定的各自所认缴的出资额。股东以货币出资的应当将货币出资足额存入准备设立的有限责任公司在银行开设的临时账户。该法第80条规定，以发起设立方式设立股份有限公司的，发起人以书面认足公司章程规定发行的股份后，应即缴纳全部股款。可见，足额交纳货币是公司发起人、股东应履行的法定义务。本罪表现为公司发起人、股东违反公司法的规定未交付货币、未足额交付货币或未将货币足额存入准备设立的公司在银行开设的临时账户上的行为。公司发起人、股东交付的货币可以是我国的人民币，也可以是外国法定货币（如美元、英镑、马克、日元等），还可以是硬通货（金银）。(2) 公司发起人、股东违反公司法的规定未交付实物或者未转移财产权。《公司法》第25条规定，以实物、工业产权、非专利技术或者土地使用权出资的，应当依法办理其财产权的转移手续。可见，公司法要求凡以实物、工业产权、非专利技术或土地使用权投资入股的，必须办理其财产权的转移手续。行为人如不按公司法的上述规定交付实物或办理其财产权的转移手续，就会使以实物、工业产权、非专利技术、土地使用权投资成为虚有，使公司的注册资本大于公司的实际原始资本，使公司的正常运转受到影响。实物是对公司的生产、经营活动具有使用价值的客观实在物。它是价值和使用价值的统一体。行为人只有将实物交付给公司，才能实现实物价值和使用价值的完整过渡，使其成为公司资本，完成投资的行为。工业产权、非专利技术、土地使用权是法律赋予当事人的特定权利，其财产权可用于投资，依法转移其财产权是行为人实现投资的必经程序。行为人如果违反公司法的规定未交付、未完全交付用于投资的实物（如厂房、机器设备、原材料、燃料等）或者未依法办理工业产权、非专利技术、土地使用权的财产转移手续，必然导致其出资虚假。(3) 公司的发起人或股东违反公司法的规定在公司成立后抽逃其出资。《公司法》第34条规定："股东在公司登记后，不得抽回出资。"该法第93条规定："发起人、认股人交纳股款或者交付抵作股款的出资后，除未按期募足股份、发起人未按期召开创立大会或者创立大会决议不设立公司的情形外，不得抽回其股本。"本罪的行为人违反公司法的上述规定，在公司成立后将其投资的资金或实物全部或部分抽回或抽走。

3. 主体是特殊主体。本罪的主体是公司的发起人和股东。《公司法》第20条、第21条规定，有限责任公司的股东、国家授权的机构和国家授权的部门、国有企业均可成为有限责任公司的股东，它们是本罪的主体。股份有限公司的发起人和股东也是本罪

的主体。公司的发起人和股东包括单位和个人。

4. 主观方面必须是故意。公司发起人、股东不仅明知自己出资虚假，并且希望虚假出资成功。不仅明知抽逃出资非法，希望抽逃出资成功。过失不构成本罪。

（二）虚假出资、抽逃出资罪的认定

1. 罪与非罪的界限。刑法典第 159 条对本罪与非罪的界限做出了界定：（1）虚假出资、抽逃出资数额巨大，构成本罪。虚假出资、抽逃出资数额巨大包括绝对金额巨大和虚假出资、抽逃出资金额占全部注册资本金额的比例巨大。何谓数额巨大，有待司法解释予以补充。（2）虚假出资、抽逃出资后果严重，构成本罪。虚假出资、抽逃出资后果严重主要指虚假出资、抽逃出资造成公司不能运转或不能正常运转，造成公司股东或其他债权人遭受经济损失，或造成社会经济秩序混乱的严重后果。（3）虚假出资、抽逃出资有其他严重情节，构成本罪。虚假出资、抽逃出资有其他严重情节是指虚假出资、抽逃出资数额巨大、后果严重以外的其他严重情节。如将犯罪所得的赃款、赃物用于投资；将国有资产非法转移给个人后再作为个人资产投资；将自己无所有权、所有权不明或所有权有争议的财物用于投资等。

2. 本罪与挪用资金罪的界限。本罪与挪用资金罪的主观方面均是故意。但二者存在显著区别：首先，二者的主体不同。本罪的主体是公司发起人、股东；挪用资金罪的主体是公司、企业或者其他单位的人员。其次，二者的犯罪客体不同。本罪的犯罪客体是公司财物所有权及公司股东的权益；挪用资金罪的犯罪客体是公司资金的不完全所有权。这是二者的本质区别。最后，二者的客观方面不同。本罪的客观方面表现为：行为人违反公司法的规定虚假出资或在公司成立后抽逃其出资的行为；挪用资金罪的客观方面表现为：行为人利用职务之便挪用本单位资金归个人使用或借贷给他人使用的行为。

（三）虚假出资、抽逃出资罪的刑事责任

根据刑法典第 159 条的规定，犯本罪的，处 5 年以下有期徒刑或者拘役，并处或者单处虚假出资金额或者抽逃出资金额 2% 以上 10% 以下罚金。单位犯本罪的，对单位判处罚金，并对直接负责的主管人员和其他直接责任人员，处 5 年以下有期徒刑或者拘役。

侵犯股东及其他债权人权益的犯罪

一、欺诈发行股票、债券罪

（一）欺诈发行股票、债券罪的概念与特征

欺诈发行股票、债券罪是指在招股说明书、认股书、公司、企业债券募集办法中隐瞒重要事实或者编造重大虚假内容，发行股票或者公司、企业债券，数额巨大、后果严重或者有其他严重情节的行为。本罪的构成有以下特征：

1. 侵犯的客体是公私财产权。行为人弄虚作假，虚构、歪曲或夸大事实，制作不符合实际情况的招股说明书、认股书、公司债券募集办法，欺骗投资者，更确切地说本罪侵犯的是公私财产的使用权和收益权。

2. 客观方面表现为：（1）在招股说明书、认股书，公司、企业债券募集办法中隐瞒重要事实或者编造重大虚假内容。招股说明书、认股书和公司、企业债券募集办法是募集资金的基本文书，我国公司法规定这些文书的制作必须合法、内容必须真实。本罪的行为人违反公司法的上述规定，在制作招股说明书、认股书，公司、企业债券募集办法时虚构上述文书的内容，对文书中的有关事实作虚假的陈述或记载即对某些重要事实故意歪曲、夸大或故意遗漏某些重要事项，使其制作的文书内容虚假。(2) 行为人实施了使用不实文书发行股票和公司债券募集资金的行为。在招股说明书、认股书、公司债券募集办法中隐瞒重要事实或者编造重大虚假内容仅是行为的一部分，用其制作虚假文书向社会公开发行股票和公司、企业债券募集资金是行为的另一部分，也是最重要的部分。这两部分紧密联系不可分割。如果仅在招股说明书、认股书、公司、企业债券募集办法中隐瞒重要事实或编造重大虚假内容，不向社会发行股票、公司债券，不会给社会造成现实的危害，不构成本罪。

3. 犯罪主体是有权发行股票或者公司债券的单位和个人。根据公司法的规定，有权发行股票的是以募集方式设立股份有限公司的发起人及股份有限公司；有权发行公司债券的有：股份有限公司、国有独资公司和两个以上的国有企业或者其他两个以上的国有投资主体投资设立的有限责任公司。

4. 主观方面是故意，并有非法募集资金的目的。本罪的行为人不仅明知自己制作的招股说明书、认股书、公司债券募集办法内容虚假，而且希望这种虚假文书能欺骗投资者，诱导其购买股票或公司债券，达到非法集资的目的。过失不构成本罪。

（二）欺诈发行股票、债券罪的认定

1. 罪与非罪的界限。刑法典第160条规定了本罪与非罪的界限：(1) 以招股说明书、认股书、公司债券募集办法发行股票或者公司、企业债券，隐瞒重要事实或者编造重大虚假内容数额巨大，构成本罪。“数额巨大”是指行为人通过不实文书向社会发行股票或公司债券数额总量巨大或占公司资本比例大。向社会发行股票或公司债券总额包括已经印刷好预备向社会发行的股票或公司债券、正在发行中的股票或公司债券和已经发售出去的股票和公司债券总额。(2) 以招股说明书、认股书、公司、企业债券募集办法发行股票或者公司债券，隐瞒重要事实或者编造重大虚假内容后果严重，构成本罪。“后果严重”是指造成了严重的社会危害，如使用不实文书发行的股票或公司债券涉及面宽、涉及人数多，给投资购买股票或公司债券的人造成重大的经济损失，因其发行股票或公司债券激化了社会矛盾或引发社会冲突等。(3) 在招股说明书、认股书，公司、企业债券募集办法中隐瞒重要事实或者编造重大虚假内容发行股票或公司、企业债券有其他严重情节的，构成本罪。“有其他严重情节”是指数额巨大、后果严重以外的其他严重情节，如行为人使用不实文书发行股票或公司债券的目的不是为了募集资金而是扰乱金额秩序或为犯罪集团募集资金等。

2. 本罪与诈骗罪的区别。二者都是采取欺骗手段非法取得财产，都是故意犯罪，存在联系。但二者的区别显著：(1) 二者的主体不同。本罪的主体是特殊主体，即有权发行股票或公司债券的单位和个人；诈骗罪的主体是一般主体。(2) 二者的主观目的不同。本罪的目的是非法集资；诈骗罪的目的是非法取得并占有他人财物。(3) 二者的客体内容不同。本罪的客体是公私财产的使用权和收益权；诈骗罪的客体是公私财产的所有权。(4) 二者的客观方面不同。本罪的客观方面仅限于在以招股说明书、认股书，公司、企业债券募集办法发行股票或者公司、企业债券中隐瞒重要事实或者编造重要内容的行为；诈骗罪的客观方面可以是各种欺骗行为。

（三）欺诈发行股票、债券罪的刑事责任

刑法典第160条规定，犯本罪的处5年以下有期徒刑或者拘役，并处或者单处非法募集资金金额1%以上5%以下罚金。单位犯本罪的，对单位判处罚金，并对直接负责的主管人员和其他直接责任人员处5年以下有期徒刑或者拘役。

二、提供虚假财会报告罪

（一）提供虚假财会报告罪的概念与特征

提供虚假财会报告罪是指公司向股东和社会公众提供虚假的或者隐瞒重要事实的财务会计报告，严重损害股东或者其他人利益的行为。本罪的构成具有以下基本特征：

1. 侵犯的客体是公司的财务会计制度及股东和其他人的利益。《公司法》第175条第1款规定，公司应当在每一会计年度终了时制作财务会计报告，并依法经审查验证。该法第176条规定，有限责任公司应当按照公司章程规定的期限将财务会计报告送交各股东。股份有限公司的财务会计报告应当在召开股东大会年会的20日以前置备于本公司，供股东查阅。以募集设立方式成立的股份有限公司必须公告其财务会计报告。本罪的行为人违反公司法规定的公司财务会计报告制度，损害了股东和其他人的利益。

2. 客观方面表现为：（1）公司向股东和社会公众提供虚假的或者隐瞒重要事实的财务会计报告。《公司法》第175条第2款规定，财务会计报告应包括，资产负债表、损益表、财务状况变动表、财务情况说明书、利润分配表及附属明细表。“提供虚假的财务报告”是指公司将其虚构的资产负债表、损益表、财务状况变动表、财务情况说明书、利润分配表提供给股东或向社会公告。“提供隐瞒重要事实的财务会计报告”是指公司在编制资产负债表、损益表、财务状况变动表、财务情况说明书、利润分配表时隐瞒对其不利的，对公司、对股东及社会公众都很重要的重大事实，并将上述隐瞒重要事实后的财务报表向股东或社会提供。（2）因其上述行为，造成严重损害股东或者其他人利益的结果。本罪为结果犯，仅有提供虚假的或隐瞒重要事实的财务会计报告的行为还不能构成本罪，还必须因其行为造成股东或者其他人利益的严重损害结果，才构成本罪。造成股东利益的损害表现为：公司通过多列支出少列收入等手段编制财务报告，使股东的股息和红利受到损失，使股东不能正常有效地监督公司的经营管理行为等。造成其他人利益的损害表现为：因公司虚假或隐瞒重要事实的财务报告扰乱了社会公众的正常投资或经营决策，给其造成巨大的实际经济损失或可得利益损失的严重后果。

3. 主体是公司，包括有限责任公司和股份有限公司。

4. 主观方面是故意。公司不仅明知其财务会计报告是虚假的或者隐瞒了重要事实的，而且希望或放任将这种虚假的或者隐瞒了重要事实的财务会计报告提供给股东或社会公众。过失不构成本罪。

（二）提供虚假的财会报告罪的认定

刑法典第161条对本罪与非罪的界限作了界定：公司向股东和社会公众提供虚假的或者隐瞒重要事实的财务会计报告，严重损害股东或者其他人利益的，构成本罪。是否严重损害股东或者其他人的利益是本罪与非罪的根本区别。严重损害股东或者其他人利益表现为：公司虚假的隐瞒重要事实的财务报告使股东损失巨额的股息和红利，使股东实际丧失对公司的监督管理权，使股东丧失对其他公司的投资机会，丧失巨额可得经济利益；使债权人的巨额债权不能得到清偿或因此造成债权人破产等。

（三）提供虚假的财会报告罪的刑事责任

刑法典第 161 条规定，公司犯本罪，对其直接负责的主管人员和其他直接责任人员，处 3 年以上有期徒刑或者拘役，可以并处或者单处 2 万元以上 20 万元以下罚金［参见《刑法修正案（六）》第五条］。

三、妨害清算罪

（一）妨害清算罪的概念与特征

妨害清算罪是指公司、企业进行清算时，隐匿财产，对资产负债表或者财产清单作虚伪记载或者在未清偿债务前分配公司财产，严重损害债权人或者其他人利益的行为。本罪的构成具有以下特征：

1. 犯罪客体是公司、企业债权人和其他人的财产所有权。公司、企业清算时的财产属公司、企业财产。《公司法》第 195 条第 2、3 款的规定："公司财产能够清偿公司债务的，分别支付清算费用、职工工资和劳动保险费用，缴纳所欠税款，清偿公司债务。公司财产按前款规定清偿后的剩余财产，有限责任公司按照股东的出资比例分配，股份有限公司按照股东持有的股份比例分配。"公司、企业财产不能清偿公司、企业债务的，公司、企业财产属破产财产，按照《民事诉讼法》第 204 条的规定："破产财产优先拨付破产费用后，按照下列顺序清偿：（一）破产企业所欠职工工资和劳动保险费用；（二）破产企业所欠税款；（三）破产债权。破产财产不足清偿同一顺序的清偿要求的，按照比例分配。"公司进行清算时，隐匿财产，对资产负债表或者财产清单作虚伪记载或者在未清偿债务前分配公司财产，违反了上述规定，必然造成对公司债权人、公司职工、国家税收和股东利益的侵害。

2. 客观方面表现为：（1）公司、企业进行清算有隐匿财产的行为。隐匿财产是指公司、企业进行清算时将公司、企业所有的财产进行部分或全部隐藏、转移的行为。隐匿的公司、企业财产包括所有权属于公司、企业的能够用价值计算的一切财产，主要指公司、企业的流动资金、各种债权、设备、厂房、工具、产品、半成品、原材料和其他物质，以及专利权、商标权和土地使用权等。隐匿的财产既包括有形财产也包括无形财产；既包括动产也包括不动产；既包括现金、债券又包括实物。（2）公司、企业进行清算时，有对资产负债表或者财产清单作虚伪记载的行为。对资产负债表或财产清单虚伪记载是指公司、企业进行清算时，对公司、企业现有财产、债权、专利权、商标权、非专利技术和土地使用权以及对公司、企业的现实负债情况多记、少记或不予记载，扰乱公司、企业正常清算的行为。（3）公司、企业进行清算时，在未清偿债务前有分配公司、企业财产的行为。未清偿债务前分配公司、企业财产是指公司、企业进行清算时，未按公司法的规定，即公司、企业财产先行支付清算费用，职工工资和劳动保险费用，缴纳所欠税款，清偿公司、企业债务以后有剩余的财产再在股东之间进行分配，而是在支付和清偿上述费用和债务之前将公司、企业财产先行在股东之间进行分配。

3. 主体是公司、企业组成清算组成员中的董事、股东及其他清算组成员和公司董事、经理、企业领导人及财会人员。

4. 主观方面是故意。公司、企业在清算时，不仅有隐匿财产，对资产负债表或者财产清单作虚伪记载或者财产清偿债务前分配公司财产的故意，而且有使个别的、少数的股东、债权人在分配公司财产或者清偿公司债务时优于其他股东或者债权人分得财产或得到清偿的目的。过失不构成本罪。

（二）妨害清算罪的认定

刑法典第162条对本罪与非罪的界限作了界定，即是否造成严重损害债权人或者其他人利益的结果是划分本罪与非罪的标准。"严重损害债权人或者其他人利益"表现为：公司在清算时，因其不法行为使债权人本应得到清偿的债权得不到或只能部分得到清偿，造成其经济损失数额巨大；或使职工的工资和劳动保险费用得不到支付；使国家应得的税款大量流失等。如果造成债权人或者其他人利益的严重损失，也构成本罪。

（三）妨害清算罪的刑事责任

根据刑法典第162条的规定，犯本罪的，对其直接负责的主管人员和其他直接责任人员，处5年以下有期徒刑或者拘役，并处或者单处2万元以上20万元以下罚金［参见《刑法修正案（六）》第六条］。

四、隐匿、故意销毁会计凭证、会计账簿、财务会计报告罪

（一）隐匿、销毁会计凭证、会计账簿、财会报告罪的概念与特征

隐匿、故意销毁会计凭证、会计账簿、财务会计报告罪，是指隐匿或者故意销毁依法应当保存的会计凭证、会计账簿、财务会计报告，情节严重的行为。本罪的构成具有以下特征：

1. 侵犯的客体是我国的会计制度。我国《会计法》第15条规定："会计凭证、会计账簿、财务会计报表和其他会计资料，应当按照国家有关规定建立档案，妥善保管。"隐匿或者故意销毁依法应当保存的会计凭证、会计账簿、财务会计报告直接违反了会计法的上述规定。

2. 客观方面是隐匿或者故意销毁依法应当保存的会计凭证、会计账簿、财务会计报告情节严重的行为。具体表现为：（1）隐匿依法应当保存的会计凭证、会计账簿、财务会计报告。隐匿是将应当保存的会计凭证、会计账簿、财务会计报告隐藏起来。《会计法》第20条规定："各单位必须依照法律和国家有关规定接受财政、审计、税务机关的监督，如实提供会计凭证、会计账簿、会计报表和其他会计资料以及有关情况，不得拒绝、隐匿、谎报。"隐匿上述会计资料的主要目的是逃避国家财政、审计、税务机关的监督或其他非法目的。（2）故意销毁依法应当保存的会计凭证、会计账簿、财务会计报告。销毁是指将已有的会计凭证、会计账簿、财务会计报告予以毁灭。（3）情节严重。情节严重主要指隐匿或者故意销毁依法应当保存的会计凭证、会计账簿、财务会计报告数量多、涉案金额大或给国家税收造成大量流失，或毁灭了重要的犯罪证据，或造成股东及其他债权人的合法权益的严重损害，或使企业生产、经营严重混乱，或导致群众罢工、示威、游行等。

3. 主体是一般主体，既包括单位又包括个人。

4. 主观方面是故意，即明知是依法应当保存的会计凭证、会计账簿、财务会计报告而故意将其销毁或隐匿。过失不构成本罪。

（二）隐匿、销毁会计凭证、会计账簿、财会报告罪的刑事责任

根据1999年12月25日刑法修正案第1条的规定，犯本罪的处5年以下有期徒刑或者拘役，并处或者单处2万元以上20万元以下罚金。单位犯本罪的，对单位判处罚金，并对其直接负责的主管人员和其他直接责任人员，处5年以下有期徒刑或者拘役。

公司、企业人员非法牟利的犯罪

一、公司、企业人员受贿罪

(一) 公司、企业人员受贿罪的概念与特征

公司、企业人员受贿罪是指公司、企业的工作人员利用职务上的便利，索取他人财务或者非法收受他人财物，为他人谋取利益，数额较大的行为。本罪的构成具有以下特征：

1. 侵犯的客体是公司、企业人员的正常管理活动，即公司、企业董事、监事或者职工职务的正常履行。公司、企业人员索取或收受贿赂必然影响其行为的公正性，进而造成对公司利益的损害。《公司法》第59条规定："董事、监事、经理应当遵守公司章程，忠实履行职务，维护公司利益，不得利用在公司的地位和职权为自己谋取私利。董事、监事、经理不得利用职权收受贿赂或者其他非法收入，不得侵占公司的财产。"

2. 客观方面是行为人利用职务上的便利，索取他人财物或者非法收受他人财物，为他人谋取利益，数额较大的行为。具体表现为：(1) 利用职务之便，即行为人利用职权或其职务相关的便利条件。职权是指行为人自己对公司、企业的决策、主管、经营、经手的权利。与职务相关的便利条件是指不直接利用职权而是利用其职权形成的在公司、企业中的地位和影响条件。如利用上下级关系、业务交往关系等条件。(2) 为他人谋利益，即为行贿人谋利益是索取或收受贿赂的先决条件。行贿人行贿的目的正是有求于受贿人，以获取自己合法或非法的利益。如果行贿人无任何利益要求，向行为人提供财物便是合法的赠与行为。至于是否真的为行贿人谋取到利益，不影响本罪的成立。(3) 索取或收受贿赂，即行为人自己主动索要或收受贿赂的行为。它是本罪的客观要件和本质特征。索取的表现形式可以是亲自索要，可以是暗示，还可以通过第三者索取。收受可以亲自收受，可以通过家属或秘书收受。贿赂的内容可以是现金、支票、有价证券、计划控制指标、产权证书、使用权证书，也可以是实物。

3. 主体是公司、企业的工作人员。"公司、企业的工作人员"是指公司董事、监事，公司、企业经理、副经理、会计等管理人员，总工程师、工程师、技术员等技术人员和其他业务人员。

4. 主观方面是故意。行为人不仅明知接受他人请托利用其职务之便为他人谋利益，还有索取或收受他人贿赂的目的。过失不构成本罪。

(二) 公司、企业人员受贿罪的认定

1. 罪与非罪的界限。刑法典第163条对罪与非罪的界限作了规定，数额是否较大是罪与非罪的界限。根据最高人民法院《关于办理违反公司法受贿、侵占、挪用等刑事案件适用法律若干问题的解释》的规定，数额较大是指索取或收受贿赂数额在5000至2万元。数额巨大是指索取或收受贿赂数额10万元以上。

2. 本罪与收受回扣、手续费的界限。根据第163条第2款规定，公司、企业的工作人员在经济往来中，违反国家规定，收受各种名义的回扣、手续费归个人所有，构成本罪。如收受的回扣和手续费归公司、企业所有的，不构成犯罪。

3. 国有公司、企业中从事公务的人员和国有公司、企业委派到非国有公司、企业

从事公务的人员犯本罪的，由于主体身份的特殊性，按刑法典第385条、第386条规定的受贿罪定罪处罚。

（三）公司、企业人员受贿罪的刑事责任

根据刑法典163条的规定，犯本罪的，处5年以下有期徒刑或者拘役；数额巨大的，处5年以上有期徒刑，可以并处没收财产［参见《刑法修正案（六）》第七条］。

二、对公司、企业人员行贿罪

对公司、企业人员行贿罪是指为谋取不正当利益，给予公司、企业的工作人员以财物，数额较大的行为。

本罪的构成具有以下特征：

（1）客体是公司、企业工作人员职务的廉洁性。（2）客观方面表现为行为人为谋取不正当利益，给予公司、企业的工作人员以财物，数额较大的行为。“给予公司、企业的工作人员以财物”既包括行贿人主动给予也包括被动给予公司、企业的工作人员可以用价值计算的一切财产和实物，包括动产、不动产、有价证券、知识产权、债权等。根据有关司法解释，个人行贿2万元以上，单位行贿10万元以上为“数额较大”。（3）主体是一般主体，即达到刑事责任年龄、具有刑事责任能力的自然人和单位均可构成。（4）主观方面是故意，并且有牟取不正当利益的目的。根据刑法典第164条的规定，犯本罪的，处3年以下有期徒刑或者拘役；数额巨大的，处3年以上10年以下有期徒刑，并处罚金。单位犯本罪的，对单位判处罚金，并对其直接负责的主管人员和其他直接责任人员，依照本条第1款处罚。行贿人在被追诉前主动交待行贿行为的，可以减轻处罚或者免除处罚［参见《刑法修正案（六）》第八条］。

三、非法经营同类营业罪

（一）非法经营同类营业罪的概念与特征

非法经营同类营业罪是指国有公司、企业的董事、经理利用职务的便利，自己经营或者为他人经营与其所任职公司、企业同类的营业，获取非法利益，数额巨大的行为。

非法经营同类营业罪具有以下构成特征：

1. 犯罪客体是国有公司、企业的正常管理秩序。

2. 客观方面表现为行为人利用职务的便利，自己经营或者为他人经营与所任职公司、企业同类的营业，获取非法利益，数额巨大的行为。具体表现在以下几个方面：（1）行为人利用职务便利，即利用在国有公司、企业任董事、经理了解市场行情、参与企业决策、掌管企业的计划物资、财务的便利条件。国有公司、企业的董事、经理是公司、企业的关键人物，不仅掌握公司、企业的商业秘密，其行为直接关系到企业的生存和发展，决定公司、企业的命运。行为人利用职务便利进行犯罪对国有公司、企业造成的危害是严重的。（2）行为人“自己经营或者为他人经营与其所任职公司、企业同类的营业”。自己经营是指行为人自己独资注册的公司、企业或自己参股的公司、企业的经营。为他人经营是指行为人除在现任的公司企业中从事经营管理外还在他人出资的公司、企业中从事经营管理活动。与其所任职公司、企业同类的营业是指生产或者销售与其现任国有公司、企业同一品种或类似品种的营业。（3）行为人有获取非法利益的行为。行为人利用任国有公司、企业董事、经理之便，自己经营或为他人经营与其所任职公司、企业同类的营业，便于其在市场、物资、信息、客户渠道等方面损害任职国有公司、企业的利益，使自己经营或他人经营的公司、企业获取非法利益。行为人这种损公肥私的行为不仅会导致国有资产的大量流失，而且损害了公平竞争的市场经济秩序，必须予以严厉打击。

3. 主体是特殊主体，即国有公司、企业的董事和经理。非国有公司、企业的董事、监事和国有公司、企业董事、经理以外的其他职工不能成为本罪主体。

4. 主观上只能是故意，并有获取非法利益的目的。过失不构成本罪。

（二）非法经营同类营业罪的认定

只有获取非法利益，数额巨大，才构成犯罪。如果数额不是巨大，仅是违反公司法、企业法的一般违法行为，应按一般违法行为论处，而不应按犯罪行为论处。根据最高人民法院的司法解释，获取非法利益数额巨大，是指非法获利 10 万元以上。非法获利 10 万元以上为犯罪行为，不满 10 万元为一般违法行为。

（三）非法经营同类营业罪的刑事责任

根据刑法典第 165 条规定，犯本罪数额巨大的，处 3 年以下有期徒刑或者拘役，并处或者单处罚金；数额特别巨大的，处 3 年以上 7 年以下有期徒刑，并处罚金。

四、为亲友非法牟利罪

（一）为亲友非法牟利罪的概念与特征

为亲友非法牟利罪，是指国有公司、企业、事业单位的工作人员，利用职务便利，将本单位的盈利业务交由自己的亲友进行经营，或者以明显高于市场的价格向自己的亲友经营管理的单位采购商品或者以明显低于市场的价格向自己的亲友经营管理的单位销售商品，或者向自己的亲友经营管理的单位采购不合格商品，使国家利益遭受重大损失的行为。本罪的构成具有以下特征：

1. 侵犯的客体是国有公司、企业、事业单位的正当经济利益，造成国有财产的损失，进而使国家利益遭受损失。

2. 客观方面表现为行为人利用职务便利损害本单位正当经济利益让其亲友非法获利的行为。具体表现在以下几个方面：（1）行为人利用职务便利条件。利用职务便利主要指行为人利用主管、经营、经手国有公司、企业、事业单位经营业务的条件。（2）行为人将本单位的盈利业务交由自己的亲友进行经营。行为人把本应属于本单位的盈利业务，交由自己的亲友进行经营，而使本单位丧失经营这批盈利业务的机会。（3）行为人以明显高于市场的价格向自己的亲友经营管理的单位采购商品或者以明显低于市场的价格向自己的亲友经营管理的单位销售商品。市场的价格是指一定时期某一地区某种产品的普通销售价格，包括市场批发价和市场零售价。明显高于（低于）市场的价格是指在同一地区同一时期某种产品的价格大大高于（低于）相同质量产品的普遍批发价格或零售价格。（4）行为人向自己的亲友经营管理的单位采购不合格商品。不合格商品主要是指假冒伪劣商品和质价不符的商品以及达不到同类产品使用价值的商品。（5）行为人让亲友非法获利，使其所在的国有公司、企业、事业单位遭受重大经济损失。行为人在经营管理活动中，把本该盈利的业务交给亲友经营或向亲友高价采购、低价出售或采购亲友的不合格产品必然给本单位造成经济损失，使其亲友获取非法利益。

3. 主体是特殊主体，即国有公司、企业、事业单位的工作人员，包括国有公司、企业、事业单位的在编职工和非在编职工。

4. 主观方面只能是故意，并具有非法获利的目的。过失不构成本罪。

（二）为亲友非法牟利罪的刑事责任

根据刑法典第 166 条的规定，本罪行为人的行为使国家利益遭受重大损失的，处 3 年以下有期徒刑或者拘役，并处或者单处罚金；致使国家利益遭受特别重大损失的，处 3 年以上 7 年以下有期徒刑，并处罚金。

国有公司、企业工作人员失职、渎职的犯罪

一、签订、履行合同失职被骗罪

（一）签订、履行合同失职被骗罪的概念与特征

签订、履行合同失职被骗罪，是指国有公司、企业、事业单位直接负责的主管人员，在签订、履行合同过程中，因严重不负责任被诈骗致使国家利益遭受重大损失，或者金融机构、从事对外贸易经营活动的公司、企业的工作人员严重不负责任，造成大量外汇被骗购或者逃汇，致使国家利益遭受重大损失的行为。本罪的构成具有以下特征：

1. 侵犯的客体是双重客体，即本罪既侵犯了国有公司、企业、事业单位或者金融机构、从事对外贸易经营活动的公司、企业正常的管理秩序，又侵犯了这些单位直接的经济利益，即国家利益。

2. 客观方面，行为人在签订、履行合同过程中，因严重不负责任被诈骗，致使国家利益遭受重大损失，或者行为人严重不负责任，造成大量外汇被骗购或者逃汇，致使国家利益遭受重大损失。具体表现在三个方面：（1）行为人在签订、履行合同过程中，因严重不负责任被诈骗。本罪所称的合同是广义的合同，既包括经济合同也包括技术合同，既包括国内经济合同也包括涉外经济合同，还包括居间合同、担保合同等。因严重不负责任被诈骗是指行为人不履行法定职责和特定义务，在签订、履行合同过程中，对签约对方的主体资格、资信状况、履约能力等情况未作调查或未作认真调查，使所签合同成为无法实际履行的虚假合同，使本单位的财产被诈骗；或者在履行合同过程中发现合同是虚假的或对方无能力履行，而放任这种情况的存在，以致给本单位造成财产被诈骗的损失。（2）行为人因严重不负责任造成大量外汇被骗购或者逃汇。行为人因不认真审查购汇方的实际情况，致使国家外汇被不法厂商和个人骗购，或应当向国家缴付外汇而用人民币缴付，进而造成逃汇。（3）使国家利益遭受重大损失。本罪是实害犯，即行为人在签订、履行合同过程中，因严重不负责任被诈骗，使国有公司、企业、事业单位遭受实际经济损失，进而使国家利益遭受重大损失；造成大量外汇被骗购或者逃汇，致使国家利益遭受重大损失。

3. 主体是特殊主体，即国有公司、企业、事业单位直接负责的主管人员和金融机构、从事对外贸易经营活动的公司、企业的工作人员。直接负责的主管人员是指对签订、履行某种合同负有直接责任的分管领导和该合同的直接经手、经办人员。

4. 主观方面只能是过失，即因行为人严重不负责任被诈骗。故意不构成本罪。

（二）签订、履行合同失职被骗罪的认定

根据刑法典第 167 条的规定，行为人的行为使国家利益遭受重大损失，即国有公司、企业、事业单位遭受重大的直接经济损失。根据司法解释，造成直接经济损失 10

万元以上属"重大损失"。

（三）签订、履行合同失职被骗罪的刑事责任

根据刑法典第 167 条和 1998 年 12 月 29 日《全国人大常委会关于惩治骗购外汇、逃汇和非法买卖外汇犯罪的决定》第 7 条的规定，行为人的行为，致使国家利益遭受重大损失的，处 3 年以下有期徒刑或者拘役；致使国家利益遭受特别重大损失的，处 3 年以上 7 年以下有期徒刑。

二、国有公司、企业、事业单位人员失职罪

（一）国有公司、企业、事业单位人员失职罪的概念与特征

国有公司、企业、事业单位人员失职罪是指国有公司、企业、事业单位的工作人员，由于严重不负责任造成国有公司、企业破产或严重损失，致使国家利益遭受重大损失的行为。

1. 侵犯的客体是双重客体，即国有公司、企业、事业单位的正常管理活动和国有公司、企业、事业单位的正当经济利益。

2. 客观方面表现为行为人由于严重不负责任造成国有公司、企业、事业单位破产或者严重损失，致使国家利益遭受重大损失的行为。具体表现在以下几个方面：(1) 严重不负责任。严重不负责任是指国有公司、企业、事业单位的工作人员应当履行自己的职责而没有履行或没有完全履行。具体表现为行为人工作马虎、草率，对自己职责范围内的事情不闻不问、消极等待、该管不管、该请示不请示、该报告不报告、该执行不执行。(2) 造成国有公司、企业、事业单位破产或者严重损失。破产是指企业因严重亏损，其资产不能清偿到期债务而倒闭。严重损失是指国有公司、企业、事业单位所受损失额度很大或因其遭受损失给国有公司、企业带来生产、经营困难或使事业单位难以维持其正常运转。(3) 致使国家利益遭受重大损失。国家是国有公司、企业、事业单位的所有人，国有公司、企业破产或严重损失，事业单位严重损失，直接表现为国有资产的减损；同时，国有公司、企业破产或严重损失以及事业单位的严重损失会造成职工工资不能发放，影响职工的基本生活，引发严重事端，造成社会秩序的混乱，使国家利益遭受重大损失。

3. 主体是特殊主体，即国有公司、企业、事业单位的工作人员。国有公司是指国有独资公司、国家控股的有限责任公司和股份有限公司。工作人员是指在国有公司、企业、事业单位的正式职工、聘用制和合同制职工，主要是指对国有公司、企业、事业单位的生产、经营活动起决定或重大影响作用的工作人员。

4. 主观方面主要是故意，也可以是过失。本罪主观方面的过失仅就行为人对其严重不负责任可能给国家利益造成重大损失而言是指应当预见没有预见，或已经预见但轻信能够避免的心理态度。

（二）国有公司、企业、事业单位人员失职罪的刑事责任

根据刑法典第 168 条和 1999 年 12 月 25 日刑法修正案第 2 条的规定，行为人的行为致使国家利益遭受重大损失的，处 3 年以下有期徒刑或者拘役；致使国家利益遭受特别重大损失的，处 3 年以上 7 年以下有期徒刑；徇私舞弊犯本罪的，依本规定从重处罚。

三、国有公司、企业、事业单位人员滥用职权罪

国有公司、企业、事业单位人员滥用职权罪是指国有公司、企业、事业单位的工作人员，徇私舞弊、滥用职权，造成国有公司、企业、事业单位破产或严重损失，致使国家利益遭受重大损失的行为。

本罪的犯罪客体、犯罪结果、犯罪主体、犯罪主观方面等方面的要求与国有公司、企业、事业单位人员失职罪相同，只是在犯罪的客观方面表现为滥用职权，造成国有公司、企业、事业单位破产或严重损失，致使国家利益遭受重大损失。滥用职权包括两个方面：一方面是指国有公司、企业、事业单位的工作人员超越其职权，擅自决定、处理自己无权处理的事务，如擅自修改生产经营计划、擅自降低产品销售价格、擅自采购质低价高的原材料等；另一方面是指国有公司、企业、事业单位的工作人员在其职责范围内违法行使职权，实施法律所禁止的行为，如财务人员偷税的行为，购销人员走私的行为。根据刑法典第 168 条和 1999 年 12 月 25 日刑法修正案第 2 条的规定，行为人的行为致使国家利益遭受重大损失的，处 3 年以下有期徒刑或者拘役；致使国家利益遭受特别重大损失的，处 3 年以上 7 年以下有期徒刑；徇私舞弊犯本罪的，依本规定从重处罚。

四、徇私舞弊低价折股、低价出售国有资产罪

（一）徇私舞弊低价折股、低价出售国有资产罪的概念与特征

徇私舞弊低价折股、低价出售国有资产罪，是指国有公司、企业或者其上级主管部门直接负责的主管人员，徇私舞弊，将国有资产低价折股或者低价出售，致使国家利益遭受重大损失的行为。本罪的构成具有以下特征：

1. 侵犯的客体是双重客体，即公司、企业的管理秩序和国有资产的所有权。

2. 客观方面表现为：行为人徇私舞弊，将国有资产低价折股或者低价出售，致使国家利益遭受重大损失的行为。具体表现在以下几个方面：（1）行为人徇私舞弊。国有公司、企业的经理、副经理、厂长、副厂长、部门经理或国有公司、企业的上级主管部门的主管人员，为了自己的私利或升迁不惜让国有资产流失，损害国家利益，或者明知上级主管部门的主管人员徇私做出损害国家利益的决策，不予抵制而仍然照办的行为。（2）将国有资产低价折股或低价出售。国有资产指国有公司、企业的所有财产，包括国有公司、企业的固定资产、流动资产、各种债权等有形资产和商标权、专利权以及公司、企业的信誉形成的无形资产。“低价折股或者出售”表现为在合资、合营、股份制改造过程中，对国有财产不进行资产评估而擅自压低作价，或虽经评估，但评估价明显低于其本身的价值而折股或出售；只按国有资产的账面价值，不计入重置价和价值增值部分而折股或出售；只将地面建筑物价值计算入企业财产而故意不将土地价格计算入企业财产，或不将公司、企业的商标权、专利权予以折价而折股或出售等。（3）致使国家利益遭受重大损失。如造成国有公司、企业财产严重流失，造成国有公司、企业严重亏损，无法进行正常生产，造成国有公司、企业著名商标品牌丧失等。

3. 主体是特殊主体，即国有公司、企业或者其上级主管部门直接负责的主管人员。

4. 主观方面是故意，且有牟取私利的目的。即明知低于当时当地的价格为了私利而予以折股或出售。

（二）徇私舞弊低价折股、出售国有资产罪的认定

根据刑法典第 169 条的规定，行为人徇私舞弊，将国有资产低价折股或者低价出售，致使国家利益遭受重大损失的构成本罪。如果行为人，不是徇私舞弊，故意将国有资产低价折股或者低价出售，或者未使国家利益遭受重大损失，不构成本罪。根据本罪的立案标准，国有资产损失 10 万元以上构成本罪，不满 10 万元为一般违法行为。

（三）徇私舞弊低价折股、低价出售国有资产罪的刑事责任

根据刑法典第 169 条的规定，行为人的行为致使国家利益遭受重大损失的，处 3 年以下有期徒刑或者拘役；致使国家利益遭受特别重大损失的，处 3 年以上 7 年以下有期徒刑［参见《刑法修正案（六）》第九条］。

第五节　破坏金融管理秩序罪

金融就是资金融通，是货币流通和信用活动以及与之相关的经济活动的总称。它包括货币的发行与流通；存款的吸收与付出；贷款的发放与收回；有价证券的发行及交易；保险、期货等。金融活动是国民经济活动的重要组成部分，是连接生产、交换、分配、消费各个环节的纽带，是社会再生产的必要条件。金融秩序是市场经济决定的并为国家金融法律所确认的自主、等价、公平、信用等市场规则，它是金融市场赖以发育、存在、运作的基础。破坏金融管理秩序罪是指行为人在资金的融通过程中，以获取非法利润为目的，违反金融管理法规，非法从事融资活动，破坏金融秩序，情节严重的行为。根据刑法典第 170 条到第 191 条及刑法修正案的规定，此类犯罪共涉及罪名 25 个。

货币犯罪

一、伪造货币罪

（一）伪造货币罪的概念与特征

伪造货币罪是指依照人民币或者外币的图案、色彩、形状等，使用印刷、复印、描绘、拓印等各种制作方法，将非货币的物质，非法制造为假币，以冒充真货币的行为。本罪的构成特征是：

1. 侵犯的客体是国家的货币管理秩序。这种秩序既包括我国对人民币的发行、流通管理秩序，也包括我国依法对外币在境内的管理秩序。目前世界上现存的各种流通货币都是由各国中央银行或某个地区的特定银行（如港币、台币）发行，其他任何机构或个人都没有发行权，以保证货币的严肃性和信用安全。伪造货币行为及其他货币犯罪破坏货币的公共信用，威胁社会经济的交易安全。因此，历来是各国刑法打击的重点。而联合国《防止伪造货币国际公约》的缔结更使货币犯罪成为一类国际犯罪。

2. 客观方面表现为伪造货币的行为。根据 2000 年最高人民法院《关于审理伪造货币等案件具体应用法律若干问题的解释》，这里所说的货币是指可在国内市场流通或兑换的人民币和境外货币。根据《人民银行法》的规定，中华人民共和国的法定货币是人民币，它由中国人民银行统一印刷、发行。这里所说的境外货币应是广义的，是指境外正在流通使用的货币，既包括港、澳、台地区的货币，也包括可在中国兑换的外国货

币，如美元、马克。伪造货币是指依照人民币或者外币的图案、色彩、形状等，使用印刷、复印、描绘、拓印等各种制作方法，将非货币的物质伪造为假货币，冒充真货币的行为。识别该行为关键在于两点：一是仿照货币原样实施制造行为；二是伪造货币的本质在于以假充真。因此，如果没有进行伪造，而是用从画册上剪下来的货币图样夹在真币中蒙混使用，不能视为伪造货币。

3. 主观方面是故意。伪造货币罪是一种故意犯罪，刑法上未明确规定犯罪目的。在实际发生的案件中，犯罪分子的犯罪目的可能有所不同，有的是以牟利为目的，也有的是为了某种政治目的。

（二）伪造货币罪的认定

根据刑法的有关规定，认定本罪应注意以下几个问题：（1）罪与非罪的划分。按照刑法典第170条的规定，本罪属行为犯，行为人只要实施了伪造货币的行为，即构成犯罪。但在实践中却存在一个起刑数额标准问题。有人认为，刑法没有规定起刑数额，只要伪造货币就构成犯罪。另一种意见则认为，本罪虽属行为犯，但实践中伪造货币行为总是体现为一定数额的假币，一定的数额反映一定的社会危害性。若没有起刑数额，实践中不好操作。我们认为，后一种意见是可取的，应当确定一个起刑数额，在此数额以下，可视为情节显著轻微危害不大，不认为犯罪。根据2000年9月14日最高人民法院《关于审理伪造货币等案件具体应用法律若干问题的解释》中设定的标准，即伪造货币总面额在2000元以上不满3万元或币量在200张（枚）以上不足3000张（枚）的，依照刑法第170条的规定处3年以上10年以下有期徒刑，伪造货币的总面额在3万元以上的，属于“伪造货币数额特别巨大”。货币面额应当以人民币计算，其他币种以案发时国家外汇管理机关公布的外汇牌价折算成人民币。（2）一罪与数罪问题。在实践中，伪造货币行为常常又同出售、运输、持有、使用假币的行为相联系。行为人如果实施了数种行为，一般是按牵连犯从一重罪处断，而不实行数罪并罚。刑法典第171条第3款明确规定，伪造货币并出售或者运输伪造的货币的，依照本法第170条（即伪造货币罪）的规定定罪处罚。

（三）伪造货币罪的刑事责任

伪造货币行为是严重破坏金融秩序的犯罪，社会危害性极大，刑法对此规定了严厉的处罚。根据刑法典第170条的规定，伪造货币罪有两个量刑幅度。伪造货币的，处3年以上10年以下有期徒刑，并处五5元以上50万元以下罚金。伪造货币集团的首要分子、伪造货币数额特别巨大的、有其他特别严重情节的，处10年以上有期徒刑、无期徒刑或者死刑，并处5万元以上50万元以下罚金或者没收财产。

二、持有、使用假币罪

（一）持有、使用假币罪的概念与特征

持有、使用假币罪是指明知是伪造的货币而持有、使用，数额较大的行为。本罪的构成特征是：

1. 犯罪客体是国家的货币管理秩序。持有、使用伪造的货币，会冲击正常的货币流通秩序，破坏我国的金融稳定。几年前，上海曾破获一起4名巴基斯坦人非法持有伪造的美钞26820元在上海兑换的案件，但因当时法律依据不足而无法给予刑事处罚，1995年6月全国人大常委会在《关于惩治破坏金融秩序犯罪的决定》中首次规定了本罪，修订后的刑法典将其纳入。

2. 客观方面表现为行为人持有或使用伪造货币且数额较大的行为。所谓持有假币，是指伪造的货币已实际被置于行为人支配、控制之下的一种持续性状态。持有存在两种情况：一是实际持有，即亲自直接控制，如随身携带；一是推定持有，即虽未亲自控制但有权支配该物，如行为人在自己家中或亲友处保存伪造的货币。一般来说，持有是指主体对物的控制。但刑法中的持有还应从两个方面来理解：(1) 持有这一行为形式之所以具有犯罪性在于主体对特定物品的控制状态，显然，犯罪对象的性质对主体行为的评价至关重要。(2) 持有是一种事实，发现这一事实就等于证明了这种事实，刑法设立持有型犯罪（除持有假币罪外，刑法还设立了非法持有枪支、弹药罪，非法持有国家绝密、机密文件、资料、物品罪，非法持有毒品罪等犯罪），司法实践上的意义在于使司法机关在难以证明特定物品现状的来源或去向的情况下也不使犯罪人逃脱法网，提高刑法的威慑力和司法的效率。所谓使用假币是指行为人出于各种目的，将伪造的货币，以真币的名义投入市场，作为一种支付手段进行支付、汇兑、储蓄。现实生活中，使用伪造货币的情况较为复杂，有的是行为人在伪造货币、走私、运输或者购买伪造货币后，为牟取非法利益又加以使用；有的是行为人通过各种途径误收了假币后，为避免自己受到经济上的损失而故意使用。值得指出的是，构成本罪在客观方面还必须具备持有、使用假币的数额较大这一条件。根据2000年9月14日最高人民法院《关于审理伪造货币等案件具体应用法律若干问题的解释》第5条的规定，总面额在4000元以上不满5万元的属于数额较大；总面额在5万元以上不满20万元的属于数额巨大；20万元以上属于特别巨大。

3. 主观方面是直接故意。刑法明确规定，只有明知是假币而持有或使用且数额较大的，才可能构成本罪。确实不知是伪造的货币而误收、误藏、误用的，不构成犯罪。但是，对于收取伪造的货币后发现是假币而仍在市场上使用的，应认定为“明知”。

(二) 持有、使用假币罪的认定

持有、使用假币罪，是一种选择性罪名，其中包含了两个各自具有独立意义又在一个案件中可能联系在一起的行为，即持有和使用。因此，法律只要求行为具有持有或者使用假币一种行为，即构成本罪，同时具有两种行为的，仍定为一罪，不实行数罪并罚，但量刑上可酌情从重。实际生活中，持有、使用假币行为还常常同伪造货币、运输、出售、走私、购买伪造货币等行为相联系，刑法并未明文规定这种情况下的处理方法，从理论上看，它们相互间具有牵连关系，故可按牵连犯原则处理。

(三) 持有、使用假币罪的刑事责任

根据刑法典第172条的规定，明知是伪造的货币而持有、使用，数额较大的，处3年以下有期徒刑或者拘役，并处或单处1万元以上10万元以下罚金；数额巨大的，处3年以上10年以下有期徒刑，并处2万元以上20万元以下罚金，数额特别巨大的处10年以上有期徒刑，并处5万元以上50万元以下罚金或者没收财产。

三、变造货币罪

(一) 变造货币罪的概念与特征

变造货币罪，是指以牟利为目的，对货币采用挖补、剪接、揭层、拼凑、涂改等方法，加工处理，使原有货币改变形态，增大票面数额或增多票张数量，数额较大的行为。其构成特征如下：

1. 侵犯的客体是国家的货币管理秩序。一般来讲，广义的伪造货币包含了变造货币的行为，因此就本质而言，经变造的货币已不再是起初的货币。故旧刑法对变造货币并未设立独立罪名，对实际发生的变造人民币行为也是作为伪造货币处理。考虑到变造与伪造行为在方式上、社会危害性上存在的差异，《关于惩治破坏金融秩序犯罪的决定》首次增设了变造货币罪，并被纳入修订后的刑法中。

2. 客观方面是变造货币且数额较大的行为。变造货币的行为表现为剪贴、挖补、揭层等各种不同方式。它与伪造货币的行为不同之处在于，前者是在真币的基础上进行加工处理，增大票面数额或增多票张数量，使真币得以“升值”。后者则不是对真币进行加工处理，而是将非货币的一些物质经过加工后伪造成货币。变造货币在某种程度上有原有真币的成分，如原货币的纸张、金属防伪线等，伪造的货币则不具有原货币的成分。变造货币必须是数额较大才构成犯罪，其具体标准根据最高人民法院《关于审理伪造货币等案件具体应用法律若干问题的解释》，变造货币总面额在2000元以上不满30000元的属于数额较大；总面额在30000元以上的属于数额巨大。

（二）变造货币罪的刑事责任

变造货币受行为方式的限制，一般情况下其数额远小于伪造货币的数额，且获利也小于伪造货币。故其社会危害性较伪造行为要小得多。本着罪刑相适的原则，刑法规定了较轻的法定刑。根据刑法典第173条的规定，变造货币数额较大的，处3年以下有期徒刑或拘役，并处或单处1万元以上5万元以下罚金；数额巨大的，处3年以上10年以下有期徒刑，并处2万元以上20万元以下罚金。

其他货币犯罪

一、出售、购买、运输假币罪

该罪是指出售、购买伪造的货币或者明知是伪造的货币而运输，数额较大的行为。

（1）本罪侵犯的客体是国家的货币管理秩序。（2）客观方面表现为出售、购买伪造的货币或者明知是伪造的货币而运输的行为。出售是指以一定价值卖出伪造的货币的行为。购买是指以一定的价格用真币换回假币的行为。运输，是指用汽车等交通工具或其他方式将假币由甲地运往乙地的行为。三种行为都必须以数额较大作为必备要件。（3）主观上表现为故意，且都具有营利的目的。运输假币必须以明知是假币为前提条件，否则不构成犯罪。本罪为选择性罪名，法律只要求行为人具有出售、购买、运输其中一种行为就构成犯罪，具有两种或两种以上行为，仍定一罪，不实行并罚。根据最高人民法院《关于审理伪造货币等案件具体应用法律若干问题的解释》，行为人购买假币后使用的以购买假币罪定罪，从重处罚；出售、运输假币同时又使用的，则依刑法典第171条、第172条的规定实行并罚。根据刑法典第171条第1款规定，本罪设三个量刑幅度：数额较大的，处3年以下有期徒刑或者拘役，并处2万元以上20万元以下罚金；数额巨大的，处3年以上10年以下有期徒刑，并处5万元以上50万元以下罚金；数额特别巨大的，处10年以上有期徒刑或者无期徒刑，并处5万元以上50万元以下罚金或者没收财产。

二、金融工作人员购买假币、以假币换取货币罪

金融工作人员购买假币、以假币换取货币罪是指银行或其他金融机构的工作人员，购买伪造的货币，或者利用职务便利，以伪造的货币换取真货币的行为。（1）侵犯的客体是国家的货币管理秩序。（2）客观方面表现为两种行为：一为购买假币的行为；一为利用职务上的便利，以伪造的货币换取真货币的行为，即银行或其他金融机构工作人员，利用职务上管理金库、出纳现金、吸收和付出存款等便利条件，以伪造的货币换取真币的行为。（3）主体是特殊主体，即银行或其他金融机构的工作人员。所谓其他金融机构，是指除银行外其他依法设立的金融机构，如信托投资公司、证券公司、保险公司等。（4）本罪主观方面是故意。本罪属于选择性罪名，同时实施两个行为，仍定一罪。刑法典第171条第2款规定，构成本罪处3年以上10年以下有期徒刑并处2万元以上20万元以下罚金；数额巨大或有其他严重情节的，处10年以上有期徒刑或者无期徒刑，并处2万元以上20万元以下罚金或者没收财产；情节较轻的，处3年以下有期徒刑或者拘役，并处或单处1万元以上10元以下罚金。

妨害国家对金融机构管理的犯罪

一、擅自设立金融机构罪

根据刑法典第174条第1款以及刑法修正案第3条第1款的规定，本罪是指未经中国人民银行批准，擅自设立商业银行、证券交易所、期货交易所、证券公司、期货经纪公司、保险公司或者其他金融机构的行为。（1）侵犯的客体是国家对商业银行、证券交易所、期货交易所、证券公司、期货经纪公司、保险公司及其他金融机构的管理秩序。根据《中华人民共和国商业银行法》、《中华人民共和国证券法》、《中华人民共和国保险法》及其他相关金融法规，商业银行、证券交易所、期货交易所、证券公司、期货经纪公司、保险公司及其他金融机构都必须经中国人民银行、中国证券监督管理委员会、中国保险监督管理委员会批准设立。外资商业银行、中外合资银行、外国商业银行分行设立也必须经人民银行批准。（2）客观方面表现为行为人实施了非法设立上述机构的行为。一方面，行为人必须有设立上述机构的行为，另一方面，还必须有成立这些机构的结果。如若设立行为还在预谋阶段，或由于某种原因意图设立的机构并未实际成立，则不构成本罪。至于实际设立的机构是否开展工作，是否从事相应的金融业务，均不影响本罪的成立。合法设立的金融机构未经审批擅自增设分支机构虽是违法行为，但不构成犯罪。（3）主体既可以是自然人，也可以是单位。（4）主观方面是故意。根据刑法典第174条第1款的规定，构成本罪处3年以下有期徒刑或者拘役，并处或单处2万元以上20万元以下罚金；情节严重的，处3年以上10年以下有期徒刑，并处5万元以上50万元以下罚金。单位犯罪的，对单位判处罚金，对责任人员依照前款规定处罚。

二、伪造、变造、转让金融机构经营许可证、批准文件罪

该罪是指违反商业银行法和其他金融管理法规，伪造、变造、转让商业银行或者其他金融机构经营许可证、批准文件的行为。

（1）本罪侵犯的客体是国家对金融机构的管理秩序。商业银行、证券交易所、期货交易所、证券公司、期货经纪公司、保险公司及其他金融机构的经营许可证、批准文件

是相关法定机构审查批准上述机构经营金融业务及其经营范围的具有法律意义的证明文件。伪造、变造、转让该许可证、批准文件是破坏国家金融秩序的行为。(2) 客观上必须实施了伪造、变造或转让金融机构经营许可证、批准文件的行为。所谓伪造是指依照许可证、批准文件制造假证的行为；所谓变造是指在原许可证、批准文件基础上加以改造，从而改变其内容的行为，如改变经营范围等；所谓转让是指行为人将自己的许可证、批准文件以出售、出租等有偿或无偿方式转与他人使用的行为。(3) 主体既可以是自然人，也可以是单位。(4) 主观方面必须具有伪造、变造和转让的故意。本罪是选择性罪名，且属于行为犯。根据刑法典第 174 条第 2 款以及刑法修正案第 3 条第 2 款的规定，对本罪的处罚适用第 1 款（即擅自设立金融机构罪）的规定。

危害证券、期货管理秩序的犯罪

一、内幕交易、泄露内幕信息罪

(一) 内幕交易、泄露内幕信息罪的概念与特征

内幕交易、泄露内幕信息罪是指证券、期货交易内幕信息的知情人员或者非法获取证券、期货交易内幕信息的人员，在涉及证券的发行，证券、期货交易或者其他对证券、期货交易价格有重大影响的信息尚未公开前，买入或卖出该证券，或者从事与该内幕信息有关的证券、期货交易，或者泄露该信息，情节严重的行为。其构成特征如下：

1. 侵犯的客体是双重客体即证券、期货管理秩序中的证券、期货信息保密制度和证券、期货投资者的合法权益。在市场经济条件下，证券、期货管理秩序已成为金融秩序的重要组成部分。正常的证券、期货管理秩序可具体分为证券发行监管制度，证券、期货信息公开制度，证券、期货信息保密制度，证券、期货市场的操作制度。在证券、期货市场中，信息具有重要意义。就投资者而言，投资效率与获得信息的提前量成正比。公平的市场应当保证每个投资者有平等的信息获取权，而对于那些因职业、地位而优先获悉信息的人员必须要求他们负有保密义务直至该信息公诸于众，因此，证券、期货信息保密制度是证券、期货市场公开、公平、公正原则的体现，也是保证市场信用体系的需要。而内幕交易行为，正是因其破坏公正，有违信用，分割信息保密制度并造成证券市场严重混乱而为法律所禁止。内幕交易、泄露内幕信息罪还严重侵犯了证券、期货投资者的合法权益。一方面，每个投资者都相应地拥有一定的合法权益，表现为：有平等的信息获取权、有平等的投资受益权等等，而本罪实际上造成了信息获取和投资受益等方面的不平等，从而损害了投资人的合法权益。另一方面，内幕交易都具有逐利目的，当行为人采用非法手段获取巨额利润时，其相对方事实上就处于利益受损的境地。作为国家对证券、期货市场正常管理秩序之一的证券、期货信息保密制度与投资者的合法权益都是本罪所侵犯的客体。在这两方面的社会关系中，前者呈现一种纵向关系而后者呈现一种横向关系，并相互交织。鉴于证券、期货市场中正常的管理秩序是维护投资者合法权益的前提，故前者为主要客体。本罪的犯罪对象是各种有价证券与期货合约。从目前实践来看，证券主要包括股票、债券、基金券三种。债券又分为政府债券、金融债券和企业债券三类。

2. 客观方面，在行为方式上表现为两种形式：一是涉及证券的发行，证券、期货

交易或者其他对证券、期货的价格有重大影响的信息尚未公开前，买入或卖出该证券，或者从事与该内幕信息有关的期货交易，直接从中获取利益或减少损失，即利用知悉的内幕信息买卖证券、期货；二是泄露该信息，将内幕信息的内容以明示或暗示的方式告知他人，使其他人利用该信息进行内幕交易。构成本罪客观上不仅要实施上述行为，而且这些行为还必须是情节严重。所谓情节严重，从实践来看有如下几种：多次进行内幕交易活动；内幕交易中获取巨额利益；因内幕交易造成股价剧烈波动或股市严重震荡；多次泄露并促使他人进行内幕交易的；在相对公开的范围内，向多人非法泄露内幕信息。在本罪的两种行为方式中，泄露内幕信息对证券市场、投资者及相关公司造成的损失往往更严重于知情人员自己利用内幕信息买卖证券、期货。因为知情人员一般由于人数少，财力有限，买卖证券、期货数额不会太大，而泄露则可能一传十，十传百，甚至引起外界特别是财团参与，从而引起严重后果。

正确理解内幕信息在认定本罪中起着关键作用。根据刑法的规定，内幕信息包括两方面的含义：其一是对证券、期货价格有重大影响。认定“对价格有重大影响”，关键在于把握该信息在客观上具有影响证券、期货价格的重大变动的属性，即只要该信息一旦公开，就可能引起证券、期货市场价格涨跌的变动。这里，对证券、期货价格有重大影响，仅指可能性，而实际公开后产生何种结果不论。对于内幕信息的范围，刑法规定依照法律、行政法规的规定确定。根据我国《证券法》、《禁止证券欺诈行为暂行办法》（以下简称《办法》）以及有关部门颁布涉及期货交易的法规与规章的规定，内幕信息是指为内幕人员所知悉的，尚未公开的和可能影响市场价格的重大信息。其大体可分为三类：第一类是直接指向发行人的有关生产、经营、管理发展等方面的具体事项，如发行人订立重要合同，发行人发生重大债务等。第二类是可能对证券市场价格有显著影响的国家政策变化。第三类是其他重大事项。这种规定相对于其他国家而言其内幕信息的范围是较宽的。其二是尚未公开，即广大投资者尚未或无法通过合法渠道获取这种信息。在我国，根据《证券法》第 64 条的规定，上市公司将消息刊登在有关部门规定的全国性报刊，即算公开，至于投资人是否知道没有影响。根据《证券法》、《办法》的规定，内幕信息不包括运用公开的信息资料，对证券市场做出的预测和分析。值得注意的是，内幕交易行为人虽然其主观上意图获取巨额非法利益或免除损失，但行为人实际上是否从交易中获取了利益或免除了损失，泄露内幕信息后，他人是否利用该信息进行了交易，都不影响本罪的成立。

3. 主体是特殊主体，即内幕信息的知情人员和非法获取证券、期货交易内幕信息的人员。他们既可以是自然人，也可以是单位。根据刑法修正案第 4 条第 3 款的规定，知情人员的范围，依照法律、行政法规的规定确定。这种人员实际上是通过合法途径获悉证券内幕信息的人员，又称内幕人员。对于其范围，各国法律相差较大。我国《证券法》第 68 条、《办法》第 6 条规定，内幕人员是指由于持有发行人的证券，或者在发行人或者与发行人有密切关系的公司担任董事、监事、高级管理人员，或者由于其会员地位、管理地位、监督地位和职业地位，或者作为雇员、专业顾问履行职务，能接触或者获得内幕信息的人员。具体有 7 项内容，大致可分为两个层次：即传统的内幕人员（发行人内部的工作人员）和临时的内幕人员（发行人外部的工作人员）。至于非法获取内幕信息的人员，法律并未做出明确界定。从实践来看，主要是指利用骗取、套用、偷听、监听或者私下交易等手段获取内幕信息的人以及在履行职务过程中超越职权范围，利用职务之便窃取内幕信息的人。其他人员与上述两类人员相勾结，利用内幕信息进行交易的，可以构成本罪的共同犯罪。

4. 主观方面是直接故意，并且一般都具有获取非法利益或减少损失这一目的。所谓直接故意，是指行为人明知自己所知悉的信息为内幕信息，从事证券买卖是非法的，但仍然决意进行证券、期货交易或者仍然泄露给他人的心理态度。本罪也可以因间接故意而构成，这主要发生在泄露内幕信息的场合。本罪排斥过失成立犯罪的可能。故意行为与过失行为具有不同的社会危害性，过失行为虽对证券、期货信息保密制度和投资者权益有一定损害，但其危害性不大，没有必要作为犯罪予以打击。刑法典以处罚故意行为为原则，处罚过失行为为例外的立法模式表明，过失行为只有法律明文规定加以处罚时才构成犯罪。同是泄露行为，刑法典第 398 条对泄露国家秘密行为就明确规定了故意与过失两种情况。

（二）内幕交易、泄露内幕信息罪的认定

本罪的认定主要注意区分一罪与数罪。知悉内幕信息的人，如若接受贿赂，将内幕信息泄露给他人的，应根据刑法分别以受贿罪或公司、企业人员受贿罪与本罪数罪并罚。如果行为人利用所知悉的内幕信息，集中资金优势操纵证券、期货交易价格，获取非法利润，行为人的同一行为同时触犯了两个罪名，即内幕交易罪和操纵证券、期货交易价格罪，属于想象竞合犯，应采取从一重罪处断的原则处理。如行为泄露的信息既属于内幕信息（如国家有关政策），又属于国家秘密，则该行为属于法条竞合，应依照法条竞合的原则处理。

（三）内幕交易、泄露内幕信息罪的刑事责任

刑法典第 180 条第 1 款规定，内幕交易、泄露内幕信息情节严重的，处 5 年以下有期徒刑或者拘役，并处或者单处违法所得 1 倍以上 5 倍以下罚金；情节特别严重的，处 5 年以上 10 年以下有期徒刑，并处违法所得 1 倍以上 5 倍以下罚金。第 2 款规定，单位犯前款罪的，对单位判处罚金，并对其直接负责的主管人员和其他直接负责人员，处 5 年以下有期徒刑或者拘役。

二、操纵证券、期货交易价格罪

（一）操纵证券、期货交易价格罪的概念与特征

操纵证券、期货交易价格罪是指单位或个人为获取不正当利益或转嫁风险，滥用信息优势或者滥用职权，控制或影响证券、期货交易价格，情节严重的行为。该罪的构成特征如下：

1. 侵犯的客体是作为证券、期货管理秩序之一的证券、期货操作制度和证券、期货投资者的合法权益。证券、期货市场的证券、期货价格本身决定于市场供求关系、自由竞争、发行的经营状况及其他正常因素。设立证券、期货交易操作制度在于规范证券、期货市场主体的交易行为，保护证券、期货价格的合理定位或走势不受非法操纵行为的控制和影响，使其正常反映投资市场的供求关系，遵循价格规律的运作。而操纵交易价格，则破坏了证券、期货价格的自然形成，造成虚假的供求关系和虚假价格，使操纵者牟取利益或减少损失，而使其他投资者造成不必要的损失，直接破坏证券、期货市场公开、公平、公正的原则，牵动证券、期货价格巨幅变动，危害证券、期货交易秩

序。并且容易激化广大投资者的情绪，引发社会动荡。两个客体中，证券、期货交易操作制度是起决定作用的，是主要客体。

2. 客观方面在于行为人实施了操纵证券、期货交易价格的行为。根据刑法典第 182 条的规定，包括以下几种情况：

（1）单独或者合谋，集中资金优势、持股或持仓优势，或者利用信息优势，联合或者连续买卖，操纵证券、期货交易价格。行为人通过对某种证券、期货进行联合买卖或连续买卖，以造成该证券、期货价格涨跌假象，诱使他人错误地抛售或追涨，行为人则在价格暴涨阶段抛出，在价格暴跌之时大量买入，以获取巨额利润。1998 年 5 月初中国证监会公布的琼民源案件调查结果，其中即涉及操纵市场行为。1996 年，琼民源控股的民源海南公司与深圳有色金属财务公司联手，于琼民源公布 1996 年中期报告“利好消息”之前，大量买进琼民源股票，1997 年 3 月前大量抛出，获取暴利，因该行为发生于新刑法颁布前，故仅对其做出行政处罚。（2）与他人串通，以事先约定的时间、价格和方式相互进行证券、期货交易，或相互买卖并不持有的证券，影响证券、期货交易价格或者证券、期货交易量。本行为可细分为两种形式：第一，相互进行证券、期货交易，即虚买虚卖，又称相对委托。证券、期货并未真正转移，但可造成证券、期货交易活跃的假象，以影响交易价格或交易量，引诱其他投资者参与。1994 年 8 月，山东渤海以连续虚买虚卖的方式抬高本公司股票价格操纵市场即属此种情况。第二，相互买卖并不持有的证券。行为人通过证券经纪商，对其并不持有的证券在相互间进行买卖。通过连续不断的“交易”，影响交易价格与交易量。（3）以自己为交易对象，进行不转移证券所有权的自买自卖，或者以自己为交易对象，自买自卖期货合约，影响证券、期货交易价格或者证券、期货交易量。本行为属典型的“洗售”行为，行为人一般通过几个交易账户，在各账户间进行买进或卖出，证券实物、期货合约及资金并不转移。如此反复炒作，即能制造某种证券、期货价格和交易量上的虚假繁荣。（4）以其他方法操纵证券、期货交易价格。由于证券、期货交易活动的复杂性，刑法做了此概括规定。从实践来看，利用职务便利，人为地压低或者抬高证券、期货价格；制造技术陷阱、虚假要约与报盘等行为都可包括在“其他方法”之内。无论是何种方法，有一点是肯定的，只要行为人故意人为地制造足以影响该证券、期货正常走向或者成交量的行为都可认定为操纵行为。我国证券监管部门反对过度投机，但对证券、期货市场中的适度投机是容忍其存在的。证券、期货交易主体均以营利为目的，证券市场中的投机性无法避免。因此，作为本罪的客观方面还必须具备情节严重这一要件。我们认为本罪的情节严重一般包括如下情形：操纵证券、期货交易价格行为获取巨额利益；因操纵行为引起价格巨幅震荡；因操纵行为引起操纵者或其他投资者巨额亏空破产等严重后果；曾因操纵行为遭受行政处罚仍不思悔改而多次操纵证券、期货交易价格。

3. 主体是特殊主体，既可是自然人，也可以是单位。自然人作为犯罪主体的前提是其必须是证券、期货市场的投资者。由于资金、控股方面的原因，单位是本罪最常见的主体。从目前情况来看，单位犯本罪的多发生于证券、期货从业机构及上市公司中。此外，投资证券市场，取得交易资格的其他自然人也可构成本罪主体。

4. 主观方面表现为直接故意，间接故意和过失不构成本罪。其故意内容为明知自己的交易违反法律并会损害他人合法权益，而希望这种损害结果发生。主观上具有通过操纵行为获取不正当利益或转嫁风险的目的。

（二）操纵证券、期货交易价格罪的认定

从实际生活来看，操纵证券、期货交易价格罪虽然有时单独成立，但在更多的情况下，因为这种犯罪往往都需要一定的前因后果，都需要由其他的因素或条件来促成并支持，在认定时要特别注意运用罪数理论区分一罪与数罪问题。若行为人编造并传播虚假信息，借以实施操纵市场行为，则既构成本罪又构成了编造并传播证券、期货交易虚假信息罪，应实行数罪并罚。若行为人利用所知悉的内幕信息进行内幕交易，操纵市场，则该行为构成想象竞合犯，应从一重罪处断。

（三）操纵证券、期货交易价格罪的刑事责任

根据刑法典第 182 条的规定，操纵证券、期货交易价格，情节严重的，处 5 年以下有期徒刑或者拘役，并处或者单处违法所得 1 倍以上 5 倍以下罚金。单位犯本罪的，对单位判处罚金，并对其直接负责的主管人员和其他责任人员，处 5 年以下有期徒刑或者拘役［参见《刑法修正案（六）》第十一条］。

三、编造并传播证券、期货交易虚假信息罪

（一）编造并传播证券、期货交易虚假信息罪的概念及构成特征

编造并传播证券、期货交易虚假信息罪是指单位和个人编造并传播影响证券、期货交易的虚假信息，扰乱证券、期货交易市场，后果严重的行为。其构成特征如下：

1. 侵犯的客体是证券、期货市场的正常交易秩序及投资者的合法权益。在证券市场上，证券、期货价格与信息紧密相连，信息在某种程度上左右价格的波动。因此，虚假信息在证券、期货市场上传播很可能造成证券、期货价格的剧烈波动。例如，1993 年 11 月，湖南株洲市李某编造所谓北海正大置业公司收购江苏昆山三山股份有限公司的虚假信息，导致该股价异常波动，使数百万股民几天之内损失 2000 余万元。这种行为严重违背了证券交易的公开、公平和诚信原则，破坏正常的交易秩序，侵害投资者的合法权益。

2. 客观方面表现为编造并且传播影响证券、期货交易的虚假信息，扰乱证券、期货交易市场，后果严重的行为。所谓编造是指捏造或虚构根本不存在的事实的行为。编造之后必须有传播行为，即通过交谈、新闻媒介等方式使编造的信息为公众所知晓。编造与传播行为必须同时存在，只是编造没有传播，或道听途说后又传播都不构成本罪。至于何种信息属于影响证券、期货交易的虚假信息，法律未明确规定。我们认为，此处的信息可看做是虚假的重大信息。这些重大信息可参照《证券法》第 69 条的规定来确定。但应注意，本罪中所编造并传播的虚假信息，最终应视市场反应而定，如市场对此信息反应强烈，则属影响证券、期货交易的虚假信息，否则相反。在客观方面还必须具有造成严重后果这一事实。所谓扰乱证券、期货市场，造成严重后果，是指该信息引起价格剧烈波动，或在投资者中引起心理恐慌等事实。

3. 主体是一般主体，单位和个人都可构成。从发展趋势上看，单位实施本罪有更大的破坏力。

4. 主观方面只能由直接故意构成。因为证券、期货交易行为是一种目的性很强的活动，没有活动的目的不可能编造出虚假信息也不能扰乱证券市场。本罪的故意内容为：明知自己编造并传播虚假信息的行为会扰乱证券、期货交易的市场秩序，仍希望这

种侵害或扰乱秩序的结果发生。

(二) 编造并传播证券、期货交易虚假信息罪的刑事责任

根据刑法典第 181 条第 1 款、第 3 款的规定，构成本罪处 5 年以下有期徒刑或者拘役，并处或单处 1 万元以上 10 万元以下罚金。单位犯本罪的，对单位判处罚金，对责任人员处 5 年以下有期徒刑或者拘役。

四、诱骗投资者买卖证券、期货合约罪

(一) 诱骗投资者买卖证券、期货合约罪的概念与特征

本罪是指证券交易所、期货交易所、证券公司、期货经纪公司及其从业人员、证券业协会、期货业协会或者证券期货管理部门及其工作人员，故意提供虚假信息或者伪造、变造、销毁交易记录，诱骗投资者买卖证券、期货合约，后果严重的行为。本罪的构成特征如下：

1. 侵害的客体为证券、期货市场正常交易秩序及投资者的合法权益。诱骗者利用虚假信息促使投资者在不明真相的情况下进行交易，有违证券、期货活动的公平、公正和诚实信用原则，使正常的证券、期货交易秩序遭到严重破坏，使投资者的合法权益受到损害。

2. 客观方面表现为提供虚假信息或伪造、变造、销毁交易记录，诱骗投资者买卖证券、期货合约，后果严重的行为。提供虚假信息是指通过各种传播媒介或其他交流认识和经验的方式供给投资者足以影响证券、期货交易价格的不真实的信息。提供的方式不限。需注意的是，本罪中的提供既包括自己制造并提供，也包括他人早已创造而自己仅仅是传递的情形。这与编造并传播证券、期货交易虚假信息罪中的编造与传播二者必须同时具备不同。本罪的另一种行为方式是伪造、变造、销毁交易记录。这几种行为均为并列独立的行为，只要具备其中之一即可予以认定。无论是提供虚假信息还是伪造、变造、销毁交易记录，其目的都在于诱骗投资者买卖证券、期货合约。本罪中的诱骗事实上是指行为人利用投资者对其信息的信赖优势，以明示或默示方式将虚假信息传递给投资者，同时以明示或暗示的方式促成投资者进行交易。考察本罪的重点最终要落到投资者本身是否据此进行交易上来。如果投资者据此进行交易并引起严重后果，才能追究行为人的刑事责任。

3. 主体系特殊主体，包括证券交易所、期货交易所、证券公司、期货经纪公司及其从业人员、证券业协会、期货业协会或者证券期货管理部门及其工作人员。主体既有自然人，也有单位。自然人的认定依单位性质而认定。这些单位是证券、期货业的中坚，离开这些机构或部门，证券、期货市场的经营、管理也就无从谈起。它们有的是投资者介入证券、期货市场的中介者，有的是证券、期货市场的监管者和投资者合法权益的保护者。因此，对投资者而言，这些机构具有权威性和依赖性。这些机构及其工作人员的诱骗交易行为将产生极大的危害性。

4. 主观方面表现为故意。多数情况下表现为直接故意，过失不构成本罪。间接故意构成本罪仅可能发生在提供虚假信息情况下。在直接故意情况下，行为人都具有引诱投资者进行证券、期货交易的目的，否则不构成本罪。

(二) 诱骗投资者买卖证券、期货合约罪的刑事责任

根据刑法典第 181 条第 2 款、第 3 款的规定，对本罪可处 5 年以下有期徒刑或者拘

役，并处或者单处1万元以上10万元以下罚金；情节特别恶劣的，处5年以上10年以下有期徒刑，并处2万元以上20万元以下罚金。单位犯本罪的，对单位判处罚金，并对其责任人员处5年以下有期徒刑或者拘役。

其他危害证券管理秩序的犯罪

一、伪造、变造国家有价证券罪和伪造、变造股票、公司企业债券罪

伪造、变造国家有价证券罪是指行为人以谋取非法利益为目的，伪造、变造国家发行的有价证券，数额较大的行为。本罪的客体是国家的证券管理秩序。客观方面是行为人实施了伪造、变造行为。犯罪对象是国家发行的有价证券，主要指国库券和其他国家有价证券，如财政债券、国家重点建设债券、保值公债等等。行为人实施该行为必须达到数额较大，才构成本罪。这是区别罪与非罪的重要界限。本罪的主观方面是故意，并具有谋取非法利益的目的。本罪的主体既可由自然人构成，也可由单位构成。对于本罪的处罚，刑法典第178条第1款规定了三种量刑幅度：数额较大的，处3年以下有期徒刑或者拘役，并处或单处2万元以上20万元以下罚金；数额巨大的，处3年以上10年以下有期徒刑或拘役，并处或单处2万元以上20万元以下罚金；数额巨大的，处3年以上10年以下有期徒刑，并处5万元以上50万元以下罚金；数额特别巨大的，处10年以上有期徒刑或者无期徒刑，并处5万元以上50万元以下罚金或者没收财产。伪造、变造股票、公司企业债券罪在主观方面、客体、主体及行为特点上与上一罪相同，最大的不同在于本罪的犯罪对象是股票、公司企业债券而不是国家有价证券。根据刑法典第178条第2款的规定，构成本罪处3年以下有期徒刑或者拘役，并处或者单处1万元以上10万元以下罚金；数额巨大的，处3年以上10年以下有期徒刑，并处2万元以上20万元以下罚金。根据刑法典第178条第3款的规定，单位犯上述两罪的，对单位判处罚金，对其责任人员依照第1、2款规定处罚。

二、擅自发行股票、公司、企业债券罪

擅自发行股票、公司、企业债券罪是指未经有关主管部门批准，擅自发行股票或者公司、企业债券，数额巨大、后果严重或者有其他严重情节的行为。(1) 犯罪客体是国家的证券发行秩序。(2) 主体是一般主体，既可是自然人，也可是单位。(3) 主观上是故意。(4) 客观方面首先表现为行为人未经有关主管部门批准，擅自发行股票，公司、企业债券的行为。所谓擅自发行是指违反了公司法关于发行股票，公司、企业债券的规定，未报国务院证券管理部门的批准，而自行发行。行为人是否实际上已经发行了股票，公司、企业债券，是区分罪与非罪的主要界限之一。其次，擅自发行股票、债券必须达到数额巨大，或者造成严重后果或有其他严重情节的，才构成犯罪。这是区别罪与非罪的另一主要界限。认定本罪还须注意与刑法典第160条欺诈发行股票、债券罪相区别。前者侵害的是金融秩序中的证券发行秩序，后者侵害的是公司、企业的管理秩序；前者的发行行为未经批准，无发行主体资格，后者以欺诈方式获得批准，表面上有发行主体资格。根据刑法典第179条第1款和第2款的规定，构成本罪处5年以下有期徒刑或者拘役，并处或者单处非法募集资金额1%以上5%以下罚金。单位构成本罪的，对单位判处罚金，并对责任人员处5年以下有期徒刑或者拘役。

妨害存、贷款管理秩序的犯罪

一、非法吸收公众存款罪

(一) 非法吸收公众存款罪的概念及构成特征

非法吸收公众存款罪是指以营利为目的，非法吸收公众存款或者变相吸收公众存款，扰乱金融秩序的行为。其构成特征如下：

1. 侵犯的客体是金融秩序中的存款秩序。

2. 客观方面，行为人实施了非法向公众吸收存款或者变相吸收存款的行为。所谓非法吸收存款是指行为人违反国家法律、法规的规定，在社会上以存款的形式公开吸收公众资金的行为。一般包含两种情况：一是行为人不具备吸收存款的主体资格而吸收公众存款；二是行为人虽具有吸收存款的主体资格，但其吸收存款的方式是违法的。所谓变相吸收存款是指行为人不以存款的名义而是通过其他形式吸收公众资金，从而达到吸收公众存款的目的，如未经批准成立各种基金会吸收公众资金，或者以投资、入股等名义吸收公众资金，但并不按正常投资形式分配利润、股息，而是以一定的利息进行支付等。从理论上看，本罪属行为犯，吸收存款的人数、具体方式、数额，均不影响本罪的成立。

3. 主体为一般主体，既可是自然人，也可是单位。

4. 主观方面是故意，并具有营利的目的。

(二) 非法吸收公众存款罪的认定

首先，本罪与正常的企业内部生产集资的区别。区分的关键在于资金的运作方式。若吸收的资金事实上是用于融资活动，则属非法吸收公众存款。若吸收资金是用于正常的企业生产经营活动，则不构成本罪。其次，是区分本罪与刑法典第 192 条集资诈骗罪的界限。关键在于主观方面的内容不同，前者以营利为目的，后者则以非法占有为目的。

(三) 非法吸收公众存款罪的刑事责任

根据刑法典第 176 条的第 1、2 款规定，构成本罪处 3 年以下有期徒刑或者拘役，并处或单处 2 万元以上 20 万元以下罚金；数额巨大或者有其他严重情节的，处 3 年以上 10 年以下有期徒刑，并处 5 万元以上 50 万元以下罚金。单位犯本罪的，对单位判处罚金，对其责任人员依第 1 款规定处罚。

二、用账外客户资金非法拆借、发放贷款罪

(一) 用账外客户资金非法拆借、发放贷款罪的概念与特征

本罪是指银行、其他金融机构及其工作人员以牟利为目的，采取吸收客户资金不入账的方式，将资金用于非法拆借、发放贷款，造成重大损失的行为。本罪的构成特征是：

1. 侵害的客体是金融活动中的贷款秩序。

2. 客观方面表现为采取吸收客户资金不入账的方式，将资金用于非法拆借、发放贷款，并造成重大损失的行为。该行为在实际生活中又常常被称为“体外循环”。所谓吸收资金不入账是指违反金融法律、法规，对收受客户的存款资金不如实记入银行或其

他金融机构的存款账目，账目上反映不出这笔新增存款业务，或者与出具给储户的存单、存折上的记载不相符。所谓非法拆借、发放贷款是指将未入账的存款私自挪借给他人，或者将吸入的资金私自放贷给其他单位。这种行为逃避了金融监管，扰乱了金融秩序，社会危害性极大。根据刑法规定，行为人的行为，造成重大损失的，才构成犯罪。

3．主观方面是故意，并且具有牟利的目的。

（二）用账外客户资金非法拆借、发放贷款罪的刑事责任

对于金融工作人员犯罪的处罚，刑法典第 187 条第 1 款规定了两个幅度：造成重大损失的，处 5 年以下有期徒刑或者拘役，并处 2 万元以上 20 万元以下罚金；造成特别重大损失的，处 5 年以上有期徒刑，并处 5 万元以上 50 万元以下罚金。单位犯本罪的，对单位判处罚金，对责任人员依照第 1 款的规定处罚［参见《刑法修正案（六）》第十二、十四条］。

三、高利转贷罪

（一）高利转贷罪的概念与特征

高利转贷罪是指个人或单位，以转贷牟利为目的，套取金融机构信贷资金高利转贷他人，违法所得数额较大的行为。（1）侵害的客体是金融活动的贷款秩序。（2）客观方面表现为将套取的金融机构信贷资金高利转贷给他人，以牟取利益，违法所得数额较大的行为。所谓套取金融机构信贷资金首先是指编造虚假理由，从银行或其他金融机构获取信贷资金。但如果不是编造虚假理由，而是正当理由从银行或其他金融机构获取信贷资金，能否构成本罪呢？我们认为是可能的。本罪的核心在于“高利转贷”，“套取”必须与“高利转贷”相联系来认定。所谓高利转贷他人是指行为人以比金融机构利率高出许多的利率将从金融机构贷出的信贷资金转贷他人，以期从中获取不法利益。若不是高利或不是用金融机构的信贷资金尽管可能违反法律，但不构成本罪。即使是合法获取的信贷资金，若将它高利转贷以牟利，也可构成本罪。同时，实施该行为，获取非法利益，数额较大的，才构成犯罪。（3）主体是一般主体，自然人和单位都可构成。（4）主观方面是故意，并具有转贷牟利的目的。

（二）高利转贷罪的刑事责任

根据刑法典第 175 条第 1 款的规定，构成本罪处 3 年以下有期徒刑或者拘役，并处违法所得 1 倍以上 5 倍以下罚金；数额巨大的，处 3 年以上 7 年以下有期徒刑，并处违法所得 1 倍以上 5 倍以下罚金。第 2 款规定，单位犯本罪的，对单位判处罚金，对其责任人员处 3 年以下有期徒刑或者拘役［参见《刑法修正案（六）》第十条］。

其他妨害存、贷款管理秩序的犯罪

一、违法向关系人发放贷款罪

违法向关系人发放贷款罪是指银行、其他金融机构及其工作人员违反法律、行政法规规定，向关系人发放信用贷款或者发放担保贷款的条件优于其他借款人同类贷款的条件，造成较大损失的行为。（1）犯罪客体是金融活动的贷款秩序。（2）客观方面表现为违反法律、行政法规规定，向关系人发放信用贷款或者发放担保贷款的条件优于其他借款人同类贷款的条件，并造成了重大损失。根据《中华人民共和国商业银行法》规定，

关系人是指商业银行的董事、监事、管理人员、信贷业务人员及其近亲属，以及上述人员投资或者担任高级管理职务的公司、企业和其他经济组织。其他金融机构的关系人范围还需有关金融法规予以确定。所谓信用贷款是指不需任何经济担保的贷款。我国商业银行法明确规定，商业银行不得向关系人发放信用贷款；向关系人发放担保贷款的条件不得优于其他借款人同类贷款的条件。（3）主体是银行、其他金融机构及其工作人员。（4）主观方面是故意。根据刑法典第186条第1款的规定，构成本罪处5年以下有期徒刑或者拘役，并处1万元以上10万元以下罚金；造成重大损失的，处5年以上有期徒刑，并处2万元以上20万元以下罚金。第3款规定，单位构成本罪的，对单位判处罚金，对责任人员依照第1款规定处罚［参见《刑法修正案（六）》第十三条］。

二、违法发放贷款罪

本罪是指银行或其他金融机构及其工作人员违反法律、行政法规规定，向关系人以外的其他人发放贷款，造成重大损失的行为。本罪的客体和主体都与前罪相同。客观方面表现为行为人实施了违反法律、行政法规规定，向关系人以外的他人发放贷款，造成重大损失的行为。所谓违反法律和行政法规是指违反商业银行法及有关行政法规对金融机构发放贷款的条件，审批和发放程序的规定。本罪的主观方面既可是故意也可是过失。根据刑法典第186条第2款的规定，构成本罪处5年以下有期徒刑或者拘役，并处1万元以上10万元以下罚金；造成特别重大损失的，处5年以上有期徒刑，并处2万元以上20万元以下罚金。第3款规定，单位犯本罪的，对单位判处罚金，对责任人员依照第2款规定处罚。

危害金融票证管理秩序的犯罪

一、伪造、变造金融票证罪

伪造、变造金融票证罪是指用仿照的方法，非法制造假金融票证，冒充真金融票证，或者变造金融票证，使原有的金融票证改变形态的行为。（1）侵犯的客体是国家的金融票证管理秩序。（2）客观方面表现为伪造、变造金融票证的行为。犯罪对象是金融票证，包括：汇票、本票、支票、委托收款凭证、银行存单等其他银行结算凭证，信用证或者其他附随的单据、文件、信用卡等。所谓伪造是指仿照真实金融票证非法制造上述票证的行为。所谓变造是指行为人在真实的金融票证的基础上对其内容非法加以改变的行为。伪造金融票证同时又实施了刑法典第194条规定的票据诈骗罪、金融凭证诈骗罪的，应当按牵连犯的原则处罚。（3）主体是一般主体，既可是自然人，也可是单位。（4）主观方面由故意构成。根据刑法典第177条第1款的规定，构成本罪，处5年以下有期徒刑或者拘役，并处或单处2万元以上20万元以下罚金；情节严重的，处5年以上10年以下有期徒刑，并处5万元以上50万元以下罚金；情节特别严重的，处10年以上有期徒刑或者无期徒刑，并处5万元以上50万元以下罚金或者没收财产。第2款规定，单位犯本罪的，对单位判处罚金，对责任人员依照第1款规定处罚。

二、非法出具金融票证罪

非法出具金融票证罪指行为人违反规定，为他人出具信用证或者其他保函、票据、存单、资信证明，造成较大损失的行为。（1）本罪的客体是国家的金融票证管理秩序。

(2) 客观方面表现为行为人违反规定为他人出具金融票证并造成较大损失行为。此处所指金融票证是指信用证、保函、票据、存单、资信证明。所谓违反规定是指违反了有关金融法律、行政法规、规章以及金融机构内部制定的一些重要业务规则和规章制度。"为他人"不仅包括为自然人，也包括为单位。"造成较大损失"是区分罪与非罪的重要界限。(3) 本罪的主体是特殊主体，即银行、其他金融机构及其工作人员。(4) 主观方面是过失。根据刑法典第 188 条第 1 款的规定，非法出具金融票证，造成较大损失的，处 5 年以下有期徒刑或者拘役；造成重大损失的，处 5 年以上有期徒刑。第 2 款规定，单位犯本罪的，对单位判处罚金，对责任人员依照第 1 款的规定处罚［参见《刑法修正案（六)》第十五条］。

三、妨害信用卡管理罪

妨害信用卡管理罪是《刑法修正案（五)》(2005 年 2 月 28 日）第 1 条第 1 款规定的新罪名，指以明知为前提，持有、运输伪造的信用卡或者空白信用卡数量较大，非法持有他人信用卡数量较大，使用虚假的身份证明骗领信用卡，以及出售、购买、为他人提供伪造的信用卡或者以虚假的身份证明骗领的信用卡的行为。本罪客观方面的危害行为表现为如下四种方式：

（一）明知是伪造的信用卡而持有、运输的，或者明知是伪造的空白信用卡而持有、运输，数量较大的。行为人持有、运输的对象有两种：一种是完全伪造的信用卡，指假冒某家商业银行或者其他金融机构的名义非法制作已经写入"个人信用卡磁条信息"的具有支付功能的信用卡。另一种是伪造的空白信用卡，指假冒某家商业银行或者其他金融机构的名誉非法制作尚未"写入个人信用卡磁条信息"的还不具有支付功能的信用卡。后者是前者的必经阶段，前者是后者的最终目的，行为人只要持有、运输其中任何一种便可成立犯罪。这两种行为的严重社会危害性是显而易见的，所以《刑法修正案(五)》第 1 条第 1 款第（一）项将它们规定为实施本罪的第一种行为方式。由于信用卡的授信额度一般在万元以上，因此持有伪造信用卡的社会危害程度大于持有假币罪，故法律对持有、运输伪造的信用卡行为没有规定犯罪数额，这就是说只要持有一张伪造的信用卡便可构成犯罪。但是伪造的空白信用卡毕竟处于半成品状态，尚不具有支付功能，其社会危害程度显然轻于伪造完毕的信用卡，故法律对持有、运输伪造的空白信用卡要求必须达到"数量较大"，才能成立犯罪。此外，法律对本罪没有规定"变造"行为，因为"变造"信用卡通常是指在过期卡、作废卡、盗窃卡和丢失卡等真实卡上修改关键信息，如重新压印卡号、有效期和姓名，甚至重写信用卡磁条信息；或者对非法获取的发卡行的空白信用卡进行凸印、写磁，使其成为完整的信用卡等。这种"变造"卡只是保留了原卡的表面形式，而其内容则与发卡行发行的真实信用卡大相径庭，实质上就是一张伪造的信用卡，所以应当按伪造信用卡定性。在司法实践中，对本项行为的认定应当注意二点：一是行为人对其持有、运输的信用卡或者空白信用卡必须明知是伪造的，否则不能构成犯罪；二是行为人持有、运输伪造的空白信用卡必须达到"数量较大"，否则也不能构成犯罪。

（二）非法持有他人信用卡，数量较大的。按照国际信用卡组织和中国人民银行规定，信用卡及其账户只限经发卡行批准的持卡人本人使用，不得提供、出租或者转借给他人使用。所以持有他人信用卡的行为是非法的。然而在现实生活中，由于行为人与持卡人具有密切关系，时常发生持卡人违反规定将信用卡交给他人使用的情形，但就一般而言，持有他人信用卡的数量不会太多，有的还得到持卡人的授权。在这种情况下，持有他人信用卡的行为虽属违法，但不具有刑事违法性。然而，大量持有他人信用卡的情形，通常是居于恶意透支的目的而发生的，例如行为人与资信状况不良者串通，借口帮助其领取信用卡并予以收买，然后将大量信用卡携带至外地，包括从境外携带到我国境内、从我国境内携带到境外、从我国某省（市、自治区）携带到其他省（市、自治区），通过提现和消费大量透支，直至授信额度透支完毕。当持卡人收到月度账单时，便以从未出境或者从未离省（市、自治区）为由，向发卡行否认境外交易或者省外（市、自治区）交易，将损失转嫁给境内外发卡行和收单行。由此可见，非法持有他人信用卡数量较大的行为，具有相当严重的社会危害性，所以《刑法修正案（五）》第 1 条第 1 款第（二）项将这种行为规定为实施本罪的另一种行为方式。在司法实践中，对于本项行为的认定应当注意两个问题：一是非法持有他人信用卡是否“数量较大”，数量较大的构成犯罪，否则不能认为是犯罪。二是所谓“资信状况不良者”将以自己名义申领的信用卡出卖与犯罪分子，如果事前通谋，明知对方用于恶意透支活动而协助配合的，应当以共犯论处；如果不明真相或者不知严重后果，出于贪财图利而高价出卖以自己名义申领的信用卡的，不能以共犯论处。

（三）使用虚假的身份证明骗领信用卡的。所谓虚假的身份证明是指内容失实的身份证明。真实身份证明具有丰富的内容，根据中国人民银行《信用卡业务管理办法》规定，申领信用卡，应当提供公安部门签发的本人有效身份证件。另据有关规定，中国境内居民必须提供居民身份证复印件，现役军官必须提供军官证复印件，境外居民必须提供护照复印件。例如我国《居民身份证法》要求，居民身份证上所载明的信息除姓名外，还有性别、民族、出生日期、常住户口所在地住址、公民身份证号、本人照片、证件有效期和签发机关。只有身份证明所载的这些信息是真实的，才称得上提供了真实的身份证明，否则便是使用虚假的身份证明。所谓骗领信用卡，是指行为人在办理信用卡申领手续时，使用虚假的身份证明骗取银行信任，获取信用卡的行为。比如，利用盗窃的或者伪造的身份证件、伪造的单位证明，或者通过招工、招生等名义收集他人身份资料或骗取他人身份证复印件到银行申领信用卡；又如，利用虚假的营业执照、公章或者法人代表印章，或者长期不用的法人执照和法人代表印章骗领单位信用卡等等。根据申领信用卡的有关规定，除身份证明相关信息外，还有职业、工资收入、财产证明和联系方式等等。如果申领人提供的身份证明文件是真实的，只是在自己的财产状况、工资收入等方面进行了夸大，以获取较高的信用卡授信额度，不属于“使用虚假的身份证明骗领信用卡”的行为，不能认为是犯罪。总之，行为人以虚假身份证明领取信用卡，从一开始就埋下了金融诈骗的伏笔，骗领成功与刷卡透支只差一步之遥，其主观恶性昭然若揭，客观危害更是显而易见：待信用卡骗领到手后便大肆取现和疯狂刷卡消费，直至授信额度透支完毕，然后逃之夭夭。由于持卡人的身份、住址是虚假的，银行根本无法找到持卡人，所受损失难以追回。足见这种行为具有相当严重的社会危害性，因此《刑法修正案（五）》第 1 条第 1 款第（三）项将“使用虚假的身份证明骗领信用卡”的行为规定为实施本罪的第三种行为方式。

（四）出售、购买、为他人提供伪造的信用卡或者以虚假的身份证明骗领的信用卡的。根据我国有关法律法规规定，信用卡是严禁出售、购买或者提供给他人使用的。在这里，行为人“出售”、“购买”和为他人“提供”的对象有两种，即“伪造的信用卡”和“以虚假的身份证明骗领的信用卡”。这两种所谓的“信用卡”本身就可以作为实施金融犯罪的工具，具有相当严重的社会危害性，因此《刑法修正案（五）》第1条第1款第（四）项将出售、购买、为他人提供伪造的信用卡或者以虚假的身份证明骗领的信用卡的行为规定为实施本罪的第四个行为方式。

以上四种妨害信用卡管理秩序的行为方式，可以单独实施，也可以结合进行，但是只要采取其中的一种方式实施，即可构成本罪；如果同时实施了两种以上的行为，应当从重处罚，不可实行数罪并罚。这里需要指出的是：对于上述第一种和第四种行为方式，应当尽量查明行为人所持有的信用卡或者伪造的空白信用卡的来源。如果能够证明行为人参与了伪造信用卡活动又实施上述行为的，应按吸收原则，以伪造、变造金融票证罪（伪造信用卡行为）追究刑事责任；只有在确实无法查清其参与伪造的情况下，才以本罪追究刑事责任。

根据《刑法修正案（五）》第1条第1款规定，犯本罪的，处3年以下有期徒刑或者拘役，并处或者单处1万元以上10万元以下罚金；数量巨大或者有其他严重情节的，处3年以上10年以下有期徒刑，并处2万元以上20万元以下罚金。至于何谓“数量巨大”或者“其他严重情节”，有待有权解释机关作出规定。

四、窃取、收买或者非法提供他人信用卡信息资料罪

窃取、收买或者非法提供他人信用卡信息资料罪是《刑法修正案（五）》第1条第2款规定的新罪名，指窃取、收买或者非法提供他人信用卡信息资料的行为。在信用卡磁条上写入非法获取的他人信用卡磁条信息，是伪造信用卡最关键的也是最后的环节。所谓信用卡磁条信息，是指一组关于发卡行代码、持卡人账户、账号、密码等内容的加密电子数据。通常由发卡行在发卡时使用专用设备写入信用卡的磁条中，作为POS机、ATM机等终端机识别用户是否合法的依据。① 没有这些信息，信用卡无法使用。因此，持卡人信用卡磁条信息便成为犯罪分子千方百计获取的目标。

犯罪分子非法获取的他人信用卡磁条信息的方法是多种多样的：（1）有的使用望远镜偷窥或在自动柜员机上安装摄像头偷录；（2）有的在自动柜员机上安装吞卡装置并张贴假的客户服务电话，在客户求助时骗取持卡人信息；（3）有的在银行的自助门禁系统安装假门禁系统，窃取信用卡磁条信息及密码；（4）有的电脑维护人员利用对银行系统电脑维护、测试之机，私自将信用卡交易数据复制截留，进行解密，破译客户信用卡磁条信息和取款密码；（5）有的收买特约商户收银员、金融机构工作人员，暗中将盗码仪器与POS机连接，在他们受理信用卡业务之际，盗录他人信用卡磁条信息；（6）有的特约商户收银员见利忘义，向他人非法提供持卡人信用卡信息资料，等等。由于窃取、收买或者非法提供他人信用卡信息资料的行为，在主观上具有伪造或者协助他人伪造信用卡的意图，在客观上为伪造信用卡行为提供不可缺少的信息资料，其社会危害性是相当严重的，为从源头打击信用卡犯罪活动，所以《刑法修正案（五）》第1条第2款将“窃取、收买或者非法提供他人信用卡信息资料”的行为规定为犯罪。根据这一规定，

① POS机即收款机，是用于处理票据数据生成和传输的一种台式设备；ATM机即提款机或称自动柜员机。

犯本罪的，处3年以下有期徒刑或者拘役，并处或者单处1万元以上10万元以下罚金；数量巨大或者有其他严重情节的，处3年以上10年以下有期徒刑，并处2万元以上20万元以下罚金。至于何谓“数量巨大”或者“其他严重情节”，有待有权解释机关作出规定。根据《刑法修正案（五）》第1条第3款的规定，银行或者其他金融机构的工作人员利用职务上的便利犯罪的，从重处罚。

五、对违法票据承兑、付款、保证罪

对违法票据承兑、付款、保证罪是指行为人在票据业务中，对违反票据法规定的票据予以承兑、付款或者保证，造成重大损失的行为。本罪的客体、主体、主观方面与非法出具金融票证罪相同。客观方面表现为在票据业务中，对违反票据法规定的票据予以承兑、付款或者保证，并造成重大损失的行为。刑法典第189条第1款规定，构成本罪处5年以下有期徒刑或者拘役；造成特别重大损失的，处5年以上有期徒刑。第2款规定，单位犯本罪，对单位判处罚金，对责任人员依照第1款的规定处罚。

洗钱罪

（一）洗钱罪的概念与特征

洗钱是英语 Money Laundering 的直译，最初是指美国的黑手党利用非法收入开设一些洗衣店、修理店等部门，使赃款披上“合法外衣”，达到公开使用的目的。由于通常将犯罪收益称为“脏钱”、“黑钱”，“洗钱”顾名思义就是把脏钱洗干净，即将犯罪活动所得收益通过金融中转、投资或通过流通等手段进行清洗使之披上合法化外衣的活动。无论是毒品交易、走私还是其他犯罪活动，犯罪分子都不可避免地面临着一个（被经济学家称为的）“损害函数”——如果泄露会发生的情况：大则死刑、监禁，小则罚金、没收财产。因此，数额巨大的黑钱需要隐匿并清除可能成为犯罪活动的证据的现金痕迹，即必须寻找特别的渠道使这些钱财经过处理而合法化，以重新汇入资金运动的主流。否则，这些巨额“黑钱”极易被发现其来源的犯罪性，同时这类资财也很难用于合法的投资与流通。通过“洗钱”，使这些资金既利于使用、保存和增值，又不易于暴露其来源和真实性。从世界上目前状况来看，洗钱活动同毒品犯罪、黑社会性质的有组织犯罪联系紧密，跨国的洗钱活动频繁且数额巨大。打击洗钱活动已成为国际社会打击犯罪活动尤其是毒品犯罪、黑社会犯罪的重要组成部分。我国也于1990年12月在颁布的《关于禁毒的决定》第4条中首次规定了反洗钱的内容，即“掩饰、隐瞒出售毒品获得财物的非法性质和来源的”。此后，新刑法第191条对洗钱行为进行了更加明确和完善的规定。2001年美国“9·11”事件以后，我国立法机关从国际、国内反恐怖斗争的现实需要出发，在2001年12月29日颁布的《刑法修正案（三）》第7条和2006年6月29日颁布的《刑法修正案（六）》对刑法典第191条进行了修改。根据我国刑法的规定，洗钱罪是指明知是毒品犯罪、黑社会性质的组织犯罪、恐怖活动犯罪、走私犯罪、贪污贿赂犯罪、破坏金融管理秩序犯罪、金融诈骗犯罪的违法所得及其产生的收益，而故意掩饰或隐瞒其来源和性质的行为。本罪的构成特征如下：

1．侵犯的客体为双重客体。首先，它严重破坏了我国的金融管理秩序。洗钱一般都通过金融机构进行，是特定的目的的非正常金融活动，它会使大量不受国家任何宏观监控的赃款进入流通领域，极易使金融机构的资金流动发生困难，使金融系统产生混乱和危机。其次，洗钱行为总是同某种严重的犯罪活动相联系，它的目的是掩饰和隐瞒原生犯罪（又称上游犯罪）违法所得及其产生的收益的来源和性质。这无疑为司法机关的侦、控、审活动设置了障碍，为逃避法律的制裁创造条件。因此，洗钱罪同时也妨碍了司法机关的正常活动。

2．客观方面表现为行为人实施了掩饰、隐瞒毒品犯罪、黑社会性质的组织犯罪、恐怖活动犯罪、走私犯罪、贪污贿赂犯罪、破坏金融管理秩序犯罪、金融诈骗犯罪的违法所得及其产生收益的来源和性质的行为。理解本罪客观方面特征需注意以下几点。首先，洗钱犯罪，是针对毒品犯罪、黑社会性质的组织犯罪、恐怖活动犯罪、走私犯罪、贪污贿赂犯罪、破坏金融管理秩序犯罪、金融诈骗犯罪等特定犯罪的犯罪收益的洗钱行为。这里的犯罪收益既包括犯罪的违法所得，也包括利用这些违法所得所产生的孳息或进行经营活动所产生的收益。其次，构成我国刑法所规定的洗钱罪，必须是从事了法律所禁止的“隐瞒或掩饰”犯罪收益的行为。这是“洗钱”的基本特征。具体包含五种方式：提供资金账户的；协助将财产转换为现金或者金融票据的；通过转账或者其他结算方式协助资金转移的；协助将资金汇往境外的；以其他方式掩饰、隐瞒犯罪的违法所得及其收益的性质和来源的。这五种方式中，前四种都是常见的利用金融系统洗钱的方式，强调洗钱对金融管理秩序的破坏。但由于现代洗钱的方式和手段层出不穷，不可能一一列举，故又规定“其他方式”用于涵盖所有没有在规定中列举的洗钱方法。所谓其他方式，可以是将犯罪收益投资于服务性行业、娱乐业等大量使用现金的行业，将非法获取的收入注入合法收入中，也可以是用犯罪收益购买不动产等，然后再变卖出去，从而掩饰其收益的性质和来源，还可以是用“高昂”的价格购买某种劣质的产品甚至废料等将钱寄往异地或异国的同伙，以使赃钱转移出去并合法化等等。

3．主体既可是自然人，也可是单位。从刑法规定的五种方式来看，前四种一般指向为赃款持有人即原生犯罪的犯罪人提供帮助的人，最后一种行为，则更多的指向赃款持有人提供帮助的人。我们认为，一方面，刑法着重强调从事金融业务的个人和单位对他人犯罪收益的清洗。因此，洗钱罪的主体首先是不从事毒品犯罪、黑社会性质的组织犯罪、恐怖活动犯罪、走私犯罪的个人和单位，另一方面，从事上述犯罪的行为人也可能实施洗钱行为，构成本罪的主体。

4．主观方面是故意。根据规定，行为人在主观上必须对其隐瞒或掩饰的犯罪收益具有“明知”，即知道其要隐瞒或掩饰的财产来自毒品犯罪、黑社会性质的组织犯罪、恐怖活动犯罪或走私犯罪。同时，行为人在主观上还必须具有隐瞒和掩饰犯罪收益的来源或性质的目的。

（二）洗钱罪的认定

1．区分洗钱罪与非罪的界限。二者的界限在于，一是对违法所得及其产生的收益，主观上是否明知；二是是否具备以刑法规定的各种方法掩饰、隐瞒其真实性质和来源的行为。两个条件必须同时具备，“不知而为”与“知而不为”都不构成本罪。此外，从理论上看，本罪属于行为犯，刑法未规定洗钱罪构成的数额起点。但该罪毕竟是一种经济犯罪，实践中应有一定的数额限制。根据刑法典第 13 条规定，若洗钱数额很小，情节显著轻微，危害不大的，也不应以犯罪论处。

2. 洗钱罪与窝藏、转移、收购、销售赃物罪的区别。首先是客体和对象不同。前者的客体为复杂客体，即国家多种管理秩序和司法机关的正常活动；对象是特定的，即毒品犯罪、黑社会性质的组织犯罪、恐怖活动犯罪和走私罪的违法所得及其产生的收益。后者的客体为单一客体，即司法机关的正常活动，对象为一切犯罪的违法所得。其次是行为方式的不同，这是区分二者的关键。前者是通过金融业务、投资、市场交易等手段改变犯罪收益的性质，使之从形式上予以合法化。后者主要是对犯罪所得赃物予以窝藏、转移、收购或代为销售的行为。再次，主体不同。前者为自然人和单位，后者为自然人。最后，犯罪的目的不同。前者的直接目的是为了掩饰、隐瞒犯罪收益的非法性质和来源。后者的目的是为了逃避司法机关的追缴。

3. 洗钱罪与窝藏、转移、隐瞒毒品、毒赃罪的区别。首先是客体不同。前者是复杂客体，后者是单一客体。其次是主体不同。前者为自然人和单位，后者为自然人。最后是客观行为方式不同，这是区分二者之关键。洗钱罪是将法定的四类犯罪所获收益通过金融业务、再投资等行为掩饰、隐瞒犯罪收益的非法性质和来源，而后者则表现为窝藏、转移、隐瞒毒品犯罪所得财物，并没有将其从形式上予以合法化。

4. 洗钱罪与上游犯罪。所谓上游犯罪是指毒品犯罪、黑社会性质的组织犯罪、恐怖活动犯罪、走私犯罪、贪污贿赂犯罪、破坏金融管理秩序犯罪、金融诈骗犯罪。它们的犯罪收益是洗钱罪发生的对象。洗钱罪的主体既可以是没有实施上游犯罪的其他人，也可是实施上游犯罪的人。当洗钱罪主体同时也是实施上游犯罪的人之时，行为人构成两个犯罪，应实行数罪并罚。当洗钱罪主体是其他人，但又同“上游犯罪”的犯罪分子之间事先通谋时，洗钱行为人既构成“上游犯罪”的共犯，同时又构成洗钱罪。

（三）洗钱罪的刑事责任

根据刑法典第 191 条第 1 款的规定，构成本罪除没收实施犯罪的违法所得及产生的收益外，处 5 年以下有期徒刑或者拘役，并处或单处洗钱数额 5%以上 20%以下罚金；情节严重的，处 5 年以上 10 年以下有期徒刑，并处洗钱数额 5%以上 20%以下罚金。第 2 款规定，单位犯本罪，对单位判处罚金，并对其责任人员处 5 年以下有期徒刑或者拘役；情节严重的，处 5 年以上 10 年以下有期徒刑。

破坏外汇管理秩序的犯罪

一、骗购外汇罪

（一）骗购外汇罪的概念与特征

根据 1998 年 12 月 29 日全国人大常委会颁布的《关于惩治骗购外汇、逃汇和非法买卖外汇犯罪的决定》（以下简称《决定》）的规定，骗购外汇罪是指以牟利为目的，通过使用伪造、变造的海关签发的报关单、进口证明、外汇管理部门核准件等凭证和单据，或重复使用海关签发的报关单、进口证明、外汇管理部门核准件等凭证和单据以及其他方式以人民币骗购国家的外汇，数额较大的行为。

1. 侵犯的客体是我国的外汇管理秩序。由于我国目前尚未最终实现人民币可自由兑换，人民币在经常项目可兑换而在资本项目下不可自由兑换，故国家对外汇尚实施较严的管制，包括骗汇在内的套汇行为都是违反现行外汇管理法规，破坏外汇管理秩序的行为。

2. 客观方面表现为行为人实施了使用伪造、变造的海关签发的报关单、进口证明、外汇管理部门核准件等凭证和单据，或重复使用海关签发的报关单、进口证明、外汇管理部门核准件等凭证和单据以及其他方式以人民币骗购国家的外汇，数额较大的行为。具体来说，包括三种行为：一是使用伪造、变造的海关签发的报关单、进口证明、外汇管理部门核准件等凭证和单据以人民币向外汇指定银行骗购外汇，这种行为强调的是使用伪造、变造的有关凭证和单据。所谓伪造是指依照真实凭证和单据的图案、色彩、形状等，使用印刷、复印、描绘、拓印等各种制作方法，将非凭证和单据的物质伪造为假凭证和单据，冒充真凭证和单据的行为。所谓变造，是指对真实凭证和单据采用挖补、剪接、拼凑、涂改等方法，加工处理，使原有真实凭证和单据改变形态，增大票面数额或改变真实凭证和单据中的其他内容的行为。二是重复使用海关签发的报关单、进口证明、外汇管理部门核准件等凭证和单据以人民币向外汇指定银行骗购外汇，这种行为与前者不同的是行为人使用的不是伪造、变造的凭证和单据，而是重复使用已用过的真实凭证和单据。三是以除上述二行为外的其他方式骗购外汇的行为。此外，根据法律规定，这些行为还必须具备骗购外汇数额较大这一要件。

3. 主体既可以是自然人，也可是单位，没有特别的身份限制。本罪的主观方面是故意。虽然刑法并没有对犯罪目的作明确表述，但从构成该罪的具体行为上看，骗购外汇行为主观上必须是直接故意，且具有牟利的目的。

（二）骗购外汇罪的认定

1. 关于罪数问题。根据最高人民法院《关于审理骗购外汇、非法买卖外汇刑事案件具体应用法律若干问题的解释》的规定，伪造、变造海关签发的报关单、进口证明、外汇管理部门核准件等凭证和单据的，应按伪造、变造国家机关公文、证件、印章罪处理。行为人既伪造、变造相关凭证和单据，又通过它们以人民币向外汇指定银行骗购外汇的，构成牵连犯，根据《决定》第 2 款的规定，应以骗购外汇罪从重处罚。

2. 关于共犯问题。骗购外汇行为往往需要大量的资金，筹措资金是骗购外汇罪主要的预备行为之一。因此，《决定》第 3 款明确规定，明知用于骗购外汇而提供人民币资金的，以共犯论处。

（三）骗购外汇罪的刑事责任

根据《决定》第 1、4 款的规定，骗购外汇数额较大的，处 5 年以下有期徒刑或者拘役，并处骗购外汇数额 5%以上 30%以下罚金；数额巨大或有其他严重情节的，处 5 年以上 10 年以下有期徒刑，并处骗购外汇数额 5%以上 30%以下罚金；数额特别巨大或有其他特别严重情节的，处 10 年以上有期徒刑或者无期徒刑，并处骗购外汇数额 5%以上 30%以下罚金或者没收财产。

单位犯本罪的，对单位依照第 1 款的规定判处罚金，并对其直接负责的主管人员和其他直接责任人员，处 5 年以下有期徒刑或者拘役；数额巨大或有其他严重情节的，处 5 年以上 10 年以下有期徒刑；数额特别巨大或有其他特别严重情节的，处 10 年以上有期徒刑或者无期徒刑。

二、逃汇罪

逃汇罪是指公司、企业或者单位，违反国家规定，擅自将外汇存放境外，或者将境内的外汇非法转移到境外，情节严重的行为。(1) 侵犯客体为国家的外汇管理秩序。(2) 客观方面表现为两种行为：一是“违反国家规定，擅自将外汇存放境外”，即违反《外汇管理条例》等法律、法规，将应调回国内的外汇不调回国内，而存放境外的行为；二是“将境内的外汇非法转移到境外”，即违反上述法规，未经批准将境内外汇以投资等合法名义转移到境外的行为。此外，行为人逃汇行为数额较大的，才构成犯罪。(3) 主体是单位，自然人不能成为本罪的主体，因为个人持有的外汇属于个人财产的一部分，《外汇管理条例》对个人外汇存放在境外并无禁止性规定。刑法对逃汇罪的主体仅限于国有公司、企业或者其他国有单位。而从我国外汇管理所覆盖的管理对象来看，不仅限于国有单位，非国有单位在数量和外汇经营规模上都不逊于国有单位，从已发现的大量逃汇案件来看，非国有企业占相当大的比例。故全国人大常委会《关于惩治骗购外汇、逃汇和非法买卖外汇犯罪的决定》(以下简称《决定》) 将逃汇罪主体由国有单位扩大到所有公司、企业和单位，并加重了刑罚。(4) 主观方面是故意。根据《决定》第 3 条规定，构成本罪，对单位判处逃汇数额 5%以上 30%以下罚金，并对其直接负责的主管人员和其他直接责任人员，处 5 年以下有期徒刑或者拘役；数额巨大或有其他严重情节的，对单位判处逃汇数额 5%以上 30%以下罚金，并对其直接负责的主管人员和其他直接责任人员，处 5 年以上有期徒刑。

第六节　金融诈骗罪

金融诈骗罪是指在金融活动领域中，以虚构事实、隐瞒事实真相的方法骗取他人财物，破坏国家金融秩序，情节严重的行为。根据刑法典第 192 条到第 198 条的规定，此类犯罪共涉及罪名 8 个。由于金融诈骗罪巨大的破坏性，刑法规定了严厉的法定刑。本节 8 种犯罪中，法定最高刑为死刑的有 4 个，法定最高刑为无期徒刑的有 3 个，另外一个罪名的法定最高刑也是 15 年有期徒刑。这种刑罚体系在本章所有经济犯罪中是最重的。

一、贷款诈骗罪

(一) 贷款诈骗罪的概念与特征

本罪是指借款人以非法占有为目的，用虚构事实或者隐瞒真相的方法，骗取银行或者其他金融机构的贷款，数额较大的行为。其构成特征如下：

1. 本罪侵犯的客体是国家金融管理秩序和社会主义公共财产所有权。

2. 客观方面表现为用虚构事实或者隐瞒事实真相的方法，骗取银行或其他金融机构贷款，数额较大的行为。犯罪对象是银行或其他金融机构的贷款。这里所说的其他金融机构是指除银行外的信托投资公司、农村信用社等具有信贷业务的非银行金融机构。从刑法的规定来看，实施本罪的具体方式有以下几种：编造引进资金、项目等虚假理由的；使用虚假的经济合同的；使用虚假的证明文件的；使用虚假的产权证明作担保或者超出抵押物价值重复担保的；以其他方法诈骗贷款的。同时，诈骗贷款还必须具有数额较大这一基本特征，否则不构成犯罪。

3. 主体是一般主体，只能由自然人构成。

4. 主观方面是故意，并具有非法占有银行或者其他金融机构贷款的目的。如果行为人虽然在向银行或者其他金融机构申请贷款的过程中使用欺骗手段，但其目的是为了解决生产经营的一时急需等其他情况，而不是为了非法占有贷款的，则不能构成本罪。

（二）贷款诈骗罪的认定

本罪认定中需要重点区分与高利转贷罪、合同诈骗罪的异同。高利转贷罪在客观行为方式上也经常出现编造虚假理由套取金融机构贷款的行为，但本罪是双重客体，而高利转贷罪是单一客体；本罪主观上具有非法占有目的，客观上实施了占有行为，而高利转贷罪主观上并不具有占有贷款的目的，而只有利用贷款牟取非法利益的目的，客观上实施的是将贷款以高利率再次转贷他人以期获取利息的行为，而不是将贷款据为私有的行为。合同诈骗罪是利用合同的签订、履行实施诈骗行为，而贷款诈骗罪也有利用合同实施诈骗的方式，二者的区别在于：犯罪对象不同，前者是除金融机构贷款以外的其他公私财产，而后者仅是金融机构的贷款。

（三）贷款诈骗罪的刑事责任

根据刑法典第 193 条的规定，构成本罪，处 5 年以下有期徒刑或者拘役，并处 2 万元以上 20 万元以下罚金；数额巨大或者有其他严重情节的，处 5 年以上 10 年以下有期徒刑，并处 5 万元以上 50 万元以下罚金；数额特别巨大或者有其他特别严重情节的，处 10 年以上有期徒刑或者无期徒刑，并处 5 万元以上 50 万元以下罚金或者没收财产。

二、保险诈骗罪

（一）保险诈骗罪的概念与特征

保险诈骗罪是指投保人、被保险人或者受益人，违反保险法规规定，以非法占有保险金为目的，用虚构事实或者隐瞒真相的方法，骗取保险金，数额较大的行为。其构成特征如下：

1. 侵犯客体是国家的金融管理秩序和保险公司的财产所有权。

2. 客观方面表现为违反保险法规定，用虚构事实或者隐瞒真相的方法，骗取保险金，数额较大的行为。根据法律规定，具体有以下几种方法：(1) 投保人故意虚构保险标的，骗取保险金的。(2) 投保人、被保险人或者受益人对发生的保险事故编造虚假的原因或者夸大损失的程度，骗取保险金的。(3) 投保人、被保险人或者受益人编造未曾发生的保险事故，骗取保险金的。(4) 投保人、被保险人故意造成财产损失的保险事故，骗取保险金的。(5) 投保人、受益人故意造成被保险人死亡、伤残或者疾病，骗取保险金的。

3. 主体为特殊主体，即投保人、被保险人、受益人。他们既可能是自然人，也可能是单位（单位并不是在所有情况下都可成为主体。如在人身保险中，单位就不能成为被保险人）。所谓投保人是指与保险人订立保险合同，并根据保险合同承担支付保险费义务的人；被保险人是指在保险事故发生或者约定的保险期间届满时，依据保险合同，有权向他人请求补偿损失或者领取保险金的人。受益人则是指由保险合同明确指定的或者依照法律规定有权取得保险金的人。投保人可以为被保险人，投保人、被保险人可以为受益人。

4. 主观方面是故意，并且具有非法占有保险金的目的。

（二）保险诈骗罪的认定

1. 划清一罪与数罪的界限。行为人为了达到诈骗保险金的目的，可能会故意制造保险事故，如故意造成财产损失，故意造成被保险人死亡、伤残或者疾病，这样就同时构成了本罪与其他犯罪。刑法典第198条第2款明确规定，出现这种情况，应当实行数罪并罚。

2. 划清本罪与虚假理赔行为的区别。所谓虚假理赔是指保险公司工作人员，利用职务上的便利，故意编造未曾发生的保险事故进行理赔，骗取保险金的行为。它与本罪的区别关键在于行为主体不同。本罪的主体是投保人、被保险人、受益人，而实施虚假理赔行为的主体为保险公司的工作人员，且利用了职务上的便利。根据刑法典第183条的规定，实施虚假理赔行为构成职务侵占罪或贪污罪。

3. 保险诈骗罪的共犯问题。保险事故的鉴定人、证明人、财产评估人是在保险事故发生后，参与保险事故调查工作的人员。他们所提供的鉴定、证明和财产评估方面的材料，直接影响保险事故的真伪。因此，刑法典第198条第4款规定，如果他们故意提供虚假的证明文件，为他人诈骗提供了条件，则以保险诈骗的共犯论处。

（三）保险诈骗罪的刑事责任

根据刑法典第198条第1款的规定，进行保险诈骗活动，数额较大的，处5年以下有期徒刑或者拘役，并处1万元以上10万元以下罚金；数额巨大或者有其他严重情节的，处5年以上10年以下有期徒刑，并处2万元以上20万元以下罚金，数额特别巨大或者有其他特别严重情节的，处10年以上有期徒刑，并处2万元以上20万元以下罚金或者没收财产。根据刑法典第3款的规定，单位犯本罪的，对单位判处罚金，并对其责任人员处5年以下有期徒刑或者拘役；数额巨大或者有其他严重情节的，处5年以上10年以下有期徒刑；数额特别巨大或者有其他特别严重情节的，处10年以上有期徒刑。

其他金融诈骗罪

一、集资诈骗罪

本罪是指以非法占有为目的，用虚构事实或者隐瞒事实真相的方法，非法向社会公开集资，骗取数额较大集资款的行为。(1) 侵犯的客体是国家的金融管理秩序和公私财产所有权。(2) 客观方面表现为用虚构事实或者隐瞒真相的方法，非法向社会公开集资，骗取集资款且数额较大的行为。(3) 主体为一般主体，既可是自然人，也可是单位。(4) 主观方面是故意，且具有非法占有他人财物的目的。集资诈骗与非法吸收公众存款罪的区别主要表现在：(1) 侵犯的客体不同，前者为双重客体，后者为单一客体。(2) 犯罪行为方式不同，前者必须使用诈骗的方法，而后者则不以使用诈骗方法为构成要件。(3) 犯罪目的不同，前者具有非法占有募集资金的目的，而后者主观上不具有占有他人资金的目的，只具有营利的目的。根据刑法典第192条和199条规定，进行集资诈骗，数额较大的，处5年以下有期徒刑或者拘役，并处2万元以上20万元以下罚金；数额巨大或者有其他严重情节的，处5年以上10年以下有期徒刑，并处5万元以上50万元以下罚金，数额特别巨大或者有其他特别严重情节的，处10年以上有期徒刑或者无期徒刑，并处5五万元以上50万元以下罚金或者没收财产。数额特别巨大并且给国家和人民利益造成特别重大损失的，处无期徒刑或者死刑，并处没收财产。根据刑法典第200条规定，单位犯本罪，对单位判处罚金，并对其责任人员处5年以下有期徒刑或者拘役；数额巨大或者有其他严重情节的，处5年以上10年以下有期徒刑；数额特别巨大或者有其他特别严重情节的，处 10 年以上有期徒刑或者无期徒刑。

二、票据诈骗罪

票据诈骗罪是指以非法占有为目的，用虚构事实或隐瞒真相的方法，利用金融票据骗取票据金融，数额较大的行为。（1）犯罪客体是国家的金融管理秩序和公私财产所有权。（2）客观方面表现为用虚构事实或隐瞒真相的方法，利用金融票据骗取票据金额，数额较大的行为。具体有以下五种方式：明知是伪造、变造的汇票、本票、支票而使用的；明知是作废的汇票、本罪、支票而使用；冒用他人的汇票、本票、支票的；签发空头支票或者与其预留印鉴不符的支票，骗取财物的；汇票、本票的出票人签发无资金保证的汇票、本票或者在出票时作虚假记载，骗取财物的。法律只要求行为人具有其中一种行为，即构成本罪，具有两个以上行为的，仍定一罪，不实行并罚。此外，具备上述行为，还要达到“数额较大”，才构成犯罪。（3）主体为一般主体，自然人和单位均可构成。（4）主观方面是故意，且具有非法占有他人财物的目的。根据刑法典第 194 条第 1 款和第 199 条的规定，进行金融诈骗活动，数额较大的，处 5 年以下有期徒刑或者拘役，并处 2 万元以上 20 万元以下罚金；数额巨大或者有其他严重情节的，处 5 年以上 10 年以下有期徒刑，并处 5 万元以上 10 万元以下罚金；数额特别巨大或者有其他特别严重情节的，处 10 年以上有期徒刑或者无期徒刑，并处 5 万元以上 50 万元以下罚金或者没收财产。数额特别巨大并且给国家和人民利益造成特别重大损失的，处无期徒刑或者死刑，并处没收财产。根据刑法典第 200 条的规定，单位犯本罪，对单位判处罚金，并对其责任人员处 5 年以下有期徒刑或者拘役；数额巨大或者有其他严重情节的，处 5 年以上 10 年以下有期徒刑；数额特别巨大或者有其他特别严重情节的，处 10 年以上有期徒刑或者无期徒刑。

三、金融凭证诈骗罪

金融凭证诈骗罪是指以非法占有为目的，利用伪造、变造的委托收款凭证、汇款凭证、银行存单等其他银行结算凭证进行诈骗活动，数额较大的行为。在客体、主体、主观方面都与票据诈骗罪相同，仅在客观方面相异。根据刑法典第 194 条第 2 款规定，其处罚与金融票据罪相同。既伪造、变造了上述金融票据、凭证，又实施了上述两罪，构成伪造、变造金融票证罪和票据诈骗罪、金融凭证诈骗罪，但二者之间具有牵连关系，应按牵连犯原则处理。

四、信用证诈骗罪

本罪是指用虚构事实或者隐瞒真相的方法，利用信用证骗取货物或者银行款项的行为。信用证是指开证银行根据作为进口商的开证申请人的请求，开给受益人（通常情况下为出口商）的一种在其具备了约定的条件以后，即可得到由开证银行或支付银行支付的约定的金额的保证付款的凭证。当前，信用证主要用于国际贸易支付，是国际贸易中银行用以保证本国进口商有支付能力的凭证。（1）客体是国家的金融管理秩序和公私财产所有权。（2）客观方面表现为以下几种行为：使用伪造、变造的信用证或者附随的单据、文件的；使用作废的信用证的；骗取信用证的；以其他方法进行信用证诈骗活动的。（3）主体为一般主体，自然人和单位均可构成。（4）主观方面为故意，并具有非法占有他人财物的目的。根据刑法典第 195 条、第 199 条的规定，构成本罪的，处 5 年以下有期徒刑或者拘役，并处 2 万元以上 20 万元以下罚金；数额巨大或者有其他严重情节的，处5年以上10年以下有期徒刑，并处5万元以上50万元以下罚金；数额特别巨大或者有其他特别严重情节的，处10年以上有期徒刑或者无期徒刑，并处5万元以上50万元以下罚金或者没收财产；数额特别巨大并且给国家和人民利益造成特别重大损失的，处无期徒刑或者死刑，并处没收财产。根据刑法典第200条的规定，单位犯本罪，对单位判处罚金，并对责任人员处5年以下有期徒刑或者拘役；数额巨大或者有其他严重情节的，处5年以上10年以下有期徒刑，数额特别巨大或者有其他特别严重情节的，处10年以上有期徒刑或者无期徒刑。既伪造、变造信用证或附随单据、文件，又实施本罪的，依照牵连犯原则处理。

五、信用卡诈骗罪

本罪是指用虚构事实或隐瞒真相的方法，利用信用卡骗取银行款项，数额较大的行为。信用卡是银行或信用卡公司发给用户用于购买商品、取得服务或者提取现金的信用凭证。信用卡的使用是以持卡人的个人信用为基础，持卡人可以在暂不支付现金的情况下先得到某项商品或服务，进行消费活动，这就决定了信用卡业务同时具有较多的风险性，易为不法分子进行犯罪活动。(1) 犯罪客体是国家金融管理秩序和公私财产所有权。(2) 客观方面表现为以下几种行为：使用伪造的信用卡或者使用以虚假的身份证明骗领的信用卡的［《刑法修正案（五）2005年2月28日施行］；使用作废的信用卡；冒用他人信用卡的；恶意透支。所谓恶意透支是指持卡人以非法占有为目的，超过规定限额或者规定期限透支，并且经发卡银行催收后仍不归还的行为。此外，本罪在客观方面还必须具有数额较大这一要件。(3) 主体为一般主体，只能由自然人构成。(4) 主观方面是故意，并具有非法占有他人财物的目的。对于盗窃信用卡并使用的，根据刑法典第196条第3款的规定，应依照盗窃罪定罪处罚。根据刑法典第196条第1款的规定，进行信用卡诈骗活动，数额较大的，处5年以下有期徒刑或者拘役，并处2万元以上20万元以下罚金；数额巨大或者有其他严重情节的，处5年以上10年以下有期徒刑，并处5万元以上50万元以下罚金；数额特别巨大或者有其他特别严重情节的，处10年以上有期徒刑或者无期徒刑，并处5万元以上50万元以下罚金或者没收财产。既伪造信用卡，又实施本罪的，依照牵连犯的原则处理。

六、有价证券诈骗罪

本罪是指用虚构事实或者隐瞒事实真相的方法，利用伪造、变造的国库券或者国家发行的其他有价证券，进行诈骗活动且数额较大的行为。(1) 犯罪客体是国家金融管理秩序和公私财产所有权。(2) 客观方面表现为用虚构事实或者隐瞒真相的方法，利用伪造、变造的国库券或者国家发行的其他有价证券非法占有他人财物，数额较大的行为。(3) 主体是一般主体，只能由自然人构成。(4) 主观方面是故意，并且有非法占有他人财物的目的。根据刑法典第197条规定，构成本罪处5年以下有期徒刑或者拘役，并处2万元以上20万元以下罚金；数额巨大或者有其他严重情节的，处5年以上10年以下有期徒刑，并处5万元以上50万元以下罚金；数额特别巨大或者有其他特别严重情节的，处10年以上有期徒刑或者无期徒刑，并处5万元以上50万元以下罚金或者没收财产。既伪造、变造国库券或者国家发行的其他有价证券，又实施了本罪，应按牵连犯原则处理。

第七节　危害税收征管罪

危害税收征管罪，是指行为人故意实施违反国家税收征收管理法规，破坏国家税收的征收、管理活动，危害税收征管秩序的行为。我国刑法分则第3章第6节第201条到第209条对此类犯罪作了规定，共有9个条文，规定了12个罪名。

一、偷税罪

（一）偷税罪的概念与特征

偷税罪，是指纳税人、扣缴义务人故意违反税收征管法规，采用各种手段，不缴或少缴税款，情节严重的行为。偷税罪具有以下构成特征：

1. 侵犯的客体是国家税收的征收管理制度，即我国税法规定并通过税务机关具体执行的、对符合法定条件的单位或个人征收税款的法律制度。

2. 客观方面表现为违反税收法规、偷税情节严重的行为。首先，行为人的行为必须违反国家税收法规，没有这个前提，不构成偷税行为。第二，必须有偷税的行为，其方式有：A. 伪造、变造、隐匿、擅自销毁账簿、记账凭证。账簿又称账册，是以会计凭证为依据，由具有专门格式和相互联系的账页组成，用来连续登记各种经济业务的本册，包括总账、明细账、日记账以及其他辅助性账簿。记账凭证是用来记录经济业务、明确经济责任，并据以登记账簿的书面凭证，包括会计凭证、报表、完税凭证、收支凭证粘贴簿、进销货登记簿等。伪造就是用虚构情况编制账册、凭证，变造是指在合法、有效的账簿、记账凭证上，采取挖补、拼接、涂改等非法手段，制作虚假账簿、凭证。隐匿就是隐藏、转移可作为征税依据的账册、凭证，不使税收征管人员发现。擅自销毁账簿、凭证是指在法定保存期内，未经批准自行销毁逃避追缴欠税的账册、凭证，以便偷税。B. 在账簿上多列支出或者不列，少列收入。这是指在合法、有效账簿上直接做假，虚增成本，虚列开支，多报费用，减少利润，以达到少缴或不缴税款的目的。C. 经税务机关通知申报而拒不申报。这是指行为人为了偷税，不向税务机关申报应纳税项目、数量、收入额、所得税，不办理纳税申报手续，接到税务机关通知后仍然拒不申报的行为。D. 谎报纳税项目、收人额、所得额、纳税数量，提出与其纳税、扣缴税款实际情况不符的申报材料。偷税数额可以是一次偷税的总额，也可以是未处理的多次偷税数额的总和。第三，偷税数额达法定标准或者有二次偷税经行政处罚的记录。前者是结果犯中的数额犯，后者是行为犯。根据刑法典第201条第3款的规定，其犯罪数额按照累计数额计算。所说的未经处理，是指既未经过行政处罚，也未经过刑事处罚。

3. 主体是特殊主体，即纳税人和扣缴义务人。纳税人和扣缴义务人可以是个人，也可以是单位。纳税人是指法律、行政法规规定负有纳税义务的自然人和法人；扣缴义务人是指法律、行政法规规定负有代扣代缴、代收代缴义务的自然人和法人。扣缴义务人又分为代扣代缴义务人和代收代缴义务人。代扣代缴义务人是指有义务从纳税人收入中扣除其应纳税款并代为缴纳的法人，如向纳税人支付收入的法人，为纳税人办理向国外汇款的法人。代收代缴义务人是指有义务借助经济往来关系向纳税人收取应纳税款并代为缴纳的法人或个人，如受托加工企业、商业批发单位。自然人作为该罪主体时，最常见的是个体工商户、私营企业主和手工业者等直接从事工商业经营活动的公民。其他合法所得达到纳税标准，具备纳税义务的个人也可以成为本罪的主体。

4. 主观方面是直接故意，且具有偷逃应纳税款或者已扣、已收税款，获取非法利益的目的。具体表现为行为人明知应依法缴纳税款，却有意不缴或少缴税款，并希望从中获利。如果行为人只是因为疏忽、遗忘，无意识地或过失地造成漏缴或少缴税款的，不能构成本罪。

(二) 偷税罪的刑事责任

依据刑法典第 201 条和第 211 条的规定，偷税数额占应纳税额的 10%以上不满 30%并且偷税数额在 1 万元以上不满 10 万元的，或者因偷税被税务机关给予两次行政处罚又偷税的，处 3 年以下有期徒刑或者拘役，并处偷税数额 1 倍以上 5 倍以下的罚金；偷税数额占应纳税额的 30%以上并且偷税数额在 10 万元以上的，处 3 年以上 7 年以下有期徒刑，并处偷税数额 1 倍以上 5 倍以下的罚金；单位犯本罪的，对单位判处罚金，并对其直接负责的主管人员和其他直接责任人员，依照上述规定处罚。此外，在对偷税罪判处罚金执行之前，应当先由税务机关追缴行为人应缴纳的偷税款额。

二、抗税罪

(一) 抗税罪的概念与特征

抗税罪，是指纳税人、扣缴义务人，违反税收征收法规，以暴力、威胁方法拒不缴纳税款的行为。本罪具有以下构成特征：

1. 犯罪客体是复杂客体，不仅破坏了国家税收征管制度，同时也侵犯了依法执行征税公务的国家工作人员的人身权利。

2. 客观方面表现为违反税收征收管理法律、法规，以暴力、威胁方法拒不缴纳税款的行为。(1) 违反税收征收管理法律、法规。所谓违反税收征管法律、法规，是指拒绝依照税收管理法的规定履行纳税义务。如果行为人没有违反税收征管法律、法规，即使发生了同税务工作人员对抗的行为，也不构成本罪。(2) 采取暴力、威胁方法，实施了拒不缴纳应纳税款的行为。本罪的暴力，既可针对人身而实施，也可表现为砸毁税务机关使用的交通工具、聚众冲击打砸税务机关的行为。所谓威胁，是指以杀害、伤害其本人或亲属，毁坏财产，损害其名誉等言词对征税工作人进行精神强制，且具有付诸实施的可能性，假如行为人一时激动讲了气话，并无将威胁的内容付诸实施的意图，不能认为是威胁。(3) 上述行为在税务工作人员执行职务期间实施。对税务工作人员采取暴力、威胁方法，如果与其依法执行职务行为无关，或者不是在征税期间发生，则不构成本罪。

3. 主体是特殊主体，指纳税人和扣缴义务人。单位不能成为本罪主体，如果单位领导决定并指使他人或者亲自参与使用暴力、威胁方法，为单位抗拒缴纳税款的，实施单罚制，只处罚其直接负责的主管人员和其他直接责任人员，不处罚单位。

4. 主观方面是故意，且具有抗拒缴纳税款的目的。

(二) 抗税罪的认定

1. 本罪与非罪的界限。抗税案件在情节和危害程度上差别很大，不能认为凡是抗税行为都作犯罪处理。根据《税收征收管理法》第 45 条的规定，抗税情节轻微，未构成犯罪的，由税务机关追缴应缴的税款，并处以拒缴税款 5 倍以下的罚款。因此，对于抗税情节显著轻微危害不大的，应根据刑法典第 13 条中“但书”的规定，认定为无罪。

2. 关于以暴力方法抗税致人重伤、死亡案件的处理。这种情形属于想象竞合犯，应根据竞合各罪的轻重程度的不同进行具体分析，择一重罪处断。

（三）抗税罪的处罚

根据刑法典第 202 条和第 212 条的规定，犯本罪的，处 3 年以下有期徒刑或者拘役，并处拒缴税款 1 倍以上 5 倍以下的罚金；情节严重的，处 3 年以上 7 年以下有期徒刑，并处拒缴税款 1 倍以上 5 倍以下的罚金。在对判处罚金的犯罪分子执行罚金前，应当先由税务机关追缴所逃避的税款。

三、逃避追缴欠税罪

（一）逃避追缴欠税罪的概念与特征

逃避追缴欠税罪，是指纳税人欠缴应纳税款，采取转移或者隐匿财产的手段，致使税务机关无法追缴欠缴的税款，数额较大的行为。该罪具有以下构成特征：

1. 侵犯的客体是国家的税收征管制度。

2. 客观方面表现为：（1）行为人在有能力纳税的情况下，未经税务机关批准，故意不按法定期限和税额纳税，欠缴应纳税款。（2）在税务机关对其采用扣押、冻结、拍卖等强制措施追缴欠缴的税款之前或之时，纳税人（行为人）采取隐匿或转移财产的手段，逃避税务机关追缴。（3）逃避追缴的欠缴税款的数额比较大，为 1 万元以上。如果数额不足 1 万元，不能定为犯罪，只能由税务机关依据税收征管法规处以罚款。

3. 主体是特殊主体，即欠税人。欠税人是指欠缴应纳税款的纳税人，包括法人和公民个人。除欠缴税款的纳税人之外，其他人包括扣缴义务人以及不欠税款的纳税人等都不能成为本罪的主体。

4. 主观方面是直接故意，并且有逃避缴纳应纳税款的目的。如果出于其他目的转移或隐匿财产，不能构成逃税罪。

（二）逃避追缴欠税罪的刑事责任

依据刑法典第 203 条的规定，逃税数额在 1 万元以上不满 10 万元的，处 3 年以下有期徒刑或拘役，并处或单处欠缴税款 1 倍以上 5 倍以下罚金。如果是单位犯罪，对单位处罚金，对直接主管人员或直接责任人员处 3 年以下有期徒刑或拘役；逃税数额在 10 万元以上的，处 3 年以上 7 年以下有期徒刑，并处欠缴税款 1 倍以上 5 倍以下罚金。单位犯罪的，对单位判处罚金，对直接负责的主管人员或直接责任人员按上述规定定罪处罚。

四、骗取国家出口退税罪

（一）骗取国家出口退税罪的概念与特征

骗取国家出口退税罪，是指行为人利用国家出口退税制度，以假报出口或其他欺骗手段，骗取国家出口退税款数额较大的行为。该罪具有以下构成特征：

1. 犯罪客体是国家出口退税的管理制度和国家财产所有权。所谓出口退税，指税务机关根据国家法律、法规和政策的规定，对于在国内已征收税款的产品，在其出口时，将已征收税款予以全部或者部分返还的制度。

2. 客观方面表现为采取假报出口或其他欺骗手段，骗取国家出口退税款，数额较大的行为。行为的具体表现方式主要有：（1）假报出口，将销往国内的商品假报为出口，骗取出口退款税。（2）虚报出口，把少量出口的商品虚报为大量出口或全部出口，或虚报商品价格，增加出口退税款数额。(3) 伪造、变造、涂改报关单、销售发票，征税证明，结汇单等凭证，冒领或多领出口退税款。(4) 内外勾结，代开假支票、假完税证明、假销售发票的票证，骗取出口退税款。不论采用哪一种欺骗手段，只要骗取数额较大，就可构成本罪。

3. 本罪是一般主体。自然人与单位均可构成。单位并不仅限于具有出口经营权并承担出口创汇任务的企业或者生产、经营出口商品的企业、事业单位，其他不具有出口经营权的单位亦可构成。

4. 主观方面是直接故意，一般具有获取非法利益的目的。如果是出于疏忽大意的过失或由于不了解出口退税制度的有关规定，多报多领出口退税款的，应由税务机关追缴多领取的款项，不构成骗取国家出口退税罪。

(二) 骗取出口退税罪的认定

骗取出口退税罪的认定应注意与偷税罪的竞合问题。根据刑法典第 204 条的规定，如果纳税人纳税以后，采取假报出口或者其他欺骗手段，骗取所缴纳的税款的，按偷税罪定罪处罚；行为人骗取国家出口退税款，骗取税款超过所缴纳的税款部分，应定骗取出口退税罪。但是，如果一次骗税行为，骗取税款超过所缴纳税款，其骗取所纳税款构成偷税罪，超过所纳税款的部分构成骗取出口退税罪，是择一重罪处罚还是数罪并罚呢？一行为同时触犯数个罪名是想象的竞合犯，根据想象竞合犯处罚原则，应当择一重罪处断。

(三) 骗取出口退税罪的刑事责任

根据刑法典第 204 条、第 211 条和第 212 条的规定，犯本罪的，处 5 年以下有期徒刑或者拘役，并处骗取税款 1 倍以上 5 倍以下的罚金；数额巨大或者有其他严重情节的，处 5 年以上 10 年以下有期徒刑，并处骗取税款 1 倍以上 5 倍以下的罚金；数额特别巨大或者有其他特别严重情节的，处 10 年以上有期徒刑或者无期徒刑，并处骗取税款 1 倍以上 5 倍以下的罚金或者没收财产。单位犯本罪的，对单位判处罚金，并对其直接负责的主管人员和其他直接责任人员，依照上述规定处罚。对被判处罚金、没收财产的，在执行前，应当先由税务机关追缴税款和所骗取的出口退税款。

五、虚开增值税专用发票、用于骗取出口退税、抵扣税款发票罪

(一) 虚开增值税专用发票、用于骗取出口退税、抵扣税款发票罪的概念与特征

虚开增值税专用发票、用于骗取出口退税、抵扣税款发票罪是指行为人违反国家有关发票管理的规定，虚开增值税专用发票，或者虚开用于骗取出口退税、抵扣税款的其他专用发票，危害国家税收管理制度的行为。本罪的主要特征是：

1. 侵犯的客体是国家的发票管理制度和税收征管制度。所谓国家的发票管理制度，是指国家对作为商品经济交往中最基本的商事凭证——发票的印制、领购、开具、保管和检查管理制度的总称。本罪的行为对象是增值税专用发票、用于骗取出口退税和抵扣税款发票。所谓增值税专用发票，是指国家税务部门根据增值税征收管理需要，兼记货物或者劳务所负担的增值税税额而设定的一种专用发票。所谓其他可用于骗取出口退税、抵扣税款的发票，是指除增值税专用发票外，其他可用于骗取出口退税、抵扣税款的农产品收购发票、废旧物质回收发票、运输发票等。

2. 客观方面表现为虚开增值税专用发票或者虚开可用于骗取出口退税款、抵扣税

款的其他发票的行为。所谓虚开，是指行为人开具与实际销售商品品种、数量、单价、总价等严重不符的增值税专用发票及其他特种发票，有时甚至并没有实际销售商品，仍开具增值税专用发票及其他特种发票。虚开发票的行为，包括为他人虚开、为自己虚开、让他人为自己虚开、介绍他人虚开四种虚开方式。只要有其中一种行为就可构成犯罪，兼有数种虚开行为可视为严重情节。

3. 本罪是一般主体。自然人与单位均可构成。

4. 主观方面是直接故意，且具有获取非法利益的目的。

（二）虚开增值税专用发票、用于骗取出口退税、抵扣税款发票罪的刑事责任

依据刑法典第 205 条的规定，构成犯罪的，处 3 年以下有期徒刑或拘役，并处 2 万元以上 20 万元以下的罚金；虚开的税款数额较大或者有其他严重情节的，处 3 年以上 10 年以下有期徒刑，并处 5 万元以上 50 万元以下罚金；虚开税款数额特别巨大或者有其他特别严重情节的，处 10 年以上有期徒刑或者无期徒刑，并处 5 万元以上 50 万元以下的罚金或没收财产；虚开增值税发票并骗取到国家税款，数额特别巨大，情节特别严重，给国家利益造成特别重大损失的，处无期徒刑或者死刑，并处没收财产。单位犯前述规定之罪的，依据双罚制原则，按上述规定处罚。

六、伪造、出售伪造的增值税专用发票罪

伪造、出售伪造的增值税专用发票罪，是指仿照增值税专用发票的式样，非法印制假增值税专用发票或者出售非法印制的假增值税专用发票的行为。本罪是选择性罪名，司法实践中应根据具体案情，选择适用或并合适用。本罪的主体可以是自然人，也可以是单位。根据刑法典第 206 条的规定，犯本罪的，处 3 年以下有期徒刑、拘役或者管制，并处 2 万元以上 20 万元以下罚金；数量较大或者有其他严重情节的，处 3 年以上 10 年以下有期徒刑，并处 5 万元以上 50 万元以下罚金；数量巨大或者有其他特别严重情节的，处 10 年以上有期徒刑或者无期徒刑，并处 5 万元以上 50 万元以下罚金或者没收财产。伪造并出售伪造的增值税专用发票，数量特别巨大，情节特别严重，严重破坏经济秩序的，处无期徒刑或者死刑，并处没收财产。单位犯本罪的，对单位判处罚金，并对其直接负责的主管人员和其他直接责任人员，处 3 年以下有期徒刑、拘役或者管制；数量较大或者有其他严重情节的，处 3 年以上 10 年以下有期徒刑；数量巨大或者有其他特别严重情节的，处 10 年以上有期徒刑或者无期徒刑。

七、非法出售增值税专用发票罪

非法出售增值税专用发票罪，是指违反国家发票管理法规，非法出售增值税专用发票的行为。本罪的主体，自然人或单位均可构成。根据刑法典第 207 条和第 211 条的规定，犯本罪的，处 3 年以下有期徒刑、拘役或者管制，并处 2 万元以上 20 万元以下的罚金；数量较大的，处 3 年以上 10 年以下有期徒刑，并处 5 万元以上 50 万元以下罚金；数量巨大的；处 10 年以上有期徒刑或者无期徒刑，并处 5 万元以上 50 万元以下罚金或者没收财产。单位犯本罪的，对单位判处罚金，并对其直接负责的主管人员和其他直接责任人员，依照上述规定处罚。

八、非法购买增值税专用发票、购买伪造的增值税专用发票罪

非法购买增值税专用发票罪、购买伪造的增值税专用发票罪，是指故意违反国家发票管理法规，非法向税务机关以外的、无权出售增值税专用发票的单位或个人购买增值

税专用发票或者购买伪造的增值税专用发票的行为。本罪属选择性罪名，司法实践中应根据具体案情，选择适用或并合适用。

本罪的主体，可以是自然人，也可以是单位。主观方面是直接故意，即行为人明知对方无权出售增值税专用发票或明知购买的发票是伪造的，并且希望购买。如行为人对自己购买行为的非法性质无认识，误认为是合法购买，或者在合法购买过程中，买到假发票的，都不能认定为犯罪。根据刑法典第 208 条和第 211 条的规定，犯本罪的，处 5 年以下有期徒刑或者拘役，并处或者单处 2 万元以上 20 万元以下罚金。单位犯本罪的，对单位判处罚金，并对其直接负责的主管人员和其他直接责任人员，依照上述规定处罚。非法购买增值税专用发票或者购买伪造的增值税专用发票又虚开或者出售的，应分别依照刑法典第 205 条规定的虚开增值税专用发票罪、第 206 条规定的出售伪造的增值税专用发票罪以及第 207 条规定的非法出售增值税专用发票罪定罪处罚。

九、非法制造、出售非法制造的用于骗取出口退税、抵扣税款发票罪

非法制造、出售非法制造的用于骗取出口退税、抵扣税款发票罪，是指故意违反国家发票管理法规，伪造、擅自制造或者出售伪造、擅自制造的可以用于骗取出口退税、抵扣税款的非增值税专用发票的行为。本罪是选择性罪名，司法实践中应根据具体案情，选择适用或并合适用。自然人或单位均可构成。根据刑法典第 209 条第 1 款和第 211 条的规定，犯本罪的，处 3 年以下有期徒刑、拘役或者管制，并处 2 万元以上 20 万元以下罚金；数量巨大的，处 3 年以上 7 年以下有期徒刑，并处 5 万元以上 50 万元以下罚金；数量特别巨大的，处 7 年以上有期徒刑，并处 5 万元以上 50 万元以下罚金或者没收财产。单位犯本罪的，对单位判处罚金，并对其直接负责的主管人员和其他直接责任人员，依照上述规定处罚。

十、非法制造、出售非法制造的发票罪

非法制造、出售非法制造的发票罪，指故意违反国家发票管理法规，伪造、擅自制造或者出售伪造、擅自制造的非用于骗取出口退税、抵扣税款的其他发票的行为。本罪是选择性罪名，司法实践中应根据具体案情，选择适用或并合适用。自然人或单位均可构成。根据刑法典第 209 条第 2 款、第 211 条的规定，犯本罪的，处 2 年以下有期徒刑、拘役或者管制，并处 1 万元以上 5 万元以下罚金；情节严重的，处 2 年以上 7 年以下有期徒刑，并处 5 万元以上 50 万元以下罚金。单位犯本罪的，对单位判处罚金，并对其直接负责的主管人员和其他直接责任人员，依照上述规定处罚。

十一、非法出售用于骗取出口退税、抵扣税款发票罪

非法出售用于骗取出口退税、抵扣税款发票罪，指故意违反国家发票管理法规，非法出售可以用于骗取出口退税、抵扣税款的非增值税专用发票的行为。本罪是选择性罪名，司法实践中应根据具体案情，选择适用或并合适用。根据刑法典第 209 条第 3 款和第 211 条的规定，犯本罪的，处 3 年以下有期徒刑、拘役或者管制，并处 2 万元以上 20 万元以下罚金；数量巨大的，处 3 年以上 7 年以下有期徒刑，并处 5 万元以上 50 万元以下罚金；数量特别巨大的，处 7 年以上有期徒刑，并处 5 万元以上 50 万元以下罚金或者没收财产。单位犯本罪的，对单位判处罚金，并对其直接负责的主管人员和其他直接责任人员，依照上述规定处罚。

十二、非法出售发票罪

非法出售发票罪，是指故意违反国家发票管理法规，非法出售除增值税专用发票，可以用于骗取出口退税、抵扣税款发票以外的普通发票的行为。根据刑法典第 209 条第 4 款的规定，犯本罪的，处 2 年以下有期徒刑、拘役或者管制，并处或者单处 1 万元以上 5 万元以下罚金；情节严重的，处 2 年以上 7 年以下有期徒刑，并处 5 万元以上 50 万元以下罚金。单位犯本罪的，对单位判处罚金，并对其直接负责的主管人员和其他直接责任人员，依照上述规定处罚。

第八节　侵犯知识产权罪

侵犯知识产权罪，是指违反知识产权法的规定，侵犯他人知识产权，情节严重的行为。根据刑法典第 213 条到第 219 条的规定，此类犯罪共涉及罪名 7 个。

一、假冒注册商标罪

（一）假冒注册商标罪的概念与特征

假冒注册商标罪是指违反国家商标管理法规，未经注册商标所有者许可，在同一种商品上使用与其注册商标相同的商标，情节严重的行为。本罪的构成特征是：

1. 侵犯的客体是复杂客体，既侵犯国家商标管理制度，同时也侵犯了他人的注册商标专用权。商标是商品生产者或经营者为使自己的商品与他人的同种商品相区别而使用的文字、图形或文字图形相结合的标记。商标是商品经济的产物，商品的生产者或经营者为了在商品经济中求得生存，必然会竭尽全力打造自己的商品，由此创立有影响的品牌。当这一品牌成为人所共知的名牌后，消费者就以商标作为其购买这种商品的向导，所以它不仅是某一商品与其他同种商品相区别的标记，还可以为商标所有者带来经济效益。因此国家鼓励争创名牌的行为，对商标实行注册制度。某一商标只要向商标管理机关申请注册登记并获批准，这一商标即可受到法律的保护，注册者也随即取得商标的所有权，未经商标所有权人许可，任何人不得在同一种商品上使用这一商标，这就是商标所有权人的专用权。未经商标所有者同意而擅自使用注册商标，一方面为商标所有者带来经济上的损失和名誉上的损害，同时也破坏了国家的商标管理制度，不利于建立良好的竞争机制，维护正常的经济秩序，还侵犯消费者的合法权益。本罪的犯罪对象是已在国家商标管理部门注册的商标标识。未经注册的商标不受法律保护，使用者不依法享有专用权，即使被他人使用，也不存在假冒注册商标罪的问题。

2. 客观方面表现为违反国家商标管理法规，未经商标所有者许可，在同一种商品上使用与其注册商标相同的商标，情节严重的行为。具体包括以下几个方面的内容：(1) 行为人必须违反了国家商标管理法规，如果行为人的行为不是我国商标管理法规所禁止的，那么就不构成本罪。(2) 行为人未经商标所有者许可而使用其注册商标。“未经许可”是本罪成立的前提条件，也是其本质所在。因为商标所有者的权利包括对商标的使用权、转让权、许可他人使用权等，经其同意的使用行为是受法律保护的。所以成立本罪必须具备的条件就是未经商标所有者的许可。(3) 行为人实施了在同一种商品上使用与他人注册商标相同的商标的行为。在同一种商品上使用，使用的商标与他人的注册商标完全相同，是构成本罪的必备内容。在不同的商品上使用相同的商标，在同一种商品上使用相似的商标，在类似的商品上使用相似的商标等，都不能构成本罪，而属于一般的商标侵权行为。(4) 行为人使用他人的注册商标，必须是在有效期内的商标。我国《商标法》规定，注册商标的有效期是10年，自注册申请被批准之日起计算。10年届满如果没有申请续展，则商标的注册将被注销，商标专用权丧失。如果按时申请了续展并或批准，则得以续展有效期，续展次数不受限制。所以使用有效期已满而又未申请续展的商标，不构成假冒注册商标罪。(5) 假冒注册商标的行为必须是情节严重的，这是区分犯罪与一般违法行为的主要界限。情节严重一般是指违法所得数额较大或者非法经营数额较大的行为，如生产者、经营者假冒他人商标违法所得数额在2万元以上、非法经营数额在10万元至20万元以上的；假冒他人注册商标，已被工商行政管理部门给予两次行政处罚的；假冒他人注册商标造成严重后果或产生恶劣的社会影响、国际影响的；假冒他人已经注册的人用药品商标的；给注册商标所有者造成重大经济损失的。

3. 主体是一般主体，单位和自然人都可成为本罪的犯罪主体。国有企业、私营企业、外资企业或个体工商户都可以成为本罪的主体。有营业执照的个体工商户和没营业执照的个体工商户也都可以是本罪的主体。而且不只是国内的，港、澳、台地区甚至外国单位和自然人的都可成为本罪的主体。

4. 主观方面只能是故意，即明知是他人的注册商标而在同一种商品上使用相同的商标。如果行为人不知是他人已注册而使用，则不构成本罪。一般说来行为人是为了获取非法的经济利益而实施此行为，但这并不是构成本罪的必备要件。不管出于什么目的(或许是为了破坏其他企业的形象，或许是为了败坏他人商品声誉）只要是故意的，就符合本罪的主观要件。

(二) 假冒注册商标罪的认定

1. 罪与非罪的界限。区分假冒注册商标罪的罪与非罪，主要应从以下几个方面来认定：(1) 从犯罪对象上区分。假冒注册商标罪的犯罪对象必须是已经注册的商标，未经注册的商标不受法律的保护，使用这种商标也不构成本罪。(2) 从注册商标的使用形式和范围来区分。假冒注册商标罪是在同一种商品上使用相同的注册商标。在不同的商品上使用相同的注册商标，在类似的商品上使用相同的注册商标，或是在同一种商品上使用类似的商标，都不构成本罪。(3) 从行为的情节上区分。假冒注册商标罪必须是情节严重的行为。如果没有严重情节，而是情节轻微，危害不大的，只承担民事责任或给予行政处罚，不构成犯罪。(4) 从行为人的主观方面上区分。构成本罪的主观要件是故意，如果行为人不知道是已注册的商标而使用，过失地使用已注册的商标，不构成本罪。

2. 此罪与彼罪的界限。(1) 本罪与生产销售伪劣产品罪的界限。首先，二者侵犯的客体不同。假冒注册商标罪侵犯的客体是国家的商标管理制度和注册商标所有者的专用权；而生产销售伪劣产品罪侵犯的客体是国家对产品质量的监管制度和企业与广大消费者的合法权益。其次，二者的犯罪对象不同。假冒注册商标罪的犯罪对象是注册商标；生产销售伪劣产品罪的犯罪对象是伪劣产品。实践中，行为人为攫取非法利润，在生产销售伪劣产品的同时，往往使用他人的注册商标，以促进伪劣产品的销售。所以假冒注册商标是行为人生产销售伪劣产品的手段，属于牵连犯，从一重罪处断。(2) 本罪与诈骗罪的界限。首先，二者侵犯的客体不同。假冒注册商标罪侵犯的客体是国家的商标管理制度和注册商标所有者的专用权；而诈骗罪侵犯的客体是公私财物的所有权。其次，二者的客观方面不尽相同。假冒注册商标罪表现为违反商标管理法规，未经商标所有者许可，擅自使用注册商标的行为；而诈骗罪的表现为隐瞒真相或虚构事实，使对方“自愿”地将财物拿出来。再次，二者的目的不同。假冒注册商标罪的目的是获取非法利益；而诈骗罪的目的是骗取他人财物。

（三）假冒注册商标罪的刑事责任

根据刑法典第213条和第220条的规定，犯本罪的，处3年以下有期徒刑或者拘役，并处或者单处罚金；情节特别严重的，处3年以上7年以下有期徒刑，并处罚金。单位犯本罪的，对单位判处罚金，对直接负责的主管人员和其他直接责任人员，依照个人犯本罪的刑罚标准处罚。

二、销售假冒注册商标的商品罪

（一）销售假冒注册商标的商品罪的概念与特征

销售假冒注册商标的商品罪是指违反国家商标管理法规，销售明知是假冒注册商标的商品，销售金额较大的行为。本罪具有以下特征：

1. 侵犯的客体是国家的商标管理制度和商标所有者的专用权。犯罪对象是假冒注册商标的商品。

2. 客观方面表现为违反国家商标管理法规，销售假冒注册商标的商品的行为。具体有以下内容：（1）行为人的行为是我国商标管理法规所禁止的。（2）行为人销售假冒注册商标的商品，销售手段可以是批发、零售、代售、贩卖。（3）销售金额较大。

3. 主体是一般主体，既可以是单位，也可以是自然人。

4. 主观方面是故意，即明知是假冒注册商标的商品而予以销售。行为人是否具备这种“明知”，是区分罪与非罪的主要标志。

（二）销售假冒注册商标的商品罪的认定

1. 本罪与假冒注册商标罪的界限。二者的区别主要体现在客观方面：（1）本罪的核心在于销售，而假冒注册商标罪的核心在于生产制造。实践中常出现的情况是行为人在某一商品上假冒注册商标并予以销售，两个行为之间存在吸收关系，为吸收犯，成立假冒注册商标罪。当然，这是在同一种商品上进行假冒注册商标和销售的情形。如果行为人在一种商品上假冒注册商标，对另一种假冒注册商标的商品进行销售，则成立两罪，实行数罪并罚。（2）构成犯罪的情节不同。本罪要求销售金额较大，而假冒注册商标罪的“情节严重”有多个衡量标准，销售金额只是其中一方面。另外，二者的犯罪对象也不同。本罪的犯罪对象是假冒注册商标的商品，而假冒注册商标罪的犯罪对象是注册商标。

2. 本罪与生产销售伪劣产品罪的界限。二者的区别有：（1）客观行为上，本罪只是销售，而生产销售伪劣产品罪还包括生产行为。（2）犯罪对象上，本罪针对的是假冒注册商标的商品，并不一定是法律所规定的伪劣产品；而生产销售伪劣产品罪的对象是伪劣产品，却不一定假冒注册商标。如果销售的商品既是伪劣产品，又假冒注册商标，则是法条竞合，从一重罪处罚。

（三）销售假冒注册商标的商品罪的刑事责任

根据刑法典第214条和第220条的规定，犯本罪的，处3年以下有期徒刑或者拘役，并处或者单处罚金；销售金额数额巨大，处 3 年以上 7 年以下有期徒刑，并处罚金。单位犯本罪的，对单位判处罚金，并对直接负责的主管人员和其他直接责任人员，依照上述规定处罚。

三、非法制造、销售非法制造的注册商标标识罪

（一）非法制造、销售非法制造的注册商标标识罪的概念与特征

非法制造、销售非法制造的注册商标标识罪，是指伪造、擅自制造他人注册商标标识或者销售伪造、擅自制造的注册商标标识，情节严重的行为。本罪具有以下构成特征：

1. 侵犯的客体是复杂客体，既侵犯了他人的注册商标专用权，又侵犯了国家对注册商标的管理秩序。

2. 客观方面表现为违反国家对商标的管理法规，实施伪造、擅自制造他人已经注册的商标标识，以及销售非法制造的商标标识的行为。具体包括以下内容：（1）行为人的行为是国家商标管理法规所禁止的。（2）行为人的行为包括伪造、擅自制造以及销售非法制造的他人已注册的商标标识。伪造，指按照他人已注册的商标标识而制造出假的商标标识，即按已注册商标标识的文字、图形及其组合进行仿制的行为。擅自制造是指被授权制造商标标识的印刷单位，在合同确定的印数外，又私自加印商标标识的行为。销售非法制造的商标标识是指明知是伪造或非法制造的商标标识而予以销售的行为，销售包括批发、零售、代售、贩卖等形式。（3）行为人非法制造和销售非法制造的商标标识的行为必须是情节严重的。情节严重，一般是指经工商行政管理机关处罚两次后又实施这些行为的；非法制造和销售非法制造的已经注册的人用药品注册商标标识的；非法制造和销售非法制造的驰名商标标识的；行为人的行为给权利人带来声誉和财产上的重大损失等情形之一。

3. 主体是一般主体，包括自然人和单位。但其中的擅自制造行为，一般来讲，只能由被授权印刷的单位及其自然人才能完成。

4. 主观方面是故意，即明知是他人的注册商标标识而进行伪造、擅自制造，或明知是非法制造的注册商标标识而予以销售。

（二）非法制造、销售非法制造的注册商标标识罪的刑事责任

根据刑法典第 215 条和第 220 条的规定，犯本罪的，处 3 年以下有期徒刑、拘役或者管制，并处或者单处罚金；情节特别严重的，处 3 年以上 7 年以下有期徒刑，并处罚金。单位犯本罪的，对单位判处罚金，并对直接负责的主管人员和其他直接责任人员，依照上述规定处罚。

四、假冒专利罪

（一）假冒专利罪的概念与特征

假冒专利罪是指违反国家专利法规，假冒他人专利，情节严重的行为。假冒专利罪的构成具有以下特征：

1. 侵犯的客体是复杂客体，既侵犯了他人的专利权，同时又侵犯了国家对专利的管理制度。犯罪对象必须是他人已经申请并获得国家批准的专利。专利是指通过法定程序申请并经国家专利管理机关批准，授予申请人在法定期限内对之享有独占权的发明创造。它包括发明、实用新型和外观设计。专利还有一层含义是指专利权，即申请专利并

或批准的所有者对专利享有独占权、使用权、转让权、许可权、放弃权等。国家设立专利制度是为了鼓励人们去创造，为社会创造价值。但这种能为人们的工作生活带来便利和效率的发明创造并不是哪个人都可以随便使用的。因为国家的专利制度更重要的一个作用是对智慧成果给予肯定并用法律的手段予以保护。所以，假冒他人专利一方面侵犯了专利权人的专用权，另一方面又破坏了国家对专利进行管理的制度。

2. 客观方面表现为行为人违反国家专利法规，在专利有效期限内，未经专利权利人许可，假冒他人的专利，情节严重的行为。其主要内容有：(1) 行为人的行为违反了国家的专利法规。(2) 行为人的行为未经专利权人许可。因为专利权包括许可权，所以经专利权人同意而使用专利的行为是合法的，受到法律的保护。(3) 行为人实施了假冒专利的行为。具体而言，包括生产与专利产品相似的产品，以假乱真，使消费者误以为是专利产品；在自己的产品上加上他人的专利标识和专利号；利用虚假、欺骗手段将自己登记为专利权的所有人、受让人、使用人等；擅自将他人的专利用于生产、制造产品；以自己的非专利技术冒充他人的专利技术欺骗生产者等。(4) 行为人的行为是在专利有效期内进行的。我国《专利法》规定，发明专利权的期限为 20 年，实用新型专利权和外观设计专利权的期限为 10 年，均自申请日起计算。专利期限届满之后，该项发明创造不再作为专利予以保护。(5) 行为人假冒他人专利的行为，必须是情节严重。"情节严重"有两种情况：一是销售金额在 5 万元以上，二是有其他严重情节，包括非法经营数额较大，多次假冒他人专利，经处罚后仍不改正，假冒他人专利后果严重，国家工作人员利用职务上的便利假冒他人专利等。

3. 主体是一般主体，既可以是自然人，也可以是单位。

4. 主观方面为故意，即明知他人的专利在法定有效期内，不经专利权人同意而假冒，并且往往具有获取非法利益的目的。但是这种目的并不是犯罪构成的要件，因为实践中可能有人是为了毁坏他人名誉或使自己出名而假冒他人专利。

(二) 假冒专利罪的认定

1. 罪与非罪的界限。(1) 区分本罪与一般违法行为。关键在于是否达到情节严重，若情节不严重，则是一般的违法行为，承担民事责任或给予行政处罚。(2) 区分本罪与非专利侵权行为。根据我国《专利法》第 62 条的规定，下列行为不属于专利侵权行为：第一，专利权人制造或者经专利权人许可制造的专利产品售出后，使用或销售该产品。第二，使用或销售不知道是未经专利权人许可而制造并售出的专利产品。第三，在专利申请日前已经制造相同产品、使用相同方法或者已经做好制造、使用的必要准备，并且仅在原有范围内继续制造、使用的。第四，临时通过中国领土、领水、领空的外国运输工具，依照其所属国同中国签订的协议或者共同参加的国际条约，或者依照互惠原则，为运输工具自身需要而在其装置和设备中使用有关专利的。第五，专为科学研究和实验而使用有关专利的。

2. 此罪与彼罪的界限。(1) 本罪与虚假广告罪的区别。两罪的相同之处在于都是以假充真。它们的区别主要是：首先，侵犯的客体不同。本罪侵犯的客体是专利权人的专用权和国家专利管理制度；虚假广告罪侵犯的客体是消费者的合法权益和国家的广告管理制度。其次，犯罪对象不同。本罪的犯罪对象是他人的专利；而虚假广告罪没有犯罪对象，因为广告是一种行为，行为不能成为犯罪对象，所以虚假的广告也不能成其为犯罪对象。再次，主体不同。本罪的主体是一般主体；虚假广告罪的主体是特殊主体，即广告主、广告经营者、广告发布者，既可以是自然人，也可以是单位。并且，在实际生活中，广告主、广告经营者、广告发布者三者有出现重合的情况。司法实践中，有行为人在发布广告的同时，声称自己的产品或技术已获得某项实际上属于他人的专利，以此欺骗消费者。行为人的一个行为既是做虚假广告，又假冒了他人的专利，属于法条竞合的情况，择一重罪论处。(2) 本罪与诈骗罪的区别。首先，二者侵犯的客体不同。本罪侵犯的客体是专利权人的专用权和国家专利管理制度；而诈骗罪侵犯的客体是公私财物的所有权。其次，从客观方面看，本罪的客观方面表现为在生产、经营过程中假冒他人专利，以此谋利；而诈骗罪在客观上一般不是经营性的活动，而多为一次性的行为。并且，本罪要求情节严重才成立，而诈骗罪无此要求。再次，二者的主观目的不同。本罪的目的是从犯罪行为中获取非法利润；而诈骗罪是骗取他人的财物。

(三) 假冒专利罪的刑事责任

根据刑法典第 216 条和第 220 条的规定，犯本罪的，处 3 年以下有期徒刑或者拘役，并处或者单处罚金。单位犯本罪的，对单位判处罚金，并对直接负责的主管人员和其他直接责任人员，依照上述规定处罚。

五、侵犯著作权罪

(一) 侵犯著作权罪的概念与特征

侵犯著作权罪，是指以营利为目的，违反著作权法规定，未经著作权人或与著作权有关的权益人许可，复制发行其作品，出版他人享有专有出版权的图书，复制发行其制作的音像制品，或者销售假冒他人署名的美术作品，违法所得数额较大或者有其他严重情节的行为。本罪具有以下构成特征：

1. 侵犯的客体是著作权及与之相关的权益。所谓著作权，是指公民依法对文学、艺术、科学作品所享有的各种权利的总称。它包括人身权和财产权。人身权指作者对其作品依法享有的发表权、署名权、修改权和保护作品完整权；财产权指使用作品获得报酬的权利以及许可他人使用作品，并由此获得报酬的权利。所谓与著作权相关的权益是指对作品加以表演、录音、录像、传播等行为所产生的权利，即著作邻接权。著作权及其相关权益是对行为人创作成果的一种肯定和保护。若未经著作权人许可而擅自发表其作品，在其作品上署自己的名字，或修改作品等，则侵犯了著作权人的人身权，对其声誉造成损失。若将著作权人的作品擅自进行复制销售，则使盗版作品混迹于市，严重影响正版作品的销售，侵犯了著作权人的财产权。本罪的犯罪对象，包括文学作品、口述作品、戏剧作品、音乐作品、曲艺作品、舞蹈作品、美术作品、摄影作品、电影、电视、录像作品、工程设计、产品设计图纸及其说明、地图、示意图等图形作品。

2. 客观方面表现为违反著作权管理法规，侵犯他人著作权，违法所得数额较大或者有其他严重情节的行为。主要有以下内容：

(1) 行为人实施的侵犯他人著作权的行为，必须是违反著作权管理法规的行为，这是本罪成立的前提。其违反的著作权管理法规，既包括我国的《著作权法》，也包括我国缔结或参加的国际条约、国际公约和国际协定。刑法典第 9 条规定："对于中华人民共和国缔结或者参加的国际条约所规定的罪行，中华人民共和国在所承担条约义务的范围内行使刑事管辖权，适用本法。"我国《民法通则》第 142 条第 2 款也规定："中华人民共和国缔结或者参加的国际条约同中华人民共和国的民事法律有不同规定的，适用国际条约的规定，但中华人民共和国声明保留的条款除外。”

（2）行为人的行为未经著作权人的许可。因为著作权人可以通过委托合同、授权使用行为或者转让行为使他人合法地使用其著作甚至享有著作权的全部内容，所以只有未经著作权人的同意而使用的行为，才构成侵犯著作权罪。

（3）行为人必须实施了侵犯他人著作权的具体行为。根据刑法典第 217 条的规定，侵犯著作权罪的客观行为表现有以下几种情况：①未经著作权人许可，复制发行其文学作品，音乐、电影、电视、录像作品，计算机软件及其作品。所谓复制，是指以印刷、临摹、拓印、录音、录像、翻录、翻拍等方式将作品制造一份或多份的行为。所谓发行，是指通过批发、出售、出租等方式将一定数量的作品复制件向公众传播的行为。实践中，复制与发行两个行为应同时具备。如果不复制，则无物可以发行，复制是侵犯著作权的第一步，也是必要要件。如果只复制而不发行，则不可能营利，也不存在侵权的问题。有一种情况，即发行他人复制的侵权复制品，如果不是侵犯著作权罪的共犯，这一行为应构成销售侵权复制品罪而非本罪。②出版他人享有专有出版权的图书。所谓出版是指将作品编辑加工后，经过复制向公众发行的行为。所谓专有出版权的图书，是指图书出版者根据与著作权人签订的图书出版专有合同，对著作权人交付出版的作品在合同指定的时间和地区内以图书形式出版的独占权利。因为享有专有出版权的主体的权利是一种独占权，所以其他人未经其同意而出版的行为，都属于侵权行为。③未经录音录像制作者许可，复制发行其制作的录音录像制品。根据著作权法的规定，录音录像的制作者对其作品，享有许可他人复制发行并获得报酬的权利，这种邻接权的保护期为 50 年。在这一保护期内，未经制作者同意而擅自翻录、大量出售、出租的行为则侵犯了录音录像制作者的专有出版权。④制作、出售假冒他人署名的美术作品。所谓美术作品，包括绘画、书法、雕塑、建筑、工艺美术等。这一行为在司法实践中，主要有以下三种方式：一是临摹他人的美术作品，然后署上他人的名字出售；二是将自己的美术作品署上他人的名字，冒充是他人的美术作品出售；三是将其他人的美术作品署上名家的名字，假冒是名家的美术作品而出售。

（4）行为人的行为必须是在著作权的法定保护期限内实施。根据我国《著作权法》的规定，公民的作品，其发表权、使用权和获得报酬权的保护期限为作者终生及其死后 50 年，截止到作者死后第 50 年的 12 月 31 日。法人或者非法人单位享有的职务作品，其发表权、使用权和获得报酬权的保护期限为 50 年，截止到作品首次发表后第 50 年的 12 月 31 日。但作品自创作完成后 50 年内未发表的，不受本法的保护。

（5）行为人的行为必须是违法所得数额较大或者有其他严重情节。参照最高人民法院 1995 年 1 月发布的相关司法解释，所谓违法所得数额较大，指个人违法所得在 2 万元以上，单位违法所得数额在 10 万元以上。所谓有其他严重情节，指有下列三种情况：一是因侵犯著作权曾经两次以上被追究行政责任或者民事责任；二是个人非法经营数额在 10 万元以上，单位非法经营数额在 50 万元以上；三是造成其他严重后果或者具有其他严重情节的。

3. 主体是一般主体，包括自然人和单位。

4. 主观方面是故意，并有营利的目的。具体表现为明知未经著作权人或与著作权有关的权益人的许可，而故意复制发行、出版或者制售其作品，以图牟取非法利益。不是处于营利的目的而擅自复制发行、出版或者制售他人作品的，不构成本罪。

（二）侵犯著作权罪的认定

1. 罪与非罪的界限。主要应从以下几个方面进行区分：（1）行为对象必须是受法律保护的作品，即是在《著作权法》规定的保护期限内实施了侵权行为才构成犯罪。（2）行为方式必须是刑法典第217条规定的四种法定行为，否则不构成本罪。例如对我国《著作权法》规定的下列几种侵权行为就不能认定为犯罪：剽窃、抄袭他人作品的；未经表演者许可，对其表演制作录音录像出版的；未经广播电台、电视台许可，转播、复制发行其制作的广播、电视节目的等。（3）主观上必须是处于故意，并且须有营利的目的。过失行为和不具有营利目的的行为都不构成本罪。（4）违法所得的数额和情节都必须符合一定的标准，如果行为人违法所得数额较小或不具有其他严重情节的，都不构成犯罪。

2. 此罪与彼罪的界限。（1）本罪与诈骗罪的区别。第一，二者侵犯的客体不同。本罪侵犯的客体是他人的著作权及与之相关的权益；诈骗罪侵犯的客体是他人的财产所有权。第二，二者的犯罪对象不同。本罪的犯罪对象是受著作权法保护的作品、图书、音像等，而诈骗罪的犯罪对象是公私财物。第三，二者的客观方面不同。本罪的客观行为是刑法典第217条所规定的四种行为，而诈骗罪并没有法定的具体行为，只要是虚构事实或隐瞒真相就成立。第四，二者的主观目的不同。本罪在主观上要求有营利的目的，而诈骗罪是为了骗取他人财物。第五，本罪要求违法所得数额较大或有其他严重情节，诈骗罪无此要求。在司法实践中，有为了骗取他人财物而仿制名家的美术作品的情况，属于法条竞合，应择一重罪论处。（2）本罪与生产销售伪劣产品罪的区别。首先，本罪违反的是著作权管理法规，而生产销售伪劣产品罪违反的是产品质量管理法规和工商行政管理法规。其次，本罪的客观方面表现为复制发行、非法出版、非法复制他人发行的作品及假冒、出售假冒他人署名的美术作品的行为，而生产销售伪劣产品罪客观上表现为以假充真、以次充好、以不合格产品冒充合格产品。再次，本罪要求违法所得金额达到一定数额或者有其他严重情节，而生产销售伪劣产品罪要求销售金额在5万元以上。（3）本罪与制作、复制、出版、贩卖、传播淫秽物品牟利罪的界限。首先，二者侵害的客体不同。本罪的客体是他人的著作权及与之相关的权益，而制作、复制、出版、贩卖、传播淫秽物品牟利罪的客体是国家对文化市场的管理秩序和社会主义道德风尚。其次，二者犯罪对象不同。本罪的犯罪对象是他人享有著作权的作品，是健康的，而制作、复制、出版、贩卖、传播淫秽物品牟利罪的犯罪对象是淫秽物品，是社会道德风尚和法律所不允许存在的。再次，本罪要求违法金额达到一定标准才成立犯罪，而制作、复制、出版、贩卖、传播淫秽物品牟利罪只要有牟利的目的，至于事实上是否谋取了利益则不影响犯罪的成立。

（三）侵犯著作权罪的刑事责任

根据刑法典第217条和第220条的规定，犯本罪的，处3年以下有期徒刑或者拘役，并处或者单处罚金；违法所得巨大或者有其他特别严重情节的，处3年以上7年以下有期徒刑，并处罚金。单位犯本罪的，对单位判处罚金，并对直接负责的主管人员和其他直接责任人员，依照上述规定处罚。所谓违法所得数额巨大，参照司法解释，指个人所得数额在 10 万元以上，单位违法所得数额在 50 万元以上。所谓有其他特别严重情节，指具有下列情形之一：因侵犯著作权曾被追究刑事责任，又侵犯著作权的；个人经营数额在 100 万元以上，单位非法经营数额在 500 万元以上的；造成其他特别严重后果或者有其他特别严重情节的。

六、销售侵权复制品罪

销售侵权复制品罪，是指以营利为目的，销售明知是侵犯他人著作权的复制品，违法所得数额巨大的行为。(1) 犯罪的客体是他人的著作权和与著作权有关的权益。(2) 客观方面表现为销售刑法典第 217 条所明确规定的各种侵权复制品的行为，并且违法所得数额巨大。销售包括批发、零售、代售、贩卖等形式。(3) 主体是一般主体，包括自然人和单位。(4) 主观方面表现为故意，并且具有营利的目的。根据刑法典第 218 条和第 220 条的规定，犯本罪的，处 3 年以下有期徒刑或者拘役，并处或者单处罚金。单位犯本罪的，对单位判处罚金，并对直接负责的主管人员和其他直接责任人员，依照上述规定处罚。

七、侵犯商业秘密罪

(一) 侵犯商业秘密罪的概念与特征

侵犯商业秘密罪，是指违反国家商业秘密保护法规，采用不正当的手段，非法获取、披露、使用权利人的商业秘密，给权利人造成重大损失的行为。侵犯商业秘密罪具有以下构成特征：

1. 侵犯的客体是商业秘密专用权。商业秘密是指不为公众所知悉，能为权利人带来经济利益，具有实用性并经权利人采取保密措施的技术信息和经营信息。商业秘密具有以下特点：(1) 信息性。即这些秘密本身是一种能为权利人带来经济利益的信息。(2) 经济性。这些秘密包含的是技术信息和经营信息，它们是企业在竞争中保持实力、战胜对手的看家法宝，有利于权利人的经营活动，能为其带来经济效益。(3) 实用性。即商业秘密不是什么空洞的口号、原则，而是切切实实可以运用于生产经营中的具体信息。(4) 秘密性。商业秘密是不为公众所知悉的，是权利人采用了一定方法予以保密的信息。若公之于世则没什么秘密可言，也不能成其为商业秘密。由商业秘密的概念和特征我们可以看出，商业秘密能增加权利人在市场竞争中的实力，能为其带来经济利益，使其在所从事的经济领域处于领先地位。并且，商业秘密不像专利权和著作权那样要公开，它的性质和特点之一就是保密性。所以，国家一方面赋予合法拥有者对这些商业秘密的专用权，以肯定和鼓励其积极性，另一方面，用法律的手段保护这些商业秘密，对侵犯商业秘密的行为进行处罚。

2. 客观方面表现为违反国家对商业秘密的管理法规，实施了以下三种侵犯商业秘密的行为，并给权利人造成了重大损失：(1) 以盗窃、利诱、胁迫或者其他不正当手段获取权利人的商业秘密。商业秘密的权利人指商业秘密的所有人和经商业秘密所有人许可的商业秘密使用人。盗窃，即采用秘密窃取的方法获得商业秘密。利诱，指对权利人以金钱、地位等好处进行引诱，使其透露商业秘密。威胁，即以人身、名誉、财产相威胁，对权利人进行精神强制，使其迫于压力而交出商业秘密。其他不正当手段包括以重金收买知悉秘密的人、高薪聘请秘密知情人等。一般来讲，实施这些行为的人多为权利人的竞争对手，他们为了获取经济利益，就寄希望于这些不正当手段以搞垮他人，提高自己的竞争实力。(2) 披露、使用或允许他人使用以前项手段获取的权利人的商业秘密。首先，行为人以盗窃、利诱、胁迫或者其他不正当手段获得了商业秘密；其次，行为人对这些商业秘密进行披露、使用或允许他人使用。(3) 违反约定或者违反权利人有关保守商业秘密的要求，披露、使用或者允许他人使用其所掌握的商业秘密。在这种情况下，首先行为人是通过合法途径知晓了权利人的商业秘密；其次，按照行为人与权利人的合同约定，行为人有保守秘密的义务；再次，行为人违反了约定，没有履行自己的义务，而向第三人披露、自己超出约定范围使用或允许他人使用等。实施这一行为，通常为与权利人有生产经营上的合作关系的一方当事人或是本企业内部因工作需要而获得商业秘密的技术人员、管理人员。

本罪是结果犯，必须是由于侵犯商业秘密而给权利人造成了重大损失才构成犯罪。如果损失不严重，可按照一般民事侵权行为处理。

(二) 侵犯商业秘密罪的认定

1. 罪与非罪的界限。罪与非罪的界限主要在于造成的损失是否严重。下列情况应认定给权利人造成了重大损失：(1) 侵犯他人商业秘密造成他人重大经济损失。(2) 侵犯他人商业秘密致使权利人丧失竞争优势，企业倒闭、破产。(3) 侵犯他人商业秘密致使权利人声誉、信誉严重受到影响。(4) 侵犯他人商业秘密致使权利人死亡，等等。

2. 此罪与彼罪的界限。(1) 本罪与为境外窃取、刺探、收买、非法提供国家秘密、情报罪的区别。

首先，二者侵害的客体不同。本罪的客体是商业秘密权；而为境外窃取、刺探收买、非法提供国家秘密、情报罪的客体是国家安全和利益。其次，二者侵害的对象不同。本罪的犯罪对象是他人的商业秘密，包括技术信息和经营信息；而为境外窃取、刺探、收买、非法提供国家秘密、情报罪的犯罪对象是国家秘密，包括国家事务中的重大决策事项、国防建设和武装活动中的秘密事项、国民经济和社会发展中的秘密事项等等。再次，二者在客观方面的表现不同。本罪的行为是以窃取、利诱、威胁等不正当手段获得并使用、披露、允许他人使用，以及合法取得后披露、使用或允许他人使用；而为境外窃取、刺探、收买、非法提供国家秘密、情报罪的客观方面则是窃取、刺探、收买和非法提供几种方式。最后，本罪要求造成重大损失；而为境外窃取、刺探、收买、非法提供国家秘密、情报罪是行为犯，无结果上的要求。(2) 本罪与泄露国家秘密罪的区别。首先，二者侵害的客体不同。本罪的客体是商业秘密权；而泄露国家秘密罪的客体是国家的保密制度。其次，二者侵害的对象不同。本罪的犯罪对象是他人的商业秘密，包括技术信息和经营信息；而泄露国家秘密罪的犯罪对象是国家秘密，包括财政、国防、外交、文教、科学等方面的秘密。如果企业的某项秘密事关国家的经济利益，从而也被国家作为秘密采取措施加以保护时，已属于国家秘密的范围。再次，二者的主体不同。本罪的主体是一般主体；而泄露国家秘密罪的主体是特殊主体，即国家工作人员。最后，二者的主观方面不同。本罪是出于故意；而泄露国家秘密罪既可以是故意，也可以是过失。

(三) 侵犯商业秘密罪的刑事责任

根据刑法典第 219 条和第 220 条的规定，犯本罪的，处 3 年以下有期徒刑或者拘役，并处或者单处罚金；造成特别严重后果的，处 3 年以上 7 年以下有期徒刑，并处罚金。单位犯本罪的，对单位判处罚金，并对直接负责的主管人员和其他直接责任人员，依照上述规定处罚。

第九节　扰乱市场秩序罪

扰乱市场秩序罪是指违犯市场管理法规，扰乱市场秩序，情节严重的行为。根据刑法典第 221 条到第 230 条的规定，此类犯罪共涉及罪名 12 个。

不正当竞争的犯罪

一、损害商业信誉、商品声誉罪

（一）损害商业信誉、商品声誉罪的概念与特征

损害商业信誉、商品声誉罪，是指捏造并散布虚伪事实，损害他人的商业信誉、商品声誉，给他人造成重大损失或者有其他严重情节的行为。损害商业信誉、商品声誉罪具有如下构成特征：

1. 侵犯的客体是商品生产、经营者的名誉权和荣誉权。商业信誉和商品声誉是商品生产者和经营者人格权的外在表现，是企业的无形财产和参与市场竞争的重要条件。损害商业信誉和商品声誉便是对其名誉和荣誉权的侵犯。

2. 客观方面是捏造并散布虚伪事实，损害他人的商业信誉、商品声誉，给他人造成重大损失或者有其他严重情节的行为。具体表现为以下几个方面：（1）捏造并散布虚伪事实。“捏造”是指无中生有，凭空编造与事实情况不相符，对他人不利的事实。“散布”指以各种可以使众人知道的方法扩散某种事实。散布可以通过书面方式，也可以通过口头方式；可以通过宣传媒介，也可以通过递交或邮寄；既可以出现在广告或商品包装上，也可以出现在订货会、产品发布会上；既可能在公开场合向大众传播，也可能向与市场对手有业务联系的人暗示。（2）损害他人的商业信誉、商品声誉。“他人”既包括竞争对手，也包括其他生产者、经营者，范围广泛。商业信誉是社会对生产者、经营者的评价，包括生产者、经营者的资信状况、经营能力、经营作风等方面。商品声誉是社会对商品的积极评价，包括商品的质量、性能和效用等。（3）给他人造成重大损失或者有其他严重情节。这是指由于厂商遭受商业诽谤，失去消费者的依赖，致使商品滞销，经营陷入困境，或使其对外贸易受到严重不利影响。“有其他严重情节”包括多次损害他人的商业信誉，损害多人的商业信誉，采用的损害手段特别恶劣等。

3. 主体是一般主体，既可以是自然人，也可以是单位。

4. 主观方面表现为故意，并且具有诋毁他人商业信誉、商品声誉的目的。

（二）损害商业信誉、商品声誉罪的认定

认定本罪时，应注意与诽谤罪加以区别。本罪与诽谤罪都是捏造事实毁坏他人名誉。但诽谤罪侵害的对象是公民个人，而本罪侵犯的对象是商品生产者和销售者。诽谤罪行为人的主观目的是毁坏他人的人格和名誉，而本罪行为人的目的是损害他人的商业信誉和商品声誉。

（三）损害商业信誉、商品声誉罪的刑事责任

根据刑法典第221条的规定，捏造并散布虚伪事实，损害他人的商业信誉、商品声誉，给他人造成重大损失或者有其他严重情节的，处2年以下有期徒刑或者拘役，并处或者单处罚金。根据刑法典第231条的规定，单位犯本罪的，对单位判处罚金，并对其直接负责的主管人员和其他责任人员按上述规定处罚。

二、虚假广告罪

（一）虚假广告罪的概念与特征

虚假广告罪是指广告主、广告经营者、广告发布者违反国家规定，利用广告对商品或者服务作虚假宣传，情节严重的行为。本罪的构成具有以下特征：

1. 侵犯的客体是广告的管理秩序。

2. 客观方面表现为行为人违反国家规定，利用广告对商品或者服务作虚假宣传，情节严重的行为。具体表现在以下几个方面：(1) 违反国家规定。违反国家规定主要是违反《广告法》、《反不正当竞争法》及国务院发布的《广告管理条例》、国家工商行政管理局发布的《广告管理条例实施细则》等法律、法规的规定。(2) 利用广告对商品或者服务作虚假宣传。根据《广告法》的规定，“利用广告对商品或者服务作虚假宣传”主要表现为：广告中对商品的性能、产地、用途、质量、价格、生产者、有效期限作虚假宣传；广告中对服务的内容、形式、质量、价格、允诺作虚假宣传；广告中对所推销商品、提供服务附带赠送礼品的品种和数量作虚假宣传；广告中对所使用的数据、统计资料、调查结果、文摘、引用语作虚假宣传等。(3) 情节严重的，才构成本罪。情节严重指利用虚假广告推销商品或者服务，违法所得数额较大；虚假广告在社会上造成恶劣影响，致使多人受骗上当；多次制作虚假广告等。

3. 主体是特殊主体，即广告主、广告经营者、广告发布者。广告主是指为了推销商品或者提供服务，自行或者委托他人设计、制作、发布广告的单位和个人。广告经营者是指受委托提供广告设计、制作、代理服务的单位或个人。广告发布者是指为广告主或广告主委托的广告经营者发布广告的单位和个人，主要包括广播、电视、报纸、杂志等大众传播媒介单位。

4. 主观方面是故意，并且有利用广告作虚假宣传，欺骗消费者以牟取非法利益的目的。

（二）虚假广告罪的认定

应注意本罪与诈骗罪的区别。二者虽都有虚构事实的行为特征，但二者的区别是明显的。首先，二者的主体不同，诈骗罪的主体是自然人，本罪的主体是自然人和单位。其次，二者所侵犯的客体不同，诈骗罪的客体是公私财物的所有权，而本罪的客体是广告管理秩序。

（三）虚假广告罪的刑事责任

根据刑法典第222条的规定，犯本罪的，处2年以下有期徒刑或者拘役，并处或者单处罚金。根据第231条的规定，单位犯本罪的，对单位判处罚金，并对其直接负责的主管人员和其他责任人员按上述规定处罚。

三、串通投标罪

（一）串通投标罪的概念与特征

串通投标罪是指投标人相互串通投标报价，损害招标人或者其他投标人利益，情节

严重的行为；或者投标人与招标人串通投标，损害国家、集体、公民的合法利益的行为。串通投标罪的构成具有以下特征：

1. 本罪的客体是招标、投标活动的正常秩序。

2. 本罪的客观方面表现为投标人相互串通报价，损害招标人或者其他投标人利益，情节严重的行为；或者投标人与招标人串通投标，损害国家、集体、公民的合法利益的行为。具体表现为两种情况，一种情况是投标人相互串通报价，损害招标人或者其他投标人利益，情节严重的行为。其表现为：（1）投标人相互串通报价。投标人串通报价一般表现为投标人串通，故意报高标价或故意压低标价。（2）损害招标人或者其他投标人利益，情节严重的行为。情节严重是指给招标人和其他投标人造成严重经济损失、造成恶劣的社会影响、多次串通投标、经行政处罚屡教不改等情形。另一种情况是投标人与招标人串通投标，损害国家、集体、公民的合法利益。投标人与招标人暗中投标主要表现在：明为投标，实已定标；招标人向投标人透露标底或其他投标人的投标情况；招标人协助投标人撤换标书，更改报价、工程质量等。投标人与招标人串通投标将损害国家的投入、集体的财产和公民的合法权益。

3. 本罪的主体是特殊主体，即参与招标投标的单位和公民个人，并且本罪的主体是必要的共犯，单方面不能构成本罪的主体。

4. 本罪的主观方面是故意，且有排挤其他投标者，获取非法利益的目的。

（二）串通投标罪的刑事责任

根据刑法典第 223 条的规定，犯本罪的，处 3 年以下有期徒刑或者拘役，并处或者单处罚金。根据刑法典第 231 条的规定，单位犯本罪的，对单位判处罚金，并对其直接负责的主管人员或其他直接责任人员，按上述规定处罚。

市场经营中的犯罪

一、合同诈骗罪

（一）合同诈骗罪的概念与特征

合同诈骗罪，是指以非法占有为目的，在签订、履行合同中，虚构事实或隐瞒事实真相，骗取对方当事人财物，数额较大的行为。本罪的构成具有以下特征：

1. 侵犯的是双重客体，即对方当事人的财产所有权和社会主义市场秩序。

2. 客观方面是行为人在签订、履行合同中，采用虚构事实或隐瞒事实真相的方法，使对方当事人产生错觉，受骗上当，从而骗取对方当事人较大数额财物的行为。具体表现为以下 5 个方面：（1）以虚构的单位或者冒用他人名义签订合同。虚构的单位是指本不存在的单位。冒用他人名义是指在他人不知情的情况下擅自使用其他单位或个人的名称。以上行为使合同的主体资格虚假。（2）以伪造、变造、作废的票据或者其他虚假的产权证明作担保。伪造票据是指依照真实票据的形式、图案、格式、颜色通过印刷、复印、拓印、绘制等方法非法制造假票据的行为。变造票据是在真实票据基础上，通过挖补、剪接、涂改等方法，对票据的主要内容非法加以改变的行为。作废的票据是指过期的、无效的或被依法宣布作废的票据。产权证明是指能够证明行为人对房屋等不动产或者对汽车、银行存款、债券、可即时兑付的票据等动产具有所有权的一切文件。（3）没有实际履行能力，以先履行小额合同或者部分履行合同的方法，诱骗对方当事人继续签订和履行合同。没有实际履行能力是指根据行为人的主体资格、经营范围、经济实力、技术力量无能力履行合同约定的各项权利和义务。(4) 收受对方当事人给付的货物、货款、预付款或者担保财产后逃匿。逃匿的目的是避免给对方当事人履行合同规定的义务。(5) 以其他方法骗取对方当事人财物。除以上几种利用合同诈骗手段外，行为人还可能有大肆吹嘘自己的资信状况和经济实力，骗取对方当事人与其签订合同，挥霍对方当事人交付的货款、预付款或定金、保证金，致使合同无法继续履行等其他骗取对方当事人财物的方法。

3. 主体是一般主体，包括自然人和单位。

4. 主观方面不仅表现为故意，并且还有非法占有对方当事人财物的目的。

（二）合同诈骗罪的认定

1. 罪与非罪的界限。在司法实践中，应将合同诈骗罪与经济合同纠纷区别开来。本罪与经济合同纠纷区别的根本标志是行为人有无通过欺骗手段签订合同非法占有他人财物的目的。考察行为人是否具有这一目的可以从以下几个方面进行：(1) 行为人有无履行合同的实际能力。行为人有实际履行合同的能力，而后未能履约属合同纠纷，反之，属合同诈骗。(2) 行为人有无采取欺骗手段。行为人采取欺骗手段签约属合同诈骗。反之，属合同纠纷。(3) 行为人有无履行合同的实际行动。行为人有履行合同的实际行动，则属合同纠纷。反之，则属合同诈骗。(4) 行为人违约后的态度。行为人违约后采取积极的补救措施，减少给对方当事人造成的损失，或者承担违约责任，属合同纠纷。反之，属合同诈骗。构成诈骗罪，行为人必须骗取对方当事人数额较大的财物，数额不是较大，只是一般违法行为，不能以本罪论处。何谓数额较大，有待司法解释予以明确。

2. 本罪与诈骗罪的界限。合同诈骗罪与诈骗罪都是利用欺骗手段，骗取他人财物的行为，但二者区别明显：首先，二者的主体不同。本罪的主体是自然人和单位，而诈骗罪的主体仅为自然人。其次，二者侵犯的客体不同。本罪的客体是双重客体，即公私财物的所有权和社会主义市场秩序；诈骗罪的客体是单一客体，即公私财物的所有权。最后，二者的客观方面不同。本罪的客观方面是行为人在签订、履行合同中，采取虚构事实或隐瞒事实真相的方法，使对方当事人产生错觉，从而骗取对方当事人数额较大财物的行为；诈骗罪的客观方面是以虚构事实或隐瞒事实真相的方法，骗取数额较大的公私财物的行为。可见，诈骗罪的行为方法超过合同诈骗罪。

（三）合同诈骗罪的刑事责任

根据刑法典第 224 条的规定，以非法占有为目的，在签订、履行合同过程中，骗取对方当事人财物，数额较大的，处 3 年以下有期徒刑或者拘役，并处或者单处罚金；数额巨大或者有其他严重情节的，处 3 年以上 10 年以下有期徒刑，并处罚金；数额特别巨大或者有其他特别严重情节的，处 10 年以上有期徒刑或者无期徒刑，并处罚金或者没收财产。根据刑法典第 231 条的规定，单位犯本罪的，对单位判处罚金，并对直接负责的主管人员和其他直接责任人员，依照第 224 条的规定处罚。

二、非法经营罪

(一) 非法经营罪的概念与特征

非法经营罪，是指以营利为目的，违反国家规定，从事非法经营活动，扰乱市场秩序，情节严重的行为。本罪的构成有以下特征：

1. 客观方面是行为人违反国家规定，从事非法经营活动，扰乱市场秩序，情节严重的行为。具体表现为：(1) 未经许可经营法律、行政法规规定的专营、专卖物品或者其他限制买卖的物品。经营是指收购、储存、运输、加工、批发、销售等活动。专营、专卖物品是指法律、行政法规规定只允许特定部门或单位经营的物品。如棉花、烟草、食盐、贵金属等。“其他限制买卖的物品”，主要包括军火、麻醉药品、精神药品、易爆易燃物品和种子等。(2) 买卖进出口许可证、进出口原产地证明以及其他法律、行政法规规定的经营许可证或者批准文件。买卖进出口许可证还包括买卖进出口配额批件。进出口产地证明是指用于证明进出口货物、技术原产地的有效凭证。“其他法律、行政法规规定的经营许可证或者批准文件”主要是指国家法律、行政法规限制进出口的货物、技术的许可证和批准文件。(3) 根据 1999 年 12 月 25 日刑法修正案第 8 条的规定，本罪的客观方面表现为：未经国家有关主管部门批准，非法经营证券、期货或者保险业务。“非法经营证券、期货或者保险业务”包括三个方面的含义，一方面是指无证券、期货或者保险业务经营资格的单位和个人非法从事证券、期货或者保险业务；另一方面是指有权从事证券、期货或者保险业务的单位和个人超越国家有关主管部门核准的经营权限和经营品种种类，从事其无权经营证券、期货或者保险业务；再一方面是指有权从事证券、期货或者保险业务的单位和个人从事未经国家有关主管部门批准发行的证券，国家有关主管部门未同意开办的期货或保险业务。(4) 根据 1998 年 12 月 29 日全国人大常委会《关于惩治骗购外汇、逃汇和非法买卖外汇犯罪的决定》第 4 条的规定，本罪的客观方面还表现为：在国家规定的交易场所以外非法买卖外汇。“在国家规定的交易场所以外”是指在国家规定的可以从事外汇买卖业务的商业银行和其他金融机构以外的任何单位和个人。(5) 其他严重扰乱市场秩序的非法经营行为。这些行为主要由国家工商管理部门做出规定，如传销行为，垄断货源、哄抬物价的行为等。(5) 情节严重。主要是指非法经营违法所得数额较大，多次实施非法经营行为，经行政处罚仍不悔改的，进行非法经营造成严重后果等。

2. 主体是一般主体，即自然人和单位。

3. 主观方面不仅表现为故意，而且有获取非法利润的目的。

(二) 非法经营罪的刑事责任

根据刑法典第 225 条、1999 年 12 月 25 日刑法修正案第 8 条、1998 年 12 月 29 日全国人大常委会《关于惩治骗购外汇、逃汇和非法买卖外汇犯罪的决定》的规定，非法经营、扰乱市场秩序，情节严重的，处 5 年以下有期徒刑或者拘役，并处或单处违法所得 1 倍以上 5 倍以下罚金；情节特别严重的，处 5 年以上有期徒刑，并处违法所得 1 倍以上 5 倍以下罚金或者没收财产。根据刑法典第 231 条的规定，单位犯本罪的，对单位判处罚金，并对直接负责的主管人员和其他直接责任人员，依照第 225 条的规定处罚。

三、强迫交易罪

强迫交易罪是指以暴力、威胁手段强买、强卖商品，强迫他人提供服务或者强迫他人接受服务，情节严重的行为。(1) 本罪是双重客体，即他人的人身权利和市场管理秩序。(2) 客观方面是以暴力、威胁手段强买强卖商品，强迫他人提供服务或者强迫他人接受服务，情节严重的行为。“以暴力、威胁手段”是指以殴打、捆绑等进行人身强制，或者以杀伤身体、毁坏财物进行精神强制。“强买强卖”是指违背他人的意志强行将商品卖出或买入的行为。“服务”主要指商业性服务，包括提供劳务、修缮、运输等工作。根据刑法典第226条的规定，情节严重的，构成本罪，情节不严重，仅是一般违反市场管理的违法行为，不构成本罪。“情节严重”是指以暴力手段强迫他人提供或接受商品或服务，或强行索要的价格明显超出合理价格且数额较大，或由于强买强卖造成恶劣的社会影响等。(3) 主体是一般主体，既包括自然人也包括单位。(4) 主观方面表现为故意，并具有获取非法利益的目的。根据刑法典第226条的规定，构成本罪的，处3年以下有期徒刑或者拘役，并处或者单处罚金。根据刑法典第231条的规定，单位犯本罪的，对单位判处罚金，并对其直接负责的主管人员和其他直接责任人员，依照第226条的规定处罚。

妨害国家对市场管理的犯罪

一、伪造、倒卖伪造的有价票证罪

伪造、倒卖伪造的有价票证罪是指伪造、倒卖伪造的车票、船票、邮票以及其他有价票证，数额较大的行为。(1) 客体是国家对有价票证的管理制度。(2) 客观方面是伪造、倒卖伪造的车票、船票、邮票或者其他有价票证，数额较大的行为。伪造有价票证是指仿照真的、有效的有价票证的形状、规格、色彩、图案等，采用印刷、描绘、影印等方法制作假票。倒卖伪造的有价票证，是指低价收购高价出售伪造的有价票证的行为。有价票证是指中央或地方有关部门制定和发行的，具有一定价值，在规定的范围内流通或使用的书面凭证。根据刑法典第227条第1款的规定，伪造、倒卖伪造的车票、船票、邮票或者其他有价票证，数额较大的，构成本罪。“数额较大”既包括张数较多，又包括票面价额的总和较大。数额较小的不构成犯罪，应按一般违法处理。(3) 主体是一般主体，既包括自然人也包括单位。(4) 主观方面表现为故意，并且有牟取非法利益的目的。

根据刑法典第227条第1款的规定，伪造或者倒卖伪造的车票、船票、邮票或者其他有价票证，数额较大的，处2年以下有期徒刑、拘役或者管制，并处或者单处票面价额1倍以上5倍以下罚金；数额巨大的，处2年以上7年以下有期徒刑，并处票面价额1倍以上5倍以下罚金。根据刑法典第231条的规定，单位犯本罪的，对单位判处罚金，并对其直接负责的主管人员和其他责任人员，依照第227条第1款的规定处罚。

二、倒卖车票、船票罪

倒卖车票、船票罪是指以牟利为目的，倒卖车票、船票，情节严重的行为。(1) 本罪的客体是车票、船票的管理制度。(2) 客观方面表现为倒卖车票、船票，情节严重的行为。倒卖是指按票面价或低于票面价买入，高于票面价卖出的行为。情节严重主要是指倒卖车票、船票数额大、次数多，经处罚或多次教育仍不悔改继续从事倒卖车、船票的活动等情况。情节不严重，不构成本罪，属一般违法行为。(3) 主体是一般主体，既包括自然人也包括单位。(4) 主观方面表现为故意，并且有牟取非法利益的目的。

根据刑法典第 227 条第 2 款的规定，倒卖车票、船票，情节严重的，处 3 年以下有期徒刑、拘役或者管制，并处或者单处票面价额 1 倍以上 5 倍以下罚金。根据刑法典第 231 条的规定，单位犯本罪的，对单位判处罚金，并对其直接负责的主管人员和其他直接责任人员，依照第 227 条第 2 款的规定处罚。

三、非法转让、倒卖土地使用权罪

(一) 非法转让、倒卖土地使用权罪的概念与特征

非法转让、倒卖土地使用权罪是指以牟利为目的，违反土地法规，非法转让、倒卖土地使用权，情节严重的行为。本罪的构成具有以下特征：

1. 侵犯的客体是国家对土地的管理制度。土地是人类赖以生存和发展的最基本的物质基础，也是人类活动最基本的载体。由于土地资源的有限性，人类对土地的开发和利用必须纳入科学和有序的轨道。我国人多地少，土地资源相对贫乏，土地资源、人口增长和经济发展矛盾尖锐，对土地的合理开发和有序管理尤其显得重要。为合理利用土地资源，我国先后颁布了一系列土地管理的法律、法规：1986 年 6 月 25 日第 6 届全国人大常委会第 16 次会议通过了《中华人民共和国土地管理法》。1988 年 4 月 12 日第 7 届全国人大第 1 次会议通过了《中华人民共和国宪法修正案》，第 2 条规定："任何组织或者个人不得侵占、买卖或者以其他形式非法转让土地。土地使用权可以依照法律的规定转让。"根据这一规定精神，1988 年 12 月 29 日第 7 届全国人大常委会第 5 次会议对《中华人民共和国土地管理法》予以修订，1998 年 8 月 29 日，第 9 届全国人大常委会第 4 次会议又对《中华人民共和国土地管理法》做出了重大修改。1991 年 1 月 4 日国务院发布了《中华人民共和国土地管理法实施条例》。1990 年 5 月 19 日国务院发布了《中华人民共和国城镇国有土地使用权出让和转让暂行条例》和《外商投资开发经营成片土地暂行管理办法》等。上述法律、法规形成了我国土地使用权管理的基本制度。

2. 客观方面是违反土地管理法规，非法转让、倒卖土地使用权，情节严重的行为。违反土地管理法规是指违反全国人大及其常委会颁布的土地管理法律、国务院颁布的土地管理行政法规、各省级地方人民代表大会及其常委会颁布的有关土地管理的地方性法规。非法转让土地使用权是指行为人通过受让或划拨方式取得土地使用权后，违反国家法律、法规擅自将土地使用权转让给他人的行为。非法倒卖土地使用权是指行为人以非法牟利为目的，将自己合法或非法取得的土地使用权，以高价卖出他人的行为，即俗称"炒卖地皮"的行为。情节严重主要是指牟取非法利益数额巨大，占用耕地、草地面积数量巨大，使国有土地资源遭受重大损失；严重侵犯农民利益，影响社会安定，转让大量耕地搞非农业建设等。如果情节不严重，不构成本罪，按一般违法行为处罚。

3. 主体是一般主体，既包括自然人也包括单位。

4. 主观方面是故意，并且有非法牟取利益的目的。

(二) 非法转让、倒卖土地使用权罪的刑事责任

根据刑法典第 228 条的规定，以牟利为目的，违反土地法规，非法转让、倒卖土地使用权，情节严重的，处 3 年以下有期徒刑或者拘役，并处或者单处非法转让、倒卖土地使用权价额 5%以上 20%以下罚金；情节特别严重的，处 3 年以上 7 年以下有期徒刑，并处非法转让、倒卖土地使用权价额 5%以上 20%以下罚金。根据刑法典第 331 条

的规定，单位犯本罪的，对单位判处罚金，并对其直接负责的主管人员和其他直接责任人员，依照第228条的规定处罚。

四、提供虚假证明文件罪

（一）提供虚假证明文件罪的概念与特征

提供虚假证明文件罪是指承担资产评估、验资、验证、会计、审计、法律服务等职责的中介组织的人员故意提供虚假证明文件，情节严重的行为。本罪的构成具有以下特征：

1. 侵犯的客体是承担资产评估、验资、验证、审计职责人员的正常业务活动。法律规定，承担资产评估、验资、验证、会计、审计、法律服务等职责的单位和个人应忠于职守，依法履行职责，不得弄虚作假。行为人提供虚假的证明文件直接侵害了承担资产评估、验资、验证、会计、审计、法律服务等人员的正常业务活动。

2. 客观方面是故意提供虚假证明文件，情节严重的行为。具体表现为：（1）故意提供虚假的资产评估证明文件。提供虚假的资产评估证明文件是指承担资产评估职责的单位和个人在有限责任公司和股份有限公司成立、解散、合并、清算时，对厂房、机器等固定资产和对原材料、半成品、燃料等流动资产及专利权、商标权、非专利技术等工业产权和土地使用权故意高估、低估作价，并提供被高估、低估作价后的证明文件的行为。（2）故意提供虚假的验资证明文件。提供虚假验资证明文件是指承担验资职责的单位和个人对有限责任公司和股份有限公司成立时，股东是否出资、是否按规定数额出资、出资是否及时到位等歪曲事实，提供内容不真实的验资证明文件的行为。（3）故意提供虚假的验证证明文件。提供虚假验证证明文件是指承担验证职责的单位和个人对公司的财务会计报告的真实性、准确性、可信性歪曲事实，提供内容不真实的验证证明文件的行为。（4）故意提供虚假的审计证明文件。提供虚假审计证明文件是指审计机构和审计人员对公司的财务会计报表，公司在合并、分立、清算时的财产清单予以审计时，歪曲实际情况，提供内容不真实的审计报告的行为。（5）故意提供虚假的法律文书。律师出具明知是虚假的法律文书的行为。

3. 主体是承担资产评估、验资、验证、会计、审计、法律服务等职责的单位和个人。根据《公司法》、《会计法》、《注册会计师法》和《审计条例》、《律师法》的有关规定，有权承担资产评估、验资、验证、会计、审计、法律服务等职责的是依法注册的会计师事务所、审计师事务所、律师事务所及其依法注册的会计师、审计师及律师。

4. 主观方面是故意。承担资产评估、验资、验证、会计、审计、法律服务等职责的单位和个人明知自己提供的证明文件是虚假的，也知道虚假的证明文件会造成危害社会的结果，仍希望或放任这种结果的发生。过失不构成本罪。

（二）提供虚假证明文件罪的认定

1. 罪与非罪的界限。刑法典第229条第1、2款对罪与非罪的界限作了界定：承担资产评估、验资、验证、会计、审计、法律服务等职责的中介组织及其人员故意提供虚假证明文件，情节严重的，构成本罪。情节是否严重是划分罪与非罪的基本界限。情节严重主要包括：行为人提供虚假证明文件给社会造成严重危害，如扰乱社会经济秩序、金额秩序等；行为人提供虚假证明文件，致使投资者、公司债权人的利益遭受重大损害；行为人提供虚假证明文件是为了收受、索取贿赂；行为人提供虚假证明文件，获取巨额违法所得；行为人提供虚假证明文件目的是损害国家利益和社会公众利益等。

2.本罪与伪证罪的区别。本罪与伪证罪都是故意犯罪并且都是提供虚假证明的行为，但二者的区别明显：其一，二者的主体不同。本罪的主体是承担资产评估、验资、验证、审计、法律服务职责的单位和个人；伪证罪的主体是刑事案件中的证人、鉴定人、记录人和翻译人员。其二，二者的主观方面不同。伪证罪有陷害他人或隐瞒罪证的目的。本罪无此要求。其三，二者的客体不同。本罪的客体是承担资产评估、验资、验证、审计、法律服务职责人员的正常业务活动；伪证罪的客体是公民的人身权利和司法机关正常活动。其四，二者的客观方面不同。本罪的客观方面表现为行为人提供虚假资产评估、验资、验证、审计证明文件和法律文书的行为；伪证罪的客观方面表现为行为人在侦查、审判中，对与案件有关的重要情节，作了虚假的证明、鉴定、记录和翻译的行为。

（三）提供虚假证明文件罪的刑事责任

根据刑法典第229条第1款的规定，犯本罪的，处5年以下有期徒刑或者拘役，并处罚金。该条第2款规定，索取他人财物或者非法收受他人财物，处5年以上10年以下有期徒刑，并处罚金。根据刑法典第231条的规定，单位犯本罪的，对单位判处罚金，并对其直接负责的主管人员和其他直接责任人员，依照第229条第1款和第2款的规定处罚。

五、出具证明文件重大失实罪

出具证明文件重大失实罪是指承担资产评估、验资、验证、会计、审计、法律服务等职责的中介组织人员，严重不负责任，出具的证明文件有重大失实，造成严重后果的行为。(1) 犯罪客体是中介组织及其人员的正常业务活动。(2) 客观方面表现为行为人严重不负责任，出具的证明文件有重大失实，造成严重后果的行为。严重不负责任是指行为人违背职业纪律和职业道德，工作马虎、草率以致失职。有重大失实是指与客观情况相差很大。造成严重后果主要是指导致公众或投资者的决策失误而遭受重大损失；导致公司、企业受骗上当，遭受较大经济损失或停产、倒闭；影响社会安定等后果。是否造成严重后果是罪与非罪的界限。(3) 主体是特殊主体，即承担资产评估、验资、验证、会计、审计、法服务等职责的中介组织及其人员。(4) 主观方面是过失。根据刑法典第229条第3款的规定，构成本罪的，处3年以下有期徒刑或者拘役，并处或者单处罚金。根据刑法典第231条的规定，单位犯本罪的，对单位判处罚金，并对其直接负责的主管人员和其他直接负责人员，依照第229条第3款的规定处罚。

六、逃避商检罪

（一）逃避商检罪的概念与特征

逃避商检罪是指违反进出口商品检验法的规定，逃避商品检验，将必须经商检机构检验后才能进口的商品未报经检验而擅自销售、使用，或者将必须经商检机构检验的出口商品未报经检验合格而擅自出口，情节严重的行为。本罪的构成具有以下特征：

1.本罪的客体是国家进出口商品检验制度。

2.客观方面表现为违反进出口商品检验法的规定，逃避商品检验，将必须经商检机构检验的进口商品未报经检验而擅自销售、使用，或者将必须经商检机构检验的出口商品未报经检验合格而擅自出口，情节严重的行为。“违反进出口商品检验法”主要是指违反《中华人民共和国进出口商品检验法》及其实施条例、《进口商品质量监督管理办法》等法律、法规。商检机构是指国家商检局在省、自治区、直辖市以及进出口商品的口岸、集散地设立的进出口商品检验局及其分配支机构。“必须经商检机构检验的进口商品或出口商品”主要包括列入《商检机构实施检验的进出口商品种类表》中的商品；用于出口的食品；用于包装出口的危险物品的容器；有关国际条约规定必须经商检机构检验的进出口商品等。情节严重主要是指破坏环境，威胁、危害人民身心健康；给国家、单位和个人造成重大经济损失；引发大范围疫情或病虫害；给对外贸易活动造成重大不利影响等情形。

3. 主体是特殊主体，即对进出口商品负有报检责任，但逃避检验的单位和个人。

4. 主观方面是故意，即明知进出口商品应当送检而故意逃避检验。

（二）逃避商检罪的刑事责任

根据刑法典第230条的规定，犯本罪的，处3年以下有期徒刑或者拘役，并处或者单处罚金。根据刑法典第231条的规定，单位犯本罪的，对单位判处罚金，并对其直接负责的主管人员和其他直接责任人员，依照第230条的规定处罚。

第二十七章　侵犯公民人身权利、民主权利罪

第一节　侵犯公民人身权利、民主权利罪概述

一、侵犯公民人身权利、民主权利罪的概念与特征

侵犯公民人身权利、民主权利罪是指故意或者过失地侵犯他人的人身和与人身直接相关的权利，以及侵犯他人民主权利的行为。侵犯公民人身权利、民主权利罪的构成要件是：

1. 本类犯罪侵犯的客体，是他人的人身权利、与人身直接相关的权利和他人的民主权利。人身权利、与人身直接相关的权利和他人的民主权利主要是指公民依法享有的生命、健康、自由、人格、名誉、劳动休息、婚姻家庭、住宅等不受侵犯的权利。民主权利是指公民依法享有的参加国家管理和政治活动的权利，包括选举权和被选举权，批评、控告、申诉、举报权，宗教信仰自由权，通信自由权及少数民族保留本民族风俗习惯的权利。公民的上述各项权利得到宪法和法律的保障。

2. 本类犯罪在犯罪客观方面，表现为实施了侵犯公民人身权利、民主权利的行为。这些行为诸如杀人，伤害，强奸，绑架，拐卖妇女、儿童，虐待，遗弃，侮辱，诽谤等等，其中多数犯罪只能以作为方式实施，少数犯罪也可由不作为方式实施，个别犯罪则只能由不作为方式实施，如遗弃罪。

3. 本类犯罪的犯罪主体均是自然人，自然人的刑事责任年龄，除刑法典第 17 条明文规定故意杀人、故意伤害致人重伤或者死亡、强奸罪为满 14 周岁以外，其余犯罪为年满 16 周岁的人。同时，本类犯罪多数是一般犯罪主体，少数犯罪是特殊犯罪主体。如刑讯逼供罪、虐待被监管人员罪等，只能由司法工作人员构成；非法剥夺公民宗教信仰自由罪、报复陷害罪等，只能由国家机关工作人员构成。有些犯罪既可以由一般犯罪主体构成，也可以由特殊犯罪主体构成，但具有特殊身份的，从重处罚。如国家机关工作人员犯非法拘禁罪的，从重处罚；司法工作人员犯非法搜查罪、非法侵入住宅罪的，从重处罚。

4. 本类犯罪在犯罪主观方面，绝大多数都是故意，只有少数犯罪是由过失构成。如过失致人死亡罪、过失致人重伤罪。

二、侵犯公民人身权利、民主权利罪的分类

刑法分则第 4 章从第 232 条至 262 条，共计 31 个条文，涉及了 37 个罪名。根据各罪侵犯的直接客体的性质及其特点，以可分为以下几种类型：

1. 侵犯生命权利的犯罪，包括故意杀人罪，过失致人死亡罪。

2. 侵犯健康权利的犯罪，包括故意伤害罪，过失致人重伤罪。

3. 侵犯妇女、儿童身心健康的犯罪，包括强奸罪（奸淫幼女），强制猥亵、侮辱妇

女罪，猥亵儿童罪。

4. 侵犯自由权利、人格尊严的犯罪，包括非法拘禁罪，绑架罪，拐卖妇女、儿童罪，收买被拐卖的妇女、儿童罪，聚众阻碍解救被收买的妇女、儿童罪，强迫职工劳动罪，非法搜查罪，非法侵入住宅罪，侵犯通信自由罪，私自开拆、隐匿、毁弃邮件、电报罪，侵犯少数民族风俗习惯罪，非法剥夺宗教信仰自由罪、诬告陷害罪、侮辱罪，诽谤罪。

5. 借国家机关权力侵犯人身权利的犯罪，包括，刑讯逼供罪，暴力取证罪，虐待被监管人罪。

6. 破坏民族关系的犯罪，包括煽动民族仇恨、民族歧视罪，出版歧视、侮辱少数民族作品罪。

7. 侵犯民主权利的犯罪，包括破坏选举罪，报复陷害罪，打击报复会计、统计人员罪。

8. 侵犯婚姻、家庭关系和人身权利的犯罪，包括暴力干涉婚姻自由罪，重婚罪，破坏军婚罪，虐待罪，遗弃罪，拐骗儿童罪。

第二节　侵犯公民生命、健康的犯罪

一、故意杀人罪

(一) 故意杀人罪的概念与特征

故意杀人罪，是指故意非法剥夺他人生命的行为。其主要特征是：

1. 故意杀人罪侵犯的客体是他人的生命权利。犯罪对象是具有生命的人。生命权利是公民行使其他一切权利的前提和基础，因此故意杀人罪剥夺他人的生命权利，从而成为危害最严重的侵犯公民人身权利的犯罪，历来是刑法打击的重点。人的生命始于出生，终于死亡，自无异议，但出生和死亡的标准是什么，说法不一。我国刑法理论认为，人的生命应以胎儿脱离母体并能够独立呼吸开始，即持“独立呼吸说”，从此时的人才作为法律上的犯罪主体，受到法律的保护。人的生命的终止，以死亡为标志。按照传统的法医学标准认为死亡是心跳、脉搏和呼吸的停止。但随着医学的发展，现代理论认为死亡的标准应是以包括大脑、小脑和脑干在内的全部功能不能恢复地完全消失，即以“脑死亡”作为人死亡的标志。因此，基于上述标准，对胎儿和尸体的毁损、残害行为均不构成故意杀人罪。在我国，堕胎行为不是犯罪，毁坏尸体的行为，也不构成故意杀人罪。

2. 客观方面表现为非法剥夺他人生命的行为，即有杀人行为。首先，行为人应有剥夺他人生命的行为，这种行为可以是作为的，如枪击、绳勒、刀砍、棍打等，也可以是不作为的，如医生故意不给病人治疗而让其死亡，都不影响本罪的构成。但是，如果用危险方法，如放火、爆炸、投放危险物质等方法杀人，同时危害了公共安全的，应当以危害公共安全罪的有关规定定罪处刑。剥夺他人生命的行为还应当是非法的，合法剥夺他人的生命，如根据死刑判决枪决死刑犯，因正当防卫造成不法侵害人死亡的，均不构成故意杀人罪。从犯罪成立的角度讲，杀人行为并不要求发生死亡的结果即可成立犯罪，但从犯罪既遂的角度来看，则需要出现死亡结果才成立犯罪既遂。

3. 主体是一般主体。根据刑法典第 17 条第 2 款的规定，只要年满 14 周岁，具有正常辨认和控制能力的人均可构成本罪主体。

4. 主观方面是故意，即明知自己的行为会造成他人死亡的结果，并且希望或放任这种结果的发生。故意杀人的动机多种多样，但不影响定罪，只对量刑有一定的意义。

(二) 故意杀人罪的认定

1. 故意杀人罪与危害公共安全罪中某些犯罪的界限。危害公共安全罪中的某些犯罪，如用危险方法危害公共安全的，破坏交通工具罪、破坏交通设施罪等，也往往造成他人的死亡结果。这些犯罪与故意杀人罪之间的区别关键在于侵犯的客体不同。虽然采用危险的方法或破坏特殊的对象，但只针对特定人实施，并不危及公共安全的，只能定故意杀人罪，如果针对不特定多数人实施，或者虽然针对特定人实施，其结果又危及公共安全的，则应以危害公共安全的犯罪处理，不能再定故意杀人罪。

2. 应正确处理"安乐死"案件。所谓安乐死，是指对于那些患有不治之症，处于极度痛苦、濒临死亡的病人，在其真诚嘱托的前提下，出于怜悯之心，为解除患者的痛苦，由医生采取一定的措施无痛苦地结束病人的生命的行为。在西方国家的法学理论中，不少人认为这种行为应给予其合法化的地位。但对这种观点也有持反对意见的。迄今为止，绝大多数国家并未在立法上肯定"安乐死"。在我国，对待"安乐死"也有肯定和否定的两种观点，虽然从伦理道德上、经济效益上讲实行"安乐死"是有一定理由的，但我国目前刑事立法并未将这种"被害人嘱托"的"杀人"行为合法化，因此可以肯定地说，在我国现阶段，"安乐死"的行为是一种故意杀人行为，但在处理上应与其他的故意杀人罪区别对待。

(三) 故意杀人罪的刑事责任

根据刑法典第 232 条的规定，犯故意杀人罪的，处死刑、无期徒刑或者 10 年以上有期徒刑；情节较轻的，处 3 年以上 10 年以下有期徒刑。所谓情节较轻，通常是指防卫过当杀人；出于义愤杀人；因被害人长期受虐待杀人；杀人预备、中止、未遂的，等等。

根据该条规定，故意杀人罪的法定刑是将死刑排列在前，依次是无期徒刑和有期徒刑。这种排列顺序不同于其他可判死刑的犯罪，这显然是有立法倾向性的，体现了刑法对故意杀人罪严厉打击的精神。

二、过失致人死亡罪

(一) 过失致人死亡罪的概念与特征

过失致人死亡罪，是指由于过失而致人死亡的行为。其主要特征是：

1. 在客观上有致人死亡的行为和致人死亡的结果。因为在过失犯罪中法定结果的发生是构成该罪的必备条件，因此构成本罪必须要有致人死亡的行为并造成了他人死亡的结果。这就需要查明过失行为与死亡结果之间有无因果关系。至于他人的死亡结果是行为当时发生，还是经抢救无效日后死亡，对定罪来讲均无影响。

2. 在主观上是出于过失，具体包括疏忽大意的过失和过于自信的过失。但这种过失，是指行为人针对所造成的死亡后果而言的，并不是针对行为。行为则可能是故意的，例如，某甲系军人，他忘了自己的枪支还有子弹，举枪对准另一人，开玩笑说："举起手来！"并扣动扳机，结果子弹射出，打死他人。某甲举枪射击的行为是故意的，但对于造成的结果来讲是过失的心理态度，应当定过失致人死亡罪。

3. 主体为一般主体。只要年满 16 周岁，具有辨认和控制能力的人均可构成。

(二) 过失致人死亡罪的认定

1. 应当注意过失致人死亡罪与过失引起他人死亡的其他犯罪的区别。刑法典第 233 条后半段规定“本法另有规定的，依照规定”，这是指由于其他过失犯罪行为致人死亡，刑法有关条文已作了专门规定的，不能再以本罪处理。例如，失火、过失投放危险物质、过失爆炸、交通肇事等同样因过失造成他人死亡，但刑法已另立条文定罪判刑，就不能再以过失致人死亡罪论处，而应依照这些专门条文另行处理。

2. 应注意划清过于自信的过失致人死亡与间接故意杀人的区别。两者确有相似之处，如都对死亡结果持不希望态度，客观上也都造成了死亡结果，因而极易混淆。两者区别主要在于：(1) 过于自信的过失致人死亡对死亡结果的发生是持否定、排斥态度，认为死亡结果不会发生是有现实的主客观依据的，可以防止其发生。间接故意杀人对死亡结果的发生是持放任态度，没有什么现实依据可以阻止其发生。(2) 过于自信的过失致人死亡的行为人采取了措施来防止死亡结果发生，如凭借丰富的经验、高超的技术、有利的地形、强壮的体魄等，但由于行为人过高估计了这些主客观因素，最终未能避免其发生。间接故意杀人的行为人对死亡结果的发生没有采取任何措施去阻止，而是听之任之发生。

3. 应注意划清疏忽大意的过失致人死亡与意外事件致人死亡的界限。两者在客观上都出现了他人的死亡结果，在主观上都可能没有预见到这种结果发生。两者区别的关键在于行为人对死亡结果的发生能否预见。在疏忽大意过失致人死亡的场合下，行为人对死亡结果是可能预见到而没有预见；意外事件致人死亡，行为人对死亡结果是不可能预见，也无义务要预见。这就需要根据具体案件中行为人主观事实特征，如年龄、智力、教育、职业、岗位、经验、技术水平等因素并参考一般人的预见能力来进行判断，从而得出正确的结论。

4. 应注意过失行为先导致他人重伤进而又再引起被害人死亡的情况，只要查明过失行为与死亡结果之间具有因果关系，应直接定过失致人死亡罪，而不能定“过失伤害致人死亡罪”，刑法上没有这个罪名。

(三) 过失致人死亡罪的刑事责任

根据刑法典第 233 条的规定，犯本罪的，处 3 年以上 7 年以下有期徒刑；情节较轻的，处 3 年以下有期徒刑。本法另有规定的，依照规定。

三、故意伤害罪

(一) 故意伤害罪的概念与特征

故意伤害罪，是指故意非法损害他人身体健康的行为。其主要特征是：

1. 侵害的客体是他人的身体健康权利，即对他人人体组织的完整性和人体器官正常机能的破坏，而不是一般意义上的给他人身体造成暂时的疼痛。侵害的对象是有生命的他人，侵害自己身体的，一般不构成犯罪，但这种自伤行为是为了逃避某种特定义务，损害他人利益的，则可能构成犯罪，如刑法典第 434 条规定的战时自伤罪。

2. 客观方面表现为实施了非法损害他人身体健康的行为。伤害的手段可以多种多样，既可以采用作为方式，也可以采用不作为的方式。

故意伤害罪是结果犯，不是行为犯，只有伤害行为已经给他人造成了伤害结果才构成犯罪，伤害的结果有轻伤、重伤或者在某种情况下由于伤势过重而引起死亡的结果，但只要行为人没有杀人的故意，就仍然属故意伤害的性质。

3. 主体是一般主体。根据刑法典第 17 条的规定，已满 14 周岁未满 16 周岁的人，对故意伤害致人重伤或死亡的，应当负刑事责任。对故意伤害造成他人轻伤的，应当年满 16 周岁才负刑事责任。

4. 主观方面是故意，可以是直接故意和间接故意，至于犯罪的动机则不影响定罪。

（二）故意伤害罪的认定

1. 故意伤害罪与非罪的界限。根据刑法典第 333 条的规定，“故意伤害他人身体的”是指因故意伤害致人轻伤，又不属轻微伤害的损伤。即故意伤害行为要造成轻伤以上的结果才构成犯罪，轻微伤害虽然是一种侵犯公民人身权利的行为，但因情节显著轻微，危害不大，不认为是犯罪，可根据治安管理处罚条例的规定予以处理。因此行为是否造成轻伤的结果，是故意伤害行为罪与非罪的界限。按照司法部、公安部、最高人民法院、最高人民检察院 1990 年 4 月 2 日联合公布的《人体轻伤鉴定标准（试行）》第 2 条的规定，“轻伤是指物理、化学及生物等各种外界因素作用于人体，造成组织、器官结构的一定程度的损害或者部分功能障碍”的损伤。具体标准可由有关部门按照该规定进行鉴定，确定伤害程度。

2. 轻伤与重伤的界限。伤害的结果有轻重之别，因而故意伤害罪因伤害结果的轻重程度不同规定了不同的法定刑。所以，有必要划清轻伤与重伤的界限。根据司法部、公安部、最高人民法院、最高人民检察院 1990 年 3 月 29 日联合公布的《人体重伤鉴定标准》的规定，重伤是指：（1）使人肢体残废或者毁人容貌。（2）使人丧失听觉、视觉或者其他器官机能。（3）其他对于人身健康有重大损害的情况。该标准对重伤的各种具体情况作了详细的规定。刑法典第 234 条第 2 款中的“致人死亡”，是指基于伤害的故意，实施伤人行为，过失地造成了他人死亡，即对于伤害是故意的，但对于死亡是过失的，因而仍应当定故意伤害罪。应当特别注意的是，故意伤害行为无论是致人轻伤、重伤还是伤害致死，都只定故意伤害罪，不能定“故意轻伤罪”、“故意重伤罪”或“故意伤害致死罪”。只要查明行为人主观上有明确的伤害程度的认识，造成轻伤的，按轻伤处罚，造成重伤的，按重伤处罚，致人死亡的，按伤害致死处罚，但罪名都只能定故意伤害罪。

3. 故意伤害罪与故意杀人罪的界限。主要有两种情况较难区分：（1）故意伤害致死与故意杀人既遂。两者在客观上都有伤人行为，都出现了死亡结果。（2）故意伤害罪与故意杀人未遂的界限。两者在客观上可能都有伤人行为，可能都造成他人伤害的结果，没有出现死亡结果。区分上述行为的关键在于查明行为人主观上的犯罪故意内容。行为人主观上是故意伤害他人的，无论客观上是否出现死亡结果，均应定故意伤害罪。对于某些突发性的杀人案件，如果行为人是不计后果，动辄行凶杀人的，则可以按后果定罪，出现死亡的后果，则定故意杀人罪，出现伤害的后果，则定故意伤害罪。因为在这种情况下，行为人对于可能出现的伤害或死亡的后果，其实都在他的主观认识之内，都持放任态度，这是主客观相统一的体现。

4. 故意伤害罪与过失致人死亡罪的界限。当故意伤害致人死亡时，与过失致人死亡罪较难区分，两者在客观上都出现了死亡的后果，在主观上对死亡后果都是过失，两者区别的关键在于：（1）主观罪过不同。故意伤害罪（致死）在主观上有伤害的故意，但没有杀人的故意。过失致人死亡罪在主观上既无杀人的故意，也无伤害的故意，他人的死亡是由行为人的过失造成的。所以，如果查明行为人主观上有伤害故意而过失造成他人死亡的，应定故意伤害罪（致死）。（2）客观行为不同。故意伤害罪（致死）的行为是直接致人伤害，死亡结果是由于伤害结果所引起的。过失致人死亡罪的行为通常是直接引起死亡结果发生，也有先致人伤害，因伤害引起死亡的。

（三）故意伤害罪的刑事责任

刑法典第234条规定，故意伤害他人身体的，处3年以下有期徒刑、拘役或者管制。致人重伤的，处3年以上10年以下有期徒刑，致人死亡或者以特别残忍手段致人重伤造成严重残疾的，处10年以上有期徒刑、无期徒刑或者死刑。本法另有规定的，依照规定。这里“情节特别恶劣”只适用于致人重伤，不适用于致人死亡。所谓情节特别恶劣，根据司法实践，一般是指以下情形：（1）手段残酷，造成严重结果的；（2）重伤多人的；（3）故意伤害的累犯，等等。“本法另有规定的，依照规定”，是指由于其他故意犯罪行为致人伤害的，刑法有关条款已作了另行的专门规定，不再以故意伤害的条款定罪判刑。例如，按照刑法典第236条第3款第5项的规定，强奸妇女致人重伤的，直接按强奸罪定罪处理，不能再按故意伤害罪的规定处理。

四、过失重伤罪

（一）过失重伤罪的概念与特征

过失重伤罪，是指过失伤害他人身体致人重伤的行为。其主要特征是：

1．客观方面表现为行为人的过失行为造成了他人的重伤结果。因此，构成本罪，必须造成重伤，轻伤不构成本罪。

2．主观方面是出于过失，包括疏忽大意的过失和过于自信的过失。过失是指对造成的重伤结果的心理态度，行为人的行为则有可能是故意。

3．主体是年满16周岁，具有辨认和控制自己行为能力的自然人。

（二）过失重伤罪的认定

1．应注意区别过失重伤罪与过失轻伤行为的界限。两者区别的关键就在于造成伤害的结果程度不同，是否构成重伤，应由有关部门根据《人体重伤鉴定标准》做出鉴定，如果是过失造成轻伤的，则不构成犯罪。

2．应注意区别过失重伤罪与过失致人死亡罪的区别。两者区别的关键也在于造成的最终结果不同。本罪造成的最终结果是致人重伤，而后者是造成他人死亡。如果过失行为先造成他人重伤，经抢救无效后死亡，仍应定过失致人死亡罪，而不能定过失重伤罪（致死）。

（三）过失重伤罪的刑事责任

根据刑法典第235条的规定，犯本罪的，处3年以下有期徒刑或者拘役。本法另有规定的，依照规定。

第三节　侵犯妇女性权利及儿童身心健康的犯罪

一、强奸罪

（一）强奸罪的概念与特征

强奸罪，是指以暴力、胁迫或者其他手段，违背妇女意志，强行与妇女发生性交的行为。其主要特征是：

1. 侵犯的客体是妇女性的不可侵犯的权利和人身权利。妇女性的不可侵犯的权利是指妇女有拒绝与其合法配偶以外的任何男子发生性行为的权利，可自由决定自己正当性交行为的权利。本罪因为在客观上使用了暴力、胁迫或其他手段，所以必然还侵犯妇女的人身权利。

侵犯的对象，是已满14周岁的妇女，至于妇女的品德、职业状况如何，不影响定罪。妇女性的不可侵犯的权利和人身权利只有具有生命的人才能享有，因此，对奸尸的，不能定强奸罪，应以刑法典第302条的侮辱尸体罪论处。如果是杀人后奸尸的，以杀人罪从重处罚。

2. 客观方面表现为：（1）实施了暴力、胁迫或其他手段，使妇女处于不能反抗、不敢反抗或不知反抗的状态。暴力，是指采取捆绑、殴打、堵嘴、按倒等侵害人身安全或人身自由的强暴方法，使被害妇女不能反抗。胁迫，是指对妇女采取威胁、恐吓等方法，实行精神上的强制，使被害妇女不敢反抗。这种胁迫，既可采用以暴力为内容的威胁，也可采用以揭发隐私、毁坏名誉相威胁，还可以利用教养关系、职权以及使被害妇女处于孤立无援的环境相威胁。胁迫既可针对被害妇女本人，也可以加害亲朋好友等第三人相威胁。其他手段是指采用除暴力、胁迫以外的其他使被害妇女处于不知反抗、无法反抗的手段，例如，采用封建迷信恐吓、欺骗，或者使用药物麻醉、用酒灌醉，或者利用妇女患重病、熟睡之机，或者假冒妇女的丈夫等手段。（2）违背了妇女意志。这是指妇女不愿与行为人发生性交的意愿。（3）强奸了妇女。所谓强奸，是针对男子强行与妇女性交行为而言，因此，性交行为以外的其他行为，如强行抠摸、接吻、拥抱、口淫等行为均不能视为强奸行为，构成其他犯罪的，以相应规定定罪处罚。

违背妇女意志和暴力、胁迫等手段是强奸罪本质特征的两个不可分割的方面。违背妇女意志是其内在本质，暴力、胁迫等强制手段是其外部表现。两者的有机结合，是强奸罪区别于其他犯罪的关键。

3. 主体是特殊主体，只要年满14周岁，具有辨认和控制行为能力的男子就可构成。妇女不能单独构成强奸罪，但可以成为强奸罪的教唆犯和帮助犯。

4. 主观方面是直接故意，并且具有强奸的目的。

（二）强奸罪的认定

1. 要划清强奸罪与非罪的界限。这就需要准确理解强奸罪的本质特征。强奸罪的本质在于违背妇女意志，使用暴力、胁迫等手段强行与之发生性交。判断是否违背妇女意志，关键就在于要判明妇女对性行为的意愿，当然这可以从行为的客观上分析行为人是否采用了暴力、胁迫等强制手段，如果采用了这些强制手段，妇女表现出来的抗拒当然是不愿意发生性行为的。但妇女没有抗拒，并不能说明就是同意性交。因为在某些情况下，被害妇女虽然没有抗拒或抗拒不明显，是基于犯罪分子的恐吓、威胁，并非出于自己的意愿。因此，不能以妇女有无反抗作为划分强奸罪与非罪的条件，只能将其作为判明是否违背妇女意志，使用强制手段、强行性交的一个重要因素。

2. 要划清强奸与通奸的界限。通奸，是指一方或双方有配偶的男女，自愿发生性交的行为，故而也称为“和奸”。这种行为是双方的婚外性行为，但是自愿的，因此不构成犯罪。在处理这类案件时，应注意以下问题：（1）对先强奸后通奸的，即行为人将妇女第一次强奸之后，该妇女又出于自愿，又多次与对方发生性行为的，先前的强奸行为仍然构成强奸罪，但由于后来妇女的主观愿望发生了变化，说明妇女对行为人的第一次行为予以了容忍，甚至建立了感情。从妇女的态度和稳定社会关系出发，没有再追究行为人强奸罪刑事责任的必要。（2）对于利用从属关系或基于相互利用与妇女发生性行为的，是否定强奸罪，不能一概而论，应当具体情况具体分析。实践中这类案件比较复杂，有时难以定性。对那些利用教养关系、上下级关系或妇女有求于自己等情况迫使妇女就范，以优势地位相胁迫，如以解除工作、断绝生活来源等相要挟，使妇女忍辱被奸的，应当认定为强奸罪。但对于那些利用自己职务上或物质上的优越条件相引诱，而妇女也基于达到某种目的，自愿与他人发生性关系的，这是一种相互利用的行为，不能认定为强奸罪。

3. 对不使用暴力、胁迫等强制手段，与精神病人或痴呆患者发生性行为的认定。对于这种情况首先要查清在发生性行为当时精神病人或痴呆患者是否正在患病期间，对这种行为有无辨认和控制的能力。其次还要查清行为人是否明知妇女是精神病人或痴呆患者，如果行为人明知妇女是精神病人或痴呆患者而仍然与之发生性行为，无论是否使用了暴力、胁迫等强制手段，都应认定为强奸罪，如果不知道对方患病，误认为对方是在自愿的情况下发生性行为的，说明行为人主观上无强奸的故意，则不能认定为强奸罪。

4. 关于强奸罪的既遂与未遂的界限。如何认定强奸罪的既遂，历来有射精说、插入说、接触说之争。按照我国刑法理论关于犯罪既遂的通行标准是以犯罪行为齐备刑法分则规定的该种犯罪构成要件来判断分析，强奸罪的既遂应以插入说为宜，因为，既遂是犯罪的完成形态，根据强奸罪的构成特征，其完成形态应以男女双方性器官的结合，即以奸入为既遂比较适宜。

（三）关于奸淫幼女问题

1. 奸淫幼女的概念与特征。奸淫幼女，是指故意同不满14周岁的幼女发生性交的行为。奸淫幼女过去无论在理论上还是在司法实践上都是作为一个独立的犯罪来对待的，具有独立于强奸罪的构成要件。2002年3月15日最高人民法院、最高人民检察院《关于执行〈中华人民共和国刑法〉确定罪名的补充规定》明确取消了奸淫幼女罪罪名（对奸淫幼女的行为只定为强奸罪）。尽管如此，但根据立法规定和学理解释，奸淫幼女作为强奸罪的特例，具有与普通强奸罪不同的构成特征：

（1）奸淫幼女侵犯的客体是幼女的身心健康，犯罪对象是不满14周岁的幼女。不满14周岁的幼女，身心健康尚未完全发育成熟，生殖器官、智力水平、思维能力均与成年人不同，对犯罪分子的侵害缺乏辨别和抵抗能力。奸淫幼女的行为往往严重损害幼女的身心健康，严重影响其生理和心理的正常发育和成长。

(2) 奸淫幼女在客观方面表现为同幼女发生性交的行为，即奸淫幼女的行为。至于行为人是否采用暴力手段，不影响犯罪的成立，刑法对奸淫幼女的手段未作任何限定，这就是说，不论采用什么手段，也不论幼女有何种表示，只要和幼女发生性行为，一般就可以构成犯罪。

(3) 奸淫幼女的主体是一般主体，只要年满 14 周岁，具有刑事责任能力的男性均可构成。

(4) 奸淫幼女在主观方面是故意，即明知是不满 14 周岁的幼女而奸淫的，但这里的明知，并非要求确切知道，只要行为人具有奸淫的目的，知道对方可能是幼女，就可以定罪。行为人明知是不满 14 周岁的幼女而与其发生性关系，不论该幼女是否自愿，均应依照刑法第 236 条第 2 款的规定，以强奸罪定罪处罚，行为人确实不知对方是不满 14 周岁的幼女，双方自愿发生性关系，未造成严重后果，情节显著轻微的，不认为是犯罪。

2. 奸淫幼女的认定。(1) 罪与非罪的界限。从原则上讲，已满 14 岁的人对本罪应负刑事责任。但这类案件情况比较复杂，应当根据案件的实际情况，具体情况具体分析，对于那些已满 14 岁不满 16 岁的男少年，基于交往密切，甚至“谈恋爱”、“耍朋友”等，双方自愿发生的性行为，情节显著轻微，危害不大的，可以不定罪，责成其家长、学校严加管教。但是如果情节恶劣，后果严重的，应当以犯罪论处。(2) 与一般强奸行为的界限。两者的主要区别在于：①奸淫的对象不同。前者的犯罪对象是不满 14 周岁的幼女，后者的犯罪对象是已满 14 周岁的妇女。②犯罪客观方面表现不同。前者的行为人无论采用何种手段，也不论幼女是否同意，只要行为人与妇女发生性行为的，即可构成。后者的行为人必须采用了暴力、胁迫或其他手段，违背妇女意志，与被害人发生性行为才可构成。③既遂的标准不同。前者既遂的标准采用接触说，只要双方性器官发生接触即达既遂，这样来认定，其目的是为了保护幼女的身心健康，对这种行为严厉打击。后者既遂的标准采用结合说，双方性器官的结合才作为犯罪完成的标志，才达既遂。

(四) 强奸罪的刑事责任

根据刑法典第 236 条第 1 款的规定，强奸妇女的，处 3 年以上 10 年以下有期徒刑；奸淫幼女的，从重处罚。第 236 条第 3 款规定，强奸妇女、奸淫幼女有下列情形之一的，处 10 年以上有期徒刑、无期徒刑或者死刑：(1) 强奸妇女情节恶劣的；(2) 强奸妇女多人的；(3) 在公共场所当众强奸妇女的；(4) 二人以上轮奸的；(5) 致使被害人重伤、死亡或者造成其他严重后果的。

根据上述规定，在对本罪进行处罚时，应注意以下问题：(1) 所谓情节恶劣，一般是指强奸手段残酷的；因强奸引起被害妇女精神失常的；多次利用淫秽物品等手段引诱女青年的，尤其是不满 18 岁的未成年人的；在社会上造成恶劣影响，危害极大的；强奸的累犯，等等。(2) 强奸妇女多人，一般是指强奸妇女三人以上的。(3) 所谓公共场所是指在车站、码头、商场、公园、体育场、影剧院、街道等公众聚集的地方。“当众”一般是指在有第三人在场的情况下公然进行。(4) 所谓轮奸是指两男以上在相隔短暂的时间内，先后轮流强奸同一妇女。构成轮奸，要二人以上具有共同轮奸的故意为前提（包括事先预谋的和临时起意的）。轮奸不是一个独立的罪名，只是本罪的一种严重形式，应以强奸罪定罪判刑。但在实践中应注意把轮奸行为与两个以上的男流氓一起自愿发生性行为的情况相区别，后者以聚众淫乱罪论处。(5) 致使被害人重伤、死亡，是指在强奸妇女过程中，因使用暴力直接导致被害人身体严重损害，甚至当场死亡或经治疗无效后死亡。在这种情况下，只能定强奸罪一个罪名。但如果行为人出于报复、灭口、逃跑等动机，在强奸过程中或强奸之后又将被害人杀死的，应按强奸罪和杀人罪数罪并罚。

二、强制猥亵、侮辱妇女罪

（一）强制猥亵、侮辱妇女罪的概念与特征

强制猥亵、侮辱妇女罪是指以暴力、胁迫或者其他方法强制猥亵妇女或者侮辱妇女的行为。其主要特征是：

1. 侵犯的客体是复杂客体，既侵犯妇女的人身权利，又危害社会治安秩序。

2. 客观方面表现为行为人使用了暴力、胁迫或其他方法强制侮辱妇女或猥亵妇女的行为。“暴力”是指采用捆绑、殴打等人身强制方法，使妇女不能抗拒；“胁迫”是指采用威胁、恫吓等精神强制方法，既包括以暴力相威胁，也包括以揭发隐私、毁坏财物等相威胁，使妇女不敢抗拒；“其他方法”是指上述暴力、胁迫等以外的方法，如用药物麻醉、用酒灌醉等方法，使妇女不知反抗。“猥亵”是以刺激或满足性欲为目的，用性交以外的方法实施的淫秽行为，如对妇女抠摸、搂抱、接吻、手淫等行为。“侮辱妇女”是指用下流动作或淫秽语言调戏妇女的行为，如偷剪妇女的发辫、衣服；追逐、堵截妇女；向妇女身上泼洒腐蚀物、污物等。这里要注意猥亵妇女与侮辱妇女的区别：前者以刺激或满足性欲为目的，且必须采用了暴力、胁迫或其他方法等强制手段。后者以追求精神刺激为目的，可以采用强制手段和其他手段。

3. 主体是一般主体。即年满 16 周岁、具有刑事责任能力的自然人。

4. 主观方面是故意，其动机一般是满足个人变态的性需求及追求精神刺激。

（二）强制猥亵、侮辱妇女罪的认定

1. 强制猥亵妇女罪与强奸罪的区别。两者在客观行为方式上有许多相似之处，都为满足自己性欲为目的，犯罪对象都是妇女。两者区别的关键在于：前者是采用除性交以外的其他方法满足性欲，故主观上无奸淫的故意，而后者是通过与妇女发生性交来满足性欲，所以主观上具有奸淫的故意。

2. 侮辱妇女罪与侮辱罪的区别：(1) 对象情况不同。前者一般以不特定的妇女为对象，后者是针对特定对象实施。(2) 主观目的、动机不同。前者一般是出于寻求精神刺激，闹事取乐，后者一般是出于对特定对象的个人恩怨、嫉妒和报复等。

（三）强制猥亵、侮辱妇女罪的刑事责任

根据刑法典第 237 条的规定，犯本罪的，处 5 年以下有期徒刑或者拘役。聚众或在公共场所当众犯本罪的，处 5 年以上有期徒刑。

三、猥亵儿童罪

（一）猥亵儿童罪的概念与特征

猥亵儿童罪是指猥亵不满 14 周岁儿童的行为。其主要特征是：

(1) 侵犯的客体是儿童的身心健康。犯罪对象是不满 14 周岁的男女儿童。(2) 犯罪客观方面表现为采用强制手段或非强制手段猥亵儿童的行为。(3) 犯罪主体是一般主

体。(4) 犯罪主观方面是故意，但不具有奸淫的目的，如以奸淫为目的与不满 14 周岁幼女发生性行为的，以强奸罪论处。

(二) 猥亵儿童罪的刑事责任

犯猥亵儿童罪的，根据刑法典第 237 条第 1 款、第 2 款的规定从重处罚。

第四节　侵犯公民人身自由、人格尊严的犯罪

一、非法拘禁罪

(一) 非法拘禁罪的概念与特征

非法拘禁罪，是指故意非法剥夺他人人身自由的行为。其主要特征是:

(1) 侵犯的客体是公民的人身自由权利。(2) 客观方面表现为实施了非法剥夺他人人身自由的行为。“拘禁”是指采用拘留、逮捕、禁闭等方法;“其他方法”是指采用扣押、监护审查、隔离审查、半封闭式“学习班”等方法。上述方法都应当是非法的，否则不构成本罪。例如，公安机关对现行犯采取的先行拘留、群众扭送现行犯、医生对精神病人采取的强制管束行为等。非法拘禁行为是一种持续行为，即这种行为本身和行为造成他人被剥夺人身自由的不法状态一段时间内同时持续，因此持续的时间长短不影响定罪，只会影响量刑，但如果拘禁瞬时即过，则不成立本罪。(3) 主体为一般主体。(4) 主观方面是故意。动机多种多样，但不影响定罪。

(二) 非法拘禁罪的认定

在司法实践中，非法拘禁行为往往同其他犯罪联系、交织在一起，在罪数问题上复杂，应正确认定。实施非法拘禁行为，将其作为其他犯罪的手段或结果而又触犯其他罪名的，按牵连犯，从一重罪处断，如非法绑架他人勒索财物或作为人质的，其拘禁他人的行为本身就是绑架行为的手段，对此应以绑架罪处罚。但如果收买妇女、儿童后，为防止其逃走又将其关押起来，收买行为与拘禁行为则不存在牵连关系，应数罪并罚。

(三) 非法拘禁罪的刑事责任

依照刑法典第 238 条第 1 款的规定，犯本罪的，处 3 年以下有期徒刑、拘役、管制或者剥夺政治权利。具有殴打、侮辱情节的，从重处罚。

根据刑法典第 238 条第 2 款的规定，犯前款罪致人重伤的，处 3 年以上 10 年以下有期徒刑；致人死亡的，处 10 年以上有期徒刑。使用暴力致人伤残、死亡的，依照本法第 234 条、第 232 条的规定定罪处罚。这里的“致人重伤”、“致人死亡”是指在非法拘禁过程中过失导致被害人重伤、死亡，包括自杀、造成精神分裂等。“使用暴力致人伤残、死亡的”则是指故意地造成被害人伤残、死亡，犯罪行为的性质发生了变化，以刑法典第 234 条规定的故意伤害罪、第 232 条规定的故意杀人罪论处。

根据刑法典第 238 条第 3 条、第 4 款的规定，为索取债务非法扣押、拘禁他人的，依照前两款的规定处罚。国家机关工作人员利用职权犯前三款罪的，从重处罚。

二、绑架罪

(一) 绑架罪的概念与特征

绑架罪，是指以勒索财物或其他要求为目的，使用暴力、胁迫或其他方法绑架他人的行为。其主要特征是:

1. 侵犯的客体是他人的人身自由权利。被害人被置于行为人的劫夺、控制之下，丧失了人身自由权利。由于行为人的行为是勒索财物或要达到其他目的，所以本罪实际上还可能侵犯到其他的社会关系。但侵犯他人的人身权利是基本表现。

2. 客观方面表现为使用了暴力、胁迫或其他方法，使被害人不能反抗、不敢反抗或不知反抗，以绑架他人。“绑架”即指违背被害人或其监护人等的意志将其非法劫持，使其失去了人身自由。根据刑法典第 239 条第 2 款的规定，以勒索财物为目的偷盗婴幼儿的，也以绑架罪论处。“偷盗”即指乘婴幼儿的监护人不备，秘密窃取婴幼儿。这时的婴幼儿年龄太小，无任何反抗能力和辨别、控制能力，故偷盗的行为也以本罪论。

3. 主体是一般主体。

4. 主观方面是故意，其目的有两种情形：一是以勒索财物为目的，即通常为绑架勒赎行为；二是以劫持的人质相要挟，达到政治目的、逃避司法机关抓捕的目的等，或日常生活中、工作中的其他目的。

（二）绑架罪的认定

1. 如何认定绑架罪的既遂。绑架罪是行为犯，只要行为人实施了绑架他人的行为，并且达到了将他人劫持、控制起来的程度即已既遂，至于其勒索财物或其他目的是否实现，不影响犯罪既遂的成立。如果由于行为人意志以外的原因，虽已着手实施绑架，但未能劫持、控制被害人，则应认定为犯罪未遂。

2. 注意划清绑架勒赎行为与抢劫罪的界限。两者的主要区别在于：（1）客观方面表现不同。前者使用暴力、胁迫或其他方法是为劫持人质，然后才以杀害或伤害，即“撕票”相要挟而勒索财物；后者使用暴力、胁迫或其他方法是以当场杀害或伤害相威胁。（2）取得财物的时间、地点不同。前者行为人往往要求被害人的亲友将财物送到指定地点，而后者是要求被害人当场交出财物。（3）要求交出财物的对象不同。前者是要求被害人亲属交出财物，后者是要求被害人本人交出财物。

3. 注意划清绑架勒赎行为与为索债而非法扣押、拘禁他人行为的界限。前者是以勒索财物为目的，取得他人的财物，是作为人质的“赎金”；后者是索回他人欠自己的债务，行为人取得的是自己应得的财物，并非人质的“赎金”。因此对前者的行为是以绑架罪论处，对后者的行为以非法拘禁罪处罚。

（三）绑架罪的刑事责任

根据刑法典第 239 条的规定，犯本罪的，处 10 年以上有期徒刑或者无期徒刑，并处罚金或者没收财产；致使被绑架人死亡或者杀害被绑架人的，处死刑，并处没收财产。

三、拐卖妇女、儿童罪

（一）拐卖妇女、儿童罪的概念与特征

拐卖妇女、儿童罪是指以出卖为目的，有拐骗、绑架、收买、贩卖、接送、中转妇女、儿童的行为。其主要特征是：

1. 侵犯的客体是妇女、儿童的人身自由权利。侵犯的对象，仅限于妇女、儿童。儿童是指不满 14 周岁的人。

2. 犯罪的客观方面表现为行为人实施了拐卖妇女、儿童的行为。“拐卖妇女、儿童”的行为，根据刑法典第 240 条第 2 款的规定，是指以出卖为目的，有拐骗、绑架、收买、贩卖、接送、中转妇女、儿童的行为之一的。"拐骗"是指以利诱、欺骗等非暴力手段使妇女、儿童脱离其家庭或监护人的行为；"绑架"是指使用暴力、胁迫或者麻醉方法劫持妇女、儿童的；"收买"，是指为了再转手变价卖出而从拐卖、绑架妇女、儿童的犯罪分子手中买来被害妇女、儿童的行为；"贩卖"是指将拐卖来的妇女、儿童再卖给他人的行为；"接送"、"中转"是指在拐卖妇女、儿童的共同犯罪中，进行接应、移送、藏匿拐骗的妇女、儿童的行为。

3. 主体是一般主体。

4. 主观方面是故意，并且具有出卖的目的。至于行为人是否实际获利，不影响犯罪成立。

（二）拐卖妇女、儿童罪的认定

1. 与买卖婚姻、借介绍婚姻索取财物的界限。买卖婚姻一般是家长借子女结婚之机索取高额财礼的行为，是属于违反婚姻法的一般违法行为，不存在拐骗现象。借介绍婚姻索取财物是指在男女之间牵线搭桥，并索取具有酬谢性的财物的行为，并非出卖妇女，行为人既可向男方也可向女方索取，但没有贩卖人口的行为。因此两者与拐卖妇女、儿童犯罪是有本质区别的，两者均不构成犯罪。

2. 与拐骗儿童罪的界限。两者的主要区别在于行为人的主观目的不同。前者的行为人主观目的是以出卖为目的，后者的行为人主观目的是以收养、役使为目的。

3. 一罪与数罪的界限。根据刑法典第240条第1款的规定，下列情况只能以拐卖妇女、儿童罪一罪论处：(1) 在拐卖妇女的犯罪中又奸淫被拐卖的妇女的；(2) 在拐卖妇女的犯罪过程中诱骗、强迫被拐卖的妇女卖淫的或者将被拐卖的妇女卖给他人迫使其卖淫的；(3) 在拐卖妇女、儿童的犯罪过程中造成被拐卖的妇女、儿童或者亲属重伤、死亡或者其他严重后果的。对于在拐卖妇女、儿童的过程中，又将被害人杀害、伤害的，应以拐卖妇女、儿童罪与故意杀人罪或故意伤害罪数罪并罚。对于某些拐卖妇女、儿童的行为人与被拐卖的妇女共谋，将妇女卖给他人，得款后又双双潜逃的，即俗称"放飞鸽"的案件，应以诈骗罪一罪论处。

（三）拐卖妇女、儿童罪的刑事责任

根据刑法典第240条的规定，犯本罪的，处5年以上10年以下有期徒刑，并处罚金；有下列情形之一的，处10年以上有期徒刑或者无期徒刑，并处罚金或者没收财产；情节特别严重的，处死刑，并处没收财产：(1) 拐卖妇女、儿童的首要分子；(2) 拐卖妇女、儿童三人以上的；(3) 奸淫被拐卖的妇女的；(4) 诱骗、强迫被拐卖的妇女卖淫或者将被拐卖的妇女卖给他人迫使其卖淫的；(5) 以出卖为目的，使用暴力、胁迫或者麻醉方法绑架妇女、儿童的；(6) 以出卖为目的，偷盗婴幼儿的；(7) 造成被拐卖的妇女、儿童或者其亲属重伤、死亡或者其他严重后果的；(8) 将妇女、儿童卖往境外的。

四、收买被拐卖的妇女、儿童罪

（一）收买被拐卖的妇女、儿童罪的概念与特征

收买被拐卖的妇女、儿童罪，是指不以出卖为目的，收买被拐卖的妇女、儿童的行为。其主要特征是：

(1) 侵犯的客体是被收买的妇女、儿童的人身自由权利。(2) 犯罪的客观方面表现为收买被拐卖的妇女、儿童的行为。"收买"是指将妇女、儿童当作商品，用货币或财

物购买的行为，其目的常常是为了结婚、生儿育女、使唤等。如以出卖为目的收买的，则应构成拐卖妇女、儿童罪。(3) 主体是一般主体，任何参与收买被拐卖的妇女、儿童的，都可以成为本罪的犯罪主体。(4) 主观方面只能是故意，即必须明知是被拐卖的妇女、儿童仍然予以收买的。如确实不知是被拐卖的妇女、儿童而收买的，则不构成本罪。

(二) 收买被拐卖的妇女、儿童罪的认定

1. 罪与非罪的界限。根据刑法典第 241 条第 6 款的规定，收买被拐卖的妇女、儿童，按照被买妇女的意愿，不阻碍其返回原居住地的，对被买儿童没有虐待行为，不阻碍对其进行解救的，可以不追究刑事责任。

2. 一罪与数罪的界限。根据刑法典第 241 条第 4 款的规定，收买被拐卖的妇女、儿童，并有“强行与其发生性关系”的或者“非法剥夺、限制其人身自由或者有伤害、侮辱等犯罪行为的”，应按本罪与强奸罪或者非法拘禁罪、强迫劳动罪、故意伤害罪、侮辱罪等实行数罪并罚。

(三) 收买被拐卖的妇女、儿童罪的刑事责任

根据刑法典第 241 条的规定，犯本罪的，处 3 年以下有期徒刑、拘役或者管制。

五、聚众阻碍解救被收买的妇女、儿童罪

(一) 聚众阻碍解救被收买的妇女、儿童罪的概念与特征

聚众阻碍解救被收买的妇女、儿童罪，是指纠集多人阻碍国家机关工作人员解救被收买的妇女、儿童的行为。其主要特征是：

1. 侵犯的客体是复杂客体，既有国家机关工作人员解救被收买的妇女、儿童的正常公务活动，又有被收买的妇女、儿童的人身权利。

2. 犯罪的客观方面表现为实施了聚众阻碍国家机关工作人员解救被收买的妇女、儿童的行为。“聚众阻碍”是指纠集多人以各种手段阻碍国家工作人员的解救行为，如围攻、谩骂、殴打、阻拦、破坏交通工具、恐吓、威胁等，如果对国家机关工作人员以暴力阻碍的，则不构成本罪，应以刑法典第 277 条规定的妨碍公务罪定罪处罚。

3. 主体是特殊主体，只限于聚众阻碍解救被收买的妇女、儿童行为中的首要分子，即在其中起组织、指挥、策划作用的人。首要分子可以是一人，也可以是数人。

4. 主观方面是故意，即明知对方是解救被收买的妇女、儿童的国家机关工作人员，而予以聚众阻碍的。

(二) 聚众阻碍解救被收买的妇女、儿童罪的认定

1. 司法实践中处理此类案件，应注意区分不同情况，分别处理：对于聚众阻碍国家机关工作人员解救被收买的妇女、儿童的首要分子，应以本罪定罪处罚；对于以暴力、威胁方法阻碍国家机关工作人员解救被收买的妇女、儿童的，或者虽不是首要分子，是其他参与者使用暴力、威胁方法的，依照妨害公务罪的规定定罪处罚；对于虽然参与了阻碍解救活动，但并非首要分子，也没有使用暴力、威胁方法的，不应以犯罪论处。

2. 注意本罪与故意伤害、故意杀人等犯罪的界限。本罪中也可能使用暴力手段，但应以造成轻伤为限。如果行为人给国家机关工作人员造成重伤或以杀害方法予以聚众阻碍的，则是一个行为同时触犯了本罪和故意伤害、故意杀人的罪名，对此应以想象竞

合犯的处理原则，按一重罪处断，则应以故意伤害罪、故意杀人罪论处。

（三）聚众阻碍解救被收买的妇女、儿童罪的刑事责任

根据刑法典第242条第2款的规定，犯本罪的，处5年以下有期徒刑或者拘役。

六、诬告陷害罪

（一）诬告陷害罪的概念与特征

诬告陷害罪，是指捏造某种犯罪事实，向国家机关或有关单位告发，意图使他人受到刑事追究，情节严重的行为。其主要特征是：

（1）侵犯的客体是他人的人身权利和司法机关的正常活动。（2）客观方面表现为：①捏造他人的犯罪事实。"捏造"即无中生有、凭空编造。"事实"是指犯罪事实。行为人捏造的不是犯罪事实，而是一般的违法、违纪的事实，不构成本罪。②向国家机关或有关单位告发。"告发"即揭发、控告，告发的形式多种多样，从实践中看，有口头的、有书面的；有署名的、有匿名的；有投信的、指使他人告发的，有本人当面告发的。③告发的对象须是特定的、明确的，但并非一定要指名道姓，如果通过告发的事实可以明显地看出行为人是在诬陷谁，即使没有指名，也应以本罪论处。④诬告陷害行为还须情节严重的才构成犯罪。"情节严重"通常为手段恶劣的；引起被害人精神失常、自杀的；造成恶劣的社会影响的；动机卑鄙的，等等。（3）主观方面是故意，并且具有使他人受到刑事追究的目的。至于目的是否实现，并不影响本罪的成立。（4）主体是一般主体。

（二）诬告陷害罪的认定

刑法典第243条第3款规定，不是有意诬陷，而是错告或者检举失实的，不适用前两款的规定。因此，这里要注意划清诬告陷害与错告或者检举失实的界限。两者区别的关键是看主观上有无诬陷的故意。前者明知自己捏造犯罪事实，并向有关机关告发，意图他人受到刑事追究，其主观上有诬陷他人的故意；后者以为自己告发、检举的是真实的犯罪事实，没有陷害他人的故意，因而不构成犯罪。

（三）诬告陷害罪的刑事责任

根据刑法典第243条第1款的规定，犯本罪的，处3年以下有期徒刑、拘役或者管制；造成严重后果的，处3年以上10年以下有期徒刑。本条第2款规定，国家工作人员犯前款罪的，从重处罚。

七、强迫职工劳动罪

（一）强迫职工劳动罪的概念与特征

强迫职工劳动罪，是指违反劳动管理法规，以限制人身自由的方法强迫职工劳动，情节严重的行为。其主要特征是：

1．侵犯的客体是劳动者的人身自由权利和合法的劳动权利。根据《中华人民共和国劳动法》的规定，劳动者享有与用人单位基于劳动合同所确立的劳动权利，即平等就业的权利，以及休息的权利和获得安全、卫生保障的权利。强迫职工劳动，即侵犯了劳动者的上述权利，并且因其采用限制人身自由的方法，还侵犯了劳动者的人身自由权利。

2．客观方面表现为用人单位违反劳动管理法规，以限制人身自由的方法强迫职工劳动，情节严重的行为。"劳动管理法规"是指以《中华人民共和国劳动法》为主的法律、法规，这些法律、法规形成了正常的劳动管理秩序，由此决定了本罪行为的违法

性。“限制人身自由的方法”主要是指各种非法方法，如暴力、胁迫、禁闭、监视等限制职工的人身自由，不让离开特定的区域。“强迫职工劳动”，即迫使职工从事超时超量劳动，或不给、少给报酬等，“限制人身自由”是手段行为，“强迫职工劳动”是目的行为，二者须同时具备，才能构成本罪，如只是限制人身自由，并未强迫劳动，则不构成本罪。

3. 主体是特殊主体，即只限于劳动用人单位的直接责任人员。

4. 主观方面是故意。

(二) 强迫职工劳动罪的认定

1. 本罪与非罪的界限。两者区别的关键是看“情节是否严重”，只有情节严重的才构成犯罪，“情节严重”主要是指造成人员伤亡的、长时间限制人身自由的、超量的强体力劳动的、引起职工健康状况恶化的，等等。

2. 本罪与非法拘禁罪的界限。非法拘禁是对他人的人身实行完全禁闭，使其完全丧失自由；而本罪只是将职工限制在特定区域内，并未完全剥夺人身自由。非法拘禁他人的动机不是为了强迫他人劳动；本罪限制他人人身自由只能是迫使职工劳动。

(三) 强迫职工劳动罪的刑事责任

根据刑法典第244条的规定，犯本罪的，处3年以下有期徒刑或者拘役，并处或者单处罚金。

八、雇用童工从事危重劳动罪

(一) 雇用童工从事危重劳动罪的概念与特征

雇用童工从事危重劳动罪，是指违反劳动管理法规，雇用未满16周岁的未成年人从事超强度体力劳动的，或者从事高空、井下作业的，或者在爆炸性、易燃性、放射性、毒害性等危险环境下从事劳动，情节严重的行为。其主要特征是：

(1) 侵犯的客体是未成年人的身心健康权。(2) 客观方面表现为用人单位违反劳动管理法规雇用未满16周岁的未成年人从事超强体力劳动的，或者从事高空、井下作业的，或者在爆炸性、易燃性、放射性、毒害性等危险环境下从事劳动，情节严重的行为。(3) 主体是特殊主体，只限于劳动用人单位的直接责任人员。(4) 主观方面是故意。

(二) 雇用童工从事危重劳动罪的认定

1. 本罪与非罪的界限。两者区别的关键是看“情节是否严重”，只有情节严重的才构成本罪，否则属一般违法行为。

2. 罪数的认定。行为人在雇用童工从事危重劳动的过程中，造成事故，又构成其他犯罪诸如重大责任事故罪、重大劳动安全事故罪等，依照数罪并罚的规定处罚。

(三) 雇用童工从事危重劳动罪的刑事责任

根据刑法修正案(四)的规定，犯本罪的，处3年以下有期徒刑或者拘役，并处罚金；情节特别严重的，处3年以上7年以下有期徒刑，并处罚金。

九、非法搜查罪

(一) 非法搜查罪的概念与特征

非法搜查罪，是指非法对他人身体、住宅进行搜查的行为。其主要特征是：

(1) 侵犯的客体是公民的人身权利和公民的住宅不受侵犯的权利。(2) 客观方面具有非法搜查他人身体或住宅的行为。“非法搜查”是指无权搜查的人私自对他人的身体、住宅进行搜查，或者虽然有权搜查，但未按法定程序，而是滥用职权进行搜查。“住宅”指公民生活、居住的寓所、宅院，显然不包括办公室、车辆等。(3) 犯罪主体是一般主体。(4) 犯罪主观方面是故意，动机则可能多种多样。

(二) 非法搜查罪的认定

应当注意，在司法实践中，有些司法机关的人员在经法定批准，依法执行搜查任务的时候，没有完全依照法律上的有关搜查程序的规定，例如，应当有见证人在场而未邀请见证人的，应出示搜查证而未出示的，搜查妇女身体没有由女工作人员进行的，等等，这些是属于合法搜查中的违法行为，应予纠正，但与非法搜查罪是有原则区别的。

(三) 非法搜查罪的刑事责任

根据刑法典第245条的规定，犯本罪的，处3年以下有期徒刑或者拘役。司法工作人员滥用职权犯本罪的，从重处罚。

十、非法侵入住宅罪

(一) 非法侵入住宅罪的概念与特征

非法侵入住宅罪，是指非法强行闯入他人住宅或者经要求退出仍拒不退出的行为。其主要特征是：

(1) 侵犯的客体是公民的住宅不受侵犯的权利。犯罪对象是公民的住宅，指公民居住、生活的寓所、宅院。(2) 客观方面实施了非法闯入他人住宅，或者经要求退出仍不退出的行为。“非法侵入”是指未经住宅主人的同意，无正当理由擅自闯入他人居住的场所，影响他人生活安宁，或者住宅主人要求退出，但无理拒不退出的行为。如果非法侵入他人住宅以后自动退出，或经住宅主人要求退出而退出，没有造成危害后果的，一般不以本罪论处。(3) 主体是一般主体。但如果是司法工作人员滥用职权，非法侵入他人住宅的，根据刑法典第245条第2款的规定，从重处罚。(4) 主观方面是故意。

(二) 非法侵入住宅罪的刑事责任

根据刑法典第245条第1款的规定，犯本罪的，处3年以下有期徒刑或者拘役。

十一、侮辱罪

(一) 侮辱罪的概念与特征

侮辱罪，是指使用暴力或其他方法，公然贬低他人人格，破坏他人名誉，情节严重的行为。其主要特征是：

1. 侵犯的客体是他人的人格权和名誉权。人格权是指公民作为法律上的主体应享有的法律上的资格、能力和条件，是国家有关法律赋予公民的一种权利，包括公民的姓名权等。公民的名誉权是指公民在社会生活中，在周围群众中所获得的评价、声望和声誉，这也是受到法律保护的权利。本罪的对象须是特定的个人，没有指向特定的对象，不能构成本罪，这里的“他人”是指自然人，不包括单位、团体等。

2. 客观方面表现为以暴力或其他方法，公然贬低他人人格、破坏他人名誉的行为。这里的“暴力”是指用强制方法对他人进行侮辱，例如，扒光他人的衣服当众羞辱，强令他人作令人难堪的动作，强迫他人当众吃屎喝尿等。“其他方法”是指用文字，如大字报、小字报、漫画或用语言对他人进行侮辱，损害他人人格尊严。“公然”就是当众或者能让他人看到或听到的方式进行侮辱，至于受害人是否在场，不影响本罪的构成。

3. 主体是一般主体。

4. 主观方面是故意，且具有贬低他人人格、名誉的目的。

（二）侮辱罪的认定

根据刑法的规定，侮辱行为须情节严重才构成犯罪。因此，情节是否严重，是侮辱罪与非罪的关键。“情节严重”通常是指：手段恶劣的；后果严重的；被害人精神失常、自杀的；侮辱外宾、党和国家领导人造成恶劣的政治影响和国际影响的；多次侮辱的，等等。

（三）侮辱罪的刑事责任

根据刑法典第246条第1款的规定，犯本罪的，处3年以下有期徒刑、拘役、管制或者剥夺政治权利。根据刑法典第246条第2款的规定，犯前款罪，告诉的才处理，但是严重危害社会秩序和国家利益的除外。所谓告诉的才处理是指被害人或其他有权告诉的人向人民法院告发的，人民法院才予受理。

十二、诽谤罪

（一）诽谤罪的概念与特征

诽谤罪，是指捏造某种事实并加以散布，足以损害他人人格、破坏他人名誉，情节严重的行为。其主要特征是：

（1）侵犯的客体是他人的人格和名誉。犯罪对象必须是特定的个人，即只限于自然人，不包括单位、团体等组织。（2）客观方面表现为捏造某种事实并加以散布，足以损害他人人格、破坏他人名誉的行为。“捏造某种事实”是指无中生有、凭空编造有损他人人格、名誉的事实。一般来说，行为人仅仅捏造事实，还不足以贬低他人人格和损害他人名誉，所以还须将捏造的事实扩散出去，让众人都知道；仅有“散布”行为如果没有捏造事实，而是利用他人的历史污点，大加宣扬，以此损害他人人格、名誉的，不构成本罪，情节严重的，应定侮辱罪。“他人”是指特定的个人，也并不要求一定要指名道姓，只要根据诽谤的内容能使人知道是谁即成立犯罪。（3）主体是一般主体。（4）主观方面须是故意，其目的是在于贬低他人人格、破坏他人名誉。根据刑法规定，诽谤行为须“情节严重”方构成犯罪。情节严重是指动机卑鄙、手段恶劣、后果严重、影响很坏、多次诽谤等等。

（二）诽谤罪的认定

1. 要注意侮辱罪与诽谤罪的区别。二者的区别就在于客观行为不同：侮辱可以使用口头、文字或暴力手段，而诽谤只能使用语言、文字，不可能采用暴力；侮辱不一定用捏造事实的方式进行，而诽谤必须是捏造事实并加以散布。

2. 要注意诽谤罪与诬告陷害罪的区别。二者的区别主要在于：（1）犯罪客体不同。诽谤罪侵犯的客体是他人的人格和名誉，诬告陷害罪侵犯的客体是他人的人身权利和司法机关的正常活动。（2）犯罪客观方面不同。诽谤罪实施的是捏造某种事实并加以散布，诬告陷害罪表现为捏造某种犯罪事实，并向有关机关告发的行为。如果行为人虽然捏造了某种犯罪事实，但只是私下散布，并未告发，则只能构成诽谤罪，而不构成诬告陷害罪。（3）主观方面不同。诽谤罪行为人的目的是为了损害他人人格和名誉，而诬告陷害罪的目的是为了使他人受到刑事追究。

（三）侮辱罪的刑事责任

根据刑法典第 245 条的规定，犯本罪的，处 3 年以下有期徒刑、拘役、管制或者剥夺政治权利。犯本罪的，告诉的才处理，但是严重危害社会秩序和国家利益的除外。

第五节　利用职权侵犯公民人身权利的犯罪

一、刑讯逼供罪

（一）刑讯逼供罪的概念与特征

刑讯逼供罪，是指司法机关工作人员对犯罪嫌疑人、被告人使用肉刑或者变相肉刑，逼取口供的行为。本罪的主要特征是：

1. 侵犯的客体，是复杂客体，既包括公民的人身权利，也包括司法机关的正常活动。刑讯逼供的对象是犯罪嫌疑人和被告人，他们实际上是否构成犯罪，不影响本罪的成立。

2. 客观方面，表现为对犯罪嫌疑人或被告人使用肉刑或变相肉刑逼取口供的行为。所谓肉刑，是指对被害人使用暴力手段如捆绑、吊打，使用戒具、刑具等，使其身体健康遭到损害或肉体、精神遭受摧残。所谓变相肉刑，是指对被害人使用上述肉刑以外的其他使其肉体、精神遭受折磨的手段和方法，如长时间站立、罚跪、晒烤、冻饿、不准睡眠等。

3. 主体为司法机关工作人员，即具有侦查、检察、审判、监管职责的工作人员。其他非司法工作人员协助办理刑事案件的，可以构成本罪的共犯，如联防队员等。

4. 主观方面是直接故意，并且具有逼取口供的目的。如果出于其他目的，如泄愤报复等，对被告人或犯罪嫌疑人施以肉刑或变相肉刑，构成犯罪的，可以相应的犯罪论处，不构成本罪。动机不影响本罪的成立。

（二）刑讯逼供罪的认定

1. 刑讯逼供罪与非罪的界限。对实际工作中由于业务素质低，政策观念不强，办案中采用一些轻微逼供手段，情节显著轻微，危害不大的，可不以犯罪论处；必要时可给予党纪政纪处分。

2. 刑讯逼供罪与故意伤害罪的界限。二者的主要区别是：（1）犯罪对象不同。前者的犯罪对象是犯罪嫌疑人与被告人；后者的犯罪对象无限制。（2）行为表现不同。前者表现为使用肉刑或者变相肉刑的方法，并且不以造成身体损害为条件；后者表现为伤害行为，且以造成身体一定程度的损害为条件。（3）犯罪主体不同。前者是司法机关工作人员；后者是一般犯罪主体。（4）犯罪目的不同。前者以逼取口供为目的；后者无特定的目的要求。

（三）刑讯逼供罪的刑事责任

根据刑法典第 247 条的规定，犯本罪的，处 3 年以下有期徒刑或者拘役。致人伤残、死亡的，依照刑法典第 234 条规定的故意伤害罪、第 232 条规定的故意杀人罪定罪，从重处罚。

二、暴力取证罪

（一）暴力取证罪的概念与特征

暴力取证罪，是指司法机关工作人员使用暴力逼取证人证言的行为。（1）犯罪客体是公民的人身权利和司法机关的正常活动。犯罪对象是证人。这里的证人，一般是指在刑事诉讼中，有义务向司法机关作证，或者被要求提供所知案件情况的人。对不知案件情况的人使用暴力逼迫其作证的，也可成为本罪的对象。（2）犯罪客观方面表现为，使用暴力逼取证人证言的行为。这里的暴力，是指直接施加于证人人身，可使其身体健康遭到损害或肉体、精神遭受痛苦的摧残手段，如捆绑、吊打，使用戒具、刑具等。（3）犯罪主体为特殊主体，即司法机关工作人员。（4）犯罪主观方面是直接故意，且必须具有逼取证言的目的。根据最高人民检察院《关于人民检察院直接受理立案侦查案件立案标准的规定（试行）》，有下列情形之一的，应予立案查处：（1）手段残忍、影响恶劣的；（2）致人自杀或者精神失常的；（3）造成冤、假、错案的；（4）3次以上或者对3人以上进行暴力取证的；（5）授意、指使、强迫他人暴力取证的。

（二）暴力取证罪的认定

暴力取证罪与刑讯逼供罪在犯罪客体、犯罪主体两方面完全相同，在犯罪客观方面也都可实施暴力行为。两罪主要区别是：（1）对象不同。刑讯逼供罪的 对象是犯罪嫌疑人或被告人；暴力取证罪的对象为证人。（2）主观目的不同。刑讯逼供罪的主观目的是逼取口供；暴力取证罪的主观目的是逼取证人证言。（3）行为方式不完全相同。刑讯逼供罪既可采取暴力方式；也可采取非暴力方式；暴力取证罪只能采取暴力方式。（4）行为的场合条件不同。刑讯逼供罪只能发生在刑事诉讼中；暴力取证罪既可发生在刑事诉讼中，也可发生在民事、行政诉讼中。

（三）暴力取证罪的刑事责任

根据刑法典第247条的规定，犯本罪的，处3年以下有期徒刑或者拘役。致人伤残、死亡的，依照刑法典第234条规定的故意伤害罪、第232条规定的故意杀人罪定罪，从重处罚。

三、虐待被监管人员罪

虐待被监管人员罪，是指监狱、拘留所、看守所等监管机构的监管人员对被监管人进行殴打或者体罚虐待，或指使被监管人殴打或者体罚虐待其他被监管人，情节严重的行为。（1）侵犯的客体为被监管人的人身权利及监管活动的正常秩序。犯罪对象是被监管的人，指一切已判决或未判决的在押人员以及因违反《治安管理处罚条例》而被拘留的人和其他依法被监管的人。（2）客观方面表现为对被监管人员进行殴打或者体罚虐待，摧残、折磨其身心的行为。行为可以采用作为的方式，也可以是不作为的方式。所谓情节严重，是指殴打或者体罚虐待的手段残酷，造成被监管人伤残等严重后果的；多次进行体罚虐待的，或者由于殴打或者体罚虐待引起监所内人员骚乱的等等。（3）犯罪主体是特殊主体，即监狱、拘留所、看守所等监督机构的监管人员、劳教管理人员。（4）主观上是出于直接故意，过失不能构成本罪。

根据刑法典第248条的规定，犯本罪的，处3年以下有期徒刑或者拘役；情节特别严重的，处3年以上10年以下有期徒刑。致人伤残、死亡的，依照刑法典第234条规定的故意伤害罪、第232条规定的故意杀人罪的规定定罪，从重处罚。

第六节　破坏民族关系的犯罪

一、煽动民族仇恨、民族歧视罪

（一）煽动民族仇恨、民族歧视罪的概念与特征

煽动民族仇恨、民族歧视罪，是指故意以语言、文字或者其他方式煽动民族仇恨、民族歧视，情节严重的行为。本罪的构成特征是：

（1）侵犯的客体是我国各民族的平等、团结、互助与和睦关系。（2）犯罪客观方面表现为煽动民族仇恨、民族歧视，情节严重的行为。所谓煽动民族仇恨，是指公然用文字、语言或图像等方式制造民族矛盾，使不同民族之间相互敌视。所谓煽动民族歧视，是指公然用文字、语言或图像等方式制造民族矛盾，使不同民族之间相互鄙视。所谓情节严重，一般是指手段恶劣、多次煽动、引起民族公愤，严重损害民族感情、尊严，致使民族成员大量逃往国外以及引起其他影响民族团结、平等的后果等。如果是因思想落后，其言行损害到民族团结的，属于一般违法行为，可给予必要的批评教育或行政处分，但不构成本罪。（3）犯罪主体为一般主体，即年满 16 周岁，具有刑事责任能力的自然人。（4）犯罪主观方面是直接故意，即明知自己的行为是煽动民族仇恨、民族歧视而故意为之。过失不构成本罪。

（二）煽动民族仇恨、民族歧视罪的刑事责任

根据刑法典第 249 条的规定，犯本罪的，处 3 年以下有期徒刑、拘役、管制或者剥夺政治权利；情节特别严重的，处 3 年以上 10 年以下有期徒刑。

二、出版歧视、侮辱少数民族作品罪

（一）出版歧视、侮辱少数民族作品罪的概念与特征

出版歧视、侮辱少数民族作品罪，是指在出版物中刊载歧视、侮辱少数民族的内容，情节恶劣，造成严重后果的行为。本罪的构成特征是：

（1）犯罪客体为少数民族的尊严与民族和睦关系。（2）客观方面表现为在出版物中刊载歧视、侮辱少数民族内容，情节恶劣，造成严重后果的行为。所谓出版物，是指报纸、期刊、图书、音像制品和电子出版物等。包括公开与内部的出版物，合法或非法的出版物。所谓刊载，是指在上述出版物中发表、制作、转载。所谓歧视、侮辱少数民族的内容，是指针对少数民族的历史、文化、风俗、习惯等，采取贬低、诬蔑、嘲讽、辱骂、歧视、侮辱方式，损害少数民族尊严的内容。所谓情节恶劣，一般是指动机卑鄙，手段恶劣等。所谓造成严重后果，是指造成恶劣的政治影响，引发民族纠纷、冲突、矛盾甚至骚乱等。（3）犯罪主体是在出版物中刊载歧视、侮辱少数民族内容的直接责任人员，包括作者、责任编辑以及其他对刊载上述内容有直接责任的人员。（4）主观方面是故意。

（二）出版歧视、侮辱少数民族作品罪的刑事责任

根据刑法典第 250 条的规定，犯本罪的，处 3 年以下有期徒刑、拘役或者管制。

第七节　侵犯公民民主权利的犯罪

一、非法剥夺宗教信仰自由罪

（一）非法剥夺宗教信仰自由罪的概念与特征

非法剥夺宗教信仰自由罪，是指国家机关工作人员非法剥夺公民的宗教信仰自由，情节严重的行为。本罪的构成特征是：

1. 侵犯的客体是公民的宗教信仰自由权利。公民有宗教信仰自由，这是宪法赋予公民的一项重要民主权利。非法剥夺公民宗教信仰自由，情节严重的行为是对公民权利的粗暴干涉。因此刑法将其规定为犯罪行为，是理所当然的。

2. 客观方面表现为行为人非法剥夺公民的宗教信仰自由，情节严重的行为。非法剥夺，是指剥夺他人的宗教信仰自由没有法律依据。所谓宗教信仰自由，主要包括信仰宗教或不信仰宗教的自由、信仰何种宗教的自由、改变宗教信仰的自由等。非法剥夺的形式多样，如采用暴力、胁迫的方式。所谓情节严重，是指手段恶劣、后果严重、影响极坏等。

3. 犯罪主体是特殊主体，指国家机关工作人员。

4. 本罪在主观上只能是故意，即明知剥夺他人宗教信仰自由是非法的而为之。

（二）非法剥夺宗教信仰自由罪的刑事责任

根据刑法典第 251 条的规定，犯本罪的，处 2 年以下有期徒刑或者拘役。

二、侵犯通信自由罪

（一）侵犯通信自由罪的概念与特征

侵犯通信自由罪，是指隐匿、毁弃或者非法开拆他人信件，侵犯公民通信自由权利，情节严重的行为。本罪的构成特征是：

1. 侵犯的客体是公民的通信自由权利。犯罪对象是公民的信件，包括书信、贺年卡等。如果明知信件的内容是公文、证件而毁灭的，应当以妨害国家机关公文、证件罪论处。

2. 客观上表现为隐匿、毁弃或者非法开拆他人信件的行为。隐匿，是指将他人的信件秘密隐藏起来，使收件人无法收到信件；毁弃，是指将他人的信件予以撕毁、烧毁或者丢弃，使收件人无法查收；非法开拆，是指未经许可，擅自打开他人信件的行为。国家司法机关工作人员依法执行公务而将他人信件予以扣押、开拆的，属职权内的合法行为，不能认为是侵犯通信自由。现实生活中，常有一些老师、家长出于关心学生、孩子的目的，私自开拆偷看或隐匿学生、孩子的信件，这些行为从法律上讲，是违法的。但考虑到行为人动机一般都比较善良，如果情节一般，不宜作犯罪处理。但如果情节恶劣，造成了严重后果，也可以构成本罪。

3. 主体是一般主体，即达到刑事责任年龄，具备刑事责任能力的自然人。

4. 主观上是故意，即明知是他人信件，而故意非法开拆、隐匿或毁弃。

（二）侵犯通信自由罪的认定

1. 罪与非罪的界限。本罪以“情节严重”为必要构成条件。所谓情节严重，一般是指因实施本罪行为而贻误收件人重大事项的，或者导致他人发生矛盾，精神失常、自杀等严重后果的，或者经常实施本罪行为数量较多的。

2．一罪与数罪的界限。如果行为人实施本罪行为是为了盗窃他人财物，且盗窃财物数额较大的，已构成盗窃罪，二罪之间存在牵连关系，应从一重罪处断，通常是按盗窃罪从重处罚。

（三）侵犯通信自由罪的刑事责任

根据刑法典第252条的规定，犯本罪的，处1年以下有期徒刑或者拘役。

三、私自开拆、隐匿、毁弃邮件、电报罪

（一）私自开拆、隐匿、毁弃邮件、电报罪的概念与特征

私自开拆、隐匿、毁弃邮件、电报罪，是指邮政工作人员利用职务上的便利，私自开拆或者隐匿、毁弃邮件、电报的行为。本罪的构成特征：

1．侵犯的客体是复杂客体，既侵犯了公民通信自由和通信秘密，又侵犯了邮政部门的正常活动和威信。

2．客观方面表现为邮政工作人员利用职务上的便利，私自开拆、隐匿、毁弃邮件、电报的行为。利用职务之便，是指利用职务范围内的权力和地位所形成的主管、经管、经手邮件、电报的便利条件，而不包括利用与职责无关，只因工作关系而熟悉作案环境、条件，或凭邮政人员身份较易接近作案目标的便利条件。

3．主体是特殊主体，即邮政工作人员，包括邮政部门的干部、营业人员、分拣员、投递员、押运员、搬运员等。

4．主观上是故意。如因工作疏忽、粗心大意而使邮件发生毁损、丢失、积压，情节严重的，可以玩忽职守罪论处。

（二）私自开拆、隐匿、毁弃邮件、电报罪的刑事责任

根据刑法典第253条第1款的规定，犯本罪的，处2年以下有期徒刑或者拘役；第2款规定，犯前款罪窃取财物的，依照本法第264条的规定定罪，从重处罚。

四、报复陷害罪

（一）报复陷害罪的概念和特征

报复陷害罪，是指国家机关工作人员，滥用职权、假公济私，对控告人、申诉人、批评人、举报人实行报复陷害的行为。

1．本罪的客体为公民的控告权、申诉权、批评权、举报权等民主权利和国家机关的正常活动。对象包括：(1) 控告人，即向国家机关或其他党政机关告发国家工作人员违法失职行为的人。(2) 申诉人，即对于自己或他人的处分不服而向原处分部门或其上级部门提出申诉意见，请求改变原处分的人。(3) 批评人，即对国家机关工作人员的缺点、错误或思想作风提出批评的人。(4) 举报人，即对违法犯罪行为进行检举汇报的人。

2．客观方面表现为，滥用职权、假公济私，对控告人、申诉人、批评人、检举人实行报复陷害的行为。(1) 必须有报复陷害的行为。(2) 必须是滥用职权、假公济私。滥用职权，即国家机关工作人员在自己职权范围内非法行使权力，以及超越自己的职务权限的越权行为。假公济私，即假借国家机关的名义或权力来实施，是以合法形式掩盖其非法目的。报复行为是与滥用职权、假公济私不可分离的。

3．主体为特殊主体，限定为国家机关工作人员。

4. 主观方面是直接故意，并具有报复陷害他人的目的。如果由于业务水平不高、工作方法简单或者由于过失给控告人、申诉人、批评人、举报人造成一定损害的，不能构成本罪。

（二）报复陷害罪的刑事责任

根据《刑法》第254条的规定，犯本罪的，处2年以下有期徒刑或者拘役；情节严重的，处2年以上7年以下有期徒刑。

五、破坏选举罪

（一）破坏选举罪的概念与特征

破坏选举罪，是指违反选举法的规定，以非法手段破坏选举或者妨害公民自由行使选举权和被选举权，情节严重的行为。本罪的构成特征是：

1. 侵犯的客体是公民的选举权、被选举权以及国家的选举制度。

2. 客观上表现为违反选举法规，以非法手段破坏选举或者妨害公民自由行使选举权和被选举权，情节严重的行为。所谓违反选举法规，是指违反《全国人民代表大会和地方各级人民代表大会选举法》、《全国人民代表大会常务委员会关于县级以下人民代表大会直接选举的若干规定》等选举法规。所谓非法破坏选举，主要是指以暴力、威胁、欺骗、贿赂、伪造选举文件，虚报选举票数等手段破坏选举的行为。

3. 主体是一般主体，行为人可以是选民，也可以不是选民。

4. 主观上是故意，并且具有破坏选举工作，妨害选民和代表自由行使选举权和被选举权的目的。

（二）破坏选举罪的认定

1. 本罪与非罪的界限。根据刑法典第256条的规定，并非所有破坏选举的行为都构成本罪，只有破坏选举情节严重的行为，才能按本罪定罪量刑。情节严重通常是指以暴力伤害选举人或候选人的；使用卑鄙手段欺骗选民的；冲击选举会场影响恶劣、民愤很大的等。

2. 本罪与他罪的界限。在破坏选举中，如果有伪造选票或伪造选举文书的行为，可视为是破坏选举的行为，按牵连犯的情况来处理，只按破坏选举罪一罪处断。如果在破坏选举过程中，行为人有将选举人或候选人、选举机构工作人员杀死、杀伤或非法拘禁等犯罪行为的，应根据其所犯罪行，分别定罪，与本罪实行数罪并罚。

（三）破坏选举罪的刑事责任

根据刑法典第256条的规定，犯本罪的，处3年以下有期徒刑、拘役或者剥夺政治权利。

第八节　破坏婚姻、家庭的犯罪

一、暴力干涉婚姻自由罪

（一）暴力干涉婚姻自由罪的概念与特征

暴力干涉婚姻自由罪，是指以暴力方法干涉他人结婚自由和离婚自由的行为。本罪的构成特征是：

1. 侵犯的客体是复杂客体，既侵犯了公民婚姻自由的权利，又侵犯了他人的人身权利。

2．客观方面表现为行为人使用暴力干涉他人婚姻自由。这里的所谓暴力，主要是指殴打、捆绑、禁闭、抢亲等使受害人身心遭受损害、痛苦的强制措施，它不包括以暴力相威胁。如果暴力程度轻微，不足以对被干涉者行使婚姻自由权利造成实际危害的，也不应视为犯罪。干涉他人婚姻自由，包括强迫对方与自己结婚、离婚，禁止对方自己离婚；或强迫他人与第三人结婚、离婚，禁止他人与第三人结婚、离婚等。

3．主体是一般主体。

4．主观方面只能是直接故意，过失不构成本罪。至于犯罪动机则是多种多样，如贪图彩礼，高攀权势，或为“换亲”等。动机如何，不影响本罪的构成。

（二）暴力干涉婚姻自由罪的认定

1．本罪与非罪的界限。在实际生活中，有些父母、朋友、亲戚出于关心和善意，对婚姻问题提出不同意见，即使言辞过激，态度不好，不能认为是干涉他人婚姻自由的行为。为了达到某种目的，父母与子女断绝关系，中断经济上的供给等，这些虽然是违反婚姻法的行为，但还不能构成犯罪。是否采用暴力手段，是划清罪与非罪的界限。

2．本罪与故意伤害罪、故意杀人罪的界限。在暴力干涉他人婚姻自由的过程中，行为人常常会给被干涉者造成一定的人身伤害，甚至死亡。刑法典第257条第2款规定，犯前款罪，引起被害人死亡的，处2年以上7年以下有期徒刑。这种情况，属于暴力干涉婚姻自由罪的结果加重犯。如何理解“引起被害人死亡”呢？我们认为，本罪中引起被害人死亡主要包括两种情况：一是被害人因婚姻自由受到干涉后愤然自杀。二是在实施捆绑、吊打等暴力手段中过失致人死亡。这两种情况的共同点是行为人暴力干涉他人婚姻自由是故意，而引起被害人死亡的结果则是过失，即他们并不希望也不放任这种结果的发生。因此，上述被害人死亡的结果不影响本罪的成立，仅作为从重处罚的情节。但是，如在干涉他人婚姻自由的过程中，故意将被害人打成重伤或重伤致死，甚至狠毒地将被害人杀死，这就超出本罪的范围。被告人应负故意伤害罪或故意杀人罪的刑事责任。

（三）暴力干涉婚姻自由罪的刑事责任

根据刑法典第257条的规定，犯本罪的，处2年以下有期徒刑或者拘役；犯本罪的，告诉的才处理；致使被害人死亡的，处2年以上7年以下有期徒刑。

二、重婚罪

（一）重婚罪的概念与特征

重婚罪，是指有配偶而又与他人结婚，或者明知他人有配偶而与之结婚的行为。重婚罪的构成特征是：

1．侵犯的客体是我国一夫一妻制的社会主义婚姻关系。我国《婚姻法》第2条明确规定，我国实行一夫一妻的婚姻制度。重婚行为违背婚姻法的规定，破坏合法的婚姻关系，败坏社会道德风尚，有一定的社会危害性。

2．客观上表现为有配偶而又与他人结婚，或者明知他人有配偶而与之结婚的行为。这里的所谓有配偶，是指已经建立了婚姻关系的情况。这种婚姻关系的存在形式有两种，一是登记婚姻，二是事实婚姻。所谓登记婚姻，是指办理过结婚登记手续而成立的婚姻关系，男女双方在登记后，婚姻关系未合法解除以前，是婚姻关系的存续期间，如又与他人登记结婚，则构成重婚罪。所谓事实婚姻，通常是指没有配偶的男女，未经正式登记结婚，而以夫妻关系共同生活，并得到群众确认的婚姻关系。在婚姻法上，事实婚姻是不予承认和保护的，但事实重婚仍应按重婚罪处罚。1994 年最高人民法院在有关司法解释中指出，有配偶的人与他人以夫妻名义同居生活的，仍应按重婚罪处罚。刑法对事实婚姻以重婚罪论处，并非是对事实婚姻的法律承认，而是为了更好地惩治犯罪，保护一夫一妻制的婚姻家庭关系。

3. 主体是一般主体。

4. 主观上是故意。如无配偶的一方不知对方有配偶而受骗与之结婚的，不构成重婚罪。

（二）重婚罪的认定

1. 本罪与重婚行为的界限。在实践中，有一些由于特殊原因引起了重婚行为。如遭受自然灾害外出谋生而重婚的，因配偶长期下落不明，造成家庭生活困难又与他人结婚的，被拐卖后再婚的等。因为这些重婚者的主观恶性小，所以可以不以重婚罪论处。

2. 本罪与通奸及非法同居行为的界限。通奸，是指双方或一方已有配偶的男女，与他人发生的婚外性行为。它是受到舆论及社会谴责的不道德行为，但我国刑法未将其规定为犯罪。非法同居如果不是以夫妻名义进行的，属于一般姘居行为，不构成重婚罪；如果是以夫妻名义非法同居，即成立事实婚，如果其中一方或双方有配偶的，则构成重婚罪。

（三）重婚罪的刑事责任

根据刑法典第 258 条的规定，犯本罪的，处 2 年以下有期徒刑或者拘役。

三、破坏军婚罪

（一）破坏军婚罪的概念与特征

破坏军婚罪，是指明知是现役军人的配偶而与之同居或者结婚的行为。破坏军婚罪的构成特征是：

1. 本罪侵犯的客体是现役军人的婚姻关系。现役军人，是指具有军籍的，正在中国人民解放军或者人民武装警察部队服役的军人。现役军人的配偶，是指依法与现役军人已结婚的妻子或丈夫。现役军人婚前与恋爱对象之间的婚约或相爱关系，不属本罪犯罪客体范畴。

2. 本罪在客观方面表现为与现役军人的配偶同居或结婚的行为。这里的同居，是指与现役军人配偶公开或秘密地同食同宿，共同姘居的行为；这里的结婚，既包括与现役军人配偶依法登记结婚，也包括事实婚姻。为了强调对军人婚姻的特殊保护，只要与现役军人配偶具有上述行为，即构成本罪。此外，通奸行为不能构成本罪。

3. 本罪的主体是一般主体，即达到刑事责任年龄，具有刑事责任能力的自然人。现役军人与其他现役军人配偶同居或结婚的，也应以本罪论处。

4. 本罪在主观方面是故意，即行为人明知是现役军人的配偶而与之同居或结婚的。如果行为人不知这一事实，不构成本罪。

（二）破坏军婚罪的刑事责任

根据刑法典第 259 条的规定，犯本罪的，处 3 年以下有期徒刑或者拘役。

四、虐待罪

（一）虐待罪的概念与特征

虐待罪，是指对共同生活的家庭成员，经常以打骂、冻饿、禁闭、有病不治、强迫过度劳动或限制人身自由等方法，从肉体上和精神上进行摧残和折磨，情节恶劣的行为。虐待罪的构成特征是：

1. 侵犯的客体是复杂客体，既侵犯了共同生活的家庭成员依法享有的合法权益，又侵犯了被害人的人身权利。本罪的犯罪对象是共同生活的家庭成员，主要是指基于血亲关系、婚姻关系和收养关系的亲属，如父母、子女、夫妻、养父母、养子女等，也包括在一起共同生活的兄弟姐妹。不具有亲属或收养关系的人，即使在一起共同生活，也不能成为本罪侵犯的对象。

2. 客观方面表现为经常对被害人进行肉体上、精神上的摧残和折磨，给被害人造成极大的痛苦。如经常殴打、不给吃饱饭、不让穿暖、有病不给医治、强迫做超体力劳动，随意禁闭或者经常地讽刺、谩骂、侮辱、限制行动自由。须要注意的是，一般来说虐待罪是一种持续性犯罪，是在较长时间内反复多次对被害人实施虐待行为，这是本罪的一个显著特征。偶尔进行虐待行为，不构成本罪。

3. 主体是特殊主体，即虐待者与被害者之间必须具有共同生活的家庭成员关系，他们之间存在一定的亲属关系和相互抚养、帮助的义务。

4. 主观方面是故意，即行为人对被害人进行肉体和精神上的折磨、摧残是有意识地进行的，其目的就是给被害人造成极大的痛苦。

（二）虐待罪的认定

1. 本罪与非罪的界限。要注意区分本罪与一般家庭纠纷间的界限。家庭纠纷是基于生活上、经济上、孩子抚养教育上、性格上等家庭琐事上产生的纠纷。有些临时发生的纠纷，也可能发展到争吵、打骂甚至造成伤害，但因为它不是在一定时期内的反复行为，均不符合虐待罪的特征。如果在家庭纠纷中造成死伤，构成犯罪的，也要依法处理。同时，也要注意区分一般的虐待行为与虐待罪的界限，“情节是否恶劣”是认定是否构成虐待罪的根本标准。司法实践中一般从以下方面来认定：虐待行为持续时间的长短、次数是否频繁、动机是否卑劣、手段是否凶残、后果是否严重等。

2. 本罪与暴力干涉婚姻自由罪的界限。生活中，有丈夫为达到离婚目的而对妻子进行肉体和精神摧残的，这种情况只要达到“情节恶劣”的程度，一般均以虐待罪定罪。如果丈夫为迫使妻子不与自己离婚，而对妻子进行肉体和精神折磨的，虽然他对妻子所施加的暴力行为在客观上已经侵犯了被害人的婚姻自由权，但二人间毕竟还存在婚姻关系，在这种情况下，对丈夫定暴力干涉婚姻自由罪似不妥当，情节恶劣的，对其应以虐待罪处罚。

（三）虐待罪的刑事责任

根据刑法典第260条的规定，犯本罪的，处2年以下有期徒刑、拘役或者管制；引起被害人重伤、死亡的，处2年以上7年以下有期徒刑；犯本罪的，告诉的才处理。

五、遗弃罪

（一）遗弃罪的概念与构成特征

遗弃罪，是指对于年老、年幼、患病或者其他没有独立生活能力的人，负有抚养义务而拒绝抚养，情节恶劣的行为。遗弃罪的构成特征是：

1. 侵犯的客体是家庭成员间互相抚养的权利义务关系。

2. 客观方面表现为对没有独立生活能力的家庭成员，负有抚养义务而拒绝抚养，情节恶劣的行为。没有独立生活能力，产生原因有多种，如年幼、年老、患病、伤残等。抚养，是指抚养和教育之义，它不仅指在经济上的帮助，也包括生活上的护理和照顾。抚养对象包括长辈对晚辈的抚养、晚辈对长辈的赡养，以及夫妻间、兄弟姊妹间的抚养。遗弃的行为一般有两种形式：一是积极的作为，如父母将刚出生不久的婴儿丢弃；二是消极的不作为，如子女对年老、多病又无生活来源的父母不加照顾放任不管，故意逃避责任。

3. 主体必须是对被遗弃人负有法律上的抚养义务而且具有履行能力的人。按照婚姻法的规定，夫妻之间，父母子女之间，养父母与养子女之间，继父母与继子女之间，祖父母、外祖父母与孙子女、外孙子女之间，兄弟姊妹之间，都有相互抚养的义务。

4. 主观方面是故意，即行为人明知自己应当履行抚养义务，也有实际能力履行抚养义务而拒绝抚养。

(二) 遗弃罪的刑事责任

根据刑法典第 261 条的规定，犯本罪的，处 5 年以下有期徒刑、拘役或者管制。

六、拐骗儿童罪

(一) 拐骗儿童罪的概念与构成特征

拐骗儿童罪，是指采用蒙骗、利诱或其他方法，使不满 14 岁的未成年人脱离家庭或监护人的行为。本罪的构成特征是：

(1) 犯罪客体是他人的家庭关系和儿童的身心健康。(2) 在客观方面表现为用蒙骗、利诱或其他方法，使不满 14 岁的未成年人脱离家庭或监护人的行为。使用非暴力手段将儿童拐走是本罪的主要特征，如使用暴力手段，只要查明行为人主观上并非以出卖为目的，仍应以本罪论处，暴力手段可作为本罪的从重情节考虑。(3) 犯罪主体是一般主体，即达到刑事责任年龄，具有刑事责任能力的自然人。(4) 主观方面是故意。其目的一般是收养或奴役。如果以营利为目的，拐骗儿童是为了出卖，则应构成拐卖儿童罪。

(二) 拐骗儿童罪的刑事责任

根据刑法典第 262 条的规定，犯本罪的，处 5 年以下有期徒刑或者拘役［参见《刑法修正案（六）》第十七条］。

第二十八章　侵犯财产罪

第一节　侵犯财产罪概述

一、侵犯财产罪的概念与特征

侵犯财产罪是指故意非法占有、挪用或毁坏公私财物的行为。侵犯财产罪的构成特征是：

1. 侵犯财产罪的客体是公共财产和公民私人所有财产的所有权。根据民法通则的规定，财产所有权是指所有人依法对自己的财产享有的占有、使用、收益和处分权。侵犯财产罪的对象包括公共财产和公民私人所有的财产。所谓公共财产，根据刑法典第91条的规定，是指国有财产，劳动群众集体所有的财产，用于扶贫的其他公益事业的社会捐助或者专项基金的财产。在国家机关，国有公司、企业，集体企业和人民团体管理、使用或者运输中的私人财产，以公共财产论。所谓公民私人财产，是指公民私人所有的合法财产。根据刑法典第92条的规定，是指公民的合法收入、储蓄、房屋和其他生活资料；依法归个人、家庭所有的生产资料；个体户和私营企业的合法财产；依法归个人所有的股份、股票、债券和其他财产。公私财产的表现形式为各种各样，根据不同的划分标准，可以将其分为生产资料与生活资料、动产与不动产、有形物与无形物等。这些能够成为侵犯财产罪对象的公私财物都有一些共同点。首先，这些公私财物都具有一定的经济价值或者是可以领取具有经济价值物品的权利凭证。如设备、产品、煤气或股票、信用卡等。其次，公私财物必须具有合法的持有者。也就是说，被侵犯的公私财产必须是依法归国家、集体或者公民个人所有的。如果占有的是无主物或所有者自动放弃所有权的抛弃物，如拾捡他人丢弃的废品，则不发生侵犯财产所有权的问题，但是，必须明确的是，不能把依法属于国家或集体所有的矿藏、水流等自然资源，地上、地下的文物等视为无主物而任意侵占。另外，也不能把遗忘物、埋藏物、漂流物等视为无主物，因为这些财物都具有合法的所有者，只是这些财物暂时脱离了所有者的控制和管理，其所有权仍然是受法律保护的，因此，对这些财物也不得任意侵占。侵犯财产罪的基本特征表现为侵犯财产所有权。

侵犯财产罪一般表现为侵犯财产的合法所有权。但是，侵犯他人非法占有的财物同样可以分别构成各种侵犯财产罪。因为他人非法占有的财物，如贪污、受贿等所得的赃款、赃物等同样并不是无主物，而是本来属于国家、集体或个人的合法所有物，这些财物，应当由国家主管机关依法追缴、返还原主或没收归公，不准他人任意侵犯。如果盗窃犯对这些财物实施了盗窃行为，归根结底仍然是侵犯了国家、集体或公民个人所有的合法财产所有权。法律惩治非法占有赃款赃物的罪犯，并不是为了保护赃款赃物的非法占有者的犯罪活动，而是让他们各负其罪，各担其责。

2. 侵犯财产罪的客观方面表现为行为人实施了非法占有、非法挪用或非法毁损公私财物的行为。根据本章12种犯罪的具体表现形式来看，可以分为三种情况：一是以各种公开或秘密的手段，非法占有公私财物的行为。如抢劫、抢夺、聚众哄抢、盗窃、诈骗、侵占、敲诈勒索等。实施这类犯罪的行为人主观上都具有非法占有公私财物的目的。所谓非法占有指行为人意图非法改变公私财物的所有权关系。至于改变财物所有权关系后，财物的去向并不影响其非法占有的性质。二是故意毁灭或损坏公私财物的行为。如故意毁坏财物、破坏生产经营等行为。三是非法改变财产的正常使用范围的行为。如挪用资金、挪用特定款物的行为。

侵犯财产罪中，除抢劫罪和破坏生产经营罪外，攫取的公私财物数额的大小和损害财物的价值大小是决定行为的社会危害性程度的重要因素。根据刑法规定以及审判实践经验，如果侵犯的财物数额较小，情节显著轻微，危害不大的，不认为是犯罪。

3. 侵犯财产罪的主体，多数为一般主体，少数为特殊主体。根据刑法典第17条、第18条的规定，凡是年满16周岁，具有刑事责任能力的人都可以成为这类犯罪主体，其中，抢劫罪的主体，还包括已满14周岁不满16周岁的具有刑事责任能力的人。

本章少数犯罪，如职务侵占罪、挪用资金罪、挪用特定款物罪的主体是特殊主体，即必须由具有一定身份和条件的人员构成。如职务侵占罪的主体必须是公司、企业或其他单位中的非国家工作人员。

4. 侵犯财产罪的主观方面必须是故意。这类犯罪的主观方面只能是故意，过失不构成这类犯罪。其中，多数犯罪是以非法占有为目的。所谓以非法占有为目的，是指明知是公共的或他人的财物，而意图把它非法转归己有或第三者所有。少数犯罪如挪用资金罪、挪用特定款物罪是以暂时使用为目的；而故意毁坏财物罪、破坏生产经营罪则是以非法毁坏公私财物为目的。

侵犯财产罪的动机，多种多样。非法占有财物的动机多出于好逸恶劳、追求享乐、生活腐化。而故意毁坏财物罪及破坏生产经营罪的动机则常常表现为泄愤、妒忌、陷害等。犯罪动机一般不影响犯罪的构成，但量刑时要予以考虑。

二、侵犯财产罪的种类

侵犯财产罪，包括12个具体罪名。根据犯罪手段和故意内容的不同，可分为以下几种类型：

1. 公然强取型。包括抢劫罪、抢夺罪、聚众哄抢罪、敲诈勒索罪。
2. 盗骗型。包括盗窃罪、诈骗罪。
3. 侵占型。包括侵占罪、职务侵占罪。
4. 挪用型。包括挪用资金罪、挪用特定款物罪。
5. 毁损型。包括故意毁坏财物罪、破坏生产经营罪。

第二节　公然强取型财产犯罪

一、抢劫罪

（一）抢劫罪的概念与特征

抢劫罪，是指以非法占有为目的，使用暴力、胁迫或者其他方法，当场强行劫取公私财物的行为。主要特征有：

1. 侵犯的客体是复杂客体，即不仅侵犯了公私财产的所有权，也同时侵犯了被害人的人身权利。这是抢劫罪的一个重要特征。由于抢劫罪的目的是非法占有公私财物，对人身权利的侵犯只是非法占有公私财物的一种手段，因此，它侵犯的主要客体是公私财物所有权。据此，刑法将其规定在侵犯财产罪一章中。抢劫罪侵犯的客体的复杂性是其区别于其他侵犯财产罪或侵犯人身权利罪的主要标志之一。

抢劫罪侵犯的对象与其复杂客体相适应，具有双重性，即公私财物和财物所有人、管理人或相关人的人身。其中各种公私财物是抢劫罪的目的行为所指向的对象。这种对象一般只限于动产，因为抢劫罪是当场劫取财物，非法侵占不动产的不构成抢劫罪。当然，如果把不动产当场强行分离并抢走，也构成抢劫罪。另外，财物所有人、管理人或相关人的人身则是抢劫罪的手段行为所指向的对象。

2. 在客观方面，表现为行为人当场实施了对公私财物的所有人、管理人或相关人使用暴力、胁迫或其他方法，抢走财物或迫使其交出财物的行为。这是抢劫罪区别于其他侵犯财产罪如盗窃罪、抢夺罪、敲诈勒索罪的本质特征。

行为人实施抢劫罪所采用的方法，可以分为如下三类：

（1）使用暴力方法。所谓暴力，是指行为人采取对被害人的身体实行强制，使被害人不能反抗被迫当场交出财物或任其当场夺走财物的手段。较为常见的主要有殴打、捆绑、伤害、禁闭等。这种暴力是犯罪分子用以排除被害人的反抗，从而劫取财物的手段。这是抢劫罪中最常见的一种手段行为。这种暴力具有以下特征：①暴力实施的当场性。暴力必须是夺取财物时当场实施。如果不是当场实施暴力，而是以将要实施的暴力相威胁，迫使对方限期交出财物，不构成抢劫罪。②暴力实施的对象是财物的持有人。如果是对财物持有人以外的第三人实施，则其方法属于胁迫。③暴力实施的方式是对被害人的身体进行强制或打击。只要其暴力行为使被害人对其抢劫行为不能反抗即可。④暴力实施的故意性。行为人必须是故意对被害人的身体实施暴力，其目的是排除被害人的反抗，抢走财物。如果行为人在夺取财物过程中，无意侵害了被害人的身体，则不构成抢劫罪。

（2）使用胁迫方法。所谓胁迫，是指行为人采取以立即实施暴力相威胁，对被害人实行精神强制，使被害人不敢反抗被迫当场交出财物或任其当场夺走财物的手段。这种胁迫，表现形式可以是语言，也可以是动作或示意等。具有以下特征：①胁迫是当面向被害人直接发出的。胁迫的对象一般是被害人，也可能是在场的被害人的亲属。如果不是当面向被害人发出胁迫，而是以间接的方式如写信等威胁被害人使其交出财物，则不构成抢劫罪。②胁迫的内容具有暴力性。抢劫罪中的胁迫必须是立即实施暴力相威胁，即以立即实施侵害被害人的身体健康或生命安全为其胁迫内容。③胁迫内容实施的当场性。如果被害人不答应其要求，就会立即实施，即如果被害人反抗，胁迫则立即转化为暴力手段，当场劫取财物。

（3）使用其他方法。所谓其他方法，指行为人采取除暴力、胁迫方法之外，使被害人处于不知反抗或丧失反抗能力的方法。这些方法都是以抢劫财物为目的，施加于被害人的人身，从而使被害人不知反抗或失去反抗能力为特征的。如用酒灌醉，用药物麻醉，用催眠术，用烟雾、石灰眯眼等。值得强调的是，被害人之所以处于不知反抗或失去反抗能力，就是因为行为人所实施的“其他方法”所造成的。如果被害人由于自己的原因如熟睡、醉酒等，而不知反抗，使行为人乘机拿走其财物，则不构成抢劫罪。

抢劫罪客观方面的认定，应以行为人实施犯罪时实际采取的手段为准，而不能以其事先预备的取财手段为准。如行为人携带凶器进入仓库抢劫，但发现值班人员不在场，而窃取大量财物，就只能认定为盗窃罪。另外，抢劫的地点、时间、方式等都不影响本罪的构成。

3．主体是一般主体，即年满 14 周岁，具有刑事责任能力的人。

4．主观方面是直接故意，并有当场非法占有公私财物的目的。故意内容表现为行为人明知是他人的财物，而希望用暴力、胁迫或其他方法将其非法占有。如果行为人主观上不具有非法占有公私财物的目的，如抢回自己被骗的财物，强行索取债权等，则不构成抢劫罪。

（二）抢劫罪的认定

1．抢劫罪与非罪的界限。由于抢劫罪既侵犯了公私财产所有权，又侵犯了他人的人身权利，是侵犯财产罪中性质最严重的一种犯罪，因此，我国刑法对构成抢劫罪的财物数额与情节未作限制性规定。一般情况下，行为人只要是以非法占有为目的，用暴力、胁迫或其他方法，当场劫取公私财物的，就构成抢劫罪。但是，根据刑法典第 13 条的规定，如果抢劫的情节显著轻微，劫取的财物数额又很小，危害不大的，就不能以抢劫罪论处。

2．抢劫罪的既遂与未遂的界限。由于抢劫罪既侵犯了公私财产所有权，又侵犯了他人的人身权利，因此，究竟是应该以抢得财物作为抢劫罪的既遂标准，还是应该以侵害人身权利作为既遂标准，刑法学界一直存在着争论。我们认为，应以行为人是否实际抢得财物，作为认定既遂与未遂的标准，而是否侵犯被害人的人身权利则作为量刑考虑的情节。

3．抢劫罪与故意杀人罪的界限。行为人在以暴力手段夺取公私财物时，实施了杀人行为，此时究竟如何定罪，应当具体情况具体分析。(1) 抢劫过程中致人死亡，应认定为抢劫罪。在抢劫过程中，所使用的暴力或其他方法致人死亡，其杀人的目的是非法占有公私财物，杀人只是其劫财的一种手段，是构成抢劫罪的一个要件。因此，应单独认定为抢劫罪。(2) 抢劫财物后为灭口、报复而杀死被害人的，应定抢劫罪和故意杀人罪。此时，杀人行为不再是抢劫财物的手段，也就不再是抢劫罪中的一个要件，因此，应分别定罪。(3) 为谋取被害人钱财而先杀死被害人的，应定为故意杀人罪。这种图财杀人是为了事后取得被害人财物，而不同于抢劫杀人中的当场取得财物。而且图财杀人中获得的财物既可是动产，也可是不动产。

4．抢劫罪与绑架罪的界限。这两种犯罪的主体、客体和主观方面都基本相同。它们的区别主要表现在：(1) 两者的行为手段不同。前者是以当场使用暴力、胁迫等方法，当场非法劫取被害人财物；后者是以暴力、胁迫等方法劫持被害人，并以其为人质，迫使被害人家属交出赎金。(2) 两者实施犯罪行为的时间和地点不同。前者是以当场使用暴力、胁迫等方法，当场非法劫取被害人财物，其行为是在同一时间、同一地点完成的；后者则是先绑架人质，后索取财物，其犯罪行为在时间上有间隔，地点一般也不同。(3) 两者侵犯的对象不同。前者是当场逼取财物，直接从被害人处劫取；后者则一般是通过书信等手段向被害人以外的人取得赎金。

5．抢劫罪与敲诈勒索罪的界限。二者的主要区别有：（1）威胁方式不同。前者是当着被害人的面直接发出，后者则既可当着被害人的面直接发出，也可通过书信等方式间接发出。（2）实施威胁的时间不同。前者使用的威胁能够当场付诸实施；后者的威胁从发出到实施有一定的时间间隔，一般不能立即实施。（3）威胁内容不完全相同。前者的威胁内容只能是当场可以实现的暴力侵害，而后者的威胁内容除暴力侵害外，也可以是当场不易实现的非暴力侵害，如揭发隐私等。（4）获得非法利益的时间不完全相同。前者是当场取得财物，后者取得财物的时间则既可是当场也可是事后某个时间。

6．转化型抢劫罪。根据刑法典第269条的规定："犯盗窃、诈骗、抢夺罪，为窝藏赃物、抗拒抓捕或者毁灭罪证而当场使用暴力或者以暴力相威胁的，依照本法第二百三十六条的规定定罪处罚。"该条是关于盗窃、诈骗、抢夺罪转化为抢劫罪的规定。盗窃罪、抢夺罪、诈骗罪在具备以下三个条件下，转化为抢劫罪：

(1) 行为人首先实施了盗窃、诈骗、抢夺的犯罪行为。这是转化的前提条件。如果没有实施上述的任何一种行为，就不发生转化的问题。这里对"犯盗窃、诈骗、抢夺罪"的理解，既包括盗窃、诈骗、抢夺财物数额较大的情况，也包括虽然非法占有的财物未达到数额较大，但为窝藏赃物、抗拒抓捕或者毁灭罪证而当场使用暴力或者以暴力相威胁，情节严重的情况。

(2) 行为人必须是当场使用暴力或者以暴力相威胁。这是转化的客观条件。首先，行为人对被害人使用了暴力，或以暴力相威胁。这里的被害人主要是指夺回财物的人、抓捕他的人或阻止其毁灭罪证的人。使用了暴力或以暴力相威胁，是指行为人对被害人实施了打击或强制，或者以将要立即实施这种行为相威胁。其次，行为人实施暴力或以暴力相威胁的时间和地点必须是"当场"。所谓当场主要是指行为人实施盗窃、诈骗、抢夺罪的现场，或虽然离开了现场，但还处在被抓捕的过程中。使用暴力或以暴力相威胁的行为与盗窃、诈骗、抢夺的行为在时空上都要具有连续性和关联性。这是转化为抢劫罪的关键。

(3) 实施暴力和威胁的目的，是为了窝藏赃物、抗拒抓捕或毁灭罪证。这是转化的主观条件。所谓窝藏赃物是指行为人为保护已到手的赃物不被夺回。所谓抗拒抓捕是指行为人抗拒公安机关的抓捕和公民的扭送。所谓毁灭罪证是指行为人销毁或消灭其实施犯罪行为时留在现场的痕迹或其他物证、书证等。如果行为人不具有以上目的实施暴力或暴力威胁，则不能转化为抢劫罪。

(三) 抢劫罪的刑事责任

根据刑法典第263条的规定，犯抢劫罪的，处3年以上10年以下有期徒刑，并处罚金。具有以下情形之一的，处10年以上有期徒刑、无期徒刑或死刑，并处罚金或没收财产：（1）入户抢劫的；（2）在公共交通工具上抢劫的；（3）抢劫银行或者其他金融机构的；（4）多次抢劫或者抢劫数额巨大的；（5）抢劫致人重伤、死亡的；（6）冒充军警人员抢劫的；（7）持枪抢劫的；（8）抢劫军用物资或者抢险、救灾、救济物质的。

二、抢夺罪

(一) 抢夺罪的概念与特征

抢夺罪，是指以非法占有为目的，公然夺取数额较大的公私财物的行为。其主要特征有：

1. 侵犯的客体是公私财产的所有权。侵犯的对象是各种公私财物。但是，抢夺特定财物如枪支、弹药、爆炸物或公文、证件、印章等，则应依刑法相关规定处理，不构成本罪。

2. 客观方面表现为公然夺取公私财物数额较大的行为。所谓公然夺取，是指在财物的所有人或保管人在场的情况下，突然地把公私财物夺走。抢夺行为一般是乘人不备、出其不意或者在被害人因自身原因如患病等而防卫财物的能力受到一定影响的情况下，公开取走财物。抢夺行为从发生到完成时间短暂，被害人一般可以立即发觉财物的丧失。这是本罪的重要特征。抢夺的财物必须数额较大，才构成犯罪。

3. 主体为一般主体，即年满 16 周岁，具有刑事责任能力的自然人。

4. 主观方面必须是故意，并具有非法占有的目的。如果行为人不具有非法占有他人财物的目的，而是抢夺自己所有的财物，或夺取债务人财物来抵偿债权的，则不构成抢夺罪。

（二）抢夺罪的认定

1. 抢夺罪与非罪的界限。抢夺公私财物必须主观上有非法占有他人财物的目的，客观上抢夺的财物数额较大才能构成抢夺罪。因此，区分罪与非罪的界限有两个：（1）客观上抢夺的公私财物数额是否较大。如果抢夺的财物数额较小，则不构成本罪，而是属于一般违法行为。（2）主观上是否有非法占有公私财物的目的。如果行为人主观上是为了临时借用而抢夺他人财物，用后归还的，就不构成本罪。

2. 抢夺罪与抢劫罪的界限。抢夺罪与抢劫罪都是当着被害人的面公然夺取公私财物的行为，主观上都出于故意，并具有非法占有的目的，主体都是一般主体，因此，明确两者的区别很有必要。它们的区别主要在于：（1）两者侵犯的客体不同。前者侵犯的是简单客体，即公私财产所有权；后者侵犯的是复杂客体，即公私财产所有权和被害人的人身权利。（2）在客观方面表现不同。前者是乘人不备公然夺取财物，后者却是使用暴力、胁迫或其他手段迫使被害人当场交出财物或直接抢走财物。前者虽然也使用了一定的暴力，但此种暴力所作用的对象不是被害人的身体，而是作用于行为人要非法占有的财物；后者则是首先直接对被害人的身体实施强制后再劫取财物，其强力直接作用于被害人的身体。这是抢夺与抢劫区别的关键。（3）主体条件略有不同。前者的主体是 16 周岁以上具有刑事责任能力的人；后者的主体是已满 14 周岁具有刑事责任能力的人。

另外，根据刑法典第 267 条第 2 款的规定，携带凶器抢夺的转化为抢劫罪，按抢劫罪定罪论处。

（三）抢夺罪的刑事责任

根据刑法典第 267 条的规定，对抢夺罪的处罚包括三种情况：（1）抢夺公私财物，数额较大的处 3 年以下有期徒刑、拘役或者管制，并处或单处罚金；（2）数额巨大或者有其他严重情节的处 3 年以上 10 年以下有期徒刑并处罚金；（3）数额特别巨大或者有其他特别严重情节的处 10 年以上有期徒刑或者无期徒刑，并处罚金或者没收财产。

三、聚众哄抢罪

（一）聚众哄抢罪的概念与特征

聚众哄抢罪是指以非法占有为目的，聚集多人哄抢公私财物，数额较大或者情节严重的行为。主要特征是：

1. 侵犯的客体是公私财产所有权，还扰乱了社会秩序。

2. 客观方面表现为聚众哄抢公私财物，数额较大或有其他严重情节的行为。具体表现为聚集纠合多人，采取哄闹等形式，蜂拥而上，争相抢夺公私财物，数额较大或者有其他严重情节的行为。所谓聚众是指纠集多人，一般为3人以上。所谓哄抢是指在首要分子的纠集、煽动、蛊惑下，蜂拥而上，公然抢夺、占有公私财物的行为。所谓数额较大，可参照抢夺罪的数额标准来认定。所谓情节严重，一般是指参与哄抢的人数较多，哄抢重要物资，多次进行哄抢，哄抢行为造成恶劣的社会影响等情形。

3. 主体为特殊主体，即聚众哄抢公私财物的首要分子和积极参加者。所谓首要分子是指在聚众哄抢中起组织、策划、指挥作用的人；所谓积极参加者是指主动参与哄抢，在哄抢中起主要作用以及哄抢财物较多的人。

4. 主观方面是直接故意，并以非法占有为目的。

（二）对聚众哄抢罪的认定

1. 聚众哄抢罪与非罪的界限。有两条标准：（1）聚众哄抢公私财物数额是否较大，或是否有其他严重情节。如果聚众哄抢公私财物数额不够较大，也没有其他严重情节的，则不构成本罪，而只是一般违法行为。（2）行为人是否属于聚众哄抢的首要分子或积极参加者。只有首要分子和积极参加者才构成本罪。如果行为人虽然参与了哄抢，但只是一般的参加者或者追随者，则不构成本罪，也只能按一般违法行为处理。

2. 聚众哄抢罪与抢夺罪的界限。区别有：（1）侵犯的客体不同。前者侵犯的不仅有公私财产所有权，还扰乱了社会管理秩序；后者只是侵犯了公私财产所有权。（2）客观表现不同。前者表现为聚众哄抢公私财物，如哄抢果园、哄抢鱼塘里的鱼等；后者表现为乘人不备，公然夺取公私财物，可以是单个人实施，也可以是几个人共同实施，但抢夺的公私财物一般是数量不大但金额较大的财物。（3）犯罪的主体不同。前者是特殊主体，只能是聚众哄抢首要分子和积极参加者；后者是一般主体。

（三）聚众哄抢罪的刑事责任。

根据刑法典第268条的规定，聚众哄抢公私财物数额较大，或有其他严重情节的处3年以下有期徒刑、拘役或者管制，并处罚金；数额巨大或者有其他特别严重情节的处3年以上10年以下有期徒刑并处罚金。

四、敲诈勒索罪

敲诈勒索罪，是指以非法占有为目的，对财物的所有人、经管人、持有人使用威胁或要挟的方法，强行索取数额较大的公私财物的行为。主要特征有：（1）侵犯的客体为复杂客体，既包括公私财产的所有权，又包括公民的人身权利。犯罪对象为各种公私财物。（2）客观方面表现为用威胁或要挟方法，迫使被害人交出数额较大的公私财物。威胁或要挟的内容主要包括将揭露被害人隐私或将要对其或其亲属实施暴力等。威胁或要挟的形式既可能是口头的，也可能是书面的；可能是当着被害人发出，也可能是通过书信等间接向被害人发出。迫使被害人交出财物的时间可能是威胁或要挟的当场，也可能是迫使其限期交出。另外敲诈勒索的行为要构成犯罪，还必须数额较大。(3) 主体为一般主体。(4) 主观方面为直接故意，并具有非法占有公私财物的目的。

根据刑法典第 274 条的规定，敲诈勒索公私财物，数额较大的，处 3 年以下有期徒刑、拘役或者管制；数额巨大或有其他严重情节的处 3 年以上 10 年以下有期徒刑。

第三节　盗骗型财产犯罪

一、盗窃罪

(一) 盗窃罪的概念与特征

盗窃罪是指以非法占有为目的，多次秘密窃取或窃取数额较大的公私财物的行为。主要特征是：

1. 侵犯的客体是公私财物的所有权。侵犯的对象是公私财物。盗窃一般是指公私财物从所有人、保管人的控制之下转移到了盗窃者手中，因此，盗窃罪指向的对象一般是动产，但是，不动产上的附属物如果能够与不动产分离，如房屋上的门窗，土地上的林木、果实等也可以成为盗窃罪的对象。另外，从盗窃对象的形态上来说，主要是指各种有形物品，但是，某些虽无一般财物特性，却具有一定经济价值的无形物，如电力、煤气、重要技术成果、长途电话账号、电信码号等，也可以成为盗窃的对象。但是，并不是所有的公私财物都可以成为盗窃罪的对象，如果盗窃的是特定的财物如盗窃公文、证件、印章等，刑法另有规定的，则应当依法律的有关规定处理。还有，如果盗窃某些无形物，如能源等危害公共安全的，也应按有关的危害公共安全罪论处。

2. 客观方面表现为行为人秘密窃取数额较大的公私财物或多次盗窃公私财物的行为。所谓秘密窃取，是指行为人采取自认为不会被财物所有者、经管者发觉的方法，暗中将他人财物取走，非法占为己有。这里的秘密包括两层含义：(1) 秘密是指行为人暗中窃取财物。也就是说，行为人取得他人财物并未经过财物所有人、经管人的同意。暗中窃取财物一般包括两种情形：一种是趁财物所有人、经管人不在场时暗中窃取财物，如乘他人离家之机翻墙入室行窃；另一种是利用财物所有人、经管人虽然在场但没有防备而暗中窃取财物，如在公共汽车上扒窃他人钱包等。另外，窃取财物时属暗中进行，但取得财物后被发觉而逃跑也属于暗中窃取，也构成盗窃罪。(2) 秘密是指行为人自认为没有被财物所有人、经管人发觉，或者窃取时财物所有人、经管人已经发觉但行为人不知道，也不影响盗窃罪的成立。但是，如果行为人明知其窃取行为已被被害人发觉，仍公然取走财物，就不构成本罪，而属于抢夺罪了。秘密窃取财物是盗窃罪与其他侵犯财产罪相区别的一个主要标志。所谓多次盗窃，是指行为人盗窃数额虽未达到较大，但多次或一贯实施盗窃行为。这是构成盗窃罪的另一条重要标准。“多次”一般指 3 次以上。

总之，盗窃罪在客观上共有两种表现：一是秘密窃取数额较大的公私财物，至于多少属于数额较大，以有关司法解释为准；二是多次盗窃。二者具其一，就可以认定在客观上已构成盗窃罪。

3. 主体为一般主体。凡年满 16 周岁，具有刑事责任能力的自然人，都可成为本罪主体。

4. 主观方面是直接故意，并具有非法占有公私财物的目的。即行为人明知是不属于自己的公私财物，而将其悄悄非法占为己有。如果行为人误把公私财物当作自己的财物而拿走，或未经物主同意而擅自借用，但用后即归还的，由于不具有非法占有的目的，则不构成盗窃罪。至于行为人非法占有公私财物后如何处置财物，不影响盗窃罪的成立。

（二）盗窃罪的认定

1. 盗窃罪与非罪的界限。区分盗窃罪与非罪的界限，主要是要明确盗窃罪与一般偷窃行为的界限。一般偷窃行为，是指偷窃少量的公私财物的行为。它属于违反治安管理处罚条例的一般违法行为。区分盗窃罪与一般偷窃行为主要从两方面加以考虑：

（1）盗窃的数额是否较大。这是我国刑法规定的构成盗窃罪的主要标准。因此，盗窃的数额是否较大也成了区分盗窃罪与非罪的重要标准之一。数额较大，应以有关司法解释为准。这里所说的数额，是指行为人已经窃取到的数额。

（2）是否多次盗窃。刑法明文规定，多次盗窃也是构成盗窃罪的一条标准。也就是说，行为人盗窃财物虽未达到数额较大，但盗窃的次数较多，也可构成犯罪。至于多少为“多次”，司法实践中一般认为一年内有三次以上盗窃。但对于有小偷小摸恶习，多次偷拿公私财物，但情节显著轻微的，不认为是犯罪。

另外，须注意的是，盗窃罪的犯罪对象是公共财物或他人所有的财物，因此，对于偷窃自己家里的或近亲属的财物，一般不作为犯罪处理。

2. 盗窃既遂与未遂的标准。区分盗窃既遂和未遂，对定罪和量刑都有影响。例如，盗窃未遂，难以认定盗窃数额，实际危害一般不大，则不认为构成犯罪；如果是潜入银行金库、博物馆等处作案，以盗窃巨额现金、金银或珍贵文物为目标，被当场抓获，即使未遂，也可定罪量刑。

关于划分盗窃既遂与未遂的界限标准，刑法理论界观点众多，主要有：（1）接触说，以行为人是否接触到要盗窃的财物为标准。（2）失控说，以被盗物是否脱离其所有者、经管者的实际控制为准。（3）控制说，以行为人是否实际控制被盗物为准。（4）失控加控制说，以被盗物是否脱离其所有者、经管者的控制并已实际置于行为人的控制之下为标准。除此以外，还有所谓的藏匿说、转移说等。我们认为，失控加控制说比较恰当。因为犯罪既遂就是犯罪的完成，盗窃犯的目的就是非法占有公私财物。既然财物已经脱离所有者的控制并已实际置于行为人的控制之下，其非法占有公私财物的目的已经达到，犯罪就告完成，就应当是犯罪既遂。如果行为人虽然已经实施盗窃行为，但由于其意志以外的原因，没有使财物脱离其所有者或经管者的控制，或虽然脱离其控制但尚未实际置于自己的控制之下，就属于盗窃未遂。如盗窃犯潜入银行金库盗得巨额现金但由于看守严格，只得将其置于金库内某一不易被发觉之处，就属于盗窃未遂。因为这笔现款虽已脱离银行控制，但行为人还未实际加以控制。因此，主张失控加控制说，即以行为人是否使财物脱离所有人或保管人的控制而处于自己的控制之下作为区分标准，更为恰当。

3. 刑法典第 265 条的适用。刑法第 265 条规定，行为人以牟利为目的，盗接他人通信线路、复制他人电信码号或明知是盗接、复制的电信设备、设施而使用的，依照本法第 264 条规定定罪处罚。根据此规定，构成该条规定的盗窃罪必须具备两个条件：

(1) 主观上必须是故意，并具有牟利的目的。这里的牟利是指各种牟取非法经济利益的行为，包括出租、出卖获利，也包括无偿使用，节省支出等。(2) 客观上必须具有盗接他人通讯线路、复制他人电信码号或明知是盗接、复制他人的电信设备、设施而使用的行为。所谓盗接他人通信线路，是指以牟利为目的，未经权利人许可，采取秘密的方法连接权利人的通信线路加以无偿使用或转让给他人使用，从而给权利人造成经济损失；所谓复制他人电信码号，是指出于牟利的目的，取得他人的电信码号后，非法加以复制并无偿使用、非法出租、出借或转让。行为人在客观上所实施的这些行为，虽然不同于直接从被害人处窃取财物，但其以上行为均在权利人或被害人不同意或不知觉的情况下实施的，本质上仍可认为是一种秘密窃取的行为。

4. 盗窃罪与某些危害公共安全罪的界限。盗窃罪的犯罪对象是一般的公私财物，但是如果行为人盗窃的是一些特定的物品，足以危害公共安全，或者行为人的盗窃已经危害公共安全，则不宜按盗窃罪论处，而应按刑法有关规定处理：(1) 如果盗窃的是法律明文规定的危害公共安全犯罪的对象，如明知是枪支、弹药、爆炸物而盗窃，或盗窃正在使用中的电力设备或其零部件并足以危害公共安全的，或者盗窃正在使用中的广播电视、公用电信设备，危及公共安全的，则应按照危害公共安全罪中的相关规定处理。(2) 如果行为人盗窃的是一般的公私财物，但是其盗窃手段严重危及公共安全的，也应按照危害公共安全罪中相关规定处理。如盗窃池塘中的鱼，用不顾人畜安危，向供饮用的池塘中投放大量毒药或向邻近公共设施的池塘投掷大量炸药，严重危及公共安全，致人重伤、死亡或使公私财产遭受重大损失的，就不能按盗窃罪论处，而应定投放危险物质罪或爆炸罪。

(三) 盗窃罪的刑事责任

根据刑法典第 264 条的规定，本罪分为四个档次加以处罚：(1) 盗窃公私财物数额较大或多次盗窃的处 3 年以下有期徒刑、拘役或者管制，并处或单处罚金；(2) 数额巨大或者有其他严重情节的处 3 年以上 10 年以下有期徒刑并处罚金；(3) 数额特别巨大或者有其他特别严重情节的处 10 年以上有期徒刑或者无期徒刑，并处罚金或者没收财产；(4) 盗窃金融机构，数额特别巨大或者盗窃珍贵文物情节严重的，处无期徒刑或者死刑，并处没收财产。

二、诈骗罪

(一) 诈骗罪的概念与特征

诈骗罪，是指以非法占有为目的，用虚构事实或隐瞒真相的方法，骗取数额较大的公私财物的行为。主要特征有：

1. 侵犯的客体是公私财产所有权。侵犯的对象是公私财物。如果行为人骗取的是其他非法利益，如伪造证明骗取登记而重婚的则不构成本罪。

2. 客观方面表现为以虚构事实或隐瞒真相的方法，骗取数额较大的公私财物的行为。所谓虚构事实，是指捏造不存在的事实，骗取被害人的信任。虚构事实，可以是虚构全部事实，也可以是虚构部分事实。所谓隐瞒真相，是指对被害人掩盖某种客观事实，使之陷于错误认识，从而交出财物。无论行为人客观上是采取虚构事实的方式抑或是采用隐瞒真相的方式，甚至二者交替使用等，无非是骗取被害人的信任，使被害人根据虚构的事实或隐瞒真相后的情况，做出一种错误判断，从而“自愿交出财物”。但是，被害人交出财物实际上并不是自愿，而是上当受骗所致。用欺骗方法，骗取被害人的信任，从而非法占有被害人“自愿”交出的财物，这是诈骗罪区别于其他侵犯财产罪的本质特征。骗取的财物数额较大的，才构成犯罪。

3．主体为一般主体。

4．主观方面是直接故意，并具有非法占有的目的。如果行为人不具有这种目的，则不能构成本罪。如果行为人暂时拖欠款物未还，不能认定是诈骗罪。

（二）诈骗罪的认定

1．诈骗罪与非罪的界限。实践中主要是区分借贷行为、代人购物拖欠货款行为与诈骗罪的界限。二者区分的关键在于：以行为人主观上有无非法占有公私财物的目的为准。司法实践中有人借贷后由于某种原因到期未还，只要行为人主观上不具有非法占有借贷款的目的，客观上确实打算归还，则不能以诈骗罪论处，而属于一般民事纠纷。代人购物，没有买到物品，亦未退还货款的，则要查明代购人主观上有无非法占有的目的，客观上有无赖账的行为等。如果代购人主观上无非法占有的目的，客观上打算归还贷款，则不能以诈骗罪论处。

2．诈骗罪与其他特定的诈骗罪的界限。主要指诈骗罪与金融诈骗罪、合同诈骗罪、集资诈骗罪等特定的诈骗罪的界限。诈骗罪与各种特定的诈骗罪之间其实是一种一般与特殊的关系。区别之处在于：（1）主体要求不同。诈骗罪只能由自然人构成，而各种特定的诈骗罪除可由自然人构成外，还可由单位构成。（2）客观表现方式不同。诈骗罪主要是编造谎言、骗取钱财，而各种特定的诈骗罪的诈骗方式则更为复杂。（3）侵犯的客体不同。诈骗罪侵犯的是公私财产所有权，而各种特定的诈骗罪在侵犯公私财产所有权的同时，更主要的是侵犯了国家的市场经济秩序。

3．诈骗罪与盗窃罪的界限。区分关键在于非法占有财物的主要方式是骗取还是窃取。

（三）诈骗罪的刑事责任

根据刑法典第266条的规定，诈骗罪的法定刑分为三个档次：（1）诈骗公私财物数额较大的处3年以下有期徒刑、拘役或者管制，并处或单处罚金；（2）数额巨大或有其他严重情节的处3年以上10年以下有期徒刑并处罚金；（3）数额特别巨大或有其他特别严重情节的处10年以上有期徒刑或者无期徒刑，并处罚金或者没收财产。

第四节　侵占型财产犯罪

一、侵占罪

（一）侵占罪的概念与特征

侵占罪是指以非法占有为目的，将代为保管的他人财物或他人的遗忘物、埋藏物非法占为己有，数额较大，拒不退还或拒不交出的行为。主要特征有：

1．侵犯的客体为公私财物所有权。侵害的对象为他人财物。“他人财物”包括以下三种：（1）代为保管的他人财物。代为保管是指基于财物所有人的委托或事实上的管理而成立的对他人财物的持有、管理。行为人对代为保管的他人财物只有暂时管理权，没有所有权。（2）他人的遗忘物。遗忘物是指财物所有人本应携带但由于不慎而忘记带走的财物。所有人主观上并没有完全忘记该物所放的时间、地点，并没有彻底失去对该物的控制。拾得者一般也能知道失主。如在商场购物时遗忘在柜台上的手提包就属于遗忘物。(3) 他人的埋藏物。埋藏物是指他人为了隐藏而埋在地下的财物。如埋在院落、房屋附近的地下或自己家菜地里的金银器皿、珠宝钱财等。

2．客观方面表现为非法占有代为保管的他人财物或他人的遗忘物、埋藏物，数额较大，拒不退还或拒不交出的行为。具体而言，本罪在客观方面包括四个特征：

(1) 行为人对他人财物合法持有。这是构成侵占罪的前提条件。合法持有是指行为人因为一定的合法原因而将他人之物在一定的时间内暂时由自己实际管理。如对于代为保管的他人财物，行为人由于财物所有人的委托或事实上的管理而对他人财物所享有的暂时管理；行为人发现了他人的遗忘物并暂时由自己实际管理；行为人无意中发现并挖掘了不属于自己所有的埋藏物并暂时由自己实际管理，都属于合法持有。如果行为人不是基于对他人财物的合法持有，而是用盗窃、抢夺等方法非法占有他人财物，就不构成侵占罪，而构成其他的侵犯财产罪。

(2) 行为人对自己合法持有的他人财物非法占为己有。所谓非法占为己有，就是指行为人在没有法律依据或财物所有人的意思表示下，擅自将该项财物归为自己所有。也就是行为人变持有为所有。具体表现为：①对他人财物实施处分行为，如将代为保管的他人财物擅自消费；②变持有为所有，如将捡拾的他人遗忘物改写上自己姓名，拒绝返还等。

(3) 行为人所侵占的他人财物数额较大。行为人无论非法占有的是代为保管的他人财物、或他人的遗忘物，埋藏物，都要求数额较大，否则，不构成本罪。至于数额较大的具体标准，有待于司法机关作出解释。

(4) 拒不退还或拒不交出。这是指行为人非法占有他人财物，被人发觉，经财物的所有人要求其退还或交出，仍不予退还或交出。

这是侵占罪在客观方面必须同时具备的四个方面，缺一不可。

3．主体为一般主体。任何达到完全刑事责任年龄，具备刑事责任能力的自然人都可成为本罪的主体。

4．主观方面为故意，并具有非法占有他人财物的目的。

(二) 侵占罪的认定

1．侵占罪与非罪的界限。主要是明确侵占罪与不当得利的关系。不当得利是指没有法律根据，使他人的利益受到损害而获得的一种不当利益。如拾得他人的遗忘物等。我国民法通则规定，不当得利的受益人有返还其所得利益给受害人的义务。不当得利本来是民法上的一种债权债务关系，不发生犯罪问题，但是在一定条件下也可转化为犯罪。不当得利与侵占罪的界限主要是从以下两个方面加以认定：(1) 侵占的他人财物数额较大。如果行为人虽然对其合法持有的他人财物实施了侵占行为，但数额不够较大，则不构成侵占罪，而属于不当得利。(2) 侵占他人财物后是否拒不退还或拒不交出。如果行为人虽然实施了侵占行为，但经财物的所有人请求后退还或交出了侵占物，也不构成犯罪。

2．侵占罪与盗窃罪的界限。侵占罪与盗窃罪之间在犯罪主体、犯罪主观方面和犯罪客体上均十分相似。二者的区别点表现在：(1) 犯意形成时间不同。侵占罪的侵占行为在实施前，行为人已经合法持有他人财物，其犯罪故意是在持有他人财物之后形成的；盗窃罪则是在实施盗窃行为之前，也就是在其持有他人财物之前就产生了犯罪故意。(2) 犯罪客观方面表现不同。侵占罪的行为人在客观方面采取的手段，是在已经持有他人财物的前提下实施侵吞行为，即以各种理由和借口非法占有他人财物拒不退还或拒不交出；盗窃罪在客观方面却表现为行为人在没有持有他人财物时，采取自己认为不使财物所有人发觉的方法暗中窃取财物。(3) 犯罪对象不同。侵占罪侵占的他人财物只能是在其实施侵占行为前，已经持有的他人财物、他人的遗忘物、埋藏物；盗窃罪的对象则是任何公私财物。

(三) 侵占罪的刑事责任

本罪属于告诉才处理的犯罪。根据刑法典第270条的规定，犯本罪数额较大的，处2年以下有期徒刑、拘役或者罚金；数额巨大或有其他严重情节的，处2年以上5年以下有期徒刑，并处罚金。

二、职务侵占罪

(一) 职务侵占罪的概念与特征

职务侵占罪，是指公司、企业或其他单位的人员，利用职务上的便利，将本单位财物非法占为己有，数额较大的行为。主要特征有：

1. 侵犯的客体为公司、企业或其他单位的财产所有权。侵犯的对象限于公司、企业或其他单位的财物。

2. 客观方面表现为行为人利用职务上的便利，将本单位财物非法占为己有，数额较大的行为。构成本罪在客观方面需同时具备三个条件：(1) 必须是利用职务上的便利。所谓利用职务上的便利，是指行为人利用自己在本单位具有的主管、管理或经手本单位财物的方便条件。如单位的出纳员利用其管理、经手钱财的方便条件，公司的董事等利用其管理调配本单位财物的权利等。如果行为人没有利用其职务之便，而是利用了其熟悉本单位情况的便利条件，将本单位的财物非法占为己有，则不构成本罪。值得一提的是利用职务之便不存在工作时间或工作场所的限制，行为人只要实施了利用其职务之便非法占有本单位财物的行为，都可构成本罪。(2) 必须是将本单位财物非法占为己有。具体是指行为人利用职务之便，采取侵吞、盗窃、骗取等各种非法手段，将本单位的财物非法占为己有。如果行为人非法占为己有的不是本单位财物，则不构成本罪。(3) 侵占财物必须达到数额较大。如果行为人侵占的本单位财物没有达到数额较大的，也不构成本罪。

3. 主体为特殊主体，即只能是公司、企业或其他单位的非国家工作人员。如果这些单位的国家工作人员利用其职务之便侵占本单位财物的，应以贪污罪论处。

4. 主观方面是故意，并且有非法占有本单位财物的目的。

(二) 职务侵占罪的认定

1. 职务侵占罪与非罪的界限。主要是明确职务侵占罪与一般的职务侵占违法行为的界限。二者区分的关键在于：非法占有本单位财物数额是否较大。如果行为人非法占有的本单位财物数额不够较大，则属于一般的职务侵占违法行为；如果数额较大，则构成犯罪。

2. 职务侵占罪与侵占罪的界限。二者的主观方面都具有非法占有财物的目的，侵犯的客体都是公私财产所有权。但二者有明显的区别，主要表现在：（1）犯罪主体不同。职务侵占罪的主体是特殊主体，只能是公司、企业或其他单位中不具有国家工作人员身份的人；侵占罪的主体是一般主体。（2）客观方面有所不同。职务侵占罪主体必须是利用职务之便，将本单位的财物非法占为己有；侵占罪表现为将其代为保管的他人财物，或他人的遗忘物、埋藏物非法占为己有，拒不退还或拒不交出，不存在利用职务之便的条件。（3）侵犯的对象不同。职务侵占罪侵犯的必须是本单位的财物；侵占罪的对象则只能是代为保管的他人财物，他人的遗忘物、埋藏物。

（三）职务侵占罪的刑事责任

根据刑法典第271条的规定，公司、企业或其他单位的人员，利用职务之便，将本单位的财物非法占为己有，数额较大的，处5年以下有期徒刑或者拘役；数额巨大的，处5年以上有期徒刑，可以并处没收财产。

第五节　挪用型财产犯罪

一、挪用资金罪

（一）挪用资金罪的概念与特征

挪用资金罪，是指公司、企业或其他单位的工作人员，利用职务上的便利，挪用本单位资金归个人使用或借贷给他人，数额较大超过三个月未还，或虽未超过三个月，但数额较大进行营利活动的，或进行非法活动的行为。主要特征有：

1. 侵犯的客体是单位财产的所有权。具体表现为侵犯了公司、企业或其他单位对资金的占有、使用、收益和处分权。侵犯的对象为行为人所在公司、企业或其他单位的资金。资金既可是人民币，也可是外币或有价证券。

2. 客观方面表现为行为人利用职务上的便利，挪用本单位资金归个人使用或借贷给他人使用的行为。具体而言，是指行为人利用了自己管理、调配或经手本单位资金的便利条件，未经合法批准而擅自将本单位的资金转移，归个人使用或借给他人使用。挪用的具体情形分为三种：（1）挪用本单位资金归个人使用或借贷给他人，数额较大，超过三个月未还的。这种挪用行为在构成犯罪上，既有挪用资金的数额限制，也有归还的时间限制。（2）挪用本单位资金归个人使用或借贷给他人，数额较大，进行营利活动的。所谓进行营利活动，是指行为人利用其挪用的资金，进行经营或其他获取利润的行为，如挪用资金进行炒股。至于行为人是否真正获利，不影响犯罪的成立。（3）挪用本单位资金归个人使用，进行非法活动的。非法活动既包括一般的违法行为，如嫖娼、吸毒等，也包括进行犯罪活动，如走私、贩毒等。

3. 主体为特殊主体，即只能是公司、企业或其他单位中的非国家工作人员。如果是这些单位中的国家工作人员利用职务之便挪用本单位资金的，应以挪用公款罪论处。

4. 主观上是直接故意，具有非法暂时挪用本单位资金的目的。行为人在主观上是打算归还的。

（二）挪用资金罪的认定

1. 挪用资金罪与非罪的界限。挪用本单位资金的行为是否构成犯罪，应从法定的三种情形进行综合分析：（1）挪用本单位资金供个人进行非法活动的，从其行为的社会危害性是否达到犯罪程度来加以区分，无数额和期限的专门限制。也就是说，不论行为人挪用的资金数额多少、时间长短，只要是供个人进行非法活动的，都要认定为犯罪。但是，情节显著轻微，危害不大的，则不认为是犯罪。(2) 挪用本单位资金供个人使用或借贷给他人进行营利活动，数额较大是区分罪与非罪的关键。即只要行为人挪用本单位资金达到数额较大的，不论挪用的时间长短，一律构成本罪。(3) 挪用本单位资金进行非法活动或营利活动以外的其他活动的，以数额是否较大，以及是否超过三个月未还作为区分罪与非罪的标准。在这种情况下，行为人挪用本单位资金必须是数额较大且超过三个月未还的，才构成本罪。

2. 挪用资金罪与职务侵占罪的界限。主要区别为：(1) 犯罪对象的范围不同。前者的犯罪对象仅限于行为人本单位的资金；而后者的对象则既可包括本单位的资金，又可包括本单位的财物。(2) 犯罪客观方面不同。前者是擅自挪用本单位资金归个人使用或借贷给他人使用，并不转移资金的所有权；后者却是行为人将本单位的财物以侵吞、盗窃、骗取等手段非法占为己有。(3) 犯罪目的不同。前者只是暂时非法使用，挪用后要归还；后者却是永久非法占为己有。这是二者区分的关键所在。

(三) 挪用资金罪的刑事责任

根据刑法典第 272 条的规定，犯本罪的，处 3 年以下有期徒刑或者拘役；挪用本单位资金数额巨大的，或数额较大不退还的处 3 年以上 10 年以下有期徒刑。

二、挪用特定款物罪

(一) 挪用特定款物罪的概念与特征

挪用特定款物罪，是指违反财经管理制度，挪用用于救灾、抢险、防汛、优抚、扶贫、移民、救济款物，情节严重，致使国家和人民群众利益遭受重大损失的行为。

1. 侵犯的客体是复杂客体，即侵犯了特定款物的所有权和国家对特定款物专用的财经管理制度。侵犯的对象限于特定款物，即用于救灾、抢险、防汛、优抚、扶贫、移民、救济款物。这些特定款物是由国家调拨或由社会募捐等方式得来，用于救灾、抢险等工作的，因此，这些款物必须专用，以保证这些款物用于应该用和急需用的地方。挪用上述特定款物，不管其动机如何，都可能使国家和人民群众利益遭受重大损失。

2. 客观方面表现为，挪用上述用于救灾、抢险等特定款物，情节严重，致使国家和人民群众利益遭受重大损失的行为。可以从三个方面来理解：(1) 必须实施了挪用特定款物的行为。挪用是指未经合法批准，擅自将这些救灾、抢险等特定款物挪作其他公用事项，如单位购买小汽车、修建宿舍等。(2) 必须情节严重。主要是指经常挪用，或挪用款物数额较大，或挪用特定款物大吃大喝，造成恶劣的社会影响等。(3) 必须致使国家和人民群众利益遭受重大损失。主要是指因挪用行为给救灾工作造成了严重影响，加重了灾情或使生产难以恢复，造成了不应有的生命损失等。以上三个方面必须同时具备，缺少任何一项都不能构成本罪。

3. 主体为特殊主体，即只能是主管、经管、调配、使用特定款物的直接责任人员。

4. 主观方面是故意。即明知是属于救灾、抢险、防汛、优抚、扶贫、移民、救济款物而故意挪作其他公用事项。不论其动机如何，不影响本罪的成立。

(二) 挪用特定款物罪的认定

1. 挪用特定款物罪与非罪的界限。区分的关键在于是否情节严重，致使国家和人民群众利益遭受重大损害。如果挪用特定款物的行为情节不够严重，也未使国家和人民群众利益遭受重大损失，则不构成犯罪，而属于一般的违法行为。

2. 挪用特定款物罪与挪用资金罪的界限。二者都表现为实施了挪用行为。区别表现在：(1) 犯罪主体不同。二者都属特殊主体，但前者的主体为主管、经管、调配、使用特定款物的直接责任人员；后者则是公司、企业或其他单位里的非国家工作人员。(2) 犯罪对象不同。前者侵犯的对象是用于救灾、抢险等特定款物；后者则是行为人所在单位的资金。(3) 用途不同。前者是将特定款物挪作其他公用事项；后者则是挪为个人使用，或借给他人使用。(4) 对危害结果要求不同。前者要求必须达到情节严重，致使国家和人民群众利益遭受重大损失才构成犯罪；后者则对造成何种危害结果没有明确要求。

(三) 挪用特定款物罪的刑事责任

根据刑法典第 273 条的规定，犯本罪的，对直接责任人员处 3 年以下有期徒刑或者拘役；情节特别严重的，处 3 年以上 7 年以下有期徒刑。

第六节 毁损型财产犯罪

一、故意毁坏财物罪

故意毁坏财物罪，是指故意毁灭或损坏公私财物，数额较大或有其他严重情节的行为。主要特征是：

(1) 侵犯的客体为公私财物所有权。侵犯的对象为一般的各种公私财物。(2) 客观方面表现为毁灭或损坏公私财物，数额较大或情节严重的行为。所谓毁灭或损坏，是指使公私财物全部或部分丧失其价值或使用价值。毁坏的方法各种各样，但如果是以危害公共安全的方法毁坏公私财物的，则应按相应的危害公共安全罪论处。(3) 犯罪主体为一般主体。(4) 主观方面为故意，并具有毁损公私财物的目的。

根据刑法典第 275 条规定，犯本罪的，处 3 年以下有期徒刑、拘役或者罚金；数额巨大或有其他特别严重情节的，处 3 年以上 10 年以下有期徒刑。

二、破坏生产经营罪

破坏生产经营罪，是指由于泄愤报复或其他个人目的，毁灭机器设备、残害耕畜，或以其他方法破坏生产经营的行为。主要特征是：

(1) 侵犯的客体为生产经营的正常活动。侵犯的对象为生产经营中正在使用的设备和用具。如果破坏的是闲置不用的机器、设备、用具，则不构成本罪。行为人只要实施破坏机器设备或残害耕畜等的行为足以造成停工、停产，就可构成本罪。(2) 客观方面表现为以毁坏机器设备、残害耕畜或者其他方法破坏生产经营活动的行为。(3) 犯罪主体为一般主体。(4) 主观方面为故意，并具有泄愤报复或其他个人目的。

根据刑法典第 276 条的规定，犯本罪的，处 3 年以下有期徒刑、拘役或者管制；情节严重的处 3 年以上 7 年以下有期徒刑。

第二十九章　妨害社会管理秩序罪

第一节　妨害社会管理秩序罪概述

一、妨害社会管理秩序罪的概念与特征

妨害社会管理秩序罪，是对破坏国家机关对社会秩序的正常管理活动的各种犯罪的概称。妨害社会管理秩序罪的构成特征是：

1. 妨害社会管理秩序罪侵犯的客体是国家对社会的管理活动，即社会管理秩序。社会秩序本身是一个外延极其广泛的综合概念。它涉及社会生活的几乎所有方面，包括公共秩序、生产秩序、工作秩序、教学科研秩序以及人民群众的日常生活秩序。社会的管理秩序不是自发形成的，它是相对于社会的管理者——国家而言的，是国家通过法律及各种行政活动对各方面社会秩序进行规范和管理的结果。国家机关对社会的管理活动，包括行政机关、司法机关以及各种社会事务机关对社会各个领域的管理活动，如公共场所管理、监管场所管理、国（边）境管理、文物管理、公共卫生管理、环境资源管理等。国家机关通过这些管理活动，创造一个良好的社会环境，使人民群众能够安居乐业。无论妨害国家哪一方面的管理活动，都必然会破坏社会的正常秩序。从广义上理解，刑法上所有的犯罪都是危害一定社会管理秩序的。但是在刑事立法中，为了对犯罪进行科学的分类，准确反映各类犯罪的特殊危害性，并非只是考虑是否妨害了社会管理秩序，而是还要根据各种犯罪行为所侵犯的直接客体的具体性质及行为特点的不同，对犯罪进行归纳、整理并划分为若干个大类，由此从重到轻地排列组合成刑法分则的有序体系。我国刑法分则其余九章的内容便基本上由此思路而形成，只有不宜列入其他几章的犯罪行为，才统统归入本章妨害社会管理秩序罪中。因此，本章内容庞杂、罪名繁多。这是研究本章犯罪时应特别注意的一点。

2. 妨害社会管理秩序罪在客观方面表现为违反社会管理法规、妨害国家机关的管理活动、破坏社会管理秩序的行为。在现实生活中，这类危害行为时常发生、多种多样，但它们并不都是犯罪行为。只有危害较大、情节严重的才构成犯罪；情节显著轻微、危害不大的，则不能认为是犯罪。在治安管理处罚条例及多个行政法规所规定的违法行为中，有不少同刑法妨害社会管理秩序罪中所规定的行为方式极为相似，应当将二者严格加以区别，划清罪与非罪的界限。

3. 妨害社会管理秩序罪在主观方面绝大多数表现为故意，也有少数犯罪表现为过失。在故意犯罪中，有的还要求具有特定的犯罪目的或动机，如赌博罪、倒卖文物罪等要求以营利为目的；聚众斗殴罪和寻衅滋事罪要求具有是非颠倒、荣辱混淆的流氓动机。

4. 妨害社会管理秩序罪的主体，多数是一般主体，也有少数是特殊主体；大多数

犯罪的主体只能由自然人构成，少数犯罪的主体既可以由自然人构成，也可以由单位构成；还有个别犯罪的主体只能由单位构成，如采集、供应血液，制作、供应血液制品事故罪。就自然人犯罪而言，除贩卖毒品罪的主体可以由已满14周岁不满16周岁的人构成外，其余犯罪均由已满16周岁的人构成。

二、妨害社会管理秩序罪的种类

刑法分则第6章及刑法修正案（三）共涉及91个条文，将妨害社会管理秩序罪分为9类，规定罪名共计121个，具体分类如下：

（一）扰乱公共秩序罪

具体罪名共有37个，它们是：妨害公务罪，煽动暴力抗拒法律实施罪，招摇撞骗罪，伪造、变造、买卖国家机关公文、证件、印章罪，盗窃、抢夺、毁灭国家机关公文、证件、印章罪，伪造公司、企业、事业单位、人民团体印章罪，伪造、变造居民身份证罪，非法生产、买卖警用装备罪，非法获取国家秘密罪，非法持有国家绝密、机密文件、资料、物品罪，非法生产、销售间谍专用器材罪，非法使用窃听、窃照专用器材罪，非法侵入计算机信息系统罪，破坏计算机信息系统罪，扰乱无线电通讯管理秩序罪，聚众扰乱社会秩序罪，聚众冲击国家机关罪，聚众扰乱公共场所秩序、交通秩序罪，投放虚假危险物质罪，编造、故意传播虚假恐怖信息罪，聚众斗殴罪，寻衅滋事罪，组织、领导、参加黑社会性质组织罪，入境发展黑社会组织罪，包庇、纵容黑社会性质组织罪，传授犯罪方法罪，非法集会、游行、示威罪，非法携带武器、管制刀具、爆炸物参加集会、游行、示威罪，破坏集会、游行、示威罪，侮辱国旗、国徽罪，组织、利用会道门、邪教组织、利用迷信破坏法律实施罪，组织利用会道门、邪教组织、利用迷信致人死亡罪，聚众淫乱罪，引诱未成年人聚众淫乱罪，盗窃、侮辱尸体罪，赌博罪，故意延误投递邮件罪。

（二）妨害司法罪

具体罪名共有17个，它们是：伪证罪，辩护人、诉讼代理人毁灭证据、伪造证据、妨害作证罪，帮助毁灭、伪造证据罪，打击报复证人罪，扰乱法庭秩序罪，窝藏、包庇罪，拒绝提供间谍犯罪证据罪，窝赃、转移、收购、销售赃物罪，拒不执行判决、裁定罪，非法处置查封、扣押、冻结的财产罪，破坏监管秩序罪，脱逃罪，劫夺被押解人员罪，组织越狱罪，暴动越狱罪，聚众持械劫狱罪。

（三）妨害国（边）境管理罪

具体罪名共有8个，它们是：组织他人偷越国（边）境罪，骗取出境证件罪，提供伪造、变造的出入境证件罪，出售出入境证件罪，运送他人偷越国（边）境罪，偷越国（边）境罪，破坏界碑、界桩罪，破坏永久性测量标志罪。

（四）妨害文物管理罪

具体罪名共有10个，它们是：故意损毁文物罪，故意损毁名胜古迹罪，过失损毁文物罪，非法向外国人出售、赠送珍贵文物罪，倒卖文物罪，非法出售、私赠文物藏品罪，盗掘古文化遗址、古墓葬罪，盗掘古人类化石、古脊椎动物化石罪，抢夺、窃取国有档案罪，擅自出卖、转让国有档案罪。

（五）危害公共卫生罪

具体罪名共有11个，它们是：妨害传染病防治罪，传染病菌种、毒种扩散罪，妨害国境卫生检疫罪，非法组织卖血罪，强迫卖血罪，非法采集、供应血液，制作、供应血液制品罪，采集、供应血液，制作、供应血液制品事故罪，医疗事故罪，非法行医罪，非法进行节育手术罪，逃避动植物检疫罪。

（六）破坏环境资源保护罪

具体罪名共有14个，它们是：重大环境污染事故罪，非法处置进口的固体废物罪，擅自进口固体废物罪，非法捕捞水产品罪，非法猎捕、杀害珍贵、濒危野生动物罪，非法收购、运输、出售珍贵、濒危野生动物、珍贵、濒危野生动物制品罪，非法狩猎罪，非法占用农用地罪，非法采矿罪，破坏性采矿罪，非法采伐、毁坏珍贵树木罪，盗伐林木罪，滥伐林木罪，非法收购盗伐、滥伐的林木罪。

（七）走私、贩卖、运输、制造毒品罪

具体罪名共有12个，它们是：走私、贩卖、运输、制造毒品罪，非法持有毒品罪，包庇毒品犯罪分子罪，窝藏、转移、隐瞒毒品、毒赃罪，走私制毒物品罪，非法买卖制毒物品罪，非法种植毒品原植物罪，非法买卖、运输、携带、持有毒品原植物种子、幼苗罪，引诱、教唆、欺骗他人吸毒罪，强迫他人吸毒罪，容留他人吸毒罪，非法提供麻醉药品、精神药品罪。

（八）组织、强迫、引诱、容留、介绍卖淫罪

具体罪名共有7个，它们是：组织卖淫罪，强迫卖淫罪，协助组织卖淫罪，引诱、容留、介绍卖淫罪，引诱幼女卖淫罪，传播性病罪，嫖宿幼女罪。

（九）制作、贩卖、传播淫秽物品罪

具体罪名共有5个，它们是：制作、复制、出版、贩卖、传播淫秽物品牟利罪，为他人提供书号出版淫秽书刊罪，传播淫秽物品罪，组织播放淫秽音像制品罪，组织淫秽表演罪。

第二节　扰乱公共秩序罪

扰乱公共秩序罪涉及罪名37个，可归纳为妨害国家机关正常活动的犯罪，违反国家保密、安全法规的犯罪，计算机犯罪，聚众扰乱社会秩序的犯罪，其他扰乱公共秩序的犯罪五小类。

妨害国家机关正常活动的犯罪

一、妨害公务罪

（一）妨害公务罪的概念与特征

妨害公务罪是指以暴力、威胁方法阻碍国家机关工作人员依法执行职务的行为。妨害公务罪的构成特征：（1）侵犯的客体是国家机关的正常管理活动，有时还侵犯国家机关工作人员的人身权利。本罪的行为必须是指向国家机关工作人员，侵害非国家机关工作人员不构成本罪。所谓国家机关工作人员，根据刑法典第93条的规定，是指在国家机关中从事公务的人员。（2）客观上表现为以暴力、威胁的方法阻碍国家机关工作人员依法执行职务的行为。所谓暴力，是指对身体实行打击或强制，如殴打、捆绑等。为阻

碍国家机关工作人员执行职务而砸毁其执行职务的工具，如交通、通讯工具，也应视为以暴力方法。所谓威胁，是指以杀害、伤害、毁坏财产、破坏名誉等相要挟，达到阻碍依法执行职务的目的。阻碍国家机关工作人员依法执行职务，是本罪客观方面的中心内容，它不仅表现为使国家机关工作人员停止执行任务，也可表现为使国家机关工作人员被迫变更依法应当从事的公务内容，甚至实施不应当实施的行为。如公安人员被迫放走逮捕的人犯等。所谓执行职务，是指在法律规定的职权范围内，依法正在从事的公务。这里执行职务必须是正在进行，如所侵害的并不是正在执行职务之中，不构成本罪。同时，执行职务必须是在法律规定职权范围内，如果国家机关工作人员从事法定职权范围之外的活动，受到阻止的，阻止人不构成本罪。如公安人员违法征税、工商干部执行逮捕、侦查人员违法搜查等。如果国家机关工作人员滥用职权，违法乱纪而遭到阻止的，不但对阻止人不能定罪，而且要对滥用职权者依法处理。还须指出的，本罪不是结果犯，而是举动犯，其犯罪的既遂不以实际上是否已经妨碍公务的执行为要件。只要实施了暴力、威胁手段阻碍执行职务即可构成本罪。(3) 主体是一般主体。即达到刑事责任年龄、具有刑事责任能力的自然人。(4) 主观上是故意。即明知是正在执行职务的国家机关工作人员，而对其实施暴力或威胁，使其不能执行职务。如果不知对方是正在执行职务的国家机关工作人员，而对其进行阻碍，则不构成本罪。

(二) 妨害公务罪的认定

(1) 本罪与非罪的界限。一是要划清本罪与人民群众同违法乱纪的国家机关工作人员作斗争的界限。人民群众有权利也有义务同徇私枉法的行为作斗争。他们的这种行为不仅不能定罪，而且要予以保护和鼓励。二是要划清本罪与人民群众同国家机关工作人员发生顶撞行为的界限。有的国家机关工作人员在执行职务时，由于法律政策宣传不够或自己言行确有错误，导致群众不理解、怀疑甚至反感，从而引发顶撞、围攻、谩骂，甚至扭送执行职务者去有关部门评理。行为人虽然态度生硬、行为过激，但因不具有阻碍执行职务的故意，故不能以本罪论处。三是要划清本罪与阻碍国家机关工作人员执行职务中的一般违法行为的界限。对没有使用暴力、威胁，或虽然使用了暴力、威胁，但从行为强度来看，还不足以使正在执行的职务活动中断下来的行为宜认定为一般违法行为，可以予以批评教育或行政纪律处分，不应认定为本罪。

(2) 本罪与他罪的界限。本罪与伤害罪、杀人罪的界限。以暴力手段实施本罪的，应以给国家机关工作人员造成轻伤害为限度。如果超过该限度，给国家机关工作人员造成重伤、死亡的，其行为同时触犯妨害公务罪与故意伤害罪或故意杀人罪两个罪名，此时应按照处理想象竞合犯从一重罪处断的原则，以故意伤害罪或故意杀人罪论处。

(三) 妨害公务罪的刑事责任

根据刑法典第 277 条规定，犯本罪的，处 3 年以下有期徒刑、拘役、管制或者罚金。

二、煽动暴力抗拒法律实施罪

(一) 煽动暴力抗拒法律实施罪的概念与特征

煽动暴力抗拒法律实施罪，是指煽动群众暴力抗拒国家法律、行政法规实施，扰乱社会秩序的行为。煽动暴力抗拒法律实施罪的构成特征：(1) 侵犯的客体是国家法律的实施秩序。(2) 客观上表现为煽动群众暴力抗拒国家法律、行政法规的实施，扰乱社会秩序的行为。所谓煽动，是指以鼓动性言词或文字劝诱、引导、促使他人去实施犯罪活动。煽动的内容必须是暴力抗拒国家法律实施，扰乱社会秩序。煽动的对象是指三人以上的多人。所谓国家法律，应从广义上理解，包括宪法、法律、法规、规章等。应当指出，本罪属于行为犯，只要将暴力抗拒国家法律实施这一特定内容以煽动的形式灌输给了群众，无论群众是否付诸实施，均构成本罪。(3) 主体为一般主体，即达到刑事责任年龄，具有刑事责任能力的自然人。(4) 主观上只能出于故意。

(二) 煽动暴力抗拒法律实施罪的认定

(1) 本罪与煽动颠覆国家政权罪的界限。一是犯罪客体不同。本罪的客体是国家法律的实施秩序，后者侵犯的客体是人民民主专政和社会主义制度。二是煽动的内容不同。三是对犯罪主观方面的要求不同。本罪不要求特定目的，后者必须具有推翻人民民主专政和社会主义制度的目的。(2) 本罪与煽动民族仇恨、民族歧视罪的界限。本罪侵犯的客体是国家法律的实施秩序，后者侵犯的客体是正常的民族关系。二者煽动的内容也不同。

(三) 煽动暴力抗拒法律实施罪的刑事责任

根据刑法典第 278 条的规定，犯本罪的，处 3 年以下有期徒刑、拘役、管制或者剥夺政治权利；造成严重后果的，处 3 年以上 7 年以下有期徒刑。

三、招摇撞骗罪

(一) 招摇撞骗罪的概念与特征

招摇撞骗罪，是指为谋取非法利益，冒充国家机关工作人员的身份，进行招摇撞骗的行为。招摇撞骗罪的构成特征：(1) 侵犯的客体是国家机关的威信及正常活动。这是本罪与诈骗罪的主要区别之一。尽管本罪的行为也可能骗取财物，但由于行为人是以冒充国家机关工作人员的手段，因而这些行为往往会被误认为是国家机关工作人员所为，这就直接破坏了国家机关的威信及正常活动，此乃本罪的危害实质所在。(2) 客观上表现为冒充国家机关工作人员进行的诈骗行动。首先，行为人必须是冒充国家机关工作人员，这既指非国家机关工作人员冒充国家机关工作人员，也指此种国家机关工作人员冒充彼种国家机关工作人员；其次，行为人必须具有招摇撞骗的行为，即以假冒的身份，到处炫耀，骗取非法利益的行为。上述两种行为必须同时具备，才符合本罪的客观特征。如果行为人仅仅假冒国家机关工作人员的身份，并未借此实施骗取非法利益的行为，不构成本罪。同样，有诈骗行为而未冒充国家机关工作人员的身份，也不构成本罪。(3) 主体是一般主体。(4) 主观上是故意。其目的是为了谋取非法利益。所谓非法利益，既可以是财物或财产性利益，也可以是非财产性的利益，如骗取某种职务、荣誉，或骗取异性的所谓“爱情”等。如果冒充国家机关工作人员是为了谋取某种合法利益，则不构成本罪。

(二) 招摇撞骗罪的认定

(1) 本罪与诈骗罪的界限。两罪的共同之处在于，都是用虚构事实骗取他人信任，进而达到犯罪目的。二者区别在于：第一，侵犯的客体不同。本罪侵犯的客体是国家机关的威信及正常活动，而诈骗罪侵犯的客体是财产权利。第二，行为方式不同。本罪的方式仅限于冒充国家机关工作人员，而诈骗罪的手段却多种多样。应该注意的是，如行为人冒充国家机关工作人员骗取财物时，该定本罪还是诈骗罪呢？这必须从法条竞合上加以区别。如果行为人冒充国家机关工作人员骗取财物数额较大或者数额巨大，或者情节严重的，这实际上触犯了本罪和诈骗罪两罪，由于此时两罪的法定刑同等轻重，因而按照特别法优于普通法的原则，应以本罪定罪处罚；如果行为人冒充国家机关工作人员骗取财物数额特别巨大或者情节特别严重，这虽然也触犯两罪，但由于此时诈骗罪的法定刑重于本罪法定刑，按从一重罪处罚原则，就应以诈骗罪论处。(2) 一罪与数罪的问题。行为人在实施本罪时，往往会牵连触犯其他罪名。例如伪造国家机关公文、证件用于招摇撞骗，这就牵连触犯了伪造公文、证件罪。这种情况下，应按照处理牵连犯的原则，从一重罪论处。

(三) 招摇撞骗罪的刑事责任

根据刑法典第 279 条规定，犯本罪的，处 3 年以下有期徒刑、拘役、管制或剥夺政治权利；情节严重的，处 3 年以上 10 年以下有期徒刑。冒充人民警察招摇撞骗的，从重处罚。

四、伪造、变造、买卖国家机关公文、证件、印章罪

(一) 伪造、变造、买卖国家机关公文、证件、印章罪的概念与特征

伪造、变造、买卖国家机关公文、证件、印章罪，是指伪造、变造、买卖国家机关的公文、证件、印章的行为。其构成特征有：(1) 侵犯的客体是国家机关正常的管理活动和信誉。犯罪对象是国家机关的公文、证件、印章。所谓公文，一般是指以国家机关的名义制作的，用以联系事务、指导工作、处理问题的书面文件，如命令、指示、通知、函电等。所谓证件，一般是指由国家机关颁发的，证明身份和权利义务关系或其他事实的凭证，如工作证、结婚证、护照、驾驶证等。所谓印章，一般是指国家机关刻制的，代表本单位的公章或本单位各部门使用的专用章，如财务专用章等。私人印章用于公务，起机关单位证明作用的，也应视为本罪的犯罪对象。(2) 在客观上表现为伪造、变造、买卖国家机关公文、证件、印章的行为。伪造，是指无权制作者制造假的公文、证件、印章。变造，是指对真实的公文、证件、印章进行加工，改变其内容，如涂改证件的有效日期、涂改姓名等。买卖，是指将公文、证件、印章作为商品予以出售或者收购。上述三种犯罪行为，不管犯罪人是实施其中一种或多种，都构成犯罪。(3) 主体是一般主体。(4) 主观上是故意，即明知是在伪造、变造、买卖而为之。

(二) 伪造、变造、买卖国家机关公文、证件、印章罪的认定

(1) 罪与非罪的界限。刑法对本罪没有情节的规定，但这并不等于任何妨害公文、证件、印章的行为都构成犯罪，而不要求情节和危害程度。如果情节轻微危害不大的，应以刑法典第 13 条的规定不作犯罪处理。(2) 一罪与数罪的界限。行为人如果在实施伪造、变造、买卖或盗窃、抢夺公文、证件、印章之后，又利用这些公文、证件、印章进行其他犯罪活动的，则会牵连触犯其他罪名。例如，利用伪造国家机关的公文进行诈骗达到数额较大的，就牵连触犯诈骗罪。对此，应按处理牵连犯的原则，从一重罪论处。

(三) 伪造、变造、买卖国家机关公文、证件、印章罪的刑事责任

根据刑法典第 280 条第 1 款规定，犯本罪的，处 3 年以下有期徒刑、拘役、管制或剥夺政治权利；情节严重的，处 3 年以上 10 年以下有期徒刑。

五、盗窃、抢夺、毁灭国家机关公文、证件、印章罪

盗窃、抢夺、毁灭国家机关公文、证件、印章罪，是指盗窃、抢夺、毁灭国家机关公文、证件、印章的行为。本罪在侵犯的客体、主观方面及犯罪主体方面与前罪基本相同，只是在客观方面不同，表现为盗窃、抢夺、毁灭国家机关公文、证件、印章的行为。所谓盗窃、抢夺，是指秘密窃取或者乘人不备公然夺取；所谓毁灭，是指使用焚烧、撕掉等各种破坏性方法使公文、证件、印章失去使用功能，或者抛弃公文、证件、印章，造成灭失。行为人只要实施了3种行为方式中的一种，即可构成本罪。根据刑法典第280条第1款的规定，犯盗窃、抢夺、毁灭国家机关公文、证件、印章罪的，处3年以下有期徒刑、拘役、管制或者剥夺政治权利；情节严重的，处3年以上10年以下有期徒刑。

六、伪造公司、企业、事业单位、人民团体印章罪

伪造公司、企业、事业单位、人民团体印章罪，是指故意伪造公司、企业、事业单位、人民团体印章的行为。本罪具有以下特征：（1）侵犯的直接客体是公司、企业、事业单位、人民团体的信誉及正常活动，行为对象是该单位的印章。（2）客观方面表现为伪造公司、企业、事业单位、人民团体的印章的行为。（3）主体是已满16周岁且具有刑事责任能力的自然人。（4）主观上为故意，即明知伪造公司、企业、事业单位、人民团体印章，会破坏其信誉及正常活动，仍有意而为之。根据刑法典第280条第2款的规定，伪造公司、企业、事业单位、人民团体印章的，处3年以下有期徒刑、拘役、管制或者剥夺政治权利。

七、伪造、变造居民身份证罪

（一）伪造、变造居民身份证罪的概念与特征

伪造、变造居民身份证罪，是指伪造、变造居民身份证的行为。伪造、变造居民身份证罪的构成特征：（1）侵犯的客体是国家的身份证管理制度。1985年9月6日第六届全国人大常委会第12次会议通过了《中华人民共和国居民身份证条例》，1986年11月28日公安部制定了《中华人民共和国居民身份证条例实施细则》，从而建立了我国居民身份证管理制度。伪造、变造居民身份证，是严重破坏身份证管理制度的行为，因而要受到刑事责任的处罚。（2）客观上表现为伪造、变造居民身份证的行为。行为人伪造、变造的目的不影响定罪。本罪是选择性罪名，只要实施其中行为之一即可构成本罪。同时实施两种行为的，也以一罪论处，不实行数罪并罚。（3）主体是一般主体。（4）主观上是故意，即明知伪造、变造居民身份证是危害社会的行为而为之。

（二）伪造、变造居民身份证罪的刑事责任

根据刑法典第280条第3款的规定，犯本罪的，处3年以下有期徒刑、拘役、管制或者剥夺政治权利；情节严重的，处3年以上7年以下有期徒刑。

八、非法生产、买卖警用装备罪

（一）非法生产、买卖警用装备罪的概念与特征

非法生产、买卖警用装备罪，是指非法生产、买卖人民警察制式服装、车辆号牌等专用标志、警械，情节严重的行为。非法生产、买卖警用装备罪的构成特征：（1）侵犯的客体是国家对人民警察的正常管理活动。警察是国家机器的重要组成部分，它的活动关系到政权的安危和社会的稳定。对它的管理有别于其他部门和行业，因此，《中华人

民共和国人民警察法》中对人民警察的制服、车辆号牌等专用标志和警械都作了专门管理的规定。非法生产、买卖警用装备，必然扰乱国家对警察队伍的管理活动，也会损害人民警察在群众中的形象，甚至造成恶劣的国际政治影响。(2) 客观上表现为非法生产、买卖人民警察制服、车辆号牌等专用标志和警械的行为。所谓制式服装，是指统一设计、制作并有别于其他服装的警察专用服装。所谓专用标志，主要是指警衔标志。所谓警械，《中华人民共和国人民警察使用警械和武器条例》中规定："警械是指人民警察按照规定装备的警棍、催泪弹、高压水枪、特种防暴枪、手铐、脚镣、警绳等警用器械。"如果非法生产、买卖的不是上述犯罪对象，就不构成本罪，但可能构成其他犯罪。(3) 主体是一般主体。自然人与单位均可构成。(4) 主观上是故意，即明知是人民警察的制服、车辆号牌等专用标志和警械，而加以非法生产、买卖。

(二) 非法生产、买卖警用装备罪认定中应注意的问题

要注意区分非法经营罪与本罪的界限。人民警察的制服、车辆号牌等专用标志、警械属于禁止自由流通的物品。非法生产、买卖的，实际上也是一种非法经营的行为。因而两罪之间存在法条竞合关系。对此，应按特别法优于普通法的原则，以非法生产、买卖警用装备罪来处理。

(三) 非法生产、买卖警用装备的刑事责任

根据刑法典第 281 条规定，犯本罪的，处 3 年以下有期徒刑、拘役或者管制，并处或者单处罚金。单位犯本罪的，对单位判处罚金，并对直接负责的主管人员和其他直接责任人员，依照上述的规定处罚。

违反国家保密、安全法规的犯罪

一、非法获取国家秘密罪

(一) 非法获取国家秘密罪的概念与特征

非法获取国家秘密罪，是指以窃取、刺探、收买方法，非法获取国家秘密的行为。非法获取国家秘密罪的构成特征：(1) 侵犯的客体是国家保密工作的正常秩序。国家秘密关系到国家的安全和利益，在一定时间内只限一定范围的人员知悉。接触国家秘密范围以外的人员，以窃取、刺探、收买的方法，非法获取国家秘密的，就是对国家保密法律秩序的破坏，应予以刑罚处罚。(2) 客观上表现为以窃取、刺探、收买方法，非法获取国家秘密的行为。本罪是行为犯，只要实施上述行为即构成本罪，而不以造成实际结果为要件。如果采取上述方法获取国家秘密，然后向境外机构、组织人员提供的，应当以为境外机构、组织、人员窃取、刺探、收买、非法提供国家秘密罪论处。(3) 主体是一般主体。(4) 主观上是故意，表现为明知是国家秘密而采取窃取、刺探、收买的方法非法获取。

(二) 非法获取国家秘密罪的刑事责任

根据刑法典第 282 条第 1 款的规定，犯本罪的，处 3 年以下有期徒刑、拘役、管制或者剥夺政治权利；情节严重的，处 3 年以上 7 年以下有期徒刑。

二、非法持有国家绝密、机密文件、资料、物品罪

(一) 非法持有国家绝密、机密文件、资料、物品罪的概念与特征

非法持有国家绝密、机密文件、资料、物品罪，是指非法持有属于国家绝密、机密

的文件、资料或其他物品，拒不说明来源与用途的行为。非法持有国家绝密、机密文件、资料、物品罪的构成特征：（1）侵犯的客体是国家的保密制度。任何一个国家都有其相应的保密制度，目的是维护国家的安全和利益。非法持有国家秘密，情节严重的行为是对国家保密工作秩序的严重破坏，应当予以惩治。（2）客观上表现为非法持有属于国家绝密、机密的文件、资料或者其他物品，拒不说明来源与用途的行为。本罪的犯罪对象只限于属于国家绝密、机密的文件、资料或其他物品。《中华人民共和国保守国家秘密法》第9条规定："国家秘密的密级分为'绝密'、'机密'、'秘密'三级。'绝密'是最重要的国家秘密，泄露会使国家的安全和利益遭受特别严重的损害；'机密'是重要的国家秘密，泄露会使国家的安全和利益遭受严重的损害；'秘密'是一般的国家秘密，泄露会使国家的安全和利益遭受损害。"由于绝密、机密的特殊意义，非法持有这两级秘密的文件、资料或其他物品，一旦泄露，就会给国家造成特别严重或严重的损害。如果当有关机关和人员询问其来源与用途时，拒不说明，这就使非法持有行为的危害性上升到犯罪程度。应该注意的是，非法持有一般国家秘密的，即使拒不说明来源与用途，也不构成本罪。（3）主体是一般主体。（4）主观上是故意，即明知是属于绝密、机密的文件、资料或其他物品，而非法持有，且拒不说明来源与用途的心理态度。

（二）非法持有国家绝密、机密文件、资料、物品罪的认定

（1）本罪与非法获取国家秘密罪的界限。两罪在客体、主体、主观方面、危害程度等方面均很近似，但两者也有明显的区别。其一，犯罪对象不同。本罪的对象只限于国家绝密、机密的文件、资料或其他物品，而后者的对象更广泛和全面，任何一级的国家秘密均可成为后罪的对象。其二，行为方式不同。本罪的方式是非法持有并拒不说明来源与用途，后罪的行为方式是以窃取、刺探、收买方法非法获取。两者相比，前者多为不作为，后者必须是以作为的方式才能实施。如果以窃取、刺探、收买方法获取国家绝密、机密文件、资料或其他物品，而又非法持有并拒不说明来源与用途，则应以两罪实行并罚。（2）本罪与泄露国家秘密罪的界限。两者主要区别是，其一，主体不尽相同。本罪主体是一般主体，而后罪主体原则是国家机关工作人员。其二，主观方面也不尽相同。本罪必须出于故意，而后罪既可以是故意，也可以是过失。其三，客观方面不同。本罪是一种"持有型"犯罪，是一种行为犯，而后罪则是结果犯，必须有泄露国家秘密的结果。如果先实施本罪行为，又泄露国家秘密的，则应实行数罪并罚。

（三）非法持有国家绝密、机密文件、资料、物品罪的刑事责任

根据刑法典第282条第2款规定，犯本罪的，处3年以下有期徒刑、拘役或者管制。

三、非法生产、销售间谍专用器材罪

（一）非法生产、销售间谍专用器材罪的概念与特征

非法生产、销售间谍专用器材罪，是指非法生产、销售窃听、窃照等专用间谍器材的行为。非法生产、销售间谍专用器材罪的构成特征：（1）侵犯的客体是国家对专用间谍器材的管理秩序。1994年国务院通过的《中华人民共和国国家安全法实施细则》第20条规定，专用间谍器材是指进行间谍活动特殊需要的下列器材：①暗藏式窃听、窃照器材；②突发式收发报机、一次性密码本、密写工具；③用于获取情报的电子监听、截收器材；④其他专用间谍器材。专用间谍器材的生产是由国家特殊控制的。非法生

产、销售专用间谍器材的行为，就是对国家对专用间谍器材的管理秩序的破坏。(2) 客观上表现为非法生产、销售窃听、窃照等专用间谍器材的行为。由于专用间谍器材的特殊性能与用途，其生产、销售活动受国家严格管制。无权生产、销售这些器材的人进行生产、销售，就是非法生产、销售。本罪是选择性罪名，只要具有生产、销售二行为之一的，即可构成本罪。同时实施两项行为的，也只成立一罪，不实行数罪并罚。本罪属于行为犯，没有数量或数额的限制，只要有上述行为即可构成本罪。(3) 本罪的主体是一般主体。(4) 主观上是故意，即明知是专用间谍器材而进行非法生产、销售，过失不构成本罪。

(二) 非法生产、销售间谍专用器材罪的刑事责任

根据刑法典第 283 条的规定，犯本罪的，处 3 年以下有期徒刑、拘役或者管制。

四、非法使用窃听、窃照专用器材罪

(一) 非法使用窃听、窃照专用器材罪的概念与特征

非法使用窃听、窃照专用器材罪，是指非法使用窃听、窃照专用器材，造成严重后果的行为。非法使用窃听、窃照专用器材罪的构成特征：(1) 侵犯的客体是国家对窃听、窃照专用器材的管理制度。《中华人民共和国国家安全法》第 21 条规定："任何个人和组织都不得非法持有、使用窃听、窃照等专用间谍器材。"它明确限制了对窃听、窃照专用器材的随意持有和使用。我国《宪法》第 38 条规定："中华人民共和国公民的人格尊严不受侵犯。"公民的隐私权是公民人格尊严的一个组成部分，本罪的规定有利于维护公民个人生活的自由和安宁。(2) 客观上表现为非法使用窃听、窃照专用器材，造成严重后果的行为。所谓非法使用，包括两方面：一是主体不合法，即行为人无权持有和使用窃听、窃照专用器材；二是使用方式不合法，即行为人虽有权持有和使用窃听、窃照专用器材，但没有依法行使。例如国家安全机关工作人员为侦查需要，依法可以持有并使用窃听、窃照专用器材，但如果不用于合法用途，而用于其他，如窃听、窃照他人隐私等，则是非法的，造成严重后果的，即构成本罪。本罪在客观上还强调了造成严重后果。所谓严重后果，一般是指给国家、集体或公民财产造成严重损失；造成他人精神失常、家庭破裂或受害人自杀等情况发生。(3) 主体是一般主体。(4) 主观上是故意，即行为人明知使用窃听、窃照专用器材是非法而有意为之。

(二) 非法使用窃听、窃照专用器材罪认定中应注意的问题

要注意本罪与间谍罪、侵犯商业秘密罪等的牵连关系。如果行为人在实施其他犯罪过程中，非法使用了窃听、窃照专用器材，并造成严重后果的，是本罪与其他犯罪的牵连行为。根据牵连犯从一重罪处罚原则来定罪处罚。

(三) 非法使用窃听、窃照专用器材罪的刑事责任

根据刑法典第 284 条的规定，犯本罪的，处 2 年以下有期徒刑、拘役或者管制。

计算机及无线通讯的犯罪

一、非法侵入计算机信息系统罪

(一) 非法侵入计算机信息系统罪的概念与特征

非法侵入计算机信息系统罪，是指违反国家规定，侵入国家事务、国防建设、尖端

科学技术领域的计算机信息系统的行为。非法侵入计算机信息系统罪的构成特征：(1) 侵犯的客体是国家对计算机信息系统的管理制度。侵入国家事务、国防建设、尖端科技领域的计算机信息，会给这些单位的管理工作带来很大的混乱，甚至是重大的损失，因而依法予以刑事制裁是很有必要的。(2) 客观上表现为行为人违反国家规定，侵入国家事务、国防建设、尖端科学技术领域的计算机信息系统的行为。随着现代科学技术的飞速发展、计算机技术已经在各行各业得到了广泛的应用。计算机对社会的影响越来越大，人们对计算机的依赖与日俱增。因此计算机安全工作的好坏，直接关系到国民经济的发展、国防建设事业的正常工作以及人民群众的利益及财产安全。1994 年 2 月 18 日国务院发布了《中华人民共和国计算机信息系统安全保护条例》，这一条例与相关的法律如《中华人民共和国保密法》、《中华人民共和国标准化法》、《中华人民共和国海关法》以及其他部门法相配合，形成了一个计算机信息系统安全保护的法律体系。所谓计算机信息系统，是指由计算机及其相关和配套的设备、设施（含网络）构成的，按照一定的应用目标和规则对信息进行采集、加工、存储、传输、检索等处理的人机系统。所谓侵入，表现形式多种多样，如单位工作人员窃取或通过其他渠道而获取入网口令而侵入上述领域的计算机信息系统，或者与上述领域计算机信息系统有联网的其他单位的职工非法获取入网口令而侵入，或者外单位人员潜入上述领域计算机机房而侵入等。行为人侵入的目的和动机是多种多样的，有的是为了窃取秘密信息，有的是为了好奇。出于何种动机和目的，不影响本罪成立。(3) 主体是一般主体。从司法实践来看，计算机犯罪的行为人一般要有极强的技能和高深的计算机专业知识，多为计算机领域的专业人员。(4) 主观上是故意，即明知自己的行为会发生侵入国家事务、国防建设、尖端科技领域的计算机信息系统的结果，并且希望这种结果发生，过失不构成本罪。

(二) 非法侵入计算机信息系统罪的刑事责任

根据刑法典第 285 条的规定，犯本罪的，处 3 年以下有期徒刑或者拘役。

二、破坏计算机信息系统罪

(一) 破坏计算机信息系统罪的概念与特征

破坏计算机信息系统罪，是指违反国家规定、破坏计算机信息系统的正常运行，后果严重的行为。破坏计算机信息系统罪的构成特征：(1) 侵犯的客体是国家对计算机信息系统的管理制度。犯罪对象是计算机信息系统功能和计算机信息系统中存储、处理或者传输的数据和应用程序。国务院颁布的《计算机信息系统安全保护条例》对这种管理制度进行了规范化。实施破坏计算机信息系统正常运行的行为，破坏了国家的管理制度，造成严重后果的，具有社会危害性，需要用刑法加以调整。(2) 客观上表现为违反国家规定，破坏计算机信息系统的正常运行，后果严重的行为。具体说来：第一，必须是违反国家规定的行为。主要是指违反计算机信息系统安全法规以及其他有关规定。如违反《计算机信息系统安全保护条例》，《计算机软件保护条例》等法规。第二，主要表现为如下三种行为方式：一是对计算机信息系统功能进行删除、修改、增加或者干扰；二是对计算机信息系统中存储、处理或者传输的数据和应用程序进行删除、修改或者增加的操作；三是制作、传播计算机病毒等破坏性程序。第三，必须是造成了计算机信息系统不能正常运行，后果严重的行为。即由于行为人破坏计算机信息系统正常运行的行为，使计算机信息系统功能部分或全部丧失，使工作受到很大损失，或造成重大经济损失。(3) 主体是一般主体。(4) 主观上是故意，即明知自己的行为会造成计算机信息系统不能正常运行，并且希望或放任这一结果的发生。

(二) 破坏计算机信息系统罪的刑事责任

根据刑法典第 286 条第 1 款的规定，犯本罪的，处 5 年以下有期徒刑或者拘役；后果特别严重的，处 5 年以上有期徒刑。

三、扰乱无线电通讯管理秩序罪

扰乱无线电通讯管理秩序罪，是指违反国家规定，擅自设置、使用无线电电台(站)，或者擅自占用频率，经责令停止使用后拒不停止使用，干扰无线电通讯正常进行，造成严重后果的行为。(1) 侵犯的直接客体是国家对无线电通讯管理秩序，行为对象是无线电台（站）或者国家无线电频谱资源。(2) 客观方表现为违反国家规定，实施了擅自设置、使用无线电台（站），经责令停止使用后拒不停止使用的行为，或者擅自占用频率，经责令停止使用后拒不停止使用的行为；并且干扰无线电通讯正常进行，造成严重后果。(3) 主体既可以是自然人，也可以是单位。(4) 主观上只能是故意，行为人明知自己的行为会发生干扰无线电通讯正常进行的危害结果，并且希望或者放任这种结果发生。根据刑法典第 288 条的规定，犯本罪的，处 3 年以下有期徒刑、拘役或者管制，并处或者单处罚金。单位犯本罪的，对单位判处罚金，并对其直接负责的主管人员和其他直接责任人员，依照个人犯罪的规定处罚。

聚众扰乱社会秩序的犯罪

一、聚众扰乱社会秩序罪

(一) 聚众扰乱社会秩序罪的概念与特征

聚众扰乱社会秩序罪，是指聚众扰乱国家机关、企事业单位、人民团体的正常活动，情节严重，致使工作、生产、营业和教学、科研无法进行，造成严重损失的行为。聚众扰乱社会秩序罪的构成特征：(1) 侵犯的客体是社会管理秩序。但这里的社会管理秩序应从狭义上理解，它是指国家机关、企事业单位、人民团体的工作、生产、营业和教学、科研秩序。如果是在公共场所聚众闹事，冲击影剧院、运动场等，其行为虽然也明显地破坏了社会秩序，却构成聚众扰乱公共场所秩序罪。(2) 客观上表现为聚众扰乱社会秩序，情节严重，致使工作、生产、营业和教学、科研无法进行，造成严重损失的行为。所谓扰乱，是指干扰与骚乱。从性质上讲，有暴力性扰乱与非暴力性扰乱之分，如殴打、围攻、封锁、强占等行为。(3) 主体是一般主体，包括首要分子和其他积极参加。(4) 主观上是故意，由于本罪是聚众性犯罪，因而扰乱活动必定基于众多人的共同故意，它是要求行为人明知自己以及他人行为是在实施扰乱国家机关、企事业单位、人民团体的正常秩序而有意为之，但不要求各行为人的犯罪目的和动机一样。

(二) 聚众扰乱社会秩序罪的刑事责任

根据刑法典第 290 条第 1 款的规定，犯本罪的，对首要分子处 3 年以上 7 年以下有期徒刑；对其他积极参加的，处 3 年以下有期徒刑、拘役、管制或剥夺政治权利。

二、聚众冲击国家机关罪

(一) 聚众冲击国家机关罪的概念与特征

聚众冲击国家机关罪，是指聚众冲击国家机关，致使国家机关工作无法进行，造成严重损失的行为。聚众冲击国家机关罪的构成特征：(1) 侵犯的客体是国家机关的正常工作秩序。(2) 客观上表现为聚众冲击国家机关，致使国家机关工作无法进行，造成严重损失的行为。所谓冲击国家机关，其行为在实际中表现为在国家机关门前或院内静坐示威、摇旗呐喊、肆意哄闹、强占或毁坏国家机关单位的办公室、工作场所，封锁出入通道，毁损机关财物等。(3) 主体是一般主体，主要是限于聚众冲击国家机关的首要分子和其他积极参加分子。(4) 主观上是故意，过失不构成本罪。

(二) 聚众冲击国家机关罪的刑事责任

根据刑法典第 290 条第 2 款的规定，犯本罪的，对首要分子处 5 年以上 10 年以下有期徒刑；对其他积极参加的，处 5 年以下有期徒刑、拘役、管制或者剥夺政治权利。

三、聚众扰乱公共场所秩序、交通秩序罪

(一) 聚众扰乱公共场所秩序、交通秩序罪的概念与特征

聚众扰乱公共场所秩序、交通秩序罪，是指聚众扰乱车站、码头、民用航空站、商场、公园、影剧院、展览馆、运动场或者其他公共场所秩序，聚众堵塞交通或者破坏交通秩序，抗拒、阻碍国家治安管理工作人员依法执行职务，情节严重的行为。聚众扰乱公共场所秩序、交通秩序罪的构成特征：(1) 侵犯的客体是公共场所秩序或交通秩序。所谓公共场所秩序是指保证公众安全地顺利出入，使用公共场所规定的公共行为规则得到普遍遵守的状态。所谓交通秩序，是指交通工具与行人在交通线路上安全顺利地通行的状态，它是依靠交通规则维持的。公共秩序或交通秩序受到破坏，就会出现混乱状态，给国家和人民利益造成损失，因此对聚众扰乱公共场所秩序、交通秩序的行为，需要用刑法加以调整。(2) 客观上表现为聚众扰乱公共场所秩序，或者实施了聚众阻塞交通或破坏交通秩序，抗拒、阻碍国家治安管理工作人员依法执行职务的行为。聚众扰乱公共场所秩序，其行为方式多种多样，如在公共场所聚众哄闹，进行煽动性演讲、静坐示威、围攻维护秩序的治安管理人员等。聚众扰乱交通秩序的行为，通常包括在交通要道上聚众长时间停留，造成交通堵塞、秩序混乱，聚众拦截火车、汽车等交通工具等。(3) 主体是一般主体，限于聚众犯罪的首要分子。(4) 主观上是故意，即明知自己聚众扰乱公共场所秩序或交通秩序的行为会造成危害社会的结果，并且希望或放任这种危害结果发生的心理态度。

(二) 聚众扰乱公共场所秩序、交通秩序罪的刑事责任

根据刑法典第 291 条的规定，犯本罪的，对首要分子，处 5 年以下有期徒刑、拘役或者管制。

四、投放虚假危险物质罪

(一) 投放虚假危险物质罪的概念与特征

投放虚假危险物质罪，是指投放虚假的爆炸性、毒害性、放射性、传染病病原体等物质，严重扰乱社会秩序的行为。投放虚假危险物质罪的构成特征：(1) 侵犯的客体是安定的社会生活秩序。安定的社会生活秩序是人们得以进行正常的学习、工作的基本前提，是社会、国家能够顺利发展的必要条件，其重要性自不待言；而投放虚假危险物质，严重扰乱社会秩序的行为，必将造成人心惶惶，极大的影响我国安定团结的建设局面，其社会危害性已达到必须予以刑罚处罚的程度。(2) 客观上表现为投放虚假的爆炸性、毒害性、放射性、传染病病原体等物质，严重扰乱社会秩序的行为。本罪不是行为

犯，仅有投放虚假的爆炸性、毒害性、放射性、传染病病原体等物质的行为并不一定成立本罪，要成立犯罪，该行为还必须达到严重扰乱社会秩序的程度。而且，本罪所投放的爆炸性、毒害性、放射性、传染病病原体等物质必须是虚假的，若是真实的，则不够成本罪，而构成爆炸罪、投放危险物质罪等。（3）主体为一般主体。（4）主观上是故意，即行为人明知自己投放虚假的爆炸性、毒害性、放射性、传染病病原体等物质的行为会严重扰乱社会秩序，并希望或放任其发生的心理态度。

（二）投放虚假危险物质罪认定中应注意的问题

应将本罪与投放危险物质罪相区别。本罪虽然与投放危险物质罪罪名相似，但差别却很大。其一，客体不同。本罪所侵犯的客体是社会秩序，而后罪侵犯的客体是公共安全。其二，客观要件不同。本罪所投放的危险物质是虚假的，而后罪所投放的危险物质是真实的。其三，对结果的要求不同。本罪的行为必须达到严重扰乱社会秩序的程度才构成犯罪，而后罪属抽象危险犯，行为人实施的行为只要威胁公共安全，即成立犯罪。其四，主体不同。本罪行为人必须是年满16周岁的人，而后罪的犯罪主体可以是年满14周岁的人。

（三）投放虚假危险物质罪的刑事责任

根据中华人民共和国刑法修正案（三）的规定，犯本罪的，处5年以下有期徒刑、拘役或者管制；造成严重后果的，处5年以上有期徒刑。

五、编造、故意传播虚假恐怖信息罪

（一）编造、故意传播虚假恐怖信息罪的概念与特征

编造、故意传播虚假恐怖信息罪，是指编造爆炸威胁、生化威胁、放射威胁等恐怖信息，或者明知是编造的恐怖信息而故意传播，严重扰乱社会秩序的行为。编造、故意传播虚假恐怖信息罪的构成要件：（1）侵犯的客体同投放虚假危险物质罪，都是安定的社会生活秩序。（2）客观上表现为编造爆炸威胁、生化威胁、放射威胁等恐怖信息，或者明知是编造的恐怖信息而故意传播，严重扰乱社会秩序的行为。成立本罪要求编造或者故意传播编造的恐怖信息的行为达到严重扰乱社会秩序的程度。（3）主体为一般主体。（4）主观上是故意。即行为人必须明知自己编造或者故意传播编造的恐怖信息的行为会严重扰乱社会秩序，并且希望或放任其发生。

（二）编造、故意传播虚假恐怖信息罪的刑事责任

根据中华人民共和国刑法修正案（三）的规定，犯本罪的，处5年以下有期徒刑、拘役或者管制；造成严重后果的，处5年以上有期徒刑。

六、聚众斗殴罪

（一）聚众斗殴罪的概念与特征

聚众斗殴罪，是指聚众斗殴，破坏公共秩序的行为。聚众斗殴罪的构成特征：（1）侵犯的客体是公共秩序。所谓公共秩序，是指人们根据法律和社会公德确立的公共生活规则所维持的社会正常状态。聚众斗殴虽然常常会造成多人伤亡或财产损失，但其所侵害的实质是社会的公共秩序。（2）客观上的表现为聚众斗殴的行为。所谓聚众斗殴，俗称打群架，一般是出于私仇、争霸或其他流氓动机而成帮结伙地斗殴。（3）主体为一般主体，限于聚众斗殴的首要分子和其他积极参加者。（4）主观上是故意。行为人公然藐视公共生活秩序和国家法律，以寻求精神刺激，填补精神空虚。

（二）聚众斗殴罪认定中应注意的问题

（1）要注意区分本罪与因民事纠纷而引起的一般斗殴或结伙械斗的界限。后者不具有流氓动机，如果没有造成严重后果的，属于一般违法行为；如果造成严重后果，例如故意伤害、故意杀人或故意毁坏财物，则构成什么罪就定什么罪，不能只凭人数众多就当然地认定为聚众斗殴。(2) 本罪与他罪的界限。根据刑法典第 292 条第 2 款的规定，聚众斗殴致人重伤、死亡的，则不再以本罪定性，而应以故意伤害罪、故意杀人罪定罪处罚。

（三）聚众斗殴罪的刑事责任

根据刑法典第 292 条的规定，犯本罪的，对首要分子和其他积极参加的，处 3 年以下有期徒刑、拘役或者管制，有下列情形之一的，对首要分子和其他积极参加的，处 3 年以上 10 年以下有期徒刑：(1) 多次聚众斗殴的；(2) 聚众斗殴人数多，规模大，社会影响恶劣的；(3) 在公共场所或者交通要道聚众斗殴，造成社会秩序严重混乱的；(4) 持械聚众斗殴的。聚众斗殴，致人重伤、死亡的，依照本法第 234 条故意伤害罪，第 232 条故意杀人罪定罪处罚。

七、寻衅滋事罪

（一）寻衅滋事罪的概念与特征

寻衅滋事罪，是指在公共场所起哄闹事，滋生是非，或者横行霸道，肆意骚扰和伤害无辜，破坏社会秩序的行为。寻衅滋事罪的构成特征：(1) 侵犯的客体是社会公共秩序及公民的人身、财产安全。犯罪对象是不特定的人和物。(2) 客观上表现为寻衅滋事，破坏社会秩序的行为。寻衅滋事的行为方式多种多样，主要表现为如下几种：随意殴打他人，情节恶劣的；追逐、拦截、辱骂他人，情节恶劣的；强拿硬要或者任意损毁、占用公私财物，情节严重的；在公共场所起哄闹事，造成公共场所秩序严重混乱的。(3) 主体为一般主体。(4) 主观方面必须是故意。犯罪动机主要是为了开心取乐，寻求精神刺激。

（二）寻衅滋事罪认定中应注意的问题

在认定本罪时，要注意划清本罪与聚众扰乱社会秩序罪，聚众扰乱公共场所秩序、交通秩序罪的界限。其主要区别是：(1) 主观方面不同。本罪的行为人多是无事生非、寻求精神刺激；后两罪的行为人往往是事出有因，寻求个人特定目的的实现。(2) 犯罪形式不同。本罪通常是个体行为；后两罪则是群体形式。(3) 犯罪主体不同。本罪的主体是一般主体；后两罪的主体是特殊主体，即首要分子和积极参加者。

（三）寻衅滋事罪的刑事责任

根据刑法典第 293 条的规定，犯本罪的，处 5 年以下有期徒刑、拘役或者管制。

八、组织、领导、参加黑社会性质组织罪

（一）组织、领导、参加黑社会性质组织罪的概念与特征

组织、领导、参加黑社会性质组织罪，是指组织、领导和参加以暴力、威胁或者其他手段，有组织地进行违法犯罪活动，称霸一方，为非作恶，欺压、残害群众，严重破坏经济、社会生活秩序的黑社会性质的组织的行为。组织、领导、参加黑社会性质组织罪的构成特征：(1) 侵犯的客体是经济、社会生活秩序。(2) 客观上表现为组织、领导或者参加黑社会性质的组织的行为。我国虽然没有像意大利黑手党那样的典型的黑社会

组织，但已经存在有黑社会性质的组织。所谓黑社会性质的组织，一般具有如下特征：①形成较稳定的犯罪组织，人数较多，有明确的组织者、领导者，骨干成员基本固定；②有组织地通过违法犯罪活动或者其他手段获取经济利益，具有一定的经济实力，以支持该组织的活动；③以暴力、威胁或者其他手段，有组织地多次进行违法犯罪活动，为非作恶，欺压、残害群众；④通过实施违法犯罪活动，或者利用国家工作人员的包庇或者纵容，称霸一方，在一定区域或者行业内，形成非法控制或者重大影响，严重破坏经济、社会生活秩序。本罪属行为犯。只要行为人具有组织、领导或者参加黑社会性质组织的行为，无论其是否直接实施具体犯罪活动或者是否造成实际危害结果，均构成本罪。(3) 主体为一般主体。(4) 主观方面必须是故意。至于行为人的犯罪动机、目的如何，不影响本罪的构成。对于因不了解情况而误入黑社会性质组织，知情后及时退出的，不应认定为本罪。

(二) 组织、领导、参加黑社会性质组织罪的刑事责任

根据刑法典第 294 条第 1 款、第 3 款的规定，犯本罪的，对组织者、领导者、积极参加者，处 3 年以上 10 年以下有期徒刑；对其他参加者，处 3 年以下有期徒刑、拘役、管制或者剥夺政治权利。犯本罪又有其他犯罪行为的，依照数罪并罚的规定处罚。

九、入境发展黑社会组织罪

(一) 入境发展黑社会组织罪的概念与特征

入境发展黑社会组织罪，是指境外的黑社会组织的人员到中华人民共和国境内发展组织成员的行为。入境发展黑社会组织罪的构成特征：(1) 侵犯的客体是社会公共秩序。(2) 客观上表现为境外黑社会组织在我国境内发展组织成员的行为。“发展组织成员”是指通过各种方式纠集、吸收在我国境内的人员参加境外的黑社会组织。被发展人是否参加境外黑社会组织，不影响本罪的成立。(3) 主体是特殊主体，即只能是境外的黑社会组织的成员。(4) 主观方面是故意。其目的是为了发展、扩充境外黑社会组织。

(二) 入境发展黑社会组织罪的刑事责任

根据刑法典第 294 条第 2 款、第 3 款的规定，犯本罪的，处 3 年以上 10 年以下有期徒刑。犯本罪又有其他犯罪行为的，依照数罪并罚的规定处罚。

十、包庇、纵容黑社会性质组织罪

(一) 包庇、纵容黑社会性质组织罪的概念与特征

包庇、纵容黑社会性质组织罪，是指国家机关工作人员包庇黑社会性质的组织，或者纵容黑社会性质的组织进行违法犯罪活动的行为。包庇、纵容黑社会性质组织罪的构成特征：(1) 侵犯的客体是社会公共秩序。(2) 客观上表现为对黑社会性质的组织进行包庇、纵容。行为人只要具有包庇或者纵容黑社会性质组织的行为，即构成本罪，不要求黑社会性质组织已造成严重危害结果。(3) 主体是特殊主体，即只能是国家机关工作人员。(4) 主观上是故意，即行为人明知是黑社会性质的组织，明知该组织实施违法犯罪活动，而故意予以包庇、纵容。不明知是黑社会性质的组织及其活动而实施包庇、纵容行为的，不成立本罪。

(二) 包庇、纵容黑社会性质组织罪的刑事责任

根据刑法典第 294 条第 4 款的规定，犯本罪的，处 3 年以下有期徒刑、拘役或者剥夺政治权利；情节严重的，处 3 年以上 10 年以下有期徒刑。

十一、非法集会、游行、示威罪

(一) 非法集会、游行、示威罪的概念与特征

非法集会、游行、示威罪，是指举行集会、游行、示威，未依照法律规定申请或者申请未获许可，或者未按照主管机关许可的起止时间、地点、路线进行，又拒不服从解散命令、严重破坏社会秩序的行为。非法集会、游行、示威罪的构成特征：

1. 侵犯的客体是国家对集会、游行、示威活动的管理制度。集会、游行、示威是我国宪法规定的公民的基本政治自由的重要组成部分。集会自由，是指公民为某种目的集合在一定场所商讨问题或表达意志的自由。游行自由，是指公民在公共道路、露天公共场所以列队行进的方式来表达意愿的自由。示威自由，是指公民在露天公共场所或公共道路上以集会、游行、静坐等方式，表达要求、抗议或支持、声援等共同意愿的活动。1989 年 10 月全国人大常委会制定并颁布的《中华人民共和国集会游行示威法》，是根据我国《宪法》第 35 和第 51 条的规定而制定的。它对于保障人民群众享有宪法规定的自由权利，维护社会安定团结，保证社会主义现代化事业顺利进行，有着重要意义。而非法举行集会、游行、示威的行为，必然损害国家和社会利益，严重破坏社会秩序。刑法把这种行为规定为犯罪，具有重大的现实意义。

2. 客观上表现为举行集会、游行、示威，未依照法律规定申请或者申请未获许可，或者未按照主管机关许可的起止时间、地点、路线进行，又拒不服从解散命令，严重破坏社会秩序的行为。具体地讲，本罪的基本行为方式有三种：一是未依照法律规定申请即举行集会、游行、示威，又拒不服从解散命令，严重破坏社会秩序的行为。二是虽然提出申请，但在申请未获许可的情况下即举行集会、游行、示威，又拒不服从解散命令，严重破坏社会秩序的行为。三是举行集会、游行、示威，虽然提出申请并获许可，但未按照主管机关许可的起止时间、地点、路线进行，又拒不服从解散命令，严重破坏社会秩序的行为。现在各国对于公民的集会、游行、示威自由，一般采取既承认又限制的政策。所谓限制，就是对举行集会、游行、示威活动的全过程进行监控，采用登记或审查批准制度，对活动的时间和路线预先予以确定，对违法犯罪行为给予制裁。所谓严重破坏社会秩序，一般是指严重阻碍交通、车辆长时间无法通行；造成公共场所秩序严重混乱，影响恶劣的；影响机关、单位团体正常活动秩序，造成政治影响的。

3. 主体是特殊主体，只有非法举行集会、游行、示威的负责人和直接责任人员才能构成本罪。

4. 主观上是故意，即明知自己举行集会、游行、示威是非法的，会造成严重破坏社会秩序的结果，并且希望或放任这种危害结果的发生。如果不知道自己举行集会、游行、示威的行为是非法的，就不构成本罪。

(二) 非法集会、游行、示威罪的认定

1. 本罪与聚众扰乱社会秩序罪，聚众扰乱公共场所秩序、交通秩序罪的界限。虽然它们都是聚众性犯罪，但在犯罪构成上有明显区别。(1) 本罪的构成要求以违法为前提，如果行为人不知道自己的行为是违法的，则不构成犯罪；而聚众扰乱社会秩序罪，聚众扰乱公共场所秩序、交通秩序罪则不要求有该前提。(2) 本罪虽然也扰乱了社会秩序，但因本罪而造成的严重破坏社会秩序的结果发生在举行集会、游行、示威的过程之中；而后两罪则不存在这一特定的过程。(3) 本罪侵犯的客体是国家对集会、游行、示

威的管理制度；而后两罪侵犯的客体是工作、生产、经营、教学、科研秩序或公共场所秩序、交通秩序。

2. 本罪与聚众冲击国家机关罪的界限。两罪都扰乱公共秩序，而且本罪在涉及国家机关时同冲击国家机关罪一样，都扰乱了国家机关的正常工作秩序。其主要区别在于：(1) 行为方式不同。本罪的行为方式主要是非暴力的，有时只使用轻微暴力；聚众冲击国家机关罪所采用的则是暴力性扰乱方式。(2) 范围不同。本罪发生的地域范围广泛；而聚众冲击国家机关罪只能发生在国家机关的门前、院内。如果在非法举行集会、游行、示威的犯罪过程中，又冲击国家机关的，则构成了两罪，应实行并罚。

(三) 非法集会、游行、示威罪的刑事责任

根据刑法典第 296 条规定，犯本罪的，处 5 年以下有期徒刑、拘役、管制或者剥夺政治权利。

十二、非法携带武器、管制刀具、爆炸物参加集会、游行、示威罪

(一) 非法携带武器、管制刀具、爆炸物参加集会、游行、示威罪的概念与特征

非法携带武器、管制刀具、爆炸物参加集会、游行、示威罪，是指违反法律规定，携带武器、管制刀具或爆炸物参加集会、游行、示威的行为。

非法携带武器、管制刀具、爆炸物参加集会、游行、示威罪的构成特征：(1) 侵犯的客体是国家对集会、游行、示威的管理制度。如何保障公民依法行使民主权利，同时制止权利滥用，避免对公共利益造成不应有的损害，是世界各国普遍关注的问题。为便于将集会、游行、示威保持在和平进行的限度内，严禁参加者携带武器、管制刀具或者爆炸物，是政府保持对集会、游行、示威活动的控制能力，维护社会治安秩序的必要措施。(2) 客观上表现为违反法律规定，携带武器、管制刀具或者爆炸物参加集会、游行、示威的行为。违反法律规定，主要是指违反《中华人民共和国集会游行示威法》关于禁止携带武器、管制刀具或爆炸物的有关规定。这里的携带，是指随身持有，可以是秘密携带，也可以是公然携带。利用他人身体、物品、运输工具夹带武器、管制刀具或爆炸物的，也可构成携带行为。这里的武器，是指可直接用于杀伤人体的发火器械。这里的管制刀具，是指国家法律、法规规定限定特定人员、特定范围和特定用途的刀具或者禁止民间生产、运输、贩卖、购买、持有的刀具，根据公安部门有关规定，管制刀具主要包括匕首、三棱刀、带有自锁装置的弹簧刀以及其他类似的单刃、双刃刀和三棱尖刀等。这里的爆炸物，是指具有爆发力和破坏性，可以瞬间造成人畜伤亡、物品毁坏的危险物品，主要包括炸药、雷管、导火索等。(3) 主体是一般主体。(4) 主观上是故意，即明知举行集会、游行、示威时不得携带武器、管制刀具或爆炸物仍故意为之。过失不构成本罪。

(二) 非法携带武器、管制刀具、爆炸物参加集会、游行、示威罪认定中应注意的问题

认定本罪主要是分清一罪与数罪。只要实施了携带武器、管制刀具或爆炸物参加集会、游行、示威的行为，不论有无实际后果，都构成本罪。如果是在参加非法集会、游行、示威的同时，又携带武器、管制刀具或爆炸物的，就同时触犯了非法集会、游行、示威罪和本罪，应实行数罪并罚。

（三）非法携带武器、管制刀具、爆炸物参加集会、游行、示威罪的刑事责任

根据刑法典第297条规定，犯本罪的，处3年以下有期徒刑、拘役、管制或者剥夺政治权利。

十三、破坏集会、游行、示威罪

（一）破坏集会、游行、示威罪的概念与特征

破坏集会、游行、示威罪，是指扰乱、冲击或者以其他方法破坏依法举行的集会、游行、示威，造成公共秩序混乱的行为。

破坏集会、游行、示威罪的构成特征：（1）侵犯的客体是依法举行的集会、游行、示威的正常秩序和公民依法享有的政治自由权利。扰乱、冲击或以其他方法破坏非法举行的集会、游行、示威的，不构成本罪。（2）客观上表现为扰乱、冲击或者以其他方法破坏依法举行的集会、游行、示威，造成公共秩序混乱的行为。所谓扰乱，是指各种干扰与骚乱，包括暴力性扰乱与非暴力性扰乱，这里的扰乱主要是指非暴力性扰乱。所谓冲击，则是指暴力性干扰与骚乱。之所以将冲击这个特定行为从扰乱这个集合词汇中分离出来，主要是由于冲击这一行为所特有的危害性质。所谓以其他方法，是指其他具有干扰性、阻碍性的方法。其共性在于破坏性。本罪的一个重要特征是必须造成公共秩序混乱。所谓公共秩序，是指通过一定社会结构中人们必须共同遵守的生活规则来维持的公共生活有条不紊的状态。如国家机关、企事业单位的工作秩序、生产秩序、教学科研秩序、公共场所秩序、交通秩序等。（3）主体是一般主体。既可以是依法举行集会、游行、示威中的破坏者，也可以是非法的参加者。（4）主观上是故意，即明知破坏依法举行的集会、游行、示威，会造成危害社会的结果，并且希望或放任这种结果的发生的心理态度。

（二）破坏集会、游行、示威罪的刑事责任

根据刑法典第298条的规定，犯本罪的，处5年以下有期徒刑、拘役、管制或者剥夺政治权利。

十四、组织、利用会道门、邪教组织，利用迷信破坏法律实施罪

（一）组织、利用会道门、邪教组织，利用迷信破坏法律实施罪的概念与特征

组织、利用会道门、邪教组织，利用迷信破坏法律实施罪，是指组织、利用会道门、邪教组织或者利用迷信破坏国家法律、行政法规实施的行为。组织、利用会道门、邪教组织，利用迷信破坏法律实施罪的构成特征：（1）侵犯的客体是社会管理秩序和国家的法律秩序。（2）客观上表现为组织、利用会道门、邪教组织或者利用迷信破坏国家法律、行政法规实施的行为。会道门，是指一贯道、九宫道、先天道、后天道等封建迷信组织；邪教组织，是指冒用宗教的名义或者教旨而建立的传授反社会、反道德、反常规的具有宗教色彩的组织；迷信，是指与科学相对立，信奉鬼神的观念与做法。凡是组织、利用会道门、邪教组织或者利用迷信破坏国家法律、行政法规实施的行为，均可够成本罪。如果组织、利用会道门、邪教组织或者利用迷信不是破坏国家法律、行政法规的实施，而是奸淫妇女、诈骗财物，则不能够成本罪，而应分别依强奸罪、诈骗罪定罪处罚。（3）主体是一般主体。（4）主观方面必须是故意，过失不可能成立本罪。

（二）组织、利用会道门、邪教组织，利用迷信破坏法律实施罪的刑事责任

根据刑法典第300条第1款的规定，犯本罪的，处3年以上7年以下有期徒刑；情

节特别严重的，处7年以上有期徒刑。

十五、组织、利用会道门、邪教组织，利用迷信致人死亡罪

（一）组织、利用会道门、邪教组织，利用迷信致人死亡罪的概念与特征

组织、利用会道门、邪教组织，利用迷信致人死亡罪，是指组织、利用会道门、邪教组织，利用迷信蒙骗他人，致人死亡的行为。本罪的构成特征：(1) 侵犯的客体是社会生活秩序和他人的人身权利。(2) 客观上表现为行为人实施了组织、利用会道门、邪教组织，利用迷信蒙骗他人的行为，并且造成被骗人死亡的结果。(3) 主体是一般主体，即达到刑事责任年龄，具有刑事责任能力的自然人。(4) 主观上是故意。

（二）组织、利用会道门、邪教组织，利用迷信致人死亡罪的刑事责任

根据刑法典第300条第2款的规定，犯本罪的，处3年以上7年以下有期徒刑；情节特别严重的，处7年以上有期徒刑。

十六、聚众淫乱罪

（一）聚众淫乱罪的概念与特征

聚众淫乱罪，是指公然蔑视国家法纪和社会公德，聚集多人进行淫乱的行为。本罪的构成特征：(1) 侵犯的客体是社会公共秩序。公共秩序不仅仅是指公共场所的秩序，也包括社会生活中人们应当遵守的共同生活规则。这些规则反映着现实中人与人的社会联系。它对调整人们之间的相互关系起着重要作用。只有大家遵守这些规则，才能形成良好的社会环境和社会风尚，人们才能在正常的状态下生活。因此，生活规则不仅规范公共场所秩序，而且也保障每个人的生活安乐。破坏这些规则，都是对社会公共秩序的侵犯。(2) 客观表现为聚众淫乱的行为。所谓聚众淫乱，是指聚集多人进行淫乱活动，如聚众奸宿；勾引男女青少年多人或者勾引外国人，与之搞两性关系，在社会上造成恶劣影响等。(3) 主体是一般主体。根据刑法规定，本罪的主体限于两种人：一是聚众淫乱的首要分子；二是聚众淫乱的多次参加者。(4) 主观上是故意，即行为人明知自己的行为会产生破坏公共秩序的后果，而积极希望这种结果的发生。犯罪目的是破坏公共秩序，向整个社会进行有意识的挑战，犯罪动机是寻求下流无耻的精神刺激，以填补精神空虚。

（二）聚众淫乱罪的刑事责任

根据刑法典第301条第1款的规定，犯本罪的，处5年以下有期徒刑、拘役或者管制。

十七、引诱未成年人聚众淫乱罪

引诱未成年人聚众淫乱罪，是指在聚众淫乱中，采取各种手段诱惑未成年人参与其淫乱活动的行为。未成年人，是指不满18周岁的人。引诱未成年人参加聚众淫乱活动，在主体上与聚众淫乱罪不同，他不必是首要分子或多次参加者。只要行为人实施了上述引诱行为，即构成引诱未成年人聚众淫乱罪的主体。根据刑法典第301条第2款的规定，犯本罪的，依照聚众淫乱罪的规定从重处罚。

其他扰乱公共秩序罪的犯罪

一、传授犯罪方法罪

(一) 传授犯罪方法罪的概念与特征

传授犯罪方法罪，是指利用语言、文字、音像或行动，故意向他人传授犯罪方法的行为。传授犯罪方法罪的构成特征：(1) 侵犯的客体是社会治安管理秩序。(2) 客观方面表现为用语言、文字、音像或行动向他人传授犯罪方法的行为。所谓犯罪方法，是指犯罪经验和技能。所谓传授，是指讲解、示范、表演，使他人学会犯罪方法。(3) 主体为一般主体。(4) 主观方面是故意，即明知是犯罪方法而有意传授给他人。至于被传授者是否接受传授，不影响既遂罪的成立。

(二) 传授犯罪方法罪的刑事责任

根据刑法典第 295 条的规定，犯本罪的，处 5 年以下有期徒刑、拘役或者管制；情节严重的，处 5 年以上有期徒刑；情节特别严重的，处无期徒刑或者死刑。

二、侮辱国旗、国徽罪

侮辱国旗、国徽罪，是指在公共场合，故意以焚烧、毁损、涂划、玷污、践踏等方式侮辱中华人民共和国国旗、国徽的行为。侮辱国旗、国徽罪的构成特征：(1) 侵犯的客体是国家的尊严和对国旗、国徽的正常管理秩序。犯罪对象是中华人民共和国国旗、国徽。侮辱外国国旗、国徽的行为不构成本罪。(2) 客观上表现为在公共场合，故意以焚烧、毁损、涂划、玷污、践踏等方式侮辱中华人民共和国国旗、国徽的行为。(3) 主体为一般主体。(4) 主观方面只能是故意。

根据刑法典第 299 条的规定，犯本罪的，处 3 年以下有期徒刑、拘役、管制或者剥夺政治权利。

三、盗窃、侮辱尸体罪

(一) 盗窃、侮辱尸体罪的概念与构成特征

盗窃、侮辱尸体罪，是指行为人秘密窃取他人尸体或者公然侮辱他人尸体的行为。盗窃、侮辱尸体罪的构成特征：(1) 侵犯的客体是社会风化和死者及家属的名誉、尊严。侵犯的对象是他人的尸体。(2) 客观方面表现为盗窃、侮辱尸体的行为。所谓盗窃，是指以秘密方法将他人尸体从其停放地（如墓地、殡仪馆、医院太平间、死者家里等）取走置于行为人的控制之下；所谓侮辱，是指以践踏、奸淫、肢解、玷污、暴尸等方式公然贬损死者尊严。本罪为选择性罪名。只要行为人具有盗窃或者侮辱尸体的行为之一的，即构成本罪。(3) 主体为一般主体。(4) 主观方面是故意。

(二) 盗窃、侮辱尸体罪的刑事责任

根据刑法典第 302 条的规定，犯本罪的，处 3 年以下有期徒刑、拘役或者管制。

四、赌博罪

赌博罪，是指以营利为目的，聚众赌博、开设赌场或者以赌博为常业的行为。赌博罪的构成特征：(1) 侵犯的客体是社会管理秩序。(2) 客观上表现为聚众赌博、开设赌场或者以赌博为常业的行为。(3) 主体是聚众赌博的首要分子、赌场的开设者和赌博的常业犯。(4) 主观上是故意，而且具有营利的目的。

根据刑法典第303条的规定，犯本罪的，处3年以下有期徒刑、拘役或者管制，并处罚金［参见《刑法修正案（六）》第十八条］。

五、故意延误投递邮件罪

（一）故意延误投递邮件罪的概念与构成特征

故意延误投递邮件罪，是指邮政工作人员严重不负责任，故意延误投递邮件，致使公共财产、国家和人民利益遭受重大损失的行为。故意延误投递邮件罪的构成特征：（1）侵犯的客体是国家的邮政管理秩序和公民的通信自由权利。侵犯的对象是邮件。（2）客观上表现为严重不负责任，故意延误投递邮件，致使公共财产、国家和人民利益遭受重大损失的行为。"故意延误投递邮件"，是指有条件按规定时限投递而故意延误投递或者不予投递。本罪属于结果犯。只有上述行为给公共财产、国家和人民利益遭受重大损失的情况下，才构成本罪。（3）主体是特殊主体，即只能是邮政工作人员。（4）主观方面必须是故意。

（二）故意延误投递邮件罪的刑事责任

根据刑法典第304条的规定，犯本罪的，处2年以下有期徒刑或者拘役。

第三节　妨害司法罪

本节从刑法典第305条至第317条共13个条文，具体规定了17个罪名。按照犯罪行为所侵犯国家司法权的不同方面，可将本节犯罪分为妨害司法证据的犯罪、妨害刑事侦查的犯罪、扰乱司法秩序的犯罪和破坏监管秩序的犯罪四个类型。

妨害司法证据的犯罪

一、伪证罪

（一）伪证罪的概念和特征

伪证罪，是指在刑事诉讼中，证人、鉴定人、记录人、翻译人对与案件有重要关系的情节，故意作虚假证明、鉴定、记录、翻译，意图陷害他人或者隐匿罪证的行为。伪证罪的主要特征为：

1. 客观方面表现为，在刑事诉讼中，对与案件有重要关系的情节作虚假证明、鉴定、记录或翻译。具体表现为以下几个方面：

（1）伪证行为必须是发生在刑事诉讼过程中，即从公安机关立案侦查至人民法院的判决生效之前的期间。如果行为人是在立案之前或者判决生效之后作伪证，可以构成其他犯罪但不构成本罪。（2）行为人作了虚假的证明、鉴定、记录或翻译。所谓虚假，包括两方面情况：一是虚构犯罪事实或者伪造证据以陷害他人；二是掩盖事实真相或者隐匿证据以包庇他人。（3）伪证的虚假内容，必须是与案件有重要关系的情节，即对案件是否构成犯罪、犯罪的具体性质或者罪行的轻重具有至关重要的意义。如果虚假的内容对定罪量刑无关紧要、影响不大，则不构成犯罪。

伪证的具体方法因主体的身份而有所不同。证人主要是以口头或书面形式提供不真实的证言，鉴定人主要是出具与案情不符的鉴定结论，记录人或翻译人主要是不如实记录或翻译、歪曲他人陈述的原意。

2. 主体是特殊主体，只能是证人、鉴定人、记录人或翻译人。在刑事诉讼中，他们都负有向司法机关提供案件真实情况的义务，都必须忠实于案件的客观事实；如果提供虚假情况，就可能使无罪的人受到刑事处分或者使有罪的人逃脱刑事处罚，导致案件的错误处理。

3. 主观方面罪过为故意，犯罪目的是陷害他人或者包庇罪犯。如果没有上述意图，而是由于疏忽、记忆错误或者业务水平所限提供了不真实的证言、鉴定、记录或翻译，不能构成犯罪。

（二）伪证罪的认定

在司法实践中处理伪证案件时，要注意划清作伪证陷害他人与诬告陷害罪的界限。二者在侵犯的客体、客观方面和主观方面都有相同之处，其根本的区别在于：伪证行为只能是发生案件的侦查、起诉、审判的诉讼过程中，它是由于国家司法机关对另一刑事案件的诉讼活动而引发的又一新的犯罪行为，从而导致的是两个刑事案件的并列；而诬告陷害行为则是单纯的一个刑事案件，由于该案件的存在才导致了对该案刑事诉讼活动的开始。凡在刑事诉讼中作伪证陷害他人的，应按伪证行为（罪）处理。

（三）伪证罪的刑事责任

根据刑法典第 305 条的规定，犯本罪的，处 3 年以下有期徒刑或者拘役；情节严重的，处 3 年以上 7 年以下有期徒刑。

二、辩护人、诉讼代理人毁灭证据、伪造证据、妨害作证罪

（一）辩护人、诉讼代理人毁灭证据、伪造证据、妨害作证罪的概念和特征

辩护人、诉讼代理人毁灭证据、伪造证据、妨害作证罪，是指在刑事诉讼中，辩护人、诉讼代理人毁灭、伪造证据，帮助当事人毁灭、伪造证据，威胁、引诱证人违背事实改变证言或者作伪证的行为。其主要特征为：

1. 客观方面表现为辩护人、诉讼代理人在刑事诉讼中实施了如下三种行为：（1）毁灭、伪造证据的行为。所谓毁灭，是指将能够证明案件真实情况的证据予以销毁，使之不复存在；所谓伪造，即自己制造假的书证、物证等证据或篡改已有证据的内容，从而改变其证明的作用与效力。（2）帮助当事人毁灭、伪造证据的行为，是指策划、指使当事人实施上述行为或者为当事人实施上述行为提供帮助。（3）威胁、引诱证人违背事实改变证言或者作伪证的行为。包括两种情况：一是采用暴力、恐吓等手段胁迫证人或者以金钱、物质利益等好处诱使证人改变过去按照客观事实提供的证言；二是采用上述手段使证人为案件做虚假证明。值得注意的是，辩护人、诉讼代理人提供、出示、引用的证人证言或者其他证据失实，但不是有意伪造的，则不属于伪造证据。

2. 主体是特殊主体，只有刑事诉讼中的辩护人、诉讼代理人才能构成本罪。刑事诉讼中的辩护人是指接受被告人或者其法定代理人委托，或者由人民法院指定，在诉讼中为被告人的合法权益进行辩护的人。诉讼代理人，是指刑事自诉案件的代理人、刑事被害人的代理人和刑事附带民事诉讼案件的代理人。上述人员均可成为本罪的主体。

3. 主观方面为故意，即明知自己实施上述行为会发生妨害司法机关正常活动的结果，并且希望这种结果的发生。犯罪的动机是多种多样的，多数情况是为了给犯罪嫌疑人、被告人开脱罪责，使其逃脱刑事追究。行为人出于何种动机，不影响本罪的成立。

(二) 辩护人、诉讼代理人毁灭证据、伪造证据、妨害作证罪的刑事责任

根据刑法典第 306 条的规定，犯本罪的，处 3 年以下有期徒刑或者拘役；情节严重的，处 3 年以上 7 年以下有期徒刑。

三、妨害作证罪

(一) 妨害作证罪的概念和特征

妨害作证罪，是指在各种诉讼活动中，以暴力、威胁、贿买等方法阻止证人作证或者指使他人作伪证的行为。

本罪的主要特征：客观方面表现为在刑事、民事或行政诉讼活动中，以暴力相加害，或以暴力相威胁，或以物质利益相引诱等方法阻止证人作证或者指使他人作伪证。“阻止证人作证”是指对知道案件真实情况的人，使其不能作证、不敢作证或者不愿作证，使司法机关难以取得案件的真实证明；“指使他人作伪证”既包括对本来无罪却伪证其有罪，也包括本来有罪却伪证其无罪，总之是指使他人提供与事实不符的证言或者其他证据。

(二) 妨害作证罪的刑事责任

根据刑法典第 307 条第 1 款、第 3 款的规定，犯本罪的，处 3 年以下有期徒刑或者拘役；情节严重的，处 3 年以上 7 年以下有期徒刑；司法工作人员犯本罪的，从重处罚。

四、帮助毁灭、伪造证据罪

(一) 帮助毁灭、伪造证据罪的概念和特征

帮助毁灭、伪造证据罪，是指在诉讼活动中，帮助当事人毁灭或者伪造证据，情节严重的行为。

本罪的主要特征：客观方面表现为在刑事、民事或者行政诉讼活动中，帮助当事人毁灭、伪造证据的行为。所谓当事人，既包括《刑事诉讼法》第 82 条第（二）项所列的各类人员，也包括民事、行政诉讼中以自己名义进行诉讼的利害关系人；所谓帮助，是指行为人为当事人毁灭、伪造证据提供各种方便条件或者直接替当事人毁灭、伪造证据。上述行为，情节严重的才构成犯罪。一般而言，犯罪动机卑鄙、手段特别恶劣、使诉讼活动遭受严重破坏的，都可以认为属于情节严重而予以定罪。

(二) 帮助毁灭、伪造证据罪同辩护人、诉讼代理人毁灭证据、伪造证据、妨害作证罪的界限

两罪的共同点在于：在犯罪客观方面都可能是帮助当事人毁灭、伪造证据。其区别在于：(1) 犯罪主体有所不同。前罪的主体为一般主体，而后罪的主体为特殊主体——只限于刑事诉讼中的辩护人或诉讼代理人；(2) 犯罪客观方面仍有所不同。前罪可以是发生在各类诉讼活动中，而后罪则只能发生在刑事诉讼中。两罪的关系属于普通法条与特殊法条的竞合关系，凡在刑事诉讼中，辩护人、诉讼代理人帮助当事人毁灭、伪造证据的，应按后罪特殊法条论处。

(三) 帮助毁灭、伪造证据罪的刑事责任

根据刑法典第 307 条第 2 款和第 3 款的规定，犯本罪的，处 3 年以下有期徒刑或者拘役；司法工作人员犯本罪的，从重处罚。

五、打击报复证人罪

(一) 打击报复证人罪的概念和特征

打击报复证人罪，是指对刑事、民事或行政诉讼的证人进行打击报复的行为。“证人”是指在诉讼过程中已经依法向司法机关提供证词的人，包括在各类诉讼活动中向法院提供证词以及在刑事诉讼中向公安、检察等司法机关提供证词的证人。打击报复的手段在实践中是多种多样的，如利用职权对证人进行政治迫害、经济迫害，对证人进行人身伤害、人格侮辱、名誉毁坏等。

(二) 打击报复证人罪的刑事责任

根据刑法典第 308 条的规定，犯本罪的，处 3 年以下有期徒刑或者拘役；情节严重的，处 3 年以上 7 年以下有期徒刑。

六、拒绝提供间谍犯罪证据罪

(一) 拒绝提供间谍犯罪证据罪的概念和特征

拒绝提供间谍犯罪证据罪，是指明知他人有间谍犯罪行为，在国家安全机关向其调查有关情况、收集有关证据时，拒绝提供，情节严重的行为。

本罪的主要特征为：首先，行为人必须是明知他人有间谍犯罪行为。“明知”说明行为人有提供证据的能力，或是掌握有关的证据、或是知悉有关的情况。“间谍犯罪行为”是指刑法典第 110 条规定的两种行为：(1) 参加间谍组织或者接受间谍组织及其代理人的任务的；(2) 为敌人指示轰击目标的。其次，必须是在国家安全机关向其调查有关情况、收集有关证据时拒绝提供。仅仅是明知他人犯有间谍犯罪行为但未主动提供，或国家安全机关并未向其调查，即单纯的知情不举不构成犯罪。拒绝提供，表明本罪的行为方式属于消极的不作为。再次，必须是情节严重的行为。通常是指因拒绝提供证据以致延误间谍犯罪案件的侦破，致使间谍犯罪分子逃脱惩罚、致使间谍犯罪行为得逞等严重危害国家安全的情节。

(二) 拒绝提供间谍犯罪证据罪的刑事责任

根据刑法典第 311 条的规定，犯本罪的，处 3 年以下有期徒刑、拘役或者管制。

妨害刑事侦查的犯罪

一、窝藏、包庇罪

(一) 窝藏、包庇罪的概念和特征

窝藏、包庇罪，是指明知是犯罪分子而为其提供隐藏处所、财物，帮助其逃匿，或者明知是犯罪人而作假证明包庇的行为。本罪的主要特征为：

1. 客观方面表现为对犯罪分子予以隐藏、庇护的行为。“犯罪分子”既包括已被采取强制措施或者已被投入劳改又逃跑的罪犯，也包括犯罪后潜逃在外，尚未被抓获归案的罪犯。窝藏犯罪分子，不仅仅是指为其提供隐藏处所，而且还指采用提供钱、物，指示方向、路线等方式，帮其逃往他处隐藏。包庇犯罪分子的方法多种多样，不仅指刑法规定的作伪证包庇犯罪分子的情形，而且在犯罪分子完成犯罪以后，帮助其毁灭罪迹、换掉血衣、掩埋尸体、掩藏凶器等，实践中也都以包庇罪论处。

2. 主观上只能由故意构成，即行为人必须明知是犯罪分子而予以窝藏、包庇的，才构成犯罪。如果行为人不知道是犯罪分子而为其提供隐藏处所或者财物，则不构成犯罪。根据刑法典第 310 条第 2 款的规定，与所窝藏、包庇的犯罪分子事前通谋，答应其在作案后给予窝藏或包庇，此情况应以所窝藏或包庇的犯罪分子的共同犯罪论处而不再定本罪。

（二）包庇罪的认定

刑法典第 305、306、307 条规定了几种妨害证据包庇犯罪分子的犯罪，它们同包庇罪的区别在于：包庇罪一般发生在立案侦查以前，多系间接妨害刑事司法证据的犯罪；而其余的包庇犯罪则只能是发生在刑事诉讼过程中，且系直接妨害刑事司法证据的犯罪。

（三）窝藏、包庇罪的刑事责任

根据刑法典第 310 条的规定，犯本罪的，处 3 年以下有期徒刑、拘役或者管制；情节严重的，处 3 年以上 10 年以下有期徒刑。

二、窝藏、转移、收购、销售赃物罪

（一）窝藏、转移、收购、销售赃物罪的概念和特征

窝藏、转移、收购、销售赃物罪，是指明知是他人犯罪所得的赃物而予以窝藏、转移、收购或者代为销售的行为。本罪的主要特征为：

1. 客观方面表现为，行为人将他人犯罪所得的赃物而予以窝藏、转移、收购或者代为销售。这里的赃物，包括他人通过犯罪活动而取得的赃款。所谓窝藏，是指为罪犯提供隐匿赃物的场所；所谓转移，是指将赃物从一地移至另一地；所谓收购，是指用金钱或者其他物品有偿取得赃物；所谓代为销售，是指帮助罪犯将赃物卖给他人。本罪属于选择性罪名，只要行为人实施上述四种行为之一，即可构成犯罪。

2. 主观方面是故意，即明知是他人犯罪所得的赃物而予以处理。如果不知道是赃物而予以收藏、转移、收购或者代为销售，不构成犯罪。至于行为人出自什么动机实施行为，均不影响定罪。

（二）窝藏、转移、收购、销售赃物罪的认定

1. 划清本罪与窝藏、包庇罪的界限。两罪的区别在于：前罪窝藏的是赃物，而后罪窝藏的是犯罪分子或与犯罪相关的证据。如果为隐匿犯罪分子而窝藏犯罪分子的作案工具等物品，则构成窝藏、包庇罪，不能以本罪判处。

2. 划清本罪与有关共同犯罪的界限。与犯罪分子事前有通谋，答应作案后对赃物予以窝藏、转移、收购或者代为销售的，应当以所通谋的共同犯罪论处，而不构成本罪。

（三）窝藏、转移、收购、销售赃物罪的刑事责任

根据刑法典第 312 条的规定，犯本罪的，处 3 年以下有期徒刑、拘役或者管制，并处或者单处罚金［参见《刑法修正案（六）》第十九条］。

扰乱司法秩序的犯罪

一、扰乱法庭秩序罪

(一) 扰乱法庭秩序罪的概念和特征

扰乱法庭秩序罪，是指聚众哄闹、冲击法庭或者殴打司法工作人员，严重扰乱法庭秩序的行为。扰乱法庭秩序罪的主要特征为：

1. 客观方面表现为聚众哄闹、冲击法庭，或者殴打司法工作人员，严重扰乱法庭秩序的行为。聚众哄闹，主要指纠集多人在法庭内进行喧哗、吵闹或破坏门窗、桌椅等法庭设施；殴打司法工作人员，主要指殴打审判人员、公诉人员、法警等。行为人所扰乱的法庭，既包括人民法院专门用于审理案件的固定场所如审判庭等，也包括临时审理案件的场所，如巡回法庭在案发地临时开庭的场所。本罪在时间上具有特定性，即必须发生在法庭审判活动过程中。在法庭审判活动之外实施本条规定的行为的，不构成本罪。

2. 主体是一般主体。既包括参与各类诉讼的当事人，也包括其他人员。司法实践中多为与案件有一定利害关系的人。

(二) 扰乱法庭秩序罪的刑事责任

根据刑法典第309条的规定，犯本罪的，处3年以下有期徒刑、拘役、管制或者罚金。

二、拒不执行判决、裁定罪

(一) 拒不执行判决、裁定罪的概念和特征

拒不执行判决、裁定罪，是指对人民法院的判决、裁定有能力执行而拒不执行，情节严重的行为。拒不执行判决、裁定罪的主要特征为：

1. 客观方面表现为对人民法院的判决、裁定有能力执行而拒不执行，情节严重的行为。具体而言，包括以下几个方面内容：(1) 拒不执行的是人民法院已经生效的判决和裁定。从实际情况来看，主要是拒不执行民事案件、经济案件、行政案件的判决和裁定。(2) 必须是有能力执行而拒不执行。所谓有能力，是指行为人在客观上具备承担人民法院的判决、裁定所载明的义务的能力。(3) 必须是拒不执行判决、裁定，情节严重的行为。所谓拒不执行判决、裁定，主要是指行为人采用暴力、威胁、无理取闹等手段阻挠执行人员依法执行判决或裁定；何谓情节严重，应根据该类案件的实际情况及考虑与民事诉讼法所规定强制执行程序相协调，一般情况下可掌握在行为人对人民法院所采取的强制执行措施进行阻挠的行为上。

2. 主体是特殊主体，一般是指对人民法院的判决、裁定负有执行义务的当事人。根据民事诉讼法的有关规定，对判决、裁定有协助执行义务的某些个人，也可以成为本罪的主体。

3. 主观方面出于故意，即行为人明知人民法院的判决、裁定已经生效而故意不予执行。如果确因不知判决 、裁定已生效而未执行的，不构成犯罪。

(二) 拒不执行判决、裁定罪的认定

1. 要注意划清罪与非罪的界限。第一，当事人对已经生效的判决和裁定，有一个

自动履行的期限；在此期限内如果拒不履行，对方当事人依法可以向人民法院申请强制执行。此期限内由于多不涉及人民法院具体的执行活动，故一般也不产生拒不执行判决、裁定的犯罪问题。第二，当事人对已经生效的判决和裁定，享有提出申诉的权利。如果申诉人在申诉期间由于不冷静而与执行人员发生言语顶撞，只要他未抗拒执行判决、裁定，就不能按本罪论处。第三，如果由于执行人员手续不完备、态度蛮横、方法粗暴等工作错误而导致当事人抵制执行判决、裁定的，也不宜对当事人定罪。

2. 要注意划清一罪与数罪的界限。行为人以暴力抗拒执行判决、裁定，其暴力程度以造成轻伤害为限。如果行为人在抗拒判决、裁定执行过程中将执行人员打成重伤甚至杀害的，应再另行定罪数罪并罚。

（三）拒不执行判决、裁定罪的刑事责任

根据刑法典第 313 条的规定，犯本罪的，处 3 年以下有期徒刑、拘役或者罚金。

三、非法处置查封、扣押、冻结的财产罪

（一）非法处置查封、扣押、冻结的财产罪的概念和特征

非法处置查封、扣押、冻结的财产罪，是指隐藏、转移、变卖、故意毁损已被司法机关查封、扣押、冻结的财产，情节严重的行为。“被司法机关查封、扣押、冻结的财产”，主要是指被人民法院依照民事诉讼法的有关规定，采取诉讼保全或者强制执行措施所查封、扣押、冻结的财产，也包括被检察机关、公安机关、安全机关所查封、扣押、冻结的财产；“情节严重”，一般是指非法处置的财产数量巨大或者造成不可挽回的损失的。

（二）非法处置查封、扣押、冻结的财产罪的刑事责任

根据刑法典第 314 条的规定，犯本罪的，处 3 年以下有期徒刑、拘役或者罚金。

破坏监管秩序的犯罪

一、破坏监管秩序罪

（一）破坏监管秩序罪的概念和特征

破坏监管秩序罪，是指依法被关押的罪犯，故意破坏监管秩序，情节严重的行为。破坏监管秩序罪的主要特征为：

1. 客观方面表现为破坏监管秩序，情节严重的行为。根据刑法典第 315 条的规定，破坏监管秩序的行为包括：（1）殴打监管人员；（2）组织其他被监管人员破坏监管秩序，即充当“牢头”，公开或暗中授意、策动、指使其他被监管人违反监规；（3）聚众闹事、扰乱正常监管秩序，指纠集多名被监管人起哄捣乱、寻衅滋事，扰乱监狱的生产、生活等管理秩序；（4）殴打、体罚或者指使他人殴打、体罚其他被监管人，即充当“狱霸”，对其他被监管人进行殴打及身体上的折磨，或者指使他人对其他被监管人进行殴打或者折磨。特别应强调的是，以上破坏监管秩序的行为，只有“情节严重”的才构成犯罪，一般可理解为行为人是多次实施上述行为。对偶尔实施的应按监狱法的有关规定给予处罚；对殴打他人造成重伤、死亡结果的，应以伤害罪或杀人罪论处。

2. 主体是特殊主体，即依法被关押的罪犯，指依法被定罪判刑正在刑罚执行机关服刑的已决犯。被羁押的犯罪嫌疑人、被告人，即使在被羁押期间有破坏监管秩序的行

为，也不构成本罪。

（二）破坏监管秩序罪的刑事责任

根据刑法典第315条的规定，犯本罪的，处3年以下有期徒刑。

二、脱逃罪

（一）脱逃罪的概念和特征

脱逃罪，是指依法被关押的罪犯、被告人、犯罪嫌疑人，逃脱司法机关的羁押和监管的行为。脱逃罪的主要特征为：

1. 客观方面表现为罪犯、被告人、犯罪嫌疑人脱离关押状态的行为。“关押”既包括禁闭于监狱、看守所等固定场所，也包括押解途中。脱逃的具体方法多种多样，如有的乘监管人员不备而悄悄逃走，有的在被捕后挣脱逃跑，有的橇门破窗或者挖孔凿洞逃跑，等等。

2. 主体是特殊主体，即依法被关押的罪犯、被告人、犯罪嫌疑人。罪犯指已被判处拘役以上剥夺自由的刑罚、正在监狱服刑的犯罪分子；犯罪嫌疑人、被告人是指依法被拘留、逮捕正在接受审查的未决犯。劳教人员和被治安行政拘留的人员从管教场所脱逃的，不构成犯罪。

（二）脱逃罪的刑事责任

根据刑法典第316条第1款的规定，犯本罪的，处5年以下有期徒刑或者拘役。

三、劫夺被押解人员罪

（一）劫夺被押解人员罪的概念和特征

劫夺被押解人员罪，是指劫夺押解途中的罪犯、被告人、犯罪嫌疑人的行为。“劫夺”是指采用暴力、威胁等手段使被押解人脱离控制的行为。劫夺的方法多种多样，如设置路障、袭击押送人员、乘押送人员不备而劫夺等。实施本罪的行为只限于“押解途中”。

（二）劫夺被押解人员罪的刑事责任

根据刑法典第316条第2款的规定，犯本罪的，处3年以上7年以下有期徒刑；情节严重的，处7年以上有期徒刑。

四、组织越狱罪

（一）组织越狱罪的概念和特征

组织越狱罪，是指在押的罪犯，在首要分子的组织、策划、指挥下，有组织、有计划地越狱逃跑的行为。这里的“狱”应从广义上理解，包括监狱、少年犯管教所、看守所、押解转移途中及其他监管场合。从司法实践来看，组织越狱一般都是经过周密的准备，有计划、有分工，选择适当时机集体进行逃跑。行为人单独实施越狱行为的，应以脱逃罪论处。

（二）组织越狱罪的刑事责任

根据刑法典第317条第1款的规定，犯本罪的，首要分子或者积极参加的，处5年以上有期徒刑；其他参加的，处5年以下有期徒刑或者拘役。

五、暴动越狱罪

（一）暴动越狱罪的概念和特征

暴动越狱罪，是指狱内犯罪分子采用暴力手段从监狱逃跑的行为。所谓暴动，指采用暴力手段实施越狱行动。如抢劫、抢夺枪支，打死、杀伤监管人员，捣毁监狱门窗围墙等越狱逃跑。暴动越狱一般是有预谋、有组织的犯罪，因而其危害极大。如未使用暴力而实施集体逃跑的，则应以组织越狱罪论处。

（二）暴动越狱罪的刑事责任

根据刑法典第 317 条第 2 款的规定，犯本罪的，首要分子和积极参加的，处 10 年以上有期徒刑或者无期徒刑；情节特别严重的，处死刑；其他参加的，处 3 年以上 10 年以下有期徒刑。

六、聚众持械劫狱罪

（一）聚众持械劫狱罪的概念和特征

聚众持械劫狱罪，是指狱外的人聚众持械，使用暴力或者其他方法，劫夺依法被关押的犯罪分子的行为。

本罪的主要特征：(1) 客观方面表现为狱外的人聚众持械进行劫狱。所谓聚众，就是纠集多人，一般至少 3 人以上；所谓持械，包括持有武器及其他任何具有杀伤、破坏作用的器械。劫狱的行为方式有多种，如打死、打伤监管人员或者捣毁监狱门窗围墙，将狱中的犯罪分子予以劫夺。(2) 主体为一般主体，被监管人员以外的其他人员均可以构成。

（二）聚众持械劫狱罪的刑事责任

根据刑法典第 317 条第 2 款的规定，犯本罪的，首要分子和积极参加的，处 10 年以上有期徒刑或者无期徒刑；情节特别严重的，处死刑；其他参加的，处 3 年以上 10 年以下有期徒刑。

第四节　妨害国（边）境管理罪

妨害国（边）境管理罪，是指违反国家（边）境管理法规，妨害国家对国（边）境的管理秩序，情节严重的行为。

妨害国（边）境管理罪，属于妨害社会管理秩序罪中的一个大类。这类犯罪具有以下主要特征：

1. 侵犯的客体是国家对国（边）境的管理秩序。为了保证国家的安全和社会的稳定，维护国家主权，国家对出入国（边）境实行统一管理，通过法定的申请、批准手续才能出入国（边）境。所谓“国境”，是指我国与周边国家的国界；“边境”是指我国大陆与港、澳、台地区的交界。国家对国（边）境的管理秩序，具体是由国家有关职能部门依法对国（边）境的各项具体事务进行的管理活动来体现的。任何妨害国（边）境管理的犯罪，既可能造成当地治安秩序的混乱，又可能损害我国的国际声誉，对周边国家及地区造成不良影响，从而在不同方面对正常的国（边）境管理秩序形成破坏。

2. 在客观方面表现为，行为人实施了各种破坏国（边）境管理秩序的行为。这类犯罪在危害行为的基本形式上，都表现为积极的作为。

3. 犯罪的主体均为一般主体，即达到刑事责任年龄、具备刑事责任能力者均可构成。此外，单位也可以成为该类犯罪中骗取出境证件罪的主体。

4. 在主观方面罪过上均为故意，即行为人明知自己的行为违反国家的国（边）境管理法规，但仍然实施。除骗取出境证件罪强调特定的犯罪目的外，其余各罪均无犯罪目的作为构成要件的要求。

本节从刑法典第318条至323条，共6个条文，具体规定了8个罪名。根据犯罪行为妨害国（边）境管理秩序的不同特点，可将本节犯罪分为偷越国（边）境的犯罪、妨害出入境证件的犯罪和破坏国（边）境设施及其他设施的犯罪三个类型。

偷越国（边）境的犯罪

一、组织他人偷越国（边）境罪

（一）组织他人偷越国（边）境罪的概念和特征

组织他人偷越国（边）境罪，是指违反国家出入国（边）境管理法规，组织他人偷越国（边）境的行为。组织他人偷越国（边）境罪的主要特征有：

1. 客观方面必须具有非法组织他人偷越国（边）境的行为。所谓组织，是指未经办理出入境的有关证件和手续，策划、动员、串连、拉拢他人偷越国（边）境；多数情况下行为人都直接出面为他人偷越国（边）境创造必要条件，如安排偷越的时间、地点、路线、运输工具等。通常行为人兼而实施上述一系列组织行为，但也有的行为人只实施其中的一种或者几种。在共同组织他人偷越国（边）境的犯罪中，各个犯罪人在共同犯罪中所处的地位、分工及发挥的作用也可能不尽相同。从司法实践的情况看，这一犯罪多为共同犯罪。

2. 主体是一般主体，但只限于“组织者”才构成本罪。既可以是中国公民，也可以是外国人；既可以是单人，也可以是多人或者有组织的集团犯罪。

（二）组织他人偷越国（边）境罪的认定

根据刑法典第318条第2款的规定，犯组织他人偷越国（边）境罪，对被组织人有杀害、伤害、强奸、拐卖等犯罪行为，或者对检查人员有杀害、伤害等犯罪行为的，再行定罪依照数罪并罚的规定处罚。

（三）组织他人偷越国（边）境罪的刑事责任

根据刑法典第318条第1款的规定，犯本罪的，处2年以上7年以下有期徒刑，并处罚金。有下列情形之一的，处7年以上有期徒刑或者无期徒刑，并处罚金或者没收财产：(1) 组织他人偷越国（边）境集团的首要分子；(2) 多次组织他人偷越国（边）境或者组织他人偷越国（边）境人数众多的；(3) 造成被组织人重伤、死亡的，主要是指由于组织者安排的运输工具、偷越路线、偷越方式存在严重危险而导致被组织人重伤、死亡的情形；(4) 剥夺或者限制被组织人人身自由的；(5) 以暴力、威胁方法抗拒检查的；(6) 违法所得数额巨大的；(7) 有其他特别严重情节的。

二、运送他人偷越国（边）境罪

（一）运送他人偷越国（边）境罪的概念和特征

运送他人偷越国（边）境罪，是指违反国家出入国（边）境管理法规，非法将偷越国（边）境人员送出或者接入国（边）境的行为。本罪的主要特征为：

1. 客观方面必须具有运送他人偷越国（边）境的行为。所谓运送他人偷越国（边）境，是指使用车、船、航空器等交通工具或者徒步带领等方法，将他人非法送出或者接入国（边）境的行为。

2. 主体是一般主体。中国公民和外国人都可以构成本罪。

3. 主观上只能是故意，过失不构成该罪。即行为人明知自己是在运送他人偷越国（边）境，而希望将他人送出或者接入国（边）境。

（二）运送他人偷越国（边）境罪的认定

根据刑法典第321条第3款的规定，犯运送他人偷越国（边）境罪，对被运送人有杀害、伤害、强奸、拐卖等犯罪行为，或者对检查人员有杀害、伤害等犯罪行为的，再行定罪依照数罪并罚的规定处罚。

（三）运送他人偷越国（边）境罪的刑事责任

根据刑法典第321条第1款的规定，犯本罪的，处5年以下有期徒刑、拘役或者管制，并处罚金。有下列情形之一的，处5年以上10年以下有期徒刑，并处罚金：（1）多次实施运送行为或者运送人数众多的；（2）所使用的船只、车辆等交通工具不具备必要的安全条件，足以造成严重后果的；（3）违法所得数额巨大的；（4）有其他特别严重情节的。

根据刑法典第321条第2款的规定，在运送他人偷越国（边）境中造成被运送人重伤、死亡，或者以暴力、威胁方法抗拒检查的，处7年以上有期徒刑，并处罚金。“造成被运送人重伤、死亡”，是指在运送他人偷越国（边）境过程中，因所使用的船只、车辆等交通工具不具备必要的安全条件而发生重伤、死亡事故，或者导致被运送人自伤、自杀等情节。

三、偷越国（边）境罪

（一）偷越国（边）境罪的概念和特征

偷越国（边）境罪，是指违反国家出入国（边）境管理法规，偷越国（边）境，情节严重的行为。偷越国（边）境罪的主要特征为：

1. 侵犯的客体是国家对出入国（边）境的管理秩序。为了维护国家主权和国（边）境安全，国家制定了《中华人民共和国公民出境入境管理法》、《中华人民共和国外国人入境出境管理法》、《中国公民因私事往来香港地区或者澳门地区的暂行管理办法》、《边防检查条例》等法律、法规。按照这些规定，任何人出入我国国（边）境，必须履行必要的申请手续，经有关部门签发出入国（边）境的证件，在规定的时间、地点出入我国国（边）境。任何人违反我国的法律规定，非法出入我国国（边）境，都是扰乱我国国（边）境管理秩序的行为。

2. 客观方面必须具有违反国（边）境管理法规，偷越国（边）境，情节严重的行为。所谓偷越，是指违反国家出入国（边）境管理法规，不履行必要的手续，不在规定的口岸、关卡出入我国国（边）境；或者虽然经过规定的口岸、关卡，但是却以伪造的证件或者其他欺骗手段蒙混出入我国国（边）境。偷越国（边）境，可以是在陆地上偷越，也可以是从海上、河流或者空中偷越。

应当指出，偷越国（边）境行为的情况比较复杂，只有偷越国（边）境情节严重的，才构成本罪。所谓“情节严重”，主要是指下列情况：（1）在境外实施损害我国国家利益行为的；（2）为逃避法律制裁而偷越国（边）境的；（3）在偷越国（边）境的过程中对检查人员使用暴力或者以暴力相威胁的；（4）在偷越国（边）境过程中有其他违法行为造成严重后果的；（5）伪造出入境证件蒙混越境的；（6）多次偷越国（边）境的，等等。对边境区为探亲访友、赶集购物、过境耕种或出境谋生而随意偷越国（边）境的一般违法行为，可给予批评教育、行政处罚，不应以犯罪论处。

3．主体是一般主体，既可以是我国公民，也可以是外国人。任何人非法出入我国国（边）境，均可以构成本罪。

4．主观方面为故意，即行为人明知出入国（边）境是非法的，仍故意为之。如果行为人不知是国（边）境而误出或者误入的，不构成本罪。

（二）偷越国（边）境罪的刑事责任

根据刑法典第322条的规定，犯本罪的，处1年以下有期徒刑、拘役或者管制，并处罚金。

妨害出入境证件的犯罪

一、骗取出境证件罪

（一）骗取出境证件罪的概念和特征

骗取出境证件罪，是指行为人以劳务输出、经贸往来或者其他名义，弄虚作假，骗取护照、签证等出境证件，为组织他人偷越国（边）境使用的行为。本罪的主要特征为：

1．客观方面表现为，为组织他人偷越国（边）境所使用，而以劳务输出、经贸往来、出境旅游等名义，骗取护照、签证等出境证件的行为。“出境证件”是指能够从我国口岸验放人员出境的证明文件，包括护照、签证、出境通行证、前往港澳通行证、往来港澳通行证、港澳同胞回乡证、大陆居民往来台湾通行证、台湾居民往来大陆通行证等。

2．主体是一般主体。同时单位也可以成为本罪的主体。

3．主观上是故意，并且具有为组织他人偷越国（边）境使用的目的。如果行为人主观上不是为组织他人偷越国（边）境使用，而是为了自己探亲或者到国外旅游等目的，则不构成本罪。

（二）骗取出境证件罪的认定

1．本罪与组织他人偷越国（边）境罪的界限。本罪实际上是组织他人偷越国（边）境的一种特殊情况，行为人单独只实施本罪又可视为后罪共同犯罪中的帮助犯。由于这种行为较为特殊，法律将其规定为独立的犯罪。为了使法律条文不致虚设（单独实施本罪的情况极少），只要行为人为组织他人偷越国（边）境而骗取出境证件的，均应以本罪论处。如果行为人为组织他人偷越国（边）境，不仅实施了骗取出境证件的行为，而且又用骗取的出境证件组织他人偷越国（边）境，则应以组织他人偷越国（边）境罪和本罪数罪并罚。

2．本罪与偷越国（边）境罪的界限。如果行为人骗取出境证件用于自己偷越国（边）境，则应按偷越国（边）境罪处理；为他人偷越国（边）境骗取证件，行为人与他人共同构成偷越国（边）境罪。

（三）骗取出境证件罪的刑事责任

根据刑法典第319条的规定，自然人犯本罪的，处3年以下有期徒刑，并处罚金；情节严重的，处3年以上10年以下有期徒刑，并处罚金；单位犯本罪的，对单位判处罚金，并对其直接负责的主管人员和其他直接责任人员，依照自然人犯本罪的规定处罚。

二、提供伪造、变造的出入境证件罪

（一）提供伪造、变造的出入境证件罪的概念和特征

提供伪造、变造的出入境证件罪，是指故意为他人提供伪造、变造的护照、签证等出入境证件的行为。"他人"是指自己以外的其他人，既可能是偷越国（边）境的人员，也可能是倒卖出入境证件的人或者其他任何人。行为人只要向他人提供伪造、变造的护照、签证等出入境证件，即可构成本罪。至于他人是否将伪造、变造的护照、签证用于非法出入境，并不影响本罪的成立。如果行为人只是伪造、变造出入境证件而没有向他人提供，不构成本罪，应以伪造、变造国家机关公文、证件、印章罪论处。

（二）提供伪造、变造的出入境证件罪的认定

处理这种案件时，要注意划清本罪与多种犯罪的界限。如果行为人自己伪造、变造出入境证件又向他人提供的，其伪造、变造行为又构成伪造和变造国家机关公文、证件、印章罪，同本罪之间形成犯罪的牵连关系，对此应按处理牵连犯的原则从一重罪处断；如果是组织他人偷越国（边）境犯罪集团的成员分工进行伪造、变造出入境证件，供犯罪集团使用，应以组织他人偷越国（边）境罪的共犯论处。

（三）提供伪造、变造的出入境证件罪的刑事责任

根据刑法典第320条的规定，犯本罪的，处5年以下有期徒刑，并处罚金；情节严重的，处5年以上有期徒刑，并处罚金。

三、出售出入境证件罪

（一）出售出入境证件罪的概念和特征

出售出入境证件罪，是指非法出售护照、签证等出入境证件的行为。所谓出入境证件，是指由国家公安部、外交部等主管机关签发的准许本国公民和外国人进出我国国（边）境使用的有效证件。主要包括能够证明持件人身份、国籍的护照、旅行证以及准许持证人出入国（边）境的签证等证件。出售的出入境证件既可以是他人的，也可以是持证人本人的，但必须是经国家主管部门批准发放的真实的证件。至于出售的出入境证件是否处在有效期内，不影响本罪的成立。出售伪造、变造的出入境证件的，应当以提供伪造、变造的出入境证件罪定罪处罚。

（二）出售出入境证件罪的刑事责任

根据刑法典第320条的规定，犯本罪的，处5年以下有期徒刑，并处罚金；情节严重的，处5年以上有期徒刑，并处罚金。

破坏国（边）境设施及其他设施的犯罪

一、破坏界碑、界桩罪

（一）破坏界碑、界桩罪的概念和特征

破坏界碑、界桩罪，是指故意破坏国家边境的界碑、界桩，妨害国（边）境管理秩序的行为。破坏界碑、界桩罪的主要特征为：

1. 客观方面表现为行为人具有破坏界碑、界桩的行为。界碑、界桩是指国家在我国与邻国的陆地接壤地区设置的、用以指示边境分界及走向的标志物。所谓破坏，是指将界碑、界桩砸毁、拆除、盗走、移动或者改变原样，从而使其丧失其原有意义和作用。

2. 主观方面是故意，即明知是国家设在边境的界碑、界桩而故意予以破坏。如果不知是国家设置的界碑、界桩而毁坏的，不构成本罪。破坏界碑、界桩的动机多种多样，动机如何不影响犯罪的成立。

（二）破坏界碑、界桩罪的刑事责任

根据刑法典第 323 条的规定，犯本罪的，处 3 年以下有期徒刑或者拘役。

二、破坏永久性测量标志罪

（一）破坏永久性测量标志罪的概念和特征

破坏永久性测量标志罪，是指故意破坏国家测量单位设置的永久性测量标志的行为。"永久性测量标志"，是指国家测量单位在各地进行测绘工作所设置的地上、地下或者水上的各种测量标志物，包括各等级的三角点、导线点、军用控制点、重力点、天文点、水准点的木质觇标、钢质觇标和标石标志，地形测量、工程测量和形变测量的固定标志。

（二）破坏永久性测量标志罪的刑事责任

根据刑法典第 322 条的规定，犯本罪的，处 1 年以下有期徒刑、拘役或者管制，并处罚金。

第五节　妨害文物管理罪

妨害文物管理罪，是指违反国家文物管理法规，破坏国家对文物的正常管理活动，情节严重的行为。

妨害文物管理罪，属于妨害社会管理秩序罪中的一类。这类犯罪具有以下主要特征：

1. 侵犯的客体是国家对文物的正常管理活动。中华民族有着五千年的辉煌文明，埋藏在地下、散落在民间以及成批量保存下来的文物不计其数。国家为了保护这些文物，制定了专门的法律、法规，建立了严格的管理秩序。任何违反这些法律、法规的行为，都是对国家文物管理秩序的破坏；情节严重的，即应以犯罪论处。

2. 这类犯罪在客观方面表现为：行为人实施了妨害国家对文物管理秩序的行为，并达到应追究刑事责任的程度。妨害行为的具体表现形式可以是多种多样，如损毁、倒卖、出售、挖掘等。行为的方式主要是作为，有些罪也可以是不作为。

3. 这类犯罪的主体主要是一般主体。有些犯罪的主体既可以是自然人主体，也可以是单位主体；个别犯罪的主体则只能是单位，如非法出售、私赠文物藏品罪。

4. 这类犯罪的主观方面除过失损毁珍贵文物罪外，其余各罪均为故意。在犯罪目的上，除倒卖文物罪要求必须以牟利为目的外，其他各罪在犯罪构成上均没有目的的要求。至于犯罪动机则多种多样，但动机如何均不影响犯罪的成立。

本节从第324条至第329条，共6个条文，具体规定了10个罪名。根据犯罪行为妨害文物管理秩序的不同特点，可将本节犯罪分为损毁文物的犯罪、非法进行文物流通的犯罪和妨害档案管理的犯罪三个类型。

损毁文物的犯罪

一、故意损毁文物罪

(一) 故意损毁文物罪的概念和特征

故意损毁文物罪，是指故意损毁国家保护的珍贵文物或者被确定为全国重点文物保护单位、省级文物保护单位的文物的行为。本罪的主要特征为：

1. 侵犯的客体是国家文物管理机关对文物的正常管理活动。文物的重要特点之一就在于具有不可再生性，一旦毁损，抱憾国人。故意损毁文物，必将严重破坏国家对文物的管理工作。本罪的犯罪对象是珍贵文物和被确定为全国重点文物保护单位、省级文物保护单位所保管的文物。根据文物保护法的规定，文物包括以下几种：(1) 具有历史、艺术、科学价值的古文化遗址、古墓葬、古建筑、石窟寺和石刻；(2) 与重大历史事件、革命运动和著名人物有关的，具有重要纪念意义、教育意义和史料价值的建筑物、遗址、纪念物；(3) 历史上各时代珍贵的艺术品、工艺美术品；(4) 重要的革命文献资料以及具有历史、艺术、科学价值的手稿、古旧图书资料等；(5) 反映历史上各时代、各民族社会制度、社会生产、社会生活的代表性实物。另外，具有科学价值的古脊椎动物化石和古人类化石，视同文物同样受到法律保护。

根据有关规定，文物分为三个级别。被定为一、二级的文物均属珍贵文物，部分三级文物也属珍贵文物。三级文物中需要定为珍贵文物的，应由国家文物鉴定委员会确认。

此外，凡属全国重点文物保护单位和省级文物保护单位所保管的文物，不分级别均为本罪的对象。

2. 客观方面表现为：损毁上述法定文物的行为。所谓损毁，是指使文物失去其本来价值的破坏行为。损毁的方法包括捣毁、焚烧、污损、拆除等多种形式。

3. 主体是一般主体，即达到刑事责任年龄、具有刑事责任能力的自然人。单位不能成为本罪的主体。

4. 主观上是故意。故意的内容表现为：行为人明知是国家法律保护的文物而故意予以损毁。

(二) 故意损毁文物罪的刑事责任

根据刑法典第324条第1款的规定，犯本罪的，处3年以下有期徒刑或者拘役，并处或者单处罚金；情节严重的，处3年以上10年以下有期徒刑，并处罚金。

二、故意损毁名胜古迹罪

（一）故意损毁名胜古迹罪的概念和特征

故意损毁名胜古迹罪，是指故意损坏国家保护的名胜古迹，情节严重的行为。所谓国家保护的名胜古迹，是指受到国家或者省级人民政府明令保护，供人们游览的著名风景区，以及虽未被人民政府核定公布为文物保护单位但也具有一定文物价值的古建筑、雕塑、石刻等历史遗迹。

（二）故意损毁名胜古迹罪的刑事责任

根据刑法典第324条第2款的规定，犯本罪的，处5年以下有期徒刑或者拘役，并处或者单处罚金。

三、过失损毁文物罪

（一）过失损毁文物罪的概念和特征

过失损毁文物罪，是指过失损毁国家保护的珍贵文物或者被确定为全国重点文物保护单位、省级文物保护单位的文物，造成严重后果的行为。

本罪的主要特征为：(1) 客观上行为人必须实施了损毁珍贵文物或者被确定为全国重点文物保护单位、省级文物保护单位的文物的行为，并且造成了文物毁损的严重后果。如果没有造成严重后果的，则不构成犯罪。(2) 主观方面只能是过失，行为人由于疏忽大意或者过于自信而造成文物的毁损。

（二）过失损毁文物罪的刑事责任

根据刑法典第324条第3款的规定，犯本罪的，处3年以下有期徒刑或者拘役。

四、盗掘古文化遗址、古墓葬罪

（一）盗掘古文化遗址、古墓葬罪的概念和特征

盗掘古文化遗址、古墓葬罪，是指违反国家文物保护法规，盗掘具有历史、艺术、科学价值的古文化遗址、古墓葬的行为。本罪的主要特征为：

1. 侵犯的客体是国家对古文化遗址、古墓葬的管理制度。犯罪对象限于具有历史、艺术、科学价值的古文化遗址、古墓葬。所谓古文化遗址、古墓葬，是指清代和清代以前的具有历史、艺术、科学价值的遗址、墓葬，以及辛亥革命以后与著名历史事件有关的名人墓葬、遗址和纪念地，包括地面或地下埋藏的建筑、壁画、石刻、雕塑、遗墟、坟墓等。

2. 客观方面表现为对古文化遗址、古墓葬进行非法挖掘或者拆卸以盗取文物的行为。盗掘行为不仅包括对地下埋藏的古文化遗址、古墓葬进行非法挖掘，也包括对地面的建筑、雕刻等进行拆卸；既可以是秘密实施行为，也可能是明火执仗公开进行。

3. 主体为一般主体，任何达到刑事责任年龄、具有刑事责任能力的人，均可成为本罪的主体。

4. 主观方面是故意，即行为人明知是古文化遗址、古墓葬而进行盗掘。行为人实施盗掘行为的目的，主要是非法占有古文化遗址、古墓葬中的文物。

（二）盗掘古文化遗址、古墓葬罪的认定

1. 盗掘古文化遗址、古墓葬罪与盗窃罪的区别。两罪在客观方面、主观方面、主体等要件上有相同或者相似之处，区别主要在犯罪客体不同：本罪侵犯的客体是国家文

物管理制度，其对象限于古文化遗址和古墓葬，而盗窃罪侵犯的客体是公私财物所有权，其对象为一般的财物；在客观方面，本罪的方式既可以是秘密的，也可以是公开的，而盗窃罪只能是秘密窃取，公开取得财物的不构成盗窃罪。

2. 盗掘古文化遗址、古墓葬罪与故意损毁文物罪、故意损毁名胜古迹罪的区别。两者的主要区别在于本罪对文物是进行盗掘以非法占有文物，而后者是出于各种动机对文物进行损毁。

（三）盗掘古文化遗址、古墓葬罪的刑事责任

根据刑法典第 328 条的规定，犯本罪的，处 3 年以上 10 年以下有期徒刑，并处罚金；情节较轻的，处 3 年以下有期徒刑、拘役或者管制，并处罚金。有下列情形之一的，处 10 年以上有期徒刑、无期徒刑或者死刑，并处罚金或者没收财产：(1) 盗掘确定为全国重点文物保护单位和省级文物保护单位的古文化遗址、古墓葬的；(2) 盗掘古文化遗址、古墓葬集团的首要分子；(3) 多次盗掘古文化遗址、古墓葬的；(4) 盗掘古文化遗址、古墓葬，并盗窃珍贵文物或者造成珍贵文物严重破坏的。

五、盗掘古人类化石、古脊椎动物化石罪

（一）盗掘古人类化石、古脊椎动物化石罪的概念和特征

盗掘古人类化石、古脊椎动物化石罪，是指以非法占有为目的，秘密挖掘古人类化石、古脊椎动物化石的行为。本罪在主观方面只能为故意，即明知埋藏在地下的古人类化石、古脊椎动物化石属于国家所有，但仍予以挖掘并占有。

（二）盗掘古人类化石、古脊椎动物化石罪的刑事责任

根据刑法典第 328 条第 2 款的规定，犯本罪的，处 3 年以上 10 年以下有期徒刑，并处罚金；情节较轻的，处 3 年以下有期徒刑、拘役或者管制，并处罚金。有下列情形之一的，处 10 年以上有期徒刑、无期徒刑或者死刑，并处罚金或者没收财产：(1) 盗掘确定为全国重点文物保护单位和省级文物保护单位的古人类化石、古脊椎动物化石的；(2) 盗掘古人类化石、古脊椎动物化石的首要分子；(3) 多次盗掘古人类化石、古脊椎动物化石的；(4) 盗掘古人类化石、古脊椎动物化石并造成古人类化石、古脊椎动物化石严重破坏的。

非法进行文物流通的犯罪

一、非法向外国人出售、赠送珍贵文物罪

（一）非法向外国人出售、赠送珍贵文物罪的概念和特征

非法向外国人出售、赠送珍贵文物罪，是指违反国家文物保护法规的有关规定，将收藏的国家禁止出口的珍贵文物私自出售或者私自赠送给外国人的行为。本罪的主要特征为：

1. 本罪在客观方面表现为，行为人实施了违反国家文物保护法规，将收藏的国家禁止出口的珍贵文物卖予或者赠予外国人的行为。“国家禁止出口的珍贵文物”，是指《文物保护法》第 28 条所规定的除经国务院批准运往国外展览以外的、一律禁止出境的具有重要历史、艺术、科学价值的文物。该罪赠送与出售的对象只能是外国人，我国公民之间私自出售或者私自赠送文物的行为不构成本罪。

2. 本罪的主体既可以是自然人，也可以是单位。作为自然人，必须达到刑事责任年龄并具有刑事责任能力，且是文物的收藏者。这里的单位不仅包括文物管理和经营部门，也包括所有的党政机关、社会团体和企业、事业单位。

(二) 非法向外国人出售、赠送珍贵文物罪的刑事责任

根据刑法典第325条的规定，自然人犯本罪的，处5年以下有期徒刑或者拘役，可以并处罚金；单位犯本罪的，对单位判处罚金，并对其直接负责的主管人员和其他直接责任人员，依照个人犯本罪的规定处罚。

二、倒卖文物罪

(一) 倒卖文物罪的概念和特征

倒卖文物罪，是指违反文物保护法规，以牟利为目的，倒卖国家禁止经营的文物，情节严重的行为。本罪的主要特征为：

1. 客观上必须具有倒卖国家禁止经营的文物，情节严重的行为。所谓倒卖，包括两层意思：一是指无权从事文物经营活动的单位或个人，进行文物的收购和销售。按照文物保护法的规定，只有文化行政管理部门指定并经工商行政管理部门办理登记手续的单位，才能从事文物的购销业务；二是指有权经营单位非法经营国家禁止自由买卖的文物。“国家禁止经营的文物”，包括珍贵文物和一般文物。“情节严重”是指倒卖珍贵文物或倒卖一般文物数量较大的。

2. 主体为一般主体，即达到刑事责任年龄，具有刑事责任能力的自然人。单位也可以构成本罪。

3. 主观方面由故意构成，并且具有非法牟利的目的。至于行为人是否实际获取到财产性利益，对于定罪没有影响。

(二) 倒卖文物罪的刑事责任

根据刑法典第326条的规定，自然人犯本罪的，处5年以下有期徒刑或者拘役，并处罚金；情节特别严重的，处5年以上10年以下有期徒刑，并处罚金；单位犯本罪的，对单位判处罚金，并对其直接负责的主管人员和其他直接责任人员，依照个人犯本罪的规定处罚。

三、非法出售、私赠文物藏品罪

(一) 非法出售、私赠文物藏品罪的概念和特征

非法出售、私赠文物藏品罪，是指国有博物馆、图书馆等单位，违反国家文物保护法规，将国家保护的文物藏品出售或者私自送给非国有单位或者个人的行为。非法出售、私赠馆藏文物罪的主要特征为：

1. 客观方面表现为，行为人将收藏的文物非法出售或者赠送给非国有单位或者个人。所谓“非法”，是指未经文化行政管理部门批准而擅自出售或赠送馆藏文物。将上述文物出售或者赠送给国有单位，不构成本罪。

2. 主体只能由单位构成，具体指国有博物馆、图书馆等单位。非国有的组织和个人实施上述行为不构成本罪。

(二) 非法出售、私赠馆藏文物罪的刑事责任

根据刑法典第327条的规定，犯本罪的，对单位判处罚金，并对其直接负责的主管人员和其他直接责任人员，处3年以下有期徒刑或者拘役。

妨害档案管理的犯罪

一、抢夺、窃取国有档案罪

（一）抢夺、窃取国有档案罪的概念和特征

抢夺、窃取国有档案罪，是指以非法占有为目的，公然夺取或者秘密窃取国家档案的行为。所谓档案，是指过去和现在的国家机构、社会组织以及个人，从事政治、军事、经济、科学、技术、文化、宗教等活动所直接形成的各种文字、图表、声像等不同形式的历史记录。“国家所有的档案”，是指国家档案部门保管且所有权属于国家的档案。本罪的犯罪对象限定为国家所有的档案。属于个人或者集体所有的档案不是本罪的对象。

（二）抢夺、窃取国有档案罪的认定

刑法典第 329 条第 3 款规定，行为人所实施的行为既符合本罪的规定同时又符合其他犯罪的规定的，依照处罚较重的规定定罪处罚。这种情况即属于法条竞合的选择问题。如行为人窃取的国有档案同时又属于国家珍贵文物或者国家秘密，根据“一行为不二罚”的原则及罪刑相适应原则，应在相竞合的条文中择一重罪定罪处罚。

（三）抢夺、窃取国有档案罪的刑事责任

根据刑法典第 329 条第 1 款的规定，犯本罪的，处 5 年以下有期徒刑或者拘役。

二、擅自出卖、转让国有档案罪

（一）擅自出卖、转让国有档案罪的概念和特征

擅自出卖、转让国家档案罪，是指违反档案法的规定，擅自出卖、转让国有档案的行为。本罪的主要特征为：(1) 主体为特殊主体，即对国家所有的档案负有管理责任的人员。只有这类人员才有可能擅自出卖、转让国有档案。(2) 客观方面表现为违反档案法的规定，擅自出卖、转让国家所有的档案，情节严重的行为。“情节严重”主要是指：出卖、转让国家所有的重要档案的，出卖国家档案获利巨大的，给国家和人民利益造成重大损失的；情节一般的，不应作为犯罪处理。

（二）擅自出卖、转让国有档案罪的认定

刑法典第 329 条第 3 款规定，行为人所实施的行为既符合本罪的规定同时又符合其他犯罪的规定的，依照处罚较重的规定定罪处罚。这种情况即属于法条竞合的选择问题。如行为人出卖、转让的国有档案同时又属于国家珍贵文物或者国家秘密，根据“一行为不二罚”的原则及罪刑相适应原则，应在相竞合的条文中择一重罪定罪处罚。

（三）擅自出卖、转让国有档案罪的刑事责任

根据刑法典第 329 条第 2 款的规定，犯本罪的，处 3 年以下有期徒刑或者拘役。

第六节　危害公共卫生罪

危害公共卫生罪，指在防疫、检疫、采血供应、行医等方面，违反有关医疗卫生、检疫法规，破坏公共卫生秩序，情节严重的行为。

危害公共卫生罪主要包括以下三类。

有关传播疾病的犯罪

一、妨害传染病防治罪

（一）妨害传染病防治罪的概念和特征

妨害传染病防治罪是指违反传染病防治法的规定，引起甲类传染病传播或者有传播严重危险的行为。其主要特征有：

1．侵犯的客体是国家对传染病防治的管理活动以及不特定多数人的生命和健康安全。

2．客观方面表现为违反刑法典第 330 条规定，引起甲类传染病传播或者有传播严重危险的行为。根据 1989 年实施的《中华人民共和国传染病防止法》（该法于 2004 年、2013 年修订）的规定，甲类传染病是指：鼠疫和霍乱。刑法典第 330 条规定的违反国家传染病防止法规定的具体情形包括：（1）供水单位供应的饮用水不符合国家规定的卫生标准。饮用水不符合国家规定的卫生标准，将会是传染病的主要传染源之一，必然会造成严重后果或有造成严重后果的危险。（2）拒绝按照卫生防疫机构提出的卫生要求，对传染病病原体污染的污水、污物、粪便进行消毒处理的。不对已被污染的污水、污物、粪便进行消毒处理，就等于是公开纵容传染病的传播，必然会造成严重后果或有造成严重后果的危险。（3）准许或纵容传染病病人、病原携带者和疑似传染病病人从事国务院卫生行政部门规定禁止从事的易使该传染病扩散的工作的。传染病病人、病原携带者或疑是传染病病人，一般都是或可能是传染源，对他们需要进行必要的隔离治疗或隔离观察。准许或纵容这些人从事国务院卫生行政部门规定禁止从事的易使该传染病扩散的工作，容易造成传染病的大面积传播。（4）拒绝执行卫生防疫机构依照传染病防治法提出的预防、控制措施的。

3．犯罪主体为一般主体，既可以是自然人，也可以是单位。实践中，本罪主体一般是提供水、餐饮、医疗及有关机关、企业、事业单位及其直接责任人员。

4．犯罪主观方面是过失。即指行为人对自己违反传染病防治法的行为，引起甲类传染病传播或有传播严重危险这一危害结果是过失。至于违反传染病法规的行为则有可能是故意的。

（二）妨害传染病防治罪的认定

妨害传染病防治罪与非罪的界限。从三方面加以界定：（1）行为人主观上是否有过失。如果行为人主观上对引起甲类传染病传播或有传播严重危险的结果没有故意也没有过失，而是由于不能预见的原因造成的，则不构成本罪。（2）客观上是否已经引起了甲类传染病的传播或者有传播严重危险的。如果行为人虽然违反传染病防治法规规定，但并未引起甲类传染病传播的结果，也没有引起甲类传染病传播的严重危险的，则不构成本罪，属于一般的违法行为，只能由行政部门给予相应处罚。（3）行为人的行为是否违反传染病防治法规。如果行为人根本就没有违反传染病防治法，虽然在客观上也造成了严重后果或有造成严重后果的危险，也不能构成本罪。

（三）妨害传染病防治罪的刑事责任

根据刑法典第 330 条规定，个人犯本罪的处 3 年以下有期徒刑或者拘役；后果特别严重的处 3 年以上 7 年以下有期徒刑。单位犯本罪的，对单位判处罚金，并对其直接负责的主管人员和其他直接责任人员依照前款的规定处罚。

二、传染病菌种、毒种扩散罪

本罪是指从事实验、保藏、携带、运输传染病菌种、毒种的人员，违反国务院卫生行政部门的有关规定，造成传染病菌种、毒种扩散，后果严重的行为。其主要特征是：(1) 侵犯的客体是国家对传染病菌种、毒种的管理活动；(2) 客观方面表现为违反国务院卫生行政部门的有关规定，造成传染病菌种、毒种扩散的行为；(3) 犯罪主体是特殊主体，即只能是从事传染病菌种、毒种的实验、保藏、携带、运输的人员；(4) 主观方面是过失。即行为人对造成传染病菌种、毒种扩散这一严重后果是过失，但其违反规定的行为则是故意的。

认定本罪应注意罪与非罪的界限以及与妨害传染病防治罪的界限。

依照刑法典第331条的规定，犯本罪的，处3年以下有期徒刑或者拘役；后果特别严重的处3年以上7年以下有期徒刑。

(三) 妨害国境卫生检疫罪

本罪是指违反国境卫生检疫规定，引起检疫传染病传播，或者有引起检疫传染病传播严重危险的行为。本罪主要特征：(1) 侵犯的客体是我国国境卫生检疫管理活动和人民的健康。(2) 客观方面表现为违反国境卫生检疫规定，引起检疫传染病传播或者有引起传播严重危险的行为。检疫传染病主要是指鼠疫、霍乱、黄热病、艾滋病等。(3) 犯罪主体是一般主体，既可以是自然人，也可以是单位。(4) 犯罪主观方面为故意。行为人明知应当接受国境卫生检疫而故意拒绝或逃避，对造成检疫传染病的传播或引起检疫传染病传播严重危险的结果是故意的。

认定本罪，应注意罪与非罪的界限；本罪与妨害传染病防治罪的界限。

按刑法典第332条规定，犯本罪的，处3年以下有期徒刑或者拘役，并处或者单处罚金；单位犯前款罪的，对单位判处罚金，并对其直接负责的主管人员和其他直接责任人员依照前款的规定处罚。

有关血液制品的犯罪

一、非法组织卖血罪

(一) 非法组织卖血罪的概念及特征

非法组织卖血罪是指以牟利为目的，违反国家卫生行政部门的有关规定，擅自组织他人出卖血液的行为。其主要特征是：

1. 侵犯的客体是国家对采供血液的管理活动。血液是用于救死扶伤的，国家对血液的采供作了严格的规定，非法组织他人卖血，不仅侵犯了卖血人的身体健康，而且还会危及公共安全，应当从严惩处。

2. 客观方面表现为行为人实施了非法组织他人出卖血液的行为。具体是指行为人未经采供血主管机关的批准或委托，擅自采取引诱、欺骗等手段，指使或安排他人向血站等采血的医疗机构出卖血液的行为。

3. 主体为一般主体。单位不能成为本罪主体。

4. 主观方面是故意，并一般具有牟利的目的。即行为人明知自己组织他人出卖血液的行为是非法的，而为了牟取非法利益仍然实施了这种对社会有严重危害性的行为。

（二）非法组织卖血罪的认定

1. 非法组织卖血罪与非罪的界限。关键在于行为人主观上是否具有牟取非法利益的目的。如果行为人虽然在组织他人卖血的过程中，违反了有关规定，但主观上不具有牟取非法利益的目的，则不构成本罪。

2. 非法组织卖血罪与故意伤害罪的界限。关键在于对被害人造成的是轻伤还是重伤。如果行为人非法组织他人卖血时，致被害人造成轻伤，一般仍按本罪处罚；如果致使被害人重伤的，则按故意伤害罪论处。

（三）非法组织卖血罪的刑事责任

根据刑法典第333条规定，犯本罪的，处5年以下有期徒刑，并处罚金。

二、强迫卖血罪

强迫卖血罪是指以暴力、威胁方法强迫他人出卖血液的行为。本罪主要特征为：（1）侵犯的客体是复杂客体，即侵犯了国家采供血的管理秩序和被强迫人的人身权利；（2）客观方面表现为以暴力、威胁方法强迫他人出卖血液的行为；（3）本罪主体为一般主体单位不能构成本罪；（4）主观方面是故意。

根据刑法典第333条规定，犯本罪的，处5年以上10年以下有期徒刑，并处罚金。

三、非法采集、供应血液、制作、供应血液制品罪

本罪是指非法采集、供应血液，制作、供应血液制品，不符合国家规定的标准，足以危害人体健康的行为。其主要特征是：（1）侵犯的客体是复杂客体，即国家对血液采供、制作供应血液制品的管理活动和他人的生命、健康权利。（2）客观方面表现为未经国家主管部门批准，非法采集、供应血液或制作、供应血液制品，不符合国家规定的标准，足以危害人体健康的行为。（3）本罪主体是一般主体，单位不能实施本罪。（4）本罪主观方面为故意。

根据刑法典第334条规定，犯本罪的，处5年以下有期徒刑或者拘役，并处罚金；对人体健康造成严重危害的，处5年以上10年以下有期徒刑，并处罚金；造成特别严重后果的，处10年以上有期徒刑或者无期徒刑，并处罚金或者没收财产。

四、采集、供应血液、制作、供应血液制品事故罪

本罪是指未经国家主管部门批准，采集、供应血液或制作、供应血液制品的部门，不依照规定进行检测或违背其他操作规定，造成危害他人身体健康后果的行为。其主要特征是：（1）侵犯的客体是复杂客体，即国家的采血供血管理秩序和他人的人身健康、生命安全。（2）客观方面表现为不依规定进行检测或违背其他操作规定造成危害他人身体健康后果的行为。构成本罪，必须已经造成危害他人身体健康的后果。（3）本罪主体只能是单位，即只能是有权采集、供应血液或者制作、供应血液制品的部门。（4）主观方面为过失。

依照刑法典第334条第2款规定，犯本罪的，对单位判处罚金，并对其直接负责的主管人员和其他直接责任人员，处5年以下有期徒刑或者拘役。

医疗行业的犯罪

一、医疗事故罪

（一）医疗事故罪的概念及特征

医疗事故罪，是指医务人员由于严重不负责任，造成就诊人死亡或者严重损害就诊人身体健康的行为。其主要特征有：

1. 侵犯的客体是就诊人的生命、健康权利和国家的医疗管理秩序。侵害的对象是就诊人的人身。因为医疗事故的发生，一方面必然影响医疗单位的信誉，也涉及医疗赔偿问题，现实生活中，一般都是由医疗单位承担赔偿费用，这必然会侵犯国家对医疗单位的正常管理；另一方面，也直接侵犯了就诊人的健康权或生命权。

2. 客观方面表现为医务人员由于严重不负责任，造成就诊人死亡或严重损害其身体健康的行为。医务人员在诊疗护理过程中，出现医疗事故，要承担刑事责任，在客观上必须具备以下几个条件：首先，医务人员对工作严重不负责任。主要是指医务人员在诊疗护理过程中，实施了严重违反医疗机构的规章制度或诊疗护理常规的行为。如对前来就诊的人不予及时诊治，严重违反医疗机构规定的各项操作规程等。如果行为人客观上没有实施违反医疗机构规章制度或诊疗护理常规的行为，造成严重后果只是由于其技术水平不高或经验不足等原因而引起的，就不构成本罪。其次，医务人员的行为给就诊人造成了严重的损害结果。所谓的严重后果，根据法律规定，是指造成就诊人死亡或严重损害就诊人身体健康。根据《医疗事故处理办法》，所谓严重损害就诊人身体健康，应属于二级或三级医疗事故，即造成就诊人残废或组织器官损伤导致功能障碍的。因此普通的医疗差错行为，即在诊疗护理过程中，虽有诊疗护理错误，但未造成病人死亡、残废或功能障碍的行为，就不构成犯罪。

3. 主体为特殊主体，即只能是医务人员。根据有关规定，所谓的医务人员，是指经过国家考核，由国家卫生行政部门批准或认可，取得了诊疗护理执业资格、从事诊疗护理工作的各级各类卫生技术人员。另外，根据卫生部关于《医疗事故处理办法》若干问题的说明，因为诊疗护理工作是群众性的活动，因此，医疗事故罪中的医务人员还应包括从事医疗管理、后勤服务等人员。

4. 主观方面只能是过失，即医务人员在履行医务职责的过程中，应该预见到自己的行为可能会给病人造成严重损害，但由于疏忽大意，对工作不负责任而没有预见，或已经预见自己的违规行为可能会给病人造成严重损害，但由于轻信能够避免以致造成严重损害结果。如果医务人员在诊疗护理过程中，故意实施损害就诊人身体的行为，造成严重后果的，则不构成本罪，而应分别构成故意伤害罪或故意杀人罪。

（二）医疗事故罪的认定

1. 医疗事故罪与非罪的界限。关键在于医务人员是否严重不负责任，以及是否造成严重后果为标准来区分。如果医务人员没有严重不负责任，而是由于技术原因或不能预见的原因，如经验不足等，造成的就诊人死亡或严重损害就诊人身体健康的则不构成本罪。另外，并未造成就诊人死亡或严重损害就诊人身体健康的后果的也不构成本罪。

2. 医疗事故罪与重大责任事故罪的界限。主要区别表现在：①主体不同。前者的主体只能是医务人员；后者则是工厂、矿山、林场、建筑企业或其他企业事业单位的职工。②侵犯的客体不同。前者侵犯的是国家的医疗管理秩序和就诊人身体健康；后者则是社会公共安全。

(三) 医疗事故罪的刑事责任

刑法典第 335 条规定，犯本罪的，处 3 年以下有期徒刑或拘役。

二、非法行医罪

(一) 非法行医罪的概念及特征

非法行医罪是指未取得医生执业资格的人非法行医，情节严重的行为。主要特征是：

1. 侵犯的客体是国家对医疗卫生工作的管理秩序和就诊人的人身权利。设置医疗机构或实施医疗活动，必须按照国家颁布的《医疗机构管理条例》的规定，领取《医疗机构执业许可证》。未取得医生执业资格的人非法行医，必然会破坏国家对医疗卫生工作的管理秩序，也会侵犯就诊人的人身权利。

2. 客观方面表现为违反国家卫生管理法规，未取得医生执业资格而擅自从事医疗卫生活动，情节严重的行为。国家规定，从事医疗活动，必须具备医生执业资格，根据国家卫生行政机构的有关规定，从事医疗活动的人，必须取得医师执业证书。要想在城市设置诊所，还必须从事五年以上同一专业的临床工作，并符合当地卫生行政部门规定的其他条件。否则，就属于非法行医。另外，还必须情节严重才构成本罪。所谓情节严重，主要是指没有取得医生执业资格不听劝阻，造成就诊人伤亡等严重后果等。

3. 主体为特殊主体，即仅指未取得医生执业资格的人。

4. 主观方面为故意。即行为人明知自己没有取得医生执业资格而仍非法行医。

(二) 非法行医罪的认定

1. 非法行医罪与非罪的界限。关键在于行为人有无医生执业资格以及情节是否严重。如果行为人是合法行医或没有达到情节严重的都不构成犯罪。

2. 非法行医罪与故意伤害罪、过失致人重伤罪、过失致人死亡罪的界限。这属于法规竞合，按特别法优于一般法规定。只要是在非法行医过程中，造成人伤亡的，以非法行医罪论处。

3. 非法行医罪与医疗事故罪的界限。(1) 犯罪主体不同。前者是指没有取得医生执业资格的人；后者只能是医务人员。(2) 对医疗事故，追究刑事责任的范围不同。前者只要是情节严重的，哪怕没有严重损害就诊人的身体健康，也要追究刑事责任；后者则只对造成就诊人死亡或严重损害就诊人身体健康的，追究刑事责任。

(三) 非法行医罪的刑事责任

按刑法典第 336 条第 1 款规定，犯本罪的，处 3 年以下有期徒刑、拘役或者管制，并处或单处罚金；严重损害就诊人的身体健康的，处 3 年以上 10 年以下有期徒刑，并处罚金；造成就诊人死亡的，处 10 年以上有期徒刑，并处罚金。

三、非法进行节育手术罪

本罪是指未取得医生执业资格的人，擅自为他人进行节育复通手术、假节育手术、终止妊娠手术或者擅取宫内节育器，情节严重的行为。本罪主要特征为：(1) 侵犯的客体为国家对计划生育手术的正常管理活动和他人的生命、健康权利。(2) 客观方面表现为擅自为他人进行节育复通手术、假节育手术、终止妊娠手术或擅取宫内节育器，情节严重的行为。(3) 本罪主体为特殊主体，仅指未取得医生执业资格人员。(4) 主观方面为故意。

根据刑法典第336条第2款的规定，犯本罪的，处3年以下有期徒刑或者拘役，并处或单处罚金；严重损害就诊人的身体健康的，处3年以上10年以下有期徒刑，并处罚金；造成就诊人死亡的，处10年以上有期徒刑，并处罚金。

四、逃避动植物检疫罪

本罪是指违反进出境动植物检疫法的规定，逃避动植物检疫，引起重大动植物疫情的行为。本罪主要特征为：(1) 侵犯的客体是国家对进出境动植物检疫的管理秩序。(2) 客观方面表现为违反进出境动植物检疫法规，逃避动植物检疫，引起重大动植物疫情的行为。(3) 本罪主体是一般主体。既可以是单位，也可以是自然人。(4) 主观方面为故意。

根据刑法典第337条的规定，犯本罪的，处3年以下有期徒刑、拘役或者管制，并处或单处罚金。单位犯前款罪的，对单位判处罚金，并对其直接负责的主管人员和其他直接责任人员依照前款的规定处罚。

第七节　破坏环境资源保护罪

破坏环境资源保护罪，主要是指违反国家法律、法规，故意或过失地破坏土地、水源、矿产、动植物等各种环境资源，情节严重或后果严重的行为。主要包括以下两类。

破坏环境的犯罪

一、重大环境污染事故罪

(一) 重大环境污染事故罪的概念及特征

重大环境污染事故罪是指违反国家规定，向土地、水体、大气排放、倾倒或者处置有放射性的废物、含传染病原体的废物、有毒物质或其他危险废物，造成重大环境污染事故，致使公私财产遭受重大损失或人身伤亡的严重后果的行为。主要特征有：

1. 侵犯的客体是国家对环境的保护和污染防治的管理活动。为了保护环境和防治污染，国家制定了严格的法规，如《水污染防治法》、《固体废物污染环境防治法》等，如果违反这些法规，非法处置危险废物，会严重污染人类的生存环境，也会危害群众的身体健康，对造成重大环境污染事故，并产生严重后果的就必须追究刑事责任。

2. 客观方面表现为行为人实施了违反国家规定，向土地、水体、大气排放、倾倒或者处置有放射性的废物、含传染病病原体的废物、有毒物质或其他危险废物，造成重大环境污染事故，致使公私财产遭受重大损失或者人身伤亡的严重后果的行为。本罪在客观方面必须具有两个条件：第一，行为人实施了违反国家规定而非法排放、倾倒、处置危险废物的行为。如果行为人的行为没有违反国家规定，则属于合法行为。这里的违反国家规定，主要是指超标准或不按标准、排放、倾倒、处置危险废物。如向生活饮用水源地排放危险废物，向大气超标准排放有毒废气等。第二，行为造成了重大环境污染事故，致使公私财产遭受重大损失或者人身伤亡的严重后果。如果没有造成这种严重后果的，则只能按有关环保法的规定处理，不构成本罪。

3. 主体为一般主体。自然人和单位均可成为本罪主体。

4. 主观方面是过失。即行为人应当预见其非法排放、倾倒、处置危险废物的行为可能造成了重大环境污染事故，致使公私财产遭受重大损失或者人身伤亡的严重后果，由于疏忽大意而没有预见或已经预见但轻信能够避免，以致发生这种结果的。行为人实施违反国家规定非法处置危险废物的行为则是故意的。

（二）重大环境污染事故罪的认定

1. 重大环境污染事故罪与非罪的界限。从三方面加以区分：（1）有无违反国家规定的行为。如果行为人的行为是符合国家规定的，则不构成本罪。（2）有无发生严重后果，即有无造成重大环境污染事故，致使公私财产遭受重大损失或者人身伤亡。如果没有产生这种严重结果，则不构成本罪。（3）行为人主观上有无过失。如果行为人对造成的严重后果主观上没有过失，而是由于不能预见的原因造成的，也不构成本罪。

2. 重大环境污染事故罪与违反危险物品管理规定肇事罪的界限。二者的区别在于：（1）犯罪主体不同。前者主体可以是自然人或单位，后者的主体只能是自然人，不能是单位。（2）客观表现不同。前者表现为违反国家规定，非法排放、倾倒、处置危险废物，造成严重后果的行为；后者在客观上表现为违反危险物品的管理规定，在生产、储存、运输、使用过程中发生重大事故的行为。而且危险物品不同于前者的危险废物。（3）侵犯的客体不同。前者侵犯的是国家对环境的保护和污染防治的管理活动；后者侵犯的是公共安全。

（三）重大环境污染事故罪的刑事责任

依照刑法典第338条规定、第346条规定，犯本罪的，处3年以下有期徒刑或者拘役，并处或单处罚金；后果特别严重的，处3年以上7年以下有期徒刑，并处罚金。单位犯本罪的，对单位判处罚金，并对其直接负责的主管人员和其他直接责任人员依照个人犯罪的规定处罚。

二、非法处置进口的固体废物罪

本罪是指违反国家规定，将境外的固体废物进境倾倒、堆放、处置的行为。其主要特征是：（1）侵犯的客体是国家对境外固体废物进境的防治、管理活动，犯罪对象为境外的固体废物。（2）客观方面表现为违反国家规定，将境外的固体废物进境倾倒、堆放、处置的行为。本罪属行为犯，即行为人只要实施上述行为就构成本罪。（3）本罪主体为一般主体。既可以是自然人，也可以是单位。（4）主观方面是故意。

依照刑法典第339条第1款、第346条规定，犯本罪的，处5年以下有期徒刑或者拘役，并处罚金；造成重大环境污染事故，致使公私财产遭受重大损失或严重危害人体健康的，处5年以上10年以下有期徒刑，并处罚金；后果特别严重的，10年以上有期徒刑，并处罚金。单位犯本罪的，对单位判处罚金，并对其直接负责的主管人员和其他直接责任人员依照个人犯罪的规定处罚。

三、擅自进口固体废物罪

本罪是指未经国务院有关主管部门许可，擅自进口固体废物作原料，造成重大环境污染事故，致使公私财产遭受重大损失或严重危害人体健康的行为。本罪主要特征是：

(1) 侵犯的客体是国家对固体废物污染防治的管理秩序。(2) 客观方面表现为未经国家主管部门许可，擅自进口固体废物用作原料，造成重大环境污染事故，致使公私财产遭受重大损失或严重危害人体健康的行为。(3) 本罪主体为一般主体。既可以是自然人，也可以是单位。(4) 主观方面为过失。

依刑法典第339条第2款、第346条规定，犯本罪的，处5年以下有期徒刑或者拘役，并处罚金；后果特别严重的，处5年以上10年以下有期徒刑，并处罚金。单位犯本罪的，对单位判处罚金，并对其直接负责的主管人员和其他直接责任人员依照个人犯罪的规定处罚。

破坏自然资源的犯罪

一、非法捕捞水产品罪

本罪是指违反保护水产资源法规，在禁渔区、禁渔期或使用禁用的工具、方法捕捞水产品，情节严重的行为。本罪主要特征是：(1) 侵犯客体是国家对水产资源保护的管理秩序。(2) 客观方面表现为违反水产资源法规，在禁渔区、禁渔期或者使用禁用的工具、方法捕捞水产品，情节严重的行为。(3) 本罪主体为一般主体。(4) 主观方面为故意。

依刑法典第340条、第346条规定，犯本罪的，处5年以下有期徒刑或者拘役，并处罚金；后果特别严重的，处5年以上10年以下有期徒刑，并处罚金。单位犯本罪的，对单位判处罚金，并对其直接负责的主管人员和其他直接责任人员依照个人犯罪的规定处罚。

二、非法猎捕、杀害珍贵、濒危野生动物罪

(一) 非法猎捕、杀害珍贵、濒危野生动物罪的概念和特征

非法猎捕、杀害珍贵、濒危野生动物罪，是指未经批准，违反野生动物保护法规，非法捕猎、杀害国家重点保护的珍贵、濒危野生动物的行为。主要特征有：

1. 侵犯的客体为国家对珍贵、濒危野生动物的保护活动。犯罪对象只能是国家重点保护的珍贵、濒危野生动物。国家为了保护珍贵、濒危野生动物，专门制定了《野生动物保护法》，特别规定，因科学研究或驯养繁殖等特殊情况需要捕捉、捕捞国家保护的野生动物的，必须向国家有关部门申请特许猎捕证。未经批准，非法捕杀国家重点保护的珍贵、濒危野生动物的行为，都会严重危害国家对珍贵、濒危野生动物的保护管理活动。国家重点保护的珍贵、濒危野生动物是指一级保护野生动物和二级保护野生动物，如大熊猫、中华鲟、野骆驼等。

2. 客观方面表现为违反野生动物保护法规，未经批准，捕杀国家重点保护的珍贵、濒危野生动物的行为。即指行为人未按野生动物保护法规规定，向有关部门申请特许猎捕证或虽有特许猎捕证，但未按特许猎捕证的规定实施猎捕行为，猎捕、杀害国家重点保护的珍贵、濒危野生动物的行为。捕杀的时间、地点、方法等都不影响本罪的构成。

3. 主体为一般主体。既可以是自然人，也可以是单位。

4. 主观方面为故意。即明知自己猎捕、杀害国家重点保护的珍贵、濒危野生动物的行为是非法的，而仍然为之。

（二）非法猎捕、杀害珍贵、濒危野生动物罪的认定

本罪与非罪的界限。二者的区分关键从以下三方面考虑：（1）行为人的猎捕杀害行为是否经过批准。（2）猎捕杀害行为的对象是否是国家重点保护的珍贵、濒危野生动物。（3）行为人实施猎捕杀害行为时，主观上是否具有故意。这三方面同时具备的，则构成本罪，缺少其中任何一个方面，都不构成本罪。

（三）非法猎捕、杀害珍贵、濒危野生动物罪的刑事责任

依照刑法典第 341 条第 1 款、第 346 条规定，犯本罪的，处 5 年以下有期徒刑或者拘役，并处罚金；情节严重的，处 5 年以上 10 年以下有期徒刑，并处罚金；情节特别严重的，处 10 年以上有期徒刑，并处罚金或者没收财产。单位犯本罪的，对单位判处罚金，并对其直接负责的主管人员和其他直接责任人员依照个人犯罪的规定处罚。

三、非法收购、运输、出售珍贵、濒危野生动物、珍贵、濒危野生动物制品罪

本罪是指违反野生动物保护法规，未经有关主管部门批准，擅自收购、运输、出售珍贵、濒危野生动物及其制品的行为。本罪主要特征是：（1）侵犯的客体是国家对珍贵、濒危野生动物资源保护的管理秩序。（2）客观方面表现为违反野生动物保护法规，未经主管部门批准，擅自收购、运输、出售国家重点保护的珍贵、濒危野生动物及其制品的行为。（3）本罪主体为一般主体。（4）本罪主观方面为故意。

依刑法典第 341 条第 1 款、第 346 条规定，犯本罪的，处 5 年以下有期徒刑或者拘役，并处罚金；情节严重的，处 5 年以上 10 年以下有期徒刑，并处罚金；情节特别严重的，处 10 年以上有期徒刑，并处罚金或者没收财产。单位犯本罪的，对单位判处罚金，并对其直接负责的主管人员和其他直接责任人员依照个人犯罪的规定处罚。

四、非法狩猎罪

非法狩猎罪，是指违反狩猎法规，在禁猎区、禁猎期或使用禁用的工具、方法进行狩猎，破坏野生动物资源，情节严重的行为。本罪主要特征为：（1）侵犯的客体是国家对野生动物资源保护的管理活动。（2）客观方面表现为违反狩猎法规，在禁猎区、禁猎期或以禁用的工具、方法进行狩猎，破坏野生动物资源，情节严重的行为。（3）本罪主体为一般主体。（4）本罪主观方面为故意。

根据刑法典第 341 条第 2 款、第 346 条规定，犯本罪的，处 3 年以下有期徒刑、拘役、管制或者罚金。单位犯本罪的，对单位判处罚金，并对其直接负责的主管人员和其他直接责任人员依照个人犯罪的规定处罚。

五、非法占用农用地罪

非法占用农用地罪是指违反土地管理法规，非法占用耕地、林地等农用地，改变被占土地用途，数量较大，造成耕地、林地等农用地大量毁坏的行为。本罪主要特征为：（1）侵犯的客体是国家对农用地的管理活动。（2）客观方面表现为违反土地管理法规，未经批准，擅自占用耕地、林地等农用地，改变被占土地用途，数量较大，造成耕地、林地等农用地大量毁坏的行为。这里的改变被占土地用途，主要是指改变耕地、林地等农用地的种植功能，在耕地、林地等农用地上修建房屋、娱乐场所等。所谓造成耕地、林地等农用地大量毁坏则是指使耕地、林地等农用地在较长时间内丧失或部分丧失种植功能。（3）本罪主体为一般主体。单位和自然人都可构成。（4）主观方面是故意。

根据刑法修正案（二）第 346 条规定，犯本罪的，处 5 年以下有期徒刑或者拘役，

并处或单处罚金。单位犯本罪的，对单位判处罚金，并对其直接负责的主管人员和其他直接责任人员依照个人犯罪的规定处罚。

六、非法采矿罪

本罪是指违反矿产资源法的规定，未取得采矿许可证擅自采矿的，擅自进入国家规划矿区、对国民经济具有重要价值的矿区和他人矿区范围采矿的，擅自开采国家规定实行保护性开采的特定矿种，经责令停止开采后，拒不停止开采，造成矿产资源破坏的行为。本罪主要特征是：（1）国家对矿产资源的保护、管理活动。（2）客观方面表现为违反矿产资源法的规定，未取得采矿许可证擅自进入国家规划矿区、对国民经济具有重要价值的矿区和他人矿区采矿的，擅自开采国家规定实行保护性开采的特定矿种，并且经责令停止开采后，拒不停止开采，造成矿产资源破坏的行为。（3）本罪主体为一般主体、单位和自然人都可构成。（4）主观方面是故意。

根据刑法典第343条、第346条规定，犯本罪的，处3年以下有期徒刑、拘役或者管制，并处或单处罚金；造成矿产资源严重破坏的，处3年以上7年以下有期徒刑，并处罚金。单位犯本罪的，对单位判处罚金，并对其直接负责的主管人员和其他直接责任人员依照个人犯罪的规定处罚。

七、破坏性采矿罪

本罪是指违反矿产资源法的规定，采取破坏性的开采方法开采矿产资源，造成矿产资源严重破坏的行为。本罪主要特征：（1）侵犯的客体是国家对矿产资源的保护、管理活动。（2）客观方面表现为违反矿产资源法规，采取破坏性的开采方法开采矿产资源，造成矿产资源严重破坏的行为。（3）本罪主体为一般主体，单位和自然人都可构成。（4）主观方面是故意。

根据刑法典第343条、第346条规定，犯本罪的，处5年以下有期徒刑或者拘役，并处或单处罚金。单位犯本罪的，对单位判处罚金，并对其直接负责的主管人员和其他直接责任人员依照个人犯罪的规定处罚。

八、非法采伐、毁坏国家重点保护植物罪

本罪是指违反国家规定，非法采伐、毁坏珍贵树木或者国家重点保护的其他植物的行为。本罪的主要特征：（1）侵犯的客体是国家对植物的保护、管理活动。（2）客观方面表现为违反国家规定，非法采伐、毁坏珍贵树木的行为。（3）本罪主体为一般主体，单位和自然人都可构成。（4）主观方面为故意。

依照刑法修正案（四）的规定，犯本罪的，处3年以下有期徒刑、拘役或者管制，并处罚金；情节严重的，处3年以上7年以下有期徒刑，并处罚金。单位犯本罪的，对单位判处罚金，并对其直接负责的主管人员和其他直接责任人员依照个人犯罪的规定处罚。

九、非法收购、运输、加工、出售国家重点保护植物、国家重点保护植物制品罪

本罪是指违反国家规定，非法收购、运输、加工、出售珍贵树木或者国家重点保护的其他植物及其制品的行为。本罪的主要特征：（1）侵犯的客体是国家对植物的保护、管理活动。（2）客观方面表现为违反国家规定，非法收购、运输、加工、出售珍贵树木或者国家重点保护的其他植物及其制品的行为。（3）主体为一般主体，单位和自然人均可构成。（4）主观方面是故意。

根据刑法修正案（四）及刑法典第 346 条的规定，犯本罪的，处 3 年以下有期徒刑、拘役或管制，并处罚金；情节严重的，处 3 年以上 7 年以下有期徒刑，并处罚金。单位犯本罪的，对单位判处罚金，并对其直接负责的主管人员和其他直接责任人员依照个人犯罪的规定处罚。

十、盗伐林木罪

（一）盗伐林木罪的概念及特征

盗伐林木罪，是指违反森林法及其他保护森林的法规，以非法占有为目的，擅自砍伐国家、集体所有的森林或其他林木，以及擅自砍伐他人自留山上的成片林木，数量较大的行为。主要特征有：

1. 本罪的客体是复杂客体，即侵犯了国家对森林资源的管理活动和林木的所有权。犯罪对象是森林或者其他林木。为了保护、培育和合理使用林木资源，国家通过颁布《森林法》及相应的《实施细则》，加强了对林木资源的管理保护活动。任何盗伐森林和其他林木的行为，都不仅会破坏自然资源，也直接侵害了国家对森林资源的管理活动及林木的所有权。

2. 本罪客观方面表现为行为人违反森林法规，盗伐国家、集体所有的森林或其他林木或者盗伐他人自留山上的成片林木，数量较大的行为。这里的盗伐主要是指未经林业管理部门的批准，擅自砍伐森林或非自己所有的其他林木的。盗伐行为可能公开进行，也可能秘密进行。数量较大一般是指在林区盗伐 $2M^3$～$5M^3$ 或者幼树 100～250 株，在非林区盗伐 $1M^3$～$2.5M^3$ 或者幼树 50～125 株。

3. 本罪主体为一般主体，单位和自然人都可构成。

4. 本罪主观方面为故意，并具有非法占有的目的。即行为人明知自己擅自砍伐的是森林或其他林木，但出于非法占有的目的，而仍然进行砍伐的。

（二）盗伐林木罪的认定

1. 盗伐森林罪与非罪的界限。关键区别在于：行为人盗伐的林木数量是否较大。如果盗伐的林木数量较小的不以犯罪论处。

2. 盗伐森林罪与盗窃罪的界限。而二者的区别主要在于：第一，犯罪对象不同。前者的对象只能限于是正在生长过程中的国家、集体所有的森林或其他林木以及他人自留山上的成片林木；而后者的对象是任何公私财物。第二，客观表现不同。前者只是未经批准，擅自砍伐；后者则是秘密窃取。第三，客体不同。前者主要侵犯的是国家对林木的管理活动；后者则是公私财产所有权。

（三）盗伐林木罪的刑事责任

根据刑法典第 345 条第 1、4 款，第 346 条的规定，犯本罪的，处 3 年以下有期徒刑、拘役或者管制，并处或单处罚金；数量巨大的，处 3 年以上 7 年以下有期徒刑，并处罚金；数量特别巨大的，处 7 年以上有期徒刑，并处罚金；盗伐国家自然保护区内的森林或其他林木的，从重处罚。单位犯本罪的，对单位判处罚金，并对其直接负责的主管人员和其他直接责任人员依照个人犯罪的规定处罚。

十一、滥伐林木罪

本罪是指违反森林法规，滥伐森林或其他林木，数量较大的行为。主要特征有：（1）侵犯的客体是国家对林木的保护、管理活动。（2）客观方面表现为违反森林法规，未经主管部门等的批准并核发采伐许可证，或虽持有采伐许可证，但违背采伐许可证，规定的树种、数量、地点或方式，任意采伐本单位所有或承包管理的以及本人自留山上的森林或者其他林木，数量较大的行为。(3) 本罪主体为一般主体，单位和自然人都可构成。(4) 主观方面为故意。

根据刑法典第345条第2款、第4款，第346条的规定，犯本罪的，处3年以下有期徒刑、拘役或者管制，并处或单处罚金；数量巨大的，处3年以上7年以下有期徒刑，并处罚金；滥伐国家级自然保护区内的森林或其他林木的，从重处罚。单位犯本罪的，对单位判处罚金，并对其直接负责的主管人员和其他直接责任人员依照个人犯罪的规定处罚。

十二、非法收购、运输盗伐、滥伐的林木罪

本罪是指非法收购、运输明知是盗伐、滥伐的林木，情节严重的行为。本罪的主要特征有：(1) 侵犯的客体是国家森林保护制度。(2) 客观方面表现为非法收购、运输盗伐、滥伐的林木，情节严重的行为。(3) 本罪主体为一般主体，单位和自然人都可构成。(4) 主观方面为故意且必须明知是盗伐、滥伐的林木。根据有关司法解释，"明知"是指知道或应当知道。具有下列情形之一的，可以视为应当知道，但是有证据证明确属被蒙骗的除外：①在非法的木材交易场所或者销售单位收购木材的；②收购以明显低于市场价格出售的木材的；③收购违反规定出售的木材的。

根据刑法修正案（四）规定，犯本罪的，处3年以下有期徒刑、拘役或者管制，并处或单处罚金；情节特别严重的，处3年以上7年以下有期徒刑，并处罚金。单位犯本罪的，对单位判处罚金，并对其直接负责的主管人员和其他直接责任人员依照个人犯罪的规定处罚。

第八节　走私、贩卖、运输、制造毒品罪

所谓走私、贩卖、运输、制造毒品罪是对涉及毒品的各种犯罪的概称。这类犯罪，具有以下主要特征：

1. 侵犯的客体是国家对毒品的管制秩序。这是各种毒品犯罪行为侵害的共同客体。新中国建立以来，国家为保护人民群众的身体健康，一贯对毒品进行严格控制。为此，国家近年来颁布了一系列的法律、法规，如《中华人民共和国药品管理法》、《麻醉药品管理办法》、《精神药品管理办法》、《麻醉药品生产管理办法》、《麻醉药品经营管理办法》，相应建立起了严格的管制秩序。任何单位和个人违反上述法律法规，实施走私、贩卖、运输、制造毒品及其他涉及毒品的行为，都直接侵犯了国家对毒品的管理制度，并对人民的生命健康构成威胁。

本节犯罪的对象是毒品，根据刑法典第357条第1款的规定，毒品是指鸦片、海洛因、甲基苯丙胺（冰毒）、吗啡、大麻、可卡因以及国家规定管制的其他能够使人形成瘾癖的麻醉药品和精神药品。所谓麻醉药品，是指连续使用后易产生身体依赖性、能成瘾癖的药品；所谓精神药品，是指直接作用于人体中枢神经系统，使之兴奋或者抑制，连续使用能产生依赖性的药品。我国于1987年和1988年由国务院分别发布了对麻醉药品和精神药品的管理办法，对麻醉药品和精神药品的生产、运输、存储、发放、使用、

进出口作了具体规定，并附表规定了麻醉药品和精神药品的种类。这类药品必须依照国家规定进行生产、管理、运输和使用，并且只限用于医疗、科研、教学的需要，未经批准不能擅作他用。

根据刑法典第 357 条第 2 款的规定，毒品的数量以查证属实的走私、贩卖、运输、制造、非法持有毒品的数量计算，不以纯度折算。

2. 这类犯罪在客观方面表现为违反毒品管理法规，实施走私、贩卖、运输、制造、非法持有毒品等各种犯罪行为。根据刑法的有关规定，其具体表现形式包括走私、贩卖、运输、制造毒品的行为，非法持有毒品的行为，包庇毒品犯罪分子的行为，窝藏、转移、隐瞒毒品、毒赃的行为，走私制毒物品的行为，非法买卖制毒物品的行为，非法种植毒品原植物的行为，非法买卖、运输、携带、持有毒品原植物种子或者幼苗的行为，引诱、教唆、欺骗他人吸毒的行为，强迫他人吸毒的行为，容留他人吸毒的行为，非法提供麻醉药品、精神药品的行为。

3. 这类犯罪的主体包括自然人和单位。自然人是指达到刑事责任年龄、具有刑事责任能力的人。已满 14 周岁不满 16 周岁的人，犯贩卖毒品罪，应当负刑事责任。其他涉及毒品犯罪的主体应当年满 16 周岁才负刑事责任。本节犯罪的主体多为一般主体，只有非法提供麻醉药品、精神药品罪的犯罪主体为特殊主体，即依法从事生产、运输、管理、使用国家管制的麻醉药品和精神药品的单位和人员。

4. 这类犯罪的主观方面在罪过上只能是故意，过失不能构成本类犯罪。

根据刑法典第 356 条的规定，因走私、贩卖、运输、制造、非法持有毒品罪被判过刑，又犯本节规定之罪的，从重处罚。

本节从第 347 条至第 357 条，共 11 个条文，具体规定了 12 个罪名。根据犯罪行为涉及毒品的不同特点，可将本节犯罪分为非法进行毒品流通的犯罪和致使他人吸毒的犯罪两个类型。

非法进行毒品流通的犯罪

一、走私、贩卖、运输、制造毒品罪

（一）走私、贩卖、运输、制造毒品罪的概念和特征

走私、贩卖、运输、制造毒品罪，是指明知是毒品而故意实施走私、贩卖、运输、制造的行为。本罪的主要特征为：

1. 本罪在客观方面表现为，实施了走私、贩卖、运输、制造毒品的行为。所谓走私，是指明知是毒品而非法将其运输、携带、邮寄进出国（边）境；所谓贩卖，是指明知是毒品而非法销售或者以销售为目的而非法收买毒品；所谓运输，是指使用交通工具运送毒品；所谓制造，是指非法从毒品原植物中直接提炼或者用化学方法加工、配制毒品。

本罪属于选择性罪名，只要实施其中行为之一的，即可构成犯罪，并单独定罪，如走私毒品罪、运输毒品罪等。同时实施以上行为的，也定一罪，不实行数罪并罚。

2. 本罪在主观方面是直接故意，即行为人主观上对毒品必须具有“明知”的认识，即明知是毒品而进行走私、贩卖、运输或者制造。如果行为人主观上不知道是毒品，而

被他人利用实施了走私、贩卖、运输、制造的行为，则不构成本罪。实施本罪行为的动机和目的通常是为了牟取非法利益，即以营利为目的。

3. 本罪的主体为一般主体，凡达到刑事责任年龄，具有刑事责任能力的自然人均可构成本罪。鉴于毒品犯罪的严重危害性，刑法典第 17 条第 2 款规定，已满 14 周岁不满 16 周岁的人犯贩卖毒品罪，也应当负刑事责任。走私、运输、制造毒品的犯罪主体，限于已满 16 周岁的人。根据刑法典第 347 条第 5 款的规定，单位也可以构成本罪。

(二) 走私、贩卖、运输、制造毒品罪的刑事责任

根据刑法典第 347 条的规定，犯本罪的，按下列情况予以处罚：

1. 具有下列情形之一的，处 15 年有期徒刑、无期徒刑或者死刑，并处没收财产：(1) 走私、贩卖、运输、制造鸦片 1000 克以上，海洛因或者甲基苯丙胺 50 克以上或者其他毒品数量大的；(2) 走私、贩卖、运输、制造毒品集团的首要分子；(3) 武装掩护走私、贩卖、运输、制造毒品的；(4) 以暴力抗拒检查、拘留、逮捕，情节严重的；(5) 参与有组织的国际贩毒活动的。

2. 走私、贩卖、运输、制造鸦片 200 克以上不满 1000 克、海洛因或者甲基苯丙胺 10 克以上不满 50 克的，或者其他毒品数量较大的，处 7 年以上有期徒刑，并处罚金。

3. 走私、贩卖、运输、制造鸦片不满 200 克、海洛因或者甲基苯丙胺不满 10 克，或者其他少量毒品的，处 3 年以下有期徒刑、拘役或者管制，并处罚金；情节严重的，处 3 年以上 7 年以下有期徒刑，并处罚金。

4. 利用、教唆未成年人走私、贩卖、运输、制造毒品，或者向未成年人出售毒品的，从重处罚。

5. 单位犯本罪的，对单位判处罚金，并对其直接负责的主管人员和其他直接责任人员，依照上述规定处罚。

二、非法持有毒品罪

(一) 非法持有毒品罪的概念和特征

非法持有毒品罪，是指明知是鸦片、海洛因或者其他毒品而非法持有，数量较大的行为。本罪的主要特征为：

1. 本罪在主观方面为是故意，即行为人明知是毒品而故意非法持有。如果确实不知道自己所持有的物品为毒品，则不构成本罪。

2. 本罪在客观方面表现为，行为人违反毒品管理法规，非法持有数量较大的毒品。所谓非法，是指违反了《中华人民共和国药品管理法》、《麻醉药品管理办法》、《精神药品管理办法》以及刑法的有关规定。根据国家颁布的一系列法律法规，国家禁止任何单位或个人非法持有毒品。任何单位和个人未经有关部门批准或许可而持有、保存毒品，均违反了国家对毒品的管理规定，即属非法持有。所谓持有，是指行为人对毒品拥有、保存或进行控制。持有的形式可以是随身携带，也可以是保存在可以控制的地方，还可以是委托他人代为保管。所谓数量较大，是指达到刑法典第 348 条所规定的数量标准：即非法持有鸦片 200 克以上、海洛因或者甲基苯丙胺 10 克以上，或者其他毒品数量较大的。

3. 本罪的主体是一般主体。凡已满 16 周岁，具有刑事责任能力的自然人，均可成为非法持有毒品罪的主体。

（二）非法持有毒品罪的认定

对查获的非法持有毒品的案件，应首先尽力调查其犯罪事实。如能查清行为人持有毒品是为了走私、贩卖、运输、制造或者代人窝藏，则应追究其相应的走私、贩卖、运输、制造毒品或者窝藏毒品等犯罪的刑事责任。只有在被告人拒不交待毒品来源、确实无法查清其涉毒行为的动机和目的时，才能按照非法持有毒品罪定罪量刑。

（三）非法持有毒品罪的刑事责任

根据刑法典第348条的规定，非法持有鸦片1000克以上、海洛因或者甲基苯丙胺50克以上或者其他毒品数量大的，处7年以上有期徒刑或者无期徒刑，并处罚金；非法持有鸦片200克以上不满1000克、海洛因或者甲基苯丙胺10克以上不满50克或者其他毒品数量较大的，处3年以下有期徒刑、拘役或者管制，并处罚金；情节严重的，处3年以上7年以下有期徒刑，并处罚金。

三、包庇毒品犯罪分子罪

包庇毒品犯罪分子罪，是指明知是走私、贩卖、运输、制造毒品的犯罪分子，而向司法机关提供假证明掩盖其罪行，或者帮助其湮灭罪证，以使其逃避法律制裁的行为。本罪的主要特征为：（1）主观方面是故意，即行为人明知所包庇的是走私、贩卖、运输、制造毒品犯罪中的犯罪分子；（2）客观方面表现为包庇走私、贩卖、运输、制造毒品的犯罪分子的行为。本罪所指的“包庇”与刑法典第310条包庇罪所称包庇的含义相同，但本罪的对象仅限于走私、贩卖、运输、制造毒品的犯罪分子。根据刑法典第349条3款的规定，与所包庇的走私、贩卖、运输、制造毒品的犯罪分子事前通谋，答应其在作案后给予包庇，此情况应以所包庇的犯罪分子的共同犯罪论处而不再定本罪。

根据刑法典第349条第1款的规定，犯本罪的，处3年以下有期徒刑、拘役或者管制，情节严重的，处3年以上10年以下有期徒刑。根据刑法典第349条第2款的规定，缉毒人员或者其他国家机关工作人员犯本罪的，依照前款规定从重处罚。

四、窝藏、转移、隐瞒毒品、毒赃罪

（一）窝藏、转移、隐瞒毒品、毒赃罪的概念和特征

窝藏、转移、隐瞒毒品、毒赃罪，是指明知是毒品或者进行毒品犯罪所获得的财物，而予以窝藏、转移或者隐瞒的行为。本罪的主要特征为：（1）主观方面只能是故意，即行为人必须是明知所窝藏、转移、隐瞒的物品是毒品，或者是通过毒品犯罪获得的非法财物；（2）客观方面表现为窝藏、转移、隐瞒毒品或毒赃的行为。本罪的对象仅限于是毒品犯罪中的毒品和犯罪分子进行走私、贩卖、运输、制造毒品犯罪活动所获得的财物，即毒赃。所谓窝藏，是指提供处所藏匿毒品或毒赃；所谓转移，是指将毒品或毒赃从一处转运到另一处隐藏；所谓隐瞒，是指在受到有关执法人员的询问调查时，行为人明知毒品或毒赃的藏匿处而掩盖真相，拒不回答或者做出虚假回答。

（二）窝藏、转移、隐瞒毒品、毒赃罪的刑事责任

根据刑法典第349条第1款的规定，犯本罪的，处3年以下有期徒刑、拘役或者管制，情节严重的，处3年以上10年以下有期徒刑。

根据刑法典第349条第2款的规定，缉毒人员或者其他国家机关工作人员犯本罪的，依照前款规定从重处罚。

五、走私制毒物品罪

（一）走私制毒物品罪的概念和特征

走私制毒物品罪，是指违反国家关于毒品管制和海关法规的有关规定，运输醋酸酐、乙醚、三氯甲烷或者其他用于制造毒品的原料或者配剂进出境的行为。本罪的主要特征为：

1．客观方面表现为，非法运输、携带制毒物品进出境的行为。1988 年，卫生部、经贸部、公安部、海关总署发布了《关于对三种特殊化学品实行出口准许证管理的通知》，规定对醋酸酐、乙醚、三氯甲烷三种物品实行出口准许证制度。“用于制造毒品的原料或者配剂”是指提炼、分解毒品使用的原材料及辅助性配料。所谓“非法”，是指未经国家有关部门批准，不经过海关、边卡检查站的查验，或者在通过海关或边卡检查站查验时蒙混过关，以欺骗手段逃避监管，将上述物品运输、携带进出境。

2．主体为一般主体，并且单位也可以成为本罪的主体。

3．主观方面为故意，行为人必须明知所运输、携带的物品为国家严格控制的制毒物品。根据刑法典第 350 条第 2 款的规定，如果明知他人制造毒品而为其提供上述制毒物品的，以制造毒品罪的共犯论处。

（二）走私制毒物品罪的认定

在处理此类案件时，应注意区别本罪同走私毒品罪的界限。区别主要在于：本罪的犯罪对象是用于制造毒品的原料或者配剂，而走私毒品罪的犯罪对象是国家管制的能够使人形成瘾癖的毒品。相应地，上述两罪所违反的国家有关管理制度和法规也不相同。

（三）走私制毒物品罪的刑事责任

根据刑法典第 350 条的规定，个人犯本罪的，处 3 年以下有期徒刑、拘役或者管制，并处罚金；数量大的，处 3 年以上 10 年以下有期徒刑，并处罚金；单位犯本罪的，对单位判处罚金，并对其直接负责的主管人员和其他直接责任人员，依照上述规定处罚。

六、非法买卖制毒物品罪

（一）非法买卖制毒物品罪的概念和特征

非法买卖制毒物品罪，是指违反国家有关规定，在境内非法买卖醋酸酐、乙醚、三氯甲烷或者其他用于制造毒品的原料或者配剂的行为。本罪的主要特征为：

1．客观方面表现为，违反国家的有关规定，未经特别准许而在境内买卖用于制造毒品的原料或者配剂的行为。本罪限于在境内买卖的行为，不涉及进出境和在国外买卖。

2．主体为一般主体，且单位也可以成为本罪的主体。

3．主观方面为故意。行为人必须明知所买卖的物品为国家严格控制其经营买卖的用于制造毒品的物品。根据刑法典第 350 条第 2 款的规定，如果明知他人制造毒品而为其提供上述制毒物品的，以制造毒品罪的共犯论处。

（二）非法买卖制毒物品罪的认定

在处理本罪时，应注意同贩卖毒品罪的区别。区别主要在于犯罪对象不同：本罪的犯罪对象是用于制造毒品的原料或者配剂，而贩卖毒品罪的犯罪对象是国家管制的能够使人形成瘾癖的毒品。

（三）非法买卖制毒物品罪的刑事责任

根据刑法典第350条的规定，个人犯本罪的，处3年以下有期徒刑、拘役或者管制，并处罚金；数量大的，处3年以上10年以下有期徒刑，并处罚金；单位犯本罪的，对单位判处罚金，并对其直接负责的主管人员和其他直接责任人员，依照上述规定处罚。

七、非法种植毒品原植物罪

（一）非法种植毒品原植物罪的概念和特征

非法种植毒品原植物罪，是指明知是罂粟、大麻等毒品原植物而非法种植，情节严重的行为。本罪的主要特征为：

1．侵犯的客体是国家对毒品原植物种植的管制制度。犯罪对象是毒品原植物，即可以用于提炼、加工鸦片、海洛因、吗啡、可卡因等毒品的原植物。在我国，非法种植的毒品原植物主要是罂粟及大麻。

2．客观方面表现为非法种植毒品原植物的行为。所谓种植，是指从播种到收获的全过程，但不包括在此期间的加工行为，如在罂粟果实上割取生鸦片，此行为属于制造毒品的行为。

3．主体是一般主体。

4．主观方面是故意，行为人必须明知所种植的是可以用于制造毒品的植物。至于种植的目的，一般是为了营利或者制造毒品。如果仅仅是为了观赏或者自己药用，乃至自己吸食，所种植的数量未达到刑法规定的标准的，不构成本罪。

（二）非法种植毒品原植物罪的认定

在处理本罪时，应注意划清抗拒铲除毒品原植物的行为同妨害公务罪的界限。构成非法种植毒品原植物罪的情节之一是抗拒铲除毒品原植物，而该抗拒行为本身也属一种妨害公务行为。此情况属于刑法上的法条竞合，应按特别法优于普通法的原则，以非法种植毒品原植物罪论处。

（三）非法种植毒品原植物罪的刑事责任

根据刑法典第351条第1款的规定，犯本罪有下列情形之一的，处5年以下有期徒刑、拘役或者管制，并处罚金：（1）种植罂粟500株以上不满3000株，或者其他毒品原植物数量较大；（2）经公安机关处理后又种植的；（3）抗拒铲除的。

根据刑法典第351条第2款的规定，非法种植罂粟3000株以上或者其他毒品原植物数量大的，处5年以上有期徒刑，并处罚金或者没收财产。

根据刑法典第351条第3款的规定，非法种植罂粟或者其他毒品原植物，在收获前自动铲除的，可以免除处罚。

八、非法买卖、运输、携带、持有毒品原植物种子、幼苗罪

（一）非法买卖、运输、携带、持有毒品原植物种子、幼苗罪的概念和特征

非法买卖、运输、携带、持有毒品原植物种子、幼苗罪是指明知是罂粟等用于制造毒品的原植物的未经灭活的种子或者幼苗，而非法买卖、运输、携带或者持有，数量较大的行为。本罪的主要特征为：

1．侵犯的客体是国家对毒品原植物的管制制度。未经灭活的毒品原植物种子和幼苗，其直接用途就是用于种植毒品原植物。一旦这些种子或幼苗被使用，其后果就是国

家对毒品原植物进行控制制度的破坏。本罪的犯罪对象是未经灭活的毒品原植物种子和幼苗，即未经杀死可以用于种植的种子和幼苗，其用途显然是为了种植毒品原植物。在我国主要是指罂粟和大麻的种子与幼苗。

2. 客观方面表现为非法买卖、运输、携带、持有未经灭活的毒品原植物种子或幼苗，数量较大的行为。非法买卖，是指未经主管部门批准而买卖毒品原植物种、苗的行为；非法运输，是指未经批准而使用交通工具将毒品原植物种、苗由一地运往另一地的行为；非法携带，是指非法随身或通过邮寄、利用他人等方法携带毒品原植物种、苗的行为；非法持有，是指非法地拥有、保存着毒品原植物种、苗。所谓数量较大，刑法未予明确规定，可以根据这些种苗的种植能力和收获毒品的可能数量，参照非法制造毒品罪的数量予以确定。

3. 主体是一般主体，即达到刑事责任年龄、具有刑事责任能力的人均可以构成本罪。单位不能成为本罪的主体。

4. 主观方面是故意，行为人明知为毒品原植物种子、幼苗而予以买卖、运输、携带、持有。如果行为人确实不知道所涉及的物品为毒品原植物种、苗或有重大误解，不构成犯罪。

(二) 非法买卖、运输、携带、持有毒品原植物种子、幼苗罪的刑事责任

根据刑法典第352条的规定，犯本罪的，处3年以下有期徒刑、拘役或者管制，并处或者单处罚金。

九、非法提供麻醉药品、精神药品罪

(一) 非法提供麻醉药品、精神药品罪的概念和特征

非法提供麻醉药品、精神药品罪，是指依法从事生产、运输、管理、使用国家管制的麻醉药品和精神药品的人员，违反国家的有关规定，向吸食、注射毒品的人提供国家管制的麻醉药品和精神药品的行为。本罪的主要特征为：

1. 侵犯的客体是国家的毒品管制制度。麻醉药品和精神药品具有医疗、化工和科研等方面的作用，但如果管理不严流入社会，将造成毒品的泛滥，所以国家建立了对麻醉药品和精神药品的严格管理制度。《麻醉药品管理办法》和《精神药品管理办法》对这两类药品的生产、供应、经营、零售及使用都作了具体规定。非法提供这两种药品，将直接破坏国家对这两种药品的管理制度。本罪的犯罪对象是国家管制的麻醉药品和精神药品。

2. 客观方面表现为，行为人非法向吸食、注射毒品的人提供麻醉药品和精神药品的行为。本罪提供麻醉药品和精神药品的对象必须是吸食、注射毒品的人。如果提供的对象是正常使用麻醉药品和精神药品的人，即使出现提供药品的手续不全等违法情节，也不能按本罪处理。如果提供的对象是走私、贩卖毒品的人，则应按照走私、贩卖毒品罪处理，也不构成本罪。

3. 主体是特殊主体，即依法从事生产、运输、管理、使用国家管制的麻醉药品和精神药品的人员。单位也可以构成本罪。

4. 主观方面是故意。行为人明知对方是吸食、注射毒品的人而有意向其提供麻醉药品或精神药品。构成本罪的行为人必须是非营利为目的，一般是向亲朋好友赠送或擅自批准购用；如果行为人为获利而提供麻醉药品和精神药品，应以贩卖毒品罪处理。

（二）非法提供麻醉药品、精神药品罪的刑事责任

根据刑法典第355条的规定，个人犯本罪的，处3年以下有期徒刑或者拘役，并处罚金；情节严重的，处3年以上7年以下有期徒刑，并处罚金；单位犯本罪的，对单位判处罚金，并对其直接负责的主管人员和其他直接责任人员，依照上述规定处罚。

致使他人吸毒的犯罪

一、引诱、教唆、欺骗他人吸毒罪

引诱、教唆、欺骗他人吸毒罪，是指对原本无意吸毒的他人，以引诱、教唆、欺骗的方法致使其吸食、注射毒品的行为。所谓“引诱、教唆”，是指向他人宣传吸毒体验、示范吸毒方法，从而促使他人吸食、注射毒品的行为；所谓“欺骗”，是指在他人并不知晓的情况下，给他人吸食、注射毒品的行为，如在香烟或食品中掺入毒品。

根据刑法典第353条的规定，犯本罪的，处3年以下有期徒刑、拘役或者管制，并处罚金；情节严重的，处3年以上7年以下有期徒刑，并处罚金。引诱、教唆、欺骗未成年人吸食、注射毒品的，从重处罚。

二、强迫他人吸毒罪

强迫他人吸毒罪，是指违背他人的意志，以暴力、胁迫或者其他强制手段迫使他人吸食、注射毒品的行为。暴力、胁迫是指通过身体、精神方面的强制，使他人失去抵抗能力；其他强制方法是指用暴力、胁迫以外的他人不能抵抗或不知抵抗的方法。

根据刑法典第353条第2、3款的规定，犯本罪的，处3年以上10年以下有期徒刑，并处罚金。强迫未成年人吸食、注射毒品的，从重处罚。

三、容留他人吸毒罪

容留他人吸毒罪，是指为他人吸食、注射毒品而提供场所的行为。所谓“容留”，是指行为人利用自己的场所或其他自己能够控制的场所，为他人提供条件，使其得以吸食、注射毒品。

根据刑法典第354条的规定，犯本罪的，处3年以下有期徒刑、拘役或者管制，并处罚金。

第九节　组织、强迫、引诱、容留、介绍卖淫罪

组织、强迫、引诱、容留、介绍卖淫罪，是指组织、强迫、引诱、容留、介绍他人卖淫，妨害社会管理秩序和败坏社会风气的行为。组织、强迫、引诱、容留、介绍卖淫罪，属于妨害社会管理秩序罪的一类。这类犯罪，具有以下主要特征：

1. 这类犯罪侵犯的客体是社会管理秩序和社会的善良风俗。组织、强迫、引诱、容留、介绍他人卖淫的活动是一种丑恶的社会现象，它不仅严重污染社会风气、妨害社会治安秩序，而且对国家法律、社会伦理道德是一种公然藐视，同时还可能导致性病传播，危及他人身体健康。所以对于这类犯罪必须予以严厉打击。

2. 这类犯罪在客观方面表现为组织、强迫、引诱、容留、介绍他人卖淫的行为，以及明知自己患有严重性病而进行卖淫、嫖娼的行为。本罪的对象是“他人”，主要是

妇女，也包括男人。

3. 这类犯罪的主体为一般主体，即达到刑事责任年龄、具有刑事责任能力的任何自然人都可以构成本罪。为了严禁卖淫、嫖娼活动，刑法典第 361 条规定，旅馆业、饮食服务业、文化娱乐业、出租汽车业等单位的人员，利用本单位的条件，组织、强迫、引诱、容留、介绍他人卖淫的，依照本法第 358 条组织卖淫罪、强迫卖淫罪和第 359 条引诱、容留、介绍卖淫罪的规定定罪处罚。上列单位的主要负责人实施上述行为的，从重处罚。刑法对于这些特殊单位的人员予以特别规定，目的在于加大对这类犯罪打击的力度，以便有效地遏制这类犯罪的发生。

4. 这类犯罪在主观方面只能由故意构成，即行为人明知自己是在进行与卖淫、嫖娼有关的犯罪活动仍予实施。过失不构成本罪。

本节从第 358 条至第 362 条，共 5 个条文，具体规定了 7 个罪名。

组织、强迫、引诱、容留、介绍卖淫的具体犯罪

一、组织卖淫罪

（一）组织卖淫罪的概念和特征

组织卖淫罪，是指以招募、雇佣、引诱、容留等手段，聚集并控制多人从事卖淫活动的行为。本罪的主要特征为：

1. 客观方面表现为组织他人进行卖淫活动的行为。所谓组织他人，是指以招募、雇佣、引诱、容留等方法，将分散的卖淫人员聚集起来进行卖淫活动。组织者本身也可以是直接进行卖淫活动的卖淫人员。所谓卖淫，是指为获取钱财而与不特定的人发生性关系的行为。有组织的卖淫活动，既可以是行为人设置一定的场所，公开或隐蔽地提供性服务，也可以是没有固定的场所，由行为人通过自己掌握控制的卖淫人员流动地提供性服务。但不管方式如何，其行为的共同特点就是行为人以比较固定的方式、控制特定的卖淫人员进行实质性的卖淫活动。组织卖淫罪的对象是不分年龄、性别的多个他人，其中有男人，也有妇女。从司法实践情况来看，组织他人卖淫罪的行为人多是组织妇女从事卖淫活动。

2. 主体只限于是卖淫活动的组织者，其他人员不构成本罪。

3. 主观方面是直接故意，即行为人明知自己的行为是在组织卖淫人员进行卖淫活动而实施这种行为。一般情况下，组织卖淫行为的动机是为了非法牟利。

（二）组织卖淫罪的认定

在处理此类案件时，要注意本罪同协助组织卖淫罪的区别。协助组织卖淫罪是依附于组织卖淫罪而存在的，即没有组织卖淫罪也就没有协助组织卖淫罪，二者之间有着紧密的联系。其区别在于：从客观方面看，组织卖淫罪的行为是直接实施组织行为，即主动聚集卖淫人员并控制其进行卖淫活动，而协助组织卖淫罪的行为是指向组织者的组织行为提供帮助、创造条件，与卖淫活动之间的关系是间接的。协助组织卖淫罪的行为人一般并不控制、指挥卖淫人员的活动，而只是同组织者之间有帮助的关系。

（三）组织卖淫罪的刑事责任

根据刑法典第 358 条第 1 款和第 2 款的规定，犯本罪的，处 5 年以上 10 年以下有

期徒刑，并处罚金；情节严重的，处10年以上有期徒刑或者无期徒刑，并处罚金或者没收财产；情节特别严重的，处无期徒刑或者死刑，并处没收财产。

二、强迫卖淫罪

（一）强迫卖淫罪的概念和特征

强迫卖淫罪，是指以暴力、胁迫或者其他强制手段，迫使他人卖淫的行为。本罪的主要特征为：

1. 侵犯的客体是复杂客体，既破坏了社会治安管理秩序，又侵犯了他人的人身权利。强迫卖淫罪是对社会风尚的破坏，同时由于使用暴力、胁迫或其他强制手段，对他人的人身自由、身心健康权利也造成严重侵犯。本罪的本质在于违背他人意志迫使他人出卖肉体，是社会危害性较为严重的犯罪。本罪的犯罪对象主要是妇女，也包括其他人。

2. 客观方面表现为，使用暴力、胁迫或者其他强制手段，迫使他人卖淫的行为。所谓使用暴力、胁迫或其他强制手段，是指直接采取暴力，或者以暴力相威胁，或者利用从属关系相胁迫等，使被害人不能反抗、不敢反抗或不知反抗，而违心地忍辱屈从进行卖淫活动。卖淫是违背卖淫者意愿的，是行为人强迫的结果。因此强迫他人卖淫与引诱、容留他人卖淫相比，具有更大的社会危害性。

3. 主观方面是直接故意，即行为人具有强迫他人违背自己的意志从事卖淫活动的故意。具体来说，行为人不但认识到自己的行为是在迫使他人从事卖淫活动，而且认识到这种行为是违背他人意志的，却积极地追求这种结果的发生。通常行为人具有营利的目的。

（二）强迫卖淫罪的刑事责任

根据刑法典第358条第1款和第2款的规定，犯本罪的，处5年以上10年以下有期徒刑，并处罚金。有下列情形之一的，处10年以上有期徒刑或者无期徒刑，并处罚金或者没收财产：(1) 强迫不满14周岁的幼女卖淫的；(2) 强迫多人卖淫或者多次强迫他人卖淫的；(3) 强奸后迫使卖淫的；(4) 造成被强迫卖淫的人重伤、死亡或者其他严重后果的。有上述所列情形之一，情节特别严重的，处无期徒刑或者死刑，并处没收财产。

三、协助组织卖淫罪

协助组织卖淫罪，是指帮助组织者组织他人卖淫的行为。本罪的主要特征为：客观方面表现为协助组织者组织他人进行卖淫活动的行为。协助行为的表现形式多种多样，如为组织者充当保镖、打手、管账人、联络人等，起着一种帮助、辅助的作用。

根据刑法典第358条第3款的规定，犯本罪的，处5年以下有期徒刑，并处罚金；情节严重的，处5年以上10年以下有期徒刑，并处罚金。

四、引诱、容留、介绍卖淫罪

引诱、容留、介绍卖淫罪，是指利用物质手段等诱使他人卖淫，或者为卖淫者提供卖淫场所，或者以中介人等方式在卖淫者和嫖娼者之间进行联系的行为；所谓引诱，是指以金钱、物质的报酬或者不良生活方式的诱惑为手段，劝诱、招引他人进行卖淫活动的行为；所谓容留，是指为卖淫者提供卖淫场所，如自己的住所，自己经营、管理、使用的旅馆、饭店、汽车、船只等；所谓介绍，是指为卖淫者和嫖娼者从中引见，以使卖淫活动在本无联系的卖淫者和嫖娼者之间进行。本罪属于选择性罪名，行为人只要实施引诱、容留、介绍他人卖淫行为之一的，即构成犯罪，并单独成立罪名。

根据刑法典第 359 条第 1 款的规定，犯本罪的，处 5 年以下有期徒刑、拘役或者管制，并处罚金；情节严重的，处 5 年以上有期徒刑，并处罚金。

五、引诱幼女卖淫罪

引诱幼女卖淫罪，是指引诱不满 14 周岁的幼女卖淫的行为。本罪的主要特征为：(1) 客观上表现为行为人以金钱、物质或者其他利益为诱饵，勾引、诱惑不满 14 周岁的幼女卖淫的行为。犯罪对象限于不满 14 周岁的幼女；(2) 主观方面是故意，即行为人明知是不满 14 周岁的幼女而故意引诱其卖淫。如果不知是幼女而引诱其卖淫，可能会构成引诱他人卖淫罪，但不构成本罪。

根据刑法典第 359 条第 2 款的规定，犯本罪的，处 5 年以上有期徒刑，并处罚金。

六、传播性病罪

(一) 传播性病罪的概念和特征

传播性病罪，是指明知自己患有梅毒、淋病等严重性病而进行卖淫、嫖娼活动的行为。本罪的主要特征为：

1. 侵犯的客体是复杂客体，既妨害了社会治安管理秩序，又破坏了国家的传染病管理制度，危害他人身体健康。

2. 客观方面表现为，患有严重性病的人进行卖淫、嫖娼的行为。首先，行为人必须是患有严重的性病。所谓性病，是指主要通过性接触而传播、传染的疾病。刑法列举了梅毒和淋病，除此以外还有非淋菌性尿道炎、软下疳、腹股沟肉芽肿、尖锐湿疣以及艾滋病等。其次，行为人进行了卖淫、嫖娼活动，即以金钱、物质报酬为条件而发生不正当的性行为。

3. 主观方面是故意。即行为人明知自己患有严重性病而进行卖淫、嫖娼活动；既可以是直接故意，也可以是间接故意。至于具体的行为动机，可以是为了牟利，也可以是为了进行报复而有意传播性病。

(二) 传播性病罪的刑事责任

根据刑法典第 360 条第 1 款的规定，犯本罪的，处 5 年以下有期徒刑、拘役或者管制，并处罚金。

七、嫖宿幼女罪

嫖宿幼女罪，是指明知是不满 14 周岁的卖淫幼女而对其嫖宿的行为。本罪的主要特征为：(1) 主观方面是故意，即行为人明知卖淫者是不满 14 周岁的幼女。如果对幼女的年龄不明知，虽有嫖宿的行为也不构成本罪；(2) 客观方面表现为行为人嫖宿不满 14 周岁幼女的行为。

根据刑法典第 360 条第 2 款的规定，犯本罪的，处 5 年以上有期徒刑，并处罚金。

第十节　制作、贩卖、传播淫秽物品罪

制作、贩卖、传播淫秽物品罪，是指制造、贩卖、传播淫秽书刊、影片、录像带、录音带、图片及其他淫秽物品，或者组织进行淫秽表演的行为。制作、贩卖、传播淫秽

物品罪，属于妨害社会管理秩序罪的一类。这类犯罪具有以下主要特征：

1. 本类犯罪侵犯的客体是国家对文化市场的管理秩序和社会的善良风尚。本类犯罪的对象主要是淫秽物品。所谓淫秽物品，根据刑法典第 367 条规定，是指具体描绘性行为或者露骨宣扬色情的书刊、影片、录像带、录音带、图片及其他淫秽物品；“其他淫秽物品”，主要是指除淫秽的印刷品、音像制品以外的淫秽玩具、用具，以及淫药、淫具等。有关人体生理、医学知识的科学著作不是淫秽物品。包含有色情内容的有艺术价值的文学、艺术作品不视为淫秽物品。

2. 本类犯罪在客观方面表现为制作、贩卖、传播淫秽物品或者组织进行淫秽表演的行为。具体包括以下几种行为：制作淫秽物品的行为、出版淫秽物品的行为、贩卖淫秽物品的行为、传播淫秽物品的行为、为他人提供书号出版淫秽书刊的行为、在社会上传播淫秽物品的行为、组织播放淫秽音像制品的行为和组织进行淫秽表演的行为。

3. 本类犯罪的主体都可以由自然人和单位构成。凡年满 16 周岁、有刑事责任能力的自然人都可以成为本罪主体。

4. 本类犯罪在主观方面除为他人提供书号出版淫秽书刊罪外，其他都是故意犯罪，即行为人明知属淫秽物品而进行制造、贩卖、传播。其中有些犯罪还要求必须“以牟利为目的”，如制作、复制、出版、贩卖、传播淫秽物品罪。

本节从第 363 条至 367 条共 5 个条文，具体规定了 5 个罪名。

制作、贩卖、传播淫秽物品的具体犯罪

一、制作、复制、出版、贩卖、传播淫秽物品牟利罪

(一) 制作、复制、出版、贩卖、传播淫秽物品牟利罪的概念和特征

制作、复制、出版、贩卖、传播淫秽物品牟利罪，是指以牟利为目的，制作、复制、出版、贩卖、传播淫秽物品的行为。本罪的主要特征为：

1. 客观方面表现为，行为人实施了制作、复制、出版、贩卖、传播淫秽物品的行为。所谓制作，是指创作、编译、绘制、拍摄、录制、洗印等行为，使淫秽物品从无到有，或者从一种体裁、形式到另一种体裁、形式；所谓复制，是指对原有的淫秽物品进行拷贝、复印、翻拍、翻印、复录等加工，使原有的淫秽物品产生一定数量的复制本的行为；所谓出版，是指通过编辑、印刷，使淫秽书刊或者音像制品面向社会大量散布的行为；所谓贩卖，是指以牟利为目的销售淫秽物品的行为，包括发行、批发、零售、倒卖等环节，使淫秽物品得以大量流入社会；所谓传播，是指通过播放、出租、出借、运输、邮寄等方式使淫秽物品流传扩散的行为。本罪属于选择性罪名，行为人只要实施上述行为之一，即可构成犯罪。如果行为人同时实施几种行为的，如制作之后又传播等，仍定一罪，不作为数罪实行并罚。

2. 主观方面为故意，即行为人明知所涉物品为淫秽物品而仍然为之。行为人实施这些行为必须是“以牟利为目的”，即通过制作、复制、出版、贩卖、传播淫秽物品，谋取各种非法的物质利益。

(二) 制作、复制、出版、贩卖、传播淫秽物品牟利罪的认定

处理本罪应注意划清本罪同一般非法行为、不良行为的界限。本罪的犯罪构成强调

“以牟利为目的”为要件。因为在这种情况下，制作、复制、出版、贩卖、传播淫秽物品的规模通常较大，给社会造成的不良后果相对较为严重。如果行为人不是为了牟利，而只是制作少量的淫秽书画物品，供收藏、阅读、观看甚至在小范围内传播，不应作犯罪处理。

（三）制作、复制、出版、贩卖、传播淫秽物品牟利罪的刑事责任

根据刑法第363条第1款和第366条的规定，个人犯本罪的，处3年以下有期徒刑、拘役或者管制，并处罚金；情节严重的，处3年以上10年以下有期徒刑，并处罚金；情节特别严重的，处10年以上有期徒刑或者无期徒刑，并处罚金或者没收财产。单位犯本罪的，对单位判处罚金，并对直接负责的主管人员和其他直接责任人员，依照上述规定处罚。

二、为他人提供书号出版淫秽书刊罪

为他人提供书号出版淫秽书刊罪，是指违反国家有关规定，非法为他人提供书号，导致他人得以出版淫秽书刊的行为。本罪的主要特征为：(1) 客观方面表现为违反规定向他人或者其他单位提供书号，并造成淫秽书刊得以出版的后果。本罪的犯罪对象是书号。所谓书号，是指依照国家规定和国际上通行的办法，将出版的书刊按一定的类别、科目进行登记而产生的序列号。(2) 主体是特殊主体。为淫秽书刊提供书号的主体必须是拥有书号使用资格的单位和个人。(3) 主观方面是过失。如果行为人明知他人是用于出版淫秽书刊而为之提供书号的，应按出版淫秽物品牟利罪论处。

根据刑法典第363条第2款和第366条的规定，个人犯本罪的，处3年以下有期徒刑、拘役或者管制，并处或者单处罚金；单位犯本罪的，对单位判处罚金，并对直接负责的主管人员和其他直接责任人员，依照上述规定处罚。

三、传播淫秽物品罪

（一）传播淫秽物品罪的概念和特征

传播淫秽物品罪，是指不以牟利为目的，在社会上散布、传递淫秽物品，情节严重的行为。本罪的主要特征为：(1) 客观方面表现为，在社会上传播淫秽物品，情节严重的行为。所谓在社会上传播，是相对于家庭内部的个别传播行为而言，是在公共场所或公众之中传播；情节严重是指，传播的次数较多、数量较大，在传播的对象中造成了恶劣影响、后果等情况。(2) 主观方面是故意，行为人明知为淫秽物品而故意传播。其行为目的可以是除牟利以外的各种目的，无论是出于好奇、寻求刺激、故意炫耀，还是出于诱人堕落的目的，只要明知其为淫秽物品而有意传播都可构成本罪。如果行为人是出于牟利目的故意传播，应以传播淫秽物品牟利罪论处。

（二）传播淫秽物品罪的刑事责任

根据刑法典第364条第1款、第4款和第366条的规定，个人犯本罪的，处2年以下有期徒刑、拘役或者管制；向不满18周岁的未成年人传播淫秽物品的，从重处罚；单位犯本罪的，对单位判处罚金，并对其直接负责的主管人员和其他直接责任人员，依照上述规定处罚。

四、组织播放淫秽音像制品罪

（一）组织播放淫秽音像制品罪的概念和特征

组织播放淫秽音像制品罪，是指不以牟利为目的，组织播放淫秽的电影、录像等音

像制品的行为。本罪的主要特征为：（1）客观方面表现为组织播放淫秽音像制品的行为。所谓“组织播放”，是指有计划、有组织地聚集多人，放映淫秽音像制品的行为；只有组织行为才符合本罪的客观方面构成要件，一般的参与观看、收听行为不属于组织播放行为。组织播放的地点可以是私人居所，也可以是公共场所。（2）主观方面是故意，即行为人明知为淫秽音像制品而有意组织播放。犯罪目的是牟利以外的其他目的。以牟利为目的组织播放淫秽音像制品的，应以传播淫秽物品牟利罪论处。

（二）组织播放淫秽音像制品罪的刑事责任

根据刑法典第 364 条第 2 款和第 366 条的规定，个人犯本罪的，处 3 年以下有期徒刑、拘役或者管制，并处罚金；情节严重的，处 3 年以上 10 年以下有期徒刑，并处罚金；制作、复制淫秽的电影、录像等音像制品组织播放的，依照本罪的规定从重处罚；单位犯本罪的，对单位判处罚金，并对其直接负责的主管人员和其他直接责任人员，依照上述规定处罚。

五、组织淫秽表演罪

组织淫秽表演罪，是指故意推出内容淫秽的演出并组织多人观看的行为。所谓组织，是指控制、安排、管理多人从事淫秽表演；所谓淫秽表演，是指向观众公然暴露性器官或者以形体动作向观众具体描绘性行为的表演。

根据刑法典第 365 条和第 366 条的规定，个人犯本罪的，处 3 年以下有期徒刑、拘役或者管制，并处罚金；情节严重的，处 3 年以上 10 年以下有期徒刑，并处罚金；单位犯本罪的，对单位判处罚金，并对其直接负责的主管人员和其他直接责任人员，依照上述规定处罚。

第三十章　危害国防利益罪

第一节　危害国防利益罪概述

一、危害国防利益罪概念和特征

危害国防利益罪是指故意或者过失实施的危害国防利益，依法应受刑罚处罚的行为。其特征是：

1. 犯罪客体是国防利益。国防利益是指国家为满足其防卫需要而进行的军队建设、军事装备和设施建设、军事秩序管理建设等方面的利益。国防直接关系到国家的生存和发展，因而国防利益是国家利益的重要组成部分。危害国防利益，是刑法规定的各具体危害国防利益犯罪的共同本质。

2. 犯罪客观方面表现为行为人实施了危害国防利益的行为。由于国防任务直接由军队承担，因此危害国防利益的犯罪，从行为内容上看，主要是妨害军事活动，妨害军事装备、设施的建设，妨碍军队建设管理秩序等；从行为的表现形式上看，既有作为，也有不作为；从行为时间上看，有的发生在战时，有的既可以发生在平时也可发生在战时。根据刑法规定的精神，所谓战时，是指国家宣布进入战争状态、部队受领作战任务或者遭敌突然袭击时；另外，部队执行戒严任务或者处置突发性暴力事件时，以战时论。

3. 犯罪主体有自然人，也有单位，其中部分犯罪的主体是特殊主体。

4. 犯罪主观方面，除个别犯罪由过失构成外，绝大多数由故意构成。

二、危害国防利益罪种类

根据危害国防利益罪的行为内容，可将其划分为如下几种：

1. 妨害军事活动的犯罪，包括阻碍军人执行职务罪，阻碍军事行动罪，战时故意提供虚假敌情罪，战时造谣扰乱军心罪。

2. 妨害军事装备、设施建设的犯罪，包括破坏武器装备、军事设施、军事通信罪，故意提供不合格武器装备、军事设施罪，过失提供不合格武器装备、军事设施罪，战时拒绝、故意延误军事订货罪，战时拒绝军事征用罪。

3. 妨碍部队建设的犯罪，包括煽动军人逃离部队罪，雇用逃离部队军人罪，接送不合格兵员罪，战时拒绝、逃避征召、军事训练罪，战时拒绝、逃避服役罪，战时窝藏逃离部队军人罪。

4. 妨碍军队管理秩序的犯罪，包括聚众冲击军事禁区罪，聚众扰乱军事管理区秩序罪，冒充军人招摇撞骗罪，伪造、变造、买卖武装部队公文、证件、印章罪，盗窃、抢夺武装部队公文、证件、印章罪，非法生产、买卖军用标志罪。

第二节　妨害军事行动的犯罪

一、阻碍军人执行职务罪

阻碍军人执行职务罪是指以暴力、威胁方法阻碍军人依法执行职务的行为。其特征是:(1)在客观上,行为人以暴力、威胁方法阻碍军人依法执行职务。犯罪对象只能是正在执行职务的军人。犯罪的方法是暴力、威胁。所谓暴力,是指对军人进行袭击或者人身强制,通常表现为攻击、殴打、捆绑、拘禁;所谓威胁,是指以暴力为内容的威逼、恫吓,迫使军人屈从。犯罪的结果是,由于行为人的阻碍,使军人不能或者难以将应执行的职务活动进行下去。(2)主观上为行为人是故意,表现为明知是依法执行职务的军人而对其活动进行阻碍,过失不构成本罪。

根据刑法典第368条第1款的规定,犯阻碍军人执行职务罪的,处3年以下有期徒刑、拘役、管制或者罚金。

二、阻碍军事行动罪

阻碍军事行动罪是指故意阻碍武装部队的军事行动,造成严重后果的行为。其特征是:(1)客观上表现为行为人阻碍武装部队的军事行为并造成了严重后果。武装部队的军事行动是指武装部队实施的作战、作战保障、训练演习等使用武装力量的活动。阻碍的方法包括暴力、威胁,但不限于暴力和威胁,也可以表现为其他手段。(2)主观上行为人是故意,即明知是军事行动而加以阻碍,过失不构成本罪。

根据刑法典第368条第2款的规定,犯阻碍军事行动罪的,处3年以下有期徒刑、拘役、管制或者罚金。

三、过失破坏武器装备、军事设施、军事通信罪

本罪是2005年2月28日全国人民代表大会常务委员会通过的《刑法修正案(五)》中新设立的危害国防利益的罪名。过失破坏武器装备、军事设施、军事通信罪是指过失破坏武器装备、军事设施、军事通信,危害国防利益,造成严重后果的行为。本罪有如下构成特征:犯罪客体是军队战斗力的物质保障,犯罪对象是武器装备、军事设施、军事通信。犯罪的客观方面表现为破坏武器装备、军事设施、军事通信,造成严重后果的行为。严重后果的具体表现,《刑法》第369条第2款没有明确作出规定,有赖司法解释进一步确定。犯罪主体是一般主体,凡年满16周岁、具备刑事责任能力的自然人,均能成为本罪主体。犯罪主观方面是过失,即行为人应当预见到自己的行为会破坏武器装备、军事设施、军事通信造成严重后果,由于疏忽大意没有预见到或者行为人虽然预见到自己的行为会破坏武器装备、军事设施、军事通信造成严重后果,但过于自信,认为可以避免该严重后果的发生的心理态度。

根据《刑法》第369条第2款的规定,犯过失破坏武器装备、军事设施、军事通信罪,造成严重后果的,处3年以下有期徒刑或者拘役;造成特别严重后果的,处3年以上7年以下有期徒刑。战时从重处罚。

四、战时故意提供虚假敌情罪

战时故意提供虚假敌情罪是指战时故意向武装部队提供虚假敌情,造成严重后果的行为。其主要特征是:(1)在客观上,行为人在战时实施了提供虚假敌情的行为,并造成严重后果。首先有提供虚假敌情的行为。虚假敌情是指不符合真实情况的敌情，包括军事、政治、经济、科技、地理等方面的情况；其次是行为发生在战时这一特定时期；最后，由于行为人提供虚假敌情，造成严重后果，主要是武装部队在战斗、战役中遭受较大损失，如人员的较大伤亡、未能取得战斗的胜利、延误了重大的战机等。(2) 行为人在主观上是故意，即明知是虚假敌情而向武装部队提供。

根据刑法典第 377 条的规定，犯战时故意提供虚假敌情罪的，处 3 年以上 10 以下有期徒刑；造成特别严重后果的，处 10 年以上有期徒刑或者无期徒刑。

五、战时造谣扰乱军心罪

战时造谣扰乱军心罪是指战时造谣惑众，扰乱军心的行为。其主要特征是：(1) 在客观上，行为人有在战时造谣惑众，扰乱军心的行为，即行为人在战时虚构事实或者歪曲事实并加以散布，足以使武装部队的成员产生怯战、厌战的情绪，导致军心不稳、斗志涣散而影响作战。(2) 犯罪主体是一般主体，但不包括军人。(3) 行为人在主观上是故意，过失不构成本罪。

根据刑法典第 378 条的规定，犯战时造谣扰乱军心罪的，处 3 年以下有期徒刑、拘役或者管制；情节严重的，处 3 年以上 10 年以下有期徒刑。

第三节　妨害军事装备、设施建设的犯罪

一、破坏武器装备、军事设施、军事通信罪

破坏武器装备、军事设施、军事通信罪是指故意破坏部队的武器装备、军事设施、军事通信的行为。其主要特征是：(1) 在客观上，行为人实施了破坏部队的武器装备、军事设施、军事通信的行为。犯罪的对象有特定的范围，即部队的武器装备、军事设施、军事通信。这些对象是一种选择关系，只要故意破坏了其中一种即可以构成本罪，而破坏非军事装备、设施的，不构成本罪。至于破坏的方法则是多种多样的。(2) 在主观上行为人是故意，过失不构成本罪。

根据刑法典第 369 条规定，犯破坏武器装备、军事设施、军事通信罪的，处 3 年以上 10 年以下有期徒刑；情节特别严重的，处 10 年以上有期徒刑、无期徒刑或者死刑。战时从重处罚。

二、故意提供不合格武器装备、军事设施罪

故意提供不合格武器装备、军事设施罪是指明知是不合格的武器装备、军事设施而提供给武装部队的行为。其主要特征是：(1) 在客观上，行为人向武装部队提供了不合格的武器装备、军事设施。这种行为在平时影响部队的装备、设施建设，在战时将直接影响部队的作战利益。(2) 犯罪主体是一般主体，有自然人和单位，包括武器装备的研制、供应的人员和单位，军事设施的勘察设计，建筑施工、监督验收的人员和单位。(3) 在主观上，行为人是故意，即明知是不合格的武器装备、军事设施而向部队提供。

根据刑法典第 370 条第 1 款、第 3 款的规定，公民个人犯故意提供不合格武器装备、军事设施罪的，处 5 年以下有期徒刑或者拘役；情节严重的，处 5 年以上 10 年以下有期徒刑；情节特别严重的，处 10 年以上有期徒刑、无期徒刑或者死刑。单位犯本罪的，对单位处罚金，对其直接负责的主管人员和其他直接责任人员，依上述法定刑处

罚。

三、过失提供不合格武器装备、军事设施罪

过失提供不合格武器装备、军事设施罪是指过失地向武装部队提供不合格的武器装备、军事设施，造成严重后果的行为。其主要特征是：(1) 在客观上，一是行为人向武装部队提供了不合格的武器装备、军事设施，二是因此造成了严重后果。(2) 犯罪主体是一般主体的自然人，包括武器装备的研制、供应的人员，军事设施的勘察设计，建筑施工、监督验收的人员。单位不构成本罪。(3) 在主观上，行为人是过失，即不知是不合格的武器装备、军事设施而向部队提供，由此可知，这种过失只能是疏忽大意的过失。

根据刑法典第370条第1款、第3款的规定，犯过失提供不合格武器装备、军事设施罪的，处3年以下有期徒刑或者拘役；造成特别严重后果的，处3年以上7年以下有期徒刑。

四、战时拒绝、故意延误军事订货罪

战时拒绝、故意延误军事订货罪是指有关生产、销售单位在战时拒绝、故意延误军事订货，情节严重的行为。其主要特征是：(1) 在客观上，行为人在战时有拒绝军事订货或者延误军事订货的行为，而且情节严重；(2) 犯罪主体是有关生产、销售武器装备、军用物资的单位；(3) 在主观上，行为人是故意。

根据刑法典第380条的规定，犯战时拒绝、故意延误军事订货罪的，对单位判处罚金，并对其直接负责的主管人员和其他直接责任人员，处5年以下有期徒刑或者拘役；造成严重后果的，处5年以上有期徒刑。

五、战时拒绝军事征用罪

战时拒绝军事征用罪是指战时拒绝军事征用，情节严重的行为。其主要特征是：(1) 在客观上，行为人有在战时对武装部队出于军事需要而按照一定的程序，征用其所有或者管理使用的动产和不动产加以拒绝的行为，并且情节严重，如以暴力方法拒绝征用、由于拒绝征用而使部队完成军事任务受到较大影响等；(2) 犯罪主体是一般主体，包括公民个人和拒绝征用单位的直接责任人员；(3) 在主观上，行为人是故意。

根据刑法典第381条的规定，犯战时拒绝军事征用罪的，处3年以下有期徒刑或者拘役。

第四节　妨碍部队建设的犯罪

一、煽动军人逃离部队罪

煽动军人逃离部队罪是指煽动军人逃离部队，情节严重的行为，其主要特征是：(1) 在客观上，行为人有煽动军人逃离部队的行为，而且情节严重。煽动军人逃离部队是指以口头的或者书面的方式鼓动正在服役的军人擅自离开部队，逃避服兵役的义务。构成本罪还必须是情节严重，如煽动多名军人逃离部队、在战时煽动军人逃离部队、煽动担任重大任务或职责的军人逃离部队等。军人是否逃离，不影响本罪的成立。(2) 在主观上，行为人是故意，即明知是军人而煽动其逃离部队。煽动的动机是什么，不影响本罪的成立。

根据刑法典第 373 条的规定，犯煽动军人逃离部队罪的，处 3 年以下有期徒刑、拘役或者管制。

二、雇用逃离部队军人罪

雇用逃离部队军人罪是指明知是逃离部队的军人而雇用，情节严重的行为。其主要特征是：(1) 在客观上，行为人有雇用逃离部队军人的行为，并且情节严重。雇用是指出资使用逃离部队的军人，为自己或者本单位工作、劳动。构成本罪还必须是情节严重，如雇用多名逃离部队的军人、雇用担负机要、保密和首脑机关的重要军事职责的军人、隐瞒雇用事实欺骗部队的查寻、抗拒部队将军人带回部队等。(2) 在主观上，行为人是故意，即明知是逃离部队的军人而加以雇用。过失不构成本罪。

根据刑法典第 373 条的规定，犯雇用逃离部队军人罪的，处 3 年以下有期徒刑、拘役或者管制。

三、接送不合格兵员罪

接送不合格兵员罪是指在征兵工作中徇私舞弊，接送不合格兵员，情节严重的行为。其主要特征是：(1) 在客观上，行为人首先是接送了不合格即不符合入伍条件的兵员，其次有徇私舞弊的行为，比如以权谋私、弄虚作假等，最后，构成犯罪还必须是情节严重，如接送多名不合格的兵员、接送的不合格兵员给部队造成不良影响较大等。(2) 犯罪主体是负责和参与征兵工作的有关人员，包括军人和非军人。(3) 在主观上，行为人是故意，即明知是不合格的兵员而接送。过失不构成本罪。

根据刑法典第 374 条的规定，犯接送不合格兵员罪的，处 3 年以下有期徒刑或者拘役；造成特别严重后果的，处 3 年以上 7 年以下有期徒刑。

四、战时拒绝、逃避征召、军事训练罪

战时拒绝、逃避征召、军事训练罪是指预备役人员在战时拒绝、逃避征召、军事训练，情节严重的行为。其主要特征是：(1) 在客观上，行为人有在战时拒绝、逃避征召、军事训练，情节严重的行为。本罪的行为必须发生在战时。所谓拒绝、逃避征召、军事训练是指预备役人员拒绝接受或者采取其他方式逃避兵役机关依法要求其准备转为现役或者参加军事理论学习和作战技能训练活动，但构成犯罪必须是情节严重。(2) 犯罪主体是预备役人员，即编入民兵组织或者经过登记而服预备役的人员。(3) 在主观上，行为人是故意。过失不成立本罪。

根据刑法典第 376 条第 1 款的规定，犯战时拒绝、逃避征召、军事训练罪的，处 3 年以下有期徒刑或者拘役。

五、战时拒绝、逃避服役罪

战时拒绝、逃避服役罪是指公民在战时拒绝、逃避服役，情节严重的行为。其主要特征是：(1) 客观上，行为人有在战时拒绝、逃避服役的行为，而且情节严重；(2) 在主观上，行为人是故意。过失不构成本罪。

根据刑法典第 376 条第 2 款的规定，犯战时拒绝、逃避服役罪的，处 2 年以下有期徒刑或者拘役。

六、战时窝藏逃离部队军人罪

战时窝藏逃离部队军人罪是指战时明知是逃离部队的军人而为其提供隐蔽处所、财产，情节严重的行为。其主要特征是：(1) 在客观上，行为人有在战时为逃离部队的军人提供隐蔽处所、财产的行为，而且情节严重。即本罪行为应发生在战时，行为人的对象只能是逃离部队的军人，行为的内容是直接提供隐蔽处所，或者提供财产，以使逃离部队的军人逃往他处隐蔽，构成本罪还必须是情节严重；（2）在主观上，行为人是故意，并且明知窝藏的对象是从部队逃离的军人，不明知的，不构成犯罪。

根据刑法典第379条的规定，犯战时窝藏逃离部队军人罪的，处3年以下有期徒刑或者拘役。

第五节　妨碍军队管理秩序的犯罪

一、聚众冲击军事禁区罪

聚众冲击军事禁区罪是指聚众冲击军事禁区，严重扰乱军事禁区秩序的行为。其主要特征是：（1）在客观上，行为人有聚众冲击军事禁区，严重扰乱军事禁区秩序的行为。行为人冲击的是军事禁区，而非一般的军事管理区。冲击的方式是聚众，不是由个别人实施。而聚重冲击的行为要构成犯罪，必须是严重扰乱军事禁区的秩序。(2）犯罪主体是聚众冲击的首要分子和积极参加者。(3）在主观上，行为人是故意。

根据刑法典第371条第1款的规定，犯聚众冲击军事禁区罪的，对首要分子，处5年以上10年以下有期徒刑；对其他积极参加的，处5年以下有期徒刑、拘役、管制或者剥夺政治权利。

二、聚众扰乱军事管理区秩序罪

聚众扰乱军事管理区秩序罪是指聚众扰乱军事管理区，情节严重，致使军事管理区工作无法进行，造成严重损失的行为。其主要特征是：（1）在客观上，行为人有聚众扰乱军事管理区，情节严重，致使军事管理区工作无法进行，造成严重损失的行为。行为人扰乱的是军事管理区，扰乱的方式是聚众，不是由个别人实施。而构成本罪必须是情节严重，表现为扰乱致使军事管理区工作无法进行，造成严重损失，没有这种后果，不能认定为本罪。(2）犯罪主体是聚众扰乱的首要分子和积极参加者。(3）在主观上，行为人是故意。

根据刑法典第371条第2款的规定，犯聚众扰乱军事管理区秩序罪的，对首要分子，处3年以上7年以下有期徒刑；对其他积极参加的，处3年以下有期徒刑、拘役、管制或者剥夺政治权利。

三、冒充军人招摇撞骗罪

冒充军人招摇撞骗罪是指冒充现役军人的身份或者职务，招摇撞骗的行为。其主要特征是：(1）在客观上，行为人冒充现役军人并招摇撞骗。冒充现役军人的表现形式有多种，可以是非军人着现役军人的服装、使用军人证件或自称是军人；也可以是下级军人假冒上级军官，着上级军官的服装、使用其证件或者自称是某上级军官。没有冒充军人的，不构成本罪。招摇撞骗就是以假冒的军人身份或职务，进行欺骗活动，谋取利益。(2）犯罪主体是一般主体，可以是非军人，也可以是军人。(3）在主观上，行为人是故意。

根据刑法典第372条的规定，犯冒充军人招摇撞骗罪的，处3年以下有期徒刑、拘役、管制或者剥夺政治权利；情节严重的，处3年以上10年以下有期徒刑。

四、伪造、变造、买卖武装部队公文、证件、印章罪

伪造、变造、买卖武装部队公文、证件、印章罪是指伪造、变造、买卖武装部队公文、证件、印章的行为。其主要特征是：(1) 在客观上，行为人有伪造、变造、买卖武装部队公文、证件、印章的行为。犯罪对象只能是武装部队公文、证件、印章。所谓伪造是指未经主管部门的批准而擅自制作；变造则是指利用涂改、擦消、挖补等方法改变原证件的真实内容。行为人有上列行为之一，即可构成本罪，是否使用伪造、变造、买卖的武装部队公文、证件、印章，对构成本罪不发生影响；(2) 主观上，行为人是故意。

根据刑法典第 375 条第 1 款的规定，犯伪造、变造、买卖武装部队公文、证件、印章罪的，处 3 年以下有期徒刑、拘役、管制或者剥夺政治权利；情节严重的，处 3 年以上 10 年以下有期徒刑。

五、盗窃、抢夺武装部队公文、证件、印章罪

盗窃、抢夺武装部队公文、证件、印章罪是指秘密窃取、公然夺取武装部队公文、证件、印章的行为。其主要特征是：(1) 在客观上，秘密窃取、公然夺取武装部队公文、证件、印章的行为。犯罪对象只能是武装部队公文、证件、印章。行为人有上列行为之一，即可构成本罪。(2) 主观上，行为人是故意，并且具有非法占有的目的。

根据刑法典第 375 条第 1 款的规定，犯盗窃、抢夺武装部队公文、证件、印章罪的，处 3 年以下有期徒刑、拘役、管制或者剥夺政治权利；情节严重的，处 3 年以上 10 年以下有期徒刑。

六、非法生产、买卖军用标志罪

非法生产、买卖军用标志罪是指非法生产、买卖武装部队的制式服装、车辆号牌等专用标志，情节严重的行为。其主要特征是：(1) 在客观上，行为人有非法生产、买卖武装部队的制式服装、车辆号牌等专用标志的行为，而且情节严重。犯罪对象是武装部队的制式服装、车辆号牌等专用标志。非法生产、买卖就是未经主管部门的批准而擅自生产或者买卖，包括无权生产制作、销售购买和超限额生产制作、销售购买。而构成犯罪必须是情节严重。(2) 犯罪主体是一般主体，包括自然人和单位。(3) 在主观上，行为人是故意。

根据刑法典第 375 条第 2 款、第 3 款的规定，个人犯非法生产、买卖军用标志罪的，处 3 年以下有期徒刑、拘役、或者管制，并处或者单处罚金；单位犯本罪的，对单位处罚金，并对直接负责的主管人员和其他直接责任人员，依照上述法定刑处罚。

第三十一章　贪污贿赂罪

第一节　贪污贿赂罪概述

一、贪污贿赂罪的概念和构成特征

贪污贿赂罪，是指国家工作人员利用职务之便贪污公共财物，挪用公款，索取他人财物或者非法收受他人财物而为他人谋取利益，侵害国家工作人员职务廉洁性的贪利性犯罪的总称。其构成特征是：

1. 侵犯的客体主要是国家工作人员职务行为的廉洁性，多数犯罪同时也侵害公私财产的所有权。所谓国家工作人员职务的廉洁性，是指国家工作人员职务行为的不可侵犯性、不可收买性。在我国，国家工作人员担负着依法行使国家赋予的职责义务，不贪赃、不枉法。国家工作人员出于谋取私利的目的，利用职务之便，实施贪利性犯罪活动，不仅违背了其正确履行职务行为的要求，侵害了公私财产所有权，更为严重的是其将职务行为作为获取不正当利益的手段，直接侵害了国家工作人员职务的廉洁性，损害了国家机关的威信，成为国家廉政建设的大敌。是否侵害国家工作人员职务行为的廉洁性，是本章犯罪与刑法其他章规定的国家工作人员渎职犯罪的根本区别所在。

2. 客观方面表现为行为人利用职务上的便利，实施危害国家工作人员职务行为的廉洁性，贪利数额较大的行为。第一，利用职务之便实施犯罪，即行为人出于谋取私利的目的，故意利用自己的职权所进行的某种贪利性犯罪活动，如利用自己主管或经管某项公共财物的便利条件，非法侵吞、挪用国有财产；或者利用自己职务的便利，为他人谋取利益而从中收受财物等。第二，本类罪属于结果犯，即侵犯的经济利益需达到一定的数额标准才能构成犯罪。因此，本章罪是一类渎职型的经济犯罪。

贪污贿赂罪的表现形式，少数行为表现为不作为，如隐瞒境外存款不报、拒不说明巨额财产来源等。绝大多数的行为表现为作为，如监守自盗、索取贿赂、收受贿赂、挪用公款、私分国有资产等。无论是作为还是不作为，都必须与其职务行为相联系。否则，尽管有侵犯公私财产的行为，也不构成贪污贿赂罪。

贪污贿赂罪的犯罪对象必须是公私财物，并应达到法律所规定的数额标准。贪污贿赂属于渎职型的经济犯罪，是以权谋私的典型形式，在本章所列的具体罪名中，各个具体犯罪的构成要件都与财物的数额相关，并且应达到数额较大，如刑法典第 383 条、第 386 条对贪污罪、受贿罪的数额基本上以 5000 元作为定罪量刑的起点。对个人行贿罪、介绍贿赂罪可以参照个人受贿的数额标准。对没有明确规定数额的具体犯罪，在司法实践中应由司法机关作出相应的司法解释予以确定。

总之，行为人是否利用职务之便实施贪利性犯罪活动，侵犯的公私财物数额是否达到法律规定的数额，是区分贪污贿赂罪与非罪的界限。

3. 本章罪的主体，绝大部分是特殊主体，只能由国家工作人员才能构成；少数犯罪可以由一般主体的自然人或单位构成。

4. 在主观方面，本章罪只能由直接故意构成，即行为人必须明知自己的行为会发生危害社会的结果，并且希望危害结果发生的心理态度。因此，在贪污贿赂罪中，各种具体犯罪都有各自不同的犯罪目的，如贪污罪的行为人具有非法占有公共财物的目的，受贿罪的行为人具有获取贿赂的目的等。至于犯罪的动机则是多种多样，以贿赂罪为例，行贿人可能为单位办事，显示神通广大，以图得到个人实惠而行贿；受贿者有的是为了享乐，有的生活困难，有的也可能遇到不幸，急需钱用等。按照刑法理论，犯罪动机并不是犯罪构成的要件，是量刑时可以考虑的情节。因此，不能将贪污贿赂罪的犯罪目的与动机相混淆，更不能把动机当作目的。否则，便混淆了这类犯罪的罪与非罪的界限。

二、贪污贿赂罪的分类

刑法典第382条至396条的15个条文中，规定了贪污贿赂犯罪的12个罪名和相应的处罚，具体可分三类：

1. 贪污挪用方面的犯罪。这类犯罪是指国家工作人员利用职务上的便利，通过侵吞、窃取、骗取、挪用等手段，占有、占用公共财物的行为。涉及这类犯罪的法条共3条，包括贪污罪、挪用公款罪和巨额财产来源不明罪。

2. 贿赂犯罪。这类犯罪是指国家工作人员利用职务上的便利索取、收受他人财物的行为，用财物收买国家工作人员的行贿行为，以及为受贿、行贿创造条件的介绍贿赂行为。涉及这类犯罪的法条共6条，包括受贿罪、单位受贿罪、行贿罪、对单位行贿罪、介绍贿赂罪和单位行贿罪。

3. 其他犯罪，是指与贪污、挪用性质相同，但行为表现上存在一定差异的犯罪。涉及这类犯罪的法条共3条，包括隐瞒境外存款罪、私分国有资产罪和私分罚没财物罪。

第二节　贪污罪、挪用公款罪和巨额财产来源不明罪

一、贪污罪

（一）贪污罪的概念和构成特征

贪污罪，是指国家工作人员利用职务上的便利，侵吞、窃取、骗取或者以其他手段非法占有公共财物的行为。本罪的构成特征为：

1. 侵犯的客体是国家工作人员职务的廉洁性和公共财产的所有权。公共财产所有权的物质表现是公共财产，其范围包括：（1）国有财产；（2）劳动群众集体所有的财产；（3）用于扶贫和其他公益事业的社会捐助或者专项基金的财产。对在国家机关、国有公司、企业、集体企业和人民团体管理、使用或者运输中的私人财产，以公共财产论。随着经济体制改革与发展，各种经济成分混合运作的形式越来越多，对于由国有资产投资形成的公司、企业的财产，也应视为公共财产。

《中华人民共和国宪法》第2条规定："社会主义的公共财产神圣不可侵犯。国家保护社会主义的公共财产，禁止任何组织或者个人用任何手段侵占或者破坏国家和集体的

财产。”国家工作人员利用职务上管理、支配和使用公共财产的便利，以各种手段侵占公共财产，不仅直接侵犯了受国家法律保护的公共财产所有权，严重损害了国家和集体的利益，而且其贪利性的渎职行为还直接侵害了国家工作人员职务行为的廉洁性，严重损害了国家的廉政建设。贪污行为同时侵犯了公共财产所有权和国家工作人员职务行为的廉洁性，二者紧密地结合在一起，是贪污罪的本质特征，也是贪污罪与单纯的财产犯罪以及非贪利性的渎职犯罪相区别的根本所在。

2. 客观方面表现为利用职务上的便利，侵吞、窃取、骗取或者以其他手段非法占有公共财产的行为，包括以下两个方面的内容：

第一，必须是行为人利用职务之便实施的行为。利用职务之便，是构成贪污罪的本质特征，是其与盗窃、诈骗等侵犯财产犯罪的最重要区别所在。没有利用职务之便，便无职可渎。所谓利用职务之便，是指利用自己职务范围内的权力和地位所形成的有利条件，即利用其主管、管理、经手公共财产的便利条件。主管是指审查、批准、调拨、转移、安排使用或者以其他方式支配公共财物的职权；管理是指负责监守或者保管具体财物的职权；经手是指因执行职务而具有的领取、支出公共财物的职权。

利用职务之便不同于利用工作之便。利用工作之便是指与职权无关仅因工作关系熟悉环境、熟悉情况、凭工作人员身份进出某些单位、部门的方便条件。如果行为人属于利用工作之便而非职务之便非法占有公共财物的，不构成贪污罪。

第二，行为人以侵吞、窃取、骗取或其他非法手段侵占公共财物。所谓侵吞，是指行为人利用职务上的便利，将自己合法管理、使用的公共财产非法占有。具体表现为：将自己合法管理、使用的公共财物加以扣留，应上交而隐匿不交，应支付而不支付或者收款不入账；将自己合法管理、使用的公共财物非法转卖或者擅自赠送他人；将追缴的赃款赃物和罚没款物，非法占有或者私自用掉。需要注意的是，侵吞以行为人事先合法持有公共财物为前提。否则属于侵吞以外的其他手段，而不属于侵吞。

所谓窃取，又称监守自盗，是指行为人利用职务上的便利，以秘密窃取的方法，将自己管理、经手的公共财物非法占有的行为，如仓库保管员将自己保管的公共财物秘密窃为己有，商店的售货员窃取自己经管的货物或货款等。

所谓骗取，是指行为人利用职务上的便利采取虚构事实或者隐瞒真相的方法，将公共财物非法占有的行为，如工程项目负责人伪造工资表，冒领根本不存在的工人工资占为己有的行为，采购员谎报采购物资的等级从中骗取公款的行为，出差人员伪造、涂改单据，虚报、冒领差旅费等。

所谓其他手段，是指采取侵吞、窃取、骗取以外的方法，将公共财物占为己有的行为，如以“挪用”的形式、“借用”的名义，实质上非法占有公共财物；或者谎称公共财物被骗、被抢，实际上占有的行为等。

3. 主体为特殊主体，即国家工作人员和受国家机关、国有公司、企业、事业单位或者人民团体委托，管理、经营国有财产的人员。

所谓国家工作人员，按照刑法典第 93 条的规定，具体包括以下四类人员：

(1) 国家机关中从事公务的人员。主要是指各级国家权力机关、行政机关、审判机关、检察机关和军事机关中从事公务的人员。根据有关规定，中国共产党和中国人民政治协商会议的各级机关中从事公务的人员，也属于国家机关工作人员序列。

(2) 国有公司、企业、事业单位、人民团体中从事公务的人员。国有公司是指公司财产完全属于国家或部分属于国家所有的公司，包括国有独资公司、两个以上的国有企业组成的有限责任公司、股份有限责任公司以及国家控股的有限责任公司及股份有限公司；国有企业是指财产完全属于国家所有的从事生产经营活动的经济组织；国有事业单位是指国家投资兴办管理的教育、科研、文化、卫生、体育、新闻、出版等单位；人民团体是指各民主党派、各级共青团、工会、妇联等群众性组织。

(3) 国家机关、国有公司、企业、事业单位委派到非国有公司、企业、事业单位、社会团体中从事公务的人员。被委派的人员，在被委派前可以是国家工作人员也可以不是国家工作人员，只要其由上述国有单位委派到非国有单位及人民团体中从事公务活动，就是国家工作人员。

(4) 其他依照法律从事公务的人员。主要指依照法律规定选举或者任命产生，从事某项公共事务管理的人员，包括农村村民委员会、城镇居民委员会的组成人员以及依法选出的在人民法院履行职务的人民陪审员等。

所谓受国家机关、国有公司、企业、事业单位、人民团体委托管理、经营国有财产的人员，是指非国家工作人员，受国家机关、国有公司、企业、事业单位、人民团体委托，以承包、租赁等方式，在承包租赁合同约定的期间和权限范围内管理、经营国有财产的人员。这部分人员不是国家工作人员，但为了加强对公共财产的保护，法律规定将其作为贪污罪的准主体对待。

4. 主观方面是故意，并以非法占有公共财物为目的。过失不构成本罪。

根据刑法典第 394 条的规定，国家工作人员在国内公务活动或者在对外交往中接受礼物，依照法律规定应当交公而不交公，数额较大的，以贪污罪定罪处罚。

(二) 贪污罪的认定

1. 划清贪污罪与一般贪污行为的界限。根据刑法典第 383 条的规定，一般说来，贪污公共财物价值在 5000 元以上的，或者虽不满 5000 元，但情节较重的，才能定罪处刑。情节较重是指贪污手段恶劣，如以毁坏账簿、诬陷他人等手段贪污公共财物的；后果严重，如贪污救灾款，影响了救灾活动的顺利进行；曾因贪污受过处罚又进行贪污的等。因此，贪污不具有这类严重情节，或贪污公共财产数额不满 5000 元的，即属一般贪污行为，不构成犯罪，可由单位给予行政纪律处分。

2. 划清贪污罪与盗窃罪、诈骗罪的界限。三者都是侵犯财产的犯罪，目的都是非法占有，贪污罪中的窃取、骗取与盗窃罪、诈骗罪的行为方式也相同，其主要区别在于：(1) 主体不同。贪污罪是特殊主体，只能是国家工作人员和受国家机关、国有企业、事业单位、人民团体委托管理、经营国有财产的人员。(2) 是否利用职务之便。盗窃罪、诈骗罪中的窃取、骗取行为不存在利用职务上的便利问题。(3) 客体不同。贪污罪的客体是复杂客体，即国家工作人员职务行为的廉洁性和公共财产所有权，对象只能是公共财产；而盗窃罪、诈骗罪的客体是简单客体，即公私财产所有权，其对象是公私财物。据此，国家工作人员，利用职务之便，监守自盗或骗取公共财物，构成贪污罪；非利用职务之便，仅凭熟悉本单位的情况，窃取他人经营的公共财物或骗取公共财物的，则构成盗窃罪或诈骗罪。

3. 划清本罪与职务侵占罪的界限。二者主观方面都是故意，且具有非法占有财物的目的，行为人都利用掌握财物的便利等。其主要区别在于：（1）主体不同。贪污罪的主体是特殊主体，只能是国家工作人员和受国家机关、国有企业、事业单位、人民团体委托，管理、经营国有财产的人员。职务侵占罪的主体也是特殊主体，但只能是非国有公司、企业或者其他单位的人员。（2）侵犯的客体不同。贪污罪侵犯的是复杂客体，即国家工作人员职务行为的廉洁性和公共财产所有权。职务侵占罪侵犯的是本单位的财产所有权。（3）侵犯的对象不同。贪污罪侵犯的对象只能是公共财物。职务侵占罪侵犯的对象是本单位的财物，可以是公共财产，也可以是私人的合法财产。（4）客观方面不完全相同。贪污罪中行为人只能是利用职务上的便利条件实施犯罪，而侵占罪中行为人除利用职务上的便利条件实施犯罪外，还可以利用工作上的便利实施。

4. 正确认定贪污罪的共犯及其刑事责任。刑法典第 382 条第 3 款规定，与国家工作人员或者受托管理、经营国有财产的人员勾结，伙同贪污的，以共犯论处。与上述人员伙同贪污的人员身份，在共同犯罪中的地位、作用等法律没有限制。因此，这部分人不论是否为国家工作人员，是否为被委托管理、经营国有财产的人员，也不论其在共同犯罪中处于主犯还是从犯的地位，只要其与国家工作人员或者受托管理、经营国有财产的人员相勾结，基于贪污的共同故意，并利用了其中的国家工作人员或者受托管理、经营国有财产人员职务上的便利，实施了非法侵吞、窃取或骗取公共财物的行为，即构成贪污罪的共犯。在共同贪污活动中，非国家工作人员构成贪污罪以国家工作人员的行为构成贪污罪为前提，国家工作人员在贪污犯罪中一般应认定为主犯。对两人以上共同贪污的，按照个人所得数额及其在犯罪中的作用，分别处罚。对贪污集团的首要分子，按照集团贪污的总数额处罚。对于其他共同贪污犯罪中的主犯，情节严重的，按照共同贪污的总数额处罚。对于共同贪污尚未分赃的案件，处罚时应根据犯罪分子在共同贪污犯罪中的地位、作用，并参照贪污总数额和共犯成员间的平均数额，确定犯罪分子个人应承担的刑事责任。对于共同贪污而个人所得数额虽未达到 5000 元，但共同贪污的数额超过 5000 元的，对主要责任者都应给予处罚，其中情节较轻的，由所在单位或者上级主管机关酌情给予行政处分。

（三）贪污罪的刑事责任

依照刑法典第 383 条的规定，犯贪污罪的，应当根据贪污数额的大小，结合犯罪情节的轻重，分别依照下列规定处罚：

1. 个人贪污数额在 10 万元以上的，处 10 年以上有期徒刑或者无期徒刑，可以并处没收财产；情节特别严重的，处死刑，并处没收财产。

2. 个人贪污数额在 5 万元以上不满 10 万元的，处 5 年以上有期徒刑，可以并处没收财产；情节特别严重的，处无期徒刑，并处没收财产。

3. 个人贪污数额在 5000 以上不满 5 万元的，处 1 年以上 7 年以下有期徒刑；情节严重的，处 7 年以上 10 年以下有期徒刑。个人贪污数额在 5000 以上不满 1 万元，犯罪后有悔改表现、积极退赃的，可以减轻处罚或免予刑事处罚，由其所在单位或者上级主管机关给予行政处分。

4. 个人贪污数额不满 5000，情节较重的，处 2 年以下有期徒刑或者拘役；情节较轻的，由其所在单位或者上级主管机关酌情给予行政处分。

对多次贪污未经处理的，按照累计贪污数额处罚。

在司法实践中，适用本条规定处罚时，应当注意以下几个问题：

（1）严格掌握适用死刑的条件。贪污罪的法定最高刑为死刑，条件是个人贪污数额在10万元以上，且具有特别严重的情节。这两个条件必须同时具备，缺一不可。所谓情节特别严重，一般是指贪污数额超过10万元，又是贪污集团的首犯，贪污的公共财物全部挥霍，贪污行为造成严重后果等。刑法对具有此情节的贪污罪适用死刑，采用的是绝对确定的法定刑形式，处理时要特别慎重。

（2）正确理解“犯罪后确有悔改表现、积极退赃”的规定。按照法律规定，个人贪污数额在5000以上不满1万元，且犯罪后又有悔改表现、积极退赃的，只有这两个要件同时具备，才可以减轻处罚或者免予刑事处罚。有悔改表现、积极退赃的，在具体认定时一般应为全部退赃。全部退赃应是有悔改表现的一项重要内容。给予免予刑事处罚的，一般应为初犯或者偶犯。

（3）正确掌握“多次贪污未经处理，按照累计贪污数额处罚”的规定。多次贪污未经处理，是指贪污行为未被发现或者虽经发现但未给予刑事处罚或者任何行政纪律处分。多次贪污未经处理，按照累计贪污数额处罚，也应遵循刑法关于追诉时效的规定，即累计计算的贪污数额，必须是在追诉期限以内的贪污行为产生的。

二、挪用公款罪

（一）挪用公款罪的概念和构成特征

挪用公款罪，是指国家工作人员利用职务上的便利，挪用公款归个人使用，进行非法活动，或者挪用公款数额较大，进行营利活动，或者挪用公款数额较大，超过3个月未还的行为。本罪的构成特征为：

1. 侵犯的客体是国家工作人员职务行为的廉洁性和公共财产的所有权。挪用公款侵犯了公共财产的所有权，这种所有权，只包括占有权、使用权和收益权，不包括处分权。挪用公款是一种暂时非法占有、使用公款，并从中受益的行为。这种行为侵犯了公共财物所有权的完整性，本质上仍是对所有权的侵害。但因最终要归还，其对公共财产所有权的侵害又不同于贪污罪对公共财产所有权的侵害。

挪用公款罪的犯罪对象是公款。所谓公款，是指国家所有的货币资金，以及由国家管理、使用、汇兑与储存过程中私人所有的货币资金。根据刑法典第384条第2款规定，挪用用于救灾、抢险、防汛、优抚、移民、救济款物归个人使用的，从重处罚。所以，特定公物如抢险用的木材、草包、救灾用的粮食等，也可以成为本罪的对象。

2. 客观方面表现为行为人实施了利用职务上的便利，挪用公款归个人使用的行为。所谓利用职务上的便利，是指行为人利用主管、管理、经手公款的便利条件。所谓挪用是指改变用途，将公款挪作私用，打算归还的行为。所谓归个人使用，包括：（1）将公款供本人、亲友或者其他自然人使用。（2）以个人名义将公款供其他单位使用。（3）个人决定以单位名义将公款供其他单位使用，谋取个人利益。

根据刑法典第384条的规定，挪用公款归个人使用，构成挪用公款罪的，包括以下三种情况：

（1）挪用公款进行非法活动。这是指挪用公款归个人，进行赌博、吸毒、嫖娼和其他非法经营、放高利贷、非法集资等为国家法律、行政法规所禁止的行为。这种挪用公款的行为构成犯罪，不要求挪用数额达到较大标准，也不要求挪用时间超过3个月未还。根据最高人民法院1998年5月9日施行的《关于审理挪用公款案件具体应用法律若干问题的解释》（以下简称《解释》）中规定，将挪用公款5000元至1万元为追究刑事责任的数额起点；未达到数额标准，危害明显轻微的，不认为是犯罪。挪用公款给他人使用，经查证，案发前不知道使用人用于非法活动的，不能认为是挪用公款进行非法活动，应根据案件情况，按不同情形进行处理。

（2）挪用公款数额较大，进行营利活动。这是指挪用公款归自己或者给他人进行法律允许的经营性活动，包括用于做生意、买股票或者将公款存入银行等金融机构，以获取利润、利息收入等。将挪用的公款用于归还个人在经营活动中的欠款，属于进行营利活动。司法实践中，对于挪用公款进行营利活动，个人是否确实盈利，甚至亏本经营，不影响对本罪的认定。这种挪用公款的行为构成犯罪，不受挪用时间的限制，但要受挪用数额的限制，只有挪用数额较大的才构成犯罪。根据《解释》规定：挪用公款1万元至3万元为数额较大的起点，行为人在案发前已部分或全部归还本息的，可以分别从轻或减轻处罚；情节较轻的，可以免除处罚。挪用公款给他人使用，经查证，在案发前不知道使用人用于盈利活动的，不能认为是挪用公款进行盈利活动。

（3）挪用公款数额较大，超过3个月未还的。这是指挪用公款用于自己或其他个人合法的生活消费，自挪用公款之日起至案发之日，超过3个月未还的情况。这种挪用公款的行为构成犯罪，要受挪用公款数额较大和超过3个月未还的双重限制。所谓未还，是指案发前即被司法机关、主管机关或者有关单位发现前未还。按照《解释》规定，挪用超过3个月，但在案发前已全部归还本息的，仍应认定构成犯罪，但对挪用人可以从轻处罚或者免除处罚。因挪用公款，给国家、集体造成损失的，应予追缴或者退赔。这种情况挪用公款数额较大的标准，同挪用公款归个人进行盈利活动数额较大定罪处罚的标准相同。

3. 主体是特殊主体，为国家工作人员。

4. 主观方面是直接故意，即明知是公款而将其挪作私用，并准备以后归还，不打算永久占有。其目的是非法获得使用权，动机是多种多样的，有的是为了进行非法活动，有的是为了营利，有的是出于一时的家庭困难，有的是出于帮助朋友等。动机如何不影响本罪的成立。过失不构成本罪。

（二）挪用公款罪的认定

1. 划清罪与非罪的界限。根据刑法典第384条的规定，不同的挪用公款的行为，其构成犯罪的要件不同。因此，对于挪用公款归个人使用的行为，要以挪用公款的具体数额的多少、挪用时间的长短、是否归还，以及挪用公款后的使用情况等方面综合分析，加以认定。在实践中，对一般违反财经纪律的挪用公款行为，不应以挪用公款罪处理。

2. 划清本罪与贪污罪的界限。二者的客体都是复杂客体，既侵犯了国家工作人员职务行为的廉洁性，也侵犯了公共财产所有权，客观方面都是利用职务上的便利，主观方面都是故意，但二者存在着本质的区别：（1）主观目的不同。前者是为了临时使用而暂时占有公款，准备将来归还，并不具有永远非法占有的目的；贪污罪是为了将包括公款在内的公共财物永远占有，不准备归还，这是两个罪相区别的主要标志。（2）客观方面的行为手段不同。前者是擅自挪作他用，打算归还，因而在账面上一般不伪造、涂改、销毁财会资料，冲平账目等；贪污罪是侵吞、窃取、骗取等非法手段，通常有伪造单据、涂改账目、销毁凭证等表现。

按刑法典第384条规定，“挪用公款数额巨大不退还的”是作为挪用公款罪加重的处罚情节。不退还的时间，应是在人民法院审理该案一审宣判前没有退还。不退还仅指挪用公款后因客观原因不能退还的，如做生意亏本、被骗、被盗，借给他人未还等。如果行为人主观上根本不想退还，案发后实际也未退还的，应当以贪污罪定罪处罚。

4. 划清本罪与挪用特定款物罪的界限。两罪的主要区别在于：(1) 对象不同。挪用公款的对象仅限于公款，挪用特定款物的对象只能局限于救灾、抢险、防汛、优抚、扶贫、移民、救济款物。(2) 用途不同。前者以挪用公款归个人使用为目的，挪用特定款物罪的目的是为了本单位的其他公用，即违反特定款物“专项专用”的财经管理制度，将特定款物挪作本单位的生产、工作等公共用途。(3) 客观要件不同。挪用公款须达到规定的数额起点标准才能构成犯罪，挪用特定款物只有情节严重才能构成犯罪。尽管数额也是情节严重的一个要素，但并不是惟一或主要的要素。依照刑法典第384条第2款的规定，挪用国家救灾、抢险、防汛、优扶、扶贫、移民、救济款物归个人使用的，属于挪用公款罪，应依照挪用公款罪的数额标准，从重处罚。

5. 划清本罪与挪用资金罪的界限。二者在客观方面极为相似，其主要区别在于犯罪主体不同。前者的主体只能是国家工作人员；挪用资金罪的主体是公司、企业或其他单位的非国家工作人员。

（三）挪用公款罪的刑事责任

依照刑法典第384条的规定，犯挪用公款罪的，处5年以下有期徒刑或者拘役；情节严重的，处5年以上有期徒刑。挪用公款数额巨大不退还的，处10年以上有期徒刑或者无期徒刑。挪用用于救灾、抢险、防汛、优抚、扶贫、移民、救济款归个人使用的，从重处罚。

三、巨额财产来源不明罪

（一）巨额财产来源不明罪的概念和构成特征

巨额财产来源不明罪，是指国家工作人员的财产或者支出明显超过合法收入，且差额巨大，经责令说明来源，本人不能说明并证明其来源合法的行为。本罪的构成特征为：

1. 侵犯的客体是国家工作人员职务行为的廉洁性。

2. 客观方面表现为国家工作人员的财产或支出明显超过其合法收入，且差额巨大，本人又不能说明其来源是合法的行为，具体包括以下两个要素：(1) 必须存在财产或支出明显超过合法收入，且差额巨大的事实。这是构成本罪的前提。财产指国家工作人员实际拥有的财物，包括现金、股票、存款、房屋、交通工具等。支出指国家工作人员的各种开支、消费。超过合法收入是指国家工作人员的财产或支出数额，明显超过其工资、奖金、津贴以及其他依照法律规定合法取得的财产，如合法取得的稿酬、合法继承和合法接受赠与的财产。差额巨大的标准，刑法未作明确规定，根据最高人民检察院1993年10月22日颁布的《关于认真查办巨额财产来源不明犯罪案件的通知》，司法实践中一般将差额5万元作为差额巨大的起点。(2) 被责令说明其差额巨大的财产的真实来源而不能说明。这是本罪客观要件的核心特征。不能说明财产的合法来源，包括拒不说明巨额财产的来源合法、故意编造财产来源的合法途径但经调查被否认的等。未查证其来源的合法性的，以非法所得论。

3. 主体是特殊主体，为国家工作人员。非国家工作人员以及单位不能构成本罪主体。

4. 主观方面只能由直接故意构成，即行为人明知其占有的明显超过其合法收入的巨额财产的真实来源，在被责令说明其来源的情况下，不愿说明、不想说明或不给予合理说明其来源，以掩饰、隐瞒财产的真实来源。间接故意和过失不能构成本罪。

（二）巨额财产来源不明罪的认定

1. 注意划清罪与非罪的界限。巨额财产与来源不明是构成本罪必须同时具备的缺一不可的客观要件。若尽管有巨额财产客观存在的事实，但行为人能够说明其来源的合法性，并经司法机关调查证明属实的，不构成本罪，也不构成其他犯罪。

2. 注意划清本罪与贪污、受贿、挪用公款罪的界限。在实践中，国家工作人员来源不明的巨额财产，常与国家工作人员的贪污、受贿、挪用公款等财产犯罪行为相关。因此，在查明本罪时，司法机关应当尽量通过各种法定的侦查和调查手段、方法，努力查明国家工作人员的巨额财产是否是以贪污、受贿、挪用公款或其他犯罪方法获得的。若能查明则应以刑法的相应规定定罪处刑，而不能以本罪定罪处刑。只有确实无法查清，又确属差额巨大的，才按巨额财产来源不明罪定罪处刑。

（三）巨额财产来源不明罪的刑事责任

依照刑法典第 395 条第 1 款的规定，犯巨额财产来源不明罪的，处 5 年以下有期徒刑或者拘役，财产的差额部分予以追缴。

第三节　贿赂犯罪

一、受贿罪

（一）受贿罪的概念和构成特征

受贿罪是指国家工作人员利用职务上的便利，索取他人财物，或者非法收受他人财物，为他人谋利的行为。本罪的构成特征为：

1. 侵犯的客体是国家工作人员职务的廉洁性。国家工作人员担负着依法行使国家对内对外的职能活动的重任，必须廉洁奉公、忠于职守。国家工作人员利用职务上的便利，索取、收受贿赂，是以权谋私、权钱交易的腐败行为，严重侵犯了国家工作人员职务行为的廉洁性，严重危害了国家的廉政建设，必须依法惩处。

受贿罪的犯罪对象是财物，不仅包括有形的可以用金钱计算的钱物，也包括无形的可以用金钱计量的物质性利益，如债权的设立、债务的免除以及其他形式的物质性利益，但不包括诸如提升职务、迁移户口、升学就业、提供女色等非物质性利益。

2. 在客观方面，行为人必须具有利用职务上的便利，向他人索取财物，或者收受他人财物而为他人谋利的行为，才能构成受贿罪，否则不能构成受贿罪。从这一客观行为来看，实际上包含了受贿罪的两种具体表现形式，而且它们的构成条件并不完全相同，主要表现在“为他人谋利”是不是必要条件上。

（1）行为人利用职务上的便利，向他人索取财物的行为。索取他人财物是指行为人在进行公务活动中采取明示或暗示的方式主动地向对方索取财物。索取具有下列三大特征：一是受贿人先提出贿赂的要求，具有主动性；二是行贿人被迫交付财物，具有被动性；三是公然索取，具有一定的勒索性。索贿不是独立的犯罪，但是一种严重的受贿行为，比一般收受贿赂具有更大的主观恶性和社会危害性。因此，对索取他人财物的，不以“为他人谋利”为必要条件，不论是否为他人谋利，均可构成受贿罪，这体现了立法对这种特定的受贿行为从严处罚的精神。

(2) 行为人利用职务上的便利，收受他人贿赂而为他人谋利。收受贿赂一般是指行贿人采取各种手段主动进行收买腐蚀，行为人被动接受贿赂。与索取相比，收受方式的最大特点是具有被动性，即在行贿人自愿、主动交付贿赂的情况下消极地接受。非法收受他人财物，必须同时具备“为他人谋利”，才能构成受贿罪。

受贿罪的上述两种表现形式的区别在于：前一种形式是索贿，并不要求必须“为他人谋取利益”为构成条件；后一种形式是收受贿赂，要求“为他人谋取利益”为构成条件。它们的共同之处在于：都必须以“利用职务上的便利”和“接受他人的财物”为必备条件。否则，缺少其中任何一个要件，都不能构成本罪。

所谓利用职务上的便利，是指利用本人现有职务范围内的权力，即利用本人因现有职务而主管、分管、经营某种公共事务的职权所形成的便利条件，如人事干部利用人事任免权，招生人员利用招收录取学生的权力，房管干部利用房屋分配权等。利用职务上的便利是成立受贿罪诸多要件中的核心要件，如果国家工作人员单纯利用亲友关系，而没有利用职务上的便利，为请托人谋取利益，而本人从中向请托人索取或者非法收受财物的，不应以受贿罪论处。

据上所述，受贿罪中利用职务上的便利，即利用职权，是指利用本人职务范围内的权力。但根据刑法典第 388 条的规定，国家工作人员利用本人职权或地位形成的便利条件，通过其他国家工作人员职务上的行为，为请托人谋取不正当利益，索取或者收受请托人财物的，以受贿论处。这是立法上关于受贿罪的特殊规定，刑法理论上称之为斡旋受贿。该种情况下的受贿罪，具有以下特点：

①利用的不是本人职务范围内的便利条件，而是利用本人职权或地位形成的便利条件。所谓本人职权或地位形成的便利条件，是指因其职权或地位而产生的对其他国家工作人员的制约关系，包括上级对下级的制约关系和平行部门之间的职务上的制约关系。

②通过其他国家工作人员职务上的行为，为请托人谋取不正当利益。这就是说，行为人通过自己职责范围内的作为或不作为，是不可能实施请托人的要求的，只有通过对请托人的请托事项有主管、经管职责的部门的国家工作人员，才能为请托人谋取利益。这是该种情形的受贿罪在客观方面最突出的特点。

③必须为请托人谋取不正当利益。无论是采取索取或收受方式，谋取的都是不正当利益。所谓不正当利益，是指根据法律、法令或者有关政策规定不应得到的利益。若谋取的是合法权益，不构成受贿罪。

除一般索取、收受贿赂外，刑法典第 385 条第 2 款还规定，国家工作人员在经济往来中，违反国家规定，收受各种名义的回扣、手续费归个人所有的，以受贿论处。这也是一种立法上规定的较为特殊的受贿行为，在刑法理论上称为经济受贿。该种情况下的受贿罪，具有以下特点：

①经济往来是指经济活动，包括国家经济管理活动和国家工作人员直接参与的经济往来活动。国家工作人员参与经济往来活动，是其行使职务行为的特殊表现形式。因此，法条上虽然没有明文规定利用职务上的便利，但仍然应将利用职务上的便利理解为本款规定的受贿罪的要件。

②违反国家规定是指违反全国人大及其常委会制定的法律、国务院制定的行政法规和行政措施、发布的命令和决定，如《中华人民共和国反不正当竞争法》、《关于禁止在社会经济活动中牟取非法利益的通知》等。

③违反上述规定，收取各种名义的回扣、手续费归个人所有。回扣是指在商品交易中，卖方在收取的价款中扣出一部分返还给买方或者买方经办人的现金。手续费是指多种费用的统称，如好处费、辛苦费、介绍费、酬劳费、活动费、信息费等。归个人所有是指未在依法设立的单位账务账目上按照财务会计制度如实记载，个人在账外暗中据为己有。如果国家工作人员收受了回扣手续费之后，入账上交单位，而没有归个人所有的，不构成犯罪。如果是单位在经济往来中，账外暗中收受各种名义的回扣、手续费的，则属于单位受贿。

3. 主体为特殊主体，只能由国家工作人员构成。国家工作人员的范围，刑法典第93条作了明确规定，具体包括各级国家权力机关、行政机关、司法机关中从事公务的人员，国有公司、企业、事业单位、人民团体中从事公务的人员和国家机关、国有公司、企业、事业单位委派到非国有公司、企业、事业单位、社会团体从事公务的人员，以及其他依法从事公务的人员。不具有依法从事公务的法定身份的人员不能构成本罪。已经离退休的国家工作人员，利用本人原有职权或者地位所形成的便利条件，通过在职的国家工作人员职务上的行为，为请托人谋取利益，而本人从中向请托人收取财物的，因其不具有在职的法定身份，不能构成本罪。集体经济组织工作人员、私有经济组织的工作人员因不具有依法从事公务的法定身份亦不能构成本罪。

4. 主观方面是直接故意，即行为人明知利用职务上的便利为他人谋利而非法收受贿赂的行为是一种损害职务行为廉洁性的行为，而故意实施这种行为。在受贿罪的故意中，不仅包括非法收受财物的故意，也包括为他人谋利作为非法收受财物的交换条件，即权钱交易的故意。间接故意和过失均不构成受贿罪。

受贿罪的故意主要从其索取贿赂或收受贿赂的行为中表现出来，如主动向对方索贿，用各种手段给对方施加压力，迫使对方行贿；与对方通谋，先使对方获利，然后收受财物或者先收受财物后为对方谋取利益等，这些都说明受贿人的犯罪目的是希望获取财物。总之，不管客观行为如何表现，只要行为人主观上意识到获取财物是由于他利用职务或将要利用职务的结果，即利用职务或将要利用职务与获取财物之间存在交换关系，就说明其有受贿的故意。在实践中，许多受贿行为是通过试用、托购、代购、借贷、受赠、劳务报酬等隐蔽、曲折的方式进行的，对此必须深入分析和判断，揭示出其收受财物的实质，以正确认定其主观意图。例如，行为人以托购、代购物品为名，行受贿之实，就要通过查明代购人与托购人的关系，托购人是否利用了职务之便为代购人谋取利益，托购人是否如数付清了代购物品的价款等情况，来证明托购人有无收受贿赂的目的与事实。对于以借为名，行受贿之实的，就要通过查明借款的理由能否成立，借款时间长短和借款手续来证明有无受贿的目的与事实。对于以收受礼品为名，行受贿之实的，就要通过查明送礼人与受礼人平时关系，受礼人是否利用职务为对方谋取利益以及礼品数额大小等情况，来证明有无受贿的目的与事实。

（二）受贿罪的认定

1. 划清受贿行为与接受馈赠的界限。两者性质不同，主要区别是：受贿是一种以权换钱的肮脏交易；馈赠是亲友或一般同志之间联络情谊的表现，是无条件的赠与，是合法的民事行为。受贿是利用职务之便获取财物，客观上往往采取隐蔽的、不正常的方式进行；接受馈赠获取财物没有利用职务上的便利，而且是以公开的、正常的方式进行，是正常的礼尚往来的行为。但是，如果借接受馈赠之名，行受贿之实，则应以受贿罪追究责任。

2. 划清受贿行为与获取合法报酬的界限。所谓合法报酬，是指在法律政策或组织纪律允许的范围内，或利用业余、休假时间，用自己的知识和劳动为他人临时进行某项工作或提供咨询服务，而获取劳动报酬。它属于合法收入，不能认为是犯罪。区分受贿罪与获取合法报酬的关键在于：一是行为人是否付出了劳动，二是行为人是否利用了职务。若行为人利用职务之便为他人谋利，而收受财物，但劳动属于职务范围内的应有职责，则构成受贿，而非合法劳动报酬。

3. 划清受贿罪与一般受贿行为的界限。区分二者应从数额和情节两个方面把握。根据刑法规定，受贿数额在5000元以上的，应以受贿罪论处；受贿数额在5000元以下的，但情节较重的，仍构成受贿罪。所谓情节较重，指因受贿给国家、集体或公民合法权益造成重大损失，造成极坏社会影响等。受贿数额不满5000元，情节较轻的，不以受贿罪论处，可由其所在单位或上级主管部门酌情给予行政处分。

4. 划清收受回扣、手续费行为罪与非罪的界限。对收受回扣、手续费的行为不能一概以受贿罪论，应视情况具体分析，分别做出不同的认定：按国际惯例或者国家法律、法规规定收受回扣、手续费归单位所有的，不属于受贿罪的范畴；国家工作人员在经济往来中，违反国家规定，收受各种名义的回扣、手续费，归个人所有的，依照刑法典第385条第2款的规定，以受贿论处。因此，罪与非罪的关键不在于是否收受而在于收受是否有合法根据。

5. 划清受贿罪与公司、企业人员受贿罪的界限。这两个犯罪在主观方面、客观方面有许多相似之处，主要区别是主体不同。受贿罪的主体是国家工作人员；公司、企业人员受贿罪的主体为非国有公司、企业中不具有国家工作人员身份的人员。国有公司、企业中从事公务的人员和国有公司、企业委派到非国有公司、企业从事公务的人员受贿的，以受贿罪论，不构成公司、企业人员受贿罪。

6. 划清受贿罪与贪污罪的界限。受贿罪与贪污罪在侵犯的客体、犯罪对象、犯罪的方式等方面都有不同之处，但由于两者都是利用职务上的便利实施的犯罪，而且行为人常采取各种迂回、隐蔽的方式获取财物，使得在认定其行为是属于贪污还是受贿性质时易发生混淆。区分二者的关键主要从以下两个方面把握：（1）获得财物的所有权归属。财物属行为人的单位所有，应定贪污；财物属他人（包括其他单位）所有，则定受贿。（2）获得财物的方式。行为人以先予后取方式变相获取本单位财物的，属于贪污；行为人因为他人谋取利益后而收受对方贿赂的，属于受贿。

7. 划清受贿罪与诈骗罪的界限。受贿罪与诈骗罪在犯罪构成上有较大的区别，在一般情况下两者的界限是容易区分的。但在实践中，有的行为人利用职务之便索取或者收受了他人财物，但却没有实施为他人谋利益的行为，或者没能为他人谋取利益。在这种情况下如何定性容易产生分歧。对此，关键在于分析行为人的主观意图。如果行为人的主观目的是想利用职务上的便利为他人谋取利益，只是由于意志以外的原因而未达到这一目的，属于受贿；如行为人没有利用职务上的便利为他人谋取利益的目的，允诺为他人谋利，只是收获财物的借口，其主观目的是骗取财物的，不构成受贿罪，应以诈骗罪论处。

8. 划清本罪与敲诈勒索罪的界限。受贿罪中的索贿行为与敲诈勒索罪在客观方面都是索取他人财物，主观上都是直接故意，当行为的实施者同为国家工作人员时，易于混淆。二者的区别关键在于是否利用职务之便。国家工作人员利用其职务上的便利，勒索请托人的财物，属于受贿中的索贿行为，应以受贿罪论处；国家工作人员以要挟、威胁的方式勒索他人财物，但并没有利用职务上的便利的，应以敲诈勒索罪论处。

（三）受贿罪的刑事责任

依照刑法典第386条的规定，犯受贿罪的，根据受贿的数额及情节，依照刑法典第383条的规定处罚；索贿的从重处罚。

二、单位受贿罪

（一）单位受贿罪的概念和构成特征

单位受贿罪，是指国家机关、国有公司、企业、事业单位和人民团体，索取、非法收受他人财物，为他人谋取利益，情节严重的行为。本罪的构成特征是：

1. 侵犯的客体是国家机关、国有公司、企业、事业单位和人民团体的正常工作秩序和国家的廉政建设制度。

2. 客观方面表现为国家机关、国有公司、企业、事业单位和人民团体，索取、收受他人财物，为他人谋利，情节严重的行为。本罪的客观方面包含三个要素：（1）索取、收受贿赂。（2）具有为他人谋利的行为。索取、收受贿赂都必须为他人谋利，至于谋取的是合法利益还是非法利益，为他人谋取利益是否实现，均不影响本罪的成立。（3）必须情节严重。所谓情节严重，是指索取、收受他人大量财物或者索取、收受他人财物，为他人谋利，给国家利益造成重大损失的。根据最高人民检察院1993年9月发布的《关于认真查办单位行贿受贿案件的通知》，单位受贿5万元以上的，应当依法追究刑事责任。

此外，根据刑法的规定，国家机关、国有公司、企业、事业和人民团体，在经济往来中，在账外收受各种名义的回扣、手续费的，以单位受贿论处。

3. 主体是特殊主体，为国家机关、国有公司、企业、事业单位和人民团体。集体经济组织、中外合资企业、中外合作企业、外商独资企业和私营企业，不能成为单位受贿罪的主体。

4. 主观方面是故意。过失不构成本罪。单位的犯罪故意是通过直接负责的主管人员和其他直接责任人员的故意体现出来的，主管人员和其他直接责任人员的犯罪故意视为单位的犯罪故意。

（二）单位受贿罪的认定

1. 划清罪与非罪的界限。对此应注意以下两个问题：（1）受贿的主体不是国家机关、企业、事业单位、人民团体，而是其他单位的，不构成本罪。(2) 受贿行为必须情节严重。如果不属于情节严重的，不构成犯罪，只能作为一般违法行为处理。

2. 划清单位受贿罪与受贿罪的界限。二者区别的关键在于以下三个方面：(1) 主体不同。单位受贿罪的主体是单位，属单位犯罪；受贿罪的主体是国家工作人员，属自然人犯罪。(2) 主观方面所体现的意志不同。单位受贿的犯罪故意，体现的是单位的整体意志，受贿罪体现的是国家工作人员的个人意志。(3) 所收贿赂归属不同。单位受贿所收贿赂归单位所有，受贿罪所收贿赂归国家工作人员个人所有。当然，对于国家工作人员利用职务之便，假借单位名义，将所收贿赂归个人所有的，构成受贿罪，而不能以单位受贿罪论处。

(三) 单位受贿罪的刑事责任

依照刑法典第 387 条的规定，犯单位受贿罪的，除对单位判处罚金外，还应对单位受贿直接负责的主管人员和其他直接责任人员处 5 年以下有期徒刑或拘役。

三、行贿罪

(一) 行贿罪的概念和构成特征

行贿罪，是指行为人为谋取不正当利益，给予国家工作人员以财物的行为。本罪的构成特征为：

1. 侵犯的客体是国家工作人员职务行为的廉洁性。

2. 客观方面表现为行为人给予国家工作人员财物的行为。所谓给予，是指提供、交付。这种行为的实施，为行贿的着手行为，如被对方拒绝的，则构成行贿罪的未遂。行贿的方式是多种多样的，有的是主动送，有的是对方要求，而被动提供。为此，刑法典第 389 条第 3 款规定："因被勒索给予国家工作人员以财物，没有获得不正当利益，不是行贿。"这就是说，虽然有给予国家工作人员以财物的行为，但是具备下列两个条件的，不是行贿：一是被勒索，二是没有获得不正当利益。但是，如果事前虽然无谋取不正当利益的目的，也确有被勒索的情节，而事后却获得了不正当利益的，则应认定为行贿。

除一般情况外，刑法典第 389 条第 2 款规定："在经济往来中，违反国家规定，给予国家工作人员以财物，数额较大的，或者违反国家规定，给予国家工作人员以各种名义的回扣、手续费的，以行贿论。"这是立法上规定的一种较特殊的行贿犯罪行为。该种情形下成立行贿罪的构成要件在于并不要求具有谋取不正当利益的目的。行为人尽管是为谋取正当利益，但在经济往来中，违反国家规定，给予了国家工作人员数额较大的财物，或者违反国家规定，给予了国家工作人员各种名义的回扣、手续费的，仍然构成行贿罪。

3. 主体是一般主体，仅限于自然人，不包括单位。凡达到刑事责任年龄，具有刑事责任能力的自然人，均可构成本罪。

4. 主观方面只能由直接故意构成，行贿的目的是为了使国家工作人员利用职务上的便利为自己或他人谋取不正当的利益。不正当的利益是针对正当利益而言的，是指根据法律、行政法规及有关政策的规定不应得到的利益，包括非法利益。本罪的构成只要求行为人主观上有获取不正当利益的目的即可，至于行为的目的是否实现，不影响本罪的构成。行为人是否具有谋取不正当利益的目的，是构成本罪的重要标志。出于获取正当利益的目的，向国家工作人员给予财物的，不能构成本罪。但收取财物一方，可以构成受贿罪。

（二）行贿罪的认定

1. 划清行贿行为与馈赠行为的界限。一般馈赠行为，是亲朋好友、同事之间出于友谊、感情而无偿赠送一定的财物。二者的区别在于：（1）动机、目的不同。行贿是为了谋取不正当利益而收买国家工作人员，进行权钱交易；馈赠则是为了增进亲友之间的情谊，不是以财物收买权力。（2）内容与方式不同。行贿的内容是财物，方式往往是秘密进行的，给付财物是附条件的；馈赠的内容也是财物，方式则是公开的，财物数量一般不大，有特定纪念意义或是对方急需的，不附加任何条件。

2. 划清一般行贿行为与行贿罪的界限。区分二者应从数额和情节两个方面把握：（1）一般情况下，行为人为谋取不正当利益给予国家工作人员以财物，数额较小，又不具有其他严重情节的，属于一般行贿违法行为；数额较大或者具有其他严重情节的，构成行贿罪。情节严重，在司法实践中，应当根据行贿的具体数额、手段、谋取不正当利益的性质，以及行贿造成的其他后果等综合分析认定。（2）在经济往来中，违反国家规定，给予国家工作人员以财物，数额没有达到较大标准，属于一般行贿违法行为；数额较大的，才构成行贿罪。

（三）行贿罪的刑事责任

依照刑法典第 390 条第 1 款的规定，犯行贿罪的，处 5 年以下有期徒刑或者拘役；因行贿谋取不正当利益，情节严重的，或者使国家利益遭受重大损失的，处 5 年以上 10 年以下有期徒刑；情节特别严重的，处 10 年以上有期徒刑或者无期徒刑，可以并处没收财产。行贿人在被追诉前主动交待行贿行为的，可以减轻处罚或者免除处罚。

四、对单位行贿罪

（一）对单位行贿罪的概念和构成特征

对单位行贿罪，是指行为人或者单位为谋取不正当利益，给予国家机关、国有公司、企业、事业单位、人民团体以财物的，或者在经济往来中，违反国家规定，给予各种名义的回扣、手续费的行为。本罪的构成特征为：

1. 侵犯的客体是国家机关等国有单位的正常活动及国家的廉政建设制度。犯罪对象只能是国家机关、国有公司、企业、事业单位和人民团体。向其他单位和个人行贿的，不构成本罪。

2. 客观方面有两种表现形式：一是为谋取不正当利益给予国家机关、国有公司、企业、事业单位、人民团体以财物；二是在经济往来中，违反国家规定，给予国家机关、国有公司、企业、事业单位、人民团体各种名义的回扣、手续费。

3. 主体为一般主体，自然人和单位均可成为本罪的主体。任何达到刑事责任年龄，具备刑事责任能力的自然人和任何性质的单位都可成为本罪的主体。

4. 主观方面是直接故意，过失不构成本罪。在非经济往来中对单位行贿的须有谋取不正当利益的主观目的，该目的是否实现不影响单位行贿罪的成立；在经济往来中对单位行贿的，不以谋取不正当利益为必要条件。在单位向单位行贿时，单位主观方面的故意通过其直接负责的主管人员和其他直接责任人员的主观故意体现出来。

（二）对单位行贿罪的认定

1. 划清罪与非罪的界限。区别罪与非罪，主要应考虑行贿数额的大小，并结合其他情况综合考虑。一般说来，向单位行贿，如果行贿数额不大，情节不严重，不以犯罪论处；行贿数额较大或具有其他严重情节的，构成向单位行贿罪。

2. 划清对单位行贿罪与行贿罪、单位行贿罪及对公司、企业人员行贿罪的界限。它们的区别在于犯罪对象不同，对单位行贿罪的犯罪对象只能是国家机关、国有公司、企业、事业单位和人民团体；行贿罪、单位行贿罪的犯罪对象只能是国家工作人员；对公司、企业人员行贿罪的犯罪对象只能是非国有公司、企业中的非国家工作人员。

（三）对单位行贿罪的刑事责任

依照刑法典第 391 条第 1 款的规定，犯对单位行贿罪的，处 3 年以下有期徒刑或者拘役。依照本条第 2 款的规定，单位犯本罪的，除对单位判处罚金外，还要对犯罪单位直接负责的主管人员和其他直接责任人员，依照第 1 款的规定处罚。

五、介绍贿赂罪

（一）介绍贿赂罪的概念和构成特征

介绍贿赂罪，是指向国家工作人员介绍贿赂，情节严重的行为。本罪的构成特征是：

1. 侵犯的客体是国家工作人员职务行为的廉洁性，犯罪对象只能是国家工作人员。

2. 客观方面表现为介绍贿赂人在行贿人和受贿的国家工作人员之间进行联系、沟通，以牵线搭桥的方式促使行贿、受贿得以实现的行为。本罪的客观方面还必须具备情节严重这一要件。在司法实践中，情节严重主要指所促成的贿赂行为给国家、集体利益造成了重大损失的；介绍贿赂的手段恶劣，如设圈套、逼迫利诱，促使国家工作人员接受贿赂的；介绍贿赂多人、多次以及介绍贿赂个人得到财物数额巨大的等。

3. 主体为一般主体，即凡达到刑事责任年龄，具备刑事责任能力的人都可成为本罪的主体。

4. 主观方面是故意，行为人的犯罪目的是促使行贿与受贿得以实现。其动机一般是为了谋取私利，也有出于哥们儿义气或者亲友情面而进行帮助，也有的是因慑于权势或阿谀奉承而卖力等。无论行为人出于什么动机，均不影响本罪的成立。

（二）贿赂罪的认定

1. 划清罪与非罪的界限。区分罪与非罪应从以下两个方面进行判断：（1）是否具有介绍贿赂的故意。即明知行贿人为了谋取不正当利益向掌握一定权力的国家工作人员行贿，而在行贿人与国家工作人员之间牵线搭桥的，属于有介绍贿赂的故意；如果行为人只是居间介绍一桩生意，促成了双方的正常经济往来，主观上不具有介绍贿赂的故意，不知道请托人有给付国家工作人员财物以谋取不正当利益的意图，在介绍双方往来后，请托人实际给付国家工作人员以财物的，行为人不构成介绍贿赂罪。（2）情节是否严重。介绍贿赂的行为只有达到情节严重的程度，才能构成犯罪，否则，不构成犯罪。

2. 划清介绍贿赂罪与诈骗罪的界限。在一般情况下，这两种罪是容易区别的，但有时也易混淆。例如，介绍贿赂人在介绍贿赂过程中，弄虚作假，从中侵占了作为贿赂的财产的一部分或全部，如果贿赂犯罪实现的，仍可按介绍贿赂罪论处；如果贿赂犯罪没有实现的，应以诈骗罪论处。如果情节较轻的，也可不以犯罪论处，而由有关部门处理。

（三）介绍贿赂罪的刑事责任

依照刑法典第 392 条第 1 款的规定，犯介绍贿赂罪的，处 3 年以下有期徒刑或者拘役。

依照本条第 2 款的规定，介绍贿赂人在被追诉前主动交待介绍贿赂行为的，可以减轻处罚或者免除处罚。

六、单位行贿罪

（一）单位行贿罪的概念和构成特征

单位行贿罪，是指单位为谋取不正当利益而行贿，或者违反国家规定，给予国家工作人员以回扣、手续费，情节严重的行为。本罪的构成特征为：

1. 侵犯的客体是国家工作人员职务行为的廉洁性。

2. 客观方面表现为两种形式：一是为了谋取不正当利益而向国家工作人员行贿的行为；二是在经济往来中，违反国家规定，给予国家工作人员以回扣、手续费，情节严重的行为。前一种形式的单位行贿不以情节严重为构成要件；后一种形式的单位行贿，必须达到情节严重的程度才构成犯罪。所谓情节严重，主要指账外、暗中给以回扣、手续费数额巨大的；给国家利益造成较大损失的；多次违反国家规定，给予国家工作人员以回扣、手续费，屡教不改的等。

3. 主体是单位，包括公司、企业、事业单位、机关、团体。与单位受贿罪不同，本罪的主体除国有性质的单位外，还包括非国有性质的单位。

4. 主观方面是故意。在非经济往来中，单位行贿的，主观上还必须具有谋取不正当利益的目的；在经济往来中，单位行贿的，主观上则不以具有谋取不正当利益为要件。单位行贿的故意是以单位直接负责的主管人员和其他直接责任人员以故意行贿的行为表现出来。过失不构成本罪。

（二）单位行贿罪的认定

1. 划清单位行贿罪与对单位行贿罪的界限。两罪的主要区别：（1）行贿犯罪的主体不同。单位行贿罪只能由单位构成；对单位行贿罪，既可以由单位构成，也可以由自然人构成。（2）行贿的对象不同。单位行贿罪的行贿对象是国家工作人员；向单位行贿罪行贿的对象必须是单位，且只能是国家机关、国有公司、企业、事业单位和人民团体。

2. 划清单位行贿罪与个人行贿罪、贪污罪的界限。区分单位行贿罪与个人行贿罪的关键，主要是看行贿取得的违法所得是归单位还是归个人所有。如果事先即出于为个人谋取不正当利益的目的而以单位名义行贿并个人获得违法所得的行为，或者在进行单位行贿过程中临时起意而将获取的违法所得归个人所有的应按个人行贿论处；如果单位行贿取得的违法所得已归单位所有，事后行为人再予以侵吞的，则属于贪污，不能以个人行贿论处。

（三）单位行贿罪的刑事责任

依照刑法典第 393 条规定，犯单位行贿罪的，对单位判处罚金，并对其直接负责的主管人员和其他直接责任人员，处 5 年以下有期徒刑或者拘役。因行贿取得的违法所得归个人所有的，按个人行贿罪定罪处罚。

第四节　其他犯罪

一、隐瞒境外存款罪

(一) 隐瞒境外存款罪的概念和构成特征

隐瞒境外存款罪，是指国家工作人员对个人在境外的存款，违反国家规定，隐瞒不予申报，且数额较大的行为。本罪的构成特征是：

1. 侵犯的客体是国家对国家工作人员在境外存款的申报制度和国家的廉政建设制度。

2. 客观方面表现为国家工作人员在境外的存款，应当依照国家规定申报，而隐瞒不申报，且数额较大的行为。境外的存款包括在国外的存款，也包括在香港、澳门、台湾地区的存款。所存之款既包括外币，如美元、日元，也包括港币、台币等，还包括金融衍生品，如债券、股票等有价证券。所谓隐瞒不报，是指对于在境外有存款的事实，不按规定向特定部门申报，或者不按真实存款数额予以如实申报。至于其不申报的境外存款的来源是合法还是非法所得，不影响本罪行为的构成。数额较大是构成本罪的必要要件，其具体标准，有待于最高人民法院做出司法解释。

3. 主体是特殊主体，只能由国家工作人员构成，非国家工作人员以及单位不能成为本罪的主体。从实践情况看，实施本罪的多是在境外机构或者国内涉外经济部门工作的国家工作人员。

4. 主观方面是故意，即行为人明知应当申报境外存款，却不申报或不作如实申报，有意违反申报制度的规定。如果行为人不是出于故意，而是由于不知道应该申报的或过失漏报的，一般不构成犯罪。

(二) 隐瞒境外存款罪的认定

1. 划清罪与非罪的界限。国家工作人员在境外的存款数额较大，隐瞒不报，是本罪的关键。没有达到数额较大的标准的，属于违反国家规定的行为，可由其所在单位或者上级主管部门酌情予以行政处分，不应追究其刑事责任。实践中可能有的国家工作人员确实不了解有关国家工作人员在境外存款应当申报的规定，而未向有关部门如实申报。当其知道或被告知有关规定后，如实申报的，只要查明他此前确实不知这一国家规定，也不应当追究其刑事责任。

2. 划清隐瞒境外存款罪与贪污罪、挪用公款罪的界限。本罪与贪污罪、挪用公款罪的本质区别在于：本罪在境外的存款，一般是行为人个人所有的合法存款，只是未按规定申报；而贪污、挪用公款罪，犯罪分子可能也将贪污、挪用的公共财产兑换成外币存放境外，当然也不会申报，但这种存款本身为犯罪所得赃款，存放境外只是行为人转移赃款、赃物的一种手段，不应以本罪定罪。

(三) 隐瞒境外存款罪的刑事责任

依照刑法典第 395 条第 2 款的规定，犯隐瞒境外存款罪的，处 2 年以下有期徒刑或者拘役。

二、私分国有资产罪

（一）私分国有资产罪的概念和构成特征

私分国有资产罪，是指国家机关、国有公司、企业、事业单位、人民团体，违反国家规定，以单位名义将国有资产集体私分给个人，数额较大的行为。本罪的构成特征为：

1. 侵犯的客体是国有财产的所有权和国家廉政建设的制度。

2. 客观方面表现为违反国家规定，以单位名义，将国有资产集体私分给个人，数额较大的行为。违反国家规定，主要是指违反国家有关管理、使用、保护国有资产方面的法律、行政法规规定。以单位名义集体私分，是指由单位领导个人或者经单位领导集体讨论决定，将国有资产分给单位所有职工或至少是单位绝大多数职工。如果仅是单位内少数个人暗中私分国有资产，则属集体贪污行为。数额较大，是构成本罪的必要要件，这是指集体私分的国有资产总额数额较大，而不是指私分以后个人分得的数额较大，具体标准有待最高人民法院做出司法解释。

3. 主体是特殊主体，只能由国家机关、国有公司、企业、事业单位、人民团体构成，其他非国有单位和任何个人不能构成本罪的主体。

4. 主观方面是故意，并且有非法占有国有资产的目的。本罪的犯罪决意是由单位决策人员集体决定的，具体的实施人员所代表的意志是单位的意志而非个人意志，但实际获取利益的是个人而非单位，这与其他单位犯罪是不同的。

（二）私分国有资产罪的认定

1. 划清罪与非罪的界限。集体私分国有资产，必须违反国家规定，且私分数额必须达到较大的，才构成犯罪。实践中，有的国有企业经营不善，发不出工资，在这种情况下，将产品代工资分给全体职工，不宜按犯罪处理。

2. 划清私分国有资产罪与贪污罪的界限。二者都侵犯了国有资产的所有权，在私分的性质上也具有相同之处，其区别主要在于：（1）犯罪主体及参与私分的人员不同。私分国有资产罪的主体只能是单位，实际分得国有资产的人员，除主管、经营、经手、国有资产的人外，还有单位的其他广大职工；贪污罪的主体，只能是负责主管、经营、经手国有资产的国家工作人员，即使是在集体贪污的情况下，参加私分国有资产的人员也不可能是单位的广大职工。（2）客观方面不同。私分国有资产罪是集体私分，犯罪行为具有公开性；贪污罪是以侵吞、骗取、盗窃等方式占有公共财产，具有秘密性。

（三）私分国有资产罪的刑事责任

依照刑法典第396条第1款的规定，犯私分国有资产罪的，对单位直接负责的主管人员和其他直接责任人员，处3年以下有期徒刑或者拘役，并处或者单处罚金；数额巨大的，处3年以上7年以下有期徒刑，并处罚金。

三、私分罚没财物罪

（一）私分罚没财物罪的概念和构成特征

私分罚没财物罪，是指司法机关、行政执法机关违反国家规定，将应当上缴国家的罚没财物，以单位名义集体私分给个人的行为。本罪的构成特征为：

1. 侵犯的客体是国家罚没财物的管理制度和国家廉政建设的制度。

2. 客观方面表现为违反国家规定，将应当上缴国家的罚没财物，以集体名义私分给个人的行为，包括两个要素：(1) 违反国家有关规定。即违反国家有关罚没财物的管理规定，按照这些规定，司法机关、行政机关实行收支两条线，对罚没财物必须全部上缴财政，不得擅自截留，集体私分。(2) 以单位名义集体私分罚没财物。罚没财物，既包括司法机关在办理刑事案件过程中追缴、没收的犯罪嫌疑人、被告人的财物，以及对犯罪分子判处的罚金、没收的财产，也包括行政执法机关在执法活动中没收的和处罚收缴的财物、罚款。

3. 主体是特殊主体，即司法机关和行政执法机关。司法机关，包括公安机关、国家安全机关、检察机关、审判机关和监狱管理机关。行政执法机关，是指政府所属的工商、税务、海关、质量监督、卫生检疫、交通管理、环境保护等机关，依照有关法律、法规的规定，拥有行政执法权。非司法机关、行政执法机关之外的其他单位和个人不能构成本罪。

4. 主观方面是故意，且具有私分罚没财物的目的。过失不构成本罪。

(二) 私分罚没财物罪的认定

在认定本罪时应注意划清私分罚没财物罪与私分国有资产罪的界限。两者私分的都属于国有财物，其区别在于：(1) 犯罪主体不同。私分罚没财物罪的主体只能由司法机关、行政执法机关构成；私分国有资产罪的主体可以由任何国家机关、国有公司、企业、事业单位、人民团体构成。(2) 犯罪对象有所不同。私分罚没财物罪的犯罪对象，是不属于本单位所有的依法应上缴的罚没财物；私分国有资产罪的犯罪对象只是本单位的公物，归单位所有，或者由本单位生产、承包、经营的国有财物。

(三) 私分罚没财物罪的刑事责任

依照刑法典第 396 条第 2 款的规定，犯私分罚没财物罪的，依照私分国有财产罪的规定处罚。

第三十二章　渎职罪

第一节　渎职罪概述

一、渎职罪的概念和特征

渎职罪，是指国家机关工作人员滥用职权、玩忽职守、徇私舞弊、妨害国家机关管理活动，致使国家和人民利益遭受重大损失的行为。

1. 侵害的客体是国家机关的管理活动。这里所说的国家机关仅指依照宪法和法律代表国家行使国家基本职能的特定机构，即国家权力机关、国家行政机关、国家审判机关、国家检察机关及国家军事机关，国有企业、事业单位不属于国家机关的范畴。所谓国家机关的管理活动，是指实现国家基本职能的国家机关的正常工作活动。国家机关工作人员违背国家机关的活动准则，背离公务职责的公正、廉洁、勤勉性，玩忽职守、滥用职权或徇私舞弊，必然使国家机关的正常管理活动受到破坏。侵害国家机关的管理活动，是渎职罪的社会危害性的实质所在，也是与其他类型犯罪区别的根本标志。

渎职罪是刑法分则第 9 章规定的一类国家工作人员在职务上的犯罪，共有 34 种罪。但是，这并未包括国家工作人员职务上的所有犯罪，如暴力取证罪，虐待被监管人员罪，非法剥夺公民宗教信仰自由罪，侵害少数民族风俗习惯罪和报复陷害罪，以及国家工作人员利用职务之便实施的贪污罪，私分罚没财物罪，徇私舞弊低价折股、出售国有资产罪，虽然也属于职务上的犯罪，在主体、主观方面，甚至不履行或不正当履行职务的客观方面都与渎职罪极为相似，但侵害的客体主要不是国家机关的管理活动，而分别是公民的人身权利和民主权利、公私财产所有权、社会主义市场经济秩序以及公务的廉洁性，所以不属于渎职罪的范畴，而分别规定在刑法的其他 5 章之中。由此可见，侵犯的客体主要是国家机关的正常活动，是渎职罪区别于其他类型犯罪的本质特征。

2. 在客观方面，行为人有滥用职权、玩忽职守造成的危害国家机关正常管理活动，致使国家、人民利益遭受重大损害的行为。渎职罪的行为有两种表现形式：一是滥用职权以及徇私舞弊，如司法工作人员在审判活动中进行枉法裁判而构成犯罪的行为；二是玩忽职守，即行为人对自己的工作严重不负责任、马马虎虎、敷衍搪塞，甚至擅离职守、放弃职守以至发生某种严重后果的犯罪行为。

渎职罪大多数是作为，少数是不作为。无论是作为还是不作为，都必须与职务活动相联系，才能构成渎职罪；否则，不构成渎职罪。但是，并非一切渎职行为都构成犯罪，只有渎职行为的情节和危害后果达到一定程度，才能构成渎职罪，这些罪以是否“情节严重”或造成“重大损失”，作为区分罪与非罪的界限。

3. 渎职罪的犯罪主体，除个别犯罪外，都是特殊主体，即国家机关工作人员。所谓国家机关工作人员，是指刑法典第 93 条第 1 款规定的“国家机关中从事公务的人员”，不包括该条第 2 款规定的以“国家工作人员论”的人员，即“国有公司、企业、事业单位、人民团体中从事公务的人员和国家机关、国有公司、企业、事业单位委派到非国有公司、企业、事业单位 、社会团体从事公务的人员，以及其他依照法律从事公务的人员”。非国家机关工作人员一般不能独立构成渎职罪，因其渎职行为而构成犯罪的，依照刑法其他章节的规定定罪处罚，如国有公司、企业、事业单位直接负责的主管人员因渎职，在签订、履行经济贸易合同过程中被诈骗，致使国家利益遭受重大损失的，不能以玩忽职守罪论处，而应按刑法典第 167 条规定的“签订、履行合同失职被骗罪”定罪量刑。若非国家机关工作人员参与了国家机关工作人员实施的渎职犯罪，可以成为渎职罪的共犯，从而成为渎职罪的主体。

渎职罪主体的惟一例外是泄露国家秘密罪，刑法典第 398 条第 2 款规定，非国家机关工作人员也可构成泄露国家秘密罪。

4. 在主观方面，渎职犯罪有的是故意，有的是过失，但多数犯罪只能由故意构成，如徇私枉法罪，私放在押人员罪，徇私舞弊减刑、假释、暂予监外执行罪，徇私舞弊不移交刑事案件罪等；有的罪如玩忽职守罪，签订、履行合同失职被骗罪，失职造成重大污染罪等，只能由过失构成。

以上是渎职罪的一般构成要件，也是渎职罪区别于其他类罪的特征。但是，每种渎职罪的具体罪状和构成要件不同，在司法实践中应注意分析具体案件的犯罪构成要件和行为人的行为是否具备这些条件，正确区分此罪与彼罪、罪与非罪的界限，做到定罪准确。

二、渎职罪的种类

根据主体特征的不同，可把 34 种渎职罪分为普通渎职罪、司法人员渎职罪和其他国家机关工作人员渎职罪三类。

1. 普通的渎职罪，是指所有的国家机关工作人员都可以实施的渎职罪，如滥用职权罪、玩忽职守罪、泄露国家秘密罪。

2. 司法人员渎职罪，是指只能由具有司法人员特定身份的国家机关工作人员才能实施的渎职罪，如徇私枉法罪，民事、行政枉法裁判罪，私放在押人员罪，失职致使在押人员脱逃罪等。

3. 其他国家机关工作人员渎职罪，是指由非司法机关的其他国家机关工作人员实施与特定职权相关的渎职犯罪，如滥用管理公司、证券职权罪，环境监管失职罪，放纵走私罪，失职造成珍贵文物损毁、流失罪等。

第二节　普通渎职罪

一、滥用职权罪

（一）滥用职权罪的概念和特征

滥用职权罪，是指国家机关工作人员滥用职权，致使公共财产、国家和人民利益遭受重大损失的行为。其特征是：

1. 犯罪客体是复杂客体，既侵犯了国家机关的正常活动，也侵害了公民的人身权利、财产权利和其他权利以及社会组织的合法权利。

2．客观方面表现为行为人滥用职权，导致公共财产、国家和人民的利益遭受重大损失的行为，包括两个方面：（1）行为人有滥用职权的行为。所谓滥用职权是指行为人超越职权或者不正当地行使职权的行为，表现为两种情况：一是超越职权，即国家机关工作人员在行使其职权时，逾越其职权的范围，擅自处理其无权决定处理的事项。二是不正当行使职权，即国家机关工作人员非法地行使其职务范围内的权力。一般地讲，滥用职权主要表现为作为。（2）行为人滥用职权的行为致使公共财产、国家和人民利益遭受重大损失的后果。所谓重大损失，是指死亡1人以上或重伤3人以上的，或造成直接经济损失5万元以上，或造成恶劣政治影响的。直接经济损失或伤亡人数虽未达到上述标准，但情节特别严重，致使工作和生产造成巨大间接损失的，使正常工作秩序、教学秩序、生活秩序受到严重干扰破坏，国家管理活动处于严重混乱状态的，或一贯滥用职权，屡教不改的等，均可认定为犯罪。在司法审判中，常涉及滥用职权罪经济损失的计算问题，直接经济损失是指行为作为直接原因造成的财产损失，包括公私财产毁损、减少的实际价值；间接经济损失是指由直接经济损失引起和牵连的其他损失，包括失去的在正常情况下可能获得的利益。直接经济损失是构成滥用职权的重要依据，间接经济损失是量刑的考虑情节。

3．主体是特殊主体，仅限于国家机关工作人员。非国家机关工作人员不能成为本罪的主体。因其滥用职权造成重大损失，按刑法分则的其他相应的条款定罪处刑。

4．主观方面是故意，包括直接故意和间接故意。过失不构成本罪。

（二）滥用职权罪的认定

在认定滥用职权罪时，应注意以下问题：

1．划清罪与非罪的界限。是否造成重大损失，是区分滥用职权罪与一般滥用职权行为的主要标准。滥用职权造成重大损失的，构成犯罪；未造成重大损失的，属于非犯罪的渎职行为，对行为人给予相应的行政、党纪处分。

2．滥用职权罪与报复陷害罪的界限。这两种罪都是国家机关工作人员职务上的犯罪，主体是国家机关工作人员，客观方面是滥用职权的行为。主要区别是：（1）客体不同，前罪侵犯的是国家机关的正常管理活动，后者侵犯的是公民的控告权、申诉权、批评监督权。（2）客观方面不同，前罪表现为滥用职权，并造成公共财产、国家和人民利益的重大损失；后罪则表现为滥用职权假公济私，对控告人、申诉人、批评人实施报复陷害的行为。（3）主观方面不同，前罪是故意不正当行使职权，后罪由直接故意构成，且有报复陷害他人的目的。

3．滥用职权罪与特定主体滥用职权犯罪的界限。滥用职权罪属普通渎职犯罪，该属性决定了凡具有国家机关工作人员身份的人员，滥用职权造成重大损害的，皆可构成本罪。在实践中，滥用职权行为存在于国家机关的各个部门，其性质、具体表现及社会危害性也千差万别。鉴于此，刑法典在第397条第1款规定了一般的滥用职权罪的同时，在其他条文中将某些特定主体实施的特定滥用职权的行为规定为独立的犯罪，如刑法典第403条将国家有关主管部门的国家机关工作人员徇私舞弊、滥用职权，对不符合法律规定条件的公司设立、登记申请或者股票、债券发行、上市申请予以批准或者登记，致使公共财产、国家和人民利益遭受重大损失的，规定为滥用管理公司、证券职权罪。这样，公司、证券管理机关的国家工作人员滥用职权，同时符合刑法典第397条第

1款的滥用职权罪和刑法典第403条规定的滥用管理公司、证券职权罪，根据特别法优于普通法的原则，应以特别法规定的犯罪论处。

（三）滥用职权罪的刑事责任

刑法典第397条第1款规定，犯本罪的，处3年以下有期徒刑或者拘役；情节特别严重的，处3年以上7年以下有期徒刑。

二、玩忽职守罪

（一）玩忽职守罪的概念和特征

玩忽职守罪，是指国家机关工作人员严重不负责任，不履行或不正确履行职责，致使公共财产、国家和人民利益遭受重大损失的行为，其特征是：

1. 犯罪客体是国家机关的正常管理活动。

2. 客观方面表现为行为人违反工作纪律、规章制度，不尽职责义务，或者在职守中马虎从事，不正确履行职责义务，致使公共财产、国家和人民利益遭受重大损失的行为。一切玩忽职守的行为，都必须是违反其职责义务的行为，如果严格遵守了工作纪律和规章制度，在履行职责过程中尽到了必要的、谨慎的注意义务，即使在客观上造成重大损失，也不能认为是玩忽职守。

所谓必须具有“不尽职责义务”和“不正确履行职责义务”的行为，是指玩忽职守的两种基本表现形式，即不作为和作为。国家工作人员职务上的不作为，就是对自己有义务应当履行而且有条件可以履行的职责，不尽自己的职责义务，表现为擅离职守撒手不管、该作不作；国家工作人员职务上的作为，就是指在履行职责的过程中，马虎草率、敷衍塞责、严重不负责任，甚至任意蛮干、瞎指挥。作为和不作为是玩忽职守的客观表现形式，都是对应尽职责的违背。

玩忽职守行为还须造成严重后果，即重大损失。这种损失可以是人身方面的，如致死、致伤，也可以是财产损失和其他非物质损失，如巨大的国内国际上的不良影响。因此，玩忽职守罪是一种结果犯，只有在造成重大损失的结果出现时，才可以作为犯罪加以追究。关于公共财产、国家和人民利益的重大损失的认定标准，与滥用职权罪相同。

在审判实践中，还应注意研究玩忽职守的行为同重大损失结果之间有无刑法上的因果关系。一般说来，玩忽职守的行为与重大损失结果之间具有必然的因果联系的，偶然的因果联系的行为造成损害结果的，不构成玩忽职守罪，而属于工作上的错误问题，应由有关主管部门处理。

3. 主体是特殊主体，仅限于国家机关工作人员的范围。非国家机关工作人员不能成为本罪的主体，若因其玩忽职守的行为造成重大损失的，按照刑法分则的其他相应条款定罪处刑。

4. 主观方面仅限于过失，行为人对其行为所造成的社会危害后果，在主观上并不是出于故意，即并非希望或者放任结果发生，而是过失造成。他对发生危害结果本来是应当预见到的，知道自己擅离职守或者在职守中马虎从事，可能发生一定的危害结果，但疏忽大意而没有预见，或虽已预见而轻信可以避免，以致发生了严重的危害结果。

目前，刑法学界对玩忽职守罪危害结果的发生行为人在主观上是过失，一般没有异议，但对玩忽职守行为本身的心理态度是故意还是过失却存在不同的看法。一种观点认为，对玩忽职守行为是故意，对结果的发生是过失；另一种观点认为，对玩忽职守行为本身也是过失，玩忽职守是单一的过失犯罪。我们赞同后一种观点，因为玩忽职守的基本表现方式是“不尽职责义务”和“不正确履行职责义务”，其本质是未恪尽职守，未尽到职责所要求的必要谨慎义务和注意义务，是对其正确职责应遵守义务的违反。若行为人明知自己的行为是对职责义务的违反而希望或放任，则很难解释其对危害结果的发生是过失。在某些情况下，行为人可能是疏忽大意的过失。即应当预见到其不履行职责的行为会引起危害结果而未预见到，其行为显然具有玩忽性质，属于职务上的过失行为；在某种情况下，行为人可能是过于自信的过失，即已经预见到自己的行为可能会发生危害社会的结果，因为轻信能够避免而不履行或不正确履行职责的，也属于职务上的过失行为。在这种过于自信的心理中，行为人的心情容易被误解为一种故意，其实仍然是过失。因此玩忽职守是单一的过失犯罪，这是与滥用职权的根本区别之一。

（二）玩忽职守罪的认定

1. 玩忽职守罪与一般玩忽职守行为的界限。按照刑法规定，并不是任何玩忽职守的行为都构成犯罪，只有因玩忽职守而使公共财产、国家和人民利益遭受重大损失的行为才构成本罪。是否导致公共财产、国家和人民利益遭受重大损失的严重危害后果，是区分玩忽职守罪与一般玩忽职守行为的关键所在。

2. 玩忽职守罪与一般工作失误的界限。工作失误是行为人在履行职责时已尽了相当的注意义务，但因在改革开放和经济转型过程中出现的新情况、新问题尚处于摸索阶段，对之进行规范和调整的政策、规章制度和法律制度缺乏或不完备，或为进行开创、探索而需打破原有的规章制度，于是做出错误的决策或决定，造成了工作上的损失。这种损失与行为人的判断或认识错误有关，但主要是因政策不明确、法律与规章不健全及业务能力、业务水平及工作经验不足等因素造成的。在这种情况下，行为人主观上的动机是为了把工作做好，但事与愿违，与玩忽职守有着本质的区别，而不能按玩忽职守罪处罚。玩忽职守罪与工作失误的界限很复杂，需要全面地具体加以分析。

3. 玩忽职守罪与滥用职权罪的区别。玩忽职守罪和滥用职权罪是渎职行为的两种主要形式，但二者是完全不同的，主要表现在两个方面：一是主观方面不同，玩忽职守主观方面是过失，而滥用职权主观方面是故意。二是客观方面不同。滥用职权表现为不正当行使职权、超越职权而造成重大损失的行为，是一种积极的作为；玩忽职守可以是不作为，也可以是作为。通常表现为工作中马马虎虎、草率从事、疏忽大意而没有正确履行自己的职责，或者擅离职守而不履行自己职责并造成重大损失的行为，即消极的不作为。

4. 玩忽职守罪与重大责任事故罪的界限。玩忽职守罪与重大责任事故罪都属于责任事故类型的犯罪，主观方面的罪过形式是过失；客观上都造成严重的危害后果，且危害后果的发生与行为人违背自己应该尽的职责都有因果关系。二者的主要区别在于：（1）主体不同。前者犯罪的主体只能是国家机关工作人员，而后者的主体是工厂、矿山、林场、建筑企业或者其他企业、事业单位的职工或工作人员。（2）发生的场合不同。前者发生在国家机关工作人员的公务管理活动过程中，而后者则发生在生产作业过程中或直接指挥生产、作业或者管理生产、作业等业务活动过程中。（3）侵犯的客体不同。前者侵犯的客体是国家机关的正常公务活动，而后者的客体是公共安全。

5. 玩忽职守罪与法律另有规定的其他疏忽职守犯罪的界限。刑法典第 397 条第 1 款规定“本法另有规定的，依照规定”，这表明本条是对玩忽职守罪的一般性规定，属于普通法。刑法分则另外规定的其他玩忽职守犯罪，如第 400 条第 2 款的失职致使在押人员脱逃罪，第 406 条的国家机关工作人员签订、履行合同失职被骗罪，第 408 条的环境监管失职罪等，属于特别法。玩忽职守罪与这些犯罪之间存在普通法和特别法的关系，按特别法优于普通法的原则，不适用属普通法的玩忽职守罪，而按特别法的规定定罪处刑。

（三）玩忽职守罪的刑事责任

按照刑法典第 397 条的规定，犯本罪的，处 3 年以下有期徒刑或者拘役；情况特别严重的，处 3 年以上 7 年以下有期徒刑。

三、故意泄露国家秘密罪

（一）故意泄露国家秘密罪的概念和构成特征

故意泄露国家秘密罪，是指国家机关工作人员违反保守国家秘密法的规定，故意泄露国家秘密，情节严重的行为，其构成特征为：

1. 侵犯的客体是国家的保密制度，犯罪的对象是国家秘密。所谓国家秘密，是指关系国家的安全和利益，依照法定程序，在一定时间内只限于一定范围的人员知悉的事项。

2. 客观方面表现为违反保守国家秘密法的规定，泄露国家秘密，情节严重的行为，包括以下两个要素：（1）违反保密法规，泄露国家秘密，即行为人违反保密法规，在秘密事项处于保密期间，向合法知密人员范围以外的其他人泄露该秘密。泄露是指让不应该知悉秘密的其他人员知悉的行为，其方式可以是口头或书面的，也可以是直接交实物的方式或影印、摄影复制、抄录等方式。不管采取何种方式，只要使不应该知悉的人员知悉，即属泄露。泄露的内容，可以是各级秘密级别的国家秘密，包括“绝密”、“机密”和“秘密”。（2）情节严重，即泄露属于绝密、机密的国家秘密，或者泄露国家秘密造成严重后果的。情节严重是本罪成立的必要要件。

3. 主体主要是国家机关工作人员，但根据刑法典第 398 条第 2 款的规定，非国家机关工作人员也可构成本罪。

4. 主观方面是故意，动机多为谋取私利、向人炫耀、徇私情、贪图色情等。无论出于何种动机，都不影响本罪的成立，只对量刑产生影响。过失不构成本罪。

（二）故意泄露国家秘密罪的认定

在认定本罪时应注意划清与为境外窃取、刺探、收买、非法提供国家秘密、情报罪的界限。二者在侵犯的客体、对象和主体等方面是不完全相同的。后者侵犯的客体是国家安全，犯罪对象包括国家秘密和情报，犯罪主体为一般主体。但二者在一定情况下存在法条竞合关系，即国家工作人员故意将国家秘密泄露给境外的机构、组织、人员的场合，就发生法条竞合关系。此时，应按照处理法条竞合的原则，适用重法条定罪处刑。但行为人对境外的机构、组织、人员不是明知的，仍应以本罪定罪处刑。

（三）故意泄露国家秘密罪的刑事责任

依照刑法典第 398 条第 1 款的规定，犯故意泄露国家秘密罪的，处 3 年以下有期徒刑或者拘役；情节特别严重的，处 3 年以上 7 年以下有期徒刑。

四、过失泄露国家秘密罪

（一）过失泄露国家秘密罪的概念和构成特征

过失泄露国家秘密罪，是指国家机关工作人员过失泄露国家秘密，情节严重的行为，其构成特征为：

1. 主体主要是国家机关工作人员，非国家机关工作人员也可成为本罪的主体。

2. 主观方面是过失。故意不构成本罪。

3. 侵犯的客体是国家保密制度。

4. 本罪的客观方面表现为违反国家保守秘密的法规，造成国家秘密泄露的结果，情节严重的行为。

（二）过失泄露国家秘密罪的认定

认定本罪时应注意划清与故意泄露国家秘密罪的界限。二者在主体、客体及造成国家秘密泄露的结果上都非常相似，其区别主要在于主观方面不同，本罪的主观方面是过失，后罪是故意。

（三）过失泄露国家秘密罪的刑事责任

依照刑法典第 398 条第 1 款的规定，犯过失泄露国家秘密罪的，处 3 年以下有期徒刑或者拘役；情节特别严重的，处 3 年以上 7 年以下有期徒刑。

第三节　司法人员渎职罪

一、徇私枉法罪

（一）徇私枉法罪的概念和特征

徇私枉法罪，是指司法工作人员徇私枉法、徇情枉法，对明知是无罪的人而使他受追诉，对明知有罪的人而故意包庇不使他受追诉，或者在刑事审判活动中故意违背事实和法律枉法裁判的行为，其特征是：

1. 侵犯的客体是国家司法机关的正常活动。

2. 客观方面表现为行为人在刑事追诉和刑事审判活动中的枉法行为。所谓刑事追诉，是指从立案到向法院提起公诉的司法活动。所谓刑事审判，是指人民法院依法行使司法审判权的司法活动。本罪的枉法行为具体表现为以下三种情况：（1）对明知是无罪的人而使他受追诉。即根据刑事实体法和刑事程序法的规定，对明知是不构成犯罪的人，而对其进行立案侦查、采取刑事强制措施、移送起诉以及不向人民法院提起公诉。（2）对明知是有罪的人而故意包庇不使他受到追诉。即根据刑事实体法和刑事程序法的规定，对明知其行为构成犯罪的人，而故意包庇，不予立案、侦查、采取刑事强制措施、移送起诉及不向人民法院提起公诉，使之不受到追诉。（3）在刑事审判活动中违背事实和法律作枉法裁判。这种行为只能发生在人民法院的刑事审判过程中，包括两种情形：一是公然地不依据已经查清的案件客观事实和法律的明文规定进行判决或裁定；二是故意歪曲客观事实和法律进行判决或裁定。它既可以是将有罪的人判为无罪，把无罪的人判为有罪，轻罪的判为重罪，或重罪的判为轻罪。

本罪既可以由作为的形式构成，如积极实施枉法追诉和实施枉法裁判；也可以由不作为的形式构成，如该立案侦查的却故意拖延不立案侦查，该起诉的不起诉。其作案手段是多种多样，如伪造、篡改或销毁证据，强迫证人作伪证，故意曲解法律条文，假造犯罪材料的法律文书，伪造或篡改审庭笔录等。行为人只要实施了徇私枉法、徇情枉法、枉法裁判行为，即可构成本罪。

3. 主体是特殊主体，只能由司法工作人员构成。司法工作人员是指有侦查、检察、审判及监管职责的工作人员。就本罪而言，犯罪主体主要包括公安机关、国家安全机关、人民检察院、人民法院具体负责办理刑事案件的人员和上述机关中主管刑事侦查、检察和审判的负责人。有监管职责的人员在对罪犯在监狱内犯罪的案件进行侦查时，也可成为本罪的主体。

4. 主观方面是直接故意，即行为人明知他人无罪而故意使其受刑事追诉，明知他人有罪而故意包庇使其不受追诉，或者明知裁判违背事实和法律而故意为之，其动机是徇私、徇情。间接故意和过失不构成本罪。

（二）认定徇私枉法罪应当注意的问题

1. 罪与非罪的界限。徇私枉法罪与非罪的关键在于行为人的主观心理状态不同。如果司法工作人员故意违背事实和法律，且出于徇私、徇情的动机，出入人罪，则构成本罪；如果主观上不是出于故意，只是由于思想方法片面、工作方式简单、或者法律素质和水平低下而导致错捕、错诉、错判的，不构成本罪，按司法机关内部的相应规定处理；若因对工作严重不负责任，造成冤假错案的，则按玩忽职守罪论处。

2. 本罪与伪证罪的界限。伪证罪与徇私枉法罪都是在刑事诉讼过程中由特殊主体实施的，主观上具有陷害或包庇的目的，二者的主要区别是：（1）主体身份资格不同。徇私枉法罪的主体具有特定身份要求，只能在刑事诉讼过程中具有侦查、起诉、审判职责的具体办案人员构成；伪证罪只能由证人、鉴定人、翻译人和记录人特定身份的主体构成。（2）客观方面不同。徇私枉法罪是利用司法职权实施徇私枉法、徇情枉法的行为，伪证罪是鉴定人、记录人、翻译人利用其担任鉴定、记录、翻译的工作之便，对与案件有重要关系的情节作虚假鉴定、记录、翻译或者隐匿罪证的行为。

3. 本罪与诬告陷害罪的界限。徇私枉法罪与诬告陷害罪都可能发生使无罪的人受到追诉的结果，危害结果具有一定的相似性，二者的主要区别是：（1）主体不同。徇私枉法罪为特殊主体，是在刑事诉讼中担任特定司法职责的司法人员；诬告陷害罪是一般主体。（2）客观方面不同。徇私枉法罪表现为利用职权进行枉法追诉、枉法不追诉或者枉法裁判，不只限于使无罪的人受到追究；诬告陷害罪表现为捏造他人犯罪事实，并实施告发行为，意使无罪的人受到追究，不存在利用职权的问题。

4. 划清一罪与数罪的界限。行为人滥用职权以妨害作证或者帮助当事人毁灭、伪造证据为手段而徇私枉法，其手段行为构成犯罪的，应按照处理牵连犯的原则，从一重罪即徇私枉法罪论处。同样，司法工作人员犯徇私枉法罪，其手段行为触犯了刑讯逼供罪和暴力取证罪的，也应从一重罪即徇私枉法罪处断，而不按数罪并罚。

（三）徇私枉法罪的刑事责任

依照刑法典第 399 条第一款的规定，犯徇私枉法罪的，处 5 年以下有期徒刑或者拘役；情节严重的，处 5 年以上 10 年以下有期徒刑；情节特别严重的，处 10 年以上有期徒刑。

二、民事、行政枉法裁判罪

（一）民事、行政枉法裁判罪的概念和特征

民事、行政枉法裁判罪，是指审判人员故意违背事实和法律，在民事、行政审判活动中作枉法裁判，情节严重的行为，其特征是：

1. 侵犯的客体是人民法院正常的民事、行政审判活动。

2. 客观方面表现为违背事实和法律，在民事、行政审判活动中作枉法裁判的行为。所谓违背事实和法律，是指不忠于事实真相和不遵守相关法律的规定，表现为颠倒、歪曲事实、歪曲法律。民事审判和行政审判，指依法适用民事诉讼法和行政诉讼法审判案件的活动，具体包括民事案件、经济案件和行政案件的审判。裁判包括判决、裁定和决定。枉法裁判行为必须达到情节严重的程度，才能构成犯罪。在司法实践中，情节严重主要是指犯罪手段恶劣，严重侵犯当事人合法权益，给当事人的生产、经营或者生活造成严重困难，或造成恶劣社会影响等。

3. 主体是特殊主体，仅限于在民事、行政诉讼活动中负有审判职责的人员。

4. 主观方面只能由直接故意构成，即行为人明知案件的事实和应当适用的法律，而故意违背事实和法律做出错误的裁定或判决。

（二）民事、行政枉法裁判罪的认定

1. 罪与非罪界限。情节严重是区别民事、行政枉法裁判罪与一般违法行为的标准。枉法裁判没有达到“情节严重”的程度，属于一般违法行为，不构成本罪。如果行为人没有枉法裁判的故意，而是因为工作不认真负责或者法律素质和水平不高而导致错判的，也不构成本罪。

2. 民事、行政枉法裁判罪与徇私枉法罪的界限。二者的区别主要在于：一是主体不完全相同。前者的主体只能是审判人员，后者的主体除审判人员外，负有侦查、检察、监管职责的人员也可以构成。二是发生的场合不同，前者只能发生在民事、行政审判活动中，后者则仅限于在刑事诉讼过程中。三是前者构成犯罪必须以“情节严重”为要件，后者由于社会危害性更大，并不以“情节严重”作为犯罪的构成要件。

应当注意，在审理刑事附带民事诉讼案件中，如果仅就附带民事部分做出枉法裁判，应以民事、行政枉法裁判罪论处；如果对刑事部分和附带的民事部分均做出枉法裁判，行为人只有一个犯罪故意，不构成数罪，应从一重罪处断。

（三）民事、行政枉法裁判罪的刑事责任

依照刑法典第 399 条第 2 款的规定，犯民事、行政枉法裁判罪的，处 5 年以下有期徒刑或者拘役；情节特别严重的，处 5 年以上 10 年以下有期徒刑［参见《刑法修正案(六)》第二十条］。

三、执行判决、裁定失职罪

（一）执行判决、裁定失职罪的概念和特征

执行判决、裁定失职罪是指司法工作人员在执行判决、裁定活动中严重不负责任，不依法采取诉讼保全措施，不履行法定执行职责，或者违法采取诉讼保全措施、强制执行措施，致使当事人或者其他人的利益遭受重大损失的行为。其特征是：

1. 侵犯的客体是人民法院正常的执行活动。

2. 客观方面表现为行为人在执行判决、裁定活动中，严重不负责，给当事人或其

他人造成重大利益损失的行为。所谓执行，是指人民法院按照执行根据，主要是生效的判决与裁定，运用国家司法执行权，依据执行程序迫使被执行人实现法律文书确定的内容的行为。它以国家强制力作后盾保障判决、裁定所确定的当事人之间的权利义务关系落到实处，是维护当事人合法权益，促使当事人依法履行义务的关键环节。因此，是一项十分严肃的司法活动。而本罪，则正表现为行为人对之严重不负责任，造成重大损失的行为。具体而言，要注意如下两个特征：其一，行为人严重不负责任，即不履行或不正确履行其执行职责，包括作为与不作为，具体表现为不依法采取诉讼保全措施，不履行法定执行职责，违法采取诉讼保全措施、强制执行措施。其二，造成了严重后果，即致使当事人或者其他人的利益遭受了重大损失。

3. 主体是特殊主体，仅限于司法工作人员。

4. 主观方面是过失。

（二）执行判决、裁定失职罪的认定

1. 罪与非罪的界限。“致使当事人或者其他人的利益遭受重大损失”是本罪的结果要件，缺少此要件，属于一般违法行为，不构成本罪。

2. 本罪与拒不执行判决、裁定罪的区别。两者虽然都发生在判决、裁定的执行过程中，但完全不同。拒不执行判决、裁定罪是指判决、裁定的执行义务人对人民法院的判决、裁定有能力执行而不执行，情节严重的行为。不执行判决、裁定罪的犯罪主体是判决、裁定的执行义务人，主观方面是故意。而本罪的犯罪主体是判决、裁定的执行人，主观方面是过失。

3. 罪数的认定。司法工作人员收受贿赂，同时又构成本罪的，依照处罚较重的规定定罪处罚，而不实行数罪并罚。

（三）执行判决、裁定失职罪的刑事责任

根据刑法修正案（四）的规定，犯本罪的，处5年以下有期徒刑或者拘役；致使当事人或者其他人的利益遭受特别重大损失的，处5年以上10年以下有期徒刑。

四、执行判决、裁定滥用职权罪

执行判决、裁定滥用职权罪是指司法工作人员在执行判决、裁定活动中滥用职权，不依法采取诉讼保全措施，不履行法定执行职责，或者违法采取诉讼保全措施、强制执行措施，致使当事人或者其他人的利益遭受重大损失的行为。本罪的主要特征：（1）侵犯的客体是人民法院正常的执行活动。（2）客观方面表现为行为人滥用职权，不依法采取诉讼保全措施，不履行法定的执行职责，或者违法采取诉讼保全措施、强制执行措施，致使当事人或者其他人的利益遭受重大损失的行为。所谓滥用职权，是指行为人超越职权或者不正当行使职权的行为，一般表现为作为。（3）主体是特殊主体，仅限于司法工作人员。（4）主观方面是故意，即行为人明知自己在执行判决、裁定活动中滥用职权的行为会导致当事人或者其他人的利益遭受重大损失的结果，并且希望或者放任这种结果发生。

根据刑法修正案（四）的规定，犯本罪的，处5年以下有期徒刑或者拘役；致使当事人或者其他人的利益遭受特别重大损失的行为，处5年以上10年以下有期徒刑。

五、私放在押人员罪

（一）私放在押人员罪的概念和特征

私放在押人员罪，是指司法工作人员利用职务上的便利，非法将在押的犯罪嫌疑人、被告人、罪犯放走的行为，其特征是：

1. 侵犯的客体是监管机关，即看守所、拘留所、少年管教所、拘役所、劳改队、监狱等监管机关的正常管理活动。

2. 客观方面表现为利用职务上的便利，将在押的犯罪嫌疑人、被告人、罪犯放走的行为。该罪在客观方面必须具备以下几个要素：（1）行为人放走的对象必须是在押的犯罪嫌疑人、被告人和罪犯；（2）行为人放走犯罪嫌疑人、被告人、罪犯没有合法的根据，是擅自非法进行的；（3）行为人实施私放行为是利用看守、押解、关押在押人员的职务之便进行的，私放的行为既可以是作为，如押解途中打开戒具，让在押人员逃走。也可以是不作为，如在押解途中故意视而不见，使其逃脱。（4）私放行为已使犯罪嫌疑人、被告人、罪犯脱离了监管机关的监管和控制的范围。

3. 主体为特殊主体，是负有监管犯罪嫌疑人、被告人及罪犯职责的司法工作人员。不负有监管职责的司法工作人员和非司法工作人员不构成为本罪主体。

4. 主观方面是直接故意，动机多出于徇私、徇情、贪利等动机。过失和间接故意不构成本罪。

（二）私放在押人员罪的认定

1. 本罪既遂、未遂的标准。本罪以在押人员是否摆脱司法机关及其工作人员的实际控制范围为区分既遂与未遂的标准。

2. 关于司法工作人员与在押人员相约其如期返回狱所，而私自将在押人员释放的行为的定性及量刑问题。在司法实践中，对于司法人员出于贪利等个人动机，与在押人员私下约定其保证按期返回狱所而秘密将其释放的行为的定罪处刑，应当分别情况处理：被私下释放的罪犯没有按约如期返回狱所而逃跑的，对司法工作人员应定私放在押人员罪；在被私放的罪犯按约如期返回狱所的情况下，司法工作人员仍构成私放在押人员罪既遂，但罪犯如期返回可作为一个酌定情节在量刑时予以考虑。

（三）私放在押人员罪的刑事责任

依照刑法第400条第1款的规定，犯私放在押人员罪的，处5年以下有期徒刑或者拘役；情节严重的，处5年以上10年以下有期徒刑；情节特别严重的，处10年以上有期徒刑。

六、失职致使在押人员脱逃罪

（一）失职致使在押人员脱逃罪的概念和特征

失职致使在押人员脱逃罪，是指司法工作人员由于严重不负责任，致使在押的犯罪嫌疑人、被告人或者罪犯脱逃，造成严重后果的行为，其构成特征为：

1. 侵犯的客体是司法机关的正常管理活动。

2. 客观方面表现为严重不负责任，致使犯罪嫌疑人、被告人或罪犯脱逃，造成严重后果的行为。本罪的客观方面包括以下要素：（1）严重不负责任，即不履行或者不正确履行其监管职责，包括不作为和作为，具体表现为擅离看守、监管职守；发现在押人员有逃跑迹象不采取有效的防范措施；在关押场所或押解途中违反监管规定不采取有关看守、监管措施等；(2) 致使在押人员脱逃，摆脱司法机关及其工作人员的实际控制范围；(3) 必须造成严重后果，司法实践中主要是指致使在押人员多人多次脱逃；在押人员脱逃后行凶报复或者犯罪的，因在押人员脱逃使刑事诉讼活动受到严重干扰的，在押人员脱逃中杀伤军警人员、司法工作人员或者群众的，造成恶劣社会影响的等。

3. 主体是特殊主体，为负有监管在押犯罪嫌疑人、被告人、罪犯职责的司法工作人员。

4. 主观方面只能是过失。故意不构成本罪。

(二) 失职致使在押人员脱逃罪的认定

1. 罪与非罪的界限。“造成严重后果”是本罪的结果要件，缺少此要件不构成本罪。因此，是否造成严重后果是划分罪与非罪的标准。

2. 本罪与玩忽职守罪的界限。本罪与玩忽职守存在法条竞合关系，玩忽职守罪是对国家机关工作人员玩忽职守犯罪的一般规定，属普通法；本罪是司法机关工作人员玩忽职守犯罪的特殊规定，属于特别法。行为人若符合本罪的构成要件应按失职致使在押人犯脱逃罪定罪处刑，而不再适用玩忽职守罪的相关规定。

3. 本罪与私放在押人员罪的界限。本罪和私放在押人员罪的主体都是司法工作人员，结果都是致使在押人员逃离司法机关的监控，具有相似性。二者的区别在于主观方面不同，本罪出于过失，私放在押人员罪只能是故意。

(三) 失职致使在押人员脱逃罪的刑事责任

依照刑法典第 400 条第 2 款的规定，犯失职致使在押人员脱逃罪的，处 3 年以下有期徒刑或者拘役；造成特别严重后果的，处 3 年以上 10 年以下有期徒刑或者拘役。

七、徇私舞弊减刑、假释、暂予监外执行罪

(一) 徇私舞弊减刑、假释、暂予监外执行罪的概念和构成特征

徇私舞弊减刑、假释、暂予监外执行罪，是指司法工作人员徇私舞弊，对不符合减刑、假释、暂予监外执行的罪犯，予以减刑、假释和暂予监外执行的行为，其构成特征为：

1. 侵犯的客体是国家对罪犯的正常监管活动。犯罪对象是罪犯，即被人民法院判处刑罚，正在监狱或者其他场所服刑的人。

2. 客观方面表现为利用职务之便，徇私舞弊对不符合减刑、假释、暂予监外执行条件的罪犯予以减刑、假释、暂予监外执行的行为。本罪在客观方面，包括以下要素：(1) 行为人违背了国家有关法律的规定。即违反刑法、刑事诉讼法、监狱法以及最高人民法院有关司法解释关于减刑、假释、暂予监外执行的条件和程序的规定，这是构成本罪的客观前提条件。(2) 行为人必须实施了徇私舞弊，非法进行减刑、假释或者暂予监外执行的行为。这是构成本罪的客观实质条件。在司法实践中，行为人实施这一行为的方式多种多样，可以是监狱等刑罚执行机关的工作人员利用职务之便，伪造悔改或立功表现、伪造病历诊断证明书等虚假材料上报，也可以是审判人员非法制作裁定书，对不符合减刑、假释条件的罪犯予以减刑、假释，还可以是有关监狱主管部门的工作人员枉法批准暂予监外执行。

3. 犯罪主体为特殊主体，是刑罚执行机关和审判机关中有权决定减刑、假释、暂予监外执行的司法工作人员。

4. 主观方面是直接故意，多出于徇私、徇情或贪利等动机。过失不构成本罪。

（二）徇私舞弊减刑、假释、暂予监执罪的认定

区别本罪既遂与未遂的标准是不符合法定条件的减轻、假释、暂予监外执行的裁定或决定的做出。对于有权直接做出裁定或决定的司法工作人员，该裁定或决定一经做出，即为既遂；如果司法工作人员只有权建议做出裁定或决定的，则在该裁定或决定被批准做出后，即构成既遂，尚未批准的，构成未遂。在既遂状态下，罪犯正式离开狱所可作为情节在量刑时予以考虑。

（三）徇私舞弊减刑、假释、暂予监执罪的刑事责任

依照刑法典第 401 条的规定，犯徇私舞弊减刑、假释、暂予监外执行罪的，处 3 年以下有期徒刑或者拘役；情节严重的，处 3 年以上 7 年以下有期徒刑。

第四节　其他国家机关工作人员渎职罪

一、徇私舞弊不移交刑事案件罪

（一）徇私舞弊不移交刑事案件罪的概念和构成特征

徇私舞弊不移交刑事案件罪，是指行政执法人员徇私舞弊，对依法应当移交司法机关追究刑事责任的案件不移交，情节严重的行为，其构成特征是：

1. 侵犯的客体是国家正常的行政执法活动和司法活动。国家行政执法人员担负着执行行政法律，管理社会公共事务的职责，有权对行政违法行为依据行政处罚法或其他行政法规做出处罚或处理决定，同时对发现应依法追究刑事责任的案件，应当依照法定程序移交司法机关处理。根据法治原则的要求，司法权只能由国家司法机关依法行使，行政机关工作人员置法律于不顾，徇情枉法，对应当追究刑事责任的案件只作行政违法案件处理，以罚代刑，不仅侵害了国家正常的行政执法活动，也侵害了国家司法机关的正常活动。

2. 客观方面表现为对依法应当移交司法机关追究刑事责任的案件不移交。本罪发生在行政执法过程中，表现为行为人发现自己查处的行政违法人的行为已构成犯罪，依照有关法律规定应当移交司法机关追究刑事责任，但没有移交。从形式上看，“没有移交”是不作为的方式，但行为人为了达到不移交的目的，往往又采取作为的方式，如以罚代刑，歪曲、虚构、淡化事实，避重就轻或轻描淡写地描述事实，致使触犯刑律的人逃避刑事追究。

依据刑法的规定，不移交刑事案件的行为必须情节严重才能构成犯罪。所谓情节严重，系指应当移交的刑事案件案情重大的，隐瞒或者毁灭犯罪证据的，造成恶劣社会影响的，多次不移交的等。

3. 主体是特殊主体，行政执法人员包括所有依法执行行政法规的国家机关工作人员。应当注意，公安机关工作人员有审查犯罪的职责，如在依据治安管理法规行使职权时，徇私舞弊，对明知是构成犯罪的人应当移送而不移送的，是对司法职责的违背，应以徇私枉法罪论处。

4. 主观方面是直接故意，即明知行政违法人的行为构成犯罪，应当移交司法机关而不移交，且行为人多出于徇私、徇情或贪利等动机。过失不构成本罪。

（二）徇私舞弊不移交刑事案件罪的认定

1. 划清罪与非罪的界限。本罪与非罪的界限主要应把握两个问题：一是看行为人在主观上是出于故意还是过失，如系过失不构成本罪；二是看行为人在客观上的情节是否严重，如果行为人虽有不移交应当被追究刑事责任的案件的行为存在，但不属于情节严重的，不构成本罪。

2. 划清本罪与徇私枉法罪的界限。二者的主要区别是：一是主体不同。本罪的主体是行政执法人员，徇私枉法罪的主体是担负刑事司法责任的司法工作人员；二是客观方面不同。本罪是行为人不将有罪的人移交司法机关处理，而徇私枉法罪既有故意包庇，使有罪的人不受追诉的行为，也有使无罪的人受到追诉的行为。

3. 行政执法人员因受贿而不移交刑事案件，如果受贿行为构成犯罪的，可按照处理牵连犯的原则，从一重罪处罚。

（三）徇私舞弊不移交刑事案件罪的刑事责任

依照刑法典第 402 条的规定，犯徇私舞弊不移交刑事案件罪的，处 3 年以下有期徒刑或者拘役；造成严重后果的，处 3 年以上 7 年以下有期徒刑。

二、滥用管理公司、证券职权罪

（一）滥用管理公司、证券职权罪的概念及构成特征

滥用管理公司、证券职权罪，是指国家有关主管部门的国家机关工作人员，徇私舞弊，滥用职权，对不符合法律规定条件的公司，在设立、登记或者股票与债券发行、上市申请时，予以批准或者登记，致使公共财产、国家和人民利益遭受重大损失的行为，其构成特征为：

1. 侵犯的客体是国家对公司、证券的正常管理活动。

2. 客观方面包括两种情形：一是滥用管理公司职权，徇私舞弊，对不符合法律规定条件的公司设立、登记申请予以批准或登记；二是滥用管理证券的职权，徇私舞弊，对不符合法律规定条件的股票债券发行、上市申请予以批准或者登记。本罪以作为方式构成，不作为不构成本罪。

本罪是结果犯，行为人滥用管理公司、证券职权的行为，只有造成公共财产、国家和人民利益遭受重大损失的结果，才能构成本罪。

3. 主体是特殊主体，为国家有关主管部门的国家机关工作人员。根据《中华人民共和国公司法》、《公司登记管理条例》和《股票发行与交易管理的暂行条例》的规定，工商行政管理机关负责公司的设立、登记，国务院证券委员会负责股票、债券发行，上市申请的批准、登记工作。因此，能够构成本罪的只能是国家工商行政管理机关和国务院证券委员会对公司设立、登记申请或者股票债券发行、上市申请具有批准或者登记职权的国家机关工作人员，其他任何成员不能构成本罪。

4. 主观方面是故意，并有徇私的动机，过失不构成本罪。

（二）滥用管理公司、证券职权罪的认定

1. 划清罪与非罪的界限。一是看主观上是否故意，过失不构成本罪；二是看客观上是否“致使公共财产、国家和人民利益遭受重大损失”，若没有造成重大损失，不构成本罪。

2. 划清本罪与玩忽职守罪的界限。本罪在主观上须是故意且出于徇私舞弊的动机；

行为人主观上出于过失，造成重大损失的，可按玩忽职守论处。

3. 划清一罪与数罪的界限。行为人因受贿而实施本罪，如果受贿行为构成犯罪的，可按照处理牵连犯的原则，从一重罪处罚。

（三）滥用管理公司、证券职权罪的刑事责任

依照刑法典第 403 条第 1 款的规定，犯滥用管理公司、证券职权罪的，处 5 年以下有期徒刑或拘役。

三、徇私舞弊不征、少征税款罪

（一）徇私舞弊不征、少征税款罪的概念和构成特征

徇私舞弊不征、少征税款罪，是指税务机关的工作人员徇私舞弊，不征或者少征应征税款，致使国家税收遭受重大损失的行为。其构成特征是：

1. 侵犯的客体是国家税务机关正常的税收征收管理活动。

2. 客观方面表现不征或少征应征税款，致使国家税收遭受重大损害。不征是指对依据税法应当征收的税款不予征收，是一种不作为的方式。少征是指对依据税法应当征收的税款虽然征收，但未达到法定或税收机关确定的征收数额。因此，就未征收的税款而言，少征是一种作为的方式。上述行为，只有在致使国家税收遭受重大损失的情况下，才构成犯罪。

3. 主体是特殊主体，为税务机关的工作人员，即在各级税务机关中从事税收征管工作的工作人员。

4. 主观方面是故意，过失不构成本罪。行为人的动机是徇私情、徇私利。

（二）徇私舞弊不征、少征税款罪的认定

划清罪与非罪的界限。罪与非罪可从行为人主观上是故意还是过失，客观上是否给国家税收造成重大损失二个方面进行界定。

（三）徇私舞弊不征、少征税款罪的刑事责任

依照刑法典第 404 条规定，犯徇私舞弊不征、少征税款罪的，处 5 年以下有期徒刑或者拘役；造成特别重大损失的，处 5 年以上有期徒刑。

四、徇私舞弊发售发票、抵扣税款、出口退税罪

（一）徇私舞弊发售发票、抵扣税款、出口退税罪的概念和构成特征

徇私舞弊发售发票、抵扣税款、出口退税罪，是指税务机关工作人员违反法律、行政法规的规定，在办理发售发票、抵扣税款、出口退税工作中，徇私舞弊，致使国家利益遭受重大损失的行为，其构成特征为：

1. 侵犯的客体是国家的税收征管制度。

2. 客观方面须具备以下条件：一是行为人的行为须违反国家有关税收的法律、行政法规中关于发票发售、抵扣税款、出口退税的规定。二是须有徇私舞弊办理发售发票、抵扣税款、出口退税工作的行为。行为须以作为的方式表现出来，不应发售发票的，予以发售；不应抵扣或应少抵扣税款的，擅自抵扣或多抵扣；帮助他人办理出口退税等。三是行为致使国家利益遭受重大损失。

按照本条选择性罪名的规定，行为人只要实施了在办理发售发票、抵扣税款或出口退税工作中的一种行为，徇私舞弊，致使国家利益遭受重大损失的，就构成本罪；实施了两种以上行为的，仍为一罪，不实行并罪。

3. 主体是特殊主体，为税务机关中负责发售发票、抵扣税款和出口退税的工作人员。

4. 主观方面是故意，并出于徇私的动机。过失不构成本罪。

(二) 徇私舞弊发售发票、抵扣税款、出口退税罪的认定

1. 划清本罪与诈骗罪、偷税罪、骗取出口退税罪共犯的界限。应查明行为人与其他犯罪分子是否有共同的犯罪故意，若存在共同的犯罪故意，行为人在客观上所实施的本罪的犯罪行为实质上是诈骗罪、偷税罪或骗取出口退税罪不可分割的组成部分，构成上述犯罪的共犯，应以诈骗罪、偷税罪或骗取出口退税等罪的共犯定罪，并按其在上述共同犯罪中所起的作用量刑。若不存在共同的犯罪故意，则以本罪定罪量刑。

2. 划清本罪与玩忽职守罪的界限。如果行为人主观上不具有徇私的动机，客观上没有实施舞弊的行为，只是严重不负责任，在发售发票、抵扣税款、出口退税工作中违反法律、法则的规定，不履行或不正确履行其应尽的职责，致使国家利益遭受重大损失的，按玩忽职守罪论处，不按本罪论处。

(三) 徇私舞弊发售发票、抵扣税款、出口退税罪的刑事责任

依照刑法典第405条第1款的规定，犯徇私舞弊发售发票、抵扣税款、出口退税罪的，处5年以下有期徒刑或者拘役；致使国家利益遭受特别重大损失的，处5年以上有期徒刑。

五、违法提供出口退税凭证罪

(一) 违法提供出口退税凭证罪的概念和构成特征

违法提供出口退税凭证罪，是指税务机关工作人员以外的其他国家机关工作人员违反国家规定，在提供出口退税凭证工作中，徇私舞弊，致使国家利益遭受重大损失的行为。其构成特征为：

1. 侵害的客体是国家的出口退税制度。

2. 客观方面表现为违反国家规定提供出口退税凭证。出口退税凭证包括出口货物报关单和出口收汇核销单，前者是由海关开具的证明货物确已出口的凭证，后者是由外汇管理部门开具的证明已收到外汇的凭证。徇私提供上述出口退税凭证，并给国家利益造成重大损失的，才能构成本罪。

3. 主体为除税务机关工作人员以外的其他国家机关工作人员，如海关、外贸主管部门的工作人员。

4. 主观方面是故意，且有徇私的动机。过失不构成本罪。

(二) 违法提供出口退税凭证罪的认定

在本罪的认定中，应划清与骗取出口退税罪共犯的界限。行为人与骗取出口退税罪的犯罪分子相勾结，违法向其提供出口退税凭证，构成犯罪的，以骗取出口退税罪的共犯论处。

(三) 违法提供出口退税凭证罪的刑事责任

依照刑法典第405条第2款的规定，违法提供出口退税凭证罪的，处5年以下有期徒刑或者拘役；致使国家利益遭受特别重大损失的，处5年以上有期徒刑。

六、国家机关工作人员签订、履行合同失职被骗罪

（一）国家机关工作人员签订、履行合同失职被骗罪的概念和构成特征

国家机关工作人员签订、履行合同失职被骗罪，是指国家机关工作人员在签订、履行合同过程中，因严重不负责任被诈骗，致使国家利益遭受重大损失的行为。其构成特征为：

1. 侵犯的客体是国家机关的正常活动和国有资产的安全。

2. 客观方面包括以下三个要素：一是失职行为必须发生在签订、履行有关合同的过程中；二是这种失职行为表现为严重不负责任，即不履行或者不正确履行签订、履行合同时应尽的职责而被骗，如不认真审查对方当事人的主体资格资信情况、履约能力和货源情况而盲目与之签订合同而被骗；对另一方提供的不符合质量要求、质次价高的货物，应该检查而未检查，擅自同意发货，又不坚持按合同验收，结果被骗；不了解对方情况，轻信其谎言，擅自将本单位的资金借出受骗，或擅自作经济担保导致被骗；延误索赔时机或擅自决定不依照合同规定索赔。三是失职行为致使国家利益遭受重大损失，如大量的预付款、购货款或者货物被骗。

3. 主体是特殊主体，为国家机关工作人员，特指国家机关中负有签订、履行合同职责的工作人员。

4. 主观方面是过失，故意不构成本罪。

（二）国家机关工作人员签订、履行合同失职被骗罪的认定

1. 划清罪与非罪的界限。一是对于在签订、履行合同过程中，因国家政策、国际和国内市场行情的变化等不能抗拒和不能预见的原因，致使国家利益遭受重大损失的，不能以犯罪论处。二是对于尽了必要的注意义务和责任，在合同的签订和履行中履行了谨慎从事的义务，但确因业务不熟和经验不足发生了损害后果的工作失误，不能以犯罪论处。三是行为人虽因严重不负责任而被骗，但未给国家利益造成重大损失的，也不能追究刑事责任，可给予必要的行政处分。

2. 划清本罪与玩忽职守罪的界限。本罪是典型的玩忽职守的行为，但考虑到其特殊性，刑法将之规定为独立的犯罪。因此，本罪与玩忽职守罪存在法条竞合的关系，应按特别法优于普通法的原则处理，适用特别法，按本罪处刑。

3. 划清本罪与签订、履行合同失职被骗罪的界限。二者在主观方面、客观方面都极为相似，其区别在于：签订、履行合同失职被骗罪的主体是国有公司、企业、事业单位中直接负责的主管人员，而本罪的主体仅限于国家机关工作人员。

（三）国家机关工作人员签订、履行合同失职被骗罪的刑事责任

依照刑法典第406条的规定，犯国家机关工作人员签订、履行合同失职罪的，处3年以下有期徒刑或者拘役；致使国家利益遭受特别重大损失的，处3年以上7年以下有期徒刑。

七、违法发放林木采伐许可证罪

（一）违法发放林木采伐许可证罪的概念和构成特征

违法发放林木采伐许可证罪，是指林业主管部门的工作人员违反森林法的规定，超过批准的年采伐限额发放林木采伐许可证，或者违反规定滥发林木采伐许可证，情节严重，致使森林遭受严重破坏的行为，其构成特征为：

1. 侵犯的客体是国家对森林采伐的管理活动。

2. 客观方面由三个要素构成。(1) 行为人必须有违反森林法规定的行为，主要是违反我国《森林法》及其《实施细则》中有关森林年采伐限额的制定和审批、采伐森林和林木的范围与方式、林木采伐许可证的申请与核发等方面的规定。(2) 行为必须是滥用职权，发放林木采伐许可证，具体表现为：一是超过批准的年采伐限额发放采伐许可证；二是违反规定滥发林木采伐许可证。(3) 行为人滥发林木采伐许可证，必须情节严重，致使森林遭受严重破坏，这是本罪成立的情节要件和结果要件。情节严重，是指超过年采伐的限额较大，滥发林木采伐许可证数量较大的，或者次数较多的，或者不听劝阻的等。致使森林遭受严重破坏，是指造成森林面积大幅度减少，特有林种的消灭，其他森林资源和生态环境的严重毁坏等。

上述两种滥发林木采伐许可证的行为，只要行为人实施其中一种，情节严重，致使森林遭受严重破坏的，即构成本罪。如同时实施了上述两种行为，仍按一罪论处。

3. 主体是特殊主体，即国家林业主管部门中有权发放林木采伐许可证的工作人员。

4. 主观方面是间接故意，即行为人对违法发放采伐许可证是明知的，但对于导致森林资源严重破坏的结果则持放任的态度。

(二) 违法发放林木采伐许可证罪的认定

认定本罪时应注意划清本罪与滥伐林木罪的界限。若行为人不是出于直接故意，虽违法发放采伐许可证，导致了滥伐结果，仍不构成滥伐林木罪；若行为人出于直接故意，与滥伐林木的犯罪分子相勾结，滥发采伐林木许可证，帮助其实现滥伐林木的目的，构成滥伐林木罪的共犯，应按滥伐林木罪的规定及其在共同犯罪中所起的作用追究其刑事责任。

(三) 违法发放林木采伐许可证罪的刑事责任

依照刑法典第407条的规定，犯违法发放林木采伐许可证罪的，处3年以下有期徒刑或者拘役。

八、环境监管失职罪

(一) 环境监管失职罪的概念和构成特征

环境监管失职罪，是指负有环境保护监督管理职责的国家机关工作人员，严重不负责任，导致发生重大环境污染事故，致使公私财产遭受重大损失或者造成人身伤亡的严重后果的行为，其构成特征为：

1. 侵犯的客体是国家对环境保护监督的正常管理活动。

2. 客观方面表现为严重不负责任，导致发生重大环境污染事故，致使公私财产遭受重大损失或者造成人身伤亡的严重后果的行为。严重不负责任，是指不履行或不认真履行所肩负的环境保护监督管理的职责，在实践中主要表现为：应当对管辖范围内的排污单位进行现场检查的，没有进行现场检查；对造成环境严重污染的单位，没有提出限期治理的意见和措施；发现污染隐患，没有及时责令采取预防措施；在环境受到严重污染，威胁公民生命财产安全时，没有或没有及时向当地政府报告等。行为人严重不负责任，只有造成重大环境污染事故，致使公私财产或者造成人员伤亡的严重后果的，才能构成本罪。

3. 主体是特殊主体，为负有环境保护监督管理职责的国家机关工作人员。

4. 主观方面是过失。

(二) 环境监管失职罪的认定

认定本罪时应注意划清与重大环境污染事故罪的界限，二者区别是：(1) 主体不同。本罪的主体是负有环境监督管理职责的国家机关工作人员，后者的主体为一般主体，即普通的个人或单位；(2) 发生的场合不同。本罪发生在环境保护的监督管理活动过程中，后罪发生在生产、经营过程及生活中；(3) 侵犯的客体不同。本罪侵犯的客体是国家机关的环保职能管理活动；后者为国家对自然环境的保护与管理秩序。

(三) 环境监管失职罪的刑事责任

依照刑法典第408条的规定，犯环境监管失职罪的，处3年以下有期徒刑或者拘役。

九、传染病防治失职罪

(一) 传染病防治失职罪的概念和构成特征

传染病防治失职罪，是指从事传染病防治的政府卫生行政部门的工作人员严重不负责任，导致传染病传播或者流行，情节严重的行为，其构成特征为：

1. 侵犯的客体是国家机关防治传染病的职能活动。所谓传染病，是指由于致病性微生物，如细菌、寄生虫等侵入，发生使人的健康受到某种损害以及危及生命的一种疾病，可通过不同方式直接或间接地传播，造成人群中传染病的发生及流行。《中华人民共和国传染病防治法》根据各类传染病传染性的强弱、传播途径的难易、传播速度的快慢、人群易感范围等因素，将传染病分为甲、乙、丙三类。负有传染病统一监督管理职责的国家机关工作人员，严重不负责任，侵害了国家防治传染病的职能活动。

2. 客观方面表现为，严重不负责任，造成传染病传播或者流行，情节严重的行为。所谓严重不负责任，是指不履行或不认真履行法律或其职务所要求的防治传染病的职责。所谓传染病传播或流行，是指传染病防治法中规定的甲类、乙类或者丙类传染病病情在一定范围内散布或者蔓延。所谓情节严重，主要指传染病传播或者流行的范围广、面积大、感染传染病病毒人数多的，因传染病造成人员死亡或者受伤害人员多的，给国家利益造成严重损失的等。

3. 主体是特殊主体，为各级卫生行政主管部门中对传染病的防治工作负有统一监督管理职责的工作人员。

4. 主观方面是过失。故意不构成本罪。

(二) 传染病防治失职罪的刑事责任

依照刑法典第409条的规定，犯传染病防治失职罪的，处3年以下有期徒刑或者拘役。

十、非法批准征用、占用土地罪

(一) 非法批准征用、占用土地罪的概念和构成特征

非法批准征用、占用土地罪，是指国家机关工作人员徇私舞弊，违反土地管理法规，滥用职权，非法批准征用、占用土地，情节严重的行为，其构成特征为：

1. 侵犯的客体是国家土地管理机关的职能活动。

2. 客观方面由三个要素构成：(1) 违反《中华人民共和国土地管理法》及其他有关土地管理的法律、法规。(2) 滥用职权，非法批准征用、占用土地，即对不符合条件

的土地征用、占用申请予以批准。(3) 情节严重，主要是指造成大量土地被非法征用、占用；大量可耕土地荒芜或者被毁；使国家土地使用权转让的收益严重流失；因受贿而违法批准征用、占用土地等。

3. 主体是特殊主体，为国家土地行政管理机关中拥有征用、占用土地审批权的工作人员。

4. 主观方面是故意，须出于徇私的动机。过失不构成本罪。

(二) 非法批准征用、占用土地罪的认定

在认定本罪时应划清与滥用职权罪的界限。滥用职权罪的主体是一般国家机关工作人员，滥用的是一般职权，属于普通法的规定。本罪的主体是享有土地管理职权的特定国家机关人员，滥用的是批准征用、占用土地的特定职权，属于特别法的规定。二者之间存在普通法和特别法的竞合关系，若行为同时触犯该两法条的规定，适用本特别法的规定，而不按滥用职权罪的一般规定定罪处刑。

(三) 非法批准征用、占用土地罪的刑事责任

依照刑法典第 410 条的规定，犯非法批准、占用土地罪的，处 3 年以下有期徒刑或拘役；致使国家或者集体利益遭受特别重大损失的，处 3 年以上 7 年以下有期徒刑。

十一、非法低价出让国有土地使用权罪

(一) 非法低价出让国有土地使用权罪的概念和构成特征

非法低价出让国有土地使用权罪，是指国家机关工作人员徇私舞弊，违反土地管理法规，滥用职权，非法低价出让国有土地使用权，情节严重的行为。其构成特征为：

1. 侵犯的客体是国家的土地管理活动。

2. 客观方面表现为行为人徇私舞弊，滥用职权，非法低价出让国家土地使用权，情节严重的行为。所谓情节严重，主要是指以特低价格非法出让国有土地使用权的；多次非法低价出让国有土地使用权的；非法低价出让重要国有土地使用权的；非法低价出让国有土地使用权致使国家利益遭受重大损失的等。情节严重是构成本罪的必备条件。

3. 主体是特殊主体，为具有土地管理职权的国家机关工作人员。

4. 主观方面是故意，行为人须出于徇私的动机。过失不构成本罪。

(二) 非法低价出让国有土地使用权罪的认定

在认定本罪时应注意划清与非法批准征用、占用土地罪的界限。二者都是对国家土地管理活动的侵犯，具有相似性，其主要区别在于行为特征不同，本罪表现为非法低价出让国有土地使用权，后罪主要表现为非法批准、占用土地。

(三) 非法低价出让国有土地使用权罪的刑事责任

依照刑法典第 410 条的规定，犯非法低价出让国有土地使用权罪的，处 3 年以下有期徒刑或者拘役；致使国家或者集体利益遭受特别重大损失的，处 3 年以上 7 年以下有期徒刑。

十二、放纵走私罪

(一) 放纵走私罪的概念和构成特征

放纵走私罪，是指海关工作人员徇私舞弊，放纵走私，情节严重的行为，其构成特征为：

1. 侵犯的客体是国家海关机关查禁走私的正常活动。

2. 客观方面表现为徇私舞弊，放纵走私，情节严重的行为。主要表现为行为人出于徇私、贪利的动机，有法不依，有章不循，利用职权，对应当查缉的走私货物、物品不予查缉，对具有走私行为和走私犯罪的人，应该查处的不予查处，应该处罚的不予处罚，应该移交司法机关追究刑事责任的不移交，而包庇、纵容走私活动和走私犯罪的行为。依照法律，本罪以情节严重为构成要件。所谓情节严重，主要是指多次放纵走私的；放纵走私的货物价值较大的；放纵走私毒品、武器、文物、金银以及淫秽物品等，给国家利益造成重大损失等。

3. 主体是特殊主体，为海关工作人员。

4. 主观方面是故意。过失不构成本罪。

（二）放纵走私罪的认定

1. 划清本罪与受贿罪的界限。行为人因受贿而放纵走私，如果受贿行为成立犯罪的，按照处理牵连犯的原则，以一重罪处罚。

2. 划清本罪与走私罪共犯的界限。行为人与走私罪犯相勾结，形成走私的共同故意，而通过放纵走私为走私犯罪分子提供帮助的，构成走私罪的共犯。如果缺少走私的共同故意而放纵走私的，以本罪论处。

3. 划清本罪与徇私舞弊不移交刑事案件罪的界限。本罪在客观方面也包含徇私舞弊，应当移交司法机关追究刑事责任而不移交，与后罪有法条竞合关系。应按特别法优于普通法的原则以本罪论处。

（三）放纵走私罪的刑事责任

依照刑法典第 411 条的规定，犯放纵走私罪的，处 5 年以下有期徒刑；情节特别严重的，处 5 年以上有期徒刑。

十三、商检徇私舞弊罪

（一）商检徇私舞弊罪的概念和构成特征

商检徇私舞弊罪，是指国家商检部门、商检机构的工作人员，徇私舞弊，伪造商品检验结果的行为，其构成特征为：

1. 侵犯的客体是国家对进出口商品检验的职能管理活动。

2. 客观方面表现为徇私舞弊，伪造检验结果的行为。所谓伪造检验结果，是指行为人对明知是不合格的进出口商品故意出具检验合格证明，或者对明知是合格的商品故意出具不合格的检验证明。伪造一般是指对下述进出口商品受检验内容的一项或数项所作的不真实的记载：商品检验单证、印章、标志、封、质量认证标志和商品的质量、数量、规格、重量、包装以及安全、卫生指标。

3. 主体是特殊主体，为国家商检部门、商检机构中负有进出口商品检验职责的工作人员。

4. 主观方面是故意，行为人故意伪造商检结果，其动机须出于徇私动机，过失不构成本罪。

（二）商检徇私舞弊罪的认定

在认定本罪时应注意本罪成立的客观要件。按照法律规定，本罪是行为犯，并不要求危害后果的出现。因此，只要行为人徇私舞弊，实施了伪造检验结果的行为，即可成立本罪。至于造成严重损害后果的，则是加重法定刑的问题。

（三）商检徇私舞弊罪的处罚

依照刑法典第 412 条第 1 款的规定，犯商检徇私舞弊罪的，处 5 年以下有期徒刑或者拘役；造成严重后果的，处 5 年以上 10 年以下有期徒刑。

十四、商检失职罪

（一）商检失职罪的概念和构成特征

商检失职罪，是指国家商检部门、商检机构的工作人员严重不负责任，对应当检验的物品不检验，或者延误检验出证、错误出证，致使国家和人民利益遭受重大损失的行为，其构成特征为：

1. 侵犯的客体是国家对进出口商品检验的正常职能管理活动。

2. 客观方面包括两个要素：一是行为人严重不负责任，对应当检验的物品不检、延误检验出证或错误出证。所谓对应当检验的物品不检验，是指对列入国家商检部门制定的《商检机构实施检验的进出口商品种类表》，必须经过检验才能进出口的商品，不进行检验。所谓延误出证，是指超过了法定检验出证期限而没有检验。所谓错误出证，是指在检验工作中因严重不负责任，过失出具了与被检验商品的客观情况不相符合的检验证明文件。行为人只要实施上述行为一种，就构成本罪，实施了两种以上行为的，仍为一罪。二是致使国家和人民利益遭受重大损失。一般是指将不合格的进口商品误检为合格，给国家造成巨大经济损失的；将不合格的出口商品误检为合格，外方因此向我国索赔巨额赔偿，严重损害了对外贸易关系的；或给国家的声誉造成严重不良影响的等。

3. 主体是特殊主体，为国家检验部门、商检机构中有出口商品检验职责的工作人员。

4. 主观方面是过失，故意不构成本罪。

（二）商检失职罪的认定

在认定本罪时应注意划清本罪与商检徇私舞弊罪的界限。在错误出证的场合，本罪与商检徇私舞弊罪非常相似。二者的主要区别是：（1）主观要件不同。本罪是由于严重不负责而过失地出具了错误的检验证明文件；后罪是由于徇私舞弊而故意伪造虚假的检验结果。（2）客观要件并不完全相同。本罪是结果犯，要求客观上造成国家和人民利益遭受重大损失，才能构成犯罪；后罪是行为犯，并不以严重损害后果的出现作为犯罪成立的必备条件。

（三）商检失职罪的刑事责任

依照刑法典第 412 条第 2 款规定，犯商检失职罪的，处 3 年以下有期徒刑或者拘役。

十五、动植物检疫徇私舞弊罪

（一）动植物检役徇私舞弊罪的概念和构成特征

动植物检疫徇私舞弊罪，是指动植物检疫机关的检疫人员徇私舞弊，伪造检疫结果的行为，其构成特征为：

1. 侵犯的客体是国家动植物检疫机关的职能管理活动。

2. 客观方面表现为，徇私舞弊，伪造检疫结果。所谓伪造检疫结果，是指明知进出境的动植物、动植物产品和其他检疫对象不合格，仍弄虚作假出具签发检疫合格单证或在海关报关单上加盖印章；或者明知进出境的动植物、动植物产品和其他检疫对象检疫合格，而出具签发检疫不合格的单证。

3. 主体是特殊主体，为动植物检疫机关中负有动植物进出境检疫职权的工作人员。

4. 主观方面是故意，须出于徇私的动机。过失不构成本罪。

（二）动植物检疫徇私舞弊罪的认定

认定本罪时应注意本罪成立的客观要件。按照法律规定，本罪是行为犯，并不要求危害后果的出现。因此，只要行为人徇私舞弊，实施了伪造检疫结果的行为，便构成犯罪。至于造成严重后果的，则是加重法定刑的问题。

（三）动植物检疫徇私舞弊罪的刑事责任

依照刑法典第 413 条第 1 款的规定，犯动植物检疫徇私舞弊罪的，处 5 年以下有期徒刑或者拘役；造成严重后果的，处 5 年以上 10 年以下有期徒刑。

十六、动植物检疫失职罪

（一）动植物检疫失职罪的概念和构成特征

动植物检疫失职罪，是指动植物检疫机关的检疫人员严重不负责任，对应当检疫物品不检疫，或者延误检疫出证、错误出证，致使国家利益遭受重大损失的行为，其构成特征为：

1. 侵犯的客体是国家对动植物检疫的职能管理活动。

2. 客观构成要件包含以下两个要素：（1）严重不负责任，不履行或者不正确履行检疫职责，对应当检疫的检疫物不检疫，或者延误检疫出证、错误出证。所谓应当检疫不检疫，是指根据《中华人民共和国进出境动植物检疫法》及行政法规规定对应当检疫的物品不进行检疫。延误检疫出证，是指超过规定的期限而没有检疫完毕并出具检疫证明文件。错误出证，是指所出具的检疫证明文件与被检疫的实际情况不相符合。行为只要实施了上述行为的一种，就构成本罪，实施了两种以上行为的，仍为一罪。(2) 致使国家利益遭受重大损害，这是构成本罪必备的结果条件。没有造成国家利益重大损失的，不构成犯罪。重大损失，主要是指引起重大动植物疫情传播的，多次失职的，影响对外贸易关系和国家声誉的，使有关业务单位和国家蒙受重大经济损失等。

3. 主体是特殊主体，为国家动植物检疫机关的检疫人员。

4. 主观方面是过失，故意不构成本罪。

（二）动植物检疫失职罪的认定

在认定本罪时应注意划清与动植物检疫徇私舞弊罪的界限。在出具错误检疫结果的场合，二者极为相似，其主要区别是：（1）主观方面不同。前罪的主观方面只能是过失；后罪的主观方面是故意。(2) 客观行为要件不完全相同。本罪是结果犯，须有致使国家利益遭受重大损失的结果，才能构成犯罪；后罪是行为犯，不以严重危害结果的出现为构成犯罪的必备要件。

（三）动植物检疫失职罪的刑事责任

依照刑法典第 413 条第 2 款的规定，犯动植物检疫失职罪的，处三年以下有期徒刑或者拘役。

十七、放纵制售伪劣商品犯罪行为罪

（一）放纵制售伪劣商品犯罪行为罪的概念和构成特征

放纵制售伪劣商品犯罪行为罪，是指对生产、销售伪劣商品犯罪行为负有追究责任的国家机关工作人员，徇私舞弊，不履行法律规定的追究责任，情节严重的行为，其构成特征为：

1. 侵犯的客体是国家对生产、销售伪劣商品犯罪行为的追诉活动。

2. 客观方面包括以下要素：（1）行为人依法负有追究生产、销售伪劣商品犯罪行为的职责。这是本罪成立的前提条件。（2）不履行法律规定的追究职责。即应当追究而不予追究；采取不作为的方式，放任生产、销售伪劣商品的犯罪，使其受不到应有的法律制裁。（3）情节严重是成立本罪的必备要件。所谓情节严重，是指多次不履行追究的职责的；对生产、销售伪劣药品、食品、医疗器械等犯罪行为不予追究，严重危害公民生命和健康的，致使国家和人民利益遭受重大损失等。

3. 主体是特殊主体，为对生产、销售伪劣商品犯罪行为负有追究职责的国家机关工作人员，包括工商行政管理机关、技术监督管理部门和司法机关中对生产、销售伪劣商品犯罪负有追究责任的工作人员。

4. 主观方面为故意，行为人主观上须出于徇私的动机。过失不构成本罪。

（二）放纵制售伪劣商品犯罪行为罪的认定

1. 划清本罪与徇私枉法罪的界限。二者的区别主要在于：（1）客观方面不同。前者表现为不作为，应当履行追究责任而故意消极地不履行；后者表现为积极的作为，积极地伪造、隐匿、毁弃证据。明知是有罪的人而故意包庇使之不受追诉或明知是无罪的人却使之受到追诉或在审判过程中枉法裁判。（2）犯罪主体的范围不同。前者的犯罪主体除司法工作人员外，还包括行政机关的工作人员；后罪的主体只能由司法工作人员构成。（3）犯罪指向范围不同。前者仅限于制售伪劣商品的犯罪；后者可以是任何犯罪行为。

（2）划清本罪与玩忽职守罪的界限。因玩忽职守而导致生产、销售伪劣商品的犯罪未受追究，在结果上与本罪极为相似，二者的区别在于主观方面不同，本罪是故意，而玩忽职守罪是过失。

（三）放纵制售伪劣商品犯罪行为罪的刑事责任

依照刑法典第414条的规定，犯放纵制售伪劣商品犯罪行为罪的，处5年以下有期徒刑或者拘役。

十八、办理偷越国（边）境人员出入证件罪

（一）办理偷越国（边）境人员出入证件罪的概念和构成特征

办理偷越国（边）境人员出入证件罪，是指负责办理护照、签证以及其他出入境证件的国家机关工作人员，对明知是企图偷越国（边）境的人员，予以办理出入境证件的行为。其构成特征为：

1. 侵犯的客体是国家对出入境的管理活动。

2. 客观方面表现为对明知是企图偷越国（边）境的人员，予以办理护照、签证以及其他出入境证件的行为。

3. 主体是特殊主体，为负责办理护照、签证以及其他出入境证件的国家机关工作人员，包括在外交部或者外交部授权的地方外事部门、港务监督局或者港务监督局授权的港务监督部门，以及公安部或者外交部授权的地方公安局中从事办理护照、签证以及其他出入境证件的工作人员。

4. 主观方面是故意，动机是徇私、徇情。过失不构成本罪。

（二）办理偷越国（边）境人员出入证件罪的认定

在认定本罪时应注意本罪成立的客观要件。按照法律规定，本罪是行为犯，只要行为人明知他人企图偷越国（国）边境而为其办理了出入境证件，即成立本罪。至于他人是否实际偷越了国（边）境，不影响本罪的成立，只作为酌定情节在量刑时予以考虑。

（三）办理偷越国（边）境人员出入证件罪的刑事责任

依照刑法典第 415 条的规定，犯办理偷越国（边）境人员出入证件罪的，处 3 年以下有期徒刑或者拘役；情节严重的，处 3 年以上 7 年以下有期徒刑。

十九、放行偷越国（边）境人员罪

（一）放行偷越国（边）境人员罪的概念和构成特征

放行偷越国（边）境人员罪，是指边防、海关等国家机关工作人员，对明知是偷越国（边）境的人员，予以放行的行为，其构成特征为：

1. 侵犯的客体是国家对出入境的管理活动。

2. 客观方面表现为对明知是偷越国（边）境的人员而予以放行的行为，允许其经过边卡口岸，进出国（边）境。

3. 主体是特殊主体，为边防、海关等国家机关的工作人员。边防、海关等执勤的军人，私放他人偷越国（边）境的，不构成本罪，而按军人违反职责罪中的有关规定定罪处刑。

4. 主观方面是故意，过失不构成本罪。

（二）放行偷越国（边）境人员罪的认定

认定本罪时应注意划清与组织、运送他人偷越国（边）境罪的界限。行为人若事前与组织、运送他人偷越国（边）界的犯罪分子通谋，具有共同的犯罪故意的，应以该罪的共犯论处。

（三）放行偷越国（边）境人员罪的刑事责任

依照刑法典第 415 条的规定，犯放行偷越国（边）境人员罪的，处 3 年以下有期徒刑或者拘役；情节严重的，处 3 年以上 7 年以下有期徒刑。

二十、不解救被拐卖、绑架妇女、儿童罪

（一）不解救被拐卖、绑架妇女、儿童罪的概念和构成特征

不解救被拐卖、绑架妇女、儿童罪，是指对被拐卖、绑架的妇女、儿童负有解救职责的国家机关工作人员，接到被拐卖、绑架的妇女、儿童及其家属的解救要求或他人的举报，而对被拐卖、绑架的妇女、儿童不进行解救，造成严重后果的行为。其构成特征为：

1. 侵犯的客体是国家对被拐卖、绑架的妇女、儿童的正常解救活动及被拐卖绑架妇女、儿童的人身权利。

2. 客观方面包括以下要素：（1）行为人负有解救被拐卖、绑架妇女、儿童的法定职责。（2）有不履行解救被拐卖、绑架妇女儿童的行为，即接到被拐卖、绑架妇女、儿童及其家属的解救要求或他人的举报，有责任解救而不解救，有条件解救而不解救。其行为方式是不作为。（3）造成严重后果，这是本罪成立的必备要件。所谓严重后果，主要指因不及时解救而致使被拐卖、绑架妇女、儿童重伤、死亡；致使被拐卖、绑架妇

女、儿童身心受到严重摧残，如自杀、自伤或患上严重精神病的；引起其他案件发生等。

3. 主体是特殊主体，为对被拐卖、绑架的妇女、儿童负有解救职责的国家机关工作人员。

4. 主观方面是故意。过失不构成本罪。

（二）不解救被拐卖、绑架妇女、儿童罪的认定

认定本罪时应注意划清罪与非罪的界限。是否“造成严重后果”是划分罪与非罪的重要标志，行为人虽有不解救被拐卖、绑架妇女、儿童的行为，但尚未造成严重后果的，不构成本罪。

（三）不解救被拐卖、绑架妇女、儿童罪的刑事责任

依照刑法典第 416 条第 1 款的规定，犯不解救被拐卖、绑架妇女、儿童罪的，处 5 年以下有期徒刑或者拘役。

二十一、阻碍解救被拐卖、绑架妇女、儿童罪

（一）阻碍解救被拐卖、绑架妇女、儿童罪的概念和构成特征

阻碍解救被拐卖、绑架妇女、儿童罪，是指对被拐卖、绑架的妇女、儿童负有解救职责的国家机关工作人员，利用职务阻碍解救的行为。其构成特征为：

1. 侵犯的客体是国家对被拐卖、绑架妇女、儿童的正常解救活动及被拐卖、绑架妇女、儿童的人身权利。

2. 客观方面表现为利用职务之便阻碍解救。所谓利用职务之便，是指利用本人主管、分管或协助解救的职权范围内的便利或职务上的其他便利条件；阻碍解救，是指设置各种障碍使解救工作不能进行或不能顺利进行，其行为方式是作为，表现为干扰、刁难解救人的工作，给违法犯罪分子提供信息，使之隐藏或转移被拐卖、绑架的妇女、儿童等。

3. 主体是特殊主体。为负有解救被拐卖、绑架妇女、儿童职责的国家机关工作人员。

4. 主观方面是故意。即明知是解救被拐卖、绑架的妇女、儿童的行为，而有意加以阻拦。过失不构成本罪。

（二）阻碍解救被拐卖、绑架妇女、儿童罪的认定

在认定本罪时应注意划清与不解救被拐卖、绑架妇女、儿童罪的界限。二者在对被拐卖、绑架妇女、儿童的不解救上极为相似，其主要区别在于：（1）行为的表现形式不同。本罪是积极的作为，即利用职务之便积极地阻碍解救；后者是消极的不作为，即消极地不履行应尽的解救职责，并无积极的阻碍表现。（2）成立犯罪的条件不同。本罪是行为犯，只要实施利用职务之便阻碍解救进行的行为，即构成犯罪；后罪是结果犯，须造成严重后果，才构成犯罪。

（三）阻碍解救被拐卖、绑架妇女、儿童罪的刑事责任

依照刑法典第 416 条第 2 款的规定，犯阻碍解救被拐卖、绑架妇女、儿童罪的，处 2 年以上 7 年以下有期徒刑；情节较轻的，处 2 年以下有期徒刑或者拘役。

二十二、帮助犯罪分子逃避处罚罪

（一）帮助犯罪分子逃避处罚罪的概念和构成特征

帮助犯罪分子逃避处罚罪，是指有查禁犯罪活动职责的国家机关工作人员，向犯罪分子通风报信、提供便利，帮助犯罪分子逃避处罚的行为。其构成特征为：

1. 侵犯的客体是国家查禁犯罪的正常职能活动。

2. 客观方面表现为向犯罪分子通风报信、提供便利条件，帮助犯罪分子逃避处罚的行为。所谓通风报信，是指向犯罪分子本人或其亲友有意泄漏或者直接通报有关部门查禁犯罪活动的部署、方案、措施、时间、地点、规模等情况。所谓提供便利条件，是指除通风报信之外的各种各样的帮助犯罪分子逃避处罚的行为，如为犯罪分子提供隐藏处所、交通工具、通讯设备、钱物等便利条件。通风报信和提供便利主要是作为，其目的是帮助犯罪分子逃避处罚。

3. 犯罪主体是特殊主体，为具有查禁犯罪活动职责的国家机关工作人员，包括公安机关、安全机关、检察机关及其他行政机关中负有查禁犯罪活动司法职责的工作人员。

4. 主观方面是故意，目的是帮助犯罪分子逃避处罚。过失不构成本罪。

（二）帮助犯罪分子逃避处罚罪的认定

在认定本罪时应注意划清与窝藏、包庇罪的界限。二者在犯罪目的和行为方式上极为相似，其区别在于：（1）主体不同。本罪的主体是特殊主体，只能由负有查禁犯罪活动职责的人员构成；后者是一般主体。（2）客观行为不尽相同。本罪中的通风报信、提供便利条件是以利用职务之便为前提；后者中的窝藏、包庇行为不存在利用职务之便的问题。（3）发生的场合不同。本罪只能发生在查禁犯罪的活动过程中，而后者无此限制。

（三）帮助犯罪分子逃避处罚罪的刑事责任

依照刑法典第417条的规定，犯帮助犯罪分子逃避处罚罪的，处3年以下有期徒刑或者拘役；情节严重的，处3年以上10年以下有期徒刑。

二十三、招收公务员、学生徇私舞弊罪

（一）招收公务员、学生徇私舞弊罪的概念和构成特征

招收公务员、学生徇私舞弊罪，是指国家机关工作人员在招收公务员、学生工作中，徇私舞弊，情节严重的行为，其构成特征为：

1. 侵犯的客体是国家招收公务员、学生的活动。公务员是指各级国家行政机关中除工勤人员以外的工作人员。学生是指需经考试和按规定录取的中学招生、中专招生、高考招生、研究生招生以及其他学历教育或者培训工作中所招的人员。

2. 客观方面表现为在招收公务员、学生工作中徇私舞弊，情节严重的行为。所谓徇私舞弊，是指徇于私情、私利，违背法律、法规规定，弄虚作假，对明知不符合条件的人员予以招收录用、录取。其行为方式是多种多样的，如伪造、篡改履历表、体检表，伪造立功受奖记录，私改考试分数，将符合条件候选人毫无根据地排挤掉，以便让不合格者入选等。情节严重是构成本罪的必备条件，一般是指多次招收不合格的公务员、学生或者招收多名不合格的公务员或学生，招收公务员、学生过程中徇私舞弊造成了极其恶劣的影响或者其他严重后果等。

3. 主体是特殊主体，为国家机关中负责招收公务员、学生的工作人员。

4. 主观方面是故意，须出于徇私的动机，过失不构成本罪。

（二）招收公务员、学生徇私舞弊罪的认定

1. 划清一罪与数罪的界限。在招收公务员、学生过程中因受贿而徇私舞弊的，其受贿行为，依照刑法的规定构成受贿罪的，因受贿罪与本罪存在牵连关系，应按处理牵连犯的原则，从一重罪处罚，不按数罪进行并罚。

2. 划清本罪与玩忽职守罪的界限。二者的区别在于：（1）是主观方面不同。本罪是故意，须出于徇私的动机；玩忽职守罪是过失，不存在徇私的动机。（2）行为发生的领域不同。本罪发生在招收公务员、学生的过程中；后者发生在一般工作中。

（三）招收公务员、学生徇私舞弊罪的刑事责任

依照刑法典第 418 条的规定，犯招收公务员、学生徇私舞弊罪的，处 3 年以下有期徒刑或者拘役。

二十四、失职造成珍贵文物损毁、流失罪

（一）失职造成珍贵文物损毁、流失罪的概念和构成特征

失职造成珍贵文物损毁、流失罪，是指国家机关工作人员严重不负责任，造成珍贵文物损毁或者流失，后果严重的行为，其构成特征是：

1. 侵犯的客体是国家对文物的管理、保护职能活动。

2. 客观方面表现为严重不负责任，造成珍贵文物损毁或者流失，后果严重的行为。所谓严重不负责任，是指不履行或不正确履行文物保护职责。具体表现形式多种多样，如文物馆对珍贵文物没有按《文物馆藏品管理办法》的规定建立固定、专用的库房，设专人管理，库房设备和措施不符合防火、防盗、防潮、防虫、防尘、防光、防震、防空气污染的要求；珍贵文物出库手续不健全等。损毁是指珍贵文物全部或者部分遭到破坏、损失，以致无法恢复原状。流失是指珍贵文物丢失或者流散到国外、民间，以至无法追回。后果严重是指造成多种珍贵文物的损毁或者流失；造成重要珍贵文物损毁或者流失；造成珍贵文物的严重损毁、无法修复，经济损失巨大、社会影响极坏等。后果严重是构成本罪的必要条件。

3. 主体是特殊主体，为国家文物保护部门中负有文物保护职责的工作人员。

4. 主观方面是过失。

（二）失职造成珍贵文物损毁、流失罪的认定

在认定本罪时应划清与过失损毁文物罪的界限。二者的主要区别为：（1）主体不同，前者的主体是特殊主体；后者的主体是一般主体。（2）发生场合不同。前者发生在对珍贵文物的保护、管理过程中，因失职而造成珍贵文物损毁或者流失，属于职务犯罪；后者发生在一般场合，不属职务犯罪，行为方式仅限于毁损；（3）犯罪对象不同，前者犯罪对象仅限于珍贵文物；后者除珍贵文物外，还包括非珍贵文物。

（三）失职造成珍贵文物损毁、流失罪的刑事责任

依照刑法典第 419 条规定，犯失职造成珍贵文物损毁、流失罪的，处 3 年以下有期徒刑或者拘役。

第三十三章　军人违反职责罪

第一节　军人违反职责罪概述

一、军人违反职责罪的概念和特征

军人违反职责罪，是指军人违反职责，危害国家军事利益，依照法律应当受刑罚处罚的行为。军人违反职责罪的特征是：

1. 犯罪客体是国家的军事利益。国家的军事利益是指与国家的安全有着直接关系，涉及军队作战、军事训练、物资保障、军事秘密等方面的利益。危害国家军事利益，是军人违反职责罪区别于其他犯罪的本质特征。

2. 犯罪的客观方面表现为违反军人职责，危害国家军事利益的行为。军人职责是有关法律、法规规定军人应当履行的与自己的岗位有关的责任，包括一般职责和特定职责。一般职责是任何军人都应当履行的职责，因此刑法规定违反这种职责所构成的犯罪，适用于所有军人；特定职责是具有特定身份或者处在特定条件下的军人应当履行的职责，因此刑法规定的违反这种职责的犯罪，只适用于特定的军人。违反军人职责，危害国家军事利益的行为有多种多样，表现各不相同，从而形成各种具体的犯罪。犯罪客观方面的不同内容，是区别各具体犯罪最主要的根据。

3. 犯罪主体是特殊主体，具有军人的身份。根据刑法典第 450 条的规定，作为军人违反职责罪主体的军人，是指中国人民解放军的现役军官、文职干部、士兵及具有军籍的学员和中国人民武装警察部队的现役警官、文职干部、士兵及具有军籍的学员以及执行军事任务的预备役人员和其他人员。

4. 犯罪主观方面，多数犯罪是故意，少数犯罪为过失。

二、违反军人职责罪的种类

根据侵害的军事利益的内容不同，可将军人违反职责罪分为以下种类：

1. 危害作战利益的犯罪：包括战时违抗命令罪，隐瞒、谎报军情罪，拒传、假传军令罪，投降罪，战时临阵脱逃罪，违令作战消极罪，拒不救援友邻部队罪，战时自伤罪，战时造谣惑众罪。

2. 危害军队管理秩序的犯罪：包括擅离、玩忽职守罪，阻碍执行军事职务罪，指使部属违反职责罪，军人叛逃罪，逃离部队罪，私放俘虏罪。

3. 危害军事秘密的犯罪：包括非法获取军事秘密罪，为境外窃取、刺探、收买、非法提供军事秘密罪，故意泄露军事秘密罪，过失泄露军事秘密罪。

4. 危害部队物资装备的犯罪：包括武器装备肇事罪，擅自改变武器装备编配用途罪，盗窃、抢夺武器装备、军用物资罪，非法出卖、转让武器装备罪，遗弃武器装备罪，遗失武器装备罪，擅自出卖、转让军队房地产罪。

5. 侵犯部署、伤病军人、平民、俘虏利益的犯罪：包括虐待部属罪，遗弃伤病军人罪，战时拒不救治伤病军人罪，战时残害居民、掠夺居民财物罪，虐待俘虏罪。

第二节　危害作战利益的犯罪

一、战时违抗命令罪

战时违抗命令罪是指在战时违抗上级命令，对作战造成危害的行为。其主要特征是：(1) 在客观上，行为人在战时有违抗命令的行为，并因此对作战造成危害。战时是本罪发生的时间条件，平时违抗命令的，不构成本罪。违抗命令是本罪的行为表现，主要有三种情况：①拒绝执行作战命令；②拖延执行作战命令；③不按照命令的内容执行。而构成本罪必须是对作战造成危害，如扰乱了作战部署，贻误了战机，影响了作战任务的完成；或者给敌人以可乘之机，致使部队遭受较大损失等，对作战没有造成危害的不构成本罪。(2) 在主观上，行为人是故意，即明知是上级下达的命令而拒不执行或者不正确执行。过失不构成本罪。

根据刑法典第 421 条的规定，犯战时违抗命令罪的，处 3 年以上 10 年以下有期徒刑；致使战斗、战役遭受重大损失的，处 10 年以上有期徒刑、无期徒刑或者死刑。

二、隐瞒、谎报军情罪

隐瞒、谎报军情罪是指故意隐瞒、谎报军情，对作战利益造成危害的行为。其主要特征是：(1) 在客观上，行为人有隐瞒或者谎报了军情的行为，即行为人对应当报告的军情不报告，或者作了不真实的报告。由于隐瞒或者谎报，而对作战造成了危害；没有造成危害的，不构成本罪。由此也可以知道，本罪应当发生在战时。(2) 在主观上，行为人是故意，即故意不报或者故意作不真实的报告。

根据刑法典第 422 条的规定，犯隐瞒、谎报军情罪的，处 3 年以上 10 年以下有期徒刑；致使战斗、战役遭受重大损失的，处 10 年以上有期徒刑、无期徒刑或者死刑。

三、拒传、假传军令罪

拒传、假传军令罪是指明知是军令而拒绝传达传递，或者作虚假传达传递，对作战造成危害的行为。其主要特征是：(1) 在客观上，行为人有对军令拒绝传达传递或者作虚假传达传递，从而对作战造成危害的行为。这里的军令应指部队的上级下达的作战命令。行为人拒传或者假传军令构成本罪，还必须是对作战造成了危害。由此可知，本罪在战时才能构成。(2) 在主观上，行为人是故意，即明知是军令，却拒传或者假传。

根据刑法典第 422 条的规定，犯拒传、假传军令罪的，处 3 年以上 10 以下有期徒刑；致使战斗、战役遭受重大损失的，处 10 年以上有期徒刑、无期徒刑或者死刑。

四、投降罪

投降罪是指在战场上贪生怕死，自动放下武器、投降敌人的行为。其主要特征是：(1) 在客观上，行为人有在战场上自动放下武器，投降敌人的行为。即在能够对敌人使用武器进行抵抗的情况下而不抵抗，并且投降敌人。至于是将武器丢弃、还是交给敌人，抑或是自己持有，不影响该行为的成立。本罪发生的场合只能是在战场上；(2) 在主观上，行为人是故意，即放下武器是自动的，其动机是贪生怕死，但没有投敌叛变的目的。如果行为人无法抵抗，被迫放下武器的，不构成本罪。

根据刑法典第 423 条的规定，犯投降罪的，处 3 年以上 10 年以下有期徒刑；情节严重的，处 10 年以上有期徒刑或者无期徒刑；投降后为敌人效劳的，处 10 年以上有期徒刑、无期徒刑或者死刑。

五、战时临阵脱逃罪

战时临阵脱逃罪是指参战军职人员因贪生怕死、畏惧战斗而在战时临阵逃离部队的行为。其主要特征是：(1) 在客观上，行为人有在战时临阵逃离部队的行为。逃离部队是指离开部队或者脱离自己的战斗岗位，所谓临阵不仅指在战场上，而且指在部队待命作战和已经受领了作战任务的情况；(2) 在主观上，行为人是故意，犯罪的动机是贪生怕死、畏惧战斗。

根据刑法典第 424 条的规定，犯战时临阵脱逃罪的，处 3 年以下有期徒刑；情节严重的，处 3 年以上 10 年以下有期徒刑；致使战斗、战役遭受重大损失的，处 10 年以上有期徒刑、无期徒刑或者死刑。

六、违令作战消极罪

违令作战消极罪是指指挥人员违抗命令，临阵畏缩，消极作战，造成严重后果的行为。其主要特征是：(1) 在客观上，行为人有违抗命令，临阵畏缩，消极作战，造成严重后果的行为。①本罪只能发生在战时并且是部队已经接到作战命令的情况下；②行为人有违抗作战命令，畏缩不前，作战消极的行为，主要表现为按兵不动，逃避作战，或者虽然进入战斗环境却不遵从命令积极作战；③构成本罪还必然造成严重后果，如贻误重大战机、未完成作战任务、造成部队人员的重大伤亡等。(2) 犯罪主体是指挥部队作战的指挥人员。(3) 在主观上，行为人是故意。

根据刑法典第 428 条的规定，犯违令作战消极罪的，处分年以下有期徒刑；致使战斗、战役遭受重大损失或者有其他严重情节的，处 5 年以上有期徒刑。

七、拒不救援友邻部队罪

拒不救援友邻部队罪是指指挥人员在战场上明知友邻部队危急请求救援，能救援而不救援，致使友邻部队遭受重大损失的行为。其主要特征是：(1) 客观上，行为人有拒不救援友邻部队，致使其遭受重大损失的行为。本罪发生于战场上，也就是在战时。拒不救援，是指在友邻部队发生危急并请求救援的情况下，有能力救援而不救援；构成本罪还必须是导致友邻部队遭受重大损失。如无法救援或者没有造成重大损失的，都不构成本罪。(2) 犯罪的主体是被请求救援部队的指挥人员。(3) 在主观上，行为人是故意，即明知友邻部队遭遇危急并请求救援而不予救援。

根据刑法典第 429 条的规定，对犯拒不救援友邻部队罪的指挥人员，处 5 年以下有期徒刑。

八、战时自伤罪

战时自伤罪是指军人在战时自伤身体，逃避军事义务的行为。其主要特征是：(1) 客观上，行为人在战时自伤身体的行为。自伤身体一是自行伤害自己的身体，二是授意他人伤害自己的身体。自伤身体的时间在战时，平时自伤的，不成立本罪。(2) 在主观上，行为人是故意，目的在于逃避作战的义务。在战时过失自伤身体的，不构成本罪。

根据刑法典第 434 条的规定，犯战时自伤罪的，处 3 年以下有期徒刑；情节严重的，处 3 年以上 7 年以下有期徒刑。

九、战时造谣惑众罪

战时造谣惑众罪是指军人战时造谣惑众、扰乱军心的行为。其主要特征是：(1) 在客观上，行为人有在战时造谣惑众、扰乱军心的行为，即行为人在战时虚构事实或者歪曲事实并加以散布，足以使武装部队的成员产生怯战、厌战的情绪，导致军心不稳、斗志涣散。(2) 犯罪主体是军人，既包括参战部队的军人，也包括非参战部队的军人。而非军人在战时造谣惑众，扰乱军心的，应适用刑法典第 378 条战时造谣扰乱军心罪的规定。(3) 在主观上，行为人是故意，过失不构成本罪。

根据刑法典第 433 条的规定，犯战时造谣扰乱军心罪的，处 3 年以下有期徒刑；情节严重的，处 3 年以上 10 年以下有期徒刑；勾结敌人造谣惑众，动摇军心的，处 10 年以上有期徒刑或者无期徒刑；情节特别严重的，可以判处死刑。

第三节　危害军队管理秩序的犯罪

一、擅离、玩忽职守罪

擅离、玩忽职守罪是指指挥人员和值班、值勤人员擅离职守或者玩忽职守，造成严重后果的行为。其主要特征是：(1) 客观上，行为人在执行指挥任务或者值班、值勤期间，有擅离职守或者玩忽职守，造成严重后果的行为。擅离职守指行为人擅自离开指挥、值班、值勤的岗位，不履行职责；玩忽职守指行为人虽然在指挥、值班、值勤的岗位上，却严重不负责任，不正确地履行职责。而擅离职守或者玩忽职守要构成本罪，必须是造成了严重后果，否则属于违纪违法行为。(2) 犯罪的主体只能是指挥人员、值班、值勤人员。(3) 在主观上，行为人是过失，即对造成严重后果是过失，但对擅离职守或者玩忽职守行为的实施，可以是故意。

根据刑法典第 425 条的规定，犯擅离、玩忽职守罪的，处 3 年以下有期徒刑或者拘役；造成特别严重后果的，处 3 年以上 7 年以下有期徒刑；战时犯本罪的，处 5 年以上有期徒刑。

二、阻碍执行军事职务罪

阻碍执行军事职务罪是指以暴力、威胁的方法，阻碍指挥人员或者值班、值勤人员执行职务的行为。其主要特征是：(1) 在客观上，行为人有以暴力、威胁的方法，阻碍指挥人员或者值班、值勤人员执行职务的行为。首先，行为人阻碍的对象是正在执行职务的指挥人员、值班、值勤人员；其次，阻碍的方法必须是暴力或者以暴力相威胁。阻碍是否造成严重后果，不影响本罪的构成。(2) 在主观上，行为人是故意，即明知是正在执行职务的指挥人员、值班、值勤人员，而施以暴力或者威胁，阻碍其执行职务。

根据刑法典第 426 条的规定，犯阻碍执行军事职务罪的，处 5 年以下有期徒刑或者拘役；情节严重的，处 5 年以上有期徒刑；致人重伤、死亡或者有其他特别严重情节的，处无期徒刑或者死刑。战时犯本罪的，从重处罚。

三、指使部属违反职责罪

指使部属违反职责罪是指指挥人员滥用职权，指使部属进行违反职责的活动，造成严重后果的行为。其主要特征是：(1) 在客观上，行为人有滥用职权，指使部属进行违反职责的活动，并因此造成严重后果的行为。滥用职权指滥用调动、指挥部属的权力。

而指使部属进行的活动必须是违反军人职责的活动，并因此造成严重后果，否则不构成本罪。(2) 犯罪的主体应当是具有调动、指挥职权的军人，通常指部队中具有副班长职务以上的指挥人员。(3) 在主观上，行为人是故意。

根据刑法典第 427 条的规定，犯指使部属违反职责罪，处 5 年以下有期徒刑或者拘役；情节严重的，处 5 年以上 10 年以下有期徒刑。

四、军人叛逃罪

军人叛逃罪是指在履行公务期间，擅离岗位，叛逃境外或者在境外叛逃，危害国家军事利益的行为。其主要特征是：(1) 客观上，行为人在履行公务期间，有擅离岗位，叛逃境外或者在境外叛逃，危害国家军事利益的行为。行为人的叛逃行为发生在履行公务期间。擅离岗位是指未经批准而自行放弃职责，脱离岗位。叛逃的去向是境外，一是从国内逃往境外，二是因公出境后不归；逃往驻华使、领馆的，应视同逃往境外。具有上述行为，即构成危害国家军事利益的事实，因而危害国家军事利益不是本罪的单独特征，不需要另行认定。(2) 主观上，行为人是故意。至于出于何种动机，最终的目的是什么，不影响本罪的成立。

根据刑法典第 430 条的规定，犯军人叛逃罪的，处 5 年以下有期徒刑或者拘役；情节严重的，处 5 年以上有期徒刑；驾驶航空器、舰船叛逃的，或者有其他特别严重情节的，处 10 年以上有期徒刑、无期徒刑或者死刑。

五、逃离部队罪

逃离部队罪是指违反兵役法规，逃离部队，情节严重的行为。其主要特征是：(1) 在客观上，行为人有违反兵役法规，逃离部队，而且情节严重的行为。违反兵役法规，逃离部队是指未经批准而自行离开部队，主要表现为擅自从部队离开和擅自不归队两种情况；情节严重通常是指携带武器装备逃离部队，策动和组织多人逃离部队，多次逃离部队等。(2) 主观上，行为人是故意，目的是逃避服兵役的义务。

根据刑法典第 435 条的规定，非战时犯逃离部队罪，处 3 年以下有期徒刑或者拘役；战时犯本罪的，处 3 年以上 7 年以下有期徒刑。

六、私放俘虏罪

私放俘虏罪是指未经批准，擅自放走俘虏的行为。其主要特征是：(1) 在客观上，行为人未经批准而擅自将俘虏放走。所谓俘虏，是指在战争中被我方俘获的敌方人员。(2) 在主观上，行为人是故意，私放的动机如何，不影响本罪的成立。因过失致使俘虏脱逃的，不构成本罪。

根据刑法典第 447 条的规定，犯私放俘虏罪的，处 5 年以下有期徒刑；私放重要俘虏、私放俘虏多人或者有其他严重情节的，处 5 年以上有期徒刑。

第四节　危害军事秘密的犯罪

一、非法获取军事秘密罪

非法获取军事秘密罪是以窃取、刺探、收买的方法，非法获取军事秘密的行为。其主要特征是：(1) 在客观上，行为人有以窃取、刺探、收买的方法，非法获取军事秘密的行为。行为人非法获取的对象是在一定时间内仅限于一定范围的人员知悉，关系国防和军队安全和利益的军事秘密，而不是非军事方面的一般国家秘密；非法获取的方法有窃取、刺探、收买等。窃取就是以秘密的方式取得；刺探就是暗中打听探寻；收买就是以财物换取。有上述行为之一构成本罪，同时具有多项行为的，仍构成一个罪。（2）在主观上，行为人是故意，但非法获取的目的不能是为境外机构组织或者个人的需要，否则构成他罪。至于行为的动机如何，不影响本罪的成立。

根据刑法典第431条第1款的规定，犯非法获取军事秘密罪的，处5年以下有期徒刑；情节严重的，处5年以上10年以下有期徒刑；情节特别严重的，处10年以上有期徒刑。

二、为境外窃取、刺探、收买、非法提供军事秘密罪

为境外窃取、刺探、收买、非法提供军事秘密罪是指为境外窃取、刺探、收买、非法提供军事秘密的行为。其主要特征是：（1）在客观上，行为人有为境外窃取、刺探、收买、非法提供军事秘密的行为。行为人获取和提供的必须是军事秘密，而非一般的国家秘密；行为的实施有窃取、刺探、收买、非法提供等多种表现，只要实施其中一种行为，即可构成本罪，实施多项行为的，仍按一罪认定。（2）在主观上，行为人是故意，而且行为的目的是为境外的机构组织或者个人的需要。

根据刑法典第431条第2款的规定，犯为境外窃取、刺探、收买、非法提供军事秘密罪的，处10年以上有期徒刑、无期徒刑或者死刑。

三、故意泄露军事秘密罪

故意泄露军事秘密罪是指违反国家保守秘密法规，故意泄露军事秘密，情节严重的行为。其主要特征是：（1）在客观上，行为人有违反保守国家秘密法规，泄露国家军事秘密的行为。泄露的对象是军事秘密，而非一般的国家秘密。泄露行为表现为非法地扩大了军事秘密的知悉范围或者提前将其披露、公开；如果为境外窃取、刺探、收买、非法提供军事秘密则另定他罪。构成本罪还必须是情节严重，主要指泄露了国家重要的军事秘密或者因泄露国家军事秘密造成了国家和军队利益的重大损失。（2）犯罪主体是军人，从刑法的相关规定和司法实践看，一般是依法掌握、保管军事秘密的军人，否则可能构成的是非法获取军事秘密罪。（3）在主观上，行为人是故意，即明知是军事秘密而加以泄露。

根据刑法典第432条的规定，犯故意泄露军事秘密罪的，处5年以下有期徒刑或者拘役；情节特别严重的，处5年以上10年以下有期徒刑；战时犯本罪的，处5年以上10年以下有期徒刑；情节特别严重的，处10年以上有期徒刑或者无期徒刑。

四、过失泄露军事秘密罪

过失泄露军事秘密罪是指违反国家保守秘密法规，过失泄露军事秘密，情节严重的行为。其主要特征是：（1）在客观上，行为人有违反保守国家秘密法规，泄露国家军事秘密的行为。泄露的对象是军事秘密，而非一般的国家秘密。构成本罪还必须是情节严重，主要指泄露了国家重要的军事秘密或者因泄露国家军事秘密造成了国家和军队利益的重大损失。（2）在主观上，行为人对军事秘密泄露结果的发生是过失。这是本罪与故意泄露军事秘密罪的主要区别。

根据刑法典第432条的规定，犯过失泄露军事秘密罪的，处5年以下有期徒刑或者拘役；情节特别严重的，处5年以上10年以下有期徒刑；战时犯本罪的，处5年以上

10年以下有期徒刑；情节特别严重的，处10年以上有期徒刑或者无期徒刑。

第五节　危害部队物资装备的犯罪

一、武器装备肇事罪

武器装备肇事罪是指违反武器装备使用规定，情节严重因而发生责任事故，致人重伤、死亡或者造成其他严重后果的行为。其主要特征是：(1) 在客观上，行为人有违反武器装备使用规定，情节严重因而发生责任事故，致人重伤、死亡或者造成严重后果的行为。首先，行为人有违反武器装备使用规定行为，并且情节严重，如平时经常违反规定使用武器装备屡教不改的，在武器装备的管理、保养、维修上严重失职，对其违规使用武器装备所引起的危险，无动于衷或推衍塞责，甚至嫁祸于人；其次是引发责任事故，并且致人重伤、死亡或者造成其他严重后果。其他严重后果是指除人员伤亡外的严重后果，如重大武器装备的毁损，造成较大范围内的污染，因肇事而导致延误战机或使战斗失利等。(2) 在主观上，行为人是过失，即对严重后果的发生，或者是因疏忽大意没有预见，或者是有预见但轻信能够避免，而违反规定则可以是故意。

根据刑法典第436条的规定，犯武器装备肇事罪的，处3年以下有期徒刑或者拘役；后果特别严重的，处3年以上7年以下有期徒刑。

二、擅自改变武器装备编配用途罪

擅自改变武器装备编配用途罪是指违反武器装备管理规定，擅自改变武器装备的编配用途，造成严重后果的行为。其主要特征是：(1) 在客观上，行为人有违反武器装备管理规定，擅自改变武器装备的编配用途的行为，并因此造成严重后果。违反武器装备管理规定，擅自改变武器装备的编配用途是指不按上级下发的编配范围、用途、管理权限、使用程序等规定，未经批准而在原编配用途外使用武器装备。另外，构成本罪还必须造成严重后果，未造成后果或者后果不严重的，均不构成本罪。(2) 主观上，行为人是过失，即对严重后果的发生，或是因疏忽大意没有预见，或者已经预见但轻信能够避免，而违反规定则可以是故意。

根据刑法典第437条的规定，犯擅自改变武器装备编配用途罪的，处3年以下有期徒刑或者拘役；造成特别严重后果的，处3年以上7年以下有期徒刑。

三、盗窃、抢夺武器装备、军用物资罪

盗窃、抢夺武器装备、军用物资罪是指以非法占有为目的，秘密窃取或者公然夺取部队武器装备、军用物资的行为。其主要特征是：(1) 在客观上，行为人有秘密窃取或者公然夺取部队武器装备、军用物资的行为。武器装备作为本罪的犯罪对象之一，根据刑法典第438条第2款的规定，应指枪支、弹药、爆炸物外而与之配套的仪器、器材、备附件等其他装备；行为人秘密窃取或者公然夺取部队枪支、弹药、爆炸物的，应适用刑法第127条关于盗窃、抢夺枪支、弹药、爆炸物罪的规定。军用物资则是指武器装备外，供军事上使用的其他物资，如被服、燃料、粮食、药品、车船、营房设施等。(2) 主观上，行为人是故意，并具有非法占有的目的。

根据刑法典第438条的规定，犯盗窃、抢夺武器装备、军用物资罪的，处5年以下有期徒刑或者拘役；情节严重的，处5年以上10年以下有期徒刑，情节特别严重的，

处10年以上有期徒刑、无期徒刑或者死刑。

四、非法出卖、转让武器装备罪

非法出卖、转让武器装备罪是指非法出卖、转让武器装备的行为。其主要特征是：(1) 在客观上，行为人非法出卖、转让武器装备，即违反军队武器装备管理的规定，未经批准而擅自出卖或者转让武器装备。出卖指以收取价款方式出让；转让则指无偿地或者以换取其他物品的方式出让。(2) 在主观上，行为人是故意，即明知出卖、转让是违反规定的，却故意出让。

根据刑法典第439条的规定，犯非法出卖、转让武器装备罪的，处3年以上10年以下有期徒刑；出卖、转让大量武器装备或者有其他特别严重情节的，处10年以上有期徒刑、无期徒刑或者死刑。

五、遗弃武器装备罪

遗弃武器装备罪是指违抗命令，遗弃武器装备的行为。其主要特征是：(1) 在客观上，行为人有违抗命令，遗弃武器装备的行为。违抗命令是构成本罪的前提，因而遗弃武器装备是指未经批准而擅自遗弃。遗弃通常表现为两种情况：一是将携带、运输和使用的武器装备抛弃；二是对应当收回的武器装备不予收回。(2) 在主观上，行为人是故意，即明知是能够发挥效用的武器装备而故意遗弃。过失遗弃武器装备的，不构成本罪。

根据刑法典第440条的规定，犯遗弃武器装备罪的，处5年有期徒刑或者拘役；遗弃重要或者大量武器装备的，或者有其他严重情节的，处5年以上有期徒刑。

六、遗失武器装备罪

遗失武器装备罪是指遗失武器装备，不及时报告或者有其他严重情节的行为。其主要特征是：(1) 在客观上，行为人首先是遗失了武器装备，其次是有下列情形之一：一是不及时报告，包括不报告、超时限报告、谎报；二是有其他严重情节，如遗失武器装备被敌人或者犯罪分子利用，遗失武器装备严重地影响部队的作战任务，遗失的武器装备数量多、价值大，遗失武器装备致使重大军事秘密的泄露等。(2) 在主观上，行为人是过失，即遗失武器装备是出于过失，如因不及时报告而构成本罪的，行为人对不及时报告可以是故意。

根据刑法典第441条的规定，犯遗失武器装备罪的，处3年以下有期徒刑或者拘役。

七、擅自出卖、转让军队房地产罪

擅自出卖、转让军队房地产罪是指违反规定，擅自出卖、转让军队房地产，情节严重的行为。其主要特征是：(1) 在客观上，行为人有违反规定，擅自出卖、转让军队房地产，情节严重的行为。所谓军队房地产是指由军队管理、使用的土地、房屋及附属设施、设备，以及林木等。情节严重是构成本罪所必需的，有各种各样的表现，如出卖、转让军事禁区的房地产，将军队的房地产出卖、转让给境外机构或人员，因出卖、转让军队房地产而造成国家或者军队财产严重损失或者有其他严重后果等。(2) 在主观上，行为人是故意，即明知出卖、转让军队房地产是违反规定的，但擅作主张，故意出卖、转让。(3) 犯罪主体是出卖、转让军队房地产负有直接责任的军人。

根据刑法典第442条的规定，犯擅自出卖、转让军队房地产罪的，对直接责任人员处 3 年以下有期徒刑或者拘役；情节特别严重的，处 3 年以上 10 年以下有期徒刑。

第六节　侵犯部属、伤病军人、平民、俘虏利益的犯罪

一、虐待部属罪

虐待部属罪是指处于领导岗位的军职人员滥用职权，虐待部属，情节恶劣，致人重伤或者造成其他严重后果的行为。其主要特征是：(1) 在客观上，行为人滥用职权，虐待部属，情节恶劣，并且致使受虐待部属重伤或者造成其他严重后果。虐待部属是指对部属进行肉体上或者精神上的折磨、摧残；情节恶劣则是虐待的表现形式，如虐待的时间长、虐待的次数多、受虐待的人员多、虐待的手段残忍等。构成本罪还必须是虐待致人重伤，包括致被虐待部属死亡的；或者造成其他严重后果，如部属因被虐待而身心健康严重受损，造成部队管理秩序混乱，在战时虐待部属致使作战失利等。(2) 犯罪主体是处于上级领导岗位的军职人员。(3) 在主观上，行为人是故意。而虐待的动机如何，不影响本罪的成立。

根据刑法典第 443 条的规定，犯虐待部属罪的，处 5 年以下有期徒刑或者拘役；致人死亡的，处 5 年以上有期徒刑。

二、遗弃伤病军人罪

遗弃伤病军人罪是指在战场上故意遗弃伤病军人，情节恶劣的行为。其主要特征是：(1) 在客观上，行为人有在战场上遗弃伤病军人且情节恶劣的行为。战场是本罪发生的特定场合，遗弃则是指对伤病军人有责任且有条件救助却不救助，而要构成犯罪还必须情节恶劣，如因遗弃而致伤病军人死亡、残废、被俘、被杀等。(2) 在主观上，行为人是故意。(3) 犯罪主体是对遗弃负有直接责任的军人。

根据刑法典第 444 条的规定，犯遗弃伤病军人罪的，对直接责任人员处 5 年以下有期徒刑。

三、战时拒不救治伤病军人罪

战时拒不救治伤病军人罪是指战时在救护治疗职位上，有条件救治而拒不救治危重伤病军人的行为。其主要特征是：(1) 本罪的主体是战时在救治职位上的军职人员。(2) 在客观上，本罪表现为：①行为对象必须是危重伤病军人；②行为人有条件救治而拒不救治，确无条件救治的，不能构本罪；③行为发生在战时，平时不构成。(3) 在主观上，行为人是故意，过失不构成本罪。

根据刑法典第 445 条的规定，犯战时拒不救治伤病军人罪的，处 5 年以下有期徒刑或者拘役；造成伤病军人重残、死或者有其他严重情节的，处 5 年以上 10 年以下有期徒刑。

四、战时残害居民、掠夺居民财物罪

战时残害居民、掠夺居民财物罪是指战时在军事行动地区，残害无辜居民或者掠夺无辜居民财物的行为。其主要特征是：(1) 在客观上，行为人在战时在军事行为区内残害无辜居民或者掠夺其财物，平时或者在军事行动区外发生的残害、掠夺行为，以及损害阻挠、袭击、破坏我军行动的居民的，均不构成本罪。(2) 在主观上，行为人是故意，即明知是无辜居民而故意对其进行残害或者掠夺其财物。

根据刑法典第 446 条的规定，犯战时残害居民、掠夺居民财物罪的，处 5 年以下有期徒刑；情节严重的处 5 年以上 10 年以下有期徒刑；情节特别严重的，处 10 年以上有期徒刑、无期徒刑或者死刑。

五、虐待俘虏罪

虐待俘虏罪是指虐待俘虏，情节恶劣的行为。其主要特征是：（1）在客观上，行为人对我方俘获的敌方人员进行虐待，且情节恶劣。虐待包括肉体上的摧残、精神上的折磨以及在生活上的不人道待遇等，而构成本罪必须是情节恶劣，如虐待的手段残忍、虐待俘虏多人、虐待造成俘虏重残、死亡等。（2）在主观上，行为人是故意，动机多种多样，通常不影响本罪的成立。

根据刑法典第 448 条的规定，犯虐待俘虏罪的，处 3 年以下有期徒刑。

中华人民共和国刑法修正案（六）

（中华人民共和国主席令第五十一号）

《中华人民共和国刑法修正案（六）》已由中华人民共和国第十届全国人民代表大会常务委员会第二十二次会议于2006年6月29日通过，现予公布，自公布之日起施行。

中华人民共和国主席　胡锦涛

2006年6月29日

中华人民共和国刑法修正案（六）

一、将刑法第一百三十四条修改为："在生产、作业中违反有关安全管理的规定，因而发生重大伤亡事故或者造成其他严重后果的，处三年以下有期徒刑或者拘役；情节特别恶劣的，处三年以上七年以下有期徒刑。

"强令他人违章冒险作业，因而发生重大伤亡事故或者造成其他严重后果的，处五年以下有期徒刑或者拘役；情节特别恶劣的，处五年以上有期徒刑。"

二、将刑法第一百三十五条修改为："安全生产设施或者安全生产条件不符合国家规定，因而发生重大伤亡事故或者造成其他严重后果的，对直接负责的主管人员和其他直接责任人员，处三年以下有期徒刑或者拘役；情节特别恶劣的，处三年以上七年以下有期徒刑。"

三、在刑法第一百三十五条后增加一条，作为第一百三十五条之一："举办大型群众性活动违反安全管理规定，因而发生重大伤亡事故或者造成其他严重后果的，对直接负责的主管人员和其他直接责任人员，处三年以下有期徒刑或者拘役；情节特别恶劣的，处三年以上七年以下有期徒刑。"

四、在刑法第一百三十九条后增加一条，作为第一百三十九条之一："在安全事故发生后，负有报告职责的人员不报或者谎报事故情况，贻误事故抢救，情节严重的，处三年以下有期徒刑或者拘役；情节特别严重的，处三年以上七年以下有期徒刑。"

五、将刑法第一百六十一条修改为："依法负有信息披露义务的公司、企业向股东和社会公众提供虚假的或者隐瞒重要事实的财务会计报告，或者对依法应当披露的其他重要信息不按照规定披露，严重损害股东或者其他人利益，或者有其他严重情节的，对其直接负责的主管人员和其他直接责任人员，处三年以下有期徒刑或者拘役，并处或者单处二万元以上二十万元以下罚金。"

六、在刑法第一百六十二条之一后增加一条，作为第一百六十二条之二："公司、企业通过隐匿财产、承担虚构的债务或者以其他方法转移、处分财产，实施虚假破产，严重损害债权人或者其他人利益的，对其直接负责的主管人员和其他直接责任人员，处五年以下有期徒刑或者拘役，并处或者单处二万元以上二十万元以下罚金。”

七、将刑法第一百六十三条修改为：“公司、企业或者其他单位的工作人员利用职务上的便利，索取他人财物或者非法收受他人财物，为他人谋取利益，数额较大的，处五年以下有期徒刑或者拘役；数额巨大的，处五年以上有期徒刑，可以并处没收财产。

”公司、企业或者其他单位的工作人员在经济往来中，利用职务上的便利，违反国家规定，收受各种名义的回扣、手续费，归个人所有的，依照前款的规定处罚。

“国有公司、企业或者其他国有单位中从事公务的人员和国有公司、企业或者其他国有单位委派到非国有公司、企业以及其他单位从事公务的人员有前两款行为的，依照本法第三百八十五条、第三百八十六条的规定定罪处罚。”

八、将刑法第一百六十四条第一款修改为：“为谋取不正当利益，给予公司、企业或者其他单位的工作人员以财物，数额较大的，处三年以下有期徒刑或者拘役；数额巨大的，处三年以上十年以下有期徒刑，并处罚金。”

九、在刑法第一百六十九条后增加一条，作为第一百六十九条之一：“上市公司的董事、监事、高级管理人员违背对公司的忠实义务，利用职务便利，操纵上市公司从事下列行为之一，致使上市公司利益遭受重大损失的，处三年以下有期徒刑或者拘役，并处或者单处罚金；致使上市公司利益遭受特别重大损失的，处三年以上七年以下有期徒刑，并处罚金：

“（一）无偿向其他单位或者个人提供资金、商品、服务或者其他资产的；

“（二）以明显不公平的条件，提供或者接受资金、商品、服务或者其他资产的；

“（三）向明显不具有清偿能力的单位或者个人提供资金、商品、服务或者其他资产的；

“（四）为明显不具有清偿能力的单位或者个人提供担保，或者无正当理由为其他单位或者个人提供担保的；

“（五）无正当理由放弃债权、承担债务的；

“（六）采用其他方式损害上市公司利益的。

“上市公司的控股股东或者实际控制人，指使上市公司董事、监事、高级管理人员实施前款行为的，依照前款的规定处罚。

“犯前款罪的上市公司的控股股东或者实际控制人是单位的，对单位判处罚金，并对其直接负责的主管人员和其他直接责任人员，依照第一款的规定处罚。”

十、在刑法第一百七十五条后增加一条，作为第一百七十五条之一：“以欺骗手段取得银行或者其他金融机构贷款、票据承兑、信用证、保函等，给银行或者其他金融机构造成重大损失或者有其他严重情节的，处三年以下有期徒刑或者拘役，并处或者单处罚金；给银行或者其他金融机构造成特别重大损失或者有其他特别严重情节的，处三年以上七年以下有期徒刑，并处罚金。

“单位犯前款罪的，对单位判处罚金，并对其直接负责的主管人员和其他直接责任人员，依照前款的规定处罚。”

十一、将刑法第一百八十二条修改为：“有下列情形之一，操纵证券、期货市场，情节严重的，处五年以下有期徒刑或者拘役，并处或者单处罚金；情节特别严重的，处五年以上十年以下有期徒刑，并处罚金：

“（一）单独或者合谋，集中资金优势、持股或者持仓优势或者利用信息优势联合或者连续买卖，操纵证券、期货交易价格或者证券、期货交易量的；

“（二）与他人串通，以事先约定的时间、价格和方式相互进行证券、期货交易，影响证券、期货交易价格或者证券、期货交易量的；

“（三）在自己实际控制的账户之间进行证券交易，或者以自己为交易对象，自买自卖期货合约，影响证券、期货交易价格或者证券、期货交易量的；

“（四）以其他方法操纵证券、期货市场的。

“单位犯前款罪的，对单位判处罚金，并对其直接负责的主管人员和其他直接责任人员，依照前款的规定处罚。”

十二、在刑法第一百八十五条后增加一条，作为第一百八十五条之一：“商业银行、证券交易所、期货交易所、证券公司、期货经纪公司、保险公司或者其他金融机构，违背受托义务，擅自运用客户资金或者其他委托、信托的财产，情节严重的，对单位判处罚金，并对其直接负责的主管人员和其他直接责任人员，处三年以下有期徒刑或者拘役，并处三万元以上三十万元以下罚金；情节特别严重的，处三年以上十年以下有期徒刑，并处五万元以上五十万元以下罚金。

“社会保障基金管理机构、住房公积金管理机构等公众资金管理机构，以及保险公司、保险资产管理公司、证券投资基金管理公司，违反国家规定运用资金的，对其直接负责的主管人员和其他直接责任人员，依照前款的规定处罚。”

十三、将刑法第一百八十六条第一款、第二款修改为：“银行或者其他金融机构的工作人员违反国家规定发放贷款，数额巨大或者造成重大损失的，处五年以下有期徒刑或者拘役，并处一万元以上十万元以下罚金；数额特别巨大或者造成特别重大损失的，处五年以上有期徒刑，并处二万元以上二十万元以下罚金。

“银行或者其他金融机构的工作人员违反国家规定，向关系人发放贷款的，依照前款的规定从重处罚。”

十四、将刑法第一百八十七条第一款修改为：“银行或者其他金融机构的工作人员吸收客户资金不入账，数额巨大或者造成重大损失的，处五年以下有期徒刑或者拘役，并处二万元以上二十万元以下罚金；数额特别巨大或者造成特别重大损失的，处五年以上有期徒刑，并处五万元以上五十万元以下罚金。”

十五、将刑法第一百八十八条第一款修改为：“银行或者其他金融机构的工作人员违反规定，为他人出具信用证或者其他保函、票据、存单、资信证明，情节严重的，处五年以下有期徒刑或者拘役；情节特别严重的，处五年以上有期徒刑。”

十六、将刑法第一百九十一条第一款修改为：“明知是毒品犯罪、黑社会性质的组织犯罪、恐怖活动犯罪、走私犯罪、贪污贿赂犯罪、破坏金融管理秩序犯罪、金融诈骗犯罪的所得及其产生的收益，为掩饰、隐瞒其来源和性质，有下列行为之一的，没收实施以上犯罪的所得及其产生的收益，处五年以下有期徒刑或者拘役，并处或者单处洗钱数额百分之五以上百分之二十以下罚金；情节严重的，处五年以上十年以下有期徒刑，并处洗钱数额百分之五以上百分之二十以下罚金：

“（一）提供资金账户的；

“（二）协助将财产转换为现金、金融票据、有价证券的；

“（三）通过转账或者其他结算方式协助资金转移的；

“（四）协助将资金汇往境外的；

“（五）以其他方法掩饰、隐瞒犯罪所得及其收益的来源和性质的。”

十七、在刑法第二百六十二条后增加一条，作为第二百六十二条之一：“以暴力、胁迫手段组织残疾人或者不满十四周岁的未成年人乞讨的，处三年以下有期徒刑或者拘役，并处罚金；情节严重的，处三年以上七年以下有期徒刑，并处罚金。”

十八、将刑法第三百零三条修改为：“以营利为目的，聚众赌博或者以赌博为业的，处三年以下有期徒刑、拘役或者管制，并处罚金。

“开设赌场的，处三年以下有期徒刑、拘役或者管制，并处罚金；情节严重的，处三年以上十年以下有期徒刑，并处罚金。”

十九、将刑法第三百一十二条修改为：“明知是犯罪所得及其产生的收益而予以窝藏、转移、收购、代为销售或者以其他方法掩饰、隐瞒的，处三年以下有期徒刑、拘役或者管制，并处或者单处罚金；情节严重的，处三年以上七年以下有期徒刑，并处罚金。”

二十、在刑法第三百九十九条后增加一条，作为第三百九十九条之一：“依法承担仲裁职责的人员，在仲裁活动中故意违背事实和法律作枉法裁决，情节严重的，处三年以下有期徒刑或者拘役；情节特别严重的，处三年以上七年以下有期徒刑。”

二十一、本修正案自公布之日起施行。

后　记

本教材是四川大学法学院组织编写的《高等学校法学教学丛书》之一，供普通高等学校法学专业课使用。

刑法学是我国社会主义法学体系中重要的部门法学，是普通高等学校法律专业主干课程。刑法学以我国刑法为研究对象。不断地吸收我国最新的立法内容、刑事司法实践经验以及学术研究成果，不仅是刑法学内容不断完善与发展的需要，也是高等学校法学专业教学的需要。1997 年修订刑法典颁布实施后，国家立法机关根据现实的需要，先后又多次对 1997 年修订刑法典进行了必要的补充、修正及解释，国家最高司法机关也作了一系列司法解释。鉴于此，我们组织编写了本教材。

本教材以 1997 年修订刑法典为基本依据，吸收了国家立法机关最新的立法内容及司法机关的司法解释内容，参照并借鉴了相关教材的体例与内容，采取了刑法学理论中比较通行的编排体例与观点，力求比较全面、正确地阐述刑法学的原理和基本知识。同时，鉴于刑法学内容庞大，为便于学习，本教材的编写力求简明扼要，注意对各类具体犯罪的分类，对刑法分则中的各类犯罪，根据实践的需要进行了详略不同的论述，以便重点突出但又不失完整。全面、准确、简明是本书编写的基本指导思想。

本教材由四川大学法学院刑法教研室、四川师范大学法学院刑法教研室、西南民族学院法律系刑法教研室、西南财经大学法学院刑法教研室部分教师联合编著。本教材由向朝阳（四川大学法学院教授、硕士研究生导师、刑法教研室主任、中国法学会刑法学研究会理事）担任主编，高跃先（四川大学法学院副教授、硕士研究生导师）、李勇军（四川大学出版社副编审）、付江（四川大学法学院讲师）担任副主编，其他作者为冯亚东（西南财经大学法学院教授）、成凯（四川大学法律系讲师、博士研究生）、田承春（四川师范大学法学院副教授）、唐稷尧（四川师范大学法学院讲师、博士研究生）、古立峰（四川大学法学院副教授、博士研究生）、王建军（四川大学法学院副教授）、张发琼（四川大学华西公共卫生学院讲师）、石静（四川大学法学院副教授）、康怀宇（西南民族学院法律系讲师）。本教材由主编编制写作大纲及写作要求，各撰稿人分别独自撰稿，最后由主编、副主编统改定稿并交付出版。四川大学法学院李峡老师参与了部分书稿的编排校正工作。

本书分工如下（以撰写章节先后为序）：

向朝阳——绪论，第一章，第二章，第十六章，第二十六章第一、七、八节，第二十七章第六节，第二十九章第二节；

冯亚东——第三章、第十四章、第二十九章第一、三、四、五、八、九、十节；

高跃先——第四章、第五章、第九章、第十二章、第二十五章、第三十章、第三十三章；

付　江——第六章，第七章，第十一章，第二十四章，第二十七章第一、二、三、四、五、七、八节；

张发琼——第八章，第二十八章，第二十九章第六、七节；

成　凯——第十章、第十三章，第三十一章，第三十二章；

康怀宇——第十五章；

田承春——第十七章，第十八章，第二十六章第四、九节；

李勇军——第十九章，第二十章第一、二节，第二十一章；

王建军——第二十章第三节；

古立峰——第二十二章；

唐稷尧——第二十三章，第二十六章第五、六节；

石　静——第二十六章第二、三节。

本书的编写与出版，参考、借鉴了相关专家学者编写的同类著作，同时，得到了四川大学出版社的大力支持，在此一并致以诚挚的谢意！本书于 2006 年 7 月进行了部分修订和补充。由于我们水平有限，错误与疏漏难免，恳请读者惠正。

编　者

2006 年 7 月